М.М.БАХТИН

巴赫金文集

〔苏〕米哈伊尔·巴赫金 著

钱中文 主编

第四卷

白春仁　顾亚铃　卢小合
董　晓　王加兴 译

陕西师范大学出版总社　西安

图书代号　WX24N1109

图书在版编目（CIP）数据

巴赫金文集．第四卷／（苏）米哈伊尔·巴赫金著；钱中文主编．—西安：陕西师范大学出版总社有限公司，2024.8

ISBN 978-7-5695-4089-5

Ⅰ．①巴⋯　Ⅱ．①米⋯　②钱⋯　Ⅲ．①巴赫金（Bakhtin,Mikhail Mikhailovich 1895-1975）—文集　Ⅳ．①C52

中国国家版本馆 CIP 数据核字（2024）第 018666 号

巴赫金文集　第四卷
BAHEJIN WENJI　DI-SI JUAN

〔苏〕米哈伊尔·巴赫金　著

钱中文　主编

出 版 人	刘东风
出版统筹	杨　沁
特约编辑	李江华　黄　勇
责任编辑	张　甜　赵南南
责任校对	李　昊
封面设计	高　洁
版式设计	李宝新
出版发行	陕西师范大学出版总社 （西安市长安南路 199 号　邮编 710062）
网　　址	http://www.snupg.com
印　　刷	三河市宏达印刷有限公司
开　　本	710 mm×1000 mm　1/16
印　　张	45.25
字　　数	605 千
版　　次	2024 年 8 月第 1 版
印　　次	2024 年 8 月第 1 次印刷
书　　号	ISBN 978-7-5695-4089-5
定　　价	199.00 元

读者购书、书店添货或发现印装质量问题，请与本社联系、调换。
电话：（029）85308697

巴赫金（1973 年）

《巴赫金文集》编辑委员会

主　编　钱中文
副主编　白春仁　卢小合
委　员　钱中文　白春仁　卢小合　周启超
　　　　张　杰　夏忠宪　万海松

目　录

陀思妥耶夫斯基诗学问题 …………………………………… 1
 作者的话 …………………………………………………… 1
 第一章　陀思妥耶夫斯基的复调小说和评论著述
     对它的阐释 ………………………………………… 2
 第二章　陀思妥耶夫斯基创作中的主人公和作者
     对主人公的立场 …………………………………… 51
 第三章　陀思妥耶夫斯基作品中的思想 ……………………… 85
 第四章　陀思妥耶夫斯基作品的体裁特点和情节
     布局特点 …………………………………………… 113
 第五章　陀思妥耶夫斯基的话语 ……………………………… 203
 结语 ………………………………………………………… 306

《陀思妥耶夫斯基创作问题》一书的片段 ………………… 309
 前言 ………………………………………………………… 309
 摘自《陀思妥耶夫斯基作品中惊险情节
  的功能》一章 …………………………………………… 310
 摘自《陀思妥耶夫斯基的对话》一章 ………………………… 313

《陀思妥耶夫斯基诗学问题》一书的增补与修订 ………… 317

1

附录

巴赫金访谈录 …………………………………………………… 393

题注 …………………………………………………………… 711

陀思妥耶夫斯基诗学问题

作者的话

本书论述的是陀思妥耶夫斯基的诗学①问题,因之对他的创作,仅仅是从这个角度加以考察。

我们认为,陀思妥耶夫斯基在艺术形式方面,是最伟大的创新者之一。据我们看来,他创造出一种全新的艺术思维类型,我们把它权且称为复调型。这一艺术思维的类型,体现在陀思妥耶夫斯基的小说作品中,然而它的意义却不仅仅局限在小说创作上,并且还涉及欧洲美学的一些基本原则。甚至不妨这么说,陀思妥耶夫斯基简直是创造出了世界的一种新的艺术模式;在这个模式中,旧艺术形式中的许多基本因素都得到了根本的改造。奉献给读者的这本书,任务就在于:通过文学理论上的分析,揭示陀思妥耶夫斯基做出的原则性的创新。

在研究陀思妥耶夫斯基的浩繁的著述中,他的诗学的基本特点,当然不可能不为人们所注意(本书第一章,就综述了这个问题上各种最为重要的论说),但其创新的根本所在,这些基本特点在陀思妥耶夫

---

① 俄语为 поэтика,通译"诗学",本世纪开始,多半指文学作品结构、审美手段系统的理论研究。本书的"诗学问题"主要是从小说艺术的独特性的角度来考察的。——译者

斯基整个艺术世界中形成的有机整体,却还远远没有得到足够的揭示和阐明。有关陀思妥耶夫斯基的论著,主要是研究他的作品思想方面的问题。由于这个思想性的问题一时很尖锐,这就掩盖了他的艺术视觉①中那些较为深藏而又稳定的结构因素。人们常常几乎根本忘记了:陀思妥耶夫斯基首先是个艺术家(固然属于一种特殊的类型),而不是哲学家,也不是政论家。

对文艺学来说,专门研究陀思妥耶夫斯基的诗学,仍是一项现实的任务。

本书最早出版于 1929 年,题名为《陀思妥耶夫斯基创作问题》。此次再版,经过修订并做了较多的补充。当然,即使新版也难以期望能对提出的各种问题,做出全面充分的考察,特别是对一些复杂问题,如复调小说的整体性问题,尤其如此。

第一章
陀思妥耶夫斯基的复调
小说和评论著述对它的阐释

翻阅论述陀思妥耶夫斯基的大量著作,会形成这样一种印象:这里讲的不是某一位创作了中长篇小说的文学艺术家,而是有几位堪称思想家的作者,发出了一连串的哲理议论,这便是拉斯柯尔尼科夫、梅思金、斯塔夫罗金、伊万·卡拉马佐夫、宗教大法官等人。在文学评论界眼里,陀思妥耶夫斯基的创作分裂成了一系列各自独立而又互相矛盾的哲理观点;每种哲理,都有它所创造的主人公在维护。这当中,连作家本人的哲学见解也远非居于首位。陀思妥耶夫斯基的声音②,在

---

① 俄语为 художественное видение,指艺术地观察世界、把握世界。本书中多译为艺术视觉或艺术观察。——译者
② "声音"原文为 голос,在本书中获得了术语意义,指通过语言表现出来的某人思想、观点、态度的综合体。——译者

一些研究者听来,已经同他笔下这些或那些主人公的声音融为一体;另一些论者觉得,作者的声音是所有这些思想、这些声音的独特的综合;最后,在第三类评论家看起来,作家声音干脆已被这些思想声音湮没无闻了。人们同作品主人公辩论,仿效作品主人公,试图把作品主人公的见解加以发挥,形成一个完整的体系。主人公在思想观点上自成权威,卓然独立,他被看作是有着自己充实而独到的思想观念的作者,却不是陀思妥耶夫斯基完满的艺术视觉中的客体。在评论家的心目中,主人公说的话如果具有了直接的充分完整的价值,那就要破坏长篇小说的独白性质,而且要引起人们对它做出直接的回答;这时作品的主人公,似乎已不再是作者言论所表现的客体,而是具有自己言论的充实完整、当之无愧的主体。

Б.М.恩格尔哈特完全正确地指出了陀思妥耶夫斯基评论文献的这一特点。他写道:"研究一下俄国关于陀思妥耶夫斯基作品的评述,不难看出这些评论著作除了少数例外,都没有高过作家心爱的主人公们的思想水平。不是评论统率着摆在面前的材料,而是材料完全控制了评论。评论界仍然在学习伊万·卡拉马佐夫和拉斯柯尔尼科夫,学习斯塔夫罗金和宗教大法官,同样也陷入这些人物身处的矛盾之中,面临他们未能解决的问题而感到困惑,看到他们复杂痛苦的情感而肃然起敬。"[①]

Ю.梅耶尔—格列菲做出了同样的判断。"有谁脑子里曾经出现过这样的念头呢——读到《感情的教育》一书里许多对话时,就想要参加一次这样的谈话。可是对拉斯柯尔尼科夫,我们却愿意争论,而且不仅同他,还要同任何的配角进行争辩。"[②]

[①] Б.М.恩格尔哈特:《陀思妥耶夫斯基的思想小说》,载《费·米·陀思妥耶夫斯基论文与资料》,第2集,А.С.多利宁编,莫斯科—列宁格勒,思想出版社,1924年,第71页。——作者

[②] Julius Meier-Gräfe.*Dostojewski der Dichter*.Berlin,1926年,第189页。引自 Т.Л.莫特廖娃翔实的文章《陀思妥耶夫斯基与世界文学(问题的提出)》,载苏联科学院文集《费·米·陀思妥耶夫斯基的创作》,莫斯科,1959年,第29页。——作者

陀思妥耶夫斯基评论著作的这一特点，当然不能只用评论界方法论上的缺陷来解释，也不能看作是全然背离了作者的艺术宗旨。不能这样说。评论界的这样一种态度，如同读者总要与陀思妥耶夫斯基主人公进行辩论那种自然的反应一样，的确符合这位作者作品的基本的结构特点。陀思妥耶夫斯基恰似歌德的普罗米修斯，他创造出来的不是无声的奴隶（如宙斯的创造），而是自由的人；这自由的人能够同自己的创造者并肩而立，能够不同意创造者的意见，甚至能反抗他的意见。

有着众多的各自独立而不相融合的声音和意识①，由具有充分价值的不同声音组成真正的复调——这确实是陀思妥耶夫斯基长篇小说的基本特点。在他的作品里，不是众多性格和命运构成一个统一的客观世界，在作者统一的意识支配下层层展开；这里恰是众多的地位平等的意识连同它们各自的世界，结合在某个统一的事件之中，而互相间不发生融合。陀思妥耶夫斯基笔下的主要人物，在艺术家的创作构思之中，便的确不仅仅是作者议论所表现的客体，而且也是直抒己见的主体。因此，主人公的议论，在这里绝不只局限于普通的刻画性格和展开情节的实际功能（即为描写实际生活所需要）；与此同时，主人公议论在这里也不是作者本人的思想立场的表现（例如像拜伦那样）。主人公的意识，在这里被当作是另一个人的意识，即他人的意识；可同时它却并不对象化，不囿于自身，不变成作者意识的单纯客体。在这个意义上说，陀思妥耶夫斯基笔下的主人公形象，不是传统小说中一般的那种客体性的人物形象。

陀思妥耶夫斯基是复调小说的首创者。他创造出一种全新的小说体裁。因此他的创作难以纳入某种框子，并且，不服从我们从文学史方面习惯加给欧洲小说各种现象上的任何模式。他作品里出现了一种主人公，处理这人的声音同普通小说中处理作者本人的声音采用

---

① 俄语词 сознание，通译为"意识"；在本书中具有术语性质，实指一个人的全部思想观念，一个意识常常即代表一个人。——译者

一样的方法。主人公对自己、对世界的议论，同一般的作者议论，具有同样的分量和价值。主人公的话不是作为刻画性格的手段之一，而附属于客体性的主人公形象，可也不是作者的传声筒。在作品的结构中，主人公议论具有特殊的独立性；它似乎与作者议论平起平坐，并以特别的方式同作者议论结合起来，同其他主人公同样具有十足价值的声音结合起来。

由此可见，只有情节布局所实际需要的事物间和心理上一般的衔接联系，在陀思妥耶夫斯基的艺术世界中就显得不够了。因为这类联系的前提是，主人公在作者的构思中是作为客体、作为对象出现的。这类联系所联结所聚合的，是完成了的主人公形象；他们组合起来的统一世界，是按独白原则感受和理解的世界。这类联系所联结所聚合的，绝不是许多个地位平等的意识以及他们各自的世界。一般的情节线索，在陀思妥耶夫斯基的小说中只起次要的作用，这里它的功能也很特别而不同一般。最终将他小说中的世界焊接成一个整体的，是另外一种手段；他的小说中展现的基本内容，不可能用一般的情节布局来加以解释。

其次，这里叙述的着眼点（不管是以作者名义、讲述者名义或某一主人公的口气叙述，情况都一样），本身也应完全不同于独白型小说。面对这个新的世界，即众多各自平等的主体的世界，而非客体构成的世界，无论叙述、描绘或说明，都应采取一种新的角度。叙述故事的语言，描写的语言和说明的语言，对自己的对象都必须形成某种新的态度。

综上所述，小说结构的所有要素，在陀思妥耶夫斯基的作品中，均有其深刻的独特之处。所有这些要素都取决于一个新的艺术任务，而这个艺术任务只有他陀思妥耶夫斯基能够提出来，并在极大的广度和深度上加以解决。这就是：创造一个复调世界，突破基本上属于独白型(单旋律)的已经定型的欧洲小说模式①。

如果对所描绘的世界,给以贯彻始终的独白型的观察和理解,如果着眼于独白型的结构小说的传统程式,从这样的观点来看,陀思妥耶夫斯基的世界可能像是一片混乱的世界;而他的小说的结构方法,好像用水火不相容的不同组织原则,把驳杂不一的材料拼凑到一起。唯有从我们上面概括出的陀思妥耶夫斯基的基本艺术任务出发,才能理解他的诗学的深刻的必然性、一贯性和完整性。

这就是我们的论点。在以陀思妥耶夫斯基的作品为材料来阐发这一论点之前,让我们先来考察一下,我们判定的他的作品这一基本特点,在评论著作中反映得如何。这里我们绝不打算对有关陀思妥耶夫斯基的论著,做任何全面的评述。从20世纪的有关他的著述中,我们只想提到不多的几种;这正是因为它们第一,讲到了陀思妥耶夫斯基的诗学问题;第二,比较接近于我们所理解的这一诗学的基本特点。因此材料的选择是从我们的论点出发的,因之带有主观性。不过,这里取舍的主观性,既难免也是有理由的。要知道我们不是在这里写历史的评述,甚至也不是历史的综述。对我们来说重要的只是:把我们的论点,我们对陀思妥耶夫斯基诗学的看法,摆到文献中已有的种种见解之中,确定它的方位。在这个过程中,我们将阐明我们论点的某些方面。

迄今为止的评论陀思妥耶夫斯基的著作,都过于直接地从意识形态上对他笔下各种人物的声音,做出了反应,这就影响到客观地理解

---

① 这当然不意味着,陀思妥耶夫斯基在小说史上孑然独立;不意味着他所创造的复调小说绝无先例。不过历史问题我们在这里只好置而不论。为了正确地在历史上给陀思妥耶夫斯基定位,并发掘他同先行者和同代人之间的**本质**联系,首先必须揭示他的特点,必须在陀思妥耶夫斯基身上展示出陀思妥耶夫斯基来,即使这里对他特点的界定,在进行广阔的历史的探索之前,将只具有初步的、定向的性质。没有这一初步的定向,所谓历史的研究,便会流于一连串并无联系的偶然的对比。只是到本书的第四章,我们才涉及陀思妥耶夫斯基的体裁传统问题,亦即历史诗学的问题。——作者

他那新型的小说结构的艺术特色。不仅如此,在试图从理论上分析清楚这个多声部的新世界时,评论界没有找到别的途径,只好按照一般的小说模式把这个新世界也给独白化了,亦即用习以为常的旧艺术意图的观点,来理解由本质上新型的艺术动机所产生的作品。有的评论家埋头于某些主人公思想观点的内容本身,就企图把这些思想见解归结成一个系统的完整的独白,从而不顾这里有着众多的互不融合的意识,可这一点恰恰又是艺术家创作意图之所在。另一些评论家虽然没有热衷于思想观点的直接魅力,却把主人公们具有十足价值的意识看成是具体的心理而作为客体加以理解,因之也便将陀思妥耶夫斯基作品的世界理解为欧洲社会心理小说中普通的世界。本来作品里是众多各自独立的意识在相互交锋,在第一类评论家看来却成了哲理性的独白;而在第二类评论家看来,是同作者独自的统一意识相吻合的一个独白型客体世界。

无论是热衷于同主人公进行哲理的论辩也好,无论是对主人公进行冷静的客体的心理分析或变态心理分析也好,同样都无法深入到陀思妥耶夫斯基的艺术结构本身中去。前者由于热衷一点而不能客观地真正现实主义地观察他人的意识,而后者的现实主义又只能"浅尝辄止"。完全可以理解,这两类论者要么全然回避了真正的艺术问题,要么只给了些随意的肤浅的解释。

哲理上的独白化——这是评论陀思妥耶夫斯基的著述所采取的基本途径。走这条路的有罗扎诺夫、沃朗斯基、梅列日科夫斯基、舍斯托夫等人。由于企图把作家所表现的为数众多的意识,硬塞到由一个统一世界观支配的独白体系的框架里去,这些研究者就被迫不得不用二律背反或辩证法来加以解释。他们从主人公(以及作者自身)的具体而完整的意识中,引申出了一些思想论点。这些论点或者构成一个不断演变的辩证系列,或者形成绝对无法解决的二律背反关系而相互对立。本来是许多互不融合的意识在相互作用,结果却被当作是在某一人意识控制下,不同思想、不同看法、不同论点的相互关联。

辩证关系也好，二律背反关系也好，在陀思妥耶夫斯基笔下的世界中，的确都存在。他的主人公的思想，有时的确是辩证的或自相矛盾的。不过，所有这些逻辑关系只存在于各个意识的范围之内，它不支配不同意识之间的情节联系。陀思妥耶夫斯基的世界，是根本上属于个人的世界。这个世界把任何一种思想，都是当作某一个人的立场来理解和描绘的。因此，即使局限在单个意识的范围之内来观察，辩证现象和二律背反现象，也只不过是一种抽象因素，它同这一完整而具体的意识的其他因素不可分地交织在一起。在完整的人物发出的生动的声音里，逻辑现象要通过体现于其中的这个具体意识，才参与到所描绘的统一的情节中去。一种思想一旦被纳入所写事件之中，它本身就具有了事件性，就获得了"感情的思想""威力的思想"这种特殊品格。正是这一品格使陀思妥耶夫斯基创作中的"思想"形成了自己独一无二的特色。但思想如果被人从不同意识在情节上的相互作用中抽取出来，再塞到独白体系的上下文中去，不管这上下文是如何的辩证，思想也会不可避免地失去上述那种特色，而变成一种很蹩脚的哲理议论。正是由于这个原因，走哲理独白化这一条路写出来的论陀思妥耶夫斯基的一切大部头专著，对于理解我们提出的这一艺术世界的结构特点，作用是微乎其微的。不错，是这一结构特点产生了所有这些研究论著，可这些专著对上述结构特点的理解却最差。

真正开始理解这个特点，是在人们试图比较客观地看待陀思妥耶夫斯基创作的时候，而且不仅要客观地看待思想本身，还要客观地看待作品的艺术整体。

第一个摸索到了陀思妥耶夫斯基艺术世界的基本结构特点的，是维亚切斯拉夫·伊万诺夫[①]。自然，他只是摸索到了而已。他分析陀思妥耶夫斯基的现实主义，认为这个现实主义不是以认识（对客体的认识）为基础，而是以"体验"为基础。不是确立他人之"我"为客体，

[①] 参看他写的《陀思妥耶夫斯基和悲剧小说》，载《犁沟和地界》一书，莫斯科，缪斯格特出版社，1916年。——作者

而是当作另一主体——这就是陀思妥耶夫斯基观察世界的原则。确立他人之"我"(即"自在之你")的存在,据伊万诺夫的看法,这正是陀思妥耶夫斯基笔下人物所应当完成的任务;只有这样他们才能克服自己的伦理上的唯我主义,才能克服自己孤僻的"唯心主义"的意识,才能把别人由影子变成真正的现实。陀思妥耶夫斯基的作品中,悲剧性惨变的基础,向来是主人公意识上唯我主义的孤僻性,是他闭锁在个人天地中的孤独。①

这样,确立他人意识作为平等的主体而非客体,成了决定小说内容(即孤僻意识的崩溃)的伦理的宗教的基准。这就是作者观察世界的原则,他正是按照这个原则来理解自己主人公们的世界的。由此可见,伊万诺夫只是纯粹从主题上说明了这一原则如何体现在小说的内容上,并且主要是消极方面的体现:主人公们就是由于未能彻底地确立另一个人("自在之你")的存在而发生崩溃。自主人公来确立(或不确立)一个他人之"我"——这是陀思妥耶夫斯基作品的主题。

不过,这一主题同样完全可能出现在纯粹独白型的小说中,独白型小说确也不止一次地写过这个主题。将确立他人意识作为作者宗教伦理的基础和作品内容的主题,还不意味着创造新的形式,并不意味着创造新型的小说结构。

维亚切斯拉夫·伊万诺夫没能揭示出,陀思妥耶夫斯基看待世界的这一原则,如何变成了对世界进行艺术观察的原则,构筑小说的语言整体的原则。应该说上述的原则只有作为具体地构筑文学作品的原则,而不是作为抽象的世界观中的宗教伦理原则,对文艺学家才有重要意义。而且只有如此,上述的原则才有可能通过具体文学作品的经验材料,得到客观的揭示。

但这一点维亚切斯拉夫·伊万诺夫却没做到。在论述"形式的原则"一章中,尽管有一系列十分可贵的探索,他依然是把陀思妥耶夫斯基的小说局限在独白型范围之内来理解。陀思妥耶夫斯基所完成的

---

① 参看《犁沟和地界》,莫斯科,缪斯格特出版社,1916年,第33、34页。——作者

根本性的艺术变革，实质上仍未为人理解。伊万诺夫给陀思妥耶夫斯基小说所下的基本定义——"悲剧小说"，我们觉得并不正确。① 这一定义的特点，是想把一种新的艺术形式归结到已经熟知的艺术宗旨上去。其结果，陀思妥耶夫斯基的小说成了某种艺术上的混合体。

综上所述，维亚切斯拉夫·伊万诺夫虽然给陀思妥耶夫斯基的基本原则，找到了一个深刻而准确的定义——确立他人之"我"不作为客体而作为另一主体，但却又把这一原则独白化了。也就是说，他把这一原则纳入了独白型作者的世界观之中，将这一原则仅仅理解为独白型作者意识所表现的内容主题。② 此外，伊万诺夫还把自己的思想同一系列斩钉截铁的形而上学和伦理的论断联系了起来，可这些论断是根本经不起用陀思妥耶夫斯基作品本身的材料加以客观检验的。③ 为陀思妥耶夫斯基最先解决了的创造复调小说的艺术任务，仍然未能揭示出来。

C.阿斯科尔多夫对陀思妥耶夫斯基的基本特点的说明，与伊万诺夫相似。④ 不过他也局限于把陀思妥耶夫斯基的宗教伦理观加以独白化，局限于按照独白型小说来理解他的作品内容。

"陀思妥耶夫斯基的第一个伦理论断"，阿斯科尔多夫写道，"初看是最为形式的东西，可在一定意义上又是最重要的东西。'成为个性吧！'他通过表现出来的一切褒贬、好恶，对我们这样说。"⑤而所谓

---

① 我们将在后面对维亚切斯拉夫·伊万诺夫的这一定义，给以批评性的分析。——作者
② 维亚切斯拉夫·伊万诺夫在这里犯了一个典型的方法论的错误：从作者世界观直接转到作品的内容，而越过了形式。在其他场合，伊万诺夫倒能比较正确地理解世界观和形式的相互关系。——作者
③ 例如伊万诺夫有这样一个论断：陀思妥耶夫斯基的主人公们，是作者本人的许多个变体；这是一个蜕变了的作者，活着就脱离了自己尘世的躯壳。参看《犁沟和地界》，莫斯科，缪斯格特出版社，1916年，第39、40页。——作者
④ 参看他写的《陀思妥耶夫斯基的宗教伦理意义》，载《费·米·陀思妥耶夫斯基论文与资料》，第1集，A.C.多利宁编，莫斯科—列宁格勒，思想出版社，1922年。——作者
⑤ 《陀思妥耶夫斯基的宗教伦理意义》，第2页。——作者

个性,据阿斯科尔多夫的理解,不同于一般作为文学描写对象的性格、典型、气质;不同之处在于:个性有着自己独特的内在的自由,有着不受外界制约的完全的独立性。

因此,这便是作者伦理观的一个原则。阿斯科尔多夫从这个伦理观,直接转到陀思妥耶夫斯基小说的内容上,他展示陀思妥耶夫斯基笔下的主人公靠什么在生活中形成为个性,作为个性又如何表现自己。这样,个性不可避免地要同外界发生冲突,首先是同各种习俗成规发生外在的冲突。由此出现"荒唐事"(这是个性的激情最先又最外露的表现),它在陀思妥耶夫斯基作品中起着巨大的作用。[①] 而个性激情在生活中较为深刻的表现形式,阿斯科尔多夫认为是犯罪。他说:"在陀思妥耶夫斯基的小说中,犯罪是生活所提出的一个宗教伦理问题。惩罚则是解决这一问题的形式。所以两者都是陀思妥耶夫斯基创作的基本主题……"[②]

由此可见,这里话题一直是围绕个性在生活中的表现方法,而不是说在小说这一特定艺术结构中艺术地观察和描绘个性的方法。此外,作者世界观同主人公们的世界两者之间的相互关系本身,也描述得不正确。从作者世界观中的个性激情直接转到他的主人公生活激情上去,由此再转到作者独白型的结论上——这便是浪漫主义类型的独白型小说的典型途径。但这不是陀思妥耶夫斯基的方法。

阿斯科尔多夫写道:"陀思妥耶夫斯基以自己全部的艺术同情和褒贬,宣告一个至为重要的道理:恶人、圣人、普通的罪人,都把自己个性的本质发展到了极端,但仍然有某种同等的价值,即作为个性,他们都同凡俗划一的周围环境的浑噩气氛相对立。"[③]

这样的宣言对浪漫主义小说来说是很典型的。在浪漫主义小说里,人的意识和思想只不过是作者的激情和作者的结论;主人公则不

[①] 《陀思妥耶夫斯基的宗教伦理意义》,第5页。——作者
[②] 同上书,第10页。——作者
[③] 同上书,第9页。——作者

过是作者激情的实现者,或是作者结论的对象。正是浪漫主义作家,才在他所描绘的现实中,直接表现出自己的艺术同情和褒贬;这时他们便把凡是无法融进自己好恶的声音的一切,全都对象化、实物化了。

陀思妥耶夫斯基的独特之处,不在于他用独白方式宣告个性的价值(在他之前就有人这样做了),而在于他把个性看作是别人的个性、他人的个性,并能客观地艺术地发现它、表现它,不把它变成抒情性的,不把自己的作者声音同它融合到一起,同时又不把它降低为具体的心理现实。对个性的高度评价,不能说这最早出现于陀思妥耶夫斯基的世界观中。然而,他人个性的艺术形象(如采用阿斯科尔多夫的这一术语)以及结合于某个统一的精神事件中的众多互不融合的个性的艺术形象,却是在他的小说中第一次得到了充分的体现。

陀思妥耶夫斯基笔下主人公惊人的内在独立性(阿斯科尔多夫正确地指出了这一点),是通过一定的艺术手段达到的。这首先是主人公在小说结构内部,对作者保持着自由和独立,确切地说,是对作者通常所做的形之于外的总结性评语,保持着自由和独立。这当然不是说,主人公超脱于作者艺术构思之外。不是这样。他的这种独立和自由,恰恰在作者的立意之中。这一构想似乎预先便许给了主人公以自由(自然是相对的自由),同时本身也是作品整体严整构思的一部分。

主人公具有相对的自由,并不损害整部作品严格的规定性,正如数学公式中存在无理数或超穷数,并不会破坏数学公式的严格规定性一样。对主人公的这种新的处理,不是通过选择抽象的主题实现的(尽管抽象的主题诚然也有一定意义),这是靠一整套结构小说的特殊艺术手法才实现的,而这些艺术手法是陀思妥耶夫斯基第一个采用的。

这么一来,阿斯科尔多夫也把陀思妥耶夫斯基的艺术世界独白化了,把独白型说教当成这一艺术世界的主要成分,于是也就把主人公降格为这一说教的简单图解。阿斯科尔多夫正确地理解到,陀思妥耶夫斯基作品中最根本的东西，是对内在之人①全新的观察和描绘，随之是对连接内在之人的事件全新的观察和描绘。可是，为了说明这一点，阿斯科尔多夫却转而向作者的世界观方面，向主人公的心理方面去寻求解释。

阿斯科尔多夫在较晚的一篇文章《陀思妥耶夫斯基作品中人物性格的心理》②中，同样局限于分析主人公纯属性格表现上的特点，而没有揭示对主人公进行艺术观察和描绘的原则。个性同性格、典型、气质的差别，仍如过去一样，是从心理方面解释的。不过在这篇论文中，阿斯科尔多夫较前更多地涉及了小说的具体材料，因之文章中到处都是对陀思妥耶夫斯基一些艺术特点的极有价值的观察。可是除了一些观察所得之外，阿斯科尔多夫的立论也便到此为止了。

应该指出，维亚切斯拉夫·伊万诺夫的公式——确立他人之"我"不作为客体而作为另一主体（即"自在之你"），虽说有点哲理的抽象意味，却远比阿斯科尔多夫下述公式要符合实际："成为个性吧！"伊万诺夫的公式，侧重点在于他人的个性。此外，这一公式更为符合陀思妥耶夫斯基对所描绘的主人公意识采取的内在对话的方法。而阿斯科尔多夫的公式，则更近于独白型，侧重点在于实现自己的个性。这一点在艺术创作上（假设陀思妥耶夫斯基的原则的确如此），就会导致创作出主观型的浪漫主义小说。

列昂尼德·格罗斯曼从另一个方面——陀思妥耶夫斯基小说的艺术结构本身——也触及了他的同一个基本特点。在格罗斯曼看来，陀思妥耶夫斯基首先是一种极有特色的新型小说的创造者。他说："在综述了他那广泛的创作活动和他精神上所做的种种多样的追求之后，看来不能不承认：陀思妥耶夫斯基的主要意义，与其说在于哲学、

---

① 俄语为 внутренний человек，意指主要过内在精神生活之人。——译者
② 《费·米·陀思妥耶夫斯基论文与资料》，第2集，1924年。——作者

心理或神秘主义,不如说在于创造出欧洲小说史上新的、真正天才的一页。"①

在我国文艺学界,应该承认格罗斯曼是客观而系统地研究陀思妥耶夫斯基诗学的奠基人。

陀思妥耶夫斯基诗学的基本特点,据格罗斯曼看,在于他打破了一般小说成法所要求的材料的有机统一,在于他把不同性质、互不相容的因素结合在一部小说的整体结构之中,在于他打破了统一而完整的叙述格调。格罗斯曼写道:"他的小说结构的基本原则就是这样:使叙述中水火不相容的因素,服从于统一的哲理构思,服从于旋风般的事变。在一部艺术作品中把哲理性自白同刑事侦破结合起来,将宗教悲剧纳入市井小说的情节之中,通过惊险故事的一切情节波澜得到新型宗教神秘剧的启示——这些便是陀思妥耶夫斯基面临的艺术任务,它们促使作家进行复杂的创造性工作。历来的美学传统都要求材料和写法一致,要求一部作品中各种结构部件的统一,至少应是同类或接近的。陀思妥耶夫斯基却反其道而行之,把对立面融合到了一起。他向艺术理论的这一基本成规,提出了坚决的挑战。他的任务是:解决一个对艺术家来说是最大的难题——使用性质不同、价值不同而且有着深刻差异的材料,创作出一个统一完整的艺术品。就是这个缘故,《约伯记》《默示录》《福音书》《西密昂新圣徒箴言》等充斥于他的小说中,并赋予各章节以一定情调的材料,在这里同报章、笑话、讽拟体作品、街头闹剧、荒诞逸事甚至抨击文字等杂糅到一起。他往自己的坩埚里不断加入新的成分,知道并相信:在他的创作烈焰里,日常现实的原始的零星片段,引起轰动的市井故事,《圣经》里充满上帝感召精神的篇章,都要销熔于一炉,化作新的成分,并将获得他本人的风格

---

① 列昂尼德·格罗斯曼:《陀思妥耶夫斯基的诗学》,莫斯科,国家艺术科学院出版社,1925年,第165页。——作者

情调的深刻印迹。"①

这是对陀思妥耶夫斯基小说的体裁与布局结构特点所做的一段精彩的描写和说明。对此几乎无可补充。可是,我们觉得格罗斯曼的解释远不是很充分的。

其实,旋风般的事变不管多么迅猛,统一的哲理构思不管多么深刻,对于解决格罗斯曼如此尖锐而具体表述出来的任务——极其复杂又充满矛盾的结构布局的任务——也还是显得不够。至于说旋风般的事变,在这一点上一部最平庸的现代故事片,也敢同陀思妥耶夫斯基争个高下,而统一的哲理构思,它本身并不构成艺术作品完整统一的最根本基础。

据我们的意见,格罗斯曼的下述论断也是不正确的:陀思妥耶夫斯基作品中所有不同性质的材料,都会获得"他本人的风格情调的深刻印迹"。果真如此,陀思妥耶夫斯基的小说同一般类型的小说又有什么区别呢?同"福楼拜式宛如在一块浑然整料上雕镂而成的史诗小说"又有什么区别呢?那类小说,如《布法与白居谢》,融汇了内容极不相同的材料,不过这种内容差异没有也不可能在小说的结构方法上,表现得很明显,因为材料性质的差异服从于贯穿作品始终的统一的个人风格和情调,服从于一个统一的世界,一个统一的意识。陀思妥耶夫斯基小说的完整统一,高出于在他以前的小说中的那种个人风格、个人情调。

如果用独白的观点来理解风格的统一(目前也只存在这样一种理解),那么陀思妥耶夫斯基的小说,就是多风格小说或是无风格小说。如果用独白的观点来理解情调,那么陀思妥耶夫斯基的小说,就是多色调的小说,包含着相互矛盾的褒贬;在他的作品中,每个字里都交织着互相矛盾的色调。假如陀思妥耶夫斯基的性质迥异的材料,展开在一个统一的世界里,从属于作者统一的独白型意识,那样,将互不相容

---

① 列昂尼德·格罗斯曼:《陀思妥耶夫斯基的诗学》,莫斯科,国家艺术科学院出版社,1925年,第174、175页。——作者

的材料融为一体的任务就不可能完成了,陀思妥耶夫斯基也便成了一位不高明的、没有风格的艺术家。这样一个独白型的世界,"注定要瓦解,分裂成许多部分,它们各不相同,截然对立;在我们面前,日志里的逸闻同《圣经》片段莫名其妙地摆到了一起,或者仆役小调同席勒的欢乐颂歌凑到一处,显得那么呆滞而毫无生气。"[①]

  事实上,陀思妥耶夫斯基材料中相互极难调和的成分,是分成为几个世界的,分属于几个充分平等的意识。这些成分不是全安排在一个人的视野之中,而是分置于几个完整的同等重要的视野之中;不是材料直接结合成为高层次的统一体,而是上述这些世界,这些意识,连同他们的视野,结合成为高层次的统一体,不妨说是第二层次的,亦即复调小说的统一体。民间短歌小调的世界,同席勒式颂歌的世界结合到一起;斯梅尔佳科夫的视野,同德米特里和伊万的视野结合到一起。正是因为分属不同的世界,材料才能彻底发挥自己的特点和特性,同时既不损害完整统一,又不变统一为呆板。这就好像各种不同的计算体系结合在爱因斯坦的宇宙这一复杂的统一体中(自然,类比陀思妥耶夫斯基的世界和爱因斯坦的世界,只是一种艺术的譬喻,而不是科学的类比)。

  在另一部著作中,格罗斯曼则恰好接近了陀思妥耶夫斯基小说的多声部性问题。他在《陀思妥耶夫斯基的道路》一书中,提出对话在陀思妥耶夫斯基创作中具有特殊的意义。他写道:"交谈或争论的时候,不同的观点能够轮番占据主导地位,能够反映出对立信仰之间纷繁多样的细致差异。因此交谈和争论的形式,特别适合表现这种总在发展、永不衰竭的哲理。当陀思妥耶夫斯基这样善于体察形象的艺术家深入思索事物的意义和世界的奥秘时,他的面前不能不出现这种适于探求哲理的形式;采用这种形式,每种意见都仿佛具有了生命,能通过

[①] 列昂尼德·格罗斯曼:《陀思妥耶夫斯基的诗学》,莫斯科,国家艺术科学院出版社,1925年,第178页。——作者

人们激动的声音表达出来。"①

　　这一对话性,格罗斯曼倾向于用陀思妥耶夫斯基世界观中未能彻底克服的矛盾来解释。在作家思想中,很早就出现了两种强大力量的冲突(一是人道主义的怀疑态度,一是信仰),两者在不停地斗争,以求在作家世界观中取得主导地位。②

　　对这种实际上已超出客观实有材料范围的解释,是可以不予同意的;但这里指出了存在多种(此处是两种)互不融合的意识这一事实,则完全正确。这里还有一点也说得对,在陀思妥耶夫斯基作品里,一种思想听起来总像是属于某人独有的。作品中的每一意见,确实像变成了一个个活生生的人,同作品所表现的人物声音无法分割开来。假如把这种意见放到抽象的独白体系的语境中去,那它就会面目全非了。

　　假使格罗斯曼能把陀思妥耶夫斯基的结构布局原则(指融汇性质极为不同、相互极不协调的材料),同存在多个中心、多个意识(它们不能归结到同一类的思想观念上去)联系起来,那他便会直接触及陀思妥耶夫斯基小说的艺术秘诀——复调。

　　格罗斯曼认为陀思妥耶夫斯基作品中的对话,是一种戏剧形式,认为任何对话化都必然是戏剧化,这种理解很有代表性。现代的文学,只知道有戏剧的对话,还多少知道些哲理的对话;不过这后者已经淡化,成了普通的叙述形式,成了一种教育劝诫的手段。事实上,戏剧中的戏剧对话和叙事作品中的戏剧对话,向来被镶嵌在坚固牢靠的独白框架之内。在戏剧里,这个独白框架自然找不到直接的文字表现;不过正是在戏剧里,这个框架显得特别坚实牢固。戏剧对话中的你来我往的对语③,并不会瓦解所描绘的世界,不会将它变成多元的世界。

---

① 列昂尼德·格罗斯曼:《陀思妥耶夫斯基的道路》,列宁格勒,布洛克豪斯—耶弗龙出版社,1924年,第9、10页。——作者
② 同上书,第17页。——作者
③ 俄语词 реплика,指对话中每方的一次讲话,是构成对话的因素,本书均译为"对语"。——译者

相反，为了成为真正的戏剧对话，对语需要这一世界形成一个极其牢固的统一体。在戏剧里，这个世界应该是用一块整料雕琢出来的。这种牢固整体的性质只要一削弱，就会导致戏剧性的削弱。在一元化世界的清晰背景上①，各种人物通过对话，汇聚在作者、导演、观众的统一的视野中。对话间的一切对立关系，都在剧情的发展中得到消除，而剧情体现出的主题思想，纯属独白型的思想。如果这是个真正的多元世界，那就会使戏解体；因为剧情依靠的是一个统一的世界，戏一解体，剧情也就无法再把戏组织起来，无法解决戏里的冲突。在一出戏里，不可能由几个各自完整的世界结合成一个超越人们视野的统一体，这是由于戏剧的结构不能给这样的统一体提供一个基础。因而，在陀思妥耶夫斯基的复调小说中，真正的戏剧对话只起极为次要的作用②。

更为重要的是格罗斯曼的下述论断：陀思妥耶夫斯基的晚期小说是神秘剧③。神秘剧的确是多元的，在一定程度上是复调的。不过神秘剧的多元和复调，纯粹是形式上的；神秘剧的结构本身，就不允许展开众多的意识以及他们各自的世界。这里一切都已预先决定，一切都是封闭的和完结了的，尽管确非单是在某一点上完结的。④

在陀思妥耶夫斯基的复调小说里，不是以一个统一的客体世界为坚实基础，用独白原则理解材料，再在这种理解允许的范围内把材料以通常的对话形式逐次展开。不是这样。这里指的是小说最终获得的对话性，换言之，是小说最后形成一个整体时具有的对话性质。戏剧作品的整体从这个意义上说，如我们在前面已经指出的那样，还是独白型的；而陀思妥耶夫斯基的小说则是对话型的。这种小说不是某

---

① 格罗斯曼讲到的那种材料的多样化，在戏剧中简直是不可思议的。——作者
② 正是因此，维亚切斯拉夫·伊万诺夫提出的"悲剧小说"的公式并不正确。——作者
③ 列昂尼德·格罗斯曼：《陀思妥耶夫斯基的道路》，列宁格勒，布洛克豪斯—耶弗龙出版社，1924年，第10页。——作者
④ 神秘剧问题，如同普拉托诺夫式的哲理对话一样，我们在讲到陀思妥耶夫斯基的体裁传统问题时，还要谈到（见本书第四章）。——作者

一个人的完整意识,尽管他会把他人意识作为对象吸收到自己身上来。这种小说是几个意识相互作用而形成的总体,其中任何一个意识都不会完全变成为他人意识的对象。几个意识相互作用的结果,使得旁观者没有可能好像在一般独白型作品中那样,把小说中全部事件变成为客体对象(或成为情节,或成为情思,或成为认知内容);这样便使得旁观者也成了参与事件的当事人。在这种小说中,除了对话双方的对峙之外,按照独白型原则涵盖一切的第三个意识,是没有立锥之地的,因为小说没给他提供任何牢固的立足点。事情还不仅如此,这种小说相反总想使对话的对峙最后得不到解决①。作品中没有任何一个因素,是根据不参与事件的"第三者"的角度安排的。在小说当中,这类不参与事件的"第三者",没有得到任何的表现。无论在布局结构上,无论在文意上,都没有他的位置。这一点不是作者的弱点,而是他力透纸背之所在。由此也才获得一种新的作者立场,高踞于独白型立场之上的作者立场。

奥托·考斯在他著的《陀思妥耶夫斯基和他的命运》一书中,同样指出在陀思妥耶夫斯基的小说中,存在有多个同样举足轻重的思想立场,而小说的材料也极驳杂;他同样认为这两点是陀思妥耶夫斯基小说的基本特点。据考斯看来,没有任何一个作者如陀思妥耶夫斯基那样,一身汇集了如此相互矛盾,如此相互排斥的不同概念、论断、评价。但最令人惊奇的是,陀思妥耶夫斯基的作品仿佛在为所有这些极端矛盾的观点辩护。其中每一种观点,确实也都能在陀思妥耶夫斯基的小说中,为自己找到支持。

试看考斯是怎样说明陀思妥耶夫斯基小说这种突出的多方面、多元化特点的。

"陀思妥耶夫斯基像是这样一位房主人,他能对形形色色的客人

---

① 这里当然不是指二律背反,不是指抽象思想的对峙,而是说不同的完整个性在小说情节中的对峙。——作者

应付裕如;他善于驾驭这帮混杂相处的宾客,并使他们处于同样的紧张状态。老派的现实主义者完全有权赞赏对劳役、对彼得堡街道广场的描写,对横行无忌的专制制度的揭露。神秘主义者则有同样的权利热衷于同阿廖沙、梅思金公爵以及被魔鬼造访的伊万·卡拉马佐夫等人打交道。一切空想主义者会从'荒唐人'韦尔西洛夫、斯塔夫罗金等人的梦境中寻得乐趣。笃信宗教的人们,因看到这些小说中圣徒和罪人一同争夺上帝而精神备受鼓舞。健康和力量,彻底的悲观主义和对赎罪的强烈信念,生的欲望和死的欲望——所有这一切在进行着永无止境的斗争。暴力和善行,傲慢自得和宁作牺牲——整个目不暇接的繁复生活凸现在他的作品中的每一部分。即使评论家们极端地认真负责,其中每个人都有可能按照自己的理解来阐释作者的用意所在。陀思妥耶夫斯基就其艺术思想而言,有着许多个侧面,而且变化莫测。他的作品充满了力量和向往,而这些力量和向往却仿佛相互隔绝,中间是不可逾越的深渊。"①

考斯是如何解释陀思妥耶夫斯基的这一特点呢?

考斯断言,陀思妥耶夫斯基的世界,是资本主义精神最纯粹最真实的表现。在陀思妥耶夫斯基作品中相遇而合流的那些各自不同的世界,各自不同的方面(社会的、文化的、思想的不同方面),从前都是自足的,本能地划界自守,虽单独存在即稳定牢固,能为人理解。那时没有现实的物质条件使它们能认真地相互接近,相互渗透。资本主义却消除了这些世界的隔绝状态,使这些社会领域失去了闭锁性,破坏了它们内在的思想上的自足。资本主义有把一切划一的倾向,除了无产者和资本家的分野,不准再有任何别的区分;于是,资本主义把这些不同的世界聚拢来,结合到正逐渐形成的自身的矛盾统一体中。这些世界尚未失掉世世代代形成的各自独特的面貌,可是已经无法自满自足了。它们之间曾是视而不见地共处,在意识形态上是心安理得而又十分自信的相互轻视。这一切已经结束。它们的相互矛盾和相互联

---

① 奥托·考斯:《陀思妥耶夫斯基和他的命运》,柏林,1923年,第36页。——作者

系,如今被揭示得十分明显。在生活的每一个原子里,都颤动着资本主义世界、资本主义意识的矛盾统一体;这一矛盾统一体使得任何东西都不能孤身独处而安之若素,可同时又不能解决任何问题。正是这个逐渐形成的世界的精神,在陀思妥耶夫斯基创作中得到了最充分的表现。"陀思妥耶夫斯基在我们时代的巨大影响和这种影响中一切不清楚不明确的因素,只能在陀思妥耶夫斯基本质的基本特点中找到解释,找到唯一能成立的根据:陀思妥耶夫斯基是歌颂资本主义时期的人的最坚决、最一贯、最铁面无私的歌手。对于我们这个诞生于资本主义水火之中的现代世界来说,陀思妥耶夫斯基的作品不是送葬曲,而是摇篮曲。"①

考斯的阐释大多是正确的。确实,复调小说只有在资本主义时代才能出现。不仅如此,对复调小说最适宜的土壤,恰恰就在俄国。这里资本主义的兴起几乎成了一场灾难,它遇到了未曾触动过的众多的社会阶层,众多的世界。这些阶层和世界在资本主义兴起的渐进过程中,没有像西方那样减弱自己独特的封闭性。这样一种处于形成过程中的社会生活,其矛盾的本质是无法囊括在某一自信而冷静的审视者的独白型意识之中的。社会生活的矛盾本质在这里应该表现得特别突出;与此同时,相互邂逅而失去思想平衡的多种世界,也应该特别充分特别鲜明地表现出自己的独特面貌。这样便创造了客观的前提,使复调小说在极大程度上获得了多元化和多声部性质。

可是考斯的解释,仍然没能揭示他所解释的事实的本质。要知道,"资本主义的精神"在这里是用艺术的语言表现的,具体说是用一种特殊小说体裁的语言表达的。首先应该揭示这种不构成普通的独白型统一体的多元小说的根本特色。这个任务,考斯没有解决。他正确地指出了多元化和文意上的多声部现象这一事实本身,而后加以阐释时却从小说的领域直接转到了现实生活的领域。考斯的可取之处在于:他没有把这一世界独白化,一丝一毫也不想把这一世界中的种

---

① 奥托·考斯:《陀思妥耶夫斯基和他的命运》,柏林,1923年,第63页。——作者

种矛盾捏合起来、调和起来。他承认这一世界的多元性和矛盾性，把这看作是小说结构本身的一个重要因素，是创作构思本身的一个重要因素。

B.科马罗维奇在《陀思妥耶夫斯基小说〈少年〉的艺术整体》一文中，接触到了陀思妥耶夫斯基上述基本特点的另一个方面。分析这部长篇小说时，他发现有五个各自独立的情节用极表面的故事线索连接在一起。这就迫使他设想，在表面的线索背后，还存在另外某种联系。"陀思妥耶夫斯基从现实生活中截取出零星片段，把其中'经验主义'的内容发挥到了极点，同时他又不允许我们由于了解了这一现实而有须臾的兴奋陶醉（福楼拜或托尔斯泰则是这样做的）。相反，陀思妥耶夫斯基使我们产生恐惧，因为这里的一切，他确实是从现实生活规律性的链条里截断抽取来的。当他把这些零星片段纳入自己作品时，他没有把存在于我们经验中的规律性的联系也纳入作品。因此说，陀思妥耶夫斯基的小说，不是靠情节凝聚在一个有机整体内的。"①

不错，在陀思妥耶夫斯基的小说中，独白型的统一世界是被破坏了，但截取来的现实生活的片段，绝非直接结合在小说的统一体中。因为这些生活片段都足以代表这个或那个人物的完整视野，都反映着这个或那个意识的理解。假如说这些失去实际联系的生活片段，由于抒情色彩或象征意义接近而直接结合于一个人的统一的独白型视野之中，那么我们所见的就已经是浪漫主义作家的世界了（如霍夫曼的世界便是如此），而绝不会是陀思妥耶夫斯基笔下的世界。

对于陀思妥耶夫斯基小说最终达到的超越情节的完整统一，科马罗维奇是用独白型观点，可以说是极端的独白型观点来解释的，尽管他也将它比为复调现象，比为赋格曲中对位的和声现象。在布罗德尔·赫里斯季安逊的独白型美学的影响下，他认为小说超情节超实际

---

① 《费·米·陀思妥耶夫斯基论文与资料》，第2集，A.C.多利宁编，莫斯科—列宁格勒，思想出版社，1924年，第48页。——作者

的统一,是作者意志在流动中的统一:"实际上零零散散的种种成分(即情节),相互并列而从属于特定的目的——这便是陀思妥耶夫斯基小说艺术统一体的基础。在这个意义上,它可能近似复调音乐中的艺术整体。赋格曲中的五个声音,不断加入并发展形成对位的谐声,就很像陀思妥耶夫斯基小说的'谐声学'。这一类比(如果正确的话)使我们有可能对小说统一体的基础本身,作一个较为概括的说明。在音乐中也好,在陀思妥耶夫斯基小说中也好,正如在我们自身——在人类的'我'身上,都体现着相同的统一法则,即行为符合目的的法则。在小说《少年》中,这个统一原则同作品中表现的象征意义,是完全一致的。例如,韦尔西洛夫对阿赫玛科娃的'由爱到恨',象征着个人意志为追求超个人的结果而导致的悲剧性冲动。与此相呼应,整个小说就是按照表现个人意志活动的小说类型建构起来的。"[①]

我们觉得科马罗维奇的主要错误在于:他寻找的是现实生活的一些片段的直接结合,或是一些情节的直接结合;而实际上却是具有充分价值的不同意识的结合,以及他们各自世界的结合。因此,结果得出的不是有几名平等参加者的事件的统一,而是空洞无物的一个人意志活动的统一。他这样来解释复调现象,同样也是完全不正确的。复调的实质恰恰在于:不同声音在这里仍保持各自的独立,作为独立的声音结合在一个统一体中,这已是比单声结构高出一层的统一体。如果非说个人意志不可,那么复调结构中恰恰是几个人的意志结合起来,从原则上便超出了某一人意志的范围。可以这么说,复调结构的艺术意志,在于把众多意志结合起来,在于形成事件。

陀思妥耶夫斯基笔下世界的完整统一,不可以归结为一个人感情意志的统一,正如音乐中的复调也不可归结为一个人感情意志的统一一样。科马罗维奇这样归纳的结果,小说《少年》被当成了某种抒情性的统一体,属于简化的独白体小说,因为不同的情节内容是以共同的

[①] 《费·米·陀思妥耶夫斯基论文与资料》,第 2 集,A.C.多利宁编,莫斯科—列宁格勒,思想出版社,1924 年,第 67、68 页。——作者

感情意志结合起来的，也就是说是按抒情原则结合起来的。

必须指出，就连我们所用的比喻——将陀思妥耶夫斯基的小说比作复调——同样只是一种现象的类比，如此而已。利用复调的形象、对位的形象，不过是为了指出当小说的结构方法超出通常的独白型统一体时会出现的新问题，正如音乐中超出单声便会出现某些新问题一样。但音乐和小说使用的材料大相径庭，因此它们之间除了做形象的类比，除了做一般的比喻，谈不上更多的相同点。我们把这个比喻变成了一个术语——"复调小说"，是因为找不到更合适的名词。可不要忘记我们这一术语来源于比喻。

我们觉得，Б.М.恩格尔哈特在其论文《陀思妥耶夫斯基的思想小说》中，对陀思妥耶夫斯基创作的基本特点，达到了非常深刻的理解。

Б.М.恩格尔哈特的出发点，是从社会学和文化史的角度来阐释陀思妥耶夫斯基的主人公。陀思妥耶夫斯基的主人公，是脱离了文化传统，脱离了土壤和大地的平民知识分子，是"偶合家族"的代表。这种人同思想处于特殊的关系之中；在思想面前，在思想的威力面前，他一筹莫展，因为他不是根植于生活，且又失去了文化传统。他变成了"思想的人"，被思想搅得神志不清。思想到他身上，变成了一种威力，为所欲为地左右着、扭曲着这人的意识和他的生活。思想在主人公的意识中，过着独立的生活，因此实际上生活着的不是他本人，而是思想。小说家写的不是主人公的生平，而是主人公身上那思想的生平。研究"偶合家族"历史的专家，成了"思想史学家"。当形象地表现主人公的时候，描绘的重心因而就是左右着主人公的那个思想，而不是一般类型小说中主人公的生平（如托尔斯泰和屠格涅夫的作品）。由此便引出了陀思妥耶夫斯基小说的体裁特色，被界定为"思想小说"。不过，这并不是通常所谓的思想性小说，即所谓写主题的小说。

恩格尔哈特写道："陀思妥耶夫斯基描绘了思想在个人意识和社会意识中的生活情状，因为他认为在知识分子社会中，思想是决定一切的因素。不过这句话不应这样理解:他写了思想性的小说,倾向性的小说;作者是个有倾向性的艺术家;在他身上哲学家多于诗人。他写的不是表现某种主题思想的小说,不是18世纪那种崇高的哲理小说,而是描绘思想本身的小说。如同在别的小说家作品中描写对象可以是惊险故事、趣闻逸事、典型心理、生活画面或历史场景,在他的作品中这个对象就是'思想'。他培育出一种完全特殊的小说,并把它发展到异乎寻常的高度;这类小说不同于冒险小说、感伤小说、心理小说或历史小说,可以称作思想小说。从这个意义上说,他的作品尽管向来有争议,但在客观性上不比其他伟大的语言艺术家逊色,因为他自己就是个伟大的作家,他在自己的小说中首先和最常提出并解决的问题,就是纯粹的艺术课题。只不过他的材料十分特殊,因为他的主人公是思想。"①

思想成了描绘对象,成了塑造主人公形象的重心,结果导致小说世界解体,分裂为众多主人公的世界;这些主人公世界是由左右着主人公的思想组织而形成的。Б.М.恩格尔哈特十分明确地揭示了陀思妥耶夫斯基小说的多元性:"如果纯粹从艺术方面处理主人公同周围世界的关系,那么这里依据的原则,便是要看以这种或那种形式表现出来的主人公对世界的思想态度。正如当艺术地描绘主人公时重心在于支配人物的一系列富有威力的思想,同样地在描绘周围的现实时,主要的内容便是主人公看待这一世界的观点。每个主人公都是从一个特别的侧面看到世界的,对世界的描绘也就是从这一个视角进行的。在陀思妥耶夫斯基作品中,找不出对外部世界的所谓客观的描写。严格地说,他的小说里既没有日常生活,也没有城市或农村生活,没有自然;这里有的或者是环境,或者是土壤,或者是大地,取决于作品人物是从哪个方面来观察这一切。由此产生了文学作品中现实生

---

① Б.М.恩格尔哈特:《陀思妥耶夫斯基的思想小说》,载《费·米·陀思妥耶夫斯基论文与资料》,第2集,А.С.多利宁编,莫斯科—列宁格勒,思想出版社,1924年,第90页。——作者

活的多元性质。这个多元性在陀思妥耶夫斯基的后继者手里,常常导致生活的某种四分五裂,使得小说的情节同时或轮番地散开在几个完全不同的实体领域之中。"①

支配主人公意识和生活的思想,性质各有不同,恩格尔哈特据此来区分小说情节借以展开的三个领域。第一个领域是"环境"。这里机械的必然性居于统治地位。这里没有自由,生活意念的每个行动,在这里都是外界条件促成的自然结果。第二个领域是"土壤"。这是人民精神在发展中构成的有机体系。最后第三个领域是"大地"。

恩格尔哈特谈到这一领域时说:"第三个概念:大地——这是我们在陀思妥耶夫斯基作品中能够找到的最深刻的概念之一。这是不会因子孙后代而改变样子的大地;这是阿廖沙·卡拉马佐夫吻着、泣着、痛哭流涕而誓死要爱恋的大地;这是一切——整个自然界、所有的人类禽兽;这是上帝从其他世界取来种子在这个世界培育出来的美丽的花园。

"这是最高的现实,同时又是精神达到了真正自由状态的人生世界……这第三个王国是爱的王国,因而又是充分自由的王国,是永远欢乐快活的王国。"②

根据恩格尔哈特的意见,这就是小说的几个领域。现实(外部世界)中的任何一个因素,任何一种感受,任何一个行动,都一定要进入这三者之中的某一领域中。陀思妥耶夫斯基小说的基本主题,恩格尔哈特同样是按照这几个领域做了区分。③

---

① Б.М.恩格尔哈特:《陀思妥耶夫斯基的思想小说》,载《费·米·陀思妥耶夫斯基论文与资料》,第2集,А.С.多利宁编,莫斯科—列宁格勒,思想出版社,1924年,第93页。——作者
② Б.М.恩格尔哈特:《陀思妥耶夫斯基的思想小说》,第93页。——作者
③ 第一领域的主题:(1)俄罗斯超人主题(《罪与罚》);(2)俄罗斯浮士德(伊万·卡拉马佐夫)主题等。第二领域的主题:(1)《白痴》主题;(2)屈从于色狂之"我"的情欲主题(斯塔夫罗金)等。第三领域的主题:俄罗斯虔诚教徒的主题(佐西马、阿廖沙)。参看 Б.М.恩格尔哈特著《陀思妥耶夫斯基的思想小说》,第98页以后。——作者

这些领域在小说的统一体中是怎样连接起来的呢？它们相互结合的原则是什么？

恩格尔哈特认为，这三个领域和相应的各种主题，如果从它们相互间的关系来看，代表着精神在辩证发展中的不同阶段。他写道：这些不同阶段"在这个意义上构成了一条统一的道路，正是沿着这条道路，探索者经受着巨大的痛苦和危险向前走去，希冀无条件地肯定人生。因此不难发现，这条道路对陀思妥耶夫斯基本人，在主观上也具有重要意义"。①

恩格尔哈特的见解便是这样。它非常清晰地说明了陀思妥耶夫斯基作品最重要的结构特点，一贯地力图克服在理解和评价这些作品时只是片面地抽象地讲思想性的偏向。但是我们并不认为这一见解的全部内容都是正确的。至于他在自己著作的最后，就陀思妥耶夫斯基全部创作所做的结论，我们觉得就完全不对了。

是Б.М.恩格尔哈特第一次对思想在陀思妥耶夫斯基小说中的地位，做出了正确的判断。思想在这里的确不是描绘的原则（像其他任何小说中那样），不是描绘的主旨，也不是描绘所得的结论（诸如思想性小说、哲理小说那样）；思想在这里是描绘的对象。如果说思想是观察和理解世界的一种指导原则，是再现世界的指导原则，那么这只是对主人公②来说是如此，却绝不适用于作者本人——陀思妥耶夫斯基。不同主人公各自的世界，都是按照普通的独白型的思想原则建构起来的，仿佛是这些主人公自己建构起来的。"大地"同样也只是纳入小说统一体的诸多世界中的一个，只是小说中几个领域中的一个。虽然"大地"比起"土壤"和"环境"来，有着某种更高一层的意义，但它终归也只是某一些人物如索尼娅·马尔梅拉多娃、佐西马神父、阿廖沙等的思想角度。

---

① Б.М.恩格尔哈特：《陀思妥耶夫斯基的思想小说》，第96页。——作者
② 对伊万·卡拉马佐夫来说，如同对"哲理诗"的作者一样，思想又是描绘世界的指导原则，因为陀思妥耶夫斯基作品中的每个人物，就其潜在意义来说，也俨然是个作者。——作者

在小说中,作为这一领域基础的主人公思想,也仍然是描绘的对象,本身就相当于主人公,正如拉斯科尔尼科夫、伊万·卡拉马佐夫等人的思想一样。它们绝不会变成描绘的指导原则、构筑整部小说的指导原则,也就是说它们不会变成作为艺术家的作者本人的指导原则。否则的话,小说便成了普通的思想哲理小说。上述的主人公思想,尽管在作品中具有高出其他的重要意义,却没有使陀思妥耶夫斯基的小说变成一般的独白型小说,因为独白型小说归根到底总是只能有一个观察的角度。从小说的艺术结构来看,这些主人公的思想只是小说情节的平等的参加者,同拉斯科尔尼科夫、伊万·卡拉马佐夫等人的思想是平列的。不仅如此,对形成小说整体结构来说,还正是拉斯科尔尼科夫和伊万·卡拉马佐夫这些主人公,起了定基调的作用。就是这个缘故,在陀思妥耶夫斯基的小说中,赫洛莫诺什卡(跛女人)的语言里,云游派教徒马卡尔·多尔戈鲁基的讲述和话语里,最后还有"佐西马生平"里的叙事语气,才显得异常突出。假如作者的世界同"大地"这一领域是重合一致的话,那么全部小说便会都用与这一领域相应的叙事风格来创作了。

总之,不管是"反面人物"还是"正面人物",他们的思想都不构成作者描绘的指导原则,因而也起不了组织小说整个世界的作用。这就给我们提出了一个问题:不同人物各自的世界,以及构成其基础的各种思想,是怎样结合成为作者世界,也就是小说世界的呢?对这个问题,恩格尔哈特回答得不正确。确切些说,他回避了这个问题,回答的实际上完全是另一个问题。

实际上,不同世界的相互关系,或不同领域(按照恩格尔哈特的说法,即"环境""土壤"和"大地")的相互关系,在小说里并非一个统一发展进程的不同环节,并非一个统一精神形成过程的不同阶段。要知道,一部小说中的不同领域,正是以不同的主人公思想为基础,受主人公思想的决定,倘若在每一部小说中不同主人公的思想都当作统一发展进程中的不同环节来安排,那么小说便应是按照辩证发展的方法结构起来的有始有终的哲理整体。如果是这样,我们在最好的情况下所能见到的,也不过是哲理小说、表现一定主题思想的小说,即使这个主题思想是逐渐发展起来的。如果情况差一些,那便是披上小说形式的哲理。这种辩证发展进程的最后一环,不可避免地只会是作者出来做综合,使此前的各个环节作为已经迎刃而解的一些抽象问题而不复存在了。

实际情况并非如此:陀思妥耶夫斯基的任何一部小说里,都没有通过辩证发展过程而形成什么统一的精神;这里完全同悲剧的情形一样,根本就不存在形成的过程、发展的过程(在这个意义上说陀思妥耶夫斯基的小说同悲剧相似,是正确的)[1]。每本小说里写的都是众多意识的对峙,而对峙又没有通过辩证的发展得到消除。这些意识并不融合为某种正在形成的统一精神,正像在形式上属于复调型的但丁的小说世界里鬼魂同心灵并不融合一样。最多它们只能像在但丁的世界中那样,在不丧失个性、互不融合而仅仅是相互组合的条件下,共同形成某种静止的东西,仿佛是停滞不动的情节事件,一如但丁的十字架形象(十字军骑士的灵魂)、老鹰形象(帝王的灵魂)或神秘蔷薇的形象(幸福者的灵魂)。在一部小说范围内,同样也看不到一个作者精神的发展和形成;作者如同在但丁的世界中那样,或者作为一个观察者,或者成为情节参与者之一。在一部小说中,主人公的不同世界是通过情节事件而产生相互关系,不过这种相互关系如我们已经说过的,最不宜于归结为论点、驳论、综合之间的关系。

就陀思妥耶夫斯基的整个艺术创作来说,同样不可把它理解为是描写精神的辩证形成过程。因为他走过的创作道路,就是他的小说艺术演变的过程;这种艺术的演变,固然同思想的演变息息相关,但却不

---

[1] 陀思妥耶夫斯基构思过唯一一本记述生平的小说,即《大罪人传记》,本该描绘一个意识的形成历史,但构思没有实现,确切地说是在实现的过程中,一本书分解成了几本复调小说。参看B.科马罗维奇著《陀思妥耶夫斯基没有写成的一部史诗》,载《费·米·陀思妥耶夫斯基论文与资料》,第1集,A.C.多利宁编,莫斯科—列宁格勒,思想出版社,1922年。——作者

会融合于思想的演变中。如果说通过"环境""土壤"和"大地"三个阶段在辩证发展过程中形成了某种精神，那么这一点也只能在陀思妥耶夫斯基的艺术作品之外猜测出来。他的小说作为艺术整体，并没有描绘，也没有表现精神的辩证形成。

恩格尔哈特最终也同他以前的研究者一样，把陀思妥耶夫斯基的世界独白化了，把它归之于有个辩证发展过程的哲理性独白。依照黑格尔观点理解的那种统一的、辩证发展形成的精神，除了哲理性独白之外，再不能产生别的东西。在一元论的唯心主义土壤上，要出现众多互不融合的意识是最为困难的。从这一意义上说，某种统一的形成中的精神，即使作为一种形象，也会同陀思妥耶夫斯基本能地格格不入。陀思妥耶夫斯基的世界，是带有深刻的多元性的世界。如果一定要寻找一个为整个陀思妥耶夫斯基世界所向往又能体现陀思妥耶夫斯基本人世界观的形象，那就是教堂，它象征着互不融合的心灵进行交往。聚集到这里的既有犯了罪过的人，又有严守教规的人。这或许可能是但丁世界的形象，在这里多元化变成了永恒的现象，既有不思悔改的人又有忏悔者，既有受到惩罚的人，又有得到拯救的人。这样一种形象符合陀思妥耶夫斯基本人的风格，确切些说是符合他的思想特点。而一个统一精神的形象，同他是绝对格格不入的。

即使教堂这个形象，也不过是一种形象而已，并不能说明小说结构本身的什么问题。这种形象是某一思想的折射反映。小说要解决的艺术课题，并不受这第二性的思想折光所左右；尽管在陀思妥耶夫斯基的意识中，要解决一种艺术课题，有时可能相伴出现这类的思想折射。小说中不同领域间如何实现具体的艺术联系，不同领域如何组合成为完整的作品——这些应该用小说本身的材料来加以阐释和说明；而"黑格尔精神"和"教堂"，都同样回答不了这个直截了当的问题。

如果我们提出问题，要寻找使创作复调小说成为可能的那些艺术之外的原因和因素,那主要地也不能是研究属于主观范畴的事实,不管这些事实是多么含义深刻。要是在陀思妥耶夫斯基面前,或者据他的理解,多元性和矛盾性只是个人生活中的实情,只是精神(指他自己或别人的精神)的多元性和矛盾性,那他就成了一个浪漫主义者,会创作出独白型小说来描绘人的精神如何在矛盾中形成;这样的小说才真正符合黑格尔哲学的观点。可是实际上,陀思妥耶夫斯基不是在人的精神里,而是在社会的客观世界中,发现了并极善于理解这个多元性和矛盾性。在这个社会的世界中,多元的领域不是不同的阶段,而是不同的营垒;它们之间的矛盾关系,不表现为个人走过的道路(不管是升还是沉),而表现为社会的状态。社会现实的多元性和矛盾性,在这里是以一个时代的客观事实呈现出来的。

这个时代本身,使复调小说的出现成为可能。陀思妥耶夫斯基是以其主观的态度来接触自己时代充满矛盾的多元性的,他更换着领域,从一个领域转到另一个;在这里,共存于客观社会生活中的不同领域,对他来说是他生活道路的不同阶段,是他精神成长的不同阶段。这种个人经验是极其深刻的,但陀思妥耶夫斯基没有在自己的作品中直接通过独白形式把它表现出来。这个经验只是帮助他更深刻地理解人们之间同时共存但分散而不集中的矛盾。这可不是某个人意识中多种思想之间的矛盾。因此,时代的客观矛盾对陀思妥耶夫斯基创作所起的决定作用,不表现为他个人在自己精神形成过程中如何克服这些矛盾,而表现为他对这些矛盾的客观的观察,即把这些矛盾看成是同时共存的不同的力量(这种观察当然因为加进了个人的感受而得到深化)。

这里我们便接触到陀思妥耶夫斯基艺术观察的一个非常重要的特征,这一特征在评论著作中要么根本未被人理解,要么估计得不足。由于对这一特征估计不足,致使恩格尔哈特也得出了似是而非的结论。陀思妥耶夫斯基艺术观察中的一个基本范畴,不是形成过程,而是同时共存和相互作用。他观察和思考自己的世界,主要是在空间的存在里，而不是在时间的流程中。由此便产生了他对戏剧形式的深刻爱好。① 所有他能掌握的思想材料和现实生活材料，他都力求组织在同一个时间范围里，通过戏剧的对比延伸地铺展开来。像歌德那样的艺术家，本能地倾向于描绘处于形成过程的事物。他力图把所有共存于一时的矛盾，看成为某个统一发展过程中的不同阶段；在现实的每一个事物中看出过去的痕迹、当今的高峰或未来的趋向。这样做的结果，在他的作品里没有什么事物是星散在一个广阔平面上的。这至少是他观察世界、理解世界的一个基本倾向。②

陀思妥耶夫斯基同歌德相反，他力图将不同的阶段看作是同时的进程，把不同阶段按戏剧方式加以对比映照，却不把它们延伸为一个形成发展的过程。对他来说，研究世界就是意味着把世界的所有内容作为同时存在的事物加以思考，探索出它们在某一时刻的横剖面上的相互关系。

由于他有如此顽强的追求，要把一切都作为同时共存的事物来观察，要把一切都平列而同时地理解和表现，似乎只在空间中而不在时间里描绘，其结果，甚至一个人的内心矛盾和内心发展阶段，他也在空间里加以戏剧化了，让作品主人公同自己的替身人、同鬼魂、同自己的alter ego（另一个我），同自己的漫画相交谈（如伊万和鬼魂，伊万和斯梅尔佳科夫，拉斯科尔尼科夫和斯维德里盖洛夫，等等）。在陀思妥耶夫斯基的作品中，人物成对出现是常见的现象，原因就在于他的这一特点上。可以直截了当地说，陀思妥耶夫斯基总是要从一个人的内心矛盾中，引出两个人来，目的是把这一矛盾戏剧化，把它横展开来表现。这个特点还有一种外在表现，就是陀思妥耶夫斯基酷爱人物众多的场面，希望在一时一地汇集起最多的人物和主题，虽然常常违反实际上的真实情况；也就是说要在一瞬间集中尽可能多样性质的事物。

---

① 不过如上文我们说过的，他不承认戏剧的那个先决条件——必须是一个统一的独白型的世界。——作者
② 关于歌德的这一特点，可参看Γ.齐姆梅尔所著《歌德》一书（俄译本由国家艺术科学院出版社出版），1928年，以及F.龚道尔夫所著《歌德》，1916年。——作者

也由于这一点,陀思妥耶夫斯基努力在小说中遵循戏剧的共时原则;又由于这一原因,才出现令人瞠目的情节剧变、"旋风般的运动",陀思妥耶夫斯基的流动感。流动感和快速在这里(其实在哪里都如此),不是时间的胜利,而是控制时间的结果,因为快速是在时间上控制时间的唯一办法。

是否能同时共处,是否能并排平列或分立对峙,这似乎是陀思妥耶夫斯基选材区分主次的标准。只有经过思考能纳入同一个时刻的东西,能在同一时刻相互发生联系的东西,才算是重要的,才进得了陀思妥耶夫斯基的世界。这一切又能成为永恒的,因为在永恒之中,据陀思妥耶夫斯基的看法,一切都是同时的,一切都在共处之中。只是在"从前"和"以后"才有意义的东西,只满足于自己短暂存在的东西,只能适应过去或将来的东西,或者是只能适应与过去和将来相对而言的现在的东西——这些在他看来都无足轻重,进不了他的世界。所以,他的主人公从不回忆什么东西,他的主人公没有属于生平往事的身感实受的经历。他们从自己的过去中,只记得仍然属于现在、至今仍然在感受的东西,如没有赎完的过失、罪行,没能忘怀的屈辱。人物生平中只有这些事实,才能被陀思妥耶夫斯基用到自己的小说中去,因为这些事实符合他的共时原则。① 因而在陀思妥耶夫斯基的小说中,没有原因,不写渊源,不从过去、不用环境影响和所受教育等来说明问题。主人公的每一个行为,全展现在此时此刻,从这一点上说并无前因;作者是把它当作一个自由的行动来理解和描写的。

我们分析的陀思妥耶夫斯基的这一特征,当然不属于一般意义上的世界观方面的特征。这是他艺术地感知世界的特点:他只善于从同时共处这一角度来观察和描绘世界。不过这一特点自然应反映到他的抽象的世界观上。我们在他的世界观中,同样也发现了类似的现象:在陀思妥耶夫斯基的思维中,看不到渊源因果方面的范畴。他总

---

① 往事的场景,只在陀思妥耶夫斯基的早期作品中有所出现(例如瓦莲卡·多布罗谢洛娃的童年景象)。——作者

是在辩论,怀着某种本能的敌意辩论;他驳斥环境论,不管这理论以什么形式出现(如律师以环境为理由辩护)。他几乎从不诉诸历史本身;任何社会和政治问题,他都是从当代现实的角度来处理的。而这一点不能只用他的杂志编辑来解释,说编辑的地位要求他从当代现实的角度来处理问题。相反地,我们觉得,陀思妥耶夫斯基所以酷爱新闻,喜欢报纸,所以对报章有深刻而精微的理解,把报纸看作是当今社会矛盾在一日的横切面上的生动反映(报纸里平列或对峙地横展开极其纷杂又极其矛盾的材料),其原因就在他的艺术观察所具有的这一基本特点上。① 最后,从抽象的世界观方面看,这一特点表现为陀思妥耶夫斯基的世界末日论——政治上的和宗教上的世界末日论,表现在他要加速"结局"到来的倾向上,要在此时此刻便预感到结局,认为在同时共存的不同力量的搏斗中就已经有未来存在。

陀思妥耶夫斯基善于在同时共存和相互作用之中观察一切事物的这一不同凡响的艺术才能,是他伟大的力量之所在,又是他巨大的弱点之所在。这一擅长导致他对许许多多至为重要的东西视而不见,听而不闻;现实生活的众多方面,没能进入他的艺术视野。但是另一方面,这种才能使他对此刻的世界有着异常敏锐的感受;在别人只看到一种或千篇一律事物的地方,他却能看到众多而且丰富多彩的事物。别人只看到一种思想的地方,他却能发现、能感触到两种思想——一分为二。别人只看到一种品格的地方,他却从中揭示出另一种相反品格的存在。一切看来平常的东西,在他的世界里变得复杂

---

① 关于陀思妥耶夫斯基对报纸的偏爱,格罗斯曼讲得很好:"陀思妥耶夫斯基不像与他才智相当的人们常有的那样,从来不曾厌恶报章,对日报从未像某些人那样公开鄙视,不屑一顾,如霍夫曼、叔本华或者福楼拜。与他们不同,陀思妥耶夫斯基喜欢钻研报章消息,他批评当时的作家们对这些'最现实最新奇的事实'无动于衷;他以一个娴熟的新闻家的敏感,能够从前一天零零碎碎的新闻中勾画出此一历史时刻的完整面貌。他在1867年曾问一位通信者:'你订阅什么报纸吗?读读报纸吧!现在没这个不行,不是赶时髦,而是因为一切事情,包括公共的和个人的事情,它们之间明显可见的联系越来越紧密,越来越醒目了……'"见列昂尼德·格罗斯曼著《陀思妥耶夫斯基的诗学》,莫斯科,国家艺术科学院出版社,1925年,第176页。——作者

了,有了多种成分。在每一种声音里,他能听出两个相互争论的声音;在每一个表情里,他能看出消沉的神情,并立刻准备变为另一种相反的表情。在每一个手势里,他同时能觉察到十足的信心和疑虑不决;在每一个现象上,他能感知存在着深刻的双重性和多种含义。可是,一切矛盾和双重性,并没有形成为辩证发展的过程,没有连缀为时间的运动,也不是一个形成的过程,却全在同一个平面上展开,或是相伴平行,或是相互对峙;或者是虽然和谐但互不融合,或者竟是矛盾到底;或者是由互不融合的声音组成的永恒的和谐体,或者是相互之间永无休止、永无结果的争论。陀思妥耶夫斯基的视觉,封闭于这一多样展开的一瞬间,并且停留在这一瞬间之中,使这个瞬间的横剖面上纷繁多样的事物,各显特色而穷形尽相。

陀思妥耶夫斯基正因为具有同时立刻听出并理解所有声音这一特殊才能(堪与他这才能媲美的,只有但丁),才能够创作出复调型小说。陀思妥耶夫斯基所处时代客观上的复杂性、矛盾性和多声部性,平民知识分子和社会游民的处境,个人经历和内心感受同客观的多元化生活的深刻联系,最后还有在相互作用和同时共存中观察世界的天赋——所有这一切构成了陀思妥耶夫斯基复调小说得以成长的土壤。

我们分析的陀思妥耶夫斯基观察世界的特点,他对时空的一种特殊的艺术见解,如我们在下文(第四章)将会详加论证的那样,在他与之息息相关的那部分文学传统中,也找得到自己的渊源。

总而言之,陀思妥耶夫斯基的世界,是纷繁多样的精神现象通过艺术组织而同时共存与相互作用,但不是统一精神的不同发展阶段。也由于这个缘故,主人公的不同世界,小说的不同领域,尽管反映着层次各异的视角,在小说本身的结构中却是平列而共存的(如同但丁作品中不同的世界一样),又是相互作用的(这一点在但丁的形式上的复调中,并不存在);可绝不是一个跟着一个鱼贯而行,像形成过程中的不同阶段那样。这自然不意味着在陀思妥耶夫斯基的世界中,主要是不可救药的芜杂残缺的逻辑,是不可取的主观主义的矛盾性。不,陀思妥耶夫斯基的世界虽有自己的特点,但也同但丁的世界一样,是完整的,是自成整体的。只是不该到那里去寻找独白体系的完整性,即使寻找经过辩证发展的哲理的完整性,也是徒劳无益的;原因倒不是作者做不到这一点,原因在于这不在作者的创作意图之中。

是什么东西迫使恩格尔哈特到陀思妥耶夫斯基的作品中,寻找"反映人类精神逐渐形成历史的一个哲理巨构的各个环节"呢?[①] 换言之,是什么使他走上了早已为人踏烂的老路——把陀思妥耶夫斯基作品加以哲理独白化的道路?

我们觉得,恩格尔哈特的主要错误,是他在开始给陀思妥耶夫斯基的"思想小说"下定义时犯下的。思想作为描绘对象,在陀思妥耶夫斯基作品中占着重要地位,但终究不是他小说的主人公。他的主人公是人,他描绘的归根结底不是人身上的思想,而是如他亲自说的——"人身上的人"。思想对他说来,要么是考验"人身上的人"的试金石,要么是他表现自己的形式,最后(也是最主要的)也许是一种媒介,一种环境,借此揭示人的意识的深刻本质。恩格尔哈特对陀思妥耶夫斯基深刻的人格主义估计不足。柏拉图理解的"自在的思想",现象学家所指的"理想的存在",这都是陀思妥耶夫斯基不知道、不观察、不描写的。对陀思妥耶夫斯基来说,没有不属于任何人的思想、念头、论点——所谓"自在"之物。就是"自在的真理",他也按照基督教教义的精神,看成是体现在耶稣身上的真理,也就是说把真理看成同别人发生了相互关系的个人。

因此,陀思妥耶夫斯基所描写的,不是单个意识中的思想,也不是不同思想的相互关系,而是众多意识在思想观点(也不只是思想观点)方面的相互作用。又由于意识在陀思妥耶夫斯基的世界中,不是作为形成发展过程写的,也就是说没有历史地写,而是同他人意识平列起来写的,其结果便不可能集中写这个意识及其思想观点,不可能集中写它内在的逻辑发展,于是就把它引入了同他人意识的相互作用之

[①] 见前引《费·米·陀思妥耶夫斯基论文与资料》一书,第105页。——作者

中。陀思妥耶夫斯基笔下人的意识，从不独立而自足，总是同他人意识处于紧张关系之中。主人公的每一感受，每一念头，都具有内在的对话性，具有辩论的色彩，充满对立的斗争或者准备接受他人的影响，总之不会只是囿于自身，老是要左顾右盼看别人如何。可以这么说，陀思妥耶夫斯基以艺术的形式提出了不同意识的社会分类，自然只是从同时共存的切面上加以区分的。尽管如此，陀思妥耶夫斯基作为一个艺术家，达到了这样一个高度，即能够客观地观察意识的活动情况及其在现实中同时共处的种种形式，所以也为社会学家提供了珍贵的材料。

陀思妥耶夫斯基主人公的每一个思想（如"地下室的人"、拉斯柯尔尼科夫、伊万等），从开初就觉得自己是一场未完对话中的一个对语。这样的思想，不追求圆满完整，不追求成为独白体系的整体。它与他人思想、他人意识处于短兵相接之中。它具有自己独特的情节性，不能脱离开人。

因此我们觉得，"思想小说"这一术语不很贴切，引人离开了陀思妥耶夫斯基真正的艺术目的。

这样，连恩格尔哈特也没能彻底把握住陀思妥耶夫斯基的艺术意图。他指出了这一艺术意图的一系列至为重要的方面，但总体上却把这一艺术意图解释成哲理性独白体的意图，把同时共存的众多意识构成的复调，变成了单一意识形成发展的单声。

A.B.卢那察尔斯基在其论文《论陀思妥耶夫斯基的"多声部性"》[①]中，十分明确而广泛地提出了复调问题。

A.B.卢那察尔斯基基本上赞同我们提出的关于陀思妥耶夫斯基

[①] A.B.卢那察尔斯基此文最早刊载在《新世界》杂志（1929年第10期）上，后曾多次再版。我们的引文据《俄国评论界论费•米•陀思妥耶夫斯基》，莫斯科，国家文学出版社，1956年，第403—429页。A.B.卢那察尔斯基的这篇文章，是就拙作（M.M.巴赫金：《陀思妥耶夫斯基创作问题》，列宁格勒，激浪出版社，1929年）第1版问世而写的。——作者

复调小说的论点。他写道:"因此我觉得,M.M.巴赫金不仅比迄今为止任何人都更加明确地肯定了多声部性在陀思妥耶夫斯基小说中具有的巨大意义,确定了这一多声部性作为他的小说最重要的特点所起的作用,并且正确地指出了每种'声音'都具有异乎寻常的、为多数其他作家根本不能设想的独立性和充分价值。而这些在陀思妥耶夫斯基作品里得到了如此充分的展示,令人感到惊讶。"

接着卢那察尔斯基正确地强调说:"在小说中确实起着重要作用的一切'声音',都是一种'信念',或者是'看待世界的观点'。

"陀思妥耶夫斯基那些长篇小说,实为结构得十分精彩的对话。

"在这种情况下,各个'声音'的深刻独立性,不妨说是十分引人入胜的。我们可以设想,陀思妥耶夫斯基大概打算把人生的种种课题,交给这些各具特色、为欲念所苦恼、燃烧着狂热之火的许多'声音'去讨论,自己却好像只是出席旁听这类牵动神经的论争,怀着好奇心看这一切如何收场,事情往何处发展。在很大的程度上,事实确乎如此。"

卢那察尔斯基接着提出了陀思妥耶夫斯基在复调方面师法前人的问题。他认为这种先行者便是莎士比亚和巴尔扎克。

他是这样讲莎士比亚的复调性的。

"作为无倾向性作家(至少很长时间以来人们是这样看他的),莎士比亚有着极其强烈的复调性。可以举出优秀的研究者、模仿者或崇拜者一长串关于莎士比亚的论述。他们赞叹不已的,正是莎士比亚善于塑造不受他本人制约的人物,并且这种人物是形形色色,而每一个人全部无穷无尽的言论和行为都有着不可思议的内在逻辑性……

"讲到莎士比亚,既不能说他的戏剧是意在证明某种命题,也不能说引入莎士比亚戏剧中广大复调世界的不同'声音',为了实现剧本的构思和整体结构而失去了自己的充分价值。"

据卢那察尔斯基的看法,莎士比亚时代的社会条件也同陀思妥耶夫斯基的时代相似。

"莎士比亚的复调反映了怎样的社会现象呢？当然，说到底主要也还是陀思妥耶夫斯基作品中写的那些。那个辉煌瑰丽的、化为众多璀璨明珠的文艺复兴时代，那个产生了莎士比亚及其同代戏剧家的文艺复兴时代，自然也是资本主义迅猛侵入宁静的中世纪英国的结果。这里同样开始了全面的瓦解，出现了巨大的变化，过去互不相干的那些社会结构、思想体系突然发生了冲突。"

据我们看 A.B.卢那察尔斯基在一点上是正确的：在莎士比亚的戏剧里能够找到复调的某种因素、某些萌芽。莎士比亚同拉伯雷、塞万提斯、格里美豪森等人，同属欧洲文学中复调萌芽接近成熟的那一发展趋向；陀思妥耶夫斯基便成了这一发展趋向的完成者（指在这一方面）。但是我们认为无论如何不能说，莎士比亚的戏剧已经具有了目标明确的复调性质，理由如下：

第一，戏剧本质上便同真正的复调格格不入；戏剧可以是囊括多方面的生活，但不可能容纳多种世界，它只能有一种而不是几种尺度。

第二，即便可以说存在许多种充分价值的声音，那也只能是就莎士比亚的整个创作而论，不是指他单出的戏。每出戏里实际上只有一个充分价值的主人公声音，而复调则要求一部作品中有多种充分价值的声音，因为只有这样才可能按照复调原则来建构作品的整体。

第三，莎士比亚作品中的声音，不是陀思妥耶夫斯基笔下那种意义上的人物的对世界的视角；莎士比亚的人物不是充分意义上的思想家。

至于巴尔扎克，也可以有复调的某些因素，但只是一些因素而已。巴尔扎克也属于陀思妥耶夫斯基所追随的欧洲小说的那种发展趋向，是陀思妥耶夫斯基直接效法的前辈。巴尔扎克和陀思妥耶夫斯基的共同之处，人们已经提到过不止一次（Л.格罗斯曼讲得最好最全面），没有必要再赘述。不过，巴尔扎克无力改变自己主人公的客体性质和自己艺术世界的独白型的完整性。

我们相信，唯有陀思妥耶夫斯基堪称真正复调的创始人。

А.В.卢那察尔斯基的注意力,主要放在如何揭示陀思妥耶夫斯基多声部性的社会历史原因的问题上。

卢那察尔斯基赞同考斯的观点,并更深入地揭示出陀思妥耶夫斯基的时代、俄国年轻资本主义时代所具有的极其尖锐的矛盾性。接着,他又揭示了陀思妥耶夫斯基本人的社会个性的矛盾性、两重性,揭示了他在革命唯物主义的社会主义同保守的(防卫的)宗教世界观两者之间无法做出最后抉择的摇摆。下面我们引述一下卢那察尔斯基进行历史成因分析所得的总括性结论。

"只是陀思妥耶夫斯基意识的内在分裂性,连同俄国年轻资本主义社会的分裂性一起,使得陀思妥耶夫斯基产生了需要,一次又一次地倾听社会主义因素的进程,现实生活的进程,同时作者为这进程准备了对唯物的社会主义极其不利的条件。"

稍后一些又写道:

"陀思妥耶夫斯基的复调中,不同'声音'所以具有令读者惊讶的那种空前的自由,恰恰是由于陀思妥耶夫斯基对他所唤出的灵魂,实际上只掌握着有限的权利……

"如果说陀思妥耶夫斯基作为一个作家,对自己来说是左右一切的主人,那么他作为一个人,对自己来说可算得是左右一切的主人吗?

"不,作为一个人,陀思妥耶夫斯基对自己算不上一个主人。他的个性的解体,他的个性的分裂,他想相信的东西却不能给他真正的信仰,他想否定的东西却经常使他狐疑不决——这一切使得他主观上适宜于做一个充满痛苦而又不可缺少的喉舌,来表现自己时代的不安。"

卢那察尔斯基对陀思妥耶夫斯基复调成因的这一分析,毫无疑问是很深刻的;而且由于他仅仅局限在历史渊源的分析中,并不引起什么严重的争议。但是,一旦从这种分析中要直接引出结论,判定陀思妥耶夫斯基创造的新型复调小说具有艺术价值和历史的进步意义(指在艺术方面),这时便要出现异议了。俄国早期资本主义异常尖锐的矛盾,陀思妥耶夫斯基社会个性的两重性,他本人的不善于采取确定的思想立场——这些孤立起来看，都是不利的因素，也是历史上的暂时现象。可是它们竟成了创造复调小说的最适宜的条件，成了为陀思妥耶夫斯基复调中各种"声音"提供前所未有的自由的最适宜的条件；而这种复调毫无疑问是俄国和欧洲小说发展史上的一种进步。那个时代以及它的种种具体矛盾，陀思妥耶夫斯基作为生物的和社会的个人，连同他的癫痫和思想分裂，都早已成为过去；但是在这些条件下发现的新的复调的结构原则，在后来时代的完全不同的条件下，却能继续保存自己的艺术价值。人类天才的伟大发现，只有在特定的时代特定的条件下才有可能，但它们永远不会随着产生它们的时代一起死亡和丧失自己的价值。

卢那察尔斯基并没有从自己的成因分析中直接做出复调小说要消亡的错误结论。不过，他在文章结尾说的话，给人一种口实，似乎可以做这样的解释。这个结尾是：

"无论在我们这里还是在西方，陀思妥耶夫斯基都还没有死，因为资本主义还没死亡，它的残余尤其没有死亡……由此可见，研究一切有关悲剧性的'陀思妥耶夫斯基主义'的问题，是很重要的。"

我们觉得，这个提法不能认为是妥当的。陀思妥耶夫斯基发明的复调小说，寿命定会比资本主义长久。

卢那察尔斯基继高尔基之后，号召同"陀思妥耶夫斯基主义"做斗争，是完全正确的。当然，无论如何不可把"陀思妥耶夫斯基主义"同复调等同起来。"陀思妥耶夫斯基主义"——这是从陀思妥耶夫斯基复调里榨剩的反动的糟粕，纯粹独白性的糟粕。它总是封闭在一个意识之中，在那里面活动，在那里面创造对孤立个人的人格分裂的崇拜。而陀思妥耶夫斯基复调的主要之点，恰恰在于不同意识之间发生的事，也就是它们之间的相互作用和相互制约。

如果学习，不应学拉斯柯尔尼科夫，不应学索尼娅，不应学伊万·卡拉马佐夫，不应学佐西马，不应把他们的声音同复调小说的整体分割开来学习（这样就已经歪曲了他们的声音），应该学习陀思妥耶夫斯基这个复调小说的创造者。

А.В.卢那察尔斯基在自己所做的历史成因的分析中,仅仅揭示了陀思妥耶夫斯基那个时代的矛盾,以及其本人自身的两重性。可是,为了使上述内容因素获得新的艺术观察形式,产生复调小说的新结构,还必须有长时间的积累,包括一般美学传统和文学传统的积累。艺术观察的新形式,是经过若干世纪缓慢形成的,而某一时代只是为这新形式的最后成熟和实现,创造出最适宜的条件。揭示复调小说的这一艺术积累过程,是历史诗学的一项任务。自然不能把诗学同社会历史的分析割裂开来,但又不可将诗学融化在这样的分析之中。

随后二十年间,即20世纪30年代和40年代,探索陀思妥耶夫斯基的诗学问题,同研究他的创作中其他重要课题相比较,退居到了次要的地位。人们继续进行着版本的研究,发表了陀思妥耶夫斯基某些小说的手稿和札记等重要资料,继续编辑了四卷本的作家书信集,探讨了某些小说的创作历史[①]。但同我们论点(复调小说)相关的研究陀思妥耶夫斯基诗学的专门论著,在这一时期没有出现。

在这个方面应予一定重视的,是В.基尔波京在他的篇幅不大的著作《费·米·陀思妥耶夫斯基》中所做的某些分析。

许许多多研究者在所有的陀思妥耶夫斯基小说中,只看到唯一的一颗心灵——作者本人的心灵。基尔波京则相反,他强调陀思妥耶夫斯基的特殊才能恰恰是善于看到他人的心灵。

"陀思妥耶夫斯基具有一种才能,似乎能直接观察他人的心灵。他仿佛戴着光学透视镜在窥视他人的心灵,能够把握住最隐秘的思想,观察到人的内心生活中最不起眼的变化。陀思妥耶夫斯基好像越过了外部的屏障,直接看到人的心理过程,并形诸文字……

"陀思妥耶夫斯基善于观察他人心理,他人'心灵',这其中没有

---

① 可参看А.С.多利宁写的一篇非常有价值的文章:《陀思妥耶夫斯基的写作技巧(小说〈少年〉的创作过程)》,莫斯科,苏联作家出版社,1947年。——作者

什么臆想的成分。只不过他的这一才能异常宏大,但仍是依靠了内省,依靠了对其他人的观察,依靠了刻苦钻研俄国和世界文学中的人物,换句话说,他依靠了内在和外在的经验,因而具有客观的性质。"①

B.基尔波京在反驳认为陀思妥耶夫斯基的心理刻画带有主观主义和个人主义的错误看法时,强调这种心理刻画是现实主义的,具有社会性。

"同标志着资产阶级文学末日和死亡的普鲁斯特、乔伊斯型的颓废退化的心理刻画不一样,陀思妥耶夫斯基的心理刻画,就其优秀作品来说,不是主观主义的而是现实主义的。他的心理描写,是一种特殊的艺术方法,借以深入探究矛盾着的人们集体所具有的客观实质,探究使作家不安的社会关系的核心内容;这也是用语言的艺术再现上述内容的一种特殊的艺术方法……陀思妥耶夫斯基是用经过心理剖析的形象进行思维的,而他思考的角度是社会的角度。"②

由于 B.基尔波京把陀思妥耶夫斯基的心理刻画,正确地理解为是对众多互相矛盾的他人心理所做的客观的现实主义的观察,他便一步一步做到了正确地理解陀思妥耶夫斯基的复调,尽管他本人没有采用这个术语。

"每个人的'心灵'史,在陀思妥耶夫斯基作品中都不是孤立表现的,都是同描写许多他人的心理感受结合在一起的。在陀思妥耶夫斯基作品里,不论是用第一人称的自白体,还是用讲述者代替作者的形式,我们总可以看出作家的一个出发点,即同时共存的感受着的人们是地位平等的。作家的世界,是一个由众多客观存在着的、相互作用着的心理所构成的世界;这就在解释心理过程时,排除了主观主义或唯我论,而这些对资产阶级颓废派来说是极为典型的。"③

这些就是 B.基尔波京的结论。他走着自己独特的道路,却得出了

---

① B.基尔波京:《费·米·陀思妥耶夫斯基》,莫斯科,苏联作家出版社,1947 年,第 63、64 页。——作者
② 同上书,第 64、65 页。——作者
③ 同上书,第 66、67 页。——作者

与我们相近的论点。

最近十年中,关于陀思妥耶夫斯基的研究文献里增添了一系列有价值的综合性著述(专著和论文),涉及了他的创作的所有方面(如 B.叶尔米洛夫、B.基尔波京、Г.费里德林捷尔、A.别尔金、Ф.叶夫宁、Я.比林基斯等人)。不过在所有这些著作中,大多是对陀思妥耶夫斯基作品及其所反映的社会现象所做的文学史方面和历史社会学方面的分析。诗学本身的问题,一般只是附带提及(自然,某些著作就陀思妥耶夫斯基艺术形式的个别方面,提出了一些可贵的但零碎的分析)。

对我们的论点来说,特别引人注意的是 B.什克洛夫斯基的著作《赞成和反对·陀思妥耶夫斯基研究札记》①。

B.什克洛夫斯基的出发点,是格罗斯曼首先提出的下述论点:正是不同思想声音相互的争辩、斗争,构成了陀思妥耶夫斯基作品艺术形式的基础,构成了他的风格基础。不过,什克洛夫斯基感兴趣的,主要倒不是陀思妥耶夫斯基的复调形式,而是产生这一形式的那种思想争辩本身,具有怎样的历史(时代)根源和个人生活经历上的原因。他在自己一篇论争性的札记中,就对自己著作的实质,亲自做了如下的说明:

"我这本书的特点,不在于强调我认为显而易见的这些修辞特点;这些特点陀思妥耶夫斯基自己便在《卡拉马佐夫兄弟》中强调过了,他不是把这部小说的一部分称为'Pro 和 contra'②吗?我在本书中想说明另一点:结果产生了陀思妥耶夫斯基文学形式的那种争辩,是怎样引起的?同时,陀思妥耶夫斯基小说的世界性又表现在哪里?换言之,现在谁对这种争辩感兴趣?"③

什克洛夫斯基援引了历史的、文学史的、生平传记的各种大量材

---

① 维克多·什克洛夫斯基:《赞成和反对·陀思妥耶夫斯基研究札记》,莫斯科,苏联作家出版社,1957年。——作者
② 意为"赞成和反对"。——译者
③ 《文学问题》,1960年,第4期,第98页。——作者

料,用他所特有的异常生动尖锐的形式,揭示了不同历史力量之间的争辩,一个时代不同声音之间的争辩,包括社会上的、政治上的、思想意识上的不同声音。这种争辩贯穿了陀思妥耶夫斯基生活和创作道路的所有阶段,渗透到了他一生中的所有事件中去,在他的所有作品中起着组织形式和组织内容的作用。这个争辩对陀思妥耶夫斯基的时代来说,对他本人来说,终于没有得到完满的结束。"陀思妥耶夫斯基就这样死去了;由于回避小说的结局但又不屈从高墙的屏障,他没能解决任何问题。"[①]

这里说的一切,我们都是可以同意的(虽说什克洛夫斯基的个别论断,自然还是可以争论的)。不过这里我们应该强调一点:如果说他"没能解决"时代提出的"任何"思想问题就死了,那么,他是创造出一种崭新的艺术观察的形式——复调小说之后才死的。而这一艺术观察的形式,直到时代连同它的种种矛盾成为历史陈迹之后,也仍将保存自己的艺术价值。

什克洛夫斯基著作中还有一些重要的分析,涉及陀思妥耶夫斯基的诗学问题。联系我们的论点来看,有两点是饶有趣味的。

第一条讲的是陀思妥耶夫斯基创作过程及构思提纲的某些特点。

"费奥多尔·米哈伊洛维奇喜欢给作品拟提纲;他更爱发挥这种构思提纲,反复琢磨,增添复杂的内容,可却不喜欢给作品手稿收尾……

"这当然不是由于写得'匆忙',因为陀思妥耶夫斯基能'为它(指一个场面。——本书作者)来几次灵感'(1858年。致米·陀思妥耶夫斯基的信),于是写出许多草稿。问题在于,陀思妥耶夫斯基的构思提纲本身,便是有头无尾的,正好像提纲没写完被弃置不用了。

"我觉得,他的时间所以不够,并非因为他签订了过多的合同,自己拖延了写小说的结尾。只要作品仍是多元的多声部的小说,只要小说里人们还在争论,就不会因为没有结果而不胜苦恼。小说的结尾对

[①] 维克多·什克洛夫斯基:《赞成和反对》,第258页。——作者

陀思妥耶夫斯基来说,意味着一座新的巴比伦塔的倒塌。"①

这是很中肯的分析。在陀思妥耶夫斯基的草稿中,作品的复调性质,他的对话的未完成性,毫不掩饰地显露了出来。总的说来,陀思妥耶夫斯基的创作过程,如草稿中表现的那样,与其他作家的创作过程迥然不同(如同列夫·托尔斯泰比较)。陀思妥耶夫斯基孜孜以求的,不是作为客体的主人公形象;他为作品主人公(个性化的和典型化的主人公)寻找的,不是作为客体的语言;他寻求的也不是生动具体、善始善终的作者语言。他要寻求的,首先是具有充分价值、似乎不受作者制约的主人公语言。这种主人公语言所要表现的,不是主人公的性格(或其典型性),也不是他在某些具体生活环境中的立场,而是主人公在世界中采取的最终的思想立场,是主人公对世界的看法。陀思妥耶夫斯基为了作者和作为作者,寻求那种种刺激性的、挑逗性的、盘查式的、促成对话关系的语言和情节。这便是陀思妥耶夫斯基创作过程的深刻特色。② 从这个角度研究他的手稿材料,是一项有意思而又很重要的任务。

在我们援引的论述中,什克洛夫斯基涉及了一个复杂的问题——复调小说具有根本上的不可完成性。在陀思妥耶夫斯基的小说创作中,我们确实看到一种特别的矛盾,即主人公和对话内在的未完成性,与每部小说外表的完整性(多数情况下是情节结构的完整性)相互发生冲突。这里我们无法深入探讨这个复杂的问题。我们只想指出,陀

---

① 维克多·什克洛夫斯基:《赞成和反对·陀思妥耶夫斯基研究札记》,第171、172页,莫斯科,苏联作家出版社。巴比伦塔的倒塌,是引自圣经的典故,此处意为开始一场新的混乱。——译者

② A.B.卢那察尔斯基也同样地分析了陀思妥耶夫斯基的创作过程:"……陀思妥耶夫斯基恐怕预先没有确定的结构计划。如果说小说快写完的时候不是这样,那么在开始构思直到构思不断发展的阶段,情况确是如此……我们这里看到的,的确更像是许多绝对自由的个人结合起来,交错起来,构成复调。或许陀思妥耶夫斯基本人也极为关切,也非常紧张地注视着:他所创造的虚构人物(或者更确切地说是在他心里自己形成的人物)之间那种思想冲突和伦理冲突,最终将要导致怎样的结局。"见《俄国评论界论费·米·陀思妥耶夫斯基》,第405页。——作者

思妥耶夫斯基的小说,几乎全部都有着一个假定性的文学结尾,假定性的独白型结尾(在这一点上《罪与罚》的结尾最为典型)。实际上,唯有《卡拉马佐夫兄弟》是完完全全的复调型的结尾。可也正因为如此,从一般的亦即独白型的观点看来,这部小说没有写完。

什克洛夫斯基的第二点分析,同样很有意义。这里讲的是陀思妥耶夫斯基小说结构的一切因素,都具有对话的性质。

"在陀思妥耶夫斯基的作品中,不只是主人公在互相争辩,情节发展中的某些因素也仿佛处于相互矛盾之中:对同一件事常常做出不同的猜测,主人公的心理是自相矛盾的。这一形式特色,是由本质产生的后果。"①

的确如此,陀思妥耶夫斯基的至关重要的对话性,绝不只是指他的主人公说出的那些表面的、在结构上反映出来的对话。复调小说整个渗透着对话性。小说结构的所有成分之间,都存在着对话关系,也就是说如同对位旋律一样相互对立着。要知道,对话关系这一现象,比起结构上反映出来的对话中人物对语之间的关系,含义要广得多;这几乎是无所不在的现象,浸透了整个人类的语言,浸透了人类生活的一切关系和一切表现形式,总之是浸透了一切蕴涵着意义的事物。

陀思妥耶夫斯基能够在一切地方,在自觉而有意义的人类生活的种种表现中,倾听到对话的关系。哪里一有人的意识出现,哪里在他听来就开始了对话。不过,纯粹机械的关系没有对话性,因此陀思妥耶夫斯基断然否定这种关系对于理解和解释人的生活和行动的意义(他同机械唯物论、同时髦的生理主义、同克洛特·贝纳尔、同环境决定论等都做过斗争)。因此,小说内部和外部的各部分各成分之间的一切关系,对他来说都带有对话性质;整个小说他是当作一个"大型对话"来建构的。在这个"大型对话"中,听得到结构上反映出来的主人公对话,它们给"大型对话"增添了鲜明浓重的色调。最后,对话还向内部深入,渗进小说的每种语言中,把它变成双声语,渗进人物的每一

---

① 维克多·什克洛夫斯基:《赞成和反对》,第223页。——作者

手势中,每一面部表情的变化中,使人物变得出语激动,若断若续。这已经就是决定陀思妥耶夫斯基语言风格特色的"微型对话"了。

我们在这篇综述中要讲到的陀思妥耶夫斯基研究著述方面最后一本著作,是苏联科学院世界文学研究所编的文集《费·米·陀思妥耶夫斯基的创作》(1959)。

几乎所有收进文集的苏联文艺学家的论文中,在陀思妥耶夫斯基的诗学问题上,都既有不少个别的重要的观察,也有较为广阔的理论概括①。但对我们来说,联系我们的论点来看,最为重要的是Л.П.格罗斯曼的一篇长文《作为艺术家的陀思妥耶夫斯基》,文中最为重要的则是它的第二部分《布局法则》。

在这篇新文章中,格罗斯曼把我们上文分析过的他在20世纪20年代阐发的那些论点,加以扩展、深化,还补充了一些新的观察结果。

格罗斯曼认为,陀思妥耶夫斯基每部小说布局结构的基础,都是"两个或几个中篇相遇的原则"。这些中篇故事相互对立又相互补充,按照音乐中的复调原则连接到一起。

格罗斯曼继伏居耶②和维亚切斯拉夫·伊万诺夫之后(他赞同地援引了这两位作者的话),也强调陀思妥耶夫斯基布局结构的音乐性。

下面引述一下最令我们感兴趣的格罗斯曼的这些分析和结论。

"陀思妥耶夫斯基本人就指出过那种布局方法(指音乐型布局。——本书作者),有一回还比较了自己的结构体系同音乐中'变调'理论或对比理论的相似之处。那时他在写一部由三章组成的中篇小说,三章的内容各不相同,但内在地联系在一起。第一章是一番争辩性的哲理性独白,第二章是一段戏剧性的情节,它为第三章准备了一个灾难性的结局。作者这样发问过:难道几章能分开来发表吗?要知道它们内在是相互呼应的,情节虽然不同却又是不可分割的;这样

---

① 文集的多数作者不赞同复调小说的论点。——作者
② 伏居耶(1848—1910),法国作家和文学史家。——译者

的情节允许不同情调的自然交替,可是不允许把章节机械地割裂开。我们可以这样来解释陀思妥耶夫斯基一小段富有深意的话。这是陀思妥耶夫斯基就《地下室手记》将在《时代》杂志上发表一事,给哥哥写信时说的:'中篇分为三章……第一章可能有一个半印张……难道可以把它单独发表吗?人们会讥笑它的,再说离开其余两章(那是主要的)它就要变得兴味索然。你知道音乐中的"变调"是怎么回事吗?这里也是如此。第一章看起来是一堆闲话,可到了后两章这堆闲话竟转换为突如其来的灾难。'①"

陀思妥耶夫斯基在这里,把音乐中从一个调转入另一个调的变调规律,十分精辟地移用到文学布局上来。这个中篇就是以艺术上的对位法则为基础组织起来的。第二章里堕落女郎内心的痛苦,是同第一章中折磨她的人所受的凌辱相呼应的;可同时,由于女郎只会顺从,她心理上的痛苦,同她自尊心受到伤害而无比愤怒的感受,又是相互对立的。这就是一位对一位(punctum contra punctum)。这是不同的声音用不同的调子唱同一个题目。这也正是揭示生活的多样性和人类感情的多层次性的"多声"现象。"生活中的一切都是对位的,也即互相矛盾的。"——陀思妥耶夫斯基最喜欢的作曲家之一,М.И.格林卡在自己的《札记》中这么说过。②

这是格罗斯曼对陀思妥耶夫斯基布局结构的音乐本质所做的十分准确而精微的观察。如果把格林卡关于生活中一切都是对位的这一论断,从音乐理论的语言译成诗学的语言,那就可以讲:对陀思妥耶夫斯基来说,生活中一切全是对话,也就是对话性的对立。其实,就哲学美学的观点而论,音乐上的对位关系,只不过是广义上的对话关系在音乐中的一种变体罢了。

格罗斯曼是这样结束我们引述的那些分析的:

---

① 费·米·陀思妥耶夫斯基:《费·米·陀思妥耶夫斯基书信集》,第1卷,莫斯科—列宁格勒,国家出版社,1928年,第365页。——作者
② 《费·米·陀思妥耶夫斯基的创作》,莫斯科,苏联科学院出版社,1959年,第341、342页。——作者

"这里正是实现了这位小说家所发现的'别的某种小说'的创作规律,这是一种悲哀而又可怕的直写现实人生的小说。根据作者的艺术观,那样的两个情节在布局结构中还可能得到其他情节的补充,于是常常使陀思妥耶夫斯基的小说获得一定的多元性。不过,一个主题两方表现的原则,仍是一个占主导地位的原则。与这个原则相关的,有陀思妥耶夫斯基作品里不止一次探索过的'双重人格'现象。这种'双重人格'根据陀思妥耶夫斯基的见解,不仅在思想方面和心理方面,而且还在布局结构方面,都起着重要的作用。"①

这些便是格罗斯曼所做的一些重要的分析。它们特别引起我们的兴趣,是因为格罗斯曼不同于其他研究者,能从布局结构方面来考察陀思妥耶夫斯基的复调现象。格罗斯曼感兴趣的,与其说是陀思妥耶夫斯基小说在思想意识上的多声性,不如说是对位法规在布局本身的应用;这个法规把纳入一部长篇小说中的不同的中篇,把不同的情节、不同的方面,都连接到了一起。

在研究陀思妥耶夫斯基的文献中,具体说是在提出过他的诗学问题的著述里,对他的复调小说的阐释,也就是如此。论及他的评论著作和文学史著作,大多数至今仍然忽视他的艺术形式的独特性,却到他的内容里去寻找这种特点。这内容便是主题、思想观点、某些人物形象,而形象又是从小说中截取出来,只根据它蕴含的生活内容来进行评价。要知道,这样一来,内容本身不可避免地也要变得很贫乏,因为内容丧失了最重要的东西——陀思妥耶夫斯基观察所得的新发现。不理解新的观察形式,也就无法正确理解借助这一形式在生活中所初次看到和发现的东西。如果能正确地理解艺术形式,那它不该是为已经找到的现成内容做包装,而是应能帮助人们首次发现和看到特定的内容。

在陀思妥耶夫斯基以前的欧洲和俄国小说中被认为是极完美的

---

① 《费·米·陀思妥耶夫斯基的创作》,莫斯科,苏联科学院出版社,1959年,第342页。——作者

整体的东西,即作者意识中独白型的统一世界,到了陀思妥耶夫斯基的小说中变成了整体的一个部分、一个成分。曾被当作整个现实的东西,这里成了现实的某一个侧面。过去连接整体的东西,即实际的情节、作者的风格和情调,到这里变成了从属的因素。出现了组织各种成分和构筑整体的新的艺术原则,用譬喻的话来说,出现了小说的对位旋律。

可是,评论家和研究者的脑子里,至今塞满了陀思妥耶夫斯基主人公的思想观念。作家的艺术意图,没有获得明确的理论上的阐释。给人的印象是,凡走进了复调小说迷宫的人,谁也找不到通路,只发觉了个别人的声音而听不出整体来,常常连整体的模糊轮廓都勾画不出;至于组合不同声音的艺术原则,更是充耳不闻了。对小说中陀思妥耶夫斯基本人最终的意图,每个人都有自己的解释,但所有的人都把它仅仅当作一种语言、一个声音、一种语气。而这正是根本的错误所在。复调小说那种超出某一种语言、一个声音、一种语气的统一性,并没能揭示出来。

第二章
陀思妥耶夫斯基创作中的主人公和作者对主人公的立场

上面我们提出了论点,并且对确定陀思妥耶夫斯基创作基本特征的较为重要的一些尝试,做了多少带些独白式(联系我们的论点来看)的评述。在评述过程中,我们阐明了自己的观点,现在我们必须以陀思妥耶夫斯基作品为材料,做更为详尽的阐发和论证。

我们将就自己的论点的三个方面逐一进行探讨:一、在复调型构思的条件下,主人公及其声音的相对自由和独立;二、思想在主人公身上的特殊处理;三、构筑小说整体的新的连接原则。本章的论题是主人公。

陀思妥耶夫斯基对主人公的兴趣,不在于他是现实生活中具有确定而稳固的社会典型特征和个人性格特征的人,不在于他具有由确定无疑的客观特征所构成的特定面貌(这些特征总起来能回答"他是谁?"的问题)。不是这样。陀思妥耶夫斯基对主人公的兴趣,在于他是对世界及对自己的一种特殊看法,在于他是对自己和周围现实的一种思想与评价的立场。对陀思妥耶夫斯基来说,重要的不是主人公在世界上是什么,而首先是世界在主人公心目中是什么,他在自己心目中是什么。

这是主人公感受世界的极其重要和根本性的特征。主人公既然是作为对世界和对自己的一种观点和看法,就要求用完全特殊的方法来揭示和进行艺术刻画。因为应该揭示和刻画的,不是主人公特定的生活,不是他的确切的形象,而是他的意识和自我意识的最终总结,归根到底是主人公对自己和对世界的最终看法。

由此可见,构成主人公形象的因素,不是现实本身的特点,也即主人公本人和他生活环境的特点,而是这种种特点在他本人心目中和自我意识中具有的意义。主人公一切固有的客观品格,他的社会地位,他的社会典型性和性格典型性,他的 habitus[①],他的精神面貌乃至他的外表——这一切通常被作者用来塑造确切的稳定的人物形象("他是谁")的手段,在陀思妥耶夫斯基笔下,全都成了主人公自身施加反应的客体、他的自我意识的对象;而自我意识的功能本身,则成了作者观察和描绘的对象。通常,主人公的自我意识只是他现实存在的一个因素,只是他完整形象的特征之一;然而在这里恰恰相反,全部现实生活成了主人公自我意识的一个因素。作者没有把对主人公的任何一个重要的评价,把主人公任何一个特征,任何一个细小的特点只留给自己,亦即仅仅留在自己的视野内。他把一切都纳入主人公的视野,把一切都投入主人公自我意识的熔炉内;而作为作者观察和描绘对象的主人公自我意识,以纯粹的形式整个地留在作者的视野之中。

---

① 拉丁语:脾气,性格。——译者

陀思妥耶夫斯基还在创作初期,即"果戈理时期",描绘的就不是"贫困的官吏",而是贫困官吏的自我意识(杰符什金、戈利亚德金,甚至普罗哈尔钦)。在果戈理视野中展示的构成主人公确定的社会面貌和性格面貌的全部客观特征,到了陀思妥耶夫斯基笔下便被纳入了主人公本人的视野,并在这里成为主人公痛苦的自我意识的对象,甚至连果戈理所描绘的"贫困官吏"的外貌,陀思妥耶夫斯基也让主人公在镜子里看到而自我观赏①。因此,主人公全部固定特点,虽然内容上依然如故,当从一种描绘角度转向另一个角度时,就获得了截然不同的艺术作用;它们已经无法完成和结束对主人公的塑造,无法构筑出一个完整的主人公形象,也无法对"他是谁?"的问题,做出艺术上的回答。我们看到的不是他是谁,而是他是如何认识自己的。面对我们的艺术视觉,已经不是主人公的现实,而纯粹是他对这一现实认识所起的作用。这样,果戈理的主人公就变成了陀思妥耶夫斯基的主人公②。

对青年陀思妥耶夫斯基在果戈理世界中进行的变革,不妨做一个多少有些简单化的概括:他把作者和叙述人,连同他们所有的观点和对主人公的描写、刻画、界定,都转移到主人公本人的视野里,这样他便把主人公整个完善的现实,变成了主人公自我意识的材料。无怪乎

---

① 杰符什金去将军家时,在镜子里照见了自己:"(我)惊慌失措,嘴唇和双腿瑟瑟发抖。原因可多着哩,亲爱的。第一,我觉得难为情,我打右边朝镜子里一瞅,我所看见的模样简直可以叫人发疯……将军大人注意看了看我的模样和我的衣服。我记起来镜子里的模样了,我赶紧去找纽扣!"见《费·米·陀思妥耶夫斯基作品集》(10卷集),第1卷,莫斯科,国家出版社,1956—1958年,第186页。(以下凡引用本版陀思妥耶夫斯基文学作品,均只指出卷数和页数,有专门说明者除外)

杰符什金在镜子里所看到的,是果戈理写阿卡基·阿卡基耶维奇时描绘的外貌和衣着,但是阿卡基·阿卡基耶维奇自己并没有看见,也没有意识到;主人公们对自己外貌经常性的痛苦的反应也起着镜子的作用,对戈利亚德金来说,起镜子作用的是他的同貌人。——作者

② 陀思妥耶夫斯基不止一次给自己的主人公描写过外表肖像,或以作者口吻写,或由叙述者描写,或者通过其他人物描绘。但是这种外表肖像并不能起到完成主人公的功用,不能创造出确定的轮廓完备的形象。主人公这一或那一特点所能起的作用,当然并不只是取决于揭示这一特点的简单的艺术手法(是通过主人公的自我刻画,还是由作者出面,或采用间接途径,等等)。——作者

陀思妥耶夫斯基让马卡尔·杰符什金去读果戈理的《外套》，让他读时要感觉到这就是写他自己的小说，就像是对他自己的"诽谤"。这样一来，陀思妥耶夫斯基就真的把作者引入了主人公的视野了。

陀思妥耶夫斯基好像是实现了一场小规模的哥白尼式变革，把作者对主人公的确定的最终的评价，变成了主人公自我意识的一个内容。陀思妥耶夫斯基早期作品《穷人》和《同貌人》，比起果戈理的世界，即《外套》《涅瓦大街》《狂人日记》的世界，内容上并没有发生什么变化。但是这内容相同的材料，在作品各结构要素之间如何分配，情形就全然不同了。过去由作者完成的事，现在由主人公来完成，主人公与此同时便从各种可能的角度自己阐发自己；作者阐明的已经不是主人公的现实，而是主人公的自我意识，也就是第二现实。整个艺术视觉和艺术结构的重心转移了，于是整个世界也变得焕然一新，其实陀思妥耶夫斯基几乎没有给作品带来什么真正新鲜的、为果戈理所无的材料[①]。

不仅主人公本人的现实，还有他周围的外部世界和日常生活，都被吸收到自我意识的过程之中，由作家的视野转入主人公的视野。它们与主人公已经不属于同一层面，不是并行不悖，不是处于主人公身外而同主人公共存于统一的作者世界中。因此它们也就不可能成为决定主人公面目的因果和根由，在作品中不能发挥说明原委的功能。能与囊括了整个实物世界的主人公自我意识并行不悖而处于同一层面的，只有另一个人的意识；与主人公视野并行不悖的，只是另一个视

[①] 《普罗哈尔钦》也没有超过上述材料。看来，被陀思妥耶夫斯基销毁的《刮去的络腮胡子》同样没有越出以上范围。不过这里陀思妥耶夫斯基已感觉到，他用与果戈理相同的材料实现新的原则，将是一种重复；必须掌握有新内容的材料。1846年他给哥哥的信中写道："《刮去的络腮胡子》我已不写了。我什么都扔下了。因为所有这一切只不过是老调重弹，是我早已说过的东西。现在有更新鲜活跃的思想使我按捺不住地想写。当我把《刮去的络腮胡子》写完时，我觉得这些全是不言而喻的。对我来说，千篇一律就意味着死亡。"（费·米·陀思妥耶夫斯基：《费·米·陀思妥耶夫斯基书信集》，第1卷，莫斯科—列宁格勒，国家出版社，1928年，第100页）接着他开始写作《涅朵奇卡·涅兹凡诺娃》和《女房东》，也就是说，他想把他的新原则运用到仍属果戈理世界的另一个领域中去（《肖像》和部分《可怕的复仇》）。——作者

野;与主人公世界观并行不悖的,只是另一种世界观。作者只能拿出一个客观的世界同主人公无所不包的意识相抗衡,这个客观世界便是与之平等的众多他人意识的世界。

对主人公的自我意识,不能只当作是主人公的一种新特点。例如,不能认为,杰符什金或戈利亚德金是果戈理的主人公加上自我意识。别林斯基恰恰是这样理解杰符什金的。他举出照镜子和掉纽扣那一段大为赞赏,但他没有发现这一段在艺术形式方面具有的意义:自我意识在他看来,仅仅从人道倾向上丰富了"穷人"的形象,但它本身与其他特征是平列的,都包括在主人公确定而稳固的形象之中,而这形象又是构筑在通常的作者视野之内的。可能正是这一点妨碍别林斯基对《同貌人》做出正确的评价。

自我意识如果作为塑造主人公的艺术上的主导因素,就不能与主人公形象的其他特点相提并论,它会将这些特点吸收进来化为自己的材料,使其失去刻画和完成主人公形象的能力。

描绘任何人,都可以把自我意识作为主导因素。但并不是任何人都同样是进行这种描绘的好材料。果戈理的官吏在这方面的可能性就很小。陀思妥耶夫斯基寻找的,是以进行意识活动为主的人物,其全部生活内容集中于一种纯粹的功能——认识自己和认识世界。于是在他的创作中,出现了"幻想者"和"地下室人"。"幻想性"或是"地下室人特点"都属于人们社会方面和性格方面的特征,但它们符合陀思妥耶夫斯基主导艺术因素的要求。那种没有也不能得到充分体现的幻想性和地下室人形象,他们的意识对陀思妥耶夫斯基的创作定势来说,是极其肥沃的土壤,使他好像把侧重艺术描绘的主导思想同侧重描绘生活与性格的主导思想结合了起来。

"噢,要是我只是因为懒惰而一事无成,这该多好!上帝,那样我就会尊敬我自己了。我尊敬自己,是因为在我身上总算还有个懒惰的秉性。哪怕我身上只有一个近乎优点的特征也好,让我自己也相信是个优点。要有人问:他是谁? 有人回答说:是懒虫。能听见别人这样说我,太让我高兴了。这就是说肯定了我的长处,也就是说,我还有的可说。'懒虫!'——这也是个头衔和职务呢,这是高升啊!"

"地下室人"不仅在自身溶解了自己本来面目的所有各种可能的稳定特征,使之全变成了反应的对象。更有甚者,他已经失去了这些特征,已经没有明确稳定的品格,关于他已无话可说,他不是作为生活中的人出现在这里,而是作为意识和幻想的主体。在作者心目中,他不是超脱于他的自我意识的各种品格和属性的载体,不是能最终完成他这一形象的各种品格和属性的载体。不是的,作者的目光正是投向他的自我意识,投向这永远不能完成的、看不到结果的自我意识。因此,塑造"地下室人"形象时,生活与性格的描绘便同艺术上的主导因素融合为一了。

但是唯有在一些古典主义者作品中,在拉辛的作品中,尚可以看到主人公形式与人的形式、塑造形象的主导因素与性格的主导因素之间,有如此深刻而完全的吻合。可是,与拉辛做这样的对比,听起来有点奇怪,因为在上述两种情况下,实现艺术上这种完全等同的材料,确实极为不同。拉辛的主人公,整个是稳固坚实的存在,就像一座优美的雕塑。陀思妥耶夫斯基的主人公,整个是自我意识。拉辛的主人公是固定而完整的实体,而陀思妥耶夫斯基的主人公是永无完结的功能。拉辛的主人公一如其人,陀思妥耶夫斯基的主人公没有一时一刻与自己一致。但在艺术上,陀思妥耶夫斯基的主人公和拉辛的主人公同样准确可信。

自我意识作为塑造主人公形象的艺术主导因素,本身就足以使统一的独白型艺术世界解体。但有个条件,就是作为自我意识的主人公,要真正描绘出来,而不是表现出来。这也就是说,主人公不能与作者融合,不能成为作者声音的传声筒。因此还要有个条件,即主人公自我意识的种种内容要真正地客体化,而作品中主人公与作者之间要确有一定距离。如果不剪断联结主人公和他的作者的脐带,那么我们看到的就不是一部作品,而是个人的材料。

从这个意义上说,陀思妥耶夫斯基的作品完全是客观的,因此成为主导因素的主人公自我意识,使作品的独白统一体发生解体(当然并不破坏新的非独白型的艺术整体)。主人公变得相对地自由和独立了,因为一切能使主人公按照作者构思成为特定形象的东西,可以说是把主人公盖棺论定的东西,一切能一劳永逸地使主人公成为完成了的现实形象的东西——这一切现在已经不是作为完成这一形象的形式在起作用,而是作为他的自我意识的材料得到利用。

在独白型构思中,主人公是封闭式的。他的思想所及,有严格限定的范围。他活动、感受、思考和意识,都不能超出他的为人,即作为特定的现实的形象而局限于自己的范围之内;他只能永远是他自己本人,也就是不超出自己的性格、典型、气质,否则便要破坏作者对他的独白型构思。这样的形象是建立在作者的世界观里的,而作者世界对主人公意识来说是个客观的世界。要建立这个世界,包括其中不同的观点和最终的定评,前提是应有外在的稳定的作者立场、稳定的作者视野。主人公自我意识被纳入作者意识坚固的框架内,作者意识决定并描绘主人公意识,而主人公自我意识却不能从内部突破作者意识的框架。主人公自我意识建立在外部世界坚实的基础上。

陀思妥耶夫斯基对独白型的所有这种种必备前提是拒不接受的。独白型作家供自己用来创造十分完整的作品和十分完整的作品中世界的所有手段,陀思妥耶夫斯基全部交给了自己的主人公,使它们成了主人公自我意识的内容。

谈到《地下室手记》的主人公,我们简直无话可说,他自己什么都清楚。例如,他懂得他对自己所处时代和自己社会圈子的典型意义,他给自己(内心状态)做出心理甚或精神病理的冷静判断,他了解自己意识的性格特征、他的滑稽可笑和他的悲剧性,他知道对他个人可能做出的种种道德品格上的评语,如此等等。根据陀思妥耶夫斯基的构思,这一切主人公都了如指掌,并且固执地、痛苦地在内心深处反复咀嚼这种种评语。来自外部的看法仿佛先就变得软弱无力,失去了完成人物形象的作用。

在这部作品中,由于描绘的主导内容与被描绘世界的主导内容非常一致,所以作者在形式方面努力的目标,在内容方面得到了很清晰的表现。"地下室人"想的最多的是,别人怎么看他,他们可能怎么看他;他竭力想赶在每一他人意识之前,赶在别人对他的每一个想法和观点之前。每当他自白时讲到重要的地方,他无一例外都要竭力去揣度别人会怎么说他、评价他,猜测别人评语的意思和口气,极其细心地估计他人这话会怎么说出来,于是他的话里就不断插进一些想象中的他人对语。

"也许你们会轻蔑地摇着脑袋对我说:'这样您竟不觉得害羞,不感到有损尊严。您渴望生活,可自己用混乱的逻辑解决生活问题……您倒也有真理,但缺乏明智;您出于最不足取的虚荣心而拿您的真理来炫耀、出洋相、做交易……您确实想说点什么,但由于害怕不敢说出您那最终的意思,因为您没有把它说出来的决心,而只有怯懦的厚颜无耻。您夸耀您善于意识理解,但您只能摇摆不定,因为您虽然也在思考,可您的心灵因堕落变得阴暗了,然而没有纯洁的心,就不会有完全的正确的意识。您多么令人厌烦,老是纠缠不清,装腔作势!撒谎,撒谎,还是撒谎!'

"你们的这些话,不用说当然都是我自己编的。它们也来自地下室。我在那儿从板缝里注意地偷听你们的话整整四十年,从不间断。这些话是我虚构出来的,也只能虚构出这些话来。我背得烂熟,而且以文学形式写下来,这就不足为奇了……"(第4卷,第164—165页)

地下室主人公用心倾听着人们议论他的每一个字,就好像在他人意识的镜子里照见自己,看到了自己形象在镜子里的种种折射;他也知道自己得到的客观评价,既不受他人意识左右也不受自我意识左右的评价;他还要考虑"第三者"的看法。但是,他同样明白,所有这些对他的品评,不论是有偏颇的或是客观的,都掌握在他手里;这些品评不能完成主人公形象,其原因正在于是他自己意识到、了解到这些评语的,他可以超出这些评语的内容,使它变得互不相同。他知道,最后的定论要由他来做,他无论如何要竭力保住给自己做定论的权利、保留自我意识的最后判断,为了在最后判断中变成为有别于今天的人。他的自我意识赖以存在的,正是它不能完结、无法完成、永无结果的特性。

这不仅是"地下室人"自我意识的性格特征,同时又是作者塑造这一形象的主导原则。作者确实把做出最后定论的权利留给了主人公,正是这最后的定论,或者准确地说是要做最后定论的趋向,在作家构思中是必不可少的。他塑造的主人公,并不借助于他人的语言,不是借助于不带偏颇的品评;他塑造的不是性格、不是典型、不是气质,总而言之不是客体的主人公形象,而恰恰是主人公讲述自己和自己世界的议论。

陀思妥耶夫斯基的主人公,不是一个客体形象,而是一种价值十足的议论,是纯粹的声音;我们不是看见这个主人公,而是听见他;在语言之外我们所看到和了解的一切,都无足轻重,或者作为主人公讲话的材料而被他的语言所囊括,或者留在他的语言之外而成为一种引发诱导的因素。下面我们会更清楚地看到,陀思妥耶夫斯基小说整个艺术结构方法的宗旨,就在于揭示和阐明主人公的这种议论,并对主人公的议论起着诱发和指挥的作用。尼·康·米哈伊洛夫斯基称陀思妥耶夫斯基为"残酷的天才",是有道理的,虽然这道理并不像米哈伊洛夫斯基所想象的那么简单。陀思妥耶夫斯基让自己的主人公承受特殊的精神折磨,以此逼主人公把达到极度紧张的自我意识讲出来。在通过自我意识和自我表述来塑造主人公时,描绘上述的精神折磨,就可以使一切物质的和客体的东西、一切固定不变的东西、一切外部和中性的东西,全都融于其中而不见了。

为了确信陀思妥耶夫斯基引发诱导的艺术手段在艺术上是多么深刻精微,只需将陀思妥耶夫斯基与德国表现主义者考恩费尔特和维尔菲尔等人做一番比较就可,他们是不久前对"残酷的天才"最热衷的模仿者。但他们在多数情况下只是诱发出歇斯底里和各种神经错乱的狂暴发作，到此为止了。因为他们不善于在主人公周围创造一种极其复杂、极其微妙的社会气氛以便逼得主人公在同他人意识紧张的相互作用过程中用对话方式袒露心迹，展示自己，在别人意识中捕捉涉及自己的地方，给自己预留后路，欲说又止地表示自己最后的见解。艺术上比较含蓄的作家，像维尔菲尔，常常为主人公创造一个便于自我揭示的象征性环境。例如在维尔菲尔的《镜中人》(Spiegelmensch)里，法庭审判的场景就是这样的，剧中主人公自己审判自己，而法官做审讯笔录并传讯证人。

表现主义者们准确地捕捉到了塑造主人公时以自我意识作为主导因素的方法，但他们不会使这种自我意识自然而然地、艺术上令人信服地展现出来。结果写出来的作品，不是强加于主人公的生硬的试验，就是一场象征性的假戏。

主人公的自我说明、自我揭示、他那体现作者最后宗旨的讲述自己的议论（这种议论并不以客观描写出来的主人公形象做基础），这些有时确实使作者的创作意图变成了"幻想"型意图，陀思妥耶夫斯基的作品就是这种情况。在陀思妥耶夫斯基看来，主人公的逼真，就是他纯粹自我展示的内心议论的逼真。可是，要想听见并表现出这种议论来，要想把这个议论纳入另一个人的视野中，就得破坏这一视野的法规，因为通常的视野只能容纳另一个人的客体形象，但不能容纳另一个人整个的视野。于是不得不去寻找一种超出视野幻想的基点。

陀思妥耶夫斯基在《温顺的女性》一书著者告白中写道：

"现在来谈谈故事本身。我在标题中称它为'幻想的'，虽然我认为它本身是极度真实的。然而其中确实有幻想的成分，而且恰恰在于故事形式本身，因此我觉得有必要事先做一点说明。

"这篇东西既不是短篇小说，又不是手记，问题就在这里。请你们想象有这样一个丈夫，他的妻子几个钟头以前跳楼自杀，现在她就躺在他旁边的桌上。他在惊愕之余，一时思想还不能集中。他在自己房里走来走去,竭力要把发生的变故想个明白,'把自己的思想集中到一点上'。此外,他又是个无可救药的忧郁病患者,一个喜欢自言自语的人。于是他自言自语,讲这件事情,向自己解释这事情。尽管表面上看来,他说的话前后一致,其实他有几次在逻辑上、感情上自相矛盾。他为自己辩护,归罪于她,而且做一些不相干的解释:其中既有思想和心灵的粗鄙,也有深切的感情。他实际上一点点地向自己解释了这件事,并且把'思想集中到一点上'。他所想起的一连串回忆终于不可避免地把他引向一个真理;而这个真理又必然提高了他的理智和心灵。末了,和开头那种紊乱相比,甚至连叙述的语气也变了。真理在这个不幸的人的心目中揭示得相当清楚明白,至少对他本人来说是如此。

"故事的主旨就是这样。当然,叙述的过程持续了几个钟头,断断续续,形式上颠颠倒倒:他时而自言自语,时而好像在说给一个看不见的人、一个裁判员听。现实生活中也常有这样的情形。如果有一个速记员暗中听他说话,并且按他所说的一切记下来,那么这个记录会比我所写的粗糙一些,欠修饰一些,但是依我想,那种心理程序大概仍是这样的。我所说的这故事中的幻想成分指的就是这种有一个速记员把一切记下来(然后我在记录上加工)的假设。然而在艺术中,多少有些类似的情况出现过不止一次:比方说,维克多·雨果在他的杰作《一个死囚的末日》中,用了几乎同样的手法。他虽然没有引出一个速记员来,但他做了更加不可信的假设,他假设一个判处死刑的人能够(而且有时间)不仅在他的最后一天,而且在最后一小时,甚至完全可以说最后一分钟写他的手记。但是他如果不做这样的幻想,那就不会有这个作品——这个是他写的所有作品中最最真实、最最符合实际的作品。"(第10卷,第378—379页)

这里阐述的原则对理解陀思妥耶夫斯基的创作极为重要,所以我们几乎全文引述了这一前言,因为主人公在为自己弄清发生的事件时应该悟出而且确已悟出的"真理",在陀思妥耶夫斯基看来,实质上只可能是本人意识中的真理。这个真理同自我意识不是毫无瓜葛的。

一样内容的话的定义,到了别人嘴里就会有不同的含义、不同的语气,而且已不再是真理。陀思妥耶夫斯基认为,只有采用自白性的自我表述形式,才能给一个人做出符合他实际的最后定论。

但是,如何做到将这种自白性自我表述的语言纳入小说的叙述中,却既不破坏自白议论的本来面貌,同时又不破坏叙述格调,不致将小说叙述降低为对引入自白的简单说明?《温顺的女性》用的幻想形式,只是解决这个问题的途径之一,而且这还受到中篇小说篇幅的制约。而为了在整部多声部性的长篇小说中取代幻想速记员的职能,陀思妥耶夫斯基在艺术上需要做出多大的努力呀!

这里,问题当然并不在于实际方面的困难,也不在于外在的布局结构方法。如托尔斯泰就把主人公临死前的思想、把他意识中的最后一束火花连同最后的话,从容不迫地纳入作者的直接叙述之中(《塞瓦斯托波尔的故事》中就已如此;后期作品《伊万·伊里奇之死》《主人和雇工》表现得尤为明显)。对托尔斯泰来说,这里根本不产生什么问题;他无须阐释自己方法的幻想性质。托尔斯泰的世界是浑然一体的独白型世界,主人公的议论被嵌入作者描绘他的语言的牢固框架内。连主人公的最终见解,也是以他人(即作者)的议论作为外壳表现出来的;主人公的自我意识,仅仅是他那确定形象的一个因素,而且实质上是受这个确定形象预先决定了的。即使当意识在故事情节中处于危机和内心的急剧转折时,情形也仍是如此(如《主人和雇工》)。在托尔斯泰作品中,自我意识和精神重生始终属于纯内容的方面,不具有构筑作品形式的意义;人生前在道德伦理上的未完成性,并不会成为主人公在艺术结构上的未完成性。布列洪诺夫或伊万·伊里奇形象的艺术结构与包尔康斯基公爵或娜塔莎·罗斯托娃的形象结构,别无二致。在托尔斯泰创作中,主人公的自我意识和议论,不会成为塑造主人公形象的主导因素,尽管从主题来看它们十分重要。在托尔斯泰的世界中,不出现第二个同等重要的声音;因此也就没有多声部性组合的问题,没有用特殊方法处理作者观点的问题。托尔斯泰独白式的直率观点和他的议论到处渗透,深入到世界和心灵的各个角落,将一切都统辖于他自己的统一体之中。

在陀思妥耶夫斯基作品里,作者议论与纯属于主人公而不含杂质的有充分价值的议论,是相互对峙的。因此,便产生了作者议论的处理方法问题,产生了作者、主人公议论在艺术形式方面采取什么立场的问题。这个问题较之表面结构中的作者议论问题要深刻得多,较之在表面结构中用Icherzählung(第一人称叙述)形式和讲述人取代作者议论、用戏剧场景结构小说、把作者议论降为简单的情景说明等问题,都要深刻得多。以上种种取代和削弱结构上的作者议论的结构手法,本身还没有触及问题的实质;由于各种艺术目的不同,这些手法的真正艺术含义可能是极为歧异的。《上尉的女儿》里的Icherzählung形式与《地下室手记》里的Icherzählung形式相去何止十万八千里,即使我们抽象地剔除这两种形式所表现的内容。格里尼奥夫讲出的故事,是普希金在确定的独白视野中构建起来的,虽然这个视野在作品外在结构上绝对表现出来,因为这里没有直接的作者议论。但正是这种视野决定了作品整个结构,结果形成了格里尼奥夫这一确定的形象;这是形象,而不是议论;而格里尼奥夫的议论,则只是这个形象的一个因素,换言之只有刻画性格和展开情节的功能。格里尼奥夫对世界和事件的观点,同样也只是他形象的一个组成因素,因为这种观点是作为有代表性的现实生活表现出来的,而根本不是表现为具有直接价值的内容充实的思想立场。具有直接价值的,只有构成作品基础的作者观点,其余的一切都只是作者观点的对象。安排一个讲述的人,同样丝毫不能削弱作者立场的全知全能的独白性,也丝毫不能增强主人公议论的内容分量和独立性。普希金的讲述人别尔金就是这样的一例。

这样看来,所有这些结构手段本身还不能破坏艺术世界的独白性。可是在陀思妥耶夫斯基作品中,它们确实获得了这种功能,成为实现他那复调艺术构思的工具。我们将在下面看到,这些手段是如何发挥这一作用的。这里对我们来说,重要的是艺术构思本身,而不是实现它的具体方法。

自我意识作为塑造主人公形象的主导因素,还要求对所描写的人,采取一种全新的作者立场。我们再说一遍,这里指的不是发现人的某种新特点、新类型。通常对人做独白型的艺术处理时,也就是作者立场不发生根本变化的情况下,也能发现这些新特点新类型而加以观察和描绘。不,这里指的恰恰是发现人身上的一个完整的新方面,即"个性"(阿斯科尔多夫语)或"人身上的人"(陀思妥耶夫斯基语);只有从相应的新的和完整的作者立场出发研究人,才能做出这种发现。

我们再详细阐释一下这个完整的立场,对人进行艺术观察的这一全新的形式。

早在陀思妥耶夫斯基的第一部作品里,就描写了主人公本人反对文学对"小人物"采用背靠背的、侧重表面而又个性完备的塑造方法,可以说这是来了个小造反。我们在上文已经提到杰符什金读完果戈理的《外套》以后,本人感到深受侮辱。他在阿卡基·阿卡基耶维奇身上认出了自己,感到十分气愤,因为人们窥探了他的贫困,分析和描写了他全部生活,盖棺论定地给他下了断语,没给他留下任何发展的余地。

"有时候你躲呀,藏呀,想掩饰起自己的弱点,哪儿你都不敢露面,因为你怕别人说闲话,因为他们会把世界上一切东西都变成对你的诽谤,于是你的公私生活都给写到书里,全都公开印出来,让人们去读,遭到嘲笑和非议!"

杰符什金尤为愤怒的是,阿卡基·阿卡基耶维奇直到死时仍如生前一样没有变化。

杰符什金在《外套》的主人公形象里看到的自己,可以说是从头到脚被人数落过,而且做出了最后定论的:你整个人全在这里了,你再没有别的,没有什么值得一说了。他感到无可奈何,自己早被别人说死了,定了性,仿佛活着就成了死人,可与此同时他又觉得这样对待他是不对的。主人公反对文学中把人看死的完成性,他这种独特的"造反",陀思妥耶夫斯基是通过杰符什金一贯粗俗的意识形式和语言形式表达出来的。

不妨这样来表述这一造反所包含的深刻意义和重要性:不能把活生生的人变成一个沉默无语的认识客体,一个虽不在场却完全可以完成定性的认识客体。一个人的身上总有某种东西,只有他本人在自由的自我意识和议论中才能揭示出来,却无法对之背靠背地下一个外在的结论。在《穷人》中,陀思妥耶夫斯基恰是初次尝试展示出人身上某种内在的未完成的东西(展示得还不完满也很不明显);这是果戈理和其他写"贫穷官吏小说"的作家从自己独白型立场出发所无法展示的。由此可见,陀思妥耶夫斯基早自第一部作品便开始摸索自己后来对主人公的全新立场。

在陀思妥耶夫斯基后来的作品中,主人公已不再就对人所做的缺席定性进行文学争论了(当然,有时作者本人代替主人公这样做,采取一种微妙的讽刺模拟体的形式),但所有的主人公都激烈地反驳出自别人之口的对他们个人所做的类似定论。他们都深切感到自己内在的未完成性,感到自己有能力从内部发生变化,从而把对他们所做的表面化的盖棺论定的一切评语,全都化为了谬误。只要人活着,他生活的意义就在于他还没有完成,还没有说出自己最终的见解。我们在前面已经谈到,"地下室人"怀着极大的痛苦倾听着别人对他的实有的和可能的种种议论,极力想猜出和预测到他人对自己的各种可能的评语。"地下室人"是陀思妥耶夫斯基创作中最早一个思想家式的主人公。他和社会党人辩论时提出的一个基本思想就是:人不是据之进行精确计算的有限数、固定数;人是自由的,因之能够打破任何强加于他的规律。

陀思妥耶夫斯基的主人公总是力图打破别人为他所建起的框架,这框架使他得到完成,又仿佛令他窒息。有时这场斗争酿成他生活中重要的悲剧情节(例如,娜斯塔西娅·菲利波芙娜的情形)。

大型对话中的主要人物、主角,如拉斯科尔尼科夫、索尼娅、梅思金、斯塔夫罗金、伊万·卡拉马佐夫和德米特里,对自己的未完成性和不确定性有着深刻的认识。他们的这种认识,那已是通过思想观点经历的极其复杂的道路,通过犯罪或是建立功勋的极其复杂的道路,才表现出来的。①

人任何时候也不会与自身重合。对他不能采用恒等式:A 等于 A。陀思妥耶夫斯基的艺术思想告诉我们,个性的真谛,似乎出现在人与其自身这种不相重合的地方,出现在他作为物质存在之外的地方。而作为物质存在的人,是可以不受其意志的制约而"缺席"地窥见他、说明他、预言他的。要理解个性的真谛,只有以对话渗入个性内部,个性本身也会自由地揭示自己作为回报。

他人口中论人的灼见,却不按对话原则诉诸于那个本人,也就是背靠背说出的真情,如果涉及此人的"神圣的东西",亦即"人身上的人",那这真情就会变成侮辱他和窒息他的谬见。

下面引陀思妥耶夫斯基主人公们关于缺席剖析人物心灵的几段话,它们都反映了上述同一个看法。

在《白痴》中,梅思金和阿格拉娅议论着伊波利特自杀未遂的事。梅思金分析他这一行动深藏的动机。阿格拉娅对他说:

"我认为您用评论伊波利特的方法,来看待人的内心和评论人的内心,是十分粗鲁的。这一切都很糟糕,您缺乏温情,只讲一个事实,自然就不公正。"(第6卷,第484页)

在这里,事实一触及他人内心的某些奥秘,就显得并不公道了。

---

① 奥斯卡尔·王尔德对陀思妥耶夫斯基主人公们内在的不可完成性这一主要特点,做了正确的理解和说明。T.莫迪廖娃在自己的论著中谈到王尔德时说:"王尔德认为陀思妥耶夫斯基作为艺术家的主要功绩,在于他'从来不对自己的人物做出完全的解释'。"依王尔德之见,陀思妥耶夫斯基的主人公"总以自己的行为和议论使我们感到惊诧,并且他们内心始终保存着永恒的生命奥秘"。见论文集《Ф.陀思妥耶夫斯基的创作》,莫斯科,苏联科学院出版社,1959年,第32页。——作者

在《卡拉马佐夫兄弟》中,当阿廖沙和丽莎谈论斯涅吉廖夫大尉践踏别人给他钱钞时,上述的思想表现得就更为清晰了,但也更复杂了。阿廖沙讲完斯涅吉廖夫的举动后,对他的精神状态做了分析,还想象他以后的行为,预言说下一次他一定会拿钱的。丽莎就此说道:"阿列克谢·费多罗维奇,您听我说,在咱们的议论里,我是指您的议论里……不,还是说咱们的议论好些……是不是对他这个不幸的人有些蔑视……刚才咱们对他的心灵这样解剖,简直是傲视,不是吗?刚才咱们还断定他非拿了钱不行,不是吗?"(第9卷,第271—272页)

类似的一个思想,即不容许他人刺探个人的心灵奥秘,体现在斯塔夫罗金激烈的言辞中,这是当他去吉洪的修士居室准备做"忏悔"时说的:

"您听我说,我不喜欢暗探和心理分析家,至少不喜欢那些想刺探我内心秘密的家伙。"[①]

应该说,这里斯塔夫罗金对吉洪是很不公正的:吉洪正好愿意和他深入地对话,也理解他内在个性的未完成性。

陀思妥耶夫斯基在创作历程的最后时刻,曾在记事本中这样说明自己的现实主义:

"在完全采用现实主义的条件下发现人身上的人……人们称我是心理学家,这是不对的,我只是最高意义上的现实主义者,也就是说,我描绘人类心灵的全部隐秘。"[②]

这一精辟的公式,我们下面还要再加讨论。这里我们认为有必要强调这一公式的下列三点。

第一,陀思妥耶夫斯基认为自己是现实主义者,而并非封闭于个人意识世界的主观主义者、浪漫主义者;他要以"完全的现实主义"方

---

① 《文学和社会史文献》,第1卷,载《Ф.陀思妥耶夫斯基》,莫斯科,俄罗斯联邦中央国家档案馆出版社,1922年,第13页。——作者
② 《Ф.М.陀思妥耶夫斯基的生平、书信和笔记》,圣彼得堡,1883年,第373页。——作者

法来解决新的任务——"描绘人类心灵的全部隐秘",也就是说他发现这些隐秘是在自身之外,是在他人的心灵中。

第二,陀思妥耶夫斯基认为,要解决这一新任务,一般意义上的现实主义,用我们的术语表示即独白型现实主义,是不够的;为此要求对"人身上的人"采取一种特殊态度,那就是"最高意义上的现实主义"。

第三,陀思妥耶夫斯基绝对否认他是心理学家。

对最后一点,我们需要详细地说明一下。

陀思妥耶夫斯基对当时的心理学持否定态度,包括学术和文艺中以及审讯工作中的心理研究。他认为心理学把人的心灵物化,从而贬低了人,从而完全无视心灵的自由,心灵的不可完成性,以及那种特殊的不确定性——即成为陀思妥耶夫斯基主要描写对象的无结局性:因为他描写人,一向是写人处于最后结局的门槛上,写人处于心灵危机的时刻和不能完结也不可意料的心灵变故的时刻。

陀思妥耶夫斯基经常严厉地批评机械心理学,而且既批评基于自然性和功利性等概念上的实用的机械心理学,又特别批评了将心理归结于生理的生理心理学。他在小说中对此做了嘲讽。不妨回忆一下列别扎特尼科夫解释卡捷琳娜·伊万诺芙娜精神危机所说的"脑子结节"(《罪与罚》),或是米坚卡·卡拉马佐夫把克洛特·贝尔纳尔的名字改成了"贝尔纳雷",即象征着解除人的责任的骂人话(《卡拉马佐夫兄弟》)。

了解陀思妥耶夫斯基对法庭侦讯心理的批评,对理解他的艺术立场尤其重要。这种心理分析充其量也不过是"模棱两可"而已,也就是说,相互排斥的答案具有相等的可信性;如果弄得不好,就会成为有辱人格的谎言。

《罪与罚》中出色的侦察员波尔菲里·彼得罗维奇,就把心理学称作"模棱两可的科学"。他依靠的不是这个,即不是法庭侦讯心理学,而是一种特殊的对话直觉。后者使他能深入到拉斯柯尔尼科夫的未完成定型的、不见结局的心灵里去。波尔菲里与拉斯柯尔尼科夫的三次会面,根本不是一般的侦查审讯。这倒不是因为审讯方法"没按规矩办"(波尔菲里总是强调这一点),而是因为这里打破了侦察员和犯人通常的心理关系的基础本身(这是陀思妥耶夫斯基所强调的)。波尔菲里和拉斯柯尔尼科夫的三次会见,全都是极为出色的真正的复调对话。

《卡拉马佐夫兄弟》中对德米特里的预审和开庭审讯,是伪心理学的最深刻的实例画面。侦察员、法官们、检察长、辩护人、法医鉴定委员会,他们全都一样,对德米特里这个人未完成、无结局的内心,连接近理解也做不到。实际上,德米特里一辈子面对着多种重要的内心抉择和危机,而一直站在抉择和危机的门槛上。上述那些人看不到德米特里活生生的、充溢着新生命的内核;他们看到的是事先就由"心理规律""习惯而自然"地规定了的现成的确定的言行。所有参与审讯德米特里的人,对他都未能采取真正的对话态度,对他个人未完成的内核都未能进行对话式的渗透。他们在他身上探寻的和看到的,只是实际上、物质上明确无误的感情和行动,然后把它们归结到早已确定的一些概念和公式上。真正的德米特里却留在了他们的法庭之外(他将自己审判自己)。

由此可见为什么陀思妥耶夫斯基认为自己不是任何意义上的心理专家。自然,对我们来说,重要的不是他的批评所依据的哲理本身,他的这种哲理不能令我们感到满意,而首先是对人们行动和意识中的自由和必然就缺乏辩证的理解。① 这里,对我们重要的,是他艺术注意的方向,以及对人的内心进行艺术观察的新形式。

---

① 在1877年的《作家日记》中,陀思妥耶夫斯基就安娜·卡列尼娜写道:"显然十分清楚明了,比起要医治弊病的社会党人的设想,邪恶在人身上藏匿得要深些;不论社会制度如何,邪恶总是难以避免的,人的心灵总是依然故我,反常和罪恶正是来源于人的心灵;最后,人的精神规律还远远没有被科学掌握和理解,它们是尚未确定而神秘莫测的,因之没有也不可能有救治的医生,甚至没有也不可能有最后裁决的法官,而只有主能说:'申冤在我,我必报应。'"见《Ф.陀思妥耶夫斯基文学作品全集》,第11卷,B.托马舍夫斯基、K.哈拉巴耶娃主编,莫斯科—列宁格勒,国家出版社,1929年,第210页。——作者

这里很有必要强调一下,陀思妥耶夫斯基全部创作的主要激情,无论从形式或内容方面看,都是同资本主义条件下人的物化、人与人关系及人的一切价值的物化进行斗争。自然,陀思妥耶夫斯基并没有充分明确地理解物化的深刻经济根源,据我们所知,他没在任何地方使用过"物化"这个术语,但正是这个术语能最好地表达他为人而斗争的深刻意义。陀思妥耶夫斯基能够以异常的洞察力发现:人由于物化而贬值的现象已渗透到他那个时代的各个时期,渗透到人的思维的基础之中。当他批判这一把人物化的思维时,有时正如 B.叶尔米洛夫所说,他"弄错了社会的门牌"①,迁怒于一切革命民主倾向的代表和西方社会主义代表,而后者在他看来是资本主义精神的产物。但是,再重复一遍,对我们来说,重要的不是他这种批判的抽象理论方面或政论方面,而是他的艺术形式所具有的解放人和使人摆脱物化的意义。

总之,在陀思妥耶夫斯基的复调小说里,作者对主人公所取的新的艺术立场,是认真实现了的和彻底贯彻了的一种对话立场;这一立场确认主人公的独立性、内在的自由、未完成性和未论定性。对作者来说,主人公不是"他",也不是"我",而是不折不扣的"你",也就是他人另一个货真价实的"我"("自在之你")。主人公是对话的对象,而这种对话是极其严肃的,真正的对话,不是花里胡哨故意为之的对话,也不是文学中假定性的对话。这种对话(整部小说构成的"大型对话"),并非发生在过去,而是在当前,也即在创作过程的现在时里②。这远非完成了的对话的速记稿,不是说作者已经从中超脱出来,不是说现在他高踞对话之上占据着至高无上的和决定一切的立场;因为这样一来,真正的未完成的对话就要变为习见于一切独白型小说中的客体和完成了的形象(不是真正的对话,而是对话的形象)。陀思妥耶夫斯基作品中的这种大型对话,在艺术上是作为一个非封闭的整体构筑

---

① B.叶尔米洛夫:《Ф.陀思妥耶夫斯基》,国家文学出版社,1956年。——作者
② 因为小说里的时间,并不是现实里的"昨天""今天"和"明天",也即是说并不是主人公真正生活的时间和作者真正经历的时间。——作者

起来的,这整体是处于边沿①上的生活本身。

陀思妥耶夫斯基对主人公所取的对话态度,贯穿在创作过程中直到完成作品,是纳入了构思之中的,因此作为必不可少的形式组成因素,必然存留在写完的小说中。

在陀思妥耶夫斯基小说中,作者讲到主人公,是把他当作在场的、能听到他(作者)的话,并能作答的人。在陀思妥耶夫斯基作品中,作者这样来组织叙述,绝非权宜的手法,而是作者要无条件坚持的根本的立场。在本书第五章里,我们将努力阐明,在决定陀思妥耶夫斯基语言风格的特征方面,起着主导作用的正是这种对话性的语言;而独白性封闭的语言,不需作答的语言,其作用是无足轻重的。

陀思妥耶夫斯基构思中的主人公,是具有充分价值的言论的载体,而不是默不作声的哑巴,不只是作者语言讲述的对象。作者构思主人公,就是构思主人公的议论。所以,作者关于主人公的议论,也便是关于议论的议论。作者的议论是针对主人公的,亦即是针对主人公的议论的,因此,对主人公便采取一种对话的态度。作者是以整部小说来说话,他是和主人公谈话,而不是讲述主人公。确实也只能是这样,因为只有采取对话的方针、共同参与的方针,才能认真地听取他人的话,才能把他人的话看成是一种思想立场,是另一种观点。唯有采取内在对话的方针,我的议论才可能与他人的议论发生紧密的联系,与此同时,却并不与他人议论融合,不吞没他人议论,也不把他人议论的含义融于自身中,这就是说,要充分保留他人议论的独立性。在意思紧密相连的情况下,要保持某种距离,远非轻而易举。但保持距离是作者的构思所规定了的。因为只有保持距离,才能够保证对主人公的描绘具有真正的客观性。

自我意识作为塑造主人公形象的主导成分,要求创造这样一种艺术气氛,要能使得主人公的语言自我揭示,自我阐明。这种气氛中的

---

① 原文为 nopor,本书中有时译为"门槛",有时译为"边沿",即人的心灵危急时刻。——译者

任何一个成分,都不可能是无关痛痒的:这里的一切都应能触动主人公、刺激他、向他发问,甚至和他辩论,对他嘲笑;一切都要面向主人公本人,对他讲话;一切都得让人感到是讲在场的人,而不是讲缺席的人;一切应是"第二人称"在说话,而不是"第三人称"在说话。"第三人称"的思想视角,是适于塑造稳定的主人公形象的场所。这样一种视角,会破坏上述的气氛,因此它没有进入陀思妥耶夫斯基的创作领域。所以说,这并不是因为采用第三人称的视角是陀思妥耶夫斯基力所不及的(比如由于主人公故事带有自传性或作者具有激烈的辩论性),而是因为这种视角不在作者构思之内。而作者的构思,要求把小说结构的一切因素全盘对白化。由此陀思妥耶夫斯基作品中也才产生了那种看上去的神经质、极度紧张和不安的气氛。这样的气氛会使浮浅的读者看不到每种语调、每种意思上的轻重、事件的每个突然转折、每场闹剧、每一种乖戾行为的细微的艺术目的、它们的意义和必要性。只有明白这种艺术目的,才能弄懂下列一些布局因素的真正功能所在:例如讲述人和他的语调、结构上表现出来的对话、作者叙述(如果有的话)的特点以及其他。

　　这就是主人公在陀思妥耶夫斯基创作构思范围中的相对独立性。这里我们必须防止可能发生的一种误解。也许有人会觉得,主人公的独立性与下面一点是矛盾的:整个主人公不过是文艺作品的一个成分,因此他自始至终完全是由作者创造出来的。事实上并不存在这种矛盾。我们确认的主人公的自由,是在艺术构思范围内的自由。从这个意义上说,他的自由如同客体性主人公的不自由一样,也是被创造出来的。但是创造并非意味杜撰。任何创作既受本身规律性的约束,也受它所利用的素材的制约。任何创作总为自己的对象以及对象的结构所决定,因此不能允许有任意性,实质上不是杜撰什么,而只是揭示事物本身的内容。人们可以得出一个正确的思想,但这思想有它自己的逻辑,因此不能杜撰出思想,也就是说不能从头到脚地造出它来。同样,不论什么艺术形象,也不能是杜撰出来的,因为形象有它自己的艺术逻辑,自己的规律性。既然给自己提出了一定的艺术任务,就必须服从它的规律。

陀思妥耶夫斯基的主人公同样不是杜撰的产物,正如一般现实主义小说的主人公不是杜撰的产物,浪漫主义小说主人公不是杜撰的产物,古典主义小说主人公不是杜撰的产物一样。但它们各有自己的规律性,自己的逻辑;这种规律和逻辑纳入了作者的艺术意向的范围之内,但不是作者所能任意破坏的。作者选定主人公和塑造主人公的主导成分之后,便受到了所选对象的内在逻辑的制约,并应通过自己的描绘揭示出这种逻辑来。自我意识的逻辑,只能用一些特定的艺术手段来揭示和描绘。要想揭示和描绘自我意识,只可用探问和激发的手法,不能给这自我意识规定一个事先确定了的、已经完成的形象。那样的客体性形象,恰恰不具备作者要求于自己对象的东西。

如此看来,主人公的自由是作者构思的一个因素。主人公的议论是作者创造的,但这样创造的结果,主人公的议论就像另外一个他人说出的,就像主人公本人说出的一样,可以彻底地展示自己的内在逻辑和独立性。由于这一原因,主人公的议论并不会从作者构思中消逝,而仅仅是从独白型作者的视野中消失。而打破这种视野,正是陀思妥耶夫斯基构思的用意所在。

B.维诺格拉多夫在其《论文学语言》一书中,引述了 H.车尔尼雪夫斯基一部未能完成的小说的构思;这是一个十分有趣的、几乎是复调型的构思。他认为这部小说是力求最客观地构筑作者形象的一个例证。车尔尼雪夫斯基这部小说的手稿,有好几个题名,其中之一是《创造的妙品》。在小说前言中,车尔尼雪夫斯基揭示了自己构思的实质:"写一部没有爱情、没有任何女性的小说,是非常困难的。但我有这种需要,想在更困难的工作中考验一下自己的能力,就是写一部纯客观的小说,其中非但没有我个人态度的痕迹,甚至连我个人的同情的痕迹也不能有。在俄国文学中没有一部这样的小说。《奥涅金》

《当代英雄》是纯粹的主观的作品；在《死魂灵》中没有作者个人的肖像或他熟人的肖像，但同样写进了作者个人的同情，作品的感染力就在于此。我觉得，对我这样有强烈和坚定信念的人来说，写成莎士比亚那样是最困难的：他描写人和生活，却并不表露他自己对问题的想法，而由他的人物凭各人的意愿去解决。奥赛罗说：'是'，亚古说'否'，莎士比亚不作声，他不愿意对'是'或'否'说出自己的爱憎。当然，我指的是风格，而不是才能的大小……你们找找看，我同情谁或不同情谁？……你们是找不到这答案的。在《创造的妙品》一书里，每一条审美见解都要从四面八方加以分析——你们且找找看，我同情什么观点，反对什么观点？你们且找找看，一个观点如何转变成为另一个截然不同的观点？这就是《创造的妙品》这一书题的真正含义；就像在珠母里，五光十色闪烁变化。不过，也如在珠母中一样，各种色彩是在洁白如雪的底色上闪烁的。因此，请把下面的题诗送给我的小说吧：

    Wie Schnee, so weiß,

    Und kalt, wie Eis, ——①

"第二行可以给我。'洁白，洁白如雪'——这是在我的小说里。'但寒冷，寒冷如冰'——这是在作者身上……做到像冰一样冷，这对我来说是很难的，因为我这人非常热烈地爱我之所爱。不过我在这方面已经有了成绩。因为我发现我有成为小说家的足够的艺术创作能力……我写的这些人物，面部表情是迥然不同的……你们对每个人物爱怎么想就可以怎么想：每个人物都在为自己说话：'我有完全的权利！'请你们对这些互相争执的人物做出判断吧！我不加评论。这些人物相互夸赞，互相指责，这些都与我无关。"②

这就是车尔尼雪夫斯基的构思（当然我们只是根据前言做出这样

---

① 原诗为德语：洁白，洁白如雪，
   但寒冷，寒冷如冰。——作者
② B.维诺格拉多夫：《论文学语言》，莫斯科，国家文学出版社，1959年，第141、142页。——作者

的判断)。我们看到,车尔尼雪夫斯基在这里摸索到了他所谓的"客观小说"的相当新颖的结构形式。车尔尼雪夫斯基本人就着重强调了这一形式的崭新性质("在俄国文学中没有一部这样的作品")并把它与一般的"主观"小说(我们则称为独白型小说)对立起来。

据车尔尼雪夫斯基的观点,这种新的小说结构的实质何在呢?作者的主观看法不应该在小说中表现,无论是作者的褒与贬,无论是对某些主人公的赞同和反对,无论是他自己的思想立场("他自己对问题的想法,由他的人物凭各人的意愿去解决……")。

自然,这并不意味着车尔尼雪夫斯基想写一部没有作者观点的小说。这样的小说根本不可能有。B.维诺格拉多夫对此所做的论述是很正确的:"'客观'再现的倾向,和'客观'描绘的不同手法,都只不过是构筑作者形象的一种特殊的相对原则。"① 问题不是说没有作者的立场,这里指的是作者立场的彻底改变。此外,车尔尼雪夫斯基强调,采取这种新的立场比采取一般的立场要困难得多,并且要求有巨大的"艺术创造力"。

这种新的"客观"的作者立场(车尔尼雪夫斯基认为,只有莎士比亚的作品实现了这种立场),使主人公的各种观点能够充分地、独立地得到展现。每个人物都能自由地(不受作者的干预)展现并论证自己的正确性:"每个人物都在为自己说话:'我有完全的权利!'请你们对这些互相争执的人物做出判断吧!我不加评论。"

车尔尼雪夫斯基认为:不需作者结论式的评价,他人观点能自由地自我展现出来,这正是新型"客观"小说形式的主要优越性。我们要强调一点:车尔尼雪夫斯基并不认为,这里他"自己强烈和坚定的信念"有了任何改变。因此,我们可以说,车尔尼雪夫斯基离复调的思想近在咫尺了。

不仅如此,车尔尼雪夫斯基在这里离对位法和"思想的形象"也很接近了。他说:"你们且找找看,一个观点如何转变成为另一个截然不

---

① B.维诺格拉多夫:《论文学语言》,第140页。——作者

同的观点?这就是《创造的妙品》这一书题的真正含义;就像在珠母里,五光十色闪烁变化。"实质上,这是给文学中对位法下的最精彩的形象的定义。

这就是陀思妥耶夫斯基的一个同时代人,对新小说结构的饶有趣味的见解。他也与陀思妥耶夫斯基一样,尖锐地感到了自己时代所具有的非同一般的多声部现象。不错,这一见解还不能称作是完全的复调观念。在这一见解中,作者的新立场大都是从消极方面加以论述的,认为这是消除了一般的作者主观性;却没有指出作者表现出了对话的积极性,而如果没有这种积极性,作者新立场是无法实现的。尽管如此,车尔尼雪夫斯基还是清晰地感觉到有必要突破占统治地位的独白型小说。

这里不妨再次强调一下,复调小说中作者新的立场具有正面的积极的意义。如果认为陀思妥耶夫斯基小说中,作者意识完全没有得到表现,那是荒谬的。复调小说作者的意识,随时随地都存在于这一小说中,并且具有高度的积极性。只是这种意识的功能,其积极性的表现形式,与独白型小说是不一样的:作者意识不把他人意识(即主人公们的意识)变为客体,并且不在他们背后给他们做出最后的定论。作者的意识,感到在自己的旁边或自己的面前,存在着平等的他人意识,这些他人意识同作者意识一样,是没有终结,也不可能完成的。作者意识所反映和再现的,不是客体的世界,而恰好是这些他人意识以及他们的世界,而且再现它们是要写出它们真正的不可完成的状态(因为它们的本质所在,正是这个不可完成的特点)。

但是,他人意识不能作为客体,作为物来进行观察、分析、确定。同它们只能进行对话的交际。思考它们,就意味着和它们说话。否则的话,它们立即会以客体的一面转向我们:它们会沉默不语、闭锁起来、变成凝固的完成了的客体形象。复调小说的作者,必须有很高的、极度紧张的对话积极性。一旦这种积极性减弱,主人公便开始凝固和物化,于是小说中就会出现独白型的生活片段。这种超出复调构思的生活片段,在陀思妥耶夫斯基所有作品中都可以见到,但它们当然决定不了整体的性质。

复调小说要求于作者的,并不是否定自己和自己的意识,而是极大地扩展、深化和改造自己的意识(当然是在特定的方向上),以便使它能包容具有同等价值的他人意识。这是难度极大、也是前所未有的事(看来,车尔尼雪夫斯基在构思自己的"客观小说"时,对此已有深刻的理解)。但为了艺术地再现生活本身的复调本质,这件事是很有必要的。

陀思妥耶夫斯基的任何一个真正的读者,不是把他的小说当作独白小说来接受,而是能够提高一步理解到陀思妥耶夫斯基新的作者立场。这样的读者能感觉到,作者自己的意识获得了这种特别积极的扩展,而扩展的方向不仅仅在于把握新的客体(各种类型的人物、性格、自然和社会现象),却首先在于与具有同等价值的他人意识产生一种特殊的、以往从未体验过的对话交际,在于通过对话交际积极地深入探索人们永无终结的内心奥秘。

独白型小说作者那种要完成要论定的积极性,也表现在下面一点上:对任何他本人所不同意的观点,作者总要给它抹上客体的色彩,在不同程度上使之物化。而陀思妥耶夫斯基的作者积极性,表现则与此不同,他是把争论中的每一观点都发挥到最大的高度和深度,达到最强的说服力。他总力图揭示和展现这一观点中可能潜藏的一切含义(我们在上面看到,车尔尼雪夫斯基在《创造的妙品》中就力求如此)。这一点陀思妥耶夫斯基体现得最为有力。而要实现这种深化他人思想的积极性,只是在对他人意识、对他人观点采取对话态度的基础上才有可能。

我们觉得没有任何必要去专门论证:复调方法与相对主义(同样还有教条主义)毫无共同之处。应该指出,相对主义和教条主义都同样地排斥任何争论、任何真正的对话;把对话看成是多余的(相对主义),或不可能的(教条主义),而复调作为一种艺术方法,根本上是另一回事。

复调小说作者的新立场,可以通过具体的对比加以说明,即把它与某一具体作品中鲜明表现出来的独白立场进行比较。

下面我们从这个角度简要地分析一下Л.托尔斯泰的小说《三个生命之死》。这一篇幅不大、有三条线索的小说,是Л.托尔斯泰运用独白手法很典型的作品。

故事写了三个生命的死:有钱的地主太太、马车夫和大树的死。但Л.托尔斯泰在这里把死写成了生命的总结,认为死的总结是理解、评价整个一生的最佳的视角。因此可以说,故事里实质上描写了三个获得了完全的意义和价值的生命。所有这三个生命和由此而来的三条线索,在托尔斯泰的故事中内在都是封闭的,相互间无关的。它们之间只存在纯粹外部的联系,是构筑故事整体所必需的实际上的联系:马车夫谢廖沙给一个生病的地主太太赶马车。他在驿站的小茅屋里,从另一个快死的马车夫那里拿走了一双靴子(快死的马车夫用不着了)。那马车夫死后,他在林子里砍了一棵树,用它在坟前做了个十字架。就这样,三个生命和三个死亡表面上联系了起来。

但这里却没有内在的联系,没有不同意识之间的联系。快要病死的地主太太,对马车夫和大树的生和死一无所知,它们没有进入她的视野和她的意识。马车夫的意识里,也没有摄入地主太太和树木。所有这三个角色的生死以及他们的世界,相邻共处于一个客观世界里,甚至表面上还相互关系着,但相互却一无所知,也没有反映。他们都是封闭的,是闭目塞听的,相互既听不见,也不答话。他们之间没有也不可能有任何对话关系。他们相互既不争论,也不表示同意。

但所有这三个角色以及他们封闭的世界,在作者的包容他们三者的统一视野和意识里,联结到了一起,互相映照,在相互关联中得到理解。而作者对他们三者全都了解,他对这三个生与死进行比较、对照,并做出评价。如果说这三个生与死能互相阐发,那只是对作者来说是如此。作者处于他们以外,并利用自己的超脱的地位来彻底地理解和完成它们。作者兼容并蓄的视野,与各个人物的视野相比较,从根本上说要广阔得多。地主太太所见所知,仅仅是自己的狭小世界、自己的生、自己的死;她甚至根本想不到会有马车夫和大树那样的生与死。因此她本人不能理解和评价自己的生与死所包含的全部虚伪。因为她没有进行对话交际的环境。马车夫也不能理解和评价自己的生与死所包含的深意和真理。所有这些只能在广阔的作者视野中得到展示。当然,树木本来便无法理解自己之死所包含的哲理和美德,这只好由作者替它去完成。

因此,每一个角色生与死的总体的和最终的意义,只可能在作者视野中揭示出来,而且只能靠这种比任何一个角色都要宽阔得多的作者视野,换句话说是靠了角色本身既不能听也不能看的特点。作者广阔视野所具有的完成论定的独白型功能,就表现在这一点上。

我们已经看到,在不同角色及其世界之间,并不存在对话关系,同时作者也不对他们取对话的态度。对主人公采取对话立场,这同托尔斯泰是格格不入的。他自己对主人公有什么看法,并没让主人公知道,从原则上讲他也不可能让主人公意识到,因而主人公也无法对此做出回答。在独白型作品中,作者对主人公的最终论定的评价,本质上就是背靠背的评价,它不要求也不考虑主人公本人对这一评价能做出回答。作者不给主人公做结论的权利,主人公无法打破作者背靠背论定评价的牢固框架。作者的评价态度不会遇到来自主人公的内心的对话式的反抗。

Л.托尔斯泰的作者意识和作者语言,从不面向主人公,不询问主人公,也不等待主人公的回答。作者既不与自己的主人公争论,也不表示赞同他们。他不是和他们交谈,而是谈论他们。最后的结论由作者来做,而这最后结论所依据的,是主人公看不到和不理解的东西,是处于主人公意识之外的东西。这最后的结论不可能与主人公的语言在同一个对话当中相遇。

这篇故事中人物经历生和死的外部世界，是作者的世界；对所有人物的意识来说，它是一个客观的世界。其中的一切，都是在作者的包罗万象、全知全能的视野中观察到的，描绘出来的。例如地主太太的世界（她的住房、陈设、亲人们及其感受、医生等），是从作者的观点描写的，而不是按照地主太太的所见所感描写的（尽管我们读故事时，也清楚地理解到这一世界中有属于她主观的侧面等）。树木的世界（自然界、森林），也和地主太太的世界一样，是同一个客观世界的组成部分，是从同一作者立场观察和描绘出来的。作者的视野在任何地方，都不会同主人公们的视野和侧面发生对话式的交错和冲突。作者的语言在任何地方都不会感到主人公出来说话反驳，也就是说主人公不会按照自己不同的见解，即根据自己的真理，来说明同一个对象。作者的观点不可能与主人公的观点在同一层次上、同一水平上相遇。主人公的观点（如果它被作者揭示出来的话），对作者的观点来说，总是带有客体的性质。

因此，尽管Л.托尔斯泰这篇故事是多线索的，其中既无复调，也无对位（在我们所指的意义上）。这里只有一个认识主体，而其他仅仅是主体认识的客体。这里不可能产生作者对自己主人公的对话关系，所以也不存在那种"大型对话"，而在那种对话里，主人公和作者是以平等地位出现的。这里却只有表现在布局结构上的作者视野之内的客体性的人物对话。

Л.托尔斯泰的独白观点在我们所分析的故事中，表现得极其突出，具有鲜明的外部直观性。所以我们选择了这一短篇。在Л.托尔斯泰的长篇小说和他的大型中篇中，情况当然就复杂得多。

长篇小说的主要主人公和他们的世界，不是封闭的，相互间并不是不闻不问的，而是以多种方式相互错综交织着。主人公们互相是了解的，相互交流自己的"真理"，相互争辩或是取得一致意见，相互进行对话（其中包括世界观的重要问题）。有的主人公，像安德烈·包尔康斯基、皮埃尔·别祖霍夫、列文和聂赫留朵夫，都有自己的开阔的视野,有时几乎与作者的视野相吻合(即是说作者有时仿佛用他们的眼睛观察世界),他们的声音有时几乎与作者的声音融合在一起。但是,他们之中没有任何一个人能同作者的议论和作者的真理处于同一层次上,作者并不与他们中的任何一人处于对话关系。所有这些主人公连同自己的视野、自己的真理、自己的探求和争论,都被写进了长篇小说的独白型牢固的整体之中,这个整体使所有主人公都得到完成和论定。托尔斯泰的长篇小说,从来与陀思妥耶夫斯基作品不同,不是"大型对话"。这一独白整体中的所有焊接点和完成论定的部分,都处于作者广阔视野的领域内,这个领域是主人公们的意识所不可企及的。

我们再回过来谈陀思妥耶夫斯基。如果《三个生命之死》由陀思妥耶夫斯基来写(我们权且认为这离奇的想法不无可能),也就是说如果用复调的手法来建构这篇作品,那么《三个生命之死》会是什么样呢?

陀思妥耶夫斯基首先会让所有这三条线索互为作用,用对话关系把它们联系起来。他会将马车夫和树木的生死,引入地主太太的视野和意识中;再把地主太太的生活,引入马车夫的视野和意识中。他会让自己的主人公们看到和了解到一切本质的东西,也就是他这位作者本人所看到和了解到的东西。他不会把作者博大视野中任何重要的东西(从未知真理的角度看是重要的东西),给自己留下。他会让地主太太的真理和马车夫的真理面对面地相遇,并让它们用对话的方式进行交锋(当然不一定采用直接表现在结构上的那种对话形式),作者自己也会对他们采取平等的对话立场。作品整体会被他构筑成一个大型对话,作者在这里可说是个对话的组织者和参加者。他并不保留做出最后结论的权利,也即是说他会在自己作品中反映出人类生活和人类思想本身的对话本质。那么一来,在这短篇的语言中,不仅可以听到纯粹的作者的语调,而且还可听到地主太太和马车夫的语调,也就是说语言议论是双声的,每一个声音里都听得到争论(微型对话),同时也能听到大型对话的片段。

当然，陀思妥耶夫斯基永远不会去描写三个死亡，因为在他的世界里，人物形象的主导因素是自我意识，而主要事件是具有充分价值的不同意识的相互作用，死亡对于终结生活和阐明生活不可能具有任何意义。托尔斯泰所理解的那种死亡，在陀思妥耶夫斯基的世界里根本不存在。① 陀思妥耶夫斯基恐怕不会去描写自己主人公们如何死亡，而是写他们生活中的危机和转折，也就是描写他们处在边沿上的生活。那样一来，他的主人公从内心的方面说仍然是未完成的形象（因为自我意识不可能在内部完成论定）。这篇故事如果用复调手法来写就会是如此。

陀思妥耶夫斯基从不将任何较为重要的内容，放在自己主要主人公（即以平等身份参与他的小说中大型对话的主人公）的意识之外；他总是让这些主人公与他小说中的重要内容产生对话式的接触。在一部小说中，每一个表现出来的他人"真理"，必定又要被纳入到小说中所有其他主要主人公的对话式的视野之中。例如，伊万·卡拉马佐夫知道并理解佐西马的真理、德米特里的真理、阿廖沙的真理，以及好色之徒——自己父亲费奥多尔·帕夫洛维奇的"真理"。这些真理德米特里也都理解，阿廖沙同样也十分明白。在《群魔》里，没有一个思想不在斯塔夫罗金的意识中得到了对话式的反映。

陀思妥耶夫斯基从来不给自己留下内容上重要的东西，他留给自己的，只是少量必需的交代情节、连缀叙述的一些提供情况的东西。因为如果作者留给自己许多重要的内容，小说的大型对话就会变为完成了的客体性对话，或是变为故意为之的花哨的对话。

下面我们从拉斯柯尔尼科夫第一次内心独白中援引几段（小说《罪与罚》的开头）。这里讲的是杜涅奇卡决定嫁给卢仁：

"显然，这里不是别人，正是罗季翁·罗曼诺维奇·拉斯柯尔尼科夫最要紧，先得想到他。怎么能不这样呢。要走了运，可以上大学，可

---

① 在陀思妥耶夫斯基的世界里，典型的是谋杀（通过杀人犯的视野进行描绘）、自杀和发疯。一般的死亡在他的作品中很少见，他一般只交代一笔而已。——作者

以成为交易所里的股东,他的整个前途可以得到保障;或许以后他会成一个有钱的人,受到人们尊敬,也许晚年还会名声赫赫!可母亲怎么想呢?要紧的当然是罗佳,宝贝的罗佳呀,长子嘛!为这么个头生儿子,怎么还不能牺牲这么一个女儿呀!啊,她们的心地多善良,又多么可爱又多么偏心眼哪!可有什么办法,看起来咱们也逃脱不了索涅奇卡的命运!索涅奇卡!索涅奇卡·马尔梅拉多娃!只要世界存在,我的不朽的索涅奇卡!这个牺牲,你们俩可好好掂过分量吗?这行吗?吃得消吗?有好处吗?明智吗?您知道吗,杜涅奇卡,索涅奇卡的命运绝不比嫁给卢仁先生更糟糕?妈妈信上说:'这里谈不上有爱情。'可要是没有爱情,连尊重也得不到,那怎么办?相反,再产生厌恶、鄙视和怨恨,那时怎么办?到那时,不用说自然又得'保持纯洁'啰!不是这样?你们明白吗,这种纯洁意味着什么?你们明白吗,卢仁的纯洁和索涅奇卡的纯洁是一路货。也许甚至更坏,更恶劣,更下流。因为,杜涅奇卡,您是希望生活舒服一些,可到那时干脆得饿死!'杜涅奇卡,这样的纯洁代价太高,太高啦!'如果往后受不住,您会后悔吗?会有多少痛苦、悲伤、诅咒,背着人悄悄流多少眼泪呀!因为您究竟不是玛尔法·彼得洛芙娜呀!那时妈妈又怎么办!她现在就已经不得安生,苦恼得很;如果到那时她亲眼看出了一切呢?我又怎么办?你们到底是把我看成什么人了呢?杜涅奇卡,我不要您的牺牲;妈妈,我不要!只要我还活着,这件婚事就不能办,不能办,不能办!我不同意!

"'要么干脆就不要活了!'他突然发狂似的喊叫起来,俯首帖耳地服从命运算了,一劳永逸,把行动、生活和爱人的权利全部放弃,把内心的一切都消灭掉!

"'您明白吗?您明白吗,先生,走投无路是什么意思?'他突然想起昨天马尔梅拉多夫提的问题,'每个人总该还有条路可走哇……'"(第5卷,第49、50、51页)

这几段内心独白,我们已经说过是在小说开头,情节发展的第二天,在他最后下决心杀死老太婆之前。这时拉斯柯尔尼科夫刚刚接到母亲的来信。信中详细谈到了杜尼娅和斯维德里加依洛夫的事,并告诉他卢仁提亲的事。前一天晚上,拉斯柯尔尼科夫遇见了马尔梅拉多夫,从他那里得知了索尼娅的全部情况。于是,小说中未来的这些主要主人公,全已在拉斯柯尔尼科夫的意识中得到了反映,纳入了他全面对话式的内心独白中;他们每个人都带着自己的"真理"、自己的生活立场。拉斯柯尔尼科夫同他们展开了紧张和至关重要的内心对话。这是关系到最根本的问题和最后的生活抉择的内心对话。拉斯柯尔尼科夫从一开始就已经什么都知道,什么都考虑到了,什么都预见到了。他已经与周围的生活开始了全面的对话交往。

我们上面引用的拉斯柯尔尼科夫几段对话式内心独白,是微型对话的绝妙典范:其中所有的词句都是双声的,每句话里都有两个声音在争辩。实际上,段落的开头,拉斯柯尔尼科夫复述了杜尼娅的话,带着她的评价性的说服的语调。但他在她的语调上,又加上一层自己的语调:挖苦的、愤怒的和警告的语调。换句话说,这些话里同时有两个声音:拉斯柯尔尼科夫的声音和杜尼娅的声音。接下去的话里("要紧的当然是罗佳,宝贝的罗佳呀,长子嘛!"等等),听到的已经是母亲温柔、爱抚的声音,与此同时又有拉斯柯尔尼科夫凄苦的讥刺,(对牺牲精神表示的)愤怒,和回报给母亲的充满悲伤的爱怜。再往下,我们在拉斯柯尔尼科夫的话里,听到索尼娅和马尔梅拉多夫的声音。对话渗透到每个词句中,激起两种声音的斗争和交替。这就是微型对话。

这样看来,小说一开始就响起了大型对话里所有主要的声音。这些声音不是各自封闭的,相互间也不是不闻不问的,它们总是听着对方,相互呼应,相互得到反映(尤其在微型对话中)。在"不同真理的对抗"这种对话之外,就不再存在主要主人公的任何一个重要行动,任何一个重要思想。

在小说后来的情节发展中,人物、思想、事物等构成小说内容的一切,都不游离于拉斯柯尔尼科夫的意识之外而毫无关系,相反是与他相对照比较,并通过对话形式反映在他的意识中。对他个人、对他性格、对他思想和行为的各种可能的评价,都通过他与波尔菲里、索尼娅、斯维德里加依洛夫、杜尼娅和其他人的对话,向他说出,使他意识到。所有他人观察世界的角度,都和他的角度交错在一起。他所见到的和观察到的一切,包括彼得堡贫民窟和宏伟庄严的彼得堡,他生活中一切偶然的邂逅和小事,都纳入了对话,都在回答他的问题,都在向他提出新问题,都在刺激他,同他争论或证实他的想法。作者不为自己留下任何重要的内容,并且与拉斯柯尔尼科夫以平等地位参与整个小说的大型对话之中。

以上就是在陀思妥耶夫斯基复调小说中,作者对主人公采取的新立场。

第三章
陀思妥耶夫斯基作品中的思想

现在转入我们论题中的下一点——陀思妥耶夫斯基艺术世界中思想的处理。复调的任务,同一般类型小说里思想的单一性,是互不相容的。在思想的处理上,陀思妥耶夫斯基的特色应该表现得特别清晰鲜明。我们的分析将不涉及陀思妥耶夫斯基引入作品的各种思想的内容方面,对我们来说重要的是这些思想在作品中的艺术功能。

陀思妥耶夫斯基的主人公,着意之处不仅在叙说自身和自己身边的环境,还在于评说世界。因为他不只是能意识到而已,他还是个思想者。

"地下室人"便已经是个思想者,但主人公思想见解上的所得,具有了充分的意义,是在几部长篇小说里。在这里,思想真的几乎变成了作品的主人公。不过,在对主人公的描写中成为主要因素的,仍同过去一样是自我意识。

因之,评说世界和自白式的叙说自身融合到了一起。据陀思妥耶夫斯基的看法,世界的真情是不能同个人的真情分割开来的。自我意识中的某些范畴(它们已经决定了杰符什金,特别是戈利亚德金的生活),如接受与不接受、反抗抑或顺从,如今变成了思考世界时采用的基本范畴。所以,世界观中左右一切的最高原则,同左右着非常具体的个人情感的原则是一致的。这样,就形成了对陀思妥耶夫斯基说来十分典型的特征:个人生活同世界观、最隐秘的感情同思想,达到了艺术的融合。个人生活变成为某种非为私念而基于一定原则的生活,高级的观念思维则变成了个人隐秘的思维——感情强烈的思维。

主人公叙说自身同他用思想观念来评说世界,这两者的融合直接地、极大地提高了自我论说的重要价值,使得主人公对任何外在的完成性增强了内在的抗衡力。思想帮助自我意识确立了在陀思妥耶夫斯基艺术世界中的主权地位,使自我意识比任何稳固定型的中立状态形象都更胜一筹。

然而从另一方面看,思想本身要保有自己的重要性,保有自己充实的意义,也只能是以自我意识为基础;这里,自我意识成了对主人公进行艺术描写的主要成分。在独白型的艺术世界中,主人公表现为现实中完成论定了的稳固不变的形象;思想出自这样的主人公之口,不可避免地要失去自己直接的价值,而成为主人公在现实中的一种表现,成为他的一种早为现实所决定了的特点,如同人物的任何其他表现一样。这已是某种社会典型的思想,或者是某种个性特有的思想,最后,还可能只不过是主人公在理性方面一种外表姿态而已,是主人公精神面目上做出的一种理性的表情而已。于是,思想不再成其为思想,而成了对人物一种普通的艺术刻画。正是这样的一种思想,才得以同主人公的形象结合到一起。

倘若思想在独白型世界里是作为思想而保有自己的重要性,那么它不可避免地要同稳固定型的主人公形象分离开来,艺术上已不再能同主人公形象融合到一起。因为它只是被塞到这个主人公的口里而已,而且也可以把它塞到别的一个什么人物的口里而同样十分成功。对作者来说,重要的是让这个正确的思想在这部作品中说出来就行;至于由谁来说和什么时候说,那就决定于布局结构上怎样安排较为方便得体了,或者完全用排除法来决定,即看如何安排才不会破坏说话人形象的真实性。这个思想本身,是不属于任何人的。主人公不过是这个以自己为目的的思想的载体而已。作为一个正确的有价值的思想,它倾向于出现在某种无人称的系统独白型的语境中,换句话说,它倾向于隶属作者本人的系统独白型的世界观。

在独白型的艺术世界中,别人的念头、别人的思想不能作为描绘的对象。一切观念形态的东西,在这个世界里都分裂为两种范畴。一种思想,即正确的有价值的思想,满足着作者意识的需要;它们力图形成一个内容统一的世界观。这样的思想不需描写,只要肯定它就行了。这种肯定得到了客观的表现,表现在上述思想受到特别的强调,表现在它们在作品整体中占据特殊的地位,表现在它们的语言修辞形式之中,还表现在把它们作为有价值的得到肯定的思想提出时采用的其他多种多样的方法上。我们在作品中总能听得出受到肯定的思想,因为被肯定的思想听来总不同于未被肯定的思想。另一种思想,即不正确的或不关作者痛痒的,不容于作者世界观中的思想;它们不是受到肯定而是或者在论辩中遭到否定,或者丧失自己直接的价值,成为普通的艺术刻画的成分,成为主人公智能的一时流露,或是比较稳定的智能特点。

在独白型世界里,tertium non datur①:思想要么得以肯定,要么遭到否定,不然它就根本不成其为含义充实的思想了。一个未被肯定的思想,为要进入作品结构之中,必须失去自己的价值而变为一个心理因素。至于通过论辩加以否定的思想,它们同样也得不到描写,因为驳论不管采取何种形式,它本身就排斥对思想进行认真的描绘。被否定的他人思想,不能打开独白型的语境,相反这语境会更决然、更固执

---

① 拉丁语:意为中间物不是事实。——作者

地封闭在自己的疆界之内。被否定的他人思想,不可能在一个人的意识旁边,树立起另一个完全平等的他人意识,假如这里的否定只是对思想本身的纯粹理论上的否定。

对思想进行艺术的刻画描绘,只有在下述情况下才可能出现,那就是:思想虽被置于肯定的一边或否定的一边,但同时却没有降低为失去直接价值的一种单纯的心理感受。在独白型世界中,这样处理思想是不可能的,因为这种处理同这一世界一些最基本的原则是矛盾的。这些基本原则,其作用远远超出了艺术创作的一个领域;它们是现代整个思想文化所遵循的原则。那么,这是些怎样的原则呢?

在唯心主义哲学中,意识形态的独白性原则获得了最鲜明、理论上最清晰的表现。一元论的原则,亦即肯定存在的统一性,在唯心主义中变成了意识的统一性原则。

对我们来说,这里重要的自然不是问题的哲学方面,而是意识形态所具有的一种普遍特性。这一特性也表现为存在的一元论在唯心主义中转变为意识的独白性。但意识形态的这一普遍特点对我们之所以重要,也只是因为这一特点进一步获得了艺术运用。

偷换了存在统一性的意识统一性,不可避免地要变成一个意识的统一性,同时完全不管这一个意识采用怎样的形而上学的形式出现,如"普遍意识""绝对的我""绝对精神""标准意识"等。同这个统一的也必然是单个的意识一起,还有许多个经验性的人的意识。意识如此众多,从"普遍意识"的观点看,是偶然现象,甚至可谓多此一举。这众多意识中一切重要的真理性的东西,都被纳入了"普遍意识"的统一语境中去,并且丧失了个人特性。而凡属个人特性的东西,凡能使一个意识区别于另一意识或另外众多意识的东西,从认识的观点看是无关紧要的,因之属于心理活动的范围,属于个人的局限性。从真理的角度看,不存在个人独特的意识。唯心主义只承认唯一一种认识个性化的情形,这就是错误。任何真理性的判断都不固定归于某个人,而是属于某种统一的系统独白型的语境,唯有错误区分出了个人之间的差异。所有真理性的东西,全可以容纳在一个意识的范围之内;如果实际上没有纳入一个意识中去,那只是由于偶然的原因,出于同真理无关的其他的考虑。在理想的情况下,为了达到完全而充分的认识,有一个意识、一张嘴就足够了。

必须指出的是,从统一的真理这个概念本身出发,还绝不能引出结论说,也只需要一个统一的意识。完全可以同意、可以设想:统一的真理倒要求有众多的意识,统一的真理在原则上不可能全容纳在一个意识的范围之中;它本质上就具有所谓情节性,是在不同意识的接触点上产生的。一切取决于怎样看待真理,怎样看待真理同意识的关系。获得认识和领会真理的独白形式,只是多种可能形式中的一种。这种形式出现的条件是:意识高踞于存在之上,存在的统一性变成意识的统一性。

如以哲学上的独白性为前提,不同意识之间是不可能出现重大的相互作用的,所以不可能产生重要的对话。实际上,唯心主义只知道一种不同意识之间认识上的相互作用:知者和真理的掌握者教会不知者和失误者,这也就是老师和学生的相互关系,因而仅仅是教育性的对话①。

意识的独白型感知,在意识形态创作活动的其他领域里,也占据着统治的地位。在一切地方,凡珍贵而有价值的东西都聚集到一个中心——作为载体的人。任何意识形态方面的创作,都被理解为、被看作是表现某一个意识、某一种精神的可能的形式。甚至出现集体,出现众多的创作者的时候,统一性也还是借用一个意识的形象来加以说明,如用民族的精神、人民的精神、历史的精神等。一切有意义的东西都可以集中到一个意识里,使其服从于一个统一的重点;而一切不能归进来的东西,便是偶然的无关紧要的。独白型原则在现代能得到巩

---

① 柏拉图唯心主义不纯是独白型的。只是在新康德主义的诠释中他才成了纯粹的独白论者。柏拉图对话同样也不是教育型的,尽管其中有很强的独白性。关于柏拉图的对话,我们将在下面分析陀思妥耶夫斯基的体裁传统时详细论述(见本书第四章)。——作者

固,能渗入意识形态的所有领域,得力于欧洲的理想主义及其对统一的和唯一的理智的崇拜;又特别得力于启蒙时代,欧洲小说的基本体裁形式就是在这个时代形成的。整个欧洲的乌托邦空想主义,也同样是建立在这个独白原则之上的。空想社会主义连同它对信仰万能的坚信,就是这样。任何一个表意的统一体,到处都是以一个意识、一个观点作为自己的代表。

遍及意识形态所有领域的关于一个意识能够自足的信念,并非是某一思想家创立的理论,不是这样。这是现代意识形态领域中创作活动的一个深刻的结构特点,它决定着这一创作的所有外在和内在的形式。这里我们所关心的,只是这一特点在文学创作中的表现。

一般在文学中,如我们上文所见,思想的处理完全是独白型的。思想或者得到肯定,或者遭到否定。所有肯定的思想都同作者从事观察和描绘的意识结合成为统一体;而未被肯定的思想则分派在各个主人公身上,不过这时它们已经不是有价值的思想,而是成了社会典型或某种个性表现自己思想的典型实例了。知之最多、最善理解、无所不见者,仅仅作者一人而已。只有他是个思想家。在作者的思想上只打下了他的个性的烙印。这样一来,在他身上思想所具有的充分而直接的价值同个性特点结合到一起,并不互相削弱。但只是在他身上如此。在主人公的身上,个性特点扼杀了他们的思想所具有的价值;如果这些思想保存住自己的价值,那它们就要摆脱主人公的个性特点,而同作者的个性特点结合到一起。由此便产生了作品的思想单向性。如果出现第二个趋向,一定要被人们看作是作者世界观里存在不体面的矛盾。

被肯定的、具有充分价值的作者思想,在独白型作品中能肩负三方面的功能。第一,思想是观察和描绘世界的原则,选择和组织材料的原则,是使作品的一切因素保持思想观点上的一致性的原则。第二,思想可能是从描写当中引出的或多或少比较明确、比较自觉的结论。第三,作者的思想可能直接地表现在主要人物的思想体系的立场上。

作为描绘原则的思想见解,是同形式融合在一起的。它决定着外在形式上的一切轻重浓淡,决定着构成作品艺术风格形式上的统一体和作品统一情调的那些思想形态的评价。

这种组织作品形式的思想体系,其较深的层次决定着作品的基本体裁特点。这些层次传统上早已有之,是经过几个世纪形成和发展起来的。我们所分析的艺术上的独白性,就属于形式方面这种较深的层次。

作为结论的思想体系,总结描绘内容所得的思想体系,在独白型原则下,不可避免地要把描绘的世界变成这一结论的无声的对象。思想结论所采取的形式本身,可能十分不同。随着这些形式的不同,描绘内容的处理方法也就不断变化。描绘的内容可以是对某一思想的简单图解、简单示例,或者是提供进行思想概括的材料(如实验小说),或者属于最后一种情况,即同最终的结论处于更为复杂的关系中。当描写完完全全归结为一个思想结论时,摆在我们面前的就是思想哲理小说(如伏尔泰的《老实人》),或至少是普通的有明显倾向性的小说。即使没有显出这种直露的意图,在任何描写中总也还有思想结论的成分存在,不管这一结论在外在形式上的作用是多么微弱和多么隐蔽。思想结论中的侧重点,不应该同描写当中外在形式上的侧重点产生矛盾。如果存在这样的矛盾,那人们会觉得这是缺点,因为在独白型世界的范围内,相互矛盾的侧重点会在一个声音内部冲突起来。观点的统一,应能把风格的各种形式因素同最抽象的哲理结论连接到一起。

与组织作品形式的思想见解、与最终的思想结论同处于一个平面上的,还有主人公的思想立场。主人公的观点有可能从客体地位上升而成为一种原则。在这种情况下,构成作品基础的那些思想原则,就已不只是描绘主人公、决定作者对主人公的看法了;而且,思想原则本身就是通过主人公表现出来的,因为它们决定着主人公自己对世界的看法。这样的主人公在形式上和普通类型的主人公截然不同。根本用不着到作品之外去找什么材料来证明作者的思想观点和主人公的思想观点是相吻合的。不仅如此,这种内容上的吻合,如果不是研究作品本身发现的,其实是难以令人信服的。作者描写所依据的思想原则同主人公的思想立场,两者的统一应该是在作品内部揭示出来;这种统一应表现为作者的描写同主人公的语言、感受所共有的单向性,而不是人物思想同作者于别处表达的思想观点在内容上的吻合。对这种主人公的议论和感受,处理方法也就不同;这里的议论和感受没有对象化,它们在刻画自己要表现的对象,而不仅仅是刻画说话者本人。这种主人公的言论,同作者的言论处于同一个层次上。

　　作者立场和主人公立场之间的了无距离,还表现在一系列其他形式特点上。例如主人公同作者本人一样,是一个不封闭的形象,不具备内在的完成性。因此它不可能削足适履地完完全全塞进情节的框架里。这里的情节,叫人感到只是多种可能的情节发展中的一种,所以对这个主人公来说终究是一种偶然的情节。这种非封闭型的主人公,对浪漫主义、对拜伦、对夏多布里昂是很典型的;莱蒙托夫写的毕巧林部分地也是这样。

　　最后,作者的思想还可能散见在整个作品之中。这些思想可能出现在作者的语言中,表现为某些箴言、寓意,或整段的议论。作者思想偶尔也会大量而密集地通过这个或那个主人公之口说出来,但却仍不与主人公的个性特点融合(如屠格涅夫笔下的波图金)。

　　所有上述众多的思想,包括组织起来的和散见各处的,从构筑作品形式的诸原则到作者偶然得之因而可有可无的寓意——都应该服从于一个侧重点,表现一个统一的观点。其余的一切,只能是这一观点的对象,是从属这一侧重点的材料。只有纳入了作者观点的轨道的思想,才能既不破坏作品统一的单向性,又能保留住自己的含义。所有这些作者思想,不管其功能如何,本身都不成为描绘的内容。它们或者自己去描绘别的,并且内在地指挥这种描写;或者阐释所描写的内容,最后还可能是伴随描写而成为可以分离出来的思想装潢。它们是径直表现出来的,不需要保持什么距离。在它们组成的独白型世界的范围内,他人的思想不会得到描绘。他人思想要么被同化,要么在论辩中遭到否定,要么就不再成其为思想了。

陀思妥耶夫斯基擅长的,却正是描绘他人的思想,但又能保持其作为思想的全部价值;同时自己也保持一定的距离,不肯定他人的思想,更不把他人思想同已经表现出来的自己的思想观点融为一体。

思想在他的作品中成为艺术描绘的对象,陀思妥耶夫斯基本人也便成了一个伟大的思想艺术家。

很能说明问题的是,思想艺术家的形象早在1846至1847年间,即陀思妥耶夫斯基走上创作道路的时候,便已浮现在他的脑海里。我们指的是《女房东》的主人公奥尔德诺夫的形象。这是个独身的青年学者。他有着自己一套创作体系,对学术思想有自己独特的见解:

"他在给自己创立一套体系。这个体系已经酝酿几年了,可他心里渐渐有个尚还模糊不清却颇为美妙喜人的思想的形象,起来反抗。这个思想化作一种新的明朗的形式,折磨着他的心灵,想从他心里挣脱出来。他还只是刚刚感觉到这个形式的独创、真实、独具特色,便已获得了创造的力量,创作活动在形成在巩固。"(第1卷,第425页)

下面是这个中篇的结尾:

"也许,在他身上真会形成完整、新颖、独特的思想。也许,他注定要成为科学中的艺术家。"(第1卷,第498页)

陀思妥耶夫斯基则注定要成为那样一个思想艺术家,只是不在学术方面,而在文学中。

是哪些条件决定了陀思妥耶夫斯基有可能对思想进行艺术的描写呢?

首先提醒一点,思想的形象同这一思想载体的人的形象,是分割不开的。情况并非如M.A.恩格尔哈特所论,不是思想本身成为"陀思妥耶夫斯基作品里的主人公",而是具有这一思想的人——思想的人。

必须再次强调一遍,陀思妥耶夫斯基的主人公,是思想的人;这不是性格,不是气质,不是某一社会典型或心理典型。具有充分价值的思想,它的形象自然不可能同上述人们从外部完成、给以定论的形象相结合。举例说,如果企图把我们所理解和感受到的拉斯柯尔尼科夫的思想(陀思妥耶夫斯基认为,思想不仅可以而且应该能理解,还可以而且应该能"感受"),同他完成了的性格,或同他作为60年代平民知识分子的社会典型性结合到一起,那便显得很荒唐了。那么一来,拉斯柯尔尼科夫的思想作为有充分价值的思想,立刻会丧失自己直接的意义,并且从争论之中退出来;可是它一直是生活在这个争论之中,在同其他同样有充分价值的思想处于不间断的对话式的相互作用之中;这就是索尼娅、波尔菲里、斯维德里加依洛夫等人的思想。能成为有充分价值的思想的载体的,只是"人身上的人";他具有我们在前一章讲过的那种未完成论定、未有结果的自由。索尼娅、波尔菲里等人同拉斯柯尔尼科夫进行对话交流,正是诉之于拉斯柯尔尼科夫身上这个内在的未完成论定的核心。作者本人通过这部写拉斯柯尔尼科夫的小说的结构方法,同样是以对话态度诉之于主人公身上这个未完成论定的核心。

因之,只有未完成的蕴涵无尽的"人身上的人",才能成为思想的人;这个人的形象才能同有充分价值的思想的形象,结合到一起。这是陀思妥耶夫斯基能描绘思想的第一个条件。

不过这个条件也有所谓倒置的效力。我们可以说,在陀思妥耶夫斯基的作品里,人只要一进入纯粹的永无完结的思想领域,换言之只要变成不为己利的思想的人,他便可以克服自己的"物质性"而变成"人身上的人"。陀思妥耶夫斯基的所有主要人物,即参与大型对话的人物,都属于这一类。

从这一方面说,佐西马给伊万·卡拉马佐夫个性下的断语,适用于所有这些人物。当然他是用自己那教堂语言表述的,也就是处于他所生存的基督思想的氛围里。下面,我们从对陀思妥耶夫斯基说来十分典型的佐西马神父和伊万·卡拉马佐夫之间真心实意的对话中，摘引有关的一段：

"'人们要是不再笃信他们的灵魂不朽，您认为后果会如此？——难道您真是这么想的吗？'佐西马神父突然问伊万·费多罗维奇。

"'是的，我说过这个话。没有善心就没有不朽。'

"'有这样的信仰，您可真是有福哇，不过也许是最不幸了！'

"'为什么不幸呢？'伊万·费多罗维奇笑了。

"'因为看起来您自己既不相信您的心灵会不朽，也不相信人们关于教堂和教堂问题写的那些东西。'

"'也许您说得对！……可我绝不全是开玩笑……'伊万·费多罗维奇突然奇怪地表白起来，接着却马上涨红了脸。

"'不全是开玩笑，这话不错。这个思想在您心里还没有解决，在折磨您。可受难者偶尔也喜欢拿自己的绝望处境开个玩笑，好像也是由于绝望的心情吧。现在连您也由于绝望来开玩笑了，又是给杂志写文章，又是参加上流社会的争论，可自己也不相信自己的辩证法，怀着痛苦的心情暗自笑话这辩证法……您心里这个问题没解决，这就是您最大的痛苦，因为它非常迫切地要求解决……'

"'可在我心里解决得了吗？是朝着好的方面解决吗？'伊万·费多罗维奇继续奇怪地问着，仍然带着令人莫解的微笑望着神父。

"'要不能朝好的方面解决，那也永远不会朝坏的方面解决，您的心肠怎么样，您自己是清楚的，内心的痛苦也正在于此。感谢造物主吧。他给了您一颗高尚的心，能为这种痛苦熬煎的心，能去冥思苦想，探索崇高的东西，因为我们的住所在天上。上帝保佑，让您在人世就解决内心的难题，求上帝祝福您走的道路吧！'"

阿廖沙在同拉基京谈话时也给伊万下了相似的评语，只是用的比较世俗的语言。

"听我说，米沙，他(指伊万。——M.巴赫金)的心是热烈激昂的。理智却像俘虏。他内心有种伟大的却没有解决的思想。他是那种不要百万家产,可要弄明白思想的人。"

陀思妥耶夫斯基所有的主要人物,都是冥思苦想的人,每个人都有种"伟大的却没有解决的思想",他们全都首先"要弄明白思想"。他们真正的整个生活和自己的未完成性,恰恰就在于需要弄明白思想。如果把他们生存其中的思想给排除掉,那他们的形象就会完全被破坏。换句话说,主人公的形象同思想的形象紧密联系着,主人公的形象不可能离开思想的形象。我们是在思想中并通过思想看到主人公,又在主人公身上并通过主人公看到思想。

陀思妥耶夫斯基的所有主要人物,作为思想的人,是绝对的无私,因为思想确实支配了深藏在他们身上的个性的核心。这种无私,不是他们作为描绘对象的个性特点,也不是对他们行为的外在评价;这种无私表现出他们真正的生活在于思想的领域(他们"不要百万家产,可要弄明白思想"),思想性和无私似乎成了同义语。在这个意义上,杀死并抢掠放高利贷老太婆的拉斯柯尔尼科夫,是绝对无私的;妓女索尼娅是绝对无私的;杀父的同谋者伊万是绝对无私的。绝对无私的,还有《少年》的思想,即要成为罗特希里德。再说一遍,这里讲的不是一般地给人物性格和行为进行分类,而是通过一个特征来说明人的内心深处确实与思想相关联。

陀思妥耶夫斯基能塑造思想的形象,其第二个条件就是:他深刻地理解人类思想的对话本质、思想观念的对话本质。陀思妥耶夫斯基发现了,看到了,也表现出来了思想生存的真正领域。思想不是生活在孤立的个人意识之中,它如果仅仅停留在这里,就会退化以致死亡。思想只有同他人别的思想发生重要的对话关系之后,才能开始自己的生活,亦即才能形成、发展、寻找和更新自己的语言表现形式、衍生新的思想。人的想法要成为真正的思想,即成为思想观点,必须是在同他人另一个思想的积极交往之中。他人的另一个思想,体现在他人的声音中,就是体现在通过语言表现出来的他人意识中。恰是在不同声音、不同意识互相交往的连接点上,思想才得以产生并开始生活。

思想(根据艺术家陀思妥耶夫斯基对它的观察)并非是一种主观的个人心理的产物,而"固定居住"在人脑中;不是这样,思想是超个人超主观的,它的生存领域不是个人的意识,而是不同意识之间的对话交际。思想是在两个或几个意识相遇的对话点上演出的生动的事件。思想在这方面同言论相似,思想同言论构成辩证的统一。同言论一样,思想也希望能被人听到,被人理解,得到其他声音从其他立场做出的回答。同言论一样,思想就其本质来说是对话性的;独白只是表达思想时一种带假定性的结构方式,这种结构方式如我们上文的分析,是在现代意识形态的独白性这个土壤上形成的。

陀思妥耶夫斯基恰恰把思想看作是不同意识不同声音间演出的生动事件,这样来进行观察和艺术描绘的。思想、意识、一切受到意识光照的人的生活(因而是与思想多少有些关联的生活),本质上都是对话性的——这一艺术发现使他成了伟大的思想艺术家。

陀思妥耶夫斯基从来不以独白的形式叙述现成的思想,但也不在某一个人的意识里表现这些思想的心理形成过程。无论在其中哪一种情形下,思想都不再成其为生动的形象了。

例如我们可以回顾一下前一章引述过的拉斯柯尔尼科夫第一次的内心独白。这里丝毫没有写思想在一个封闭的意识中的心理形成过程。相反,拉斯柯尔尼科夫孤身一人的意识,倒成了他人声音争斗的舞台。近几天来的事件(母亲来信,同马尔梅拉多夫相遇),反映到他的意识里变成了极为紧张的同缺席者的对话(这缺席的交谈者是妹妹、母亲、索尼娅等);正是在这场对话中,他努力想"解决"自己的那个"思想"。

拉斯柯尔尼科夫在小说情节开始之前,便在报上发表了一篇文章,表述了自己思想的理论基础。陀思妥耶夫斯基没有在任何地方,用独白形式讲述这篇文章的内容。我们第一次了解到它的内容,因而也是了解到拉斯柯尔尼科夫的基本思想,是在他同波尔菲里那场紧张的、对他来说是可怕的对话中(参加对话的还有拉祖米欣和扎梅托夫）。先是波尔菲里转述文章大意，而且用了夸张和挑衅的语调。这种内在地已经对话化了的转述，不时为提给拉斯柯尔尼科夫的问题所打断，接着又为拉斯柯尔尼科夫的对答所打断。然后是拉斯柯尔尼科夫自己讲这篇文章，也不时被波尔菲里挑衅性的问题和评论所打断。连拉斯柯尔尼科夫的叙述本身，也贯穿着同波尔菲里等人观点的内心的辩论。拉祖米欣同样时常发话。结果在我们面前，拉斯柯尔尼科夫的思想，是出现在若干个人意识紧张斗争的超个人领域里；并且这一思想的理论方面，又同对话参加者们最终的生活立场不可分地结合到了一起。

拉斯柯尔尼科夫的思想在这段对话中，展示出了自己的各个方面、各种色调、各种潜力，并同其他的生活立场形成了各种各样的相互关系。思想失去了自己在独白型中那种抽象的理论上的完成性（即只限于满足一个意识的需要），同时它却变成了一种握有力量的思想，获得了这种思想特有的自我矛盾的复杂性和生气勃勃的多面性。这种握有力量的思想，出现、生活、作用于一个时代的大型对话中，与其他时代相近的各种思想遥相呼应。于是在我们眼前，便出现一个思想的形象。

在拉斯柯尔尼科夫同索尼娅的几次同样相当紧张的对话中，我们也看到了他的这一个思想。这里它已经采取了另一种语调，与索尼娅的另一种十分有力而完整的生活立场形成了对话关系，因而又揭示出了自己一些新的方面、新的潜力。之后我们听到斯维德里加依洛夫同杜尼娅谈话时，通过对话化了的转述方式，也讲出了拉斯柯尔尼科夫的这一思想。不过这里在斯维德里加依洛夫的声音中（他是用讽刺性模拟体塑造的拉斯柯尔尼科夫的替身之一），思想完全换了另一种语调，向我们展示出另一个侧面。最后，在整个小说中，拉斯柯尔尼科夫的这一思想同各种生活现象发生接触，受到考验，或为生活现象所肯定，或为生活现象所否定。这一点我们在前一章已经说过了。

再提一下伊万·卡拉马佐夫的一个思想：如果没有心灵的不朽，那么"一切都是允许的"。这个思想在整个《卡拉马佐夫兄弟》这部小说中,活跃在多么紧张的对话之中,它贯穿在多么不同的声音里,形成了多么突如其来的对话交往!

这两个思想(拉斯柯尔尼科夫的思想和伊万·卡拉马佐夫的思想)都受到了其他思想的反射;正像绘画中一种特定的色调由于受到周围其他色调的反射,而失去自己抽象的纯净性,不过由此一来倒获得了真正的绘画的生命。如果把这些思想从它们生活着的对话领域抽取出来,再赋予它们那种独白型的完成了的理论形态,那么结果所得的思想观念,将会是一副病态,而且轻易就可以被驳倒。

陀思妥耶夫斯基作为艺术家,他创立自己的思想,与哲学家或科学家的方法不同。他创立的是思想的生动形象,而这些思想是他在实现生活当中发现的,听到的,有时是猜测到的;也就是说这是已经存在或正进入生活的富于力量的思想。陀思妥耶夫斯基具有一种天赋的才能,可以听到自己时代的对话,或者说得确切些,是听到作为一种伟大对话的自己的时代,并在这个时代里不仅把握住个别的声音,而首先要把握住不同声音之间的对话关系、它们之间通过对话的相互作用。他听到了居于统治地位的、得到公认而又强大的时代声音,亦即一些居于统治地位的主导的思想(官方的和非官方的);听到了尚还微弱的声音,尚未完全显露的思想;也听到了潜藏的、除他之外谁也未听见的思想;还听到了刚刚萌芽的思想、看到未来世界观的胚胎。"全部现实生活,"陀思妥耶夫斯基本人说,"不是眼下紧迫的需要所概括得了的,因为它有相当巨大的一部分,表现为尚是潜在的、没有说出的未来的思想。"[①]

[①] 《费·米·陀思妥耶夫斯基笔记本》,莫斯科—列宁格勒,科学出版社,1935年,第179页。列·格罗斯曼根据陀思妥耶夫斯基本人的话论及这一点时讲得非常好:"艺术家'听得见,预感得到,甚至看得见','出现了一些新因素,它们急切地要求一种新语言',陀思妥耶夫斯基许久以后这样说。'正是这些因素需要抓住并表现出来。'"见列·格罗斯曼著《艺术家陀思妥耶夫斯基》,载文集《费·米·陀思妥耶夫斯基的创作》,莫斯科,苏联科学院出版社,1959年,第366页。——作者

在自己时代的对话中,陀思妥耶夫斯基听到了过去时代的思想和声音的共鸣,包括较近的(30年代至40年代)和较远的时代。他正如我们所说,还努力想听到未来的声音和思想,试图根据今天的对话给它们准备好的位置来猜出它们,好像在展开了的对话中猜出下一句尚未说出的对语那样。如此一来,就在当代的平面上,汇集起过去、现在和未来,并相互争论。

我们要重复强调:陀思妥耶夫斯基塑造自己的思想形象,从来不是无中生有,从来不是"杜撰它们",正好比画家不是杜撰他们所描绘的人物那样。陀思妥耶夫斯基善于在今天的现实中听到和猜出思想的形象。因此论及陀思妥耶夫斯基小说中的思想的形象,如同论及他的主人公形象一样,可以发现并指出一定的原型。例如,拉斯柯尔尼科夫思想的原型,是马克斯·旋蒂尔涅在他的论著《唯一的人及其所有权》里表述的思想,还有拿破仑三世在其《尤里·恺撒传》[1](1865)一书中发挥的思想。彼得·韦尔霍文斯基思想的原型之一,是《革命者问答》[2];韦尔西洛夫(《少年》)思想的原型,是恰达耶夫和赫尔岑的思想[3]。陀思妥耶夫斯基笔下思想形象的原型,还远远没有都揭示出来、都被加以说明。我们要强调的是,这里不是说陀思妥耶夫斯基思想形象的"来源"(这个术语用于此处并不恰当),而恰恰是说思想形象的原型。

陀思妥耶夫斯基根本不是摹写、不是复述这些原型,而是自由地创造性地把它们改造成生动的艺术的思想形象,完全和画家对待自己的人物原型一样。他首先打破了思想原型的封闭的独白的形态,然后把它们纳入自己小说中的大型对话之中,在那里它们才开始有了新的

---

[1] 此书问世,时值陀思妥耶夫斯基在创作《罪与罚》,立刻在俄国引起巨大反响。参看 Ф.И.叶夫宁的文章《小说〈罪与罚〉》,载文集《费·米·陀思妥耶夫斯基的创作》,莫斯科,苏联科学院出版社,1959年,第153—157页。——作者

[2] 参看 Ф.И.叶夫宁文章《小说〈群魔〉》,同一文集,第228、229页。——作者

[3] А.С.多利宁:《陀思妥耶夫斯基的创作实践》,莫斯科,苏联作家出版社,1947年。——作者

情节性的艺术生命。

作为艺术家,陀思妥耶夫斯基在某一思想的形象中,不仅揭示了它在原型中具有的历史的真实特点(例如在拿破仑三世《尤里·恺撒传》中的特点),并且揭示了这一思想的潜力,而这种潜力对艺术家来说恰好是最为重要的。作为艺术家的陀思妥耶夫斯基常在推测,在特定的变化了的条件下,这一思想将会如何发展和行动,它的进一步发展变化可能采取哪些意料不到的方向。为此陀思妥耶夫斯基把思想摆到进行对话交锋的不同意识的边缘上。他把现实中完全分割开来的互不相通的那些思想和世界观,聚拢到一起并让它们互相争论。他好像用虚线把这些思想延长,直到它们达到对话的交锋点上。他用这种办法揣测出现在各自分离的思想,将来会怎样进入对话交锋。他预见到了不同思想的新的组合,预见到了新的声音和思想的诞生,预见到了所有声音和思想在世界对话中位置的变化。这就是为什么陀思妥耶夫斯基作品中进行的这场俄国的也是世界的对话,其中包括业已存在和刚刚诞生的种种声音和思想,未完成的和充满新潜力的声音和思想,时至今日还吸引着陀思妥耶夫斯基的读者,使他们的理智和声音参与到这场崇高的悲剧性的游戏中来。

这样一来,陀思妥耶夫斯基小说中使用的思想原型,并不丧失自己充实的含义,但却变换了自己存在的形态,因为它们变成了完全对话化了的、不具备独白型那种完成性的思想的形象,换句话说,它们进入了对它们说来是全新的艺术存在的领域。

陀思妥耶夫斯基不仅是撰写中长篇小说的艺术家,而且他还是一个政论家思想家,在《时间》《时代》《公民》《作家日记》上发表过有关的文章。在这些文章中,他表达了一定的哲学的、宗教哲学的、社会政治的和其他的思想;他在这里(文章中)发表的思想,是作为自己的肯定无疑的思想,是采取系统独白体的形式,或采取独白的演说体的形式(这是纯粹的政论体)。同样的这些思想,他在自己给不同人的书信中,有时也讲到过。在这里(文章和书信中),这些当然还不是思想的形象，而是用独白体直接肯定的思想。

不过，这些"陀思妥耶夫斯基的思想"，我们在他的小说中也可以碰到。我们应该怎样在这里，也就是在他创作的文艺作品里，看待这些思想呢？

完全应像看待《罪与罚》中拿破仑三世的思想（作为思想家的陀思妥耶夫斯基是根本不同意这些思想的）一样，或像看待《少年》中恰达耶夫和赫尔岑的思想（作为思想家的陀思妥耶夫斯基只是部分地同意这些思想）一样。也就是说，我们应该把思想家陀思妥耶夫斯基的思想，看作是他小说中某些思想形象（如索尼娅的、梅思金的、阿廖沙·卡拉马佐夫的、佐西马的思想的形象）的思想原型。

的确如此，作为思想家的陀思妥耶夫斯基的思想，一旦进入他的复调小说，便会改变自己存在的形式，成为艺术性的思想形象。它们同人物形象（如索尼娅、梅思金、佐西马）结合成不可分割的统一体，摆脱开了自己那种独白型的封闭性和完成性，实现了完全的对话化，以完全平等的身份同其他的思想形象（拉斯柯尔尼科夫的、伊万·卡拉马佐夫的和其他人的思想形象）一起参加到小说的大型对话中。绝对不可把独白小说中作者思想所起的完成论定的作用，强加于这些思想形象身上。它们在这里根本不起这个作用，只是大型对话中平等的参与者。如果说作为政论家的陀思妥耶夫斯基对个别思想和形象有所偏好，而这也偶尔反映到他的小说中去，那么这种偏好也只表现在表面的因素上（如《罪与罚》中带有假定性的独白型尾声），却不会破坏复调小说的强大的艺术逻辑。艺术家陀思妥耶夫斯基总是战胜政论家陀思妥耶夫斯基。

总之，陀思妥耶夫斯基本人在其创作的文艺作品之外以独白形式发表的思想（如在文章、书信和口头交谈中），仅仅是他小说中某些思想形象的原型而已。因此绝对不可用评论这些独白型的思想原型来取代对陀思妥耶夫斯基复调的艺术思想的真正分析。重要的是揭示思想在陀思妥耶夫斯基复调世界中的*功用*，而不仅仅是它独白的本质。

为了正确理解陀思妥耶夫斯基作品中对思想的描绘方法,还应该考虑到他的构形见解①的一个特点。这里我们首先是指作为他观察和描绘世界的原则的那种见解,也就是构形见解,因为说到底是它决定着各种抽象的思想在作品中起什么作用。

在陀思妥耶夫斯基关于构形见解的思想体系中,恰恰缺少任何思想体系无不视为基础的两个基本因素:个别的思想和多数思想结合而成的指称事物的统一体系。按照一般的构形见解,存在着个别的思想、主张、论点;它们本身可能正确也可能不正确,这取决于它们同事物的关系如何,却不取决于谁是思想的载体,思想属于谁。这些"没有专属"的指述事物的正确思想,组合成同样指述事物的统一体系。在这个统一的体系中,一个思想接触另一个思想,在事物相关的基础上相互发生联系。每一个思想都代表最终的整体即体系,体系则是由作为其因素的个别思想组合而成。

这个意义上的个别思想和统一体系,都是陀思妥耶夫斯基构形见解里所没有的。对他来说,最终不可再分的单位,不是个别的仅仅指物述事的狭小的思想、论点、主张,而是一个人的完整的观点、完整的立场。对他来说,指物述事的意义是同个人的立场不可分地融合在一起的。在每一个思想中,都似乎表现出了整个一个人。因此,不同思想的结合,就是不同的完整立场的结合,不同个性的结合。

说得离奇一点,陀思妥耶夫斯基不是用一个个思想来思维,而是用一个个完整的观点、意识、声音来思维。他接受和表述每一个思想,总力求在这个思想中显现出整体的人来,这样一来就以浓缩的形式概括出了这人从头到脚的整体世界观。只是这种在自身集中了整个一种思想意向的具体思想,陀思妥耶夫斯基才吸收来,作为自己艺术观

---

① Формообразующая идеология,直译是"构形的思想体系",意为如何组织作品形式的一套思想观点。——译者

的一个因素。这样的思想在他看来才是不可分割的单位。这样的单位结合起来,已经不是构成指物述事的统一体系,而是构成由人们的意向和声音参与的具体事件。在陀思妥耶夫斯基作品里,有两个思想便已经是有两个人,因为没有无归属的思想,而每一个思想又代表着整个一个人。

把每一个思想都当作一个完整的个人立场,用一个个声音进行思维——陀思妥耶夫斯基的这一趋向,甚至清晰地表现在他的政论文的布局方法上。他用来展开思想的手法,到处都是一样的:用对话形式,但不是干巴巴的逻辑的对话,而是把带有深刻个性的完整的声音拿来加以比较。甚至在自己的论辩文章里,他实际上也不是在说服,而是组织不同的声音,使不同的思想意向交锋,多数情况下是采用某种虚构的对话。

下面是他的政论文典型的结构方法。

在《环境》一文中,陀思妥耶夫斯基先是就陪审员的心理状态和宗旨提出问题和假设,以问题和假设的形式表述了一系列看法;同时和往常一样,不时利用人们完整或不完整的声音打断自己的话,解释自己的思想。例如:

"大概所有陪审员的一个共同感觉(自然是除了其他感觉之外),在全世界而特别是在我们这里,应该说是权力感,或者最好说是自我权力感。有时候,也就是当这种感觉凌驾于其他感觉之上时,它是很肮脏的……我的幻想中曾出现过一种审判会,那里陪审的几乎全是农民,昨天的农奴。检察官和律师们要向他们请教,巴结他们,看他们眼色。而我们这些庄稼汉坐在那里默不作声:'这会儿可不同啦,我要高兴就能免了罪,不高兴就送他上西伯利亚……'

"'毁掉别人的命运简直太可惜了,总是人嘛。俄国人是有怜悯心的。'另一些人则这样考虑,正像有时听到的那样……"

接着,陀思妥耶夫斯基利用虚构的对话,径直以自己的论题组织了一场合奏。

"'哪怕就如此假设,'我仿佛听到一个声音在说,'假设您那牢固的基础(即基督教的基础)依然完好,也的确首先应该成为一个公民,还要像您反复说的举出旗帜,如此等等,哪怕就如此假设,先不争论,可您想一想,我们又哪里来的公民哟?只要回头看看就明白了,昨天是个什么情形!要知道,公民权利(竟也不过如此)好像突然从山上滚下来落在身上。它把人都砸坏了,眼下只是人们的一种负担,负担!'

"'当然,您的见解也不无道理,'我回答这声音,多少有点泄气,'可再怎么说俄国人民……'

"'俄国人民嘛?且慢,'我听到了另一个声音,'方才有人说,恩赐从山而降,把人砸伤了。可是他很可能不只感到获得很大权力,像接到礼物一样,此外还可能觉得这权力他是白白得来的,也就是说他暂时还不配有这个权力……'(以下是这一观点的发挥)

"'这有点像斯拉夫派的声音,'我暗自琢磨,'这见解倒的确令人宽慰,至于揣度百姓在白得的而又一时不配得的权力面前会变得温顺,那自然比揣度他们想"捉弄检察官"要显得纯洁……'(以下是发挥这一答话)

"'不过您这是,'我又听到谁的挖苦的声音,'您大概是把最时兴的环境哲学,强加到人民身上了;这个东西可怎么会钻到他们脑袋里去呢?要知道,这十二个陪审员可能全来自庄稼汉,每个人都会把斋期开荤当成是死罪。您不如干脆指控他们存有社会偏见呢。'

"'当然,当然,对他们哪里谈得上"环境"呀,我的意思是说不可能所有的人都知道这个,'我这样沉思着,'可这思想,已经成了社会情绪,它是有渗透力的呀……'

"'妙极了!'挖苦的声音哈哈大笑。

"'假如我们的人民特别喜欢环境学说呢?假如他的本性就如此,比方说斯拉夫的倾向就如此,那又怎样?如果我们的人民对某些宣传家来说,恰恰是欧洲最好的材料呢?'

"挖苦的声音笑得更响了,可好像有点做作。"①

论题的进一步发挥,是建立在各种半明半暗的声音上,采用具体的生活场景和情状为材料,而这些场景和情状的最终目的,在于表现某种人的意向,如罪犯、律师、陪审员等。

陀思妥耶夫斯基的许多政论文,都是这样架构起来的。不论在哪里,他的思想总是要穿过不同声音(和半音)、不同的他人语言、不同的他人手势构筑成的迷宫。他从来不引用他人抽象的论点来证明自己的论点,不是根据事物间关联的原则把不同思想结合到一起,而是比较不同的意向,在不同意向之中确立自己的意向。

自然,陀思妥耶夫斯基构形见解的这一特点,政论文中不可能表现得足够深刻。此处这不过是一种表述的形式罢了。思维的独白性,在这里当然不可能消除。从这个角度看,政论体所提供的条件是最不利的。但即便在这里,陀思妥耶夫斯基不能够也不愿意把思想同人分开,同人的灵活的嘴巴分开,不让这一思想同另一思想在无人称的单纯指物述事的基础上联结起来。一般构形见解的意向,是在一个思想中看到它指物述事的含义,看到它指物的"顶端";而陀思妥耶夫斯基却首先看到思想在人身上的"根底"。对他来说,每一思想都有两个方面;这两个方面根据陀思妥耶夫斯基的看法,即使在抽象的理解中也不能相互分离。他采用的全部材料,在他眼前都是作为一个个人的意向而依次展开的。他走的道路,不是从思想到思想,而是从意向到意向。对他来说,思考就意味着询问和倾听,考验意向,把一些意向结合起来,把另一些意向揭露出来。需要强调指出,在陀思妥耶夫斯基的世界里,就连同意也保持着自己的对话性质,也就是说从不导致几个声音几个道理融合而为统一的无人称的真理,像独白型世界的情形那样。

很说明问题的一点是,以格言、名言、箴言形态出现的个别思想、

---

① 《费·米·陀思妥耶夫斯基文艺作品全集》,第9卷,Б.托马舍夫斯基、К.哈拉巴耶夫编辑,莫斯科—列宁格勒,国家出版社,1929年,第11—15页。——作者

论点、提法,虽脱离语境和人的声音,也能以无人称形式继续保持自己的原意,这样的思想在陀思妥耶夫斯基的作品里,是根本没有的。可是从列夫·托尔斯泰、屠格涅夫、巴尔扎克等人的小说中,可以摘出(人们也在摘引)多少这类单个的精粹的思想啊!在作品中,它们分散在人物议论和作者议论中;离开了人的声音,它们仍保持着自己的与人称无涉的全部格言意义。

在古典主义和启蒙主义文学中,形成了一种特殊的格言式的思维类型,即用个别的完满自足的思想来进行思维,这些思想按照作家意图就是可以独立于语境之外的。浪漫主义作家则创造出另一种格言式的思维。

这两种思维类型,对陀思妥耶夫斯基来说,是特别的格格不入。他的构形见解中容不得无人称的真理,所以他的作品里也没有可以分解出来的无人称的真理。那里只有完整而不可分割的发为声音的思想,发为声音的观点,可就连这些声音也不能从作品的对话中分解出去,如果不打算歪曲它们的本质的话。

不错,陀思妥耶夫斯基作品中有的人物,是上流社会模仿型格言思维的代表,说得更准确些是格言式饶舌的代表,没完没了地说些庸俗的笑话和格言,如老公爵索科利斯基(《少年》)。韦尔西洛夫只是部分地,从他个性的一个侧面看,也属于这一类人。上流社会的这些格言,当然是被表述的客体性语言。不过陀思妥耶夫斯基作品中有一种特殊的主人公,就是斯捷潘·特罗菲莫维奇·韦尔霍文斯基。他是比较高级的格言思维(启蒙主义和浪漫主义的格言思维)的模仿者。他所以到处甩出一些单个的"真理",正因为他缺乏一个"统帅的思想",决定他个性内核的思想,没有自己的真理,而有的只是单个的无人称的真理;如此一来这种真理也就变得不是完全的真理了。临终时,他自己概括了他对真理的态度:

"我的朋友,这一辈子我尽在说谎。就连说实话的时候,也是这样。我以往说话,从来不是为的真理,只是为了自己,这我过去也明

白,可现在我才看到……"(第7卷,第678页)

斯捷潘·特罗菲莫维奇的所有格言,离开上下文就不再有充分的意义,它们在一定程度上是被表述的客体,所以留下了作者讽刺的印迹(即是说它们是双声的)。

在陀思妥耶夫斯基的表现于布局结构上的主人公之间的对话中,同样没有单个的思想和论点。主人公们从来不就个别之点进行争论,他们总是以完整的观点争论,甚至在一句最短的对语中也要把自己整个摆进去,摆进自己的整个的思想见解中去。他们几乎从来不把自己完整的思想立场分解开来进行分析。

即使在整部小说的大型对话中,单个的声音及其世界也是作为不可分割的整体,相互对峙比较,而不是分解开来,相互间逐点逐项地进行对比。

在就《卡拉马佐夫兄弟》写给波别多诺斯采夫的一封信里,陀思妥耶夫斯基极精彩地说明了自己进行整体的对话式对比的方法:

"因为我正是设想让这第六本书——俄罗斯僧人(此书8月31日出版)——成为对这个消极方面的回答。由此也才为这书提心吊胆,不知道它是不是一个充分的答案。更何况这并非是个直接的答案,不是逐项地回答以前已经表述出来的(在大裁判身上以及此前)各个论点,而只是一个间接的回答。这里要表现的,是同上面表述的世界观针锋相对的某种东西,并且也不是逐点逐项表现的,而是通过所谓艺术的画面。"[①]

我们上面分析的陀思妥耶夫斯基构形见解的那些特点,决定着他的复调创作的所有方面。

由于构形思想采取这样一种角度的结果,在陀思妥耶夫斯基面前展现出来的,不是一个由描写对象组成而经他的独白思想阐发和安排

[①] 费·米·陀思妥耶夫斯基:《费·米·陀思妥耶夫斯基书信集》,第4卷,莫斯科,国家文学出版社,1959年,第109页。——作者

起来的世界,而是一个由相互阐发的不同意识组合起来的世界,是一个由相互联结的不同人的思想意向组合起来的世界。他在这些不同的意向之中,寻找一个最崇高最有权威的意向;他并不把这个意向看成是自己的一个真实的思想,而看作是另一个真实的人以及他的言论。他觉得,思想探索的结果应是出现一个理想人物的形象,或者是基督的形象,应该由这个形象或这个上天的声音来圆满地完成这个多种声音的世界,由它组织这个世界、支配这个世界。正是写出这样一个人的形象和他的声音(对作者来说是他人的声音),才是陀思妥耶夫斯基遵循的最高的思想准则:这不是要忠实于自己的信仰,也不是要求抽象信仰本身的正确,而恰恰是要忠实于一个权威的人的形象①。

陀思妥耶夫斯基在自己的笔记本中草拟对卡韦林的回答中写道:

"根据是否忠于自己的信仰来判定人的道德,是不够的。还应当不断地在内心提出问题:我的信仰正确吗?能检验信仰的,只有基督。但这已经不是哲理了,这是宗教;而宗教,是红的颜色……

"烧死异教徒的人,我不能认为他是有道德的人,因为我不能同意您的论点:道德就是同内心的信仰协调一致。这只算是忠诚(俄语是丰富的),不算是有道德。道德的楷模和理想我是有的,那就是基督。我自问:他可不可能烧死异教徒呢?不可能!那么,火烧异教徒就是不道德的行为……

"基督做过错事,这是证实了的!这种炽烈的感情说:我宁愿有过错,宁愿和基督一起,而不愿和您一起……

"真正的生活已离您远去,剩下的只是一些公式和范畴,可您好像正为此高兴。据说可多些安宁(懒惰)……

"您说只有按信仰行事才是道德的。可您这结论是从哪里得来的呢?我根本不信您的话,相反我要说,按照自己的信仰行事是不道德

---

① 这里我们指的自然不是现实中完成了的内在封闭的形象(如典型、性格、气质),而是开放的表现为议论的形象。对这个理想的权威的形象,人们不是消极观察,而是要步他的后尘;不过这个形象只是陀思妥耶夫斯基许多艺术构思中的一个企求的顶点,在他的作品中却一直未能实现。——作者

的。在这一点上,当然您是用什么都驳不倒我的。"①

在这些思想当中,对我们来说重要的不是陀思妥耶夫斯基的基督教信仰本身,而是他那艺术性思维的生动形式。这种形式在这里是被自觉地意识到了,并且获得了清晰的表现。公式和范畴同他的思维是扦格不入的。他宁可同过失共存,也要和基督在一起;也就是说他不要理论意义上的真理,不要公式型的真理,不要论点式的真理。非常典型的是他向理想的形象询问(基督会怎么做?),即是说他对这个理想形象,采取一种内心对话的态度,他不是与其融合,而是追随其榜样。

不看重信念和信念通常所具有的独白性;探寻真理但不把真理当作是自己意识得出的结论;根本就不是在自己意识的独白型环境中寻找真理,而是到理想的权威的另一个形象中去探寻真理;面向他人的声音和他人的议论——这些便是陀思妥耶夫斯基组织作品形式的观点见解所具有的典型特征。作者的观点、思想,在作品中不应该承担全面阐发所描绘世界的功能,它应该化为一个人的形象进入作品,作为众多其他意向中的一个意向,众多他人议论的一种议论。这个理想的意向(即一种真理性的议论)以及它存在的可能性,应该呈现在我们面前让人看得到,但不应该化为作者个人的思想情调而附于作品身上。

在《大罪人生平》的写作计划里,有一处很能说明问题:

"1. 开头几页。(1)语调;(2)塞进思想去,但要艺术而简练。

"第一要注意的是语调(是讲述生平,即虽由作者讲述却须简练,不应怕解释但也得采用画面)。这里需要的是和谐。有时讲得干巴巴能像吉尔·布拉斯。在有戏剧效果的地方,又好像根本不需要顾及这些。

"不过,又需要能看出贯穿于生平传记中的那个主导的思想。这

---

① 《Ф.М.陀思妥耶夫斯基的生平、书信和笔记》,圣彼得堡,1883年,第371、372、374页。——作者

就是说,虽然不用言辞来解释整个的主导思想,而让它永远待人去揣摩,但应使读者总可以看出来:这个思想是笃敬教义的,人的生平录极为重要,甚至值得从孩童时代开始写起。办法也是通过选择将要讲到的所有事实,仿佛总在不断地显示什么,总在不断地使未来的人出场,把他抬高。"①

在陀思妥耶夫斯基每部小说的构思中,都肯定有一个"主导的思想"。他在书信中经常强调这个基本思想对他的极端重要性。关于《白痴》,他给斯特拉霍夫写信说:"小说中许多急就章,许多地方拖沓,没有写好,但也有成功的地方。我不是维护我的小说,我是维护我那个思想。"②关于《群魔》,他在致迈科夫的信里写道:"一个思想诱惑着我,我喜欢得着了魔,但我能否应付得了,会不会糟蹋了整部小说,那才糟糕呢!"③可是,这个主导的思想就连在构思当中,功能也是很特别的。它不越出大型对话之外,也不能使大型对话完成。它只支配着材料的选择和材料的安排("通过选择将要讲到的所有事实"),而这个材料则是他人的声音、他人的观点,在这些声音和观点之中"不断地使未来的人出场,把他抬高"④。

我们已经讲过,只有对主人公来说,思想才成为通常所见的观察和理解世界的独白型原则。作品中凡是能直接表现思想的各种因素,思想借以依托的各种因素,恰恰是在不同的主人公身上分摊开来的。

---

① 《费·米·陀思妥耶夫斯基》,载《文学史和社会舆论史资料》,莫斯科,俄罗斯共和国档案中心出版社,1922年,第1册,第71、72页。——作者
② 《费·米·陀思妥耶夫斯基书信集》,第2卷,莫斯科—列宁格勒,国家出版社,1930年,第170页。——作者
③ 《费·米·陀思妥耶夫斯基书信集》,第2卷,莫斯科—列宁格勒,国家出版社,1930年,第333页。——作者
④ 陀思妥耶夫斯基给迈科夫写信说:"我想在第二个中篇里把吉洪·扎东斯基写成主要人物,当然要换一个名字,但也是写一个主教住在寺院赋闲……也许能写出一个雄伟的正面的圣洁的人物来。这已经不是科斯坦若格洛,不是《奥勃洛莫夫》里的德国人(忘了名字)……也不是洛普欣一类,不是拉赫梅托夫一类。自然,我不是创造什么。我只是摆出现实的吉洪来,摆出这个我内心早已欣喜地接受了的吉洪来。"见《费·米·陀思妥耶夫斯基书信集》,第2卷,莫斯科—列宁格勒,国家出版社,1930年,第264页。——作者

作者则是置身于主人公之外,置身于纯粹的主人公声音之外。在陀思妥耶夫斯基作品中,没有对环境、日常生活、大自然、实物的客观描写,也就是说不去客观地描写一切作者能借以存在的东西。纷纭万象的物的世界,物与物关系的世界,一旦进入陀思妥耶夫斯基的小说中,便都处于主人公的光照之中,渗透了主人公的精神和情调。作者作为本人思想的载体,不与任何一个物件发生直接的接触,他只接触人们。完全可以理解,在这样一个由不同主体构成的世界里,既不可能有一个化材料为描绘客体的思想主旨,也不可能有一个化材料为描绘客体的思想结论。

陀思妥耶夫斯基于1878年对自己的一位通信者写道:"除了这些之外(指人不服从普遍的自然规律。——本书作者),您可以再加上一个意识到一切的自身之我。如果自身之我能意识一切,即意识到大地和它的定律(指自我保护的规律),那么自然,这个自身之我就比所有这一切都高超,至少不是这一切所包容得下的,它变得超出这一切,高出这一切,能评判和意识这一切……可那么一来,这个我便不仅不服从大地的定律、大地的规律,而且要超越它们,有着更高的规律了。"[1]

陀思妥耶夫斯基从这一基本上是唯心主义的对意识的评价出发,却没有导致在自己的文艺创作中按照独白型的方法运用人的意识。能领会和判断事物的"我",以及作为"我"之对象的世界,在这里不是以单数出现,而是以复数出现。陀思妥耶夫斯基克服了唯我主义。他把唯心主义的意识不是留给了自己,而是留给了自己的主人公;并且不是留给一个主人公,而是留给了所有的主人公。处于他作品的中心地位的,已不是一个能领会和判断事物的"我"对世界所抱的态度,而是许多个能领会和判断事物的"我"之间的相互关系问题。

---

[1] 《费·米·陀思妥耶夫斯基书信集》,第4卷,莫斯科,国家文学出版社,1959年,第5页。——作者

第四章
陀思妥耶夫斯基作品的体裁
特点和情节布局特点

既然陀思妥耶夫斯基的诗学有着我们在前几章里努力揭示的特点，这自然就决定了对他作品的体裁因素和情节布局因素，也需给以全新的阐释。无论主人公、主题思想以及构筑作品整体的复调原则本身，都不是传记小说、社会心理小说、日常生活和家庭小说的体裁形式、情节布局形式所能容纳得下的。也就是说，装不进陀思妥耶夫斯基那个时代文学中占主导地位的形式中去，装不进他的同代人屠格涅夫、冈察洛夫、列夫·托尔斯泰等所采取的形式中去。同他们比较，陀思妥耶夫斯基的创作，显然属于一种全新的、与他们格格不入的体裁类型。

传记小说的情节，同陀思妥耶夫斯基的主人公是无法协调的，因为这样的情节完全要以主人公社会的和性格的确定性以及主人公充实的生活的尽善尽美为基础。主人公的性格应同他的生活情节形成深刻的有机的统一体。在这个统一体的基础上，来建构传记小说。主人公和他周围的客观世界，应如一块整料雕成的那样浑然一体。可陀思妥耶夫斯基的主人公却不是这样塑造的，也不可能这样塑造。他不可能有正常的生平传记式的情节。主人公们自己是很希望、渴求得到这样的塑造，出现正常的生活情节，但却徒劳无益。渴望成为"幻想家"，成为由思想派生出来的"地下室人"，成为"偶合家族的主人公"——这是陀思妥耶夫斯基作品的重要主题之一。

陀思妥耶夫斯基的复调小说，是建立在另一种情节布局的基础上，是同欧洲小说发展史上另一些体裁传统联系着。

在研究关于陀思妥耶夫斯基的文献中，经常是把他的创作特点同欧洲惊险小说的传统联系起来。这里有一定的道理。

惊险小说的主人公同陀思妥耶夫斯基的主人公，有一点对于建构小说至为重要的形式上的相似之处。论起惊险小说的主人公，同样说不出来他是怎么一个人。这个主人公没有固定不变的社会的典型特质和个人的性格特征；有了这些就可能形成表现他的性格、典型或气质的稳定形象。这样一种确定不移的形象，定会成为惊险小说情节的包袱，使惊险小说的潜力受到束缚。惊险小说的主人公，能够遭遇各种各样的事变，也能够成为各种各样的人。他也不是一个实体，而纯粹是表现离奇故事的一种功能。同陀思妥耶夫斯基的主人公一样，惊险小说的主人公也是没有完成论定的人物，他的形象也还决定不了他的未来。

不错，这是非常表面的、非常笼统的相似之处。但只需有了这一点，陀思妥耶夫斯基的主人公便可以承受惊险的情节。主人公们可能发生的种种联系，他们可能参与的种种事件，其范围既不受他们性格的决定和束缚，也不受他们身处的社会环境的决定和束缚。因此，陀思妥耶夫斯基才能心安理得地运用卓越的惊险小说中，甚至市民小说中最为极端的、贯穿始终的种种手法。他的主人公不排除自己生活中可能发生任何事变。只有一条例外：在家庭小说和传记小说中得到充分体现的那些主人公，有着温文尔雅的社会举止，这是陀思妥耶夫斯基的主人公所没有的。

由于这个缘故，陀思妥耶夫斯基很难在哪个方面追随和接近屠格涅夫、托尔斯泰和传记小说的西欧代表作家。可是，所有各类惊险小说，却在他的作品中留下了深刻的印记。格罗斯曼说："首先他复现了（这在整个俄国古典文学史上是唯一的一次）惊险文学的种种典型情节。欧洲惊险小说的传统写法，不止一次被陀思妥耶夫斯基采用做初步的模式，以编织自己的情节。

"他甚至还利用这一文学体裁的刻板公式。当写作加快，进入高潮时，他往往受到流行的惊险情节的诱惑，而这些情节程式都已被市民小说和小品文作者用得烂熟了……

"恐怕没有哪一种旧惊险小说的特点,没有为陀思妥耶夫斯基所利用。除了神秘的罪行和众人的灾难,除了爵位和突如其来的财产,我们在这里还发现有传奇剧的极其典型的特征:贵族流浪在贫民窟中,同社会渣滓称兄道弟。在陀思妥耶夫斯基的主人公中间,这不仅仅是斯塔夫罗金一个人的特征。这个特征在同样的程度上也属于瓦尔科夫斯基公爵、索科里斯基公爵,部分地还属于梅思金公爵。"①

但为什么陀思妥耶夫斯基需要惊险的世界呢?这个惊险世界在他艺术构思的整体中,有着怎样的功能呢?

列昂尼德·格罗斯曼在回答这个问题时,指出了惊险情节的三个基本功用。把惊险的世界引入作品,第一是为使叙述扣人心弦,这样读者便进入了交织在一部小说中的哲理、形象、人们关系的迷宫,比较容易走下去。第二,在讽刺小品式的小说里,陀思妥耶夫斯基找到了"对被凌辱与被损害的人们同情的火花。这种同情渗透在幸运的乞丐、得救的弃婴等种种奇遇之中"。最后,这里还体现了陀思妥耶夫斯基作品的一个"向来就有的特点":"他力图在浓郁的平凡生活中加进异常的因素,按照长篇小说的原则把崇高与怪诞结合到一起,把平凡现实中的形象和现象不知不觉地变为惊险的东西。"②

我们不能不同意格罗斯曼的观点,他上面指出的功能,确实是陀思妥耶夫斯基小说中惊险素材所固有的功能。不过我们觉得,事情到此还远远没有结束。引人入胜,这本身从来不是陀思妥耶夫斯基最终的目的;崇高与怪诞的结合,异常与平凡的结合,这一小说原则也同样不是陀思妥耶夫斯基的最终目的。如果说惊险小说的作者写了贫民窟、流放、医院,这样一来确实为社会小说开辟了道路,那么陀思妥耶夫斯基面前本来就有真正社会小说的范本,也就是社会心理小说、风

---

① 列昂尼德·格罗斯曼:《陀思妥耶夫斯基的诗学》,莫斯科,国家艺术科学院出版社,1925年,第53、56、57页。——作者
② 列昂尼德·格罗斯曼:《陀思妥耶夫斯基的诗学》,莫斯科,国家艺术科学院出版社,1925年,第61、62页。——作者

习小说、传记小说,可是陀思妥耶夫斯基却几乎没有向它们问过津。同陀思妥耶夫斯基同时开始创作生涯的格里戈罗维奇,还有其他一些作者,也是反映那个被凌辱与被损害的世界,但遵循的完全是另一些范本。

格罗斯曼指出的几项功能,是辅助的功能。基本之点和主要之点不在这里。

在社会心理小说、风习小说、家庭小说和传记小说里,情节把人物连接起来,但这不是一个人同另一个人的关系,而是父与子的关系,丈夫与妻子的关系,情敌与情敌的关系,情夫与情妇的关系,或者是地主同农民的关系,私有者和无产者的关系,小康的市民同离群的流浪汉的关系,如此等等。家庭关系,生活事件的联系,传记上的联系,社会上阶层之间的关系,社会上阶级之间的关系——这些是决定一切情节关系的坚实基础;在这里是不可能有例外的。主人公进入情节,是作为一个现实的受到生活圈子局限的人;自己的阶级或阶层、自己在家庭中的处境、自己的年龄、自己生平追求的目标——这些决定了主人公的具体的不可变易的面貌。主人公的生活地位把他的人性变得非常具体,非常独特,以至于这人性本身对情节关系,失去了决定性的影响力。只有在这些情节关系的严格界限内,人性才能得到揭示。

情节在这里让主人公们各就其位;主人公们只有在确定的具体条件下,相互才会真正接近起来。他们的相互关系既是情节构筑起来的,也是由情节将其结束收尾的。主人公们的自我意识,他们的意识,如同真人一样,相互间不可能产生任何重要的超出情节的关系。情节在这里,永远也不会成为不同意识之间超情节交际的普通材料,因为主人公和情节是用同一块原料雕成的。主人公是情节本身产生出来的;情节不仅仅是主人公的衣服,也是他的躯体和灵魂。反过来说,他的躯体和灵魂,唯有在情节中才可能真正表现出来,也才可能真正塑造完成。

惊险情节则相反,它恰恰是穿在主人公身上的衣服,主人公可以随意地更换自己服装。惊险情节不在乎主人公是什么人,他在生活中占着什么地位;惊险情节更多关心的是:主人公不是怎样的人,从已有的现实情况看还有什么属于未定之数,因此显得出人意料。惊险情节不是依靠现有的稳定的地位,包括家庭地位、社会地位、生平传记中的地位。惊险情节的发展,恰恰与这些地位背道而驰。惊险的处境是这样一种处境,任何人作为一个人,都可以置身其中。不仅如此,任何一种稳定的社会限定性,在惊险情节里,都不是用作完成故事的生活形式,而是用作一种"环境"。例如,市民小说里的贵族,同社会家庭小说中的贵族,没有任何相似之处。市民小说的贵族,是一种环境,是有人身处其间的环境。人穿着贵族的服装,作为一个人在活动:他打枪、犯罪、逃避敌人、克服障碍等。惊险情节在这个意义上体现着深刻的人性。一切社会机构和文化机构、一切规定、一切阶层、阶级、家庭关系——全只是一种环境;什么时候的人,实实在在的人,都可能处在这种种环境之中。人们永恒的天性(自卫、渴望胜利和成功、占有欲、情欲)所提出的课题,决定了采用惊险的情节。

自然,惊险情节中的这个永在的人,也可以说是个血肉之人,是个有血肉又有精神的人。因此,脱离了情节,这人便成了空洞之物了,所以他同其他主人公不会产生任何超出情节之外的联系。由于这个原因,惊险情节在陀思妥耶夫斯基的小说世界里,不能成为最后的一层联系,可是它作为情节,却是实现作者艺术构思的有利的材料。

惊险情节在陀思妥耶夫斯基那里,是同提出深刻而尖锐的问题结合在一起的。此外,它完完全全服务于思想:它把人摆到不寻常的环境里(这种环境能表现并引出惊险的情节),让这个人同别人在突然的不寻常的环境中相遇而发生冲突,其目的在于考验思想和思想的人,也就是"人身上的人"。这样一来,便有可能把惊险情节同看来格格不入的体裁,如自白、生平录等结合起来。

惊险故事,而且常常是平民的惊险故事,同某种思想相结合,同提出一定问题的对话相结合,同自白、生平录、说教相结合,这从19世纪占统治地位的体裁观念看来,显得很不寻常,被认为是粗暴地毫无道理地破坏了"体裁美"。的确,在19世纪,上述这些体裁和它们的一些因素都是严格独立的,被认为是异质的东西。可以回忆一下格罗斯曼当时对这一异质性所做的精彩说明。我们曾试图说明,体裁上和修辞上的这一异质性,在陀思妥耶夫斯基作品中,由于有了贯彻始终的复调做基础,得到了新的理解,也得到了克服。现在我们该是从体裁发展史的角度来阐述这一问题了,也就是说把问题转到历史诗学方面来。

问题在于:惊险性同尖锐的问题性、对话性、自白、生平录、说教的结合,并非绝对新鲜、过去从未有过的东西。新就新在陀思妥耶夫斯基按复调原则运用和理解这种体裁的结合上。这种结合的根源,可以追溯到远古。19世纪的惊险小说,只不过是个分支,而且是贫乏的变形的分支;它的主流是强大而繁密的体裁传统,如我们指出的可以追溯到往昔,到欧洲文学的源头。我们认为考察这个传统,恰恰应该追到源头。绝不可只局限于分析同陀思妥耶夫斯基接近的体裁现象。而且,我们正是打算把主要注意力放在传统的源头上。因此,我们不得不暂时放下陀思妥耶夫斯基,以便翻一翻体裁史上久远的至今我们这里几乎尚无阐述的几页。这样一段历史回顾,可以帮助我们更深入更准确地理解陀思妥耶夫斯基作品的体裁和情节布局特点,这些特点迄今为止在研究他的著述中实际上几乎还没有揭示出来。此外我们还觉得,这个问题对于文学体裁的理论和历史,有着更为广泛的意义。

文学体裁就其本质来说,反映着较为稳定的、"经久不衰"的文学发展倾向。一种体裁中,总是保留有已在消亡的陈旧的因素。自然,这种陈旧的东西所以能保存下来,就是靠不断更新它,或者叫现代化。一种体裁总是既如此又非如此,总是同时既老又新。一种体裁在每个文学发展阶段上,在这一体裁的每部具体作品中,都得到重生和更新。体裁的生命就在这里。因此,体裁中保留的陈旧成分,并非是僵死的而是永远鲜活的;换言之,陈旧成分善于更新。体裁过着现今的生活,但总在记着自己的过去,自己的开端。在文学发展过程中,体裁是创造性记忆的代表。正因为如此,体裁才可能保证文学发展的统一性和连续性。

这就是为什么为了正确理解体裁,必须上溯它的源头。

在希腊罗马古典文化末期和古希腊文化时代,形成并发展着为数众多的体裁。表面上看,它们相当纷杂,但又存在着内在的联系,因此构成文学的一个特殊领域,古代人非常生动地称之为"οπουδοΥ ελοιοΥ",即庄谐体(серьезно-смеховое)。古人归到这一体中的有索夫龙的歌舞剧,"苏格拉底对话"(作为一种特殊的体裁),筵席交谈的大量文学作品(也是一种特殊的体裁),早期的回忆文学(希奥斯的约恩,克里契),抨击文学,整个田园诗,"梅尼普讽刺文学"(作为一种特殊体裁),以及其他一些体裁。庄谐体这一领域的清晰而稳定的界限,我们恐怕很难划出来。但古人自己却明确地意识到了它的根本特点,把它同史诗、悲剧、历史、古典演说等严肃体裁区别开来。确实,这一领域同希腊罗马古典时期文学的其余部分相比较,差别是很显著的。

那么,庄谐体的各种体裁区别于其他体裁的特点是什么呢?

它们尽管外表纷繁多样,却有个共同点:都同狂欢节民间文艺有着深刻的联系。它们或多或少都浸透着狂欢节所特有的那种对世界的感受。其中有些就是狂欢节口头民间文学体裁的翻版。从头到脚贯穿在这些体裁之中的狂欢节的世界感受,决定了这些体裁的基本特点,使体裁中的形象和词语与现实有了一种特殊的关系。不错,在所有的庄谐体中,也都有很强的雄辩体的因素,可是由于狂欢节的世界感受具有相对性,造成戏谑的气氛,这种因素随之发生了重要的变化:它那单一的雄辩的严肃性、说理性、不容歧解、过于教条等特点都减弱了。

狂欢节的世界感受,具有强大的蓬勃的改造力量,具有无法摧毁的生命力。因此就是在今天,那些哪怕多少同庄谐体传统有点联系的体裁,还都保存着狂欢节的格调(布罗基洛),这使它们同其他体裁产生明显的区别。这些体裁总是带有一种特殊的印迹,根据这一点我们可以辨认出这些体裁来。灵敏的耳朵总能听出哪里有狂欢节的世界感受的回声,即使是十分遥远的回声。

如果文学直接地或通过一些中介环节间接地受到这种或那种狂欢节民间文学(古希腊罗马时期或中世纪的民间文学)的影响,那么这种文学我们拟称为狂欢化的文学。庄谐体的整个领域,便是这一文学的第一个例证。我们认为,文学狂欢化的问题,是历史诗学,主要是体裁诗学的非常重要的课题之一。

不过,我们准备在后面(在分析完狂欢节和狂欢节的世界感受之后)再谈狂欢化的问题。现在,我们来看一看庄谐体的某些表面的体裁特点。这些特点已经是狂欢节的世界感受产生改造性影响的结果。

属于庄谐体的所有体裁,其第一个特点就表现在同现实的一种新的关系上:它们的对象,或者说它们理解、评价和表现现实的出发点(这点尤为重要),是十分鲜明、时常又是十分尖锐的时代性。在古希腊罗马的文学中,最先的庄严体(自然它同时又是诙谐体)描绘的对象,丝毫没有史诗和悲剧的时间跨度,不是回溯到神话传说般的遥远过去,而是反映当代现实,甚至是同活着的同代人进行不客气但却很亲昵的交谈。过去的神话人物和历史人物,到了这类体裁中就被有意地,突出地写得很现代化了。他们行动和讲话,都限在同当时的时代进行亲密交际的范围之内。因此,在庄谐体这一领域中塑造艺术形象时,形象的价值所在和时间范围,都发生了根本的变化。这是庄谐体的第一个特点。

第二个特点同第一个特点不可分地联系着:庄谐体的各种体裁,不是依靠传说,不是凭古老传说让读者对自己肃然起敬;它们有意地依靠经验(自然是还不成熟的经验)和自由的虚构。它们对于传说,多数情况下是持一种深刻的批判态度,偶尔是毫不客气的揭露。因此这里首先出现了完全摆脱了古老传说的形象,建立在经验和自由虚构基础上的形象。这在文学形象演变史上,是一次大变革。

第三个特点,是这类体裁都有故意为之的杂体性和多声性。它们拒绝史诗、悲剧、庄严的雄辩、抒情诗的那种修辞的统一(严格说是拒绝单体性)。对它们来说,有代表性的是:叙事常用多种语调,庄谐结合。它们常采用插入性的体裁,如书信、发现的手稿、复述出来的对话、对崇高文体的讽刺性模仿、对引文的讽刺性解释等。在它们之中的一些体裁里,还可看到散文与诗歌语言的混杂、采用还活着的方言词语和行话(在罗马时期,干脆就是两种语言并存),出现了作者的不同风貌。除了描绘现实的语言,又有了被描绘的语言。在某些体裁中,双声语占了主导地位。由此这里也便出现了对语言这个文学材料的根本上全新的一种态度。

这三点就是属于庄谐体领域的各种体裁所共有的基本特点。从这已经可以看出,古希腊罗马文学中的这一领域,对于后来欧洲小说的发展,对于接近小说并受小说影响的文艺散文的发展,具有多么重大的意义。

如果讲得简单些笼统些,可以说小说体裁有三个基本来源:史诗、雄辩术、狂欢节。随着哪一个来源占据了主导地位,就形成了欧洲小说发展史上的三条线索:叙事、雄辩、狂欢体(它们之间当然存在许多过渡形态)。在庄谐体中,恰恰应该寻找上述第三条线索中各种变体发展的源头。这也就是指狂欢体这条线索,其中包括引出陀思妥耶夫斯基作品的那个变体。

我们权且称这一变体为"对话型",是它如我们前面说过的,引出了陀思妥耶夫斯基的作品。在小说和艺术散文的发展中,对这一变体的形成起了决定性作用的,是属于庄谐体的两种体裁:"苏格拉底对话"和"梅尼普讽刺"。这两者需要稍微详细地说一说。

"苏格拉底对话"是一种很特别的在当时广为流行的体裁。写过"苏格拉底对话"的有柏拉图、色诺芬、安基斯芬、埃斯芬、费敦、艾弗克利特、阿列克萨缅、戈拉乌孔、西米、克拉顿等人。流传到我们今天的,只有柏拉图和色诺芬的对话。至于其他人的创作,只剩下些有关的资料和片段。不过根据这一切,我们还是可以对这一体裁的性质,形成一定的认识。

"苏格拉底对话"不是雄辩演说的体裁。它是在民间狂欢节的基础上成长起来的,深刻地渗透着狂欢节的世界感受。当然这是就它处于苏格拉底那个口头发展时期说的。不过,关于这一体裁的狂欢节的基础,我们在下面还要讲到。

"苏格拉底对话"这一体裁,在进入文学发展阶段之后,开初几乎只是一种回忆体:这是对苏格拉底实际谈话的回忆,是谈话的追记,间以简要的叙述。但不久之后,由于对材料采取了自由创作的态度,这一体裁就几乎完全摆脱了历史回忆的局限,而只是保留了苏格拉底用对话揭示真理的方法,以及记录对话间以小叙的外在形式。柏拉图写的"苏格拉底对话",就已经具有自由创作的性质了;色诺芬(在较低的程度上)的对话,还有仅知的安基斯芬的对话片段,也都是这样。

我们看一看"苏格拉底对话"体中对于我们的论点特别重要的几个方面。

一、这个体裁形成的基础,是苏格拉底关于真理及人们对真理的思考都具有对话本质的这一见解。他把用对话方法寻求真理,与郑重的独白对立了起来;这种独白形式常意味着已经掌握了现成的真理。对话方法又和一些人们天真的自信相对立,因为这些人觉得他们自己颇有知识,也就是掌握着某些真理。真理不是产生和存在于某个人的头脑里的,它是在共同寻求真理的人们之间诞生的,是在他们的对话交际过程中诞生的。苏格拉底自称是"撮合者":他把人们拉到一起,让他们争辩,争辩的结果便产生了真理。对产生的这个真理来说,苏格拉底称自己为"接生婆",因为是他帮助真理诞生的。由此,他把自己的方法也叫作"助生法"。可苏格拉底从未说自己是单独掌握现成真理的人。我们要强调一点,苏格拉底关于真理的对话本质的见解,深深根植于"苏格拉底对话"体的民间基础之中;这种见解也决定了这一体裁的形式,但并不总是在一些对话的内容当中表现出来。对话内容倒时常具有独白的性质,这种独白性质便同决定体裁形式的思想见解有些矛盾。在柏拉图第一、二时期写的对话中,承认真理的对话本质这一点,还保留在他的哲学世界观中,尽管已经受到削弱。因此,这两个时期写的对话,还没有变成仅仅是表述现成思想(为了教育的目的)的一种方法;苏格拉底也还没有变成"导师"。等到了柏拉图创作后期,就发生了这种现象:内容的独白化开始使"苏格拉底对话"的形式解体。到后来,"苏格拉底对话"体转而服务于各种哲学学派和宗教教义的固定而又教条的世界观;这时,这一体裁就完全失去了同狂欢节世界感受的联系,变成为表述已经获得的现成而又无可辩驳的真理所使用的简单形式了;最后,这一体裁完全蜕化,成了使新入教者获得知识的问答形式(问答体)。

二、"苏格拉底对话"的两种基本手法,是对照法(синкриза)和引导法(анакриза)。人们对对照法的理解,是把对同一事物的不同观点加以对比。这种对同一事物不同意见的对比方法,在"苏格拉底对话"中具有很重要的意义,这一点是受这一体裁的本质所决定的。引发法则是指引起对方讲话,迫使他发表自己见解,而且要言无不尽。苏格拉底就是善于引发意见的能手;他会强迫人说话,让人把自己模糊却又顽固的成见形成话语,用语言使其彰明,同时也就揭露了它的悖谬或片面。他善于把陈腐之见拖出来给以暴露。引发法是以话激话(不同于下文讲的"梅尼普讽刺",那是用情节激发)。对照法和引发法使思想形诸对话,把思想引出而变为对语,让其参与人们之间的对答交际。这两种手法,都产生于作为"苏格拉底对话"基础的一种见解——即关于真理具有对话性质的见解。正是到了"苏格拉底对话"这一已经狂欢化了的体裁中,对照法和引发法才失去自己那抽象的性质,雄辩演说的性质。

三、"苏格拉底对话"的主人公都是些思想家。首先苏格拉底本人就是个思想家;他的交谈者也全是思想家,如他的学生们、哲人,还有普通人被他引进对话中,也被迫成了思想家。而在"苏格拉底对话"中发生的(准确些说应是——再现的)事件,本身纯然是思想里的一种事件,即是探索和检验真理。这个事件的发展,有时还真带有戏剧性(不过是一种很特殊的戏剧性),例如柏拉图的《斐多篇》中,心灵永生这一思想的种种波折变幻。所以说,"苏格拉底对话"在欧洲文学史上,第一次塑造了思想家式的主人公。

四、在"苏格拉底对话"里,除了以话激话的引发法之外,为了同样的目的偶尔还利用对话中的情节场景。柏拉图的《苏格拉底申辩论》中,审判和等待宣布死刑的场景,决定了苏格拉底语言的特殊性质,他是作为站在边沿上的人进行答询式的自白。《斐多篇》里关于心灵永生的交谈,以及交谈中外表的和内在的波折跌宕,都是生命临终的场景直接决定了的。这里举的两个例子中,全有一种倾向:创造一个特别的场景,能使话语摆脱任何生活中常见的不假思索、陈陈相因的话,摆脱任何生活中言必讲具体事物的情形,能迫使人们显露出个性和思想里深层的东西。当然,创造能引发出内心深处话语的特别场景,这种自由在"苏格拉底对话"中受到很大限制,因为体裁具有历史回忆的性质(指体裁进入文学发展阶段后)。尽管如此,我们还不能说,在这个体裁的土壤里就已经产生了一种特殊的"边沿上的对话"(Schwellendialog)。这个特殊的体裁得以广泛流传,是在后来的古希腊文学和罗马文学中,再后是在中世纪,最后便是在文艺复兴和宗教改革时代的文学中了。

五、"苏格拉底对话"里的思想,是同这思想的所有者的形象(苏格拉底和其他参与对话的重要成员)有机地结合在一起的。通过对话检验思想,同时又是检验代表这思想的人。所以这里我们可以说,思想具有了处于萌芽状态的形象。在这里我们又看到,对这个形象采取的是自由创作的态度。苏格拉底、主要的哲人及其他历史人物等的思想,在这里并非逐字引出,并非如实地转述,而是在其他思想的背景上形成对话,经过自由的创造得到发展。随着史实的基础、回忆的基础逐渐削弱,他人的思想变得越来越生动;而历史上其实从未发生对话联系(也没有可能发生对话联系)的不同的人、不同的思想,却在这类对话中开始凑到了一起。这离后来的"死人的对话",只有一步之隔了。在"死人的对话"里,相隔若干世纪的人物和思想,可以相逢交谈。不过"苏格拉底对话"没有迈出这一步。不错,苏格拉底在其《申辩》中倒似乎已经预告了未来的这种对话体裁。那时他预见到了死刑,讲到他进地狱后将要同往昔的影子进行他在人间这里已经有过的那种对话。但有必要强调一点,"苏格拉底对话"里思想的形象,与陀思妥耶夫斯基作品中思想的形象不同,还带有混合的性质。因为抽象的科学和哲学概念与艺术的形象两者分流的过程,在"苏格拉底对话"的创立时期,尚未最后完成。"苏格拉底对话"还是哲学与艺术的混合体裁。

上面说的便是"苏格拉底对话"的基本特点。我们据此可以认为,前述在欧洲艺术散文和小说史上通向陀思妥耶夫斯基创作的那条发展路线,其形成的基础之一,便是方才讲的这种体裁。

"苏格拉底对话"作为一种确定的体裁,存在时间并不很长,但在它解体的过程中又形成了其他几种对话体,其中包括"梅尼普讽刺"体。这当然不可看成纯粹是"苏格拉底对话"解体的产物(时常有人这么看),因为"梅尼普讽刺"直接根植于狂欢体的民间文学。后者的决定性影响,在这里较之在"苏格拉底对话"中要巨大得多。

在具体分析"梅尼普讽刺"体之前,我们先简要地讲一些有关这一体裁的纯属介绍性的材料。

这一体裁的名称,取自公元前3世纪加达拉的哲学家梅尼普的名字,是他创造了这个体裁的经典形式[1],而这个名称作为特定体裁的术语,是公元前1世纪罗马学者发禄首先采用的,他把自己的讽刺作品称为"梅尼普讽刺"。不过这体裁本身的出现,要早得多。它的第一个

---

[1] 他的讽刺作品未能传世,但从第欧根尼·拉尔修的记述中可以得知作品的篇名。——作者

代表,可能还是埃斯芬,他是苏格拉底的学生,又是《苏格拉底对话》的作者之一。写过"梅尼普讽刺"的,还有与亚里士多德同时的赫拉克利特·波基克,据西塞罗说他又是一种相近的文体 logistoricus("苏格拉底对话"同幻想故事的结合)的创造者。来自第聂伯沿岸的比奥·鲍里斯芬尼特(公元前 3 世纪),便已是"梅尼普讽刺"的无可争议的代表了。梅尼普更前进了一步,赋予这文体以更大的规定性。随后又有发禄,他的讽刺作品有许多片段传到了今天。经典的"梅尼普讽刺"作品,是塞内加的 Апоколокинтозис ,即 Отыквление 。彼特罗尼乌斯的《萨蒂里孔》不是别的,正是扩展成长篇小说的"梅尼普讽刺"。当然,能使我们对这一文体获得全貌了解的,还是完整地流传至今的卢奇安写的"梅尼普讽刺"(尽管没能包括这一文体的所有类型)。阿普列乌斯的《变形记》(即《金驴记》),也是扩展了的"梅尼普讽刺"(正像它所依据的希腊原著一样。希腊原著的情况,我们据卢奇安的简述可以了解到)。所谓的《希波克拉底小说》(欧洲第一部书信体小说),也是非常有趣的一种"梅尼普讽刺"作品。标志着"梅尼普讽刺"体发展已经完成的,是古希腊罗马阶段波爱修的《哲学的安慰》。我们可以从中发现"梅尼普讽刺"体的某些因素的,还有某些类型的"希腊小说",古希腊罗马的空想小说,罗马的讽刺作品(卢齐利乌斯和贺拉斯)。在"梅尼普讽刺"体范围内,还发展起来几种相近的体裁,同"苏格拉底对话"都有着渊源的关系。这就是交谈式演说,前面提到的自我交谈,天神故事体裁,等等。

"梅尼普讽刺"对古基督文学(古希腊罗马时期)和拜占庭文学(并通过它进而对古代俄罗斯文化),产生了十分巨大的影响。到了古希腊罗马以后的各时代,如中世纪、文艺复兴时期和宗教改革时期,这一体裁仍以种种变体和名称出现,继续向前发展。直到今天,实际上它也还在发展(有时明确地意识到它是一种特别的体裁,有时用它,却没有这种意识)。这个被狂欢化了的体裁,如盲蝠那样异常灵活善变,还善于渗透到其他体裁中去,因此在欧洲文学的发展中,曾起过巨大的、至今还估计不足的作用。"梅尼普讽刺"在文学中成了狂欢节世界感受的主要代表者和传播者之一,直到今天。关于这个巨大的意义,我们在下文还要讲到。

现在,当我们简要地(自然远非全面地)综述了古希腊罗马时期的"梅尼普讽刺"体之后,应该来揭示一下这一体裁在那个时期形成的基本特点。下面我们将把"梅尼普讽刺"体简称为梅尼普体。

一、与"苏格拉底对话"比较,梅尼普体中总的说是增加了笑的比重,虽然这一比重在这一灵活文体的不同细类中,可以有很大幅度的摇摆。譬如说,诙谐成分在发禄作品中占的比重很大,到了波爱修的作品里就消失了,恰当地说是弱化了①。我们在后面要详细讲一讲诙谐成分所具有的一种特别的狂欢式文艺(广义地理解)的性质。

二、梅尼普体从"苏格拉底对话"写史实写回忆的限制里,完全解放了出来(尽管有时表面上还保留着回忆的形式)。梅尼普体不写传说故事,对这个体裁没有任何写外表的生活真实的要求。梅尼普体的特点是,有极大的自由进行情节和哲理上的虚构。这一点丝毫不受下述情况的影响:梅尼普体的重要主人公,都是历史人物和神话人物(第欧根尼、梅尼普及其他人)。恐怕在整个世界文学中,我们找不到可以比梅尼普体更自由地虚构和幻想的体裁了。

三、梅尼普体一个极重要的特点在于,即使是最大胆的最不着边际的幻想、惊险故事,也可以得到内在的说明、解释、论证,因为它们服从一个纯粹是思想和哲理方面的目的——创造出异乎寻常的境遇,以引发并考验哲理的思想,也就是探求真理的哲人的话语,体现在他的形象中的真理。值得强调的是,幻想用在这里不是为了从正面体现真理,是为了寻找它,引发它,而主要是考验它。为了这个目的,"梅尼普讽刺"里的主人公上天堂,入地狱,游历人所罕知的幻想国度,面对异

---

① 笑的成分减弱,这个现象在世界文学中具有相当重要的意义。弱化的笑,就没有了直接的表现,可以说"听不到笑声"。但笑的痕迹却仍然留在形象和语言的结构之中,感觉得出来。如果把果戈理的话改变一下,可以说这是"世人看不到的笑"。这个笑,我们在陀思妥耶夫斯基作品中能够遇到。——作者

乎寻常的人生境遇（如第欧根尼在市场上自己卖身做奴隶，彼列格林在奥林匹克竞技会上庄重地自焚，叫鲁巧的驴子总是处于异常的情境中，如此等等）。幻想的故事经常又带有惊险的性质，偶尔也具有象征的性质或神秘的宗教色彩（如阿普列乌斯的作品）。但在所有这些场合，幻想都服从一个纯粹属于思想方面的作用，即引发并考验真理。驰骋着幻想的惊险故事同哲理思想，在这里结合成为有机的不可分割的艺术整体。还有必要强调一点，这里要验证的正是思想，是真理，而不是考验人的某一性格，不管是个人性格还是社会典型性格。考验哲人就意味着考验他在世上的哲理立场，而并非与这立场无关的他个人的性格特点。在这个意义上可以说，梅尼普体的内容是某一思想或真理在世界上（包括人间、地狱和奥林匹斯山）的探险。

四、梅尼普体一个非常重要的特点，表现为其中自由的幻想、象征，偶尔还有神秘的宗教因素，同极端的而又粗俗（据我们的观点看）的贫民窟自然主义，有机地结合到了一起。真理在人世间的种种探险奇遇，都发生在通衢大道上，在妓馆，在窃贼的巢穴，在小酒馆，在市场上，在牢房里，在秘密崇拜者的放荡的欢筵上，等等。思想在这里不怕接触任何贫困和生活污秽。思想的人，即哲人，同表现得淋漓尽致的世上的罪恶、堕落、卑鄙、庸俗，结合到了一起。这样一种贫民窟的自然主义，看来在早期的梅尼普体中便已出现。早在讲到比奥·鲍里斯芬尼特时，古人就曾说他"第一个给哲学穿上了女人的花衣服"。发禄和卢奇安的作品，就有许多贫民窟的自然主义。但只是到了彼特罗尼乌斯和阿普列乌斯写的扩大到了长篇小说的梅尼普体作品中，贫民窟的自然主义才有可能获得最广阔而又全面的发展。哲理的对话，崇高的象征，惊险的幻想，贫民窟的自然主义——它们的有机结合，是梅尼普体难能可贵的特点。这一特点在此后小说史上对话一派的各个发展阶段，都一直保持下来，直至陀思妥耶夫斯基的创作。

五、大胆的虚构和幻想在梅尼普体中，是同极其渊博的哲理、对世界极其敏锐的观察结合在一起的。梅尼普体是解决"最后的问题"的一种体裁。那里面要考验的,是最终的哲理立场。梅尼普体总是企图写出人们最终的决定性的话语和行动,力求在每一句话,每一个行动中反映出整个的人,以及这个人的整个生活。看起来,这一特点在早期的梅尼普体中表现得特别突出(如赫拉克利特·波基克、比奥、泰列斯、梅尼普),后来在这一体裁的所有变体中,这一点有时虽然减弱了,不过仍然作为一个典型的特点保持了下来。在梅尼普体的条件下,哲理问题的性质本身,较之"苏格拉底对话",应该有较为明显的变化。因为在这里,一切多少带有"经院"味儿的问题(认识论和美学问题)不存在了,复杂详尽的论证不存在了,剩下的只是带有实际的伦理意味的"最后的问题"。对梅尼普体来说,典型的是对照法,亦即对比那种种暴露无遗的"在世界上的最终立场"。例如卢奇安用狂欢节式的讽刺手法描绘《出卖生命》(亦即描绘最终的生活立场),发禄写的在思想海洋中的奇幻漂游(Sesculixes),又如历游所有的哲学学派(看来这在勃农的作品中就已出现),如此等等。这些例子中,全是在有关人生的最后的问题上,袒露出了 pro et contra[①]。

六、由于梅尼普体包含广博的哲理,出现了三点式结构:情节和对照法的对话,从人间转到奥林匹斯山,转到地狱里去。例如在塞内加的 Отыквление 里,这种三点式结构外表上就十分醒目,这里外表上就同样十分清晰的,还有"边沿上的对话":在奥林匹斯山脚前(克拉弗基没被放进山去)和在地狱入口前。梅尼普体的三点式结构,对中世纪宗教神秘剧及其各场次相应的结构,都产生了一定的影响。"边沿上的对话"这一体式,在中世纪同样得到广泛的采用,不论是在严肃的体裁还是诙谐的体裁里(如讲农夫在天堂门口争论的著名的故事诗)。但它用得特别广泛的,是在宗教改革时期的文学中,即所谓的"天堂入口的文学"。地狱的描写在梅尼普体中有了非常重要的意义,因为这里产生了一种特殊的文体——"死人的谈话";这一体式曾广泛应用于文艺复兴时期、17 和 18 世纪的欧洲文学。

[①] 法语:赞成和反对。——译者

七、梅尼普体中出现一种特殊的类型,叫实验性幻想,它同古希腊罗马的史诗和悲剧根本是格格不入的。这是指从某种不寻常的角度来进行观察,如从高处看,被观察的生活现象由此便剧烈地改变自己形体的大小。像卢奇安的《伊卡罗梅尼普》和发禄的《艾基米奥》(居高临下地俯视城市生活),就是这样。这种实验性幻想文学的发展,在梅尼普体的决定性影响之下,一直延续到后来的各个时代,如拉伯雷、斯威夫特、伏尔泰(《密克罗梅嘎斯》)等人。

八、梅尼普体中还第一次出现一种东西,不妨称之为精神心理实验,指描写人们不寻常的、不正常的精神心理状态,如各种类型的精神错乱("躁狂题材")、个性分裂、耽于幻想、异常的梦境、近乎发狂的欲念①、自杀等。所有这些现象在梅尼普体中,不仅仅只有狭隘的题材意义,还具有形式上的意义、体裁上的意义。梦境、幻想、癫狂——它们使人和人的命运无法获得史诗和悲剧中的那种整体性。这是因为在这人的身上,发现可能存在另外一个人,另外一种生活;这人失去了自己的完整性和单一性,他变得不像自己了。写梦在叙事史诗中也很常见,不过那里的梦是预兆、是怂恿或是警告,却不使人越出自己的命运,越出自己的性格,不破坏他的完整性。当然,人物得不到完成论定,人不再像他自己,这些在梅尼普体里还只有初步的萌芽的性质,但已经有了明确的表现,可以使读者用一种新的眼光来看人了。梅尼普体中出现了人物对自己本身的对话态度(其结果是个性的分裂),这也促使人物失去了整体性和完成性。从这一点看,饶有趣味的是发禄的梅尼普体作品《毕马尔库斯》,又名《两面人马尔克》。如同发禄所有的梅尼普体作品一样,这里笑的因素十分强大。马尔克许诺要写一本讲辞格的著作,却不履行自己的诺言。另一个马尔克,也就是他的良心,他的替身,总是提醒他这件事,不让他安宁。第一个马尔克打算实现诺言,但思想集中不起来,迷着读荷马的书,自己也做起诗来,如此等等。两个马尔克之间的对话,也即人物与其良心的对话,在发禄作

---

① 发禄在《艾弗梅尼特》(片段)中,作为癫狂状态描写了虚荣、贪婪等欲念。——作者

品中带有诙谐的性质;尽管如此,这作为一种艺术发现,对奥古斯丁的 Soliloguia,产生了重大的影响。顺便提一句,陀思妥耶夫斯基在描写双重人格时,也总是除了悲剧因素外保留诙谐的因素(在《同貌人》中以及在伊万·卡拉马佐夫同鬼魂的谈话中都是如此)。

九、梅尼普体中十分典型的场面,是种种闹剧、古怪行径、不得体的演说讲话,亦即有悖事物常理、行为准则、待人礼节、包括语言礼貌等的种种表现。这些闹剧就其艺术结构来说,截然不同于史诗中的事件和悲剧中的灾祸。这同喜剧中的斗架和揭短也大相径庭。可以说梅尼普体里,出现了闹剧和插科打诨这样新的艺术范畴,完全不容于古典史诗和悲剧体裁(关于这些范畴所具有的狂欢节性质,下文将专做讨论)。闹剧和插科打诨,打破了史诗和悲剧里那种世界的完整性,在人们事业和事件不可动摇的正常(体面)进程中打开了缺口,也使人们的行为摆脱开先有成法的规范和因由。奥林匹斯山上的神祇会议(在卢奇安、塞内加、尤里安·奥特斯图普尼科等处),地狱中的场面,人世间的场面(如彼特罗尼乌斯写的广场、旅店和澡堂中的闹剧),都无不充满吵闹和插科打诨。"不得体的话"(或因下流露骨,或因亵渎神明,或因太背礼仪)对梅尼普体说来,也是极其典型的现象。

十、梅尼普体中充满鲜明的对照和矛盾的结合:善心的艺妓,哲人实际上的自由和他的奴隶地位,沦为奴隶的帝王,道德的堕落和净化,奢侈和贫困,高尚的强盗等。梅尼普体喜欢剧烈的变化更迭,回旋于高低之间、升降之间,把相去甚远、各自一方的东西突然聚拢到一起,写出种种不般配的事来。

十一、梅尼普体常常包含社会乌托邦的成分,通过梦境或远游未知国度表现出来。偶尔,梅尼普体竟干脆变成空想型小说(赫拉克利特·波基克的《阿巴里斯》)。空想成分同这一体裁的所有其余成分,有机地结合在一起。

十二、属于梅尼普体特点的,还有广泛采用各种插入文体,如故事、书信、演说、筵席交谈等;还有散文言语与诗歌言语的混合。这些插入的文体，距作者的最终立场有远近的不同，也就是说它们在不同程度上具有目的在于讽刺的模拟性，或在不同程度上具有客体性。诗歌几乎总是带有某种程度的讽刺模拟性质。

十三、有了插入的体裁，梅尼普体更增强了多体式、多情调的性质。这里对于作为文学材料的语言，逐渐形成一种新的态度，是小说发展史上为整个对话一派所特有的。

十四、末了讲讲梅尼普体最后一个特点——现实的政论性。这是古代的一种"新闻体"，能对当时的思想现实做出尖锐的反应。卢奇安的讽刺作品，从整体上说是他那个时代的百科全书，因为里面充满了同当代各种哲学的、宗教的、思想的、科学的学派、流派、思潮等公开和隐蔽的辩论；充满了当代政治生活和精神生活各领域里在世的和故去不久的著名人物的形象，"精神主宰"的形象（或用真名或用代名）；充满了对时代大大小小事件的暗喻；作品还触摸到日常生活中新的发展趋向，表现出社会各阶层中新生的社会典型；如此等等。这又像某种"作家日志"，专要窥探和评价所处时代的总的精神和趋势。发禄的讽刺作品就其整体来说，也可算是这样的"作家日志"（只不过其中狂欢节的诙谐因素，占着绝对的优势）。同样的特点，我们还可在彼特罗尼乌斯、阿普列乌斯等人作品中找到。新闻性、政论性、讽刺性、尖锐的现实性——这些在或多或少的程度上同为梅尼普体所有代表人物的特点。我们在这里指出的最后一个特点，同这一体裁所有其余的特点，是有机地结合在一起的。

以上就是梅尼普体的基本的体裁特点。有必要再强调一下，所有这些看来各自十分不同的特点，是一个有机的整体；这一体裁有其深刻的内在的完整性。这个体裁的形成，是在民族传说解体的时代，是在构成古希腊罗马式理想的"优雅"风度（"高尚之美"）的那些伦理规范遭到破坏的时代。那时，众多不同的宗教和哲学派别在进行激烈的争斗。那时，围绕世界观里"最后的问题"所展开的争论，在所有各阶层的居民间成了日常生活中普遍的现象；只要是人们聚集的地方，便都会有这种争论,如集市广场、街道上、大路上、小酒馆、澡堂、船舱甲板上等。那时,哲学家、哲人(犬儒学派、斯多葛派、伊壁鸠鲁信徒),或预言家、显圣者的形象,成了典型的形象,比中世纪僧团鼎盛时期的僧人还更为常见。那也就是新的世界宗教——基督教——酝酿和形成的时代。

这一时代的另外一个方面,则是人的生活中所有外在境遇全都失去了意义;人所处的地位,变成了人在世界舞台上受命运的盲目支配而扮演出的种种角色(对这一点的深刻的哲理认识,属于爱比克泰德、马可·奥勒留;在文学方面,则见于卢奇安和阿普列乌斯的作品)。这一点导致的结果,是破坏了人及其命运的那种史诗式和悲剧式的整体性。

因此,梅尼普体可能是最如实地反映了这一时代的特点。在这里,生活的内容铸进稳定的体裁形式里;这个体裁形式凭着自己内在的逻辑,把一切因素不可分地联结到一起。正由于这一点,梅尼普体才能在欧洲小说发展史上,获得迄今几乎根本未为学术界重视的巨大意义。

在具有内在完整性的同时,梅尼普体还具有很大的外在的可塑性;它极善于纳进性质相近的各种小体裁,也极善于渗透到其他大体裁中去充作一个组成成分。

于是,梅尼普体把这样几个相近的体裁吸收了进来:交谈式演说体(диатриба),自我交谈(солилоквиум),筵席交谈(симпосион)。它们的相近之处在于:对待人的生活和人的思想,都具有外表的和内在的对话性。

交谈式演说体——是内在地已经对话化了的演说体,一般采取同缺席的交谈者讲话的形式,这结果便使说话和思维的过程本身,出现了对话化。古人认为这种体裁的奠基者,又是那个被称为梅尼普体奠基人的比奥·鲍里斯芬尼特。应该指出,正是交谈式演说体,而不是古典演说术,对古代基督经文的体裁特点产生了一定影响。

自我交谈体的特点,是对自己本身采取对话的态度。这是同自我的交谈。早有安基斯芬(是苏格拉底的学生,可能已写过梅尼普体作品)就曾认为自己哲学上的最高成就,便是"善于同自我进行对话交际"。这一体裁的优秀作家,有爱比克泰德、马可·奥勒留和奥古斯丁。这一体裁的基础,是发现内在的人,即发现"自我"。这个"自我"的发现,不能靠消极的自我观察,而只能靠对自己采取积极的对话态度。采取对话态度,可以打破觉得自我是完整的那种天真认识;而这种认识是抒情诗、史诗、悲剧里塑造人物形象的基础。对自我的对话态度,打碎了自我形象的表面躯壳。这种表面的躯壳,是为别人而存在的;表面的躯壳,也决定了对人的表面的看法(即他人眼里的看法)。而且这外壳搅乱了自我意识。

这两种体裁(交谈式演说和自我交谈)都是在梅尼普体的周围发展起来的,都同梅尼普体交织在一起或渗透到其间去(在罗马时期和早期基督教时期,尤其如此)。

筵席交谈体是一种筵席上的对话,早在"苏格拉底对话"时期就已存在(其代表可见于柏拉图、色诺芬的作品中),但获得广泛而又十分多样的发展,则是在以后的时代里。对话性的筵席语言,具有不同寻常的特权(开初是礼仪方面的):享有一种特别的自由,不拘形迹,态度亲昵,又特别的坦率,有点怪僻,有两面性,即语言中夸和骂结合,庄和谐结合。筵席交谈体就其本质来说,纯然是狂欢体。梅尼普体偶尔就直接采用筵席交谈的形式(看来早在梅尼普作品中就有,发禄有三篇讽刺采用筵席交谈的形式,筵席交谈的因素又见于卢奇安和彼特罗尼乌斯的作品中)。

梅尼普体如我们上文所说,能够纳入大型体裁中去,使这大型体裁发生一定的变化。例如在"希腊小说"里便感觉到梅尼普体的因素。像色诺芬·艾菲斯基著"艾菲斯基小说"中的一些形象和情节,显然带有梅尼普体的味道。那里以贫民窟自然主义的精神,描绘了社会底层:监狱、奴隶、强盗、渔人等。另一些作品则又具有内在的对话性,含有讽刺模拟体因素以及弱化的谐意。梅尼普体因素还渗入到古希腊罗马的空想作品和天神故事体作品中去（如费洛斯特拉特著《阿波洛尼·季安斯基一生》）。梅尼普体渗入并改造了古代基督教文学的叙事体裁，也具有重大的意义。

上面是我们对梅尼普体以及相近体式的体裁特点，做了一个描述的说明。如果我们对陀思妥耶夫斯基作品的体裁特点也做番述评（参见本篇第一章引述的格罗斯曼的分析），那么这两者会是十分接近的。事实上，梅尼普体的所有特点（当然带有相应的错综变化），我们都能在陀思妥耶夫斯基那里找到。这的确属于同一个体裁世界，只是在梅尼普体中这一体裁刚刚处于自己发展的*初始*阶段，而到了陀思妥耶夫斯基那里已达到自己的*顶峰*。不过我们知道，体裁的本源，亦即体裁的古代特点，到了体裁发展的高峰期，尽管形式有所变化却仍然会保存下来。不仅如此，体裁发展得越高级越复杂，它也会越清晰越全面地记着自己的过去。

这是不是意味着，陀思妥耶夫斯基是直接地有意识地师法古希腊罗马时期的梅尼普体呢？当然不是！他根本不是古代文体的模拟者。陀思妥耶夫斯基抓住这一体裁传统的链条，是当这链条串联到他那个时代的时候，尽管这链条上的旧时环节，包括古希腊罗马时的环节，也都是陀思妥耶夫斯基多多少少所了解所熟悉的（下文我们还要论及陀思妥耶夫斯基的体裁渊源问题）。讲得奇怪一点，可以说不是陀思妥耶夫斯基的主观记忆，而是他所采用的这一体裁本身的客观记忆，保存了古希腊罗马梅尼普体的特点。

梅尼普体的这些体裁特点，在陀思妥耶夫斯基作品中不仅是简单地再现，而且翻出了新意。在创造性地利用这些体裁潜力方面，陀思妥耶夫斯基较之古希腊罗马时梅尼普体的作者们，是远胜了一筹。古希腊罗马时期的梅尼普体，就其哲理和社会主题来说，就其艺术质量来说，比起陀思妥耶夫斯基显得既幼稚又贫乏。最主要的区别在于：古希腊罗马的梅尼普体尚不知复调为何物。同"苏格拉底对话"一样，梅尼普体所能做到的，只是为复调的产生准备了某些体裁上的条件。

现在我们应该谈一谈上文已经提出的文学的狂欢式和狂欢化问题。

狂欢式（意指一切狂欢节式的庆贺、仪礼、形式的总和）的问题。它的实质，它那追溯到人类原始制度和原始思维的深刻根源，它在阶级社会中的发展，它的异常的生命力和不衰的魅力——这一切构成文化史上一个非常复杂而有趣的问题。在这里，我们当然不可能涉及这一问题的实质。这里我们感兴趣的，实际上只是一个狂欢化的问题，也就是狂欢式对文学（而且恰是对它的体裁方面）产生决定性影响的问题。

狂欢式（再重复一遍，是指所有狂欢节式的庆贺活动的总和）当然不是一个文学现象。这是仪式性的混合的游艺形式。这个形式非常复杂多样，虽说有共同的狂欢节的基础，却随着时代、民族和庆典的不同而呈现不同的变形和色彩。狂欢节上形成了整整一套表示象征意义的具体感性形式的语言，从大型复杂的群众性戏剧到个别的狂欢节表演。这一语言分别地，可以说是分解地（任何语言都如此）表现了统一的（但复杂的）狂欢节世界观，这一世界观渗透了狂欢节的所有形式。这个语言无法充分地准确地译成文字的语言，更不用说译成抽象概念的语言。不过它可以在一定程度上转化为同它相近的（也具有具体感性的性质）艺术形象的语言，也就是说转为文学的语言。狂欢式转为文学的语言，这就是我们所谓的狂欢化。我们正是从这一转化的角度，来突出并研究狂欢体的某些因素和特点。

狂欢式——是没有舞台、不分演员和观众的一种游艺。在狂欢中所有的人都是积极的参加者，所有的人都参与狂欢戏的演出。人们不是消极地看狂欢，严格地说也不是在演戏，而是生活在狂欢之中，按照狂欢式的规律在过活，只要这规律还起作用。换言之，人们过着狂欢式的生活。而狂欢式的生活，是脱离了常轨的生活，在某种程度上是

"翻了个的生活",是"反面的生活"。

决定着普通的即非狂欢生活的规矩和秩序的那些法令、禁令和限制,在狂欢节一段时间里被取消了。首先取消的就是等级制,以及与它有关的各种形态的畏惧、恭敬、仰慕、礼貌等,亦即由于人们不平等的社会地位等(包括年龄差异)所造成的一切现象。人们相互间的任何距离,都不再存在;起作用的倒是狂欢式的一种特殊的范畴,即人们之间随便而又亲昵的接触。这是狂欢式的世界感受中十分重要的一点。在生活中为不可逾越的等级屏障分割开来的人们,在狂欢广场上发生了随便而亲昵的接触。亲昵的接触这一点,决定了群众性戏剧的组织方法带着一种特殊的性质,也决定了狂欢式有自由随便的姿态,决定了狂欢具有坦率的语言。

在狂欢中,人与人之间形成了一种新型的相互关系,通过具体感性的形式、半现实半游戏的形式表现了出来。这种关系同非狂欢式生活中强大的社会等级关系恰恰相反。人的行为、姿态、语言,从在非狂欢式生活里完全左右着人们一切的种种等级地位(阶层、官衔、年龄、财产状况)中解放出来,因而从非狂欢式的普通生活的逻辑来看,变得像插科打诨而不得体。插科打诨——这是狂欢式的世界感受中的又一个特殊范畴,它同亲昵接触这一范畴是有机地联系着的。怪僻的范畴,使人的本质的潜在方面,得以通过具体感性的形式揭示并表现出来。

同亲昵相联系的,还有狂欢式的世界感受中的第三个范畴——俯就。随便而亲昵的态度,应用于一切方面,无论是对待价值、思想、现象和事物。在狂欢式中,一切被狂欢体以外等级世界观所禁锢、所分割、所抛去的东西,复又产生接触,互相结合起来。狂欢式使神圣同粗俗,崇高同卑下,伟大同渺小,明智同愚蠢等接近起来,团结起来,订下婚约,结成一体。

与此相关的是狂欢式的第四个范畴——粗鄙,即狂欢式的冒渎不敬,一整套降低格调、转向平实的做法,与世上和人体生殖能力相关联的不洁秽语,对神圣文字和箴言的模仿讥讽等。

所有上述狂欢式的诸范畴,都不是关于平等与自由的抽象观念,不是关于普遍联系和矛盾统一等的抽象观念。相反,这是具体感性的"思想",是以生活形式加以体验的,表现为游艺仪式的"思想"。这种思想几千年来一直形成并流传于欧洲最广泛的人民群众之中。因此它们才能够在形式方面,在体裁的形成方面,给文学以如此巨大的影响。

狂欢式的这些范畴,首先是人们和世界变得随便而亲昵这一点,在几千年里一直渗入到文学中去,特别是渗入到小说发展中的对话一派里去。亲昵化促进了史诗中和悲剧中距离的缩短,促使整个描绘内容转入亲昵的氛围中。这种亲昵化,对于组织整个情节和情节中的种种场面,产生了重大的影响,决定了作者对主人公的态度应有特殊的亲昵感(在崇高的文体中,这种亲昵感是不可能出现的);引进了低身俯就的逻辑,降格以求的逻辑;最后,还对文学的语言风格本身,给予了强大的改换面貌的影响。所有这一切,都十分鲜明地表现在梅尼普体中。这一点我们还要回过来讲,不过先得谈一谈狂欢式的某些其他方面,首先是狂欢节的演出。

狂欢节上主要的仪式,是笑谑地给狂欢国王加冕和随后脱冕。这一仪式以各种不同的形式,出现在狂欢式的所有庆典中。例如,最为成熟的形式是农神节、欧洲狂欢节和愚人节(愚人节上不选国王而选风趣的牧师、主教、教皇,视教堂的等级而定)。在所有其他的庆典中这一仪式都不太成形,直到节日的酒筵,尽管这筵席上也推选昙花一现的节日王后和国王。

国王加冕和脱冕仪式的基础,是狂欢式的世界感受的核心所在,这个核心便是交替与变更的精神、死亡与新生的精神。狂欢节是毁坏一切和更新一切的时代才有的节日。这样可以说已经表达出了狂欢式的基本思想。但我们还要再次强调,这个思想在这里不是抽象的思想,而是体现在具体感性的仪式之中的生动的世界感受。

加冕和脱冕,是合二而一的双重仪式,表现出更新交替的不可避免,同时也表现出新旧交替的创造意义;它还说明任何制度和秩序,任何权势和地位(指等级地位),都具有令人发笑的相对性。加冕本身便蕴涵着后来脱冕的意思,加冕从一开始就有两重性。受加冕者,是同真正国王有天渊之别的人——奴隶或是小丑。这样一来,狂欢世界仿佛就暴露出自己内里的一面。在加冕仪式中,礼仪本身的各方面也好,递给受冕者的权力象征物也好,受冕者加身的服饰也好,都带上了两重性,获得了令人发笑的相对性,几乎成了一些道具(但这是仪式用的道具)。它们的象征意义变成了双重的意义(而作为现实中的权力象征物,亦即在非狂欢式的世界中,它们只会有一层意义,是绝对的、沉重的、极端严肃的东西)。加冕之中,从一开始就透着脱冕的意味。狂欢式里所有的象征物无不如此,它们总是在自身中包孕着否定的(死亡的)前景,或者相反。诞生孕育着死亡,死亡孕育着新的诞生。

　　脱冕仪式仿佛是最终完成了加冕,同加冕是不可分割的(再重复一句,这是合二而一的仪式)。透过脱冕仪式,预示着又一次加冕。狂欢节庆贺的是交替本身,交替的过程,而非参与交替的东西。狂欢节不妨说是一种功用,而不是一种实体。它不把任何东西看成是绝对的,却主张一切都具有令人发笑的相对性。脱冕的礼仪与加冕仪式恰好相反,要扒下脱冕者身上的帝王服装,摘下冠冕,夺走其他的权力象征物,还要讥笑他,殴打他。脱冕这一仪式中所有的象征因素,全都获得了第二层意义——积极的意义。这不是干巴巴的绝对的否定和消灭(狂欢里如同没有绝对的肯定一样,也没有绝对的否定)。不仅如此,正是在脱冕仪式中特别鲜明地表现了狂欢式的交替更新的精神,表现了蕴涵着创造意义的死亡形象。由于这一点,脱冕仪式最常移植到文学中来。不过需要重申一下,加冕与脱冕是不可分离的,它们合二而一,相互转化。一旦把它们绝对分割开来,它们就要完全失去狂欢体的意义。

　　狂欢节加冕脱冕的演出,自然浸透着狂欢式的诸范畴(即狂欢式世界的逻辑);随便而亲昵的接触(这点特别突出地表现在脱冕中),狂欢式的俯就关系(奴隶与国王联到了一起),粗鄙(玩弄最高权力的象征物),如此等等。

  这里我们不拟详论加冕脱冕仪式的细节(虽然这些细节非常有趣),也不准备讨论不同时代和不同狂欢庆典上的种种狂欢式的变体。我们更不打算分析狂欢节上的各种辅助性的礼仪,例如换装礼节(狂欢节上更换衣服,改变地位和命运等),还有狂欢节上开玩笑愚弄人的方式,不流血的战斗,打嘴架,交换礼品(变得富有是狂欢节时梦想的一部分)等。所有这些礼仪形式,同样移植到了文学中,使相应的情节和情节中的场景,获得了深刻的象征意义和两重性,或是赋予它们令人发笑的相对性,使之具有狂欢节的轻松感,使之迅速地实现新旧交替。

  不过,对文学的艺术思维产生异常巨大影响的,当然是加冕脱冕的仪式。这一仪式在创造艺术形象和完整作品方面,决定了一种脱冕型结构;与此同时,这里的脱冕带有至为重要的两重性、两面性。如果脱冕型各形象中失去了狂欢式的两重性,那么这些形象便要蜕化为道德方面或社会政治方面的一种完全否定的揭露,变成单一的层次,丧失自己的艺术性质而转化成单纯的政论。

  还有必要特别讲一下狂欢式的形象的两重性本质。狂欢式所有的形象都是合二而一的,它们身上结合了嬗变和危机两个极端:诞生与死亡(妊娠死亡的形象),祝福与诅咒(狂欢节上祝福性的诅咒语,其中同时含有对死亡和新生的祝愿),夸奖与责骂,青年与老年,上与下,当面与背后,愚蠢与聪明。对于狂欢式的思维来说,非常典型的是成对的形象,或是相互对立(高与低,粗与细等),或是相近相似(同貌与孪生)。同样典型的是物品反用,如反穿衣服(里朝外),裤子套到头上,器具当头饰,家庭炊具当作武器,如此等等。这是狂欢式反常规反通例的插科打诨范畴一种特殊的表现形式,是脱离了自己常轨的生活。

狂欢节上火的形象,带有深刻的两重性质。这是同时既毁灭世界又更新世界的火焰。在欧洲的狂欢节上,几乎总有一个特殊的处所(一般是辆大车,上面装着狂欢节用的各种杂物),被称作"地狱"。狂欢节结束时这个"地狱"要庄严地焚毁(有时狂欢节的"地狱"同富饶之角成双地结合到一起)。罗马狂欢节上的"moccoli"仪式,也颇有代表性;参加狂欢节的每个人,都手执一支点燃的蜡烛("烛头"),同时每个人一边喊叫"死你的吧"!一边想法吹熄别人的蜡烛。歌德在其对罗马狂欢节的精彩描写中(见《意大利游记》),企图揭示狂欢节形象背后的深意,曾援引过一个包含深刻象征意义的场面:在 moccoli 中,一个男孩子吹熄了父亲的蜡烛,同时欢快地喊着狂欢节的套语:"死你的吧,父亲先生!"

狂欢节的笑,本身也具有深刻的两重意义。从来源上看,它同远古宗教仪式上笑的形式是有联系的。宗教仪式上的笑,是对着崇高事物的:人们羞辱并讥笑太阳(最高天神)、其他天神、人间最高的权力,目的在于迫使它们洗心革面。宗教仪式上所有形式的笑,都同死亡和复活联系着,同生产现象联系着,同生产力的象征物联系着。宗教仪式上的笑,是针对太阳活动中的危机、天神生活中的危机、世界和人们生活中的危机(葬礼上的笑)而发的。这笑里融合了讥讽和欢欣。

正由于自古以来宗教仪式上的笑就是针对崇高事物(天神和权力)的,这笑在古希腊罗马和中世纪便获得了特权地位。许多不能见之于严肃形式的东西,可以通过笑的形式出现。在中世纪,随意而笑是合法的;在这一点的掩护下,便有可能出于讽刺目的而模仿《圣经》文字和仪式。

狂欢节上的笑,同样是针对崇高事物的,即指向权力和真理的交替,世界上不同秩序的交替。笑涉及了交替的双方,笑针对交替的过程,针对危机本身。在狂欢节的笑声里,有死亡与再生的结合,否定(讥笑)与肯定(欢呼之笑)的结合。这是深刻反映着世界观的笑,是无所不包的笑。两重性的狂欢节上的笑,其特点就是如此。

与笑相关联,我们还要涉及一个问题:讽刺模拟的狂欢式本质。讽刺性模拟,如我们已经指出的那样,是"梅尼普讽刺"不可分割的成分,也是一切狂欢化了的体裁不可分割的成分。单一的体裁(如史诗、悲剧)本能地同讽刺模拟格格不入,而狂欢化的体裁则相反,本能地蕴涵着讽刺性模拟。在古希腊罗马,讽刺模拟是同狂欢式的世界感受紧密联系着的。讽刺性的模拟,意味着塑造一个脱冕的同貌人,意味着那个"翻了个的世界"。因此讽刺模拟具有两重性。古希腊罗马文学,实际上对一切都进行讽刺性模拟。例如讽刺剧,最初就是此前的三部曲悲剧中属于讽刺模拟的滑稽可笑的部分。当然,这里的讽刺性模拟,并非单纯地否定所模拟的对象。一切事物都有可被模拟讽刺的地方,亦即有自己可笑的方面,因为一切事物无不通过死亡而获得新生,得以更新。在罗马时期,不论在葬礼上的笑里,还是在凯旋时的笑里(两者自然都是狂欢型的仪式),讽刺性模拟全是必不可少的一个因素。在狂欢式中,讽刺模拟应用极广,形式和程度也极其不同:不同的形象(如狂欢式中各种成双成对的东西)以不同方式,从不同的角度,相互模拟讽刺,这很像是一整套的哈哈镜,有把人相拉长的,有缩短的,有扭曲的,方向不一,程度也不同。

讽刺性模拟型的同貌相似者,在狂欢化文学中是相当常见的现象。在陀思妥耶夫斯基作品中,这表现得特别明显。他的小说中,几乎每一个重要的主人公,都有几个相似者,他们以不同方式模拟这个重要的主人公。对拉斯柯尔尼科夫来说,这是斯维德里加依洛夫、卢仁、列别加尼科夫。对斯塔夫罗金来说,这是彼得·韦尔霍文斯基、沙托夫、基里洛夫。对伊万·卡拉马佐夫来说,这是斯梅尔佳科夫、魔鬼、拉基金。在他们(指同貌相似者)每个人身上,那重要的主人公都在临近死亡(指遭到否定),目的是获得新生(指变得纯洁而超越自己)。

在现代文学中纯粹形式上的讽刺模拟体里,这种模拟同狂欢式的世界感受,几乎完全割断了联系。可是在文艺复兴时代的讽刺模拟体中(鹿特丹、拉伯雷等人作品),狂欢节的火焰仍在燃烧,因为讽刺模拟体具有两重的性质,还感觉到自己同死亡——亦即更新——的联系。由于这个原因,才可能在讽刺模拟体的怀抱里,诞生一部最伟大、同时又最具狂欢性的小说——塞万提斯的《堂吉诃德》。陀思妥耶夫斯基曾经这样评价这部小说:"全世界没有比这更深刻、更有力的作品了。这是目前人类思想产生的最新最伟大的文字,这是人所能表现出的最悲苦的讥讽。例如到了地球的尽头问人们:'你们可明白了你们在地球上的生活吗?你们怎样总结这一生活呢?'那时人们便可以默默地递过《堂吉诃德》去,说:'这就是我给生活做的总结,你难道能因为这个责备我吗?'"

值得注意的是,陀思妥耶夫斯基对《堂吉诃德》的这个评价,采取了典型的"边沿上的对话"这一形式。

在结束我们对狂欢式的分析(从文学狂欢化的角度)时,关于狂欢广场还需要再说几句。

狂欢节演出的基本舞台,是广场和邻近的街道。自然,狂欢节也进了民房,实际上它只受时间的限制,不受空间的限制。它不上剧院的舞台。不过,中心的场地只能是广场,因为狂欢节就其意义来说是全民性的,无所不包的,所有的人都需加入亲昵的交际。广场是全民性的象征。狂欢广场,即狂欢演出的广场,增添了一种象征的意味。这后者使广场含义得到了扩大和深化。在狂欢化的文学中,广场作为情节发展的场所,具有了两重性、两面性,因为透过现实的广场,可以看到一个进行随便亲昵的交际和全民性加冕脱冕的狂欢广场。就连其他的活动场所(当然是情节上和现实中都可能出现的场所),只要能成为形形色色人们相聚和交际的地方,例如大街、小酒馆、道路、澡堂、船上甲板等,都会增添一种狂欢广场的意味(不管怎样真实地描绘这些地方,无所不包的狂欢象征意义,是不会被自然主义所淹没的)。

狂欢节型的庆典,在古希腊罗马广大民众的生活中,占着重要的地位。在古希腊是如此,在古罗马尤其如此。在古罗马,中心的(但非唯一的)狂欢型庆典,是农神节。这类庆典在中世纪的欧洲和在文艺复兴时期,也都具有绝不逊色的意义(甚至可能是更大的意义)。而且它们在这里,部分地还是罗马农神节的直接的生动的继续。在民间的狂欢文化领域中,古希腊罗马同中世纪之间,传统从没有过任何的中断。狂欢型庆典在其发展的所有阶段上,对整个文化的发展,其中包括文学的发展,给予了巨大的影响;这种影响至今没得到足够的评价和研究。而文学中的某些体裁和流派,狂欢化的程度是特别高的。在古希腊罗马时代,狂欢化程度最高的是古代风雅喜剧以及庄谐体的整个领域。在罗马,所有各种形式的讽刺,甚至在组织方法上都同农神节有联系。讽刺作品是为农神节创作的;或者至少是借用这一节日中合法的狂欢节似的自由随便作为掩护,才创作出来的(例如马尔提阿利斯的全部创作,直接地同农神节联系着)。

在中世纪,以各种民间语言和拉丁语写成的大量的诙谐文学和讽刺性模拟文学,都这样或那样地同狂欢型庆典联系着,亦即同狂欢节本身,同"愚人节",同自由自在的"复活节之笑"等联系着。在中世纪,事实上几乎每一个宗教节日,全有人民在广场上狂欢这个内容(特别像主身节之类)。许多的民族节日,如斗牛节,带有鲜明的狂欢式的性质。在出现贸易集市的日子里,在收获葡萄的节日里,在演出宗教警世剧、宗教神秘剧、讽刺闹剧等日子里,笼罩一切的气氛是狂欢节的气氛。中世纪的整个戏剧游艺生活,具有狂欢式的性质。中世纪晚期的各大城市(如罗马、拿波里、威尼斯、巴黎、里昂、纽伦堡、科隆等),每年合计起来有大约三个月(有时更多些)的时间,过着全面的狂欢节的生活。不妨说(当然是在一定的前提下这么说),中世纪的人似乎过着两种生活:一种是常规的、十分严肃而紧蹙眉头的生活,服从于严格的等级秩序的生活,充满了恐惧、教条、崇敬、虔诚的生活;另一种是狂欢广场式的自由自在的生活,充满了两重性的笑,充满了对一切神圣物的亵渎和歪曲,充满了不敬和猥亵,充满了同一切人一切事的随意不拘的交往。这两种生活都得到了认可,但相互间有严格的时间界限。

如果不考虑这两种生活和思维体系（常规的体系和狂欢的体系）的相互更替和相互排斥，就不可能正确理解中世纪人们文化意识的特色，也不可能弄清楚中世纪文学的许多现象，例如"parodia sacra"。①

在这个时代，欧洲各国人民的言语，也出现了狂欢化：言语中整个一个层次，即所谓亲昵的广场言语，渗透了狂欢体的世界感受；形成了整整一大套狂欢式的自由不拘的手势。在所有欧洲人民的亲昵言语中，特别是谩骂和讥笑的言语中，直到我们今天还充满狂欢式的遗迹；就连现代的辱骂讥讽的手势里，也满是狂欢式的种种象征意味。

文艺复兴时期，狂欢节的潮流可以说打破了许多壁垒而闯入了常规生活和常规世界观的许多领域。首先这股潮流就席卷了正宗文学的几乎一切体裁，并给它们带来了重要的变化。整个文学都实现了十分深刻而又几乎无所不包的狂欢化。狂欢式的世界感受及其特有的诸范畴，狂欢节上的笑，狂欢节加冕脱冕演出的象征意义，易位和换装的象征意义，狂欢式的两重性质，还有狂欢式自由不拘的语言（亲昵的、露骨下作的、插科打诨的、夸奖责骂的等语言）的种种色彩——所有这一切深深渗透到几乎所有文学体裁中。在狂欢式的世界感受的基础上，还逐渐形成了各种复杂形式的文艺复兴的世界观。透过狂欢式的世界感受，在一定程度上反映出那一时代人道主义者所理解的古希腊罗马文化。文艺复兴是狂欢生活的顶峰②，之后便开始走下坡路。

自17世纪起，民间狂欢生活趋于没落，几乎失去了那种全民性质，在人们生活中的比重急剧下降。它的表现形式变得贫乏、浅显、简单了。早在文艺复兴时期，便开始发展起一种宫廷节日的假面文化，它汲取了一系列狂欢式的形式和象征（主要是外表的装饰性的象征物）。后来又开始发展起一种更为广泛的（而非宫廷的）庆贺和游艺

---

① 两种生活（正规的与狂欢的）在古希腊罗马世界也曾存在，但那时它们之间没有如此截然的界限（特别在希腊是如此）。——作者

② 拙著《拉伯雷与中世纪和文艺复兴时期的民间文化》（莫斯科，文学出版社，1965年），就是论述中世纪和文艺复兴时期（部分地还有古希腊罗马时期）民间狂欢文化的。书中附有这一问题的专门书目。——作者

的一路，不妨称为假面的发展道路。这条道路保留了狂欢式世界感受的某种自由不拘的特点，反映了这一世界感受的昔日的影响。狂欢式的许多形式，脱离开自己的民间的基础，从广场转到这一条室内假面的道路上来。这一条发展道路一直延续至今。许多古代的狂欢式形式得以保存下来，继续存在于广场上民间演艺中的滑稽戏里，以及马戏团的演出里，并且还在花样翻新。现代的戏剧游艺活动中，也传下来某些狂欢式的因素。颇能说明问题的是，就连"演员的世界"都保存下来某些狂欢式的自由不拘，它的世界感受和魅力。非常精到地揭示出这一点的，是歌德写的《威廉·麦斯特的学习时代》；在我们的时代，则是涅米罗维奇·丹钦科的回忆录。在所谓名士派的浪漫生活中，同样有条件地保存下来狂欢气氛的一些痕迹；不过在这里，大多数情况下我们见到的，是退化了的庸俗化了的狂欢式世界感受（要知道狂欢的全民精神在这里连一点影子也不存在了）。

这些枝杈是狂欢式主干上晚期的分支，又是使主干变得贫瘠的分支。与这些晚期枝杈同时，过去和现在都还存在一种确切意义上的广场狂欢，以及狂欢节型的其他庆典。不过它们全丧失了往昔的重要意义，丧失了丰富繁杂的形式和象征。

这一切的结果，就是狂欢节和狂欢式的世界感受变得无足轻重，模糊不清，失去了真正的广场上的全民性质。由此，文学狂欢化也改变了性质。直到17世纪下半期以前，人们是直接参与狂欢节演出和狂欢节世界感受的。人们那时还是生活在狂欢之中，也即是说狂欢节是生活本身的形式之一。因此，狂欢化带有直接的性质（要知道某些体裁甚至是直接为狂欢节服务的）。狂欢化的渊源，就是狂欢节本身。此外，狂欢化有构筑体裁的作用，亦即不仅决定着作品的内容，还决定着作品的体裁基础。17世纪下半期以后，狂欢节几乎已完全不再是狂欢化的直接来源；先已狂欢化了的文学，其影响取代了狂欢节的地位。这样一来，狂欢化就成为纯粹属于文学的一种传统。如早在索莱尔和斯卡龙的作品中，我们便看到除了狂欢节的直接影响外，还有文艺复兴时期狂欢化文学的强大作用(主要指拉伯雷和塞万提斯),这后一种作用占据着主导地位。因此狂欢化已经变成文学体裁的一种传统。在这个业已脱离了直接来源——狂欢节的文学中,狂欢节的一些因素要发生某种变化,获得新的意义。

当然,本来意义上的狂欢节,狂欢式的其他庆典(如斗牛),假面游艺、名士的滑稽戏,以及其他形式的民间狂欢文学等,时至今日仍在对文学产生某些直接的影响。不过这种影响在大多数情况下只限于作品的内容,而不涉及作品的体裁基础,换言之不具有构成新文体的力量。

现在我们可以回到庄谐体范围内狂欢化体裁的问题上来了。庄谐体这名称本身就很像狂欢式,具有两重性。

"苏格拉底对话"的基础是狂欢式,尽管它的文学形式极为复杂,又具有哲学的深度。这一点是毫无疑问的。民间狂欢节上关于死与生、黑暗与光明、冬与夏等之类的"争辩",充满了除旧布新的精神,具有轻松愉快的相对性,即不让思想停滞,不让思想陷入片面的严肃之中、呆板和单调之中。就是这种"争辩",构成了"苏格拉底对话"这一体裁的核心基础。正是由于这一点,"苏格拉底对话"才不同于纯粹演说体的对话,也区别于悲剧的对话。不过因有了狂欢式的基础,"苏格拉底对话"在某些方面接近古代风雅喜剧,接近索夫龙的民间歌舞剧(有人甚至尝试根据柏拉图的一些对话恢复索夫龙的民间歌舞剧)。苏格拉底所以能够发现思想和真理的对话本质,前提条件就是对话的人们之间产生了狂欢式的亲昵关系,人们之间任何的距离全消失不见。不仅如此,必须对思想的对象(不管它多么崇高,多么重要)以及真理本身,也保持一种亲昵的关系。柏拉图的某些对话,是按照狂欢节加冕脱冕的方式组织起来的。对"苏格拉底对话"来说,思想和形象不分高低贵贱而随意结合,是很典型的现象。"苏格拉底讽刺"是减弱了的狂欢节上的笑声。

苏格拉底的形象，同样具有两重性，即美与丑的结合（参看柏拉图的《会饮篇》中阿尔基维阿德对苏格拉底的描述）。苏格拉底把自己称为"牵线人""接生婆"的自我评定，也是用狂欢式低俗的情调写的。苏格拉底本人的个人生活，就充满了狂欢式的神话（例如关于他同妻子克桑季巴关系的种种传说）。狂欢式的惊人故事，同叙事史诗塑造英雄的传说比较，本来就有着深刻的区别。前者把主人公降格到地面上来，采取亲昵态度，接近他，使他具备人的特点。具有两重性的狂欢节之笑，烧毁一切装腔作势和麻木不仁，但绝不会毁坏形象中真正英雄主义的核心。需要指出，就连长篇小说的主人公形象（加尔坚居阿、乌连什毕赫里、堂吉诃德、浮士德、痴儿西木等）也是在狂欢式神话的氛围里逐渐形成的。

梅尼普体的狂欢本质，表现得尤其突出。不论它的外表层次，还是它的深藏的内核，都得到了狂欢化。有些梅尼普体，直接就是描绘狂欢式的各种庆典（如发禄的两篇讽刺作品中，就描写了罗马的各种庆典。在尤里安·奥特斯图普尼科的一篇梅尼普体作品中，描写了奥林匹斯山上庆贺农神节的盛典）。这还只是单纯的外表的联系（不妨说是题材上的联系），不过这种联系也足以说明问题了。更重要的，是通过狂欢式来表现梅尼普体的三个方面：奥林匹斯山、地狱、人间。奥林匹斯山的描写，带有明显的狂欢式的性质，因为对梅尼普体中的奥林匹斯山来说，随意不拘的亲昵态度、闹剧和怪事、加冕和脱冕，都是典型的现象。奥林匹斯山似乎变成了狂欢广场（试看卢奇安的《悲剧的宙斯》）。有时奥林匹斯山中的场面，写成了低俗的狂欢的人间（也见卢奇安的作品）。尤其有趣的，是地狱不断地狂欢化。地狱拉平了人世上的一切地位，在地狱里帝王和奴隶、富翁和乞丐等全以平等身份相互发生亲昵的接触。死亡给在生前加了冕的一切人，统统脱了冕。描绘地狱时，常常采用狂欢体的一个逻辑："翻了个儿的世界。"帝王到了地狱变成奴隶，奴隶成了帝王，如此等等。梅尼普体中狂欢化了的地狱，决定了中世纪描写愉快的地狱这一传统，后者到了拉伯雷手里得到了完成。对中世纪这一传统来说,典型的一点是故意混淆古希腊罗马的地狱和基督教的地狱。在宗教神秘剧里,地狱和鬼魂(见《基雅布列利》)也一步步地狂欢化了。

梅尼普体中,人间的层次也同样出现了狂欢化。几乎在所有的现实人生的场面和事件中(大多数情况下都是以写实笔法表现出来的),或明或暗地透露出一个狂欢的广场,连同它那狂欢式特有的逻辑,如亲昵的交往,俯就态度,换装和骗人,相反的成对形象,闹剧,加冕脱冕等。例如在《萨蒂里孔》中,透过所有自然主义的贫民窟场面,可以看出在不同程度上有一个狂欢广场。而且《萨蒂里孔》的布局结构本身,便已经狂欢化。同样的情形,我们还见于阿普列乌斯的《变形记》(即《金驴记》)。有时,狂欢化深入到里层,那就只能说某些形象和事件带有狂欢式的伴音。有时狂欢化又表现到外面,例如有一个在门槛旁边伪作杀人的纯狂欢式的情节:鲁巧把酒囊当作人来戮杀,把流出的酒当作人血,之后的场面是对他进行狂欢节似的虚假审判。甚至在波爱修的《哲学的安慰》这样格调严肃的梅尼普体里,也听得到狂欢式的伴音。

狂欢化还渗透到梅尼普体深层对话性的哲理核心中。前面我们已经看到,梅尼普这一体裁的特点是赤裸裸地提出关于生与死的最后的问题,是极度的包罗万象(这里不可能有局部的问题,不可能有详尽的哲理的论证)。狂欢式的思想,同样是围绕着那些最后的问题,不过它不是提出抽象哲理的解决办法或宗教教条的解决办法,而是通过狂欢仪式和形象的具体感性形式,把这些问题演示出来。因此,狂欢化使得人们能够把最后的问题,从抽象的哲学领域通过狂欢式的世界感受,转移到形象和事件的具体感性的领域中去;而这些形象和事件如同在狂欢中一样,是发展流动的,多样而又鲜明的。正是狂欢式的世界感受,让人们能"给哲学穿上艺妓的五光十色的衣服"。狂欢式的世界感受,是思想与惊险型艺术形象之间的传动带。在现代欧洲文学中,一个鲜明的例子便是伏尔泰的那些哲理中篇小说,它们都具有包罗万象的思想,具有狂欢式的流动性和驳杂(如《老实人》)。这些中篇以极其醒目的直观形式,揭示出梅尼普体和狂欢化的传统。

由是,狂欢化便渗入了梅尼普体的哲理核心。

现在可以得出这样一个结论了。我们在梅尼普体中发现,看来绝对不相同和不相容的因素令人惊讶地结合到了一起,如哲理对话、冒险和幻想、贫民窟的自然主义、空想等。如今我们可以说,把所有这些异类因素融合为一个有机的完整的体裁,并使其顽强有力,这基础便是狂欢节和狂欢式的世界感受。就是在此后欧洲文学的发展中,狂欢化也一直帮助人们摧毁不同体裁之间、各种封闭的思想体系之间、多种不同风格之间存在的一切壁垒。狂欢化消除了任何的封闭性,消除了相互间的轻蔑,把遥远的东西拉近,使分离的东西聚合。这就是狂欢化在文学史上巨大功用之所在。

现在就基督教土壤上的梅尼普体和狂欢化,再说几句。

梅尼普体和在它周围发展起来的一些相近的体裁,对形成中的古基督文学——希腊文学、罗马文学、拜占庭文学,给予了决定性的影响。

古基督文学的基本叙事体裁,即《福音书》《圣徒事迹》《默示录》和《圣徒与殉难者言行录》,是同古希腊罗马时期的天神故事联系着的,而后者在纪元后的头几个世纪里是在梅尼普体的轨迹中发展起来的。在各种基督文学体裁中,这一影响急剧增强,特别靠的是梅尼普体中的对话因素。在这些体裁里,尤其是在大量的《福音书》和《事迹》中,形成一种基督文体特有的对话性的古典的对照法,如受诱惑者(基督、守教规者)对诱惑者,信教者对不信教者,守教规者对有罪过的人,乞丐对富人,基督的追随者对法利赛人,圣徒(基督徒)对多神教徒等。人们从典范的福音书和事迹录里,都熟悉了这一些对照法。与此相应的,又形成了引发的方法(即用语言或情节场景来诱发)。

在各种基督文体中同在梅尼普体中一样,起着巨大组织作用的,是对思想及思想所有者的考验,用诱惑和磨难进行的考验(当然特别是在言行录体裁中)。如同在梅尼普体中一样,在这里统治者、富人、强盗、乞丐、艺妓等,在同一个平面上,在相当程度上对话化了的平面上,以平等身份汇聚到了一起。梦幻、狂行、种种精神异常,在这里如在梅尼普体中一样,也起着一定的作用。最后,叙事的基督文学还汲取了一些相近的体裁:筵席交谈(福音的圣餐)和自我交谈。

叙事的基督文学(与狂欢化了的梅尼普体的影响无关)同样直接地触及了狂欢化。这只要指出经典福音书里"古犹太王"的加冕脱冕场面,就可以明白了。不过,狂欢化表现得远为强烈的,是在伪经的基督文学里。

总之,连古基督的叙事文学(其中包括成为规范的部分)也渗进了梅尼普体和狂欢化的因素①。

陀思妥耶夫斯基的体裁传统,在古希腊罗马时期的渊源、"基始",就是上述这一些。他的创作是这一体裁传统发展的顶峰之一。

但陀思妥耶夫斯基与这些源头相距两千年之久,其间体裁传统仍在继续发展,渐趋复杂,形态有了变化,用意也有了变化(不过保持了统一性和连续性)。下面讲讲梅尼普体的进一步发展情况。

我们已经看到,早在古希腊罗马时期,包括古基督时期,梅尼普体就表现出一种特殊的盲螈的能力,它会改变自己外在的形态(而保留自己内在的体裁的本质),会伸长到大部头的长篇小说,会同相近的体裁结合到一起,会溶于其他的大体裁之中(如纳入希腊的和古基督的长篇小说之中去)。这种能力同样表现在梅尼普体后来的发展之中,中世纪时如此,现代也是如此。

在中世纪,梅尼普体的体裁特点,在直接继承古基督文学传统的拉丁宗教文学的某些体裁里,继续存在并不断更新,特别在言行录文学的一些体裁里是如此。梅尼普体的较为自由较为独创的形式,则见于中世纪那些对话化和狂欢化了的体裁中,如"争吵"、"论战"、相互"颂扬",如伦理寓言剧和宗教警世剧,还有中世纪晚期的宗教神秘剧

----
① 陀思妥耶夫斯基不仅非常熟悉典范的基督文学,也非常熟悉伪经文学。——作者

151

和讽刺闹剧。强烈狂欢化了的中世纪讽刺模拟文学和半讽刺模拟文学中,也可以感觉得出梅尼普体的因素,如在写死后见闻的讽刺作品中,在讽刺性的"福音书讲解"中等。最后,在这一体裁传统的发展中还有非常重要的一环,就是中世纪和文艺复兴初期的小说,它深深地渗透着狂欢化了的梅尼普体的因素①。

梅尼普体在中世纪的整个发展过程中,都渗透了地方的民间狂欢文学的因素,并且反映了中世纪各个阶段的独有的特点。

在文艺复兴时代(即整个文学和世界观实现深刻的几乎是普遍的狂欢化的时代),梅尼普体被纳入了那个时代所有的大型体裁中(见拉伯雷、塞万提斯、格里美豪森等人的作品),与此同时又发展起来各种不同形式的文艺复兴时代的梅尼普体;这些形式在多数情况下都是综合了这一体裁在古希腊罗马时期的传统和在中世纪的传统,如德彼尔的《世界之钹》,鹿特丹的《赞愚》,塞万提斯的《醒世小说》,《梅尼普讽刺·西班牙主教的美德》(作于1594年,是世界文学中最伟大的政治讽刺作品之一),格里美豪森、凯维多等人的讽刺作品。

到了现代,梅尼普体除了被纳入其他狂欢化了的体裁之外,还继续独立地发展,并采取了各种形态和各种名称,如"卢奇安对话","死人国里的谈话"(这两者中主要是古希腊罗马的传统),"哲理小说"(启蒙时期梅尼普体的典型形式),"幻想故事"和"哲理故事"(这两者是浪漫主义时期的典型形态,如霍夫曼的作品),如此等等。这里应该指出,在现代,各种文学流派和创作方法都利用梅尼普体的体裁特点,同时当然用不同办法加以完善更新。举例说,伏尔泰理性主义的"哲理小说"和霍夫曼浪漫主义的"哲理故事",具有共同的梅尼普体的体裁特征,同样受到了强烈的狂欢化,可是他们的艺术流派、思想内容,自然还有创作个性,却有着深刻的差异(只消比较一下《密克罗梅嘎

---

① 这里必须指出,小说《贞洁的艾菲斯主妇》(出自《萨蒂里孔》)对中世纪和文艺复兴产生了巨大的影响。这篇插入的小说,是古希腊罗马时代伟大的梅尼普体作品之一。——作者

斯》和《侏儒察赫斯》就清楚了)。应该说,在现代的各国文学中,梅尼普体曾是传播鲜明而凝聚的狂欢化形式的主要媒介。

最后,我们认为有必要强调一点,"梅尼普体"这一体裁名称,同"史诗""悲剧""田园诗"等古希腊罗马的其他体裁名称一样,用于现代文学时只是指一种体裁的实质所在,而不是称呼某个确定的标准的体裁(这不同于古希腊罗马时期)。①

到此,我们便结束了对体裁发展史的回溯,回到陀思妥耶夫斯基创作上来(其实在回顾历史的过程中,我们一时一刻也没有忘记陀思妥耶夫斯基)。

我们在回溯历史的时候已经指出,我们对梅尼普以及相近体裁的分析,几乎完全适用于说明陀思妥耶夫斯基作品的体裁特点。现在我们应该把这一论点具体化,办法是分析他的创作中在体裁方面带有关键性的几部作品。

陀思妥耶夫斯基晚期的两篇"幻想小说"——《豆粒》(1873)和《一个荒唐人的梦》(1877)——几乎称得起是严格的古希腊罗马含义上的梅尼普体,因为这里清晰而充分地表现出了这一体裁的典型特点。在其他一些作品中(《地下室手记》《温顺的女性》等),通过比较自由的、远离古希腊罗马模式的形式,体现出了这一体裁的上述实质。最后,梅尼普体被纳入了陀思妥耶夫斯基所有的大部头作品,特别是他的五部成熟的小说。而且,采纳梅尼普体的地方,都是这些小说中最重要、最关键的部分。所以我们能够直截了当地说,梅尼普体实质上是给陀思妥耶夫斯基全部创作定调子的。

如果我们说《豆粒》以其深刻和大胆,堪称整个世界文学中最伟大

---

① 不过"史诗""悲剧""田园诗"这些体裁术语,用于现代文学时已经成了公认和习用的名称。因此,当人们把《战争与和平》称为史诗,把《鲍利斯·戈都诺夫》称为悲剧,把《老式地主》称为田园诗时,我们丝毫不感到奇怪。可"梅尼普体"这一体裁术语听起来却不习惯(特别在我国的文艺学界),因此用它来称呼现代文学作品(如陀思妥耶夫斯基的作品),就令人觉得有点奇怪而又牵强。——作者

的梅尼普体作品之一,那么我们恐怕没有说错。不过这里我们不准备谈它内容上的深刻,这里我们所关心的是这部作品的体裁特点本身。

这里具有代表性的,首先就是讲述人的形象和他讲述的语调。讲述者("一个人"①)处于疯狂的边沿(酒狂的边缘)。但即使除了这一点,他也不同于所有的人,也就是说他逃避公共的准则,脱离了生活的常轨,受到所有人的鄙视也鄙视所有的人。换言之,我们面对的是"地下室的人"另一种新的表现形式。他的语调是摇摆不定、模棱两可的,带有隐约可辨的两重性,带着小丑行为(如宗教神秘剧中的恶鬼)的一些因素。虽然这个讲述者表面上说些"零碎"的斩钉截铁的句子,他其实把自己最终的意思隐藏起来,避而不谈。他自己引述了一个朋友对他语言特点的描写:"他说你的语言呀,风格老是变,又零零碎碎的。说一句打住了,再说一句,来个插入句,然后在插入句后再来个插入句,接着来个括弧加点什么,完了又是说一句顿一下……"(第10卷,第343页)

他的语言具有内在的对话性,整个充满了争辩气氛。故事直接就从辩论开始,一个什么谢苗·阿尔达里诺维奇责怪他酗酒,他于是和人家争辩起来。之后他又同不发表他作品(他是个未得到承认的作家)的编辑们争论,同不善于理解幽默的当代读者争论;实际上,他是同所有同时代的人们在争论。后来展开了主要情节的时候,他又愤怒地同"现代死人"辩论。这就是这篇小说的对话化了的、意味双关的语言风格和作品情调,也正是典型的梅尼普体的现象。

小说的开头,有一段议论讲理智与疯狂、聪明与愚蠢的相对性和相关性;这个题目对狂欢化了的梅尼普体来说正是个典型的话题。接着是描写墓地和葬礼。

整个这段描写贯穿了一种强烈的亲昵而又不敬的态度,包括对待墓地、葬礼、墓地上的僧侣、死者,以至"死的奥秘"。整段描写建立在矛盾的结合上,狂欢体的俯就上;这描写充满了粗俗和平凡的语气,充

---

① 在《作家日记》中,此人在《一个人的半封信》里又一次出现。——作者

满了狂欢体的象征意义,同时又是粗鲁的自然主义。

请看几段典型的文字:

"走去寻开心,碰上了葬人的……我想总有二十五年没来过墓地了。这倒是个去处呀!"

"首先就有股鬼气。拉来了大约十五个死人。盖棺布的价钱差别可大了。甚至还有两个柩车,一个是将军,一个是太太。好多悲恸的面孔,也好多人是假伤心,又有不少人是公开的嬉皮笑脸。僧侣可用不着抱怨了,是笔收入呀。可有鬼气,鬼气!我可不愿在这儿当僧人。"(这里是这一体裁所特有的亵渎神明的双关用法)①

"我审视一个个死人的面孔,小心翼翼地;因为我不大相信自己能过目不忘。有的表情温和,有的可不受看。总之那笑脸并不好,有的还……"

"那儿还没葬完,我就溜达着出了大门。这里现在是所养老院,往前稍走几步就是个饭馆。还不错,是个过得去的铺子,来个小吃什么的还可以。送葬的人,也聚到这儿不少。我看他们挺快活,心绪真还不错。我吃了点,喝了点。"(第10卷,第343—344页)

我们用变体标出了强烈的亲昵和不敬的意味、矛盾的结合、对不相称事物的俯就态度、粗俗的看法、自然主义的笔触、象征意义。我们看得出,这些因素在作品中比比皆是。我们面对的,是狂欢化了的梅尼普体一个味道浓郁的示例。我们再提醒一下,这里两重性的结合包含着象征的意义:死亡——笑(这里是"快活")——酒筵(这里是"我吃了点,喝了点")。

接下去是讲述者一段不长却很模糊的思索。他蹲到墓石上,想着如今的人们已经不知道吃惊,不懂得尊敬了。这一番议论,对于理解作者的观点至为重要。然后写了这样一个同时既是自然写实的又有象征的细节:

"在墓地石板上,挨着我摆着一块没吃完的面包片。莫名其妙,太

---

① 原文中的"鬼气"和"僧人",部分地谐音,故产生双关的效果。——译者

155

不是地方。我把它扔到了地上,因为这不是粮食而只是块面包片。要是粮食,撒到地里好像还不算罪过。扔到地板上就是罪过了。得看看苏沃林日历上是怎么写的。"(第10卷,第345页)

这个极端自然主义地写实又极端不敬的细节(一块没吃完的面包片扔在墓碑上),提供了根据,我们可以说这里有狂欢式的象征意义:把粮食撒到地里是可以的,这是播种,能创造果实;扔到地板上可不行,那是毫无所获。

往下便展开了幻想的情节,这一情节形成了极为有力的引发手法(陀思妥耶夫斯基是使用引发法的巨匠)。讲述者听到地下的死人在谈话。原来他们进了坟墓,生命还能延续一段时间。死者哲学家柏拉图·尼古拉耶维奇(这是暗喻《苏格拉底对话》)这样解释这个现象:

"他(柏拉图·尼古拉耶维奇。——本书作者)用最简单的事实来解释这一点。那就是:在地上,当我们活着的时候,误认为死了也就完了。可在这里身体似乎得到重生,生命的余力凝聚起来。不过这些只是发生在意识里。这个,我不知该怎么说,好像是生命凭着惯性继续下来。依他看来,一切都凝聚在意识当中,还能生存两三个月……有时甚至半年……例如这里有这么一位,几乎全都散了架子,可每过六个多星期,他还会突然嘟哝出个把字来,当然这已经毫无意义了,比方喊叫:豆粒!豆粒!豆粒! 就是说,连他的生命也还留有一点暗淡的火花……"(第10卷,第354页)

这样便形成一种极其特别的情形,即意识的最后生命(彻底安眠前的两三个月),它摆脱了一切条件、地位、责任、生活的常轨。这不妨叫作生命外的生命。"现代死者"怎么利用这一生命呢?就是用引发法,它能促使死者充分地自由地、不受任何限制地揭示自己的意识。事实上,也确实揭示出自己的意识。

在我们面前,展现出梅尼普体典型的狂欢化了的地狱:相当纷杂的一群群死人(他们还不能一下子就摆脱自己在世上的等级地位和关系),由此而来的令人发笑的冲突,咒骂和吵闹。另一方面,这里又有狂欢式的自由不拘的态度,卸了责任完全轻松的感觉,坟墓里毫不掩饰的色情,棺木里的笑声("将军的尸体活动起来,愉快地朗声大笑"),等等。从讲述人脚下的墓穴里一开始玩牌(当然并没有牌,只是口里说说),这种怪诞的"生命外的生命",就定下了强烈的狂欢体的调子。所有这一切,都是这个体裁的典型特征。

这场死人狂欢中的"国王",是"假上流社会里的一个坏蛋'(他自称如此),叫克里涅维奇男爵。我们引他一些话,来说明引发手法及其应用情况。他对哲学家柏拉图·尼古拉耶维奇的道德诠释(是经过列别贾特尼科夫转述的),挥手表示不满,然后说:

"够了,再往下我想也全是胡说八道。重要的是还有两三个月的生命,最后还不是喊豆粒吗。我建议在场的在这两个月里都能尽情享乐。为的这个,大家都得另立原则。先生们,我提议不必顾及任何廉耻!"

在赢得死人普遍的支持之后,他这样进一步发挥自己的思想:

"不过现在我想的是可别说谎话。我只希望这一条,因为这是最要紧的。在人世生活要想不撒谎是办不到的,因为生活和撒谎是一对同义词。到了这里,我们不怕见笑,不打算撒谎了。他妈的!坟墓里总得有个坟墓样儿吧!我们大家都来大声讲讲自己的历史,再也不必怕什么羞耻了。我第一个来讲自己。你们知道吗?我是个纵欲的人。那是在地上的时候,总被腐烂的绳索捆绑着,一切绳索都去它的吧!让我们这两个月里生活在不顾羞耻的真面目里吧!让我们脱光衣服,赤身裸体吧!

"'赤身裸体!赤身裸体!'所有声音都大喊起来。"(第10卷,第355—356页)

死人间的对话,像在梅尼普体中那样突然被打断了:

"这时我突然打了个喷嚏。这很突然,而且并非有意,可效力却异常惊人。一切全静下来,就像在墓地上一样,倏忽便不见了。出现了真正的墓地上的死寂。"

再引一下讲述者最后的评价,这里的语调值得注意:

"不,这个我不能想象。不,真的不能!喊豆粒么,我倒不感到奇怪(果然,这不就是喊了豆粒么!)。

"居然敢在这里淫荡作乐,追求最后的淫乱的欢快,又全是软囊囊腐烂的尸体,甚至不珍惜最后瞬间的意识!赐给了他们这最后的瞬间,可他们……不过主要的是,主要的是居然在这个地方!不,这个我无法想象……"(第10卷,第357—358页)

这里,讲述者的语言中插进了几乎纯粹属于另一个声音的话语和语气,也就是作者的声音。它插了进去,随着又在"可他们"之后突然中断了。

这篇故事的结尾,是报章讽刺小品式的:

"我把这个送到《公民》杂志社去,那里也登过一个编辑的照片。说不定能给登出来呢。"

这几乎就是典型的陀思妥耶夫斯基的梅尼普体。这一体裁在这里保持了惊人深刻的完整性。甚至不妨说,梅尼普体在这里展示出了自己优异的潜力,最大限度地实现了自己。这显然最不像是模仿一种已经死亡的体裁。恰恰相反,在陀思妥耶夫斯基的这篇作品中,梅尼普体是作为有充沛生命力的一种体裁继续存在的。要知道,一种体裁的生命力就在于它在各种独具特色的作品中,能不断地花样翻新。陀思妥耶夫斯基的《豆粒》,当然是十分别出心裁的作品。陀思妥耶夫斯基也没有通过模仿这一体裁来达到讽刺它的目的。他使用这一体裁,总是用在它的基本功能上。不过应该指出,梅尼普体向来是(包括最久远的、古希腊罗马时期的梅尼普体)在某种程度上自己对自己进行讽刺性模拟。这是梅尼普体的体裁特点之一。带有对自我的讽刺性模拟的因素,是这一体裁生命力异常旺盛的原因之一。

这里我们不能不涉及陀思妥耶夫斯基作品体裁上各种可能的来源问题。每种体裁的实质,要想充分地实现和展示出来,只能是通过在这一体裁的历史发展过程中创造出来的各种各样的变体。艺术家越是全面地熟悉所有这些变体,他就越能灵活而充分地驾驭这一体裁的语言(要知道每种体裁的语言,总是具体的历史的)。

陀思妥耶夫斯基对梅尼普体的所有体裁特点,有非常透彻精细的了解。他对这种体裁,具有特别深刻的感受力和分析力。考察一下陀思妥耶夫斯基同梅尼普各种变体之间可能有的一切联系,无论对于更深刻地理解他作品的体裁特点,无论对于更全面地了解这一体裁传统直至陀思妥耶夫斯基的发展情况,都是十分重要的。

陀思妥耶夫斯基与古希腊罗马梅尼普体的各种变体之间最直接最紧密的联系,是通过古基督文学(即通过《福音书》《默示录》《言行录》等)实现的。但他毫无疑问也是熟悉古希腊罗马梅尼普体的经典作品的。他非常可能读过卢奇安的梅尼普体作品《梅尼普·或阴间游记》,以及也是他写的《死人国度里的谈话》(一组小型对话的讽刺小品)。这些作品中表现出了死人在阴间(即在狂欢化了的地狱里)各种不同类型的行为。应该指出,卢奇安("古代的伏尔泰")从18世纪起在俄国就广为人知,引起许多人的模仿[①];这一体裁中"阴间相遇"的场景,成了从文学到学生作业中司空见惯的故事。

陀思妥耶夫斯基可能还知道塞内加的 Отыквление。在陀思妥耶夫斯基那里,我们发现有三点同这一讽刺作品相呼应:一、陀思妥耶夫斯基作品中送葬人"不加掩饰的快活",可能来自塞内加的下述情节:克拉弗基从奥林匹斯山飞向地狱时经过人世,遇上人间正给他举行葬礼,并且深信送葬者十分快活(那些打官司的人是例外)。二、口上说说的虚假的打牌,可能来自克拉弗基在地狱里玩骰子;那也是徒有其名(因为手还没来得及掷,骰子早掉下去了)。三、陀思妥耶夫斯基作品里,死亡由于如实描写而失去庄严感,使我们想起了对克拉弗基死

[①] 在18世纪,苏马罗科夫就曾写过《死人国度里的谈话》。甚至未来的统帅 A.B.苏沃罗夫也写过,见他写的《死人国度里亚历山大·马凯顿斯基和赫罗斯特拉特的谈话》,1755年。——作者

亡的更加如实的描绘：他是在解大手时死去(咽气)的。①

毋庸置疑，陀思妥耶夫斯基或多或少也是熟悉古希腊罗马时期用这一体裁写出的其他作品的，如《萨蒂里孔》《金驴记》等②。

陀思妥耶夫斯基的作品体裁，可能在欧洲找到许多各种各样的来源；正是这些来源向他展示了梅尼普体的丰繁多样。他多半知道布瓦洛写的文学争论性的梅尼普体作品《小说的主人公》，可能也知道歌德写的文学争论性的讽刺作品《上帝、主人公和维兰德》。大概他也熟悉法奈龙和方杰涅里的《死人的谈话》（陀思妥耶夫斯基精通法国文学）。所有这些讽刺作品，都同描绘阴间有关，外表上又都保持着这一体裁的古希腊罗马时期的(主要是卢奇安的)形式。

对理解陀思妥耶夫斯基体裁传统具有重要意义的，是狄德罗的梅尼普体，它在外表形式上是自由的，而在实质上却是这一体裁中最典型的。不过狄德罗作品中叙述的语调和风格(有时是18世纪色情文学的格调)，当然不同于陀思妥耶夫斯基。在《拉摩的侄儿》(实质上是梅尼普体，但没有幻想的成分)中，是极端坦率的自白而无丝毫的悔意，这个内容是同《豆粒》遥相呼应的。拉摩的侄儿是个坦率露骨的"凶残典型"，同克里涅维奇一样认为社会道德是"腐烂的绳索"，而只承认"不顾廉耻的真相"。这个形象本身，也同克里涅维奇的形象相似。

陀思妥耶夫斯基通过伏尔泰的"哲理小说"，又熟悉了自由的梅尼普体的另一个变体。这种类型的梅尼普体，非常接近他的作品的某些方面(陀思妥耶夫斯基甚至想构思写一本《俄国的老实人》)。

---

① 这种比较自然不可能具有决定性的论证力量。所有这些相似点，也可能是体裁本身的逻辑使然，特别是狂欢体中脱冕、粗俗、俯就等因素作用的结果。——作者
② 陀思妥耶夫斯基知道发禄的讽刺作品，这种可能性虽然可疑，却也不能排除。发禄作品的片段于1865年出了经过科学整理的全本(Riese. *Varronis Saturarum Menippearum religuiae*. Leipzig, 1865)。此书引起了不仅是狭小的语文学界的兴趣，因此陀思妥耶夫斯基有可能逗留国外时通过他人之手接触到它，也有可能通过俄国语文界的熟人接触到它。——作者

这里提醒一下,对陀思妥耶夫斯基来说,伏尔泰和狄德罗的对话文化,具有重大的意义。而对话文化发源于"苏格拉底对话"、古希腊罗马的梅尼普体,部分地还有交谈式演说体和自我交谈体。

另一种自由的梅尼普体,带有幻想和神话的因素,体现在霍夫曼的创作中。早在陀思妥耶夫斯基创作初期,霍夫曼就给了他重大的影响。爱伦·坡那些在本质上接近于梅尼普体的小说,也吸引了陀思妥耶夫斯基的注意。陀思妥耶夫斯基在其题名为《爱伦·坡的三篇小说》的短文里,非常准确地指出了这位作家接近于陀思妥耶夫斯基本人的一些特点:

"他几乎总是选取最为奇特的现实,把自己的主人公置于最不寻常的外在的和心理的处境中。他又是以怎样的洞察力,怎样惊人的准确性,来讲述这个人的心境!"[1]

不错,在这个评语中,他只突出了梅尼普体的一个方面,即创造奇特的情节场面,也就是创造引发法。不过陀思妥耶夫斯基正是经常把这一点作为自己创作方法的主要特征。

我们对陀思妥耶夫斯基的体裁来源的综述(远不是全面的)表明,他知道或者可能知道梅尼普体的多种多样的变体;梅尼普体是个非常灵活、富于潜力的体裁,特别适于渗入"人的心灵深处",适于尖锐而坦率地提出"最后的问题"。

通过分析短篇小说《豆粒》可以表明,梅尼普体的体裁实质是多么符合陀思妥耶夫斯基所有基本的创作意图。这篇小说在体裁方面,是他最重要的作品之一。

我们首先应该注意这样一点。篇幅不大的《豆粒》,亦即陀思妥耶夫斯基最短小的情节小说之一,几乎是他整个创作的小宇宙。他的作品中非常多的,同时也非常重要的思想、主题和形象(包括此前的和此后的),都以极端尖锐而坦率的形式出现在这篇小说里。例如倘要没

---

[1] 《Ф.М.陀思妥耶夫斯基文学作品全集》,第 13 卷,Б.托马舍夫斯基和 K.哈拉巴耶夫编辑,莫斯科—列宁格勒,国家出版社,1930 年,第 523 页。——作者

有上帝和心灵的不朽便"什么都可以干"的思想(这是他的作品中一个至为重要的思想形象);例如与此相关的一个主题——没有悔恨的自白和"不顾廉耻的真相"这一主题(它从《地下室手记》起,一直贯穿在陀思妥耶夫斯基的整个创作中);例如意识的最后时刻这一主题(它同其他作品中的死刑和自杀等主题是联系着的);例如濒临疯狂的意识这一主题;例如侵入到意识和思想深处的情欲这一主题;例如生活脱离了人民的根基和人民的信仰便到处"不适"和"不雅"这一主题;如此等等。所有这些主题和思想,以浓缩而显露的形式,全都容纳进这篇小说的看来是狭窄的框架之中。

这个短篇里的主要形象(当然并不多),也同陀思妥耶夫斯基作品中的其他形象遥相呼应。如克里涅维奇是以简单化了的尖锐形态,复现了瓦尔科夫斯基公爵、斯维德里加依洛夫和费多尔·帕夫洛维奇。讲述者("一个人")是"地下室人"的变体。在某种程度上我们也熟悉佩尔沃耶多夫将军[①]、好色的老官吏(他挥霍了拨给"孤儿寡妇"的巨额公款)、拍马屁的列别贾特尼科夫、希冀"把这里的生活建立在理智基础上的进步的工程师"。

在死人中占有特殊地位的,是一个"平民"(富裕的小店主)。唯有他一个保持了同人民和人民信仰的联系,因此在墓穴里举止文雅,把死亡当作一种神秘之事来接受;而对周围发生的一切(指放荡的死人们),则解释为"心灵在经受苦难的折磨"。他迫不及待地等候着死后的第四十天("快点到四十天吧!那时我就会听到头顶上的痛哭之声,会听到妻子的哭嚎和孩子们的啜泣!……")。这个平民的文雅举止和十分虔敬的语言,恰好同所有其他死者和生者的胡闹和狎昵形成

[①] 佩尔沃耶多夫将军到了坟墓里也还不能忘却自己将军的尊严,因此坚决反对克里涅维奇的建议("再也不必怕什么羞耻了"),并且说:"我曾为我的沙皇服务。"在《群魔》中有一个相似的场景,只不过那里讲的是人间实事:德罗兹多夫将军置身于一群虚无主义者之中。虚无主义者连"将军"这个词都认为是骂人的称呼。但他仍保卫自己将军的尊严,讲的也是上面那句话。以上两个细节,全是用滑稽的笔调写的。——作者

对照,而且部分地也预告了未来的云游者马卡尔·多尔戈鲁基的形象;尽管这里在梅尼普体的条件下,写"举止文雅"的平民,带有轻微的幽默色彩,叫人感到有点不大得体。

不仅如此,《豆粒》里狂欢化了的地狱,同陀思妥耶夫斯基作品里的闹剧和灾祸场面,有着内在的深刻的相似之处,而这些场面几乎在他所有的作品中,都占着举足轻重的地位。一般总是出现在客厅里的这些场面,当然要复杂得多,丰繁得多,充满了狂欢式的对比、极不般配的结合和极其古怪的事情、意义重要的加冕和脱冕。然而它们内在的本质却是相同的:官方和个人的谎言织起的已经"腐烂的绳索",在这里挣断了(或至少是暂时放松了);于是袒露了人们的心灵,或如地狱里那么可怕,或相反既欢快又纯洁。人们一时间越出了一般的生活条件,如在狂欢广场上或者在地狱里那样;这就揭示出人们自己和人们相互关系蕴涵的另一种意义,更为真实的意义。

例如娜斯塔西娅·菲利波芙娜命名日的著名场面(《白痴》)就是这样。这里表面上也有同《豆粒》相似之处:费尔德先科(宗教神秘剧里的小鬼)建议大家各讲一件自己一生中干的最坏的事(试比较克里涅维奇说的:"我们大家都来大声讲讲自己的历史,再也不必怕什么羞耻了。")不过大家讲出来的故事没能满足费尔德先科的期望。但这一提议却有助于创造一种狂欢广场的气氛;在这一氛围里,人的命运和面目发生了剧烈的狂欢式的变化,寡廉鲜耻的计算被揭露出来,娜斯塔西娅·菲利波芙娜的话听起来也如同狂欢广场上脱冕时那种狎昵的语言。我们在这里当然不拟涉及这一场面所包含的深刻的道德心理和社会方面的意义。我们感兴趣的是这一场面的体裁方面,是它的狂欢式的伴音,这种伴音几乎渗透到每一个形象和每一个字中(尽管这些形象和语言都是非常现实主义的,符合事理的);我们感兴趣的,还有透过这一现实场面所显露出来的第二层含义,即狂欢广场(以及狂欢化了的地狱)的含义。

我再举一个突出的狂欢化的场面,就是祭奠马尔梅拉多夫时的吵闹和脱冕(《罪与罚》)。还有更为复杂的情形,如《群魔》中瓦尔瓦拉·彼得罗芙娜家上流客厅里的场面:有发狂的"瘸女人"的参加,有她哥哥大尉列比亚德金的表演,有"魔鬼"彼得·韦尔霍文斯基的初次露面,有瓦尔瓦拉·彼得罗芙娜出于兴奋的古怪,有对斯捷潘·特罗菲莫维奇的揭露和驱逐,有丽莎歇斯底里的发作和昏厥,有沙托夫赏给斯塔夫罗金的耳光,等等。这里所有的一切,在普通的"正常"的生活进程里,都太突然、太不适宜、太不协调、太难想象了。根本不能设想,类似的场面会出现在列夫·托尔斯泰或屠格涅夫的小说里。这不是上流社会的客厅,这是一个广场,它具有狂欢广场生活所特有的逻辑。最后还要提一下,神父佐西马房里的一场闹剧(《卡拉马佐夫兄弟》),也具有异常鲜明的梅尼普体的狂欢色彩。

上述这些闹剧场面(它们在陀思妥耶夫斯基的作品中占着十分重要的地位),几乎总是受到同时代人①否定的评价;直到今天仍然受着这种待遇。人们过去和现在总觉得这些场面缺乏生活的真实,缺乏艺术上的根据。人们把它们的产生归结到作者迷恋于纯粹外表的虚假的效果。事实上,这些场面同陀思妥耶夫斯基全部创作的精神和风格,是十分合拍的;而且它们有其深刻的必然性,没有任何臆想杜撰的东西。这是因为不论在整体上还是每一细节上,这些场面都是受狂欢式的各种活动和范畴(我们在上文已做了说明)的一贯的艺术逻辑所决定的。上述活动和范畴在许多世纪中,不断被狂欢化了的这一派小说吸收采用。这些场面得以成立的基础,是深刻的狂欢式的世界感受;后者对一切看来荒诞无稽而又出人意料的东西,赋予新的理解,并把它们组织到这些场面中来,创造出了它们的艺术真实。

《豆粒》靠了它的奇幻情节,把狂欢式的逻辑纳入某种简化了的(这是体裁本身的要求),却又鲜明袒露的形式之中;因此对于陀思妥耶夫斯基创作中更为复杂的类似现象来说,这篇小说可以算是一个脚注。

---

① 就连A.H.迈科夫这样内行而又友善的同代人,都莫不如此。——作者

短篇小说《豆粒》好似聚光的焦点,陀思妥耶夫斯基此前和此后的作品如许多光束聚集到这里。《豆粒》之所以能成为这个焦点,就因为这是梅尼普体。陀思妥耶夫斯基作品的一切因素,在这里都如鱼得水。我们由此可见,如此狭小的《豆粒》的天地,实际上却能包容如此广阔的内涵。

再说一遍,梅尼普体是表现最后的问题的无所不包的体裁。它的情节发展,不只是"在这里",不只是"现在",而是在全世界,在永恒中,即在人间、地狱和天国。在陀思妥耶夫斯基的创作中,梅尼普体同宗教神秘剧接近了起来。要知道宗教神秘剧不是别的,恰是有了某些变化的一种中世纪的戏剧型的梅尼普体。演出的参加者在陀思妥耶夫斯基作品中,都站在边沿上(在生与死的临界线、谎言与真理的临界线、理智与疯狂的临界线上)。在这里参加者们是作为不同声音——"面对人间和天国"讲话的不同声音来描写的。而且这里一个中心的形象化了的思想,是宗教神秘剧的思想(当然是符合艾列辛神秘剧精神的思想):"现代的死人"是没有繁殖力的种子,撒到地里去既不会死亡(即净化自己,超脱自己),又不会新生(即带来果实)。

陀思妥耶夫斯基的创作中,在体裁方面第二篇关键性的作品,是《一个荒唐人的梦》(1877)。

就体裁的实质来说,这篇作品也渊源于梅尼普体,但来自梅尼普体的另一些变体:"梦幻讽刺"和带有空想成分的"幻想游历"。这两种变体在梅尼普体后来的发展中,常常结合到了一起。

带有特殊艺术含意(并非为了叙述目的)的梦境,如我们已经说过的,最早是以"梅尼普讽刺"的体裁(进而通过整个庄谐体的领域),进入欧洲文学的。在叙事作品中,梦并不破坏所描绘生活的完整统一,也没有破坏主人公形象的显而易见的完整性。梦不是作为另一种可能的生活,同普通的生活相对立。这样的对立(从不同角度产生的对立)只是在梅尼普体中,才第一次出现。这里写的梦,恰恰是可能有的完全另一种生活,这生活是按照不同于普通生活的另一些规律组织起来的(有时简直是"翻了个儿的生活")。梦里见到的生活使普通生活显得古怪,迫使人们重新理解和评价普通的生活(考虑到梦见的另一种可能性)。人在梦境里变成了另一个人,在自己身上发现了新的能力(有好的也有坏的);梦在考验人,检验人。有的时候,梦境里干脆就像是人和生活在加冕和脱冕。

这样一来,梦创造出普通生活中不可能出现的异常的场景,使其服务于梅尼普体的那个基本目的:考验思想,考验思想的人。

艺术地运用梦境这一梅尼普体传统,在欧洲文学后来的发展过程中,也还一直继续存在,有各种不同的变体,带着各种不同的色彩。如在中世纪文学的"梦境"里,在16和17世纪的怪诞讽刺作品中(特别鲜明地表现在凯维多和格里美豪森作品中);又如浪漫主义者用梦表现神话象征意义(其中包括海涅的独具一格的梦境抒情诗),现实主义小说用梦表现心理和社会空想(乔治·桑和车尔尼雪夫斯基的作品)。特别需要指出一种重要的变体——危机之梦,它能促使人蜕化和重生(危机梦境也用于戏剧中,如莎士比亚、卡尔德朗,以及19世纪的格里帕尔采尔)。

陀思妥耶夫斯基非常广泛地运用了梦的艺术潜力,几乎包容了所有的变体和色调。在整个欧洲文学中,恐怕没有哪一位作家的作品能如陀思妥耶夫斯基作品那样,梦境起了如此巨大而重要的作用。我们不妨回想一下拉斯柯尔尼科夫、斯维德里加依洛夫、梅思金、伊波利特、少年、韦尔西洛夫、阿廖沙、德米特里·卡拉马佐夫等人做的梦,想一想这些梦在实现小说的思想构思方面所起的作用。在陀思妥耶夫斯基的作品中,危机之梦占了主导地位。"一个荒唐人"的梦,就属于这一变体。

至于说到《一个荒唐人的梦》里使用的"幻想游历"这一体裁变体,那么很可能陀思妥耶夫斯基熟悉西拉诺·德·柏热拉克写的作品《另一个世界·或称月球帝国》(1647—1650)。书里描写月球上的人间天堂。讲述者因为失礼不敬被从那里赶了出来。于是一个"苏格拉底的恶魔"陪伴他在月球上旅行。这使作者有可能写进去哲理的因素（根据加辛基的唯物主义）。就自己的外表形式来说，柏热拉克这部作品是一部完整的哲理幻想小说。

还有一部很有意思的梅尼普体作品，就是格里美豪森写的《旅行家飞月》（约作于1659年）。这部作品同西拉诺·德·柏热拉克的书，有着共同的来源。这里居于首位的，是空想的成分，描绘了月球居民的极端纯洁和正直，他们不知恶行、犯罪、谎言为何物；在他们的国度里，永远是春天；人的寿命很长，迎接死亡时朋友们聚会起来一起痛饮。孩子生下来如果带有恶劣的趋向，为了不让他们败坏社会，就派到地球上来。书中还指出了主人公登上月球的确切日期（如同陀思妥耶夫斯基指出做梦的日期）。

陀思妥耶夫斯基无疑也知道伏尔泰的梅尼普体作品《密克罗梅嘎斯》，这本书成了那种使人间现实异样的幻想型梅尼普体的基础。

《一个荒唐人的梦》首先令我们吃惊的，是作品内容的极端广博而同时又极端的洗练，令人赞叹的艺术上哲理上的言简意赅。这里看不到被多少展开了的推理论证。这里异常鲜明地表现出了陀思妥耶夫斯基那种特殊的才能，即艺术地观察并感受到我们在前一章论及的那个思想。站在我们面前的，是一位名副其实的思想艺术家。

《一个荒唐人的梦》实现了两个东西的充分而深刻的综合：一个是回答世界观最后问题的梅尼普体，及其包罗万象的特点；另一个是描绘人类命运（人间天堂、罪恶堕落、悔过赎罪）的中世纪宗教神秘剧，及其包罗万象的特点。在《一个荒唐人的梦》里，具体可见地显示出这两种体裁内在的亲密关系，当然它们还有历史渊源上的亲密关联。不过，从体裁的角度看，这里居于主导地位的是古希腊罗马型的梅尼普体。总起来说，《一个荒唐人的梦》中不是基督精神，而是古希腊罗马的精神占着优势。

就风格和布局而论，《一个荒唐人的梦》同《豆粒》有相当大的差异。前者有不少交谈式演说、自白、说教的因素。体裁上的这种综合现象，对陀思妥耶夫斯基作品来说，是有代表性的。

这篇作品的中心部分是讲述梦中所见。可以说这里对于梦境的布局特色，做出了一个精彩的说明：

"……一切都和平时做梦一样，人超越了空间和时间，跳过了生存的规律和理智的规律，只在你内心所想之处停下步来。"（第10卷，第429页）

这实际上是对幻想型梅尼普体的布局方法所做的完全正确的说明。不仅如此，在做出一定的限制和申明之后，这一说明可以适用于陀思妥耶夫斯基的整个创作方法上去。陀思妥耶夫斯基在自己的作品中几乎完全不用相对连续的历史发展的和传记生平的时间，亦即不用严格的叙述历史的时间。他"超越"这种时间，而把情节集中到危机、转折、灾祸诸点上。此时的一瞬间，就其内在含义来说相当于"亿万年"，换言之，是不再受到时间的局限。空间他实际上同样也超越了过去，把情节集中在两点上。一点是在边沿上（指大门、入口、楼梯、走廊等），这里正发生危机和转折。另一点是在广场上（通常又用客厅、大厅、饭厅来代替广场），这里正发生灾祸或闹剧。这就是他的时空艺术观。超越对他来讲是常事，而且是超越起码的经验上的真实，是超越表面的理智的逻辑。正由于这个缘故，梅尼普体对他才如此亲切。

对陀思妥耶夫斯基这位思想艺术家的创作方法说来，《一个荒唐人的梦》里下面这段话是很典型的：

"我看到了真理，倒不是凭理智发现了它，是眼见的、目睹的，它那鲜活的形象充溢在我心间，直至永久。"（第10卷，第440页）

从题材上看，《一个荒唐人的梦》几乎就是囊括陀思妥耶夫斯基各主要题材的一部大全；与此同时，所有这些主题及其艺术处理的方法，又都非常符合狂欢化了的梅尼普体的特点。下面我们看看其中的一些主题。

一、在《一个荒唐人的梦》的中心人物身上，可以鲜明地感到一个相反相成（亦庄亦谐）的形象，即狂欢化文学中"聪明的傻瓜"和"悲剧的小丑"这种形象。不过,这种相反相成的现象(当然一般采取比较隐蔽的形式),乃是陀思妥耶夫斯基所有主人公的特点。可以说,在陀思妥耶夫斯基的艺术见解中,人没有一点怪僻(各种表现形式的)就毫无价值。这一点在梅思金的形象中体现得最明显。就是在陀思妥耶夫斯基的所有其他重要的主人公身上,包括拉斯柯尔尼科夫、斯塔夫罗金、韦尔西洛夫、伊万·卡拉马佐夫,总也有"一些可笑的地方",尽管表现出来在不同程度上都减弱了。

再重复一遍,作为艺术家的陀思妥耶夫斯基,不能想象人只有单调的价值。在《卡拉马佐夫兄弟》的序言里("作者的话"),他甚至肯定怪僻具有一种特殊的历史的重要性:"因为怪人不仅仅'不总是'局部的和特殊的现象,相反,恐怕他常常是整体中的核心,而他那时代的其余的人们,像被突至之风裹挟,一时不知为何全都离开了他……"(第9卷,第9页)

在"荒唐人"的形象里,这种相反相成的特点结合着梅尼普体的精神,表现得鲜明而且突出。

十分符合陀思妥耶夫斯基特点的,还有"荒唐人"自我意识的充分性:他比谁都更清楚自己荒唐可笑("……如果说世上有个人比所有的人都更明白我荒唐可笑,那么这个人便是我自己……")。他在开始鼓吹人世间有天堂的时候,自己十分明白这天堂是不可能实现的:"再进一步说,就算这永远实现不了,不可能出现天堂(这个我可是清清楚楚的!),那我也还要传教布道。"(第10卷,第441页)这是一个敏锐地意识到自己、意识到一切的怪人。他身上没有一丝一毫的天真。他是一个无法了结完成的形象(因为没有任何东西能超出他的意识)。

二、小说是以一个极典型的梅尼普体主题开篇的。这是讲这样一种人的主题,他独自一个知道真理所在,所以所有其余的人都嘲笑他是疯子。请看这个精彩的开头:

"我是个荒唐可笑的人。他们现在叫我是疯子。倘如我在他们眼里,不再像从前那么荒唐可笑了,那这个称呼真可算是晋了一级官阶。

不过现在呢,我倒不生气了。现在我觉得他们全很可爱。就连他们笑话我的时候,不知怎么都显得格外的可爱。我真想和他们一起笑一阵,倒不是嘲笑自己,而是因为喜欢他们。可我不能,我瞧着他们心里特别地悲哀。我悲哀,是由于他们不知道真理,而我知道真理。唉,就一个人知道真理,该是多么难受!可他们不理解这一点。不行,他们理解不了!"(第10卷,第420页)

这是梅尼普体哲人(第欧根尼、梅尼普,或《希波克拉底小说》里的德谟克利特)、真理的握有者,对于所有其余视真理为癫狂、为愚蠢的人们,所采取的典型立场。但如果同古希腊罗马的梅尼普体比较,这一立场是复杂多了也深刻多了。与此同时,这一立场(包括它的各种变体和各种色调)又是陀思妥耶夫斯基所有重要主人公共有的特点,从拉斯柯尔尼科夫直到伊万·卡拉马佐夫。这是因为,对自己的"真理"的沉湎,决定了这些主人公对其他人的态度,也造成了他们那种特殊的孤独。

三、其次小说中出现了犬儒学派和斯多葛的梅尼普体极为典型的主题——对世上一切完全淡漠:"我心中升起一种令人害怕的忧郁,那起因是这样一个我绝对无法抵拒的情况:我变得相信世上无论哪里都无所谓。这一点我早有预感,但形成完整的信念,是这一年里突如其来的事。我突然感到,世界是否存在,或者一切的一切都不复存在,对我来说全无所谓。我于是聚精会神地去倾听,去感受,当真要认为我一生里没有发生过任何事。"(第10卷,第421页)

这种万念俱灰的淡漠和虚空的预感,促使"荒唐人"生了自杀的念头。这里我们所面对的,就是陀思妥耶夫斯基富于变化地运用基里洛夫主题的一例。

四、接下去是自杀前生命最后一刻的主题(这是陀思妥耶夫斯基重点主题之一)。根据梅尼普体的精神,这一主题在这里得到了袒露而紧张的表现。

"荒唐人"最终下决心自杀之后,走在街上碰到一个乞讨的小女孩。"荒唐人"粗暴地把她推到了一边去,因为这时他已经觉得自己脱离了人生的一切准则和义务(如同《豆粒》中的死人一样)。他是这样思索的:"要是两个时辰以后我就自杀了,这小姑娘和我还有什么相干,还管什么羞愧不羞愧,世上的一切都同我没关系了!……所以我才冲着可怜的孩子跺脚,尖声大叫:'告诉你说,别说可怜你,就是要干不人道的卑鄙勾当,现在我也做得出,因为过上两个小时就全都完了。'"这是梅尼普体的典型的道德考验,它对陀思妥耶夫斯基的创作来说,同样也是很典型的现象。这番思索是这样接下去的:"比方说,我突然产生了一个奇怪的念头。假如我从前生活在月球或者火星上,在那儿干了一件最丢人最不光彩的事,因此大受痛骂和凌辱,那厉害劲儿只是偶尔在噩梦里才感觉得到;再假如我后来到了地球上,可意识里还继续保存着另一星球上的记忆,并且已经知道任何时候绝不再会回到那里去,这时我站在地球上仰望月亮,是不是会觉得无所谓呢?我会不会因为那件事感到羞耻呢?"(第10卷,第425—426页)斯塔夫罗金在同基里洛夫谈话时,他给自己提出的问题完全像就月球上行为进行考验时提的问题(第7卷,第250页)。所有这一切都属于我们熟悉的主题范围,如伊波利特的主题(《白痴》),基里洛夫的主题(《群魔》),《豆粒》中坟墓里无耻行径的主题。不仅如此,所有这些只是陀思妥耶夫斯基全部创作中一个重要主题的不同侧面。这个重要的主题就是"一切都是可以干的"(在没有上帝和没有灵魂不朽的世界上);与此相关的还有道义上的唯我主义的主题。

五、接着展开了中心的主题(可以说是构成体裁的主题)——危机梦境的主题,确切些说是人通过梦境达到蜕化或新生的主题。这个梦境使人可以"亲眼"看见在世间还可能出现的完全另一种生活。

"是啊,我那时做了这样一个梦,十一月三日的梦!现在它还烦扰我,因为这仅仅是个梦。不过,这梦既然告诉了我真理,那么它是梦不是梦,岂不是无所谓吗?要知道如果你有一回了解了真理,看到了真理,那你就会明白它才是真理,再没别的真理了,不管你是睡着还是醒着。说它是梦就是梦好了,随人说去吧,可是这个生活,人们那样赞美的生活,我却想用自杀把它结束了。但我的梦,我的梦,啊,梦向我赞美了一种新的、伟大的、重生的、有力的生活!"(第10卷,第427页)

六、在"梦"里,详尽地展开了一个空想型的人间天堂的主题,这个人间天堂是"荒唐人"在遥远的不为人知的星球上亲眼看到、亲身体验到的。对人间天堂的描写,很符合古希腊罗马黄金时代的精神,所以深深地渗进了狂欢式的世界感受。对人间天堂的描绘,许多地方很像韦尔西洛夫的梦(《少年》)。非常典型的是"荒唐人"表现出来的纯粹的狂欢节的信仰,即相信人类意愿的一致性和人的善良本质:"其实说,所有的人不都奔着一个方向去吗;至少大家的向往是一样的,从哲人到最凶的强盗,只不过道路不同。这是早为人知的真理了,但这里也有点新的情况:我是不会再弄错了。因为我看见了真理,我看见了才知道:人们不必失去在地球上生活的能力就可能成为美好的、幸福的人。我不愿也不能相信,恶能成为人们的正常状态。"(第10卷,第440页)

再强调一次,按照陀思妥耶夫斯基的看法,真理只可能是生动的视觉的对象,而不是抽象认识的对象。

七、小说结尾处的主题,对陀思妥耶夫斯基来说也是极为典型的——生活瞬间变为天堂的主题(这一主题揭示得最深刻的,要算《卡拉马佐夫兄弟》):"其实是极简单的,有那么一天,有那么一个时辰,所有的人一下子全都安生了!最主要的是:像爱自己一样去爱别人。这才是最主要的,这也就是一切,其他什么都不需要了,因为你立刻会安生下来。"(第10卷,第441页)

八、再指出一个受屈辱女孩的主题,它贯穿于陀思妥耶夫斯基一系列的作品中:我们在《被欺凌与被侮辱的》一书中看得见这个女孩(涅莉),在斯维德里加依洛夫自杀前的梦中看得见,在《斯塔夫罗金的自白》中看得见,在《永久的丈夫》里也看得见(即丽莎)。受苦孩子的主题,是《卡拉马佐夫兄弟》的重点主题之一(如《造反》一章中受难孩子们的形象,如伊柳舍奇卡的形象,又如德米特里梦中的"孩子在哭泣")。

九、这里还有贫民窟自然主义的成分:像在涅瓦大街上行乞的好闹事的大尉(我们在《白痴》和《少年》中看到了这个形象)、酗酒、打牌,屋中的斗殴(就在隔壁的小房中,"荒唐人"或是坐在伏尔泰椅里度过自己的不眠之夜,深思着如何解决最后的问题;或是睡着了梦到人类的命运将会如何)。

自然,我们没有能包括《一个荒唐人的梦》里的所有主题,但上面这些也足以说明这一种梅尼普体具有多么巨大的思想容量,说明它与陀思妥耶夫斯基的题材是多么相称。

在《一个荒唐人的梦》中,没有表现于布局上的对话(同"从未见过的怪物"的若明若暗的对话,姑且不论)。可是讲述者的整个语言,却贯穿着内在的对话:这里所有的话都是对自身、对宇宙、对这话的主体[①]、对所有的人们说的。这里也和宗教神秘剧中一样,话对天而发,对地而发,总之是对整个世界说话。

这就是陀思妥耶夫斯基的两篇关键作品,它们最清楚不过地揭示出他的创作的体裁本质,这就是倾向于运用梅尼普体及其相近的体裁。

上面我们对《豆粒》和《一个荒唐人的梦》所做的分析,是从体裁的历史诗学这一角度出发的。我们首先关心的,是梅尼普体如何在这些作品中表现出自己的体裁实质。同时我们也力求说明,这一体裁的传统特点如何有机地同陀思妥耶夫斯基个人特色结合起来,同他的深刻的用法结合起来。

我们再看他的几篇作品,它们实质上也很接近梅尼普体,不过属于另一个类型,而且没有直接的幻想的成分。

这首先要数短篇小说《温顺的女性》。这里表现的体裁特点,是情节上尖锐的引发法,带有强烈的对比、不般配的俯就、道德的考验;在

[①] "我突然诉诸于我身上一切变化的主宰者,不是用声音,因为我不能动弹,而是用我整个心身。"(第10卷,第428页)——作者

形式上,这引发法表现为自我交谈。小说的主人公讲到自己时说:"我是用沉默说话的行家。我这一辈子全是沉默着过来的,就这么自己伴着自己默默地经受了悲剧。"主人公的形象正是通过他与自己的对话关系,才揭示出来的。几乎直到生命的终结,他仍是孑然一身,与自己相伴,处于无可解脱的绝望之中。他不承认上天对他的审判。他概括自己的孤独,把它引申到无所不在,认为这是整个人类的最后的孤独:

"只知道因循!啊,大自然呀!人们在世上茕茕孑立,这最糟糕了!……一切都死气沉沉,到处是死人。只有人们在,周围一片死寂,这就是人世!"

实质上与这一类梅尼普体相近的,还有《地下室手记》(1864)。这书是按照虚对(同不在场的对方谈话)方法建构起来的,充满了公开和隐蔽的论争,还包括了自白体的重要因素。作品的后半部分,引进了尖锐的引发法的叙述。在《地下室手记》中,还可找到其他我们所熟知的梅尼普体特点:如强烈的对话体的对照手法,亲昵化和冒渎,贫民窟自然主义等。这篇作品同样具有异常丰富的思想容量:陀思妥耶夫斯基此后创作中的几乎全部主题和思想,都在这里以简化而袒露的形式提了出来。至于这部作品的语言风格,我们将在下章论述。

再提出陀思妥耶夫斯基的一部作品,它的名字十分典型——《糟透了的笑谈》(1862)。这篇深刻地狂欢化了的短篇小说,同样也接近梅尼普体(不过是发禄型的梅尼普体)。小说开篇的思想引线,是命名日晚筵上三位将军的争论。之后,小说的主人公(三者之一)为了验证自己的民主人道的思想,来到军衔最低的一个下属的婚筵上,又由于没有经验(他是个不喝酒的人)喝得酩酊大醉。这里发生的一切,全建立在极端不得体、极端戏闹的基础上。这里的一切都充斥了狂欢体的强烈的对比、不般配的俯就、相反相成、态度粗俗、脱冕等现象。这里又有相当严峻的道德考验的成分。我们在这里自然不想涉及这部作品中深刻的社会哲理思想(这一思想至今未得到足够的评价)。小说的语气故意那么闪烁其词,模棱两可,又带着揶揄,渗透了隐蔽的社会政治争论和文学争论的成分。

陀思妥耶夫斯基的所有早期作品(指写于流放前作品),也都包含着梅尼普体的因素(主要是受到果戈理和霍夫曼的体裁传统的影响所致)。

如上所述,梅尼普体也被陀思妥耶夫斯基引进了长篇小说。我们只举几个最为重要的例子(不做特别的论证)。

在《罪与罚》中,拉斯柯尔尼科夫初访索尼娅和诵读福音书那个著名场面,就是一个几乎完美无缺的基督教文学化了的梅尼普体:如有对话体的强烈对照(信仰与无信仰,驯顺和傲气),敏锐的引发法,矛盾的结合(思想家——罪犯,妓女——正派女人),又如坦率地提出最后的问题,在贫民窟的环境里诵读福音书。拉斯柯尔尼科夫的那些梦,还有斯维德里加依洛夫自杀前做的梦,都是梅尼普体。

在《白痴》中,属于梅尼普体的有伊波利特的自白("我不能不做的说明"),包括从梅思金公爵凉台上的狂欢式的对话场面开始,直到伊波利特试图自杀为止。在《群魔》中,这种梅尼普体则是斯塔夫罗金的自白,包括开头和结尾他同吉洪的对话。在《少年》中,则是韦尔西洛夫的梦境。

在《卡拉马佐夫兄弟》里,一个精彩的梅尼普体是伊万和阿廖沙的谈话,那是在偏僻小城中集市广场上一家名叫"省城"的客栈里。这里在客栈的大风琴声中,在打弹子声中,在酒瓶起塞的砰砰声中,修士和无神论者在研讨世界的最后问题。在这一段"梅尼普讽刺"中,又插进另一段讽刺——《大法官的传说》。这段传说有它自己独立的意义,是建立在福音书里基督与恶魔的对照基础上的[①]。这两段相互关联的"梅尼普讽刺",都是整个世界文学中最深刻的艺术哲理作品。最后,伊万·卡拉马佐夫同鬼魂的谈话(《魔鬼。伊万·费奥多罗维奇的梦魇》一章),也是同样深刻的梅尼普体作品。

当然,所有这些梅尼普体都服从于整个小说的无所不包的复调构

---

① 关于《大法官的传说》的体裁和题材渊源(即伏尔泰的《珍尼的故事·不信神的人和智者》,雨果的《耶稣在梵蒂冈》),可参看 Л.П.格罗斯曼的著作。——作者

思,受这种构思的决定,而不可能从这一构思中分割出来。

不过,除了上述相对独立和相对完整的梅尼普体之外,陀思妥耶夫斯基的所有长篇小说,还无不渗进了梅尼普体的个别成分,以及与它相近的一些体裁的个别成分,即"苏格拉底对话"、虚对、自我交谈、自白等。不言而喻,所有这些体裁在陀思妥耶夫斯基之前,已经历过两千年紧张的发展演变,但无论如何变化也还保存下来了自己体裁的本质。对话体的强烈对照,离奇紧张的情节场面,危机与转折,道德考验,灾祸和闹剧,对立的和矛盾的结合,如此等等,决定着陀思妥耶夫斯基长篇小说的整个情节布局结构。

如果不能进一步地深入研究梅尼普体及其他相近体裁的实质,研究这些体裁的发展历史及其在现代各国文学中繁多的变体,那就不可能正确地从历史来源上解释清楚陀思妥耶夫斯基作品的体裁特点(并且也不仅陀思妥耶夫斯基一人而已;这个问题有着更加广泛的意义)。

在分析陀思妥耶夫斯基作品中梅尼普体的体裁特点的同时,我们也揭示出其中的狂欢化成分。这是很容易理解的,因为梅尼普体就是实现了深刻的狂欢化的一种体裁。不过,陀思妥耶夫斯基作品里的狂欢化现象,自然较之梅尼普体要广泛得多,另外还有其他的体裁渊源,所以需要进行特别的考察。

很难说狂欢节及其后来的衍生物(假面狂欢,集市滑稽戏等)对陀思妥耶夫斯基有多么重大的直接的影响(尽管他在生活中对狂欢节之类毫无疑问有过现实的接触感受)①。狂欢化对他如同对18至19世纪大多数其他作家一样,主要是作为一种文学体裁的传统产生影响的。至于这一传统的非文学的来源,即狂欢节,很可能作家们甚至没有十分明确地意识到它。

可是狂欢节、它的种种形式和象征,而首先是狂欢式的世界感受本身,在许多世纪的漫长岁月里被不断吸收到多种文学体裁中去,同

---

① 果戈理还曾受到乌克兰民间狂欢文学的重大的直接的影响。——作者

它们的特点结合到了一起,变为这些体裁的构成因素,成了它们不可分割的一部分。狂欢节仿佛转变成了文学,也就是说成为文学发展中一个确定的强大的支脉。转化为文学语言的狂欢节诸形式,成了艺术地把握生活的强大手段;成了一种特殊的语言,这种语言中的词语和形式具有异常巨大的象征性概括的力量,换言之就是向纵深概括的力量。生活中许多重要方面,确切说是许多重要层次,并且是深处的层次,只有借助这种语言,才能发现、理解,才能表达出来。

为了掌握这一语言,即为了运用文学中狂欢体的体裁传统,作家并无必要了解这一传统的所有环节、所有脉络。这体裁有着自己自然的逻辑;根据体裁的某些示例甚至片段,就可以在一定程度上理解并创造性地掌握这一逻辑。不过,体裁的逻辑可不是一种抽象的逻辑。这一体裁的每一种新的变体、每一部新的作品,总是以某些因素充实丰富这个体裁,帮助这个体裁完善自己的语言。因此,重要的一点是了解这一作者可能有的体裁来源,了解他是在怎样的文学体裁的氛围里进行创作的。我们越是全面而具体地了解艺术家的体裁渊源,就可以越发深入地把握他的体裁特点,越发正确地理解在他的体裁方面传统和创新的相互关系。

既然我们在这里接触到了历史诗学的问题,上述这些便要求我们进一步说明:是狂欢式传统的哪些基本环节,直接或间接地同陀思妥耶夫斯基有关,并且决定了他进行创作的体裁氛围?他的这种体裁氛围,在许多方面很不同于屠格涅夫、冈察洛夫和列夫·托尔斯泰。

对17、18、19世纪的文学说来,狂欢化的一个基本来源,是文艺复兴时期的作家,首先是薄伽丘、拉伯雷、莎士比亚、塞万提斯和格里美豪森[①]。同样属于这一来源的,还有早期的流浪汉小说(直接狂欢化了的小说)。除此之外,对这几个世纪的作家来说,古希腊罗马时期和

[①] 格里美豪森已经超出文艺复兴的范围,但他创作中反映出来的狂欢节直接而深刻的影响,并不亚于莎士比亚和塞万提斯的作品。——作者

中世纪的狂欢化文学(其中也包括"梅尼普讽刺"),当然同样是狂欢化的一个来源。

我们在上面举出的欧洲文学狂欢化的几个基本来源,陀思妥耶夫斯基都是非常熟悉的,可能格里美豪森和早期流浪汉小说是例外。不过,这种流浪汉小说的特点,陀思妥耶夫斯基通过勒萨日的小说《吉尔·布拉斯》也是知道的;这些特点引起了他极大的关注。流浪汉小说描绘脱离了法定常规的生活,取消了人们之间一切等级地位而且戏弄这种等级地位,充满了剧烈的更替、变化和骗局,通过亲昵的交往来表现整个所描绘的世界。说到文艺复兴时期的文学,那它对陀思妥耶夫斯基的直接影响是巨大的(特别是莎士比亚和塞万提斯)。我们这里指的,并非个别题材、思想或形象的影响,而是狂欢节世界感受本身的更为深刻的影响,亦即观察世界观察人的种种形式本身给予的影响,对待世界和人的那种确乎神圣的自由给予的影响。这种神圣的自由,不是表现在个别的思想、个别的形象和外在的结构手段上,而是体现在上述那些作家的整个创作之中。

对陀思妥耶夫斯基掌握狂欢体传统具有重大意义的,是18世纪的文学,首先是伏尔泰和狄德罗。这两位作家的特点是,狂欢化同师法古希腊罗马以及文艺复兴时代对话的高度对话技巧相结合。陀思妥耶夫斯基在这里发现了狂欢化同理性的哲学思想、部分地还同社会题材之间的有机的结合。

至于狂欢化同惊险情节、同尖锐的现实社会题材的结合,陀思妥耶夫斯基则是在19世纪的社会惊险小说中找到的,主要是苏里耶·弗列德里克和欧仁·苏(部分地还有小仲马和保尔·德·科克)。在这些作家的作品中,狂欢化更多地具有外在表现的性质:它表现在情节上,表面的狂欢体的对比对立上,命运的剧变上,欺骗行为上等。狂欢式那种深刻而自由的世界感受,在这里几乎是全然不存在的。这类小说最重要的一点,是运用狂欢化来描绘当代现实和当代的日常生活。这里,日常的普通生活被吸收到了狂欢化的情节发展之中;普通的和稳定的东西,同特殊的和易变的东西结合到了一起。

陀思妥耶夫斯基发现了更为深刻地把握运用狂欢式的传统,是在巴尔扎克、乔治·桑、维克多·雨果的作品中。这里狂欢化的外在表现要少得多,但狂欢式的世界感受则深刻得多;主要是狂欢化渗入到重大有力的性格的塑造之中,渗入到人的欲念的发展之中。欲念的狂欢化首先表现为欲念的两重性上:爱情与仇视相结合,吝啬与无私相结合,权欲与自卑相结合,如此等等。

狂欢化同感伤型人生观的结合,陀思妥耶夫斯基发现于斯特恩和狄更斯的创作中。

最后,狂欢化同浪漫主义类型的主题思想(而不是伏尔泰和狄德罗那种纯理性的思想)的结合,陀思妥耶夫斯基是在爱伦·坡,特别是霍夫曼作品中找到的。

俄国传统占着特殊的地位。这里除果戈理外,必须指出:普希金一些狂欢化程度很深的作品,对陀思妥耶夫斯基产生了巨大的影响,如《鲍里斯·戈都诺夫》、别尔金小说、在鲍罗金诺写的悲剧、《黑桃皇后》。

我们对狂欢化诸来源的简要综述,绝不希冀概括无遗。对我们来说,重要的只是指出这一传统的几条基本脉络。这里再强调一下,我们关心的不是个别作者、个别作品、个别的题材、思想、形象所给予的影响;我们关心的,恰是通过上述作家世代相传的这一体裁传统本身所给予的影响。而且在他们每个作家身上,这一传统都独自地,亦即别具一格地得到再现,焕然一新。这正是传统的生命之所在。打个比方说,我们关心的是语言里的词汇,而不是这些词汇在确定的独一无二的文句中那种个人独特的用法,虽说这两者自然是相互依存的。不言而喻,同样也可以研究个人的影响,也就是每个作家对另一作家的影响,如巴尔扎克对陀思妥耶夫斯基的影响。不过这已经是一个特殊的课题了,我们在这里没有提出这个任务。使我们感兴趣的,只是这个传统本身。

在陀思妥耶夫斯基的创作中，狂欢体传统当然也是别具一格地复现出来的：传统在这里获得了新的理解，同其他的艺术因素结合起来，服务于作家特殊的艺术目的，即我们在前几章中试图揭示的那些艺术目的。狂欢化同复调小说所有其他特点，有机地结合到一起。

在转而分析陀思妥耶夫斯基作品中狂欢化的各种因素（我们只谈几部作品）之前，还必须涉及两个问题。

为了正确理解狂欢化这个问题，需要摈弃一种简单化的理解，即把狂欢式仅仅归结为现代的假面狂欢这一个分支，尤其不可把它庸俗地理解为名士的浪漫生活。狂欢式——这是几千年来全体民众的一种伟大的世界感受。这种世界感受使人解除了恐惧，使世界接近了人，也使人接近了人（一切全卷入自由而亲昵的交往）；它为更替演变而欢呼，为一切变得相对而愉快，并以此反对那种片面的严厉的循规蹈矩的官腔；而后者起因于恐惧，起因于仇视新生与更替的教条，总企图把生活现状和社会制度现状绝对化起来。狂欢式世界感受正是从这种郑重其事的官腔中把人们解放出来。但在狂欢式的世界感知中，没有丝毫的虚无主义，自然也没有丝毫的不着边际的轻浮，以及庸俗的名士浪漫型的个人主义。

还必须摈弃现代很典型的一种观点，即把狂欢式狭窄地理解为舞台游艺演出。

要正确地理解狂欢式，必须从发源到高峰整体地看待它，也就是要包括古希腊罗马时期、中世纪，最后还有文艺复兴时期。[①]

第二个问题涉及的是文学流派。渗入到作品的体裁结构并且在一定程度上决定着作品的体裁结构的狂欢化，可以为各种不同的流派和创作方法所采用。不可把它只当作是浪漫主义所独有的特点。不过每一流派和每一创作方法，总是独特地理解和更新狂欢化手法。只

[①] 当然不可否认，所有现代形态的狂欢生活也具有某种程度的特殊的魅力。只举一个海明威就够了，他的作品本来就达到高度的狂欢化，此外又吸收了现代形态的狂欢仪式（如其中的斗牛）的巨大影响。他对现代生活中一切狂欢现象，有着十分敏锐的感觉。——作者

要比较一下伏尔泰(启蒙现实主义)、早期的提克(浪漫主义)、巴尔扎克(批判现实主义)、蓬松(纯粹的惊险作品),就可以相信这一点。前举作家的狂欢化程度,差不多是一样的,但在每个作家手里,狂欢化服从于特殊的(与其文学流派相关联的)艺术任务,因而表现得各有特色(我们且不说这些作家中每人的个人特点)。与此同时,狂欢化的存在又决定了他们同属于一个体裁传统,并形成了从诗学观点看至为重要的他们之间的共性(再说一遍:尽管在流派、个性、艺术价值方面,他们之间差异极大)。

在《彼得堡梦幻的诗文》(1861)中,陀思妥耶夫斯基回忆了在自己艺术活动的最初期经历过的一种独到而又鲜明的狂欢式生活感知。这首先是对彼得堡连同它那一切尖锐的社会对立的独特感觉,仿佛那是一个"奇异的幻想",是一场梦,是介乎于现实与幻觉虚构之间的某种东西。类似这样的对大城市的狂欢式的感知(指对巴黎),但不如陀思妥耶夫斯基来得有力而深刻,可以在巴尔扎克、欧仁·苏、苏里耶,以及其他人的作品中看到。这个传统根植于古希腊罗马的梅尼普体(发禄、卢奇安)。在对城市和市民大众的这样一种感受的基础上,陀思妥耶夫斯基接着描绘了自己最初一些文学构思(其中包括《穷人》的构思)产生的情景,这是一幅鲜明的狂欢化了的情景:

"我开始细心观察,突然看到了几张奇怪的面孔。这全是些奇异古怪的人物,却又是极平淡的人物,绝不像什么堂·卡洛斯和波兹,完全是普通的九品文官,同时又仿佛是些奇幻的九品文官。有的躲进这个奇幻的人群里朝我做鬼脸,又牵动几根线、几个簧,于是这些木偶就活动起来,可他却大笑,一直是哈哈大笑!那时我眼前出现了另一个故事的幻象,在某个黑暗的角落里,有一颗九品官的心,诚实纯洁的心,高尚而又忠于上司的心;同它在一起的有那么个女孩,受到屈辱而无限伤心。他们的故事深深地撕裂了我的心。如果能把所有我当时梦到的这些人全聚拢到一起,定会出现一场妙极了的假面舞会……"①

因此,从陀思妥耶夫斯基这段回忆看来,他的作品似乎产生于鲜明的狂欢式的生活幻象("我把自己在涅瓦河上的感受称作幻象"——陀思妥耶夫斯基这样说过)。这里我们能看到整个狂欢体的典型成分:哄笑和悲剧、丑角、游艺场、假面人众。不过这里最重要的,自然是深深渗透进《彼得堡梦幻的诗文》中的狂欢式世界感受本身。就其体裁实质而论,这部作品是一种狂欢化梅尼普体的变体。有必要强调一下伴随幻象而来的狂欢体的大笑。在下文我们将会看到,大笑确实贯穿了陀思妥耶夫斯基的整个创作,只是表现在弱化了的形式中。

陀思妥耶夫斯基早期作品的狂欢化,我们不拟讨论。我们只拿作家结束流放生活后发表的几部作品,来考察一下狂欢化的因素。这里我们给自己仅仅提出有限的任务,即论证在陀思妥耶夫斯基作品中存在狂欢化的事实本身,并揭示它在这里的基本功能。根据他的全部创作更深入更全面地研究这一问题,不属于本书的范围。

第二个时期的头一部作品《舅舅的梦》,特点在于鲜明地表现出了狂欢化,不过这是多少有些简单化了的外在的狂欢化。作品的中心,是一场灾难性的闹剧,带有两次脱冕:一次是莫斯卡列娃,一次是公爵。而且,莫尔达索夫大事记作者的叙述语调,也具有两重性,是对莫斯卡列娃讽刺性的赞美,也就是狂欢体的捧和骂的结合②。

闹剧的场面,公爵(狂欢之王或确切些说是狂欢节上的未婚夫)脱冕的场面,表现得如同一场磨难,如同狂欢节上把供奉的牺牲品撕成碎块的典型做法:

"'……我要是小木桶,您就是没有腿的……'

"'说谁?我没有腿?'

"'是啊,您是没有腿,还没有牙呢!您看看自己是个啥样子!'

---

① 《Ф.М.陀思妥耶夫斯基文学作品全集》,第13卷,Б.托马舍夫斯基和К.哈拉巴耶夫编辑,莫斯科—列宁格勒,国家出版社,1930年,第158、159页。——作者
② 陀思妥耶夫斯基师法的楷模,是果戈理,具体说就是《两个伊万吵架的故事》里那种两重性的语调。——作者

"'又是个独眼龙!'玛丽亚·亚历山德罗芙娜喊叫道。

"'您没了肋骨,拿紧身护着呢!'纳塔丽亚·德米特利耶芙娜补充了一句。

"'脸用弹簧绷着!'

"'自己连头发都没了!'

"'这傻瓜脸上,胡子也是假的!'玛丽亚·亚历山德罗芙娜细声细气地说。

"'至少把鼻子给我留下吧,玛丽亚·斯捷潘诺芙娜,这可是真的呀!'公爵被这突如其来的直言不讳,弄得惊愕不已,不禁喊了出来……

"'我的天哪!'可怜的公爵说,'……你快把我推走吧,上哪儿都行。要不非把我撕碎了不成!……'"(第2卷,第398—399页)

这里我们面对的,是典型的"狂欢体解剖学",即把身体剖开——历数各个部分。这样的"历数",是文艺复兴时期狂欢化文学中应用十分广泛的谐谑手法(常见于拉伯雷作品中,这种形式在塞万提斯作品中也有,但不够发达)。

这个中篇小说的女主人公玛丽亚·亚历山德罗芙娜·莫斯卡列娃,同样成了被脱冕的狂欢节之王的角色:

"客人们连叫带骂地向四面八方飞驰而去。最后,只剩了玛丽亚·亚历山德罗芙娜一个人,落入昔日荣耀的废墟和瓦砾之中。好么!势力、荣华、意趣,这些一个晚上全烟消云散了!"(第2卷,第399页)

在老迈的未婚夫被人戏谑地脱了冕这一场面之后,接着是同这相映成趣的另一个场面,即年轻的未婚夫(教师瓦夏)悲剧性地自我脱冕和死亡的场面。这样成双成对的场面(以及一些成对的形象),对陀思妥耶夫斯基来说是很典型的。成对的场面互相反映对方,或者互相映照;而且一个是诙谐性的,一个是悲剧性的(如上述的情况);或者一个是高雅的,一个是鄙俗的;或者一个要肯定什么,一个要否定什么,如此等等。这样的成对场面综合起来，便构成相反相成的两重性的整体。这里就已表现出了狂欢式世界感受的较为深刻的影响。不过在《舅舅的梦》中，这一特点总还带着某种外在的性质。

在中篇小说《斯捷潘奇科沃村和它的居民》中，狂欢化就深刻得多也重要得多了，尽管这里也有相当不少外在的表现。斯捷潘奇科沃的全部生活，集中在福马·福米奇·奥皮斯金的周围。他过去是个食客兼优伶，后来在罗斯塔涅夫上校的领地上成了一个权力无限的暴君。换言之，生活集中在狂欢节之王的周围。因此，就连斯捷潘奇科沃村里的整个生活，都具有了鲜明的狂欢体性质。这是越出了自己常轨的生活，几乎是"翻了个儿的世界"。

再说，村里的生活也不可能是另一个样子，因为这里定调子的是狂欢节之王——福马·福米奇。所有其余的人物，这一生活的参与者，都染上了狂欢体的色彩。如发狂的富有女人塔吉雅娜·伊万诺芙娜，她的心为爱情的欲火折磨着（属于庸俗的浪漫主义风格），同时又是那么纯洁、那么善良。又如发狂的将军夫人，她是如此爱慕和崇拜福马。再如傻子法拉莱，没完没了地梦见白牛，梦见喀马林舞；发狂的马车夫维多普列亚索夫，不断地给自己换上高雅一点的姓氏，例如叫什么"坦采夫"呀，"埃斯布克托夫"呀（他这么做，是因为农奴们每次都利用他的新姓名编难听的顺口溜）；老头加夫里拉，上了年纪还被迫学法国话；尖刻的小丑叶热维金；"进取"的傻瓜奥勃诺斯金，幻想找个富有的未婚妻；倾家荡产的骠骑兵米津奇科夫；怪人巴赫契耶夫，等等。所有这些人，由于这样那样的原因，都脱离了普通的生活轨道，丧失了生活中他们应有的正常的地位。这部中篇的整个情节，就是一串接连不断的吵闹、古怪行径、欺骗、脱冕和加冕。作品充满了讽刺性的模拟手法和半模拟手法，其中包括模仿果戈理的《与友人书简选》。这些讽刺模拟的因素，同整个中篇的狂欢体气氛有机地结合了起来。

狂欢化使得陀思妥耶夫斯基能够看到并表现出来在一般生活条件下无法揭示的人们性格和行为中的某些方面。特别深刻地实现了狂欢化的,是福马·福米奇的性格:它已经变得与自己不相符合了,不再等同自己了,很难给它下一个一目了然的最终的定义;它在许多方面预示出陀思妥耶夫斯基后来写的一些主人公。顺便说一下,这个性格同罗斯塔涅夫上校,构成了狂欢体特有的相互对立的一对。

我们所以要分析陀思妥耶夫斯基第二个时期的两部作品的狂欢化,是因为在这里狂欢化带有某种外在的性质,因而也十分醒目,人人都看得清楚。在此后的作品中,狂欢化向深层发展,性质发生了变化。其中笑的因素,在这里是相当响亮的,在那里却低沉了,几乎弱化到了极点。这一点有必要稍微详细地说说。

我们已经指出过:弱化的笑在世界文学中是个重要现象。笑,是对现实的一种确定的但却无法译成逻辑语言的审美态度,亦即艺术地观察和把握现实的一种确定的方法,因之也是架构艺术形象、情节、体裁的一种确定的方法。从前狂欢式的两重性的笑,就具有巨大的创造力量,包括形成体裁的力量。这个笑是在更替转变的过程中捕捉和认识现象,在现象中找出不断更替、除旧布新的两极:在死亡中预见到降生,在降生中预见到死亡;在胜利中预见到失败,在失败中预见到胜利;在加冕中预见到脱冕,以此类推。狂欢式的笑,不让这种更替中的任何一方,片面地成为严肃的现象而绝对化、凝固化。

当我们说在死亡中"预见"到降生的时候,我们在这里把狂欢式的两重性,不可避免地给逻辑化抽象化了,多少也会有所歪曲。因为这样一来,我们还是把死与生割裂开来,使两者之间出现了一些间隔。而在活生生的狂欢式的形象中,死亡自身便孕育着降生,母亲怀中的襁褓原来是坟墓。正是类似的形象,才产生出创造性的两重性的狂欢式的笑,笑声里不可分地结合了戏谑和欢呼,赞扬和辱骂。

当狂欢节形象和狂欢节的笑声转移到文学中来的时候,它们或多或少总要根据文学特殊的艺术任务发生一些变化。但不论变化的程度如何,具有什么性质,两重性和笑声总还要保留在狂欢化的形象之中。但在一定的条件下,在一定的体裁中,笑可能减弱。它继续决定着形象的结构,但自身却弱化到了最低限度:在所描绘的现实的结构里,我们好像看到了笑的痕迹,但却听不到笑声。例如,在柏拉图(指前期)的《苏格拉底对话》中,笑减弱了(虽然没全消失),却仍留在主要人物(苏格拉底)的形象结构里,留在组织对话的方法上,不过更重要的是体现在真正的对话性(而非雄辩术中的问答手法)上:有了这种真正对话的性质,思想才能获得处于形成发展中的生活本身那种轻松愉快的相对性,从而不陷入抽象教条(独白型的)的僵化之中。但在早期对话里,有时笑越出形象的结构,可以说是冲入了高音区。到了晚期的对话里,笑声则减弱到了极限。

在文艺复兴时代的文学里,总的说,笑声并未减弱,但"音高"自然也还是分得出几个层次。如在拉伯雷作品中,笑声响彻广场。到了塞万提斯的创作里,就听不到广场般的笑声了,而且如果说《堂吉诃德》上卷的笑还相当响亮,下卷(与上卷比较)便减弱多了。这种弱化同主要人物形象结构的变化,同情节的变化,同样也有关系。

在18、19世纪的狂欢化文学中,一般说笑声都减弱了,弱化到了讽刺、幽默以及其他微弱的形式。

让我们回过来,看看陀思妥耶夫斯基作品中弱化的笑声。在第二时期的头两部作品中,如我们上面所说的,还可以清晰地听出笑声,同时其中自然还保留着狂欢体两重性的成分①。在陀思妥耶夫斯基以后写的长篇作品里,笑便几乎弱化到了极点(特别是《罪与罚》)。不过,陀思妥耶夫斯基运用狂欢化的体裁传统时一并也汲取了两重性的笑声,这笑仍起着艺术地组织世界和反映世界的作用。这种作用留下的痕迹,我们在他的所有作品里都能发现。我们发现这痕迹表现在形象的结构中,在许多情节场景里,在语言风格的某些特点上。但弱化的

---

① 在这一阶段上,陀思妥耶夫斯基甚至写过一部篇幅很大的笑谑的梅尼普体作品,其中的一段便是《舅舅的梦》(据他在信中的自述)。据我们所知,此后陀思妥耶夫斯基再也没有重做这个纯粹笑谑性质的大部头作品的构思。——作者

笑获得最主要的,不妨说决定性的表现,是在作者最终的立场上。它(这个立场)排除任何单一的教条主义的严肃性,不让任何一种观点,不让生活和思想的任何一个极端,得以绝对化。任何单一的严肃性(包括生活中和思想中的严肃性),任何单一的情调,都只能属于主人公,而作者把它们组织在小说的"大型对话"之中以后,却总不结束这个对话,总不肯打上完结的句号。

应该指出,狂欢式的世界感受,也是没有终结的,同任何的最终结局都扞格不入。因为在这里,任何结局都只能是一个新的开端,狂欢体的形象是不断重生的。

某些研究者(维亚切斯拉夫·伊万诺夫、科马罗维奇)把古希腊罗马的(亚里士多德的)术语"卡塔西斯"(净化)应用到陀思妥耶夫斯基的作品身上。如果在非常广泛的意义上理解这一术语,那么是可以同意上述见解的(没有广义的卡塔西斯,根本就不会有艺术)。但悲剧的卡塔西斯(在亚里士多德的意义上),是不适用于陀思妥耶夫斯基的。使陀思妥耶夫斯基的小说最终完成的那个卡塔西斯,恐怕可以表述如下(当然不会全等,而且多少有些理性化):世上还没有过任何终结了的东西;世界的最后结论和关于世界的最后结论,还没有说出来;世界是敞开着的,是自由的;一切都在前头,而且永远只在前头。

试问,两重性的笑所具有的净化含义,不也是这样的吗?

这里再次强调一下我们指的是作为艺术家的陀思妥耶夫斯基,恐怕并非多余。对于作为政论家的陀思妥耶夫斯基来说,不论是单一而局促的严肃性,无论是教条主义,甚至于末日论,都并非格格不入。但政论家的这些思想,一旦进入小说,便在小说里没有完成没有结果的对话中,变成被描绘的几个声音中的一个声音了。

在陀思妥耶夫斯基的小说中,一切都在向往着尚未说出的而且尚未获得的"新意",一切都在紧张地期待这个"新意",作者不以单一而又简单的严肃性,堵塞通向"新意"的道路。

在狂欢化文学中,弱化的笑绝不排斥在作品内部可能出现阴郁的色调。因此,陀思妥耶夫斯基作品那种阴郁的色调,不应使我们感到奇怪;要知道这一点并不是他最终的指归。

偶尔,在陀思妥耶夫斯基的小说中,弱化的笑洋溢到了外表;特别当作品中出现讲述者或记事者的时候,他们的叙述几乎总是用讽刺模拟的两重性的语调(例如《群魔》中对斯捷潘·特罗菲莫维奇的带有两重性的夸赞,还有语气与此十分接近的《舅舅的梦》中对莫斯卡列娃的夸赞)。在陀思妥耶夫斯基所有小说中到处散见的那些或公开或半隐蔽的讽刺模拟体里,同样看得到这种弱化的笑[1]。

现在我们来看一看陀思妥耶夫斯基长篇小说中狂欢化的其他一些特点。

狂欢化——这不是附着于现成内容上的外表的静止的公式,这是艺术视觉的一种异常灵活的形式,是帮助人发现迄今未识的新鲜事物的某种启发式的原则。狂欢化把一切表面上稳定的、已然成型的、现成的东西,全给相对化了;同时它又以自己那种除旧布新的精神,帮助陀思妥耶夫斯基进入人的内心深处,进入人与人关系的深层中去。事实说明,狂欢化对于艺术地认识发展中的资本主义关系,是惊人地有效。因为那时,原来的生活形态、道德基础和信仰全变成了"腐烂的绳

---

[1] 反映着陀思妥耶夫斯基巨大影响的托马斯·曼的长篇小说《浮士德博士》,同样从头到尾渗透了弱化的笑。笑声有时冲到外面,特别是在讲述人蔡特布洛姆的叙述当中。托马斯·曼本人在讲到这部小说的创作历史时对此曾这样说过:"传记作者(指蔡特布洛姆。——本书作者)要多一些戏谑,多一些装腔作势,也就是多一些自我嘲弄,为的是不落入激昂一路。所有这些,多多益善。"见托马斯·曼著《〈浮士德博士〉的创作历史·一部小说的小说》,载《托马斯·曼文集》,第9卷,莫斯科,国家文学出版社,1960年,第224页。对托马斯·曼的整个创作说来,弱化的笑,主要是讽刺模拟型的笑,一般是很典型的现象。他拿自己的风格同布鲁诺·弗兰克的风格比较,做出了一个非常有代表性的结论:"他(即布鲁诺·弗兰克。——本书作者)使用蔡特布洛姆的叙述风格,态度是相当严肃的,是当作自己的风格用的。而我呢?如果谈到风格,那我只采纳讽刺模拟体。"(同上书,第235页)

　　需要指出,托马斯·曼的创作达到了深刻的狂欢化。最鲜明地体现出了狂欢化的外在形式的,是他的长篇小说《冒险家费利克斯·科鲁里的自述》(这里通过教授库库柯之口,甚至提出了狂欢节和狂欢式包含的两重性的哲理含义)。——作者

索";人的两重性,人的思想的两重性,此前一直隐蔽着,这时暴露出来了。不仅人和人的行为,就连思想也从自己那些等级分明的封闭的巢穴里挣脱出来,在"绝对性"的对话(即不受任何约束的对话)的亲昵氛围里,相互间交往起来。资本主义很像牵线撮合的苏格拉底在雅典集市广场上那样,把不同的人们不同的思想拉扯到一起。在陀思妥耶夫斯基的所有长篇小说中,从《罪与罚》开始就始终一贯地实现着对话的狂欢化。

在《罪与罚》中,我们还看得出狂欢化的其他表现。这部作品中的一切,如人们的命运、他们的感情和思想,都被推到了自己的边缘;一切都好像准备转化为自己的对立面(这里当然不是指抽象的辩证法的含义),一切都被引到了极端,达到了自己的极限。小说中没有任何东西能够稳定下来,能够心安理得地平静下来,能够纳入普通的传记体的时间,并在这个传记体的时间中展开情节(陀思妥耶夫斯基只是在小说的结尾指出:拉祖米欣和杜尼娅的事也可以用传记体时间来叙述;当然他并没有这么做,因为传记体的生活不在他的艺术世界之内)。一切都要求更替,要求变化。一切都是在未完结的转化过程中摄取下来加以表现的。

很能说明问题的是,连小说情节发生的地点——彼得堡(它在小说中起着重大的作用)——也处于存在与不存在的边缘上,现实与幻象的边缘上,而这个界限眼看就会像雾一样消失不见。彼得堡也仿佛失去了内在的根据,不再能保持在应有的稳定状态中了,于是它处于边沿上。①

《罪与罚》中狂欢化的来源,已经不是果戈理的作品。我们在这部作品里,部分地感到了巴尔扎克式的狂欢化,部分地也感到了社会惊险小说的成分(苏里耶、欧仁·苏)。但这部小说狂欢化的最重要、最

---

① 对彼得堡的狂欢体感受,首先是出现在陀思妥耶夫斯基的中篇小说《脆弱的心》(1847)里,其后在《彼得堡梦幻的诗文》中获得了比陀思妥耶夫斯基早期创作远为深刻的发展。——作者

深刻的来源,恐怕是普希金的《黑桃皇后》。

我们只想分析小说中的一小段情节,通过分析可以揭示陀思妥耶夫斯基狂欢化的某些重要特点,同时解释一下我们提出的关于普希金的影响的论点。

第一次同波尔菲里见面之后,出现了一个神秘的人呼叫"凶手!"之后,拉斯柯尔尼科夫做了一个梦。他梦见自己又在行凶杀死老太婆。下面引述梦境的结尾一段:

"他在她身旁站了一下。'害怕了!'他想,轻轻地把斧子从绳套里抽出,摸着黑朝老太婆砍去,砍完一斧又砍了一斧。奇怪,砍下去她连动都不动,像根木桩。他大吃一惊,弯腰靠近去察看。谁知她头弯得更低。他就把头贴到地板,从下面望她的脸,这一看吓得面如死灰:这老婆子坐在那儿笑呢,只听轻微的咯咯笑声,还在使劲儿憋着,好不让他听到。突然间他觉着卧室门开了一条缝,里面好像也有人在笑着耳语。他一时怒起,使出全身气力猛砍老太婆脑袋。不想每砍一斧,卧室里的笑声和耳语声就愈响一点,老太婆竟哈哈哈,笑得前仰后合。他拔腿就跑,可走廊上全是人,楼梯的门全大敞开了;楼梯上和楼梯口,一直往下去,到处是人,脑袋挨着脑袋,所有的人都在张望,却又是屏息等着,默不作声!……他心头发紧,腿迈不动,像长到了地上……他刚想喊叫就醒过来。"(第5卷,第228页)

这里有几点值得我们注意。

一、这第一点我们是熟悉的,即陀思妥耶夫斯基所采用的梦境中的幻想逻辑。不妨提醒一下他说过的话:"……人超越了空间和时间,跳过了生存的规律和理智的规律,只在你内心所想之处停下步来。"(《一个荒唐人的梦》)这一梦境逻辑使作者有可能在这里塑造出一个被杀死却还大笑的老太婆形象,有可能把笑同死亡、凶杀结合起来。可是,狂欢式的两重性逻辑,同样也能使作者获得上述的可能性。摆在我们面前的,是狂欢式中的典型的结合。

奸笑的老太婆形象,很像普希金笔下躺在棺木里使眼色的老伯爵夫人和纸牌上使眼色的黑桃皇后的形象(附带说一句,黑桃皇后可说是老伯爵夫人的狂欢型的替身)。这里我们见到的,是两个形象的至关重要的遥相呼应,而非偶然的外表的相似,因为她们的互相呼应是以这两部作品(《黑桃皇后》和《罪与罚》)的总体呼应为背景的;所谓总体呼应,指的是人物形象的周围环境和基本思想内容的一致,亦即在年轻的俄国资本主义的土壤上产生的"拿破仑主义"。这个具体的历史现象在两部作品中都获得了第二层意味深远的狂欢式的内涵。这两个遥相呼应的奇幻形象(笑着的死老太婆),产生的根据也是极相像的:在普希金作品中产生的根据是发狂,在陀思妥耶夫斯基作品中是梦魇。

二、在拉斯柯尔尼科夫的梦境里,发笑的不只是被杀的老太婆(当然,在梦里其实没能把她杀死),还有卧室里的人,而且声音越来越响。然后楼梯上和楼下出现了人群,人数很多。对于从下面往楼上来的人群来说,他是站在楼梯顶上。这里我们看到了一幅民众在广场上给狂欢节上自称的国王脱冕并加以嘲笑的场面。广场是民众的象征;小说结尾,拉斯柯尔尼科夫在去警察局自首前,就来到了广场,给人们深深地鞠了一躬。拉斯柯尔尼科夫在梦境里,照"内心所想"的样子如此向民众脱冕,这在《黑桃皇后》里是找不到完全对应的情景的。但多少相似的情形还是有的,像格尔曼在伯爵夫人棺木旁当着众人的面晕倒过去。同拉斯柯尔尼科夫梦境比较全面对应的情形,我们可以在普希金另一部作品《鲍里斯·戈都诺夫》中发现。我们指的是僭称王者的三次梦兆(奇观寺中僧房里的那场戏):

  我梦见登着陡梯,
  爬到了楼顶俯望,
  莫斯科好似蚂蚁窝,
  脚下的广场人声鼎沸。
  人们手指点着我笑声不绝,

>我不由又是羞耻又是恐惧，
>
>猛然跌下去，随即惊醒……

这里同样是狂欢体的那种逻辑：自充高贵——民众在广场上戏谑地将其脱冕——跌下宝座。

三、在上面引述的拉斯柯尔尼科夫的梦境里，空间获得了附加的狂欢式的象征含义。上面、下面、楼梯、门槛、走道、广场获得了"点"的意义，在这个"点"上出现危机、剧变、出人意料的命运转折；也是在这个"点"上，人做出决定、越过禁区、获得新生或招致灭亡。

陀思妥耶夫斯基作品中的情节，主要地正是在这些"点"上展开的。远离自己边缘（即远离门槛）的房内空间，陀思妥耶夫斯基几乎从来不利用。当然，吵闹和脱冕的场景应是例外，那时房内空间（客厅或大厅）就变成了广场的替代者。陀思妥耶夫斯基"超越"了房宅住室中那种住得舒适而又坚固的远离门槛的空间，因为他所描绘的生活，不是出现在这个空间里。陀思妥耶夫斯基最不像那些写庄园、写家事、写住室、写家庭的作家。在远离门槛的住得舒适的内部空间里，人们是在传记体的时间里过着传记式的生活：怎样诞生，怎样度过童年和少年，怎样结婚、生孩子，怎样衰老病死。这种传记体的时间，陀思妥耶夫斯基同样"超越"不用。而在门槛边、在广场上，有的只可能是危机的时间，它的一瞬间何啻数年、数十年，甚至相当于千百亿年（如在《一个荒唐人的梦》中）。

如果我们现在从拉斯柯尔尼科夫的梦境出来，转而看看在小说的现实里发生了什么事，那么我们就会相信，边沿以及它的替代物乃是小说情节中几个基本的"点"。

首先，拉斯柯尔尼科夫实在说是生活在边沿上，因为他那狭小的房间，"棺材"般的房间（这是狂欢式的象征手法），紧挨着楼梯口；他的房门连出去的时候都从来不锁（换言之这不是一个封闭的内部空间）。在这口"棺材"里，是不可能过上传记体的生活的，这里只能是经受危机,采取最后的决定,死亡或是重生(如在《豆粒》的许多棺木里和在"一个荒唐人"的棺木里)。马尔梅拉多夫一家也是生活在边沿上,在紧挨着楼梯的过堂屋里(正是在这个门槛上,当拉斯柯尔尼科夫送回喝醉的马尔梅拉多夫时,他第一次认识了这家的成员)。在被他杀死的放高利贷的老太婆家里,当屋门外的楼梯口上站着找老太婆的人们并不断拉铃时,他也是在门槛旁边度过了可怕的几分钟。后来他又来到这儿,自己拉铃,为的是重温这短暂的一刻。在走廊的门槛上,紧靠着油灯,出现了他对拉祖米欣半吐真情的场面,不是通过言辞,而是通过眼神。在邻家屋外的门槛边,发生了他同索尼娅的几次谈话(隔着门斯维德里加依洛夫在偷听他们)。不言而喻,完全没有必要把小说里发生在门槛上、门槛旁,或想象中的门槛附近的一切"戏",全部罗列出来。

门槛、过道、走廊、楼梯口、楼梯、梯阶、朝着楼梯敞开着的屋门、院子大门,而在这些之外,还有城市:广场、街道、建筑物的正墙、小酒铺、罪犯窟、桥梁、排水沟——这些便是这部小说的空间。同时,实际上却完全没有那种忘记了门槛的室内空间,如实现传记体生活的客厅、饭厅、大厅、书房、卧室的内部。而屠格涅夫、托尔斯泰、冈察洛夫等人小说中的事件,恰恰是在这些地方展开的。当然,如此组织作品空间的方法,我们还可以在陀思妥耶夫斯基的其他小说中见到。

在中篇小说《赌徒》里,我们看到了稍稍不同的另一种狂欢化。

这里第一,描写的是"国外俄国人"的生活,是引起陀思妥耶夫斯基注意的一种特殊类型的人们。这是脱离了自己祖国和人民的人,他们的生活不再受住在祖国的人们的正常秩序所左右,他们的行为也不再受他们在国内的地位所约束,他们没有自己的圈子。聚集在德国小城鲁列坚堡的将军、他家中的教师(小说的主人公)、食客得格里耶、波林娜、交际花布兰施、英国人阿斯特列伊等人,在这里好像是狂欢节上的一伙人,他们在某种程度上摆脱了普通生活的规范和秩序。他们的

193

相互关系和他们的行为,变得很不一般,古怪而荒诞(他们一直生活在闹剧气氛中)。

第二,小说中描绘的那种生活,中心就是轮盘赌。这第二点最为重要,决定着这部小说中狂欢化的独特色调。

各种玩法(骰子、纸牌、轮盘赌等)的实质,也就是狂欢节的实质。这在古希腊罗马、中世纪和文艺复兴时期,都看得很清楚。各种玩法的象征物,向来总是属于狂欢节象征物的形象体系的。

生活中属于不同地位(不同等级)的人们,聚到轮盘赌桌的周围之后,由于受到赌博条件的约束,也由于全看运气和机会,变得一律平等了。他们在轮盘赌桌上的举动,完全脱离了他们在普通生活中扮演的角色。赌博的气氛,是命运急速剧变的气氛,是忽升忽降的气氛,亦即加冕脱冕的气氛。赌注好比是危机,因为人这时感到自己是站在门槛上。赌博的时间,也是一种特殊的时间,因为这里一分钟同样能等于好多年。

轮盘赌把自己的狂欢式的影响,施加于同它相关联的生活上,几乎是施加于整个城市,无怪乎陀思妥耶夫斯基给这个城市起名叫鲁列坚堡——赌堡。

在浓厚的狂欢化了的气氛中,同时也揭示出了小说主要人物的性格,即阿列克谢·伊万诺维奇和波林娜的性格;这是具有两重性的,处于危机中的,没有完成的,古怪荒诞的性格,充满了最令人感到意外的种种事态。陀思妥耶夫斯基在他1863年写的一封信中,曾这样说明塑造阿列克谢·伊万诺维奇形象的意图(到1866年最终完成时,这一形象有了重大变化):

"我取了一个直率的性格,但他又是个多方面发展的人。不过,在哪个方面他也没有成器,丧失了信心却又不敢什么都不信,起来同权威抗争可又惧怕他们……主要的是他把自己一切心血、精力、豪性、胆量,全投到了轮盘赌上。他是赌徒,可不是一个普通的赌徒,正如普希金的吝啬的骑士不是普通的吝啬鬼一样……"

上面说过,阿列克谢·伊万诺维奇最终的形象,同这个构思有着相当大的差异,但构思中规定的两重性不但保留下来,还得到了很大的加强;而各方面均不成器这一点,变成了性格上的一贯的不完整性。此外,主人公的性格不仅仅在赌博中、在狂欢式的闹剧、怪诞行为中得到开掘,而且还在对波林娜那种具有深刻的两重性的、危机性的爱恋中得到开掘。

我们强调的一点,即陀思妥耶夫斯基举出了普希金的《吝啬的骑士》,当然不是信手拈来的比方而已。《吝啬的骑士》对陀思妥耶夫斯基后来的创作,特别是《少年》和《卡拉马佐夫兄弟》(此书是对弑父主题的深入而全面的开掘),给予了非常重大的影响。

我们再从陀思妥耶夫斯基的这封信里摘取一段:

"如果《死屋》引起公众注意,是因为描写了苦役犯人,而在《死屋》以前从没有人写得这样具体逼真,那么这篇小说也一定引起人们注目,因为这里极其具体详尽地描绘了轮盘赌……当初死屋不是很新奇吗?可那是描写某种地狱、某种'苦役澡堂'呀!"①

表面上看来,把轮盘赌和苦役、《赌徒》和《死屋》加以类比,显得牵强、奇怪。实际上这一比较是极其重要的。无论苦役犯的生活还是赌徒的生活,尽管其内容绝不相同,却都同样是"从生活里注销的生活"(即从一般的普通的生活里注销的生活)。从这个意义上说,苦役犯们和赌徒们又都是狂欢节上的群伙。② 苦役的时间和赌博的时间,不管有多少深刻的区别,却属于同一类时间,相当于死刑前或自杀前"意识的最后瞬间",相当于一切危机的时刻。所有这些,全是处于边沿的时间,而非传记体的时间;后者是在远离边沿的生活内部空间度过的。值得注意的是,陀思妥耶夫斯基把轮盘赌和苦役同样地与地狱等同了起来;我们则要说,他是把这些与"梅尼普讽刺"里狂欢化的

---

① 《费·米·陀思妥耶夫斯基书信集》,第 1 卷,莫斯科—列宁格勒,国家出版社,1928年,第 333、334 页。——作者
② 要知道,来服苦役而处于亲昵的相互交往条件下的,原来也是地位很不相同的人们;在正常的生活条件下,他们不可能以某方面的平等地位而聚集到一起。——作者

地狱等同了起来（"苦役澡堂"就以异常鲜明的外在表现形式，揭示出了狂欢化地狱这一象征的含义）。上文指出的陀思妥耶夫斯基所做的比较，具有很大的代表性，同时又像狂欢式中的俯就不般配的东西那种典型手法。

小说《白痴》里的狂欢化，既在外表上体现得十分具体生动，同时又具有内在的十分深刻的狂欢式世界感受（这部分地是由于受到塞万提斯《堂吉诃德》的直接影响）。

处于小说中心地位的，是带有狂欢体两重性的《白痴》形象，即梅思金公爵。这个人在生活中可以说不占有任何特殊的、崇高的地位，亦即足以决定他的行为、约束他那纯洁的人性的生活地位。从一般的生活逻辑角度看，梅思金公爵的一切举动、一切感情，都不合时宜而且十分奇特。例如他的情敌曾企图谋害他，后来杀死了他心爱的女人，可他却对此人怀着如手足之情的爱。并且恰是在这个罗戈任杀死娜斯塔西娅·菲利波芙娜之后，他对此人的手足情谊般的爱竟达到了高峰，这种感情充溢着梅思金的"意识的最后时刻"（因为这是在他快陷入完全的痴呆之前）。《白痴》结尾的场面，即梅思金和罗戈任在娜斯塔西娅·菲利波芙娜尸体旁的最后一次会面，是陀思妥耶夫斯基全部作品中最惊人的篇章之一。

从一般的生活逻辑来看，同样奇怪的是：梅思金企图在生活里把对娜斯塔西娅·菲利波芙娜和阿格拉娅两人的爱，在同一时间里结合起来。同样不合生活逻辑的，还有梅思金对其他人物的态度，如对笳纳、伊沃尔金、伊波利特、布尔多夫斯基、列别杰夫等人。不妨说，梅思金不可能完全投入生活中去，不可能把自己全部融于生活中，不可能接受那种制约人的定型的生活。他仿佛总要留在同生活之圆相切的切线上。他好像不具备生活的躯体，不能以它在生活中占上一个确定的位置（更不用说从这个位置上把别人挤走了），正因此他才留在与生活相切的切线上。不过也正是因为这一点，他能够"穿透"别人的生活躯体,深入到别人深层的"我"中去。

对梅思金说来,被排除在普通生活中的人们关系之外而游离,个性和行为总是不合时宜,这些带有整体的性质,甚至近乎天真的性质,因之他的的确确是个"白痴"。

女主人公娜斯塔西娅·菲利波芙娜,同样从普通的生活逻辑中,从普通生活里人与人的关系中游离了出来。她在各个方面的行为举动,也同样总是违背自己在生活中的地位。不过她的特点是不时出现的病态的紧张,她不具有天真性和完整性。因之,她是"疯子"。

正是环绕着小说的这两个中心人物——"白痴"和"疯子"——整个生活都发生了狂欢化,变成为"翻了个儿的生活"。因为传统的情节场面从根本上改变了自己的作用;展开了不断演变的狂欢体的手法,如尖锐的对立、突如其来的更替变化;小说的次要人物都获得了狂欢体的伴音,配成了狂欢体的对偶。

狂欢和奇幻的气氛贯穿作品的始终。但这气氛围绕着梅思金,是明朗的,几乎是欢快的;围绕着娜斯塔西娅·菲利波芙娜,则是阴沉的。梅思金是在狂欢节的天堂里,娜斯塔西娅·菲利波芙娜则是在狂欢节的地狱里。不过这天堂与地狱,在小说中是交叉的,以多种形式相互交错着,根据狂欢体深刻的两重性规律相互反映着。这一切使陀思妥耶夫斯基有可能把生活的某一侧面转到自己和读者面前,发现并表现出生活中一些新的前所未知的深层和潜力。

我们在这里关心的,不是陀思妥耶夫斯基看到的这种深层的生活,而只是他观察的形式,以及狂欢化因素在这一观察形式中的作用。

我们再略述一下梅思金公爵这一形象在狂欢化中的功能。

什么地方只要梅思金公爵一出现,人们之间的等级壁垒就突然变得不难渗透了,他们之间形成了内在的交往,于是产生狂欢体的坦率。他的个性具有一种特别的本领,能把一切分化人们的东西,一切给生活罩上严肃假象的东西,变得只有相对的意义了。

小说的情节,是从列车上三等车厢里开始的。"守着窗口,面对面坐了两个旅客"——即梅思金和罗戈任。我们前面已经说过,三等车厢相当于古希腊罗马梅尼普体中的船只甲板,算是广场的替代物,这里各种不同地位的人们进入相互间亲昵的交往。就这样,一个穷公爵和一个腰缠万贯的年轻商人,在这里相会了。他两人的穿着,同样突出地体现了狂欢体的对比:梅思金穿着外国的无袖斗篷,戴着很宽大的风帽,脚上是半高腰皮鞋;罗戈任穿的则是皮袄和靴子。

"两人攀谈起来。身披瑞士斗篷的淡黄发青年,对邻座上黑皮肤黑头发的旅客,表现出有问必答的劲头,是颇令人惊讶的;而且他根本没想到有的问题本是十分随便提出的,极不得体,无非闲话罢了。"(第6卷,第7页)

梅思金这种惊人的袒露心迹的决心,在多疑而孤僻的罗戈任身上,唤起了坦诚相报的愿望,使他用狂欢体的绝对坦率的态度,讲出了自己对娜斯塔西娅·菲利波芙娜爱恋的历史。

这便是小说中第一个狂欢化细节。

第二个细节已是发生在叶潘钦家里。等待接见的梅思金站在穿堂,同侍仆谈起一个在此地很不相宜的话题,就是对犯人执行死刑的情况和犯人最终道义上的痛苦。结果他竟能够同一个闭塞拘泥的仆人,达到内心的交流。

第一次遇见叶潘钦的时候,他也像狂欢体中那样,打通了不同生活地位之间的壁垒。

有趣的是下面一个细节的狂欢化:在将军夫人叶潘奇娜的上流社会客厅里,梅思金讲了一个死囚的意识的最后时刻(实为陀思妥耶夫斯基亲身经历的自述)。边沿主题在这里闯进了远离门槛的上流社会客厅的内部空间。梅思金还在这里讲了一个关于玛丽的精彩故事,同样显得不是地方。整个这段情节充溢着狂欢体的坦率态度。一个奇怪的陌生人,实际上是可疑的陌生人(即公爵),像狂欢体里那样突然而又迅速地变成了这家的亲近之人和朋友。叶潘钦之家被卷入梅思金的狂欢体氛围之中。自然,促成这一点的,还有将军夫人叶潘奇娜稚气又透着古怪的性格。

另一个已经是在伊沃尔金府上的情节,表现出了更加鲜明的外在和内在的狂欢化。情节一展开,就是处于几乎暴露了所有在场者心灵的闹剧气氛中。出现了费尔德先科和伊沃尔金将军这样外在的狂欢体人物。发生了典型的狂欢体的哄骗行为和不般配而俯就的交往。很有代表性的,是过道门槛上那个短暂却狂欢色彩浓厚的场景:突然出现的娜斯塔西娅·菲利波芙娜,把将军误认作听差,破口大骂(如"笨蛋""该把你赶出去""简直是白痴!")。这一通骂,加重了这个场面的狂欢体气氛,却根本不符合娜斯塔西娅·菲利波芙娜实际上对待仆役的态度。过道里的一幕为紧接着在客厅中愚弄人的一幕做好了准备:这时娜斯塔西娅·菲利波芙娜扮演了一个没有心肝不顾廉耻的交际花的角色。接下去展开了过于夸张的狂欢体闹剧场面:带着几分醉意的将军出场,同时讲着狂欢式的趣事;对他的揭露;罗戈任一伙身份各不相同的醉鬼的出现;筲纳兄妹的冲突;公爵吃了一记耳光;狂欢式小鬼费尔德先科的挑衅举动等。伊沃尔金的客厅于是变成狂欢广场,这里梅思金的狂欢节天堂同娜斯塔西娅·菲利波芙娜的狂欢节地狱,第一次错综复杂地交织到一起。

继闹剧之后,是公爵与筲纳一席热情诚挚的谈话,以及筲纳坦率的剖白。接下去是同醉酒将军在彼得堡城进行狂欢式的游览。最后是娜斯塔西娅·菲利波芙娜组织的晚会,发生了惊心动魄的灾难性的闹剧;这一幕我们在前面已经分析过了。至此上卷便告结束,同时也是小说情节的第一天宣告结束。

上卷的情节始于清晨,到晚间结束。但这当然不是悲剧一日("从日出到日落")。这里的时间根本不是悲剧的时间(尽管接近于悲剧型),不是叙事史诗的时间,也不是传记体的时间。这是一种特殊的狂欢体时间里的一天。狂欢体时间仿佛是从历史时间中剔除的时间,它的进程遵循着狂欢体特殊的规律,包含着无数彻底的更替和根本的变化[①]。

[①] 例如穷公爵早上还无处容身,晚上竟成了百万富翁。——作者

这一时间当然不能算是严格意义上的狂欢体时间,而是狂欢化了的时间。陀思妥耶夫斯基为了完成自己特殊的艺术任务,需要的恰恰就是这种时间。陀思妥耶夫斯基所描写的边沿上或广场上的事件,以及这些事件内在的深刻含义;他的一些主人公,如拉斯柯尔尼科夫、梅思金、斯塔夫罗金、伊万·卡拉马佐夫——所有这一切在普通的传记体时间里和历史时间里,是不可能揭示出来的。再者,复调本身,即享有同等权利的内在没有完成的不同意识之间相互作用这一事实,也要求另一种时空艺术观,用陀思妥耶夫斯基自己的话说,是"非欧几里得"的观念。

至此我们可以结束对陀思妥耶夫斯基作品狂欢化的分析了。

在后来的三部长篇小说中,我们见到的仍是上述那些狂欢化的特点[1],当然形式更复杂也更深入了(特别是在《卡拉马佐夫兄弟》中)。在结束本章的时候,我们只想再提提在后来的小说中表现得十分鲜明的一点。

上文中我们曾说到狂欢体形象的结构特点:这种形象力图在自身中能包括事物形成中的两极,或对照事物中的双方,并且把它们结合起来,如诞生——死亡、少年——老年、上——下、正面——背面、夸赞——斥骂、肯定——否定、悲剧性——喜剧性,如此等等。而且,这种二而一的形象,依据纸牌上人头像的原则,上一端要反映在下一端。这一点可以表述如下:两个对立面走到一起,互相对望,互相反映在对方眼里,互相熟悉,互相理解。

其实,这也就是陀思妥耶夫斯基的创作原则。在他那个世界里,一切都与自己的对立面毗邻而居。爱情与仇恨毗邻,爱情了解也理解仇恨;仇恨也与爱情毗邻,仇恨同样理解爱情(如韦尔西洛夫的爱与

---

[1] 如小说《群魔》中,群魔潜入的整个生活,都是作为狂欢体的地狱来加以描绘的。整个小说深深贯穿着加冕脱冕和僭越的主题(像跛女人给斯塔夫罗金脱冕,像彼得·韦尔霍文斯基僭称他为"伊万王子"的念头)。要分析外表的狂欢化,《群魔》是极好的材料。《卡拉马佐夫兄弟》里也同样有十分丰富的狂欢体的外表点缀。——作者

恨,如卡捷琳娜·伊万诺芙娜对德米特里·卡拉马佐夫的爱。伊万对卡捷琳娜·伊万诺芙娜的爱,还有德米特里对格鲁申卡的爱,在某种程度上也属于此类)。对神明的信仰与无神论毗邻,在无神论中反映出自己,并且理解无神论;无神论同样与信仰毗邻并理解它①。上升和高尚与堕落和卑鄙毗邻(如德米特里·卡拉马佐夫)。对生活的热爱与对自我毁灭的渴望毗连(基里洛夫)。纯洁和贞节可以理解罪过和淫欲(阿廖沙·卡拉马佐夫)。

自然,对于陀思妥耶夫斯基最后几部小说中异常复杂精微的两重性,我们这里多少有些简单化了。在陀思妥耶夫斯基的世界中,一切人一切物都应该互相熟识,互相了解,应该互相交往,面对面走到一起,并且要互相搭话。一切均应通过对话关系相互投射,相互辉映。因此,一切分离开来的遥远的东西,都须聚集到一个空间和时间"点"上。正是为此目的才需要狂欢体的自由和狂欢体的时空艺术观。

狂欢化提供了可能性,使人们可以建立一种大型对话的开放性结构,使人们能把人与人在社会上的相互作用,转移到精神和理智的高级领域中去;而精神和理智的高级领域,向来主要就是某个统一的和唯一的独白意识所拥有的领域,是某个统一而不可分割的自身内向发展的精神所拥有的领域(如在浪漫主义中)。狂欢式的世界感受,帮助陀思妥耶夫斯基既克服伦理上的唯我论,又克服认识论上的唯我论。

---

① 伊万·卡拉马佐夫在与鬼魂谈话时问它:"小鬼!你什么时候可曾勾引过那种人吗?他们食不果腹,却一连十七年在光秃的草原上祈祷,身上都要长了青苔。"
"我亲爱的!我一直就是干这个。全世界什么都可以忘记,可对这么一个人却得缠住不放,因为钻石可算最宝贵的东西了。要有这么一个心灵,有时比一个星座还宝贵呢?要知道我们有自己的算数。取得胜利才最可贵呀!他们中间有的人,不比你的教养差呢,尽管你不会相信这个话。笃信不移的人们和绝无信仰的人们,能够在同一时刻里洞察事物,因此有时叫我觉得:只要再往前进一小步,人就要头朝下'翻了个儿',正像演员戈尔布诺夫说的那样。"(第10卷,第174页)。
需要指出,伊万同鬼魂的谈话,充满了宇宙时空的形象,如"一亿亿亿公里""十亿年""整个星座"等。所有这些宇宙度量,在这里却同眼前的现实中各种因素(如"演员戈尔布诺夫"),以及居室生活的细节交织在一起。这一切全都有机地结合在狂欢体时间之中。——作者一个人如果落得孤寂一身,即使在自己精神生活的最深邃最隐秘之处,也是难以应付自如的,也是离不开别人的意识的。一个人永远也不可能仅仅在自身中就找到自己完全的体现。

此外,狂欢化还能使人把某一限定时代中个人生活的狭小场面扩大开来,直到变成为无所不包的适于全人类的宗教神秘剧的场面。这就是陀思妥耶夫斯基在自己最后几部小说中,特别是在《卡拉马佐夫兄弟》中所孜孜以求的目标。

在小说《群魔》里,沙托夫在同斯塔夫罗金恳切交谈之前,先对他说:

"我们是两个生物,在无边无际的世界里走到了一起……是在世上最后一次相逢。丢掉你那口吻,说话像个正经人样吧!哪怕有这么一次说话像个人也好。"(第7卷,第260—261页)

人与人、意识与意识之间的所有关键性的相逢,在陀思妥耶夫斯基小说里总是发生在"无边无际"之中,又总是"最后一次"(在危机的最后时刻)。换言之,总是在狂欢体神秘剧的空间和时间里。

本书的任务,在于揭示陀思妥耶夫斯基诗学的别具一格的特色,"在陀思妥耶夫斯基身上展现出陀思妥耶夫斯基来"。如果这样一个共时性任务解决得正确,那么这会帮助我们探索和观察陀思妥耶夫斯基继承的体裁传统,直至追溯古希腊罗马的渊源。这一章里,我们正是尝试着这样做了,当然有些失于概括,几乎是提纲式的分析。我们觉得,我们所做的历时性分析,印证了共时性分析的结果。确切些说,两种分析的结果相互检验,也相互得到印证。

尽管我们把陀思妥耶夫斯基同一定的传统联系了起来,不言而喻,我们却丝毫也没有损害他的创作的深刻独创性和个人的特色。陀思妥耶夫斯基是真正复调的创建者;这种复调在"苏格拉底对话"、古希腊罗马的"梅尼普讽刺"、中世纪的宗教神秘剧,以至莎士比亚、塞万提斯、伏尔泰、狄德罗、巴尔扎克、雨果的作品中,都不曾有过,也是不可能有的。但是欧洲文学中的这一个发展脉络,却为复调做出了重要的准备。整个这一传统,从"苏格拉底对话"和梅尼普体开始,在陀思妥耶夫斯基的创作中,以复调小说的新颖独创的形式得到重生,获得了新的面貌。

第五章 陀思妥耶夫斯基的话语

一、小说话语的类型。陀思妥耶夫斯基的话语

先就方法论说几点意见。

这一章我们题名为《陀思妥耶夫斯基的话语》,指的是话语是活生生的具体的言语整体,而不是作为语言学专门研究对象的语言。这后者是把话语具体生命的某些方面排除之后所得的结果;这种抽象是完全正当和必要的。但是,语言学从话语生命中排除掉的这些方面,对于我们的研究目的来说,恰好具有头等的意义。因此,我们在下面所做的分析,不属于话语的严格意义上的语言学分析。我们的分析,可以归之于超语言学(металингвистика);这里的超语言学,研究的是话语生命中超出语言学范围的那些方面(说它超出了语言学范围,是完全恰当的),而这种研究尚未形成特定的独立学科。当然,超语言学的研究,不能忽视语言学,而应该运用语言学的成果。无论语言学还是超语言学,研究的都是同一个具体的、非常复杂而又多方面的现象——词语,但研究的方面不同,研究的角度不同。它们两者应相互补充,却不该混同起来。可实际上,它们界限混淆的情形是屡见不鲜的。

从纯粹的语言学观点来看,在文学作品语言的独白用法和复调用法之间,实际上没有任何真正本质的差异。举例说,在陀思妥耶夫斯基的多声部长篇小说里,语言的纷繁多样,亦即各种语体、地域方言、社会阶层用语、职业行话等语言手段上的差异,较之列夫·托尔斯泰、

比谢姆斯基、列斯科夫等许多独白型作家,是要少得多的。人们甚至会觉得,陀思妥耶夫斯基长篇小说里的那些主人公,讲的全是同一种语言,也就是作者的语言。在语言单调这一点上,陀思妥耶夫斯基受到很多人的责难,其中也包括列夫·托尔斯泰在内。

问题的症结在于:采撷语言的多种成色,为主人公写出鲜明不同的"言语个性",这些原则唯有在塑造客体性的完成论定的人物形象时,才会获得重大的艺术意义。人物的客体性越强,他的言语面目就越鲜明突出。在复调小说中,语言的多样化和人物言语的刻画,自然也还是有意义的,不过这个意义有所减弱。更为重要的是,它们的艺术功能发生了变化。关键不在于作品中有无这类或那类语体成分、不同社会阶层的词语等,即不在于根据纯粹语言学的标准来判断有什么成分。关键却在于:上述各种语言材料是按照怎样一种对话的角度,并行或对立地组织在一部作品之中。而这种对话的角度,恰恰是采用纯语言学标准所无法揭示出来的,因为对话关系虽说也属于言语的范围,却不属于纯语言学的研究领域。

对话关系(其中包括说话人对自己话语所采取的对话态度),是超语言学的研究对象。正是这种关系,这种决定了陀思妥耶夫斯基作品中话语结构特点的对话关系,在这里引起了我们的注意。

在作为语言学对象的语言之中,没有也不可能有任何对话的关系。因为语言体系中各种成分之间,不会存在对话关系(如词汇中的各个单词之间,如各种词素之间等);如果从严格的语言学意义上来理解"篇章"①,那么篇章里各种成分之间,也不存在对话关系。无论是同一层次上的不同单位之间,还是不同层次上的各种单位之间,都不可能有对话关系。这种对话关系,自然也不存在于不同的句法单位之间,例如在严格的语言学意义上的句子和句子之间。

不同的篇章之间(如果仍从严格的语言学角度来考察),同样不会有对话关系。对任何不同的篇章,倘若从纯语言学的观点来比较分

---

① 俄语为 текст,亦译作"文本"。——译者

类,势必要丢开它们之间的对话关系,即作为完整表述的篇章之间所存在的对话关系。

语言学当然熟悉"对话语"这种结构形式,并且研究其句法以及词汇语义方面的特点。不过,语言学研究对话语,是把它看成为纯语言学的现象,亦即从语言的角度来研究它,因此全然不会涉及交谈者对语之间对话关系的特色。由于这个原因,语言学在研究"对话语"时,应该利用超语言学的研究成果。

如此看来,对话关系是超出语言学领域的关系。但同时,它又绝不能脱离开话语这个领域,也就是不能脱离开作为某一具体整体的语言。语言只能存在于使用者之间的对话交际之中。对话交际才是语言的生命真正所在之处。语言的整个生命,不论是在哪一个运用领域里(日常生活、公事交往、科学、文艺等),无不渗透着对话关系。不过语言学仅仅研究"语言"本身,研究语言普遍特有的逻辑;这里的语言,仅仅为对话交际提供了可能性。而对于对话关系本身,语言学却向来是抛开不问的。这种对话关系存在于话语领域之中,因为话语就其本质来说便具有对话的性质。所以,应该由超出语言学而另有自己独立对象和任务的超语言学,来研究对话关系。

对话关系又不可归结为逻辑关系,不可归结为指物述事的语义关系;后两者自身并不包含对话的因素。逻辑关系和语义关系只有诉诸话语,变成表述,变成体现在话语中的不同主体的不同立场,相互之间才有可能产生对话关系。

"生活是美好的。""生活不美好。"摆在我们面前的,是两个论点。它们具有一定的逻辑形式,具有一定的指物述事的语义内容(即关于生活价值的哲理判断)。这两个论断之间,有着一定的逻辑关系:一个论断否定另一个论断。然而,它们之间没有也不会有任何的对话关系,它们相互间根本就不争辩(尽管它们能够提供争论的实在材料,能够提供争论的逻辑基础)。这两个论点必须获得某种形态的具体体现,它们相互之间或一个针对另一个,才可能产生对话关系。比方说,这两个论断可能作为论题和驳论,连结于同一主体的同一表述之中,表现了主体在这一问题上的统一的辩证的立场。这时,不会产生对话关系。但如果这两个论断分别用在两个不同主体的表述里,它们之间就会产生对话关系。

"生活是美好的。""生活是美好的。"这里有两个完全相同的论断,因而实质上只有一个论断,不过由我们写(说)了两次。这里说的是用话语表现了两次,不是说有两个论断。当然,这里我们也可以这么说:在两个论断之间,存在逻辑上的同一关系。而只要这一论断体现在两个不同主体的两个表述中,这两个表述之间便将产生对话关系(是同意、证实的关系)。

没有逻辑关系和指物述事的语义关系,就全然没有可能出现对话关系。但对话关系又不可归结为前两种关系,对话关系有它自己的特点。

逻辑关系和指物述事的语义关系,要想成为对话关系,如我们在前面说过的,必须获得具体的体现,亦即应该改换另一种存在方式——化作话语,即化作表述;还要获得作者,即这个表述的创造者;表述所表现的正是他的立场。

任何表述在这个意义上说,都有自己的作者。我们从表述自身中,听得出它的作者——表述的创作者。至于实际上的作者,他在表述之外的情形,我们却可能一无所知。而且,实际的作者如何表现出来,差别可能很大。一部作品可能是集体劳动的成果,又可能是几代人延续劳动才完成的,如此等等。但不管怎样,我们总能在这部作品中,听出一个统一的创作意图,听出一定的立场;而对这一立场,可以做出某种对话的反应。任何表述一旦引起了对话的反应,它自身的主体就显露出来了。

不仅仅是完整(相对来说)的表述之间,才可能产生对话关系;对表述中任何一部分有意义的片段,甚至任何一个单词,都可以对之采取对话的态度,只要不把它当成是语言里没有主体的单词,而是把它看成表现别人思想立场的符号,看成是代表别人表述的标志;换言之,只要我们能在其中听出他人的声音来。因此,对话关系也可以渗透到表述内部去,甚而渗透到个别单词中去,条件是:如果其中有两个人的声音构成对话的冲突(指微型对话,这在前面我们已经说到了)。

从另一方面看,不同的语体之间,不同社会阶层的语言之间,同样可能出现对话关系,只要它们都代表一定的看法立场,都是通过语言体现出来的不同世界观。这就是说,我们已经不是从语言学的角度来进行考察了。

最后,我们同自己说出的话,不论是整篇表述还是它的某些部分,以至同其中个别的词语,也都能够发生对话关系,如果我们设法摆脱自己的话语,说话时内心要留有余地,保持一定的距离,犹如想削弱或者让出自己的讲话主体的地位。

末了还要补充一点,如果从更广阔的范围上考察对话关系,其他凡是能表现一定含义的事物,相互间也会有对话关系,只要这些事物是以某种符号材料表现出来的。例如在其他类型的艺术中,不同的形象之间便可以出现对话关系。不过,这类对话关系已经越出了超语言学的范围。

我们要研究的主要对象,不妨说要研究的主角,便是双声语。双声语在对话交际的条件下,也就是在真实的活用话语的条件下,是必然要产生的。语言学不懂得这种双声语。可据我们看来,正是这个双声语,应该成为超语言学的主要研究对象之一。

我们首先想讲的关于方法论的意见,到此便告结束了。这里讲到的意思,通过我们下面的具体分析,会变得更清楚更明白。

艺术言语中存在一些现象,很早就引起了文艺学家和语言学家的注意。这些现象就其本质来说,超出了语言学的疆界,也就是说属于超语言学的范围。这里指的是:仿格体(模仿风格体)、讽拟体(讽刺性模拟体)、故事体、对话体(指表现在组织结构上的一来一往的对语)。

所有这些现象,尽管相互间存在重大的差异,却有着一个共同的特点:这里的话语具有双重的指向——既针对言语的内容而发(这一点同一般的话语是一致的),又针对他人话语(即他人的言语)而发。倘如我们不知道存在着这第二者——他人言语,竟然把仿格体或讽拟体当作普通的言语(即仅仅指向讲话内容的语言),那么我们便理解不了这些现象的实质。仿格体就会被我们看作是自有的风格,而讽拟体看来只是一种蹩脚的作品罢了。

在故事体和对话体(仅指一方的一次对语)中,话语的这种双重指向表现得就不太明显了。故事体有时的的确确能只具有一种指向——仅仅是指物述事。对话体中每方的对语,同样可能只是直接地指物述事。不过在多数情况下,故事体和对话体都同他人言语有关联:故事体是模仿别人的语言,对话体中的对语则要考虑到他人的言语,要适应他人的言语的特点,要预想到他人的言语。

上述种种现象,具有重大的原则的意义。它们要求对待言语应取一种全新的研究角度,是一般修辞研究和语言学研究所包括不了的。因为一般的研究方法,只是在一种独白型语境中来考察词语。这时看词,是看它同指述的事物之间存在何种关系(例如语义辞格的理论就是这样),或者是看词语与同一语境、同一段话中其他词语的关系(狭义的修辞学)。当然,词汇学研究单词,角度稍有不同。比如,古旧词或方言词的细微意味,告诉我们存在着别的某种语境;告诉我们这些词出现在哪里,是适得其所的正常用法(如古代文献、方言)。不过,这别的语境是语言的环境,而不是言语的环境(指确切意义上的言语);这还不是他人的表述,而只是不属于任何人的未组成表述的语言材料。只要词语的细微意味带上某种程度的个人色彩,也就是说只要确定无疑地存在着他人的表述,而这一话语恰恰借自此处,或是仿此运用,那么,我们所面对的就已是一种模仿他人风格的现象(仿格体),或者是讽刺性的模拟(讽拟体),或者是其他诸如此类的现象。由此看来,即使是词汇学,它实际上也局限于研究独白型语境,只知道词语直接同事物发生关系,却不考虑他人话语,不考虑这第二种语境。

具有双重指向的话语,自身包含着一个必不可少的因素,就是对待他人表述的态度。这一事实本身便向我们提出,有必要根据这一新的原则,根据这一未为修辞学、词汇学、语义学注意的原则,对话语做一次全面的详尽无遗的分类。不难明白,除了指物述事的言语,再除去指称他人话语的言语,还存在一种言语类型。不过,单就双重指向的言语(即考虑到了他人话语的言语)来说,它包含了仿格体、讽拟体、对话体等不同现象,本身也还需要再加区分。有必要指出它们各自内部的重要类别(同样是根据上述原则)。再进一步,不可避免地又会提出一个问题:话语的不同类型在同一语境中结合的可能性和结合的方法。在这个基础上,将会出现修辞学迄今不曾考虑过的一些新的修辞问题。对理解小说言语风格来说,恰是这些问题具有头等重要的意义。①

我们知道有直接指述事物的话语,或者称谓,或者告示,或者表现,或者描绘,目的在使人们直接了解事物(属第一类)。与此同时,我们又观察到一种被描绘的话语,作为描绘客体的话语(属第二类)。最典型最常见的作为客体加以描绘的话语,就是主人公的直接引语。它具有直接指物述事的内容,但同作者的言语并非处在同一个平面上,而是同其保持一定的距离。对主人公的直接引语,不可单纯从它表现了怎样的事物这一角度来理解。它作为有代表性的典型的独特的话语,本身就是需要表现的客体对象。

如果在作者的语境中,有人物的直接引语,比方说有一个主人公的言语,那么在同一个语境范围内,我们便看到有两个说话的中心,两个完整的言语:一个是完整统一的作者表述,一个是完整统一的人物表述。但第二个整体并不具有独立性,它服从第一个整体,并作为一

---

① 对下文话语分类中的各种类别,我们均未举例说明,因为进一步将从陀思妥耶夫斯基作品中援引大量材料,来阐述这里分析的每一种情形。——作者

个因素被囊括在第一个整体中。上述两类话语的修辞,各有不同的考虑。主人公的话语恰恰应该写成为他人话语,是一个具备个性或典型性的确定的人所讲的话,也就是说应作为作者企图表现的对象来加工,绝不可只着眼于这话如何表现事物。对作者的话语进行修辞加工则相反,目标是使它如何直接表现好事物。这种话语必须同自己的对象(无论是认知的对象,文学描写的对象,或其他)表里相符。这种话语应当是富于表现力的、感染人的、有分量的、优美的话语。从直接反映事物的任务出发,它应该有所指陈,有所表现,有所告示,有所描绘。这里修辞的目标,纯粹是为了让人理解它所反映的事物。但如果在作者话语中感觉得出有一种个性或典型性存在,代表着某个确定的人,确定的社会地位,确定的艺术笔调,那么我们所面对的就已经是一种修辞上的模拟体:或者是模仿某种文学格调,或者是模仿故事体的写法。这便属于第三类了,我们将在后面讨论。

直接指物述事的话语,只知道自己的存在,只知道表现自己的对象,力求最大限度地同这一对象达到和谐一致。如果此时这一话语在效仿某个人,在师法某个人,这丝毫无碍于事:好比工地上的脚手架,虽是建筑者必不可少的,是在他们筹划之中的东西,但却算不上整个建筑物的一部分。尽管有效仿他人话语的因素,尽管有他人话语的种种影响,为文学史专家和任何高明的读者一眼便看得出来,这些现象的出现终归不是此类话语自身追求的目标。倘若这些现象确属此类话语追求的目标,也就是说如果这种话语中有意地点明存在着他人话语,那么我们面前便又是第三种类型的话语,而非第一种了。

对作为对象的话语,即人物话语,进行修辞加工,应该使之符合作者文章的修辞目标,以这一目标作为最高的也是最终的旨趣所在。由此,随着把人物的直接引语纳入并有机地融于作者语境中,就出现了一系列的修辞问题。这文意上的最终要旨,自然也还有修辞上的最终目标,都包含在纯粹作者言语之中了。

最终的文意要旨(它只要求理解所指述的事物),当然是每一部文学作品里都有的,不过并非总是通过纯作者话语表现出来。有可能根本就不存在纯作者话语,作品结构中用一个叙述人的话语来代替它。至于在剧本里,则结构上连任何替代物都没有。在这两种情况下,作品的整个文字全归属于第二或第三种话语类型。剧作几乎总是用几个作为描绘对象的话语构筑而成。例如普希金的《别尔金小说集》里,讲述话语(即别尔金的话语)则是用第三类话语构成的;自然,各个人物的话语还是属于第二类。没有直接指物叙事的话语出现——这是屡见不鲜的现象。这时最终的文旨(作者的立意),就不是通过纯作者话语体现出来,而是靠了他人话语(按照一定方法创造和组织起来的一些他人话语)才得以实现。

　　主人公话语是被描绘的客体,它的客体化程度的深浅,可能是很不相同的。例如,只消比较一下托尔斯泰笔下安德烈公爵的语言和果戈理塑造的人物(如阿卡基·阿卡基耶维奇)的话语,便足可以明了这一点。随着人物语言逐渐增强直接指物叙事的意向,随着人物语言的客体性不断减弱,作者话语同人物话语两者之间的相互关系,就会渐渐近似两个人一来一往的对话关系。它们一近一远的透视配置关系减弱了,两者能够出现在同一个平面上。自然,这种情形只能是一种趋向,是不可能完全达到的一种愿望。

　　一篇学术文章,也会引述他人的表述——不同作者对某一问题的论述。有的话引来为的是反驳,有的则相反,是为了证实并加以补充。这时我们面对的情况是:在一篇文章的范围之内,有几个直接指物叙事的话语,互相间形成了对话关系。同意和反对的关系,肯定和补充的关系,问和答的关系等,都属于纯粹的对话关系。而且,这种关系当然不是出现在某人表述内部的词与词之间,句与句之间,或者一个表述的另外一些因素之间;它是出现在不同人们完整的表述之间。在剧本的对白中,或者是在纳入作者语境的戏剧性对话中,上述的种种关系,起着连接作为描绘对象的不同表述的作用,因而这些关系本身也具有客体性。这里并非是两种最终文旨的相互冲突;这里是两种作为描写对象的观点,构成了客体性的冲突(即情节上的冲突)。这一冲突完完全全从属于作者的最高的最终的意图。在这种情况下,整个的独白语境并没有受到破坏,没有受到削弱。

独白语境只有在下述情况下,才会遭到削弱或破坏:两种同样直接指述事物的表述,汇合到了一起。两种同样直接指述事物的语言,如果并列一起,出现在同一个语境之中,相互间不可能不产生对话关系,不管它们是互相印证,互相补充,还是反之互相矛盾,或者还有什么别的对话关系(如问答关系)。针对同一主题而发的两种平等的话语,只要遇到一起,不可避免地会相互应对。两个已经表现出来的意思,不会像两件东西一样各自单放着,两者一定会有内在的接触,也就是说会发生意义上的联系。

具有充分价值的直接表意的话语,目的只在表现自己的对象。在一篇文字的范围内,这种话语才是文章的要旨所在。而作为描写客体的话语,目的虽同样在于表现自己的对象,不过同时本身又构成别人(即作者)所要表现的对象。只是这里作者的干预,并不深入到客体话语的内部;作者是把客体话语当作一个整体取来,不改变其语义和语调而使之服务于自己的创作目的。作者不赋予客体话语另外一种什么指物的含义。这种话语虽已成了描写的客体,自己对此却还一无所知,就好比一个人潜心干自己的事,而没发觉别人正在看着他。客体话语听起来就像是直接指述事物的单声语一样。无论是第一类话语还是第二类话语,其中的的确确只存在一种声音。这些全是单声语。

不过,作者为了利用他人话语达到自己的目的,还可以采取另一种办法:在自有所指的客体话语中,作者再添进一层新的意思,同时却仍保留其原来的指向。根据作者意图的要求,此时的客体话语,必须让人觉出是他人话语才行。其结果,一种话语竟含有两种不同的语义指向,含有两种声音。讽刺性模拟体的话语便是如此;模仿风格体的话语也是如此;仿效一定格调的故事体,同样如此。这里,我们便要转过来分析第三种类型话语的特点了。

要采用仿格体(стилизация),前提是先得有一种风格存在;也就是说,这一体式所使用的一切修辞手段的总和,在此前确曾表现过直接指物述事的文意,表现过最终的文旨。只有第一类话语,才能成为风格上模仿的对象。仿格体使别人指物述事的意旨(即表现事物的艺术意图)服务于自己的目的,亦即服务于自己新的意图。仿格者把他人话语如实地当作他人话语加以利用,于是给他人话语罩上薄薄一层客体的色彩。固然,这别人的话语不会真变成客体话语。因为对于仿格者来说,重要的恰恰是让他人言语以其表现手法的总和,来代表某种独特的视点。仿格者是利用他人的视点做文章。所以,这视点就染上了轻微的客体色彩,结果视点变成了一种借花献佛的虚拟的视点。人物言语作为客体言语,却从来没有成为这种虚拟的言语。主人公的讲话,向来是保持当真的本来面目。作者不把自己的态度,向人物言语内部渗透;作者是从外面观望人物言语的。

这类虚拟性话语,任何时候都是双声语。只有过去曾是严肃表意的话语、非虚拟借用的语言,后来才能够一变而为虚拟的话语。这个话语的含义,起先是直接指物述事的,如今则服务于新的目的。正是新的目的从内部左右着它,把它变成了虚拟性的话语。仿格体恰恰在这一点上,不同于一般的模仿别人。一般的模仿,不至于使话语演变为一种虚拟的形式,因为模仿者对师法他人的东西,是取假戏真做的态度,化而用之,把他人话语径直变为己有。这里,不同的声音完全融为一体;即使我们听得出有他人的声音,这也绝不是模仿者的本意。

尽管仿格体因此和模仿之间在用意上有着鲜明的界限,但两者在历史上存在着极其微妙、有时是难以捉摸的相互转化的情况。一种风格在模仿者笔下,如果化而用之的假戏真做的态度逐渐减弱,它的表现手法便会越来越带上借用虚拟的色彩。于是,一般的模仿多半便要演变成仿格体。反过来说,仿格体也可能变为一般的模仿。如果仿格者对自己笔下的格调十分得意,忘乎所以,取消了同所拟风格的距离,渐渐不大使人感到是有意在模拟他人风格,这时就会出现转化。因为正是靠保持一定距离,才能获得虚拟的性质。

同仿格体相似的,有叙述人的叙述体(рассказ рассказчика),就是说作品结构中没有作者的话语,由叙述人代替作者。叙述人的讲述,可能采用文学话语的形式(如别尔金,如陀思妥耶夫斯基笔下的记事型的叙述人),或者采用口头言语的形式,即严格意义上的故事体。在这里,这个他人的讲述格调也是被作者拟用,来代表某一种视点,某一种立场;这种视点和立场,是作者叙述故事所不可缺少的。但是,此处赋予叙述人语言的客体色彩,较之仿格体中要浓重得多;而借花献佛的虚拟色彩,则又淡薄得多。当然,浓重和淡薄的程度,会是大不一样的。不过叙述人话语永远也不可能成为纯粹的客体话语。即使他是作品中的人物之一,即使他仅仅叙述故事的某一部分,情形仍然如此。要知道,对作者来说,作品中至为重要的,不仅仅是叙述者思考、感受、言谈的个人典型格调,首先倒是他观察事物、描写事物的特点。反映这个特点,对于取作者而代之的叙述人说来,正是他所承担的直接使命。因此,这里如同在仿格体中一样,作者的态度贯穿到叙述人的话语之中,使叙述人的话语或多或少带上了虚拟的性质。作者并不是把叙述人话语原封不动地拿给我们看(对主人公的客体话语,作者才是这么做的)。作者是从叙述人话语的内部加以操纵,以便达到自己的目的;此时他让我们读者明显地感觉出,在作者和这一他人话语[①]之间,存在有一定的距离。

任何的叙述体(рассказ),都必定会带有故事体(сказ)的因素,也就是要运用口头语言。即便叙述人是动笔把故事写出来的,即便他给自己的故事做了一定的文学润饰,他终归还不是一个职业文学家。他掌握的不是一种特定的风格,而只不过是某一社会阶层或某一个人接近口语的讲述格调。如果作者掌握的是某一特定的文学风格,如果作者借用叙述人之口恰好表现出了这一风格,那么我们面对的便是仿格

---

① 指叙述人话语。——译者

体,而不是讲述体了(仿格体可能以各种不同方式出现,可能有各种不同的动因)。

讲述体,甚至于纯粹的故事体,全都有可能完全失去虚拟性,直接化为作者的话语,径直表现作者的意图。屠格涅夫的故事体小说,几乎总是如此。屠格涅夫在推出叙述人来讲述的时候,多数情况下根本不去模仿他人的带个人特色或社会阶层特色的讲述格调。以短篇小说《安德烈·科洛索夫》为例,叙述者很像屠格涅夫圈子里一位有文学素养的知识分子。屠格涅夫本人也会用这样的形式讲述,而且会讲出自己一生中最严肃的事来。这里并不打算模拟别的社会阶层中某人讲故事的格调,并不打算模拟别的社会阶层中某人观察事物和传达观察所得的手法。同样也没有创造个性鲜明的典型格调的打算。屠格涅夫的故事体作品,百分之百是用来表现文意的,其中只有一个声音,它直接表达作者的意图。我们在这里看到的,只是一种简单的结构手法。小说《初恋》中的讲述,也属于同样的性质(讲述是叙述人以书面语形式实现的)。①

论到别尔金这个叙述人,就不能这么认为了。对于普希金说来,别尔金所以重要,就因为他是另一个人的声音,而首先是某一特定社会阶层的人物,有着相应的精神面貌和看待世界的态度,其次又是具有个性和典型性的一个人物形象。因此,这里是作者的意图体现在叙述人的话语之中。这里的话语,是双声语。

故事体问题,在我国是 Б.М.艾亨鲍姆第一个提出来的。② 按照他

---

① Б.М.艾亨鲍姆指出了屠格涅夫讲述体小说的这一特点,讲得完全正确,不过是着眼于另一种角度。他说:"一种用得极其广泛的形式,就是作者根据某种考虑,在作品中安排一个专门的叙述人,委托他来讲述故事。不过,这一形式常常纯属做做样子(例如莫泊桑或屠格涅夫的作品),无非是想证明:在小说中安插一个特殊的人物——叙述人,是一种极富生命力的传统。在这类情况下,叙述人依然是那位作者。开场白的解释,不过起普通的序曲的作用罢了。"见 Б.М.艾亨鲍姆著《文学》,列宁格勒,激浪出版社,1927 年,第 217 页。——作者
② 最早见于《〈外套〉是怎样做成的》一文中,载《诗学》杂志,1919 年。后来续有论述,特别见《列斯科夫与现代小说》一文,载《文学》一书,第 210 页以下。——作者

的理解,所谓故事体,目标完全在于采取口语的叙述方式,在于运用口头言语及其相应的语言特点(指口语语调、口语句法、相应的词汇等)。他根本没有考虑,在大多数情况下,故事体的目标首先是利用他人的言语,由此导致的结果,才是采用口头的言语。

如果从文学史的角度来研究故事体问题,我们觉得我们在前面讲到的对故事体的这种理解,具有远为重要的意义。我们感到,采用故事体形式,在多数情况下恰恰为的是出现他人的声音;这是代表特定社会阶层的声音,它带来一系列的观点和评价,而这些观点和评价正是作者所需要的东西。这其实就是安排一个叙述人,而叙述人不是文学修养很高的人,多半倒是属于较低的社会阶层,属于老百姓(这正是作者所求),于是,随之带来了口头言语。

并非任何时代都可能出现直截了当的作者话语,并非任何时代都能形成风格;因为风格出现的前提,是必须存在权威性的见解,存在权威性的稳定的思想评价。在不具备这些条件的时代,只好走仿格体的路子,或者采用非标准语的叙述形式(这种叙事方法有它自己一种特定的观察和描写世界的格调)。当没有恰当的形式能直接表现作者思想时,只有设法通过他人的话语,来折射出作者的思想。还有的时候,艺术目的本身的特点,就决定了只有靠双声语才可能实现这种目的(我们在下文中可以看到,陀思妥耶夫斯基便是这种情况)。

据我们看,列斯科夫所以安排叙述人,是为了写出另一社会阶层的他人话语,写出另一社会阶层的世界观。其次才为了采用口头故事体(因为列斯科夫对人民大众的话语兴趣极浓)。屠格涅夫则相反,利用叙述人恰是为了寻找口头叙述的形式,通过这种形式直接表现自己的意图。用意在于口语形式而不在于他人的话语——这的确是他的特点。透过他人话语来体现自己的思想,屠格涅夫既不喜欢也不善于这样写。双声语在他的笔下难以奏效(例如小说《烟》中讽刺挖苦之处)。因此,他在自己的社会阶层中间选择叙述人。这样的叙述人,不可避免地要讲标准语,于是无法贯彻始终地保持口语故事体的格调。

屠格涅夫看重的,只不过是用口语语调活跃他自己的文学言语罢了。

这里不宜来一一论证我们所提出的属于文学史方面的种种论断。让这些论断权且作为假说好了。但有一点我们要坚持:在故事体中严格区分意在他人话语和意在口头言语的两种目的,是完全必要的。在故事体中只见口语,意味着舍本逐末。不仅如此,故事体(作者意在他人言语时)中一系列语调方面、句法方面及其他方面的语言特点,恰恰需要用双声现象,用作品中两种声音的结合、两种意向的结合,才解释得清楚。对这一点,下面分析陀思妥耶夫斯基的小说时,我们是会信服的。类似的现象,譬如说在屠格涅夫的作品里就见不到;他笔下的叙述人,用意偏在采撷口语形式,因此口语化倾向比陀思妥耶夫斯基的叙述人要来得强。

近似叙述人讲述体的,还有 Icherzählung① 的形式。有时它的用意在于引进他人话语,有时又同屠格涅夫的小说一样,会接近以致最后融合于直接叙述的作者话语之中,也就是说变成了第一类的单声语。

应该看到,只凭布局结构形式本身,还决定不了话语的类属问题。像这样一些定义:Icherzählung、叙述人的讲述体、作者的叙事体等,纯属布局结构上的定义。这些布局结构形式,自然会倾向于这一类或那一类语言,但与之并没有必然的联系。

到现在为止我们所分析的属于第三类话语的各种现象——仿格体、讲述体、Icherzählung——都有一个共同的特点,它们据此构成了第三类话语中的一个独特的细类(第一细类)。这个共同的特点是:作者为表现立意而利用他人话语,但保留他人话语自身的意向。仿格体是效仿他人风格,但保留他人风格自身的艺术任务。只不过这艺术任务如此一来获得了虚拟假定的性质。叙述人的讲述体也是同样,虽然通过自身体现着作者的意向,却没有偏离直接指述事物的道路,保持着确为其特有的情调和语气。作者的思想渗透到他人话语里,隐匿其中;它并不与他人思想发生冲突,而是尾随其后,保持他人思想的走

---

① 意为第一人称叙述。——译者

向，只是使这个走向带上了虚拟假定的性质。

讽拟体(пародия)的情况就不同了。这里作者和在仿格体中一样，是借他人话语说话；与仿格体不同的是，作者要赋予这个他人话语一种意向，并且同那人原来的意向完全相反。隐匿在他人话语中的第二个声音，在里面同原来的主人相抵牾，发生了冲突，并且迫使他人话语服务于完全相反的目的。话语成了两种声音争斗的舞台。所以说，讽拟体里不可能出现不同声音融为一体的现象，而在仿格体或叙述人的讲述体(如屠格涅夫作品)中，这种融合是可能的。在讽拟体里，不同的声音不仅各自独立，相互间保持着距离；它们更是互相敌视，互相对立的。因此，在讽拟体中，必须特意让人们十分突出、十分鲜明地听得出他人的话语。而作者在这里的意旨，则应该自成一格地表现得非常明确，又必须具有充实的内涵。对他人风格如果进行讽刺性模仿，模仿的意向可能是各种各样的，由之也就引进了各种不同的腔调。可如果是一般地仿用他人风格(仿格体)，这种话语实际上只能有一种意向——即完成它原来的任务。

讽拟体的话语，可能是十分多样的。可以把别人的风格当作一种风格来模仿，这是模仿风格。又可以把别人的风格特点，当作是一定社会阶层的典型风格特点，或者是独具特色的个人风格特点，模仿其观察、思索和说话的方式格调。其次，讽刺性模仿的深度会有不同：可以只模仿表面的话语形式，也可以模仿他人话语相当深刻的组织原则。再次，对于讽拟体本身，作者还可以有不同的用法：讽刺性模仿可能自成目的(例如作为一种文学体裁的讽刺性模拟)，不过又可用来达到另一种肯定的目的(如阿里奥斯托的讽拟体，普希金的讽拟体)。但不论讽拟体的话语可分出多少细类，作者意向和他人意向间的关系，却是不会改变的：两者的意向是分道扬镳的；这一点不同于仿格体、讲述体及其他相似的体式，那里两者的意向是一致的。

因此，区分开讽拟体的故事和普通的故事体，便显得非常重要。在讽拟体的故事中，两种声音争斗的结果，产生了一种极为特殊的语言现象(我们在上面已经提到)。如果忽视故事体中有利用他人话语的宗旨,因而忽视故事体的双声性质,那便无法理解:当两种声音在同一篇故事中表现出不同的意向时,它们之间会出现多么复杂的相互关系。现代的故事体作品,多数情况下都带有轻微的讽拟意味。在陀思妥耶夫斯基的小说中,我们下面将会看到,向来存在着一种特殊的讽拟体的因素。

与讽拟体属于同类的,有讽刺体以及一切含义双关的他人话语,因为在这类情况下,他人话语是被用来表现同它相反的意向。在实际的生活语言里,这样来利用他人话语是屡见不鲜的,特别是在对话中。这里,答话人常常逐字重复对方的某一论断,同时却加上了新的评价,强调出自己的语气侧重,如流露出怀疑、愤慨、讥刺、嘲笑、挖苦等。

施皮策尔在一本论述意大利口语特点的书里,讲过这样一段话:

"当我们在自己的讲话里重复我们交谈者的一些话时,仅仅由于换了说话的人,不可避免地定要引起语调的变化:'他人'的话经我们的嘴说出来,听起来总像是异体物,时常带着讥刺、夸张、挖苦的语调……这里我想指出一种用法,就是在交谈者说出一个问句之后,相接的答话里重复问句中的动词,表示笑谑或尖锐的讽刺。这时可以看到,人们不只是力求造出语法正确的结构,还常常十分大胆地造出少见的句子,有时是根本不能允许的句子,意图只在于重复出交谈者的一小段话,并赋予它讽刺的语调。"①

他人话语被我们纳入自己的言语中之后,必定又要得到一种新的理解,即我们对事物的理解和评价,也就是说要变成双声语。只是这两个不同声音的相互关系,可能是因境而异的。只消把他人的论点用问题形式复述出来,就足以在一个话语中引起两种理解的冲突,因为这里我们已经不仅仅是提出问题,我们是对他人论点表示了怀疑。我们生活中的实际言语,充满了他人话语。有的话,我们把它完全同自己的声音融合到一起,已经忘记是出自谁口了。有的话,我们认为有权威性,拿来补充自己话语的不足。最后还有一种他人话语,我们要

---

① 列奥·施皮策尔:《意大利口语》,莱比锡,1922 年,第 175、176 页。——作者

附加给它我们自己的意图——不同的或敌对的意图。

现在我们来看看第三类话语中最后一个细类。在仿格体中也好,在讽拟体中也好,也就是说在前面讲到的第三类话语的前两个细类中,作者都是利用他人话语本身来表现自己的意图。在第三细类中,他人话语却留在作者言语之外,但作者言语考虑到了他人话语,并且是针对他人话语而发的。这里不引述他人话语并给予新的解释,可他人话语尽管处于作者言语之外,仍对作者语言产生影响,这样或那样起着左右作者语言的作用。这种语言见于隐蔽的辩论(下称暗辩体)中,更多见于对语中。

在暗辩体中,作者的话语用来表现自己要说的对象物,这一点同其他类型的话语是一样的。但在表述关于对象物的每一论点的同时,这种话语除了自己指物述事的意义之外,还要旁敲侧击他人就此题目的论说,他人对这一对象的论点。这个话语指向自己的对象,但在对象之中同他人话语发生了冲突。他人话语本身并没有得到复现,只存在于人们的意识中。如果这个话语不对人们意识中的他人话语做出反应,那它的结构会完全是另一个样子。在仿格体中,被仿用的实际的原型即他人的风格,也留在作者语境之外,但人们是心领神会的。在讽拟体中,被模仿的现实中的特定话语,同样也在人们的意会之中。只不过这里的作者,或者把自己的话语充作他人话语,或者拿他人话语充作自己的话语。总而言之,作者话语在这里是直接利用他人话语;而意会中的话语模式(即实际的他人话语)只是提供材料,提供证据,表示作者的的确确是在复现特定的他人话语。至于暗辩体,则这里对他人话语是排斥不用的;这一排斥态度,至少同所指述的对象同样地决定着作者话语的特点。这就从根本上改变了话语的含义:即除了指物述事的含义之外,又出现了第二层含义——针对他人话语的含义。如果只考虑到直接指物述事的含义,就不可能完全地从根本上理解这一种话语。这里话语的辩论色彩,也表现在其他纯语言的特点中,即语调和句法结构上。

要在每一具体情况下在暗辩体与公开明显的辩论之间划分明确的界限,有时是很困难的。不过它们用意之间的差别是很大的。明显的辩论是直截了当反驳他人话语,把他人的话语作为自己表现的对象。而在暗辩体中,话语针对的是一般的对象物,称述它,描绘它,表现它,只是间接地抨击他人的话语,好像是在对象身上同他人话语交起锋来。由于这个原因,他人话语开始从内部影响作者的话语。因此,就连暗辩体的话语,也是双声语。当然,两个声音的相互关系在这儿有它的特殊性。这里,他人的思想并不亲自进入话语内部,而只是反映在其中,左右着话语的语调和含义。这个话语尖锐地感到自己身边就有一个指述同一对象物的他人话语。而这种感觉便决定了话语的结构方法。

暗辩体话语,是一种向敌对的他人话语察言观色的话语;它无论在实际的生活言语里,也无论在文学言语里,都极为普遍,对于体式风格的形成具有重大意义。在实际的生活言语中,"旁敲侧击"的话语,"话里带刺"的语言,都属于这一类。可以归于这一类的,还有一切低声下气的言语,卖弄言辞的言语,心虚气弱的言语,极力解释、一再让步、预留后路的言语,如此等等。这一类言语好像是看到或感到了他人话语的存在,预感到了他人的反驳,因而本身仿佛遭到了扭曲。在这里,个人组织运用言语的格调,在颇大程度上取决于对他人话语一般的感受情况如何,以及用什么方法对他人话语做出反应。

暗辩体在文学的言语中,意义重大。说实在的,每种文体中都含有内在辩论的成分,区别仅仅在于程度不同、性质不同。任何一种文学话语,多少总能尖锐地感到自己的听众、读者、评论家的存在,因而自身就反映出了预想到的各种驳论、品评、观点。此外,一种文学话语,总会感到同时还存在有另一种文学话语,另一种风格。每一种新风格里,都含有对此前的文学风格做出某种反应的因素;这个因素也就是内在的辩论,可以说是对他人风格的隐蔽的反叛,而这种反叛又常常同对风格进行明显的讽刺性模拟结合在一起。内在的辩论对风格形成的意义,在自传体和自白体的 Icherzählung 中,显得异常巨大。只要举出卢梭的《忏悔录》,便足以说明问题了。

与暗辩体相似的是对语,指一切重要而又深入的对话中任何一方的对语。每一个这样的对语的话语,既表达对象,同时又紧张地应对他人话语,或是回答或是预测到他人的话语。回答和预测的因素,深深地渗透到紧张的对话话语中。这种话语仿佛是吸收、融进了他人对语,同时对之进行紧张的改造。对话话语的文意,完全是一种特殊的类型(在紧张对话时出现的种种细微的语义变化,可惜至今尚无研究)。一考虑应对(Gegenrede)的因素,就会在对话话语结构中引起一些特别的变化,使对话话语获得内在的情节,并从一种新的角度来表述对象本身,从而能在对象身上发现独白语所难以看到的一些新侧面。

有一个现象对我们的研究目的来说,特别有意义,至为重要。这便是有别于暗辩体的隐蔽的对话关系这一现象。我们不妨设想这样一段两人的对话:第二个交谈者的对语被全部略去,整个意思却丝毫没受损失。这里,第二个交谈者是无形的存在,虽然不见他的话语,可他的话语留下了深刻的痕迹,正是这种痕迹左右着第一个交谈者的所有对语。我们感觉得出这是一场交谈,尽管只有一个人在说话。还觉得出两个人谈得很激烈,因为每个对语都全力以赴地在应对无形的交谈者,暗示在自身之外存在一个没有说出的他人的对语。下面我们会看到,在陀思妥耶夫斯基的作品中,这种隐蔽的对话占据重要的地位,获得了非常深刻而精到的运用。

我们不难看出,这里分析的第三细类,同第三种类型中前述两个细类比较,大不相同。这一细类可以称作积极型,以区别于前两种消极型。事实的确如此:在仿格体、讲述体以及讽拟体中,他人话语被使用它的作者掌握在手里,处于完全被动的地位。作者把不妨说是孤立无援的任人摆布的他人话语取了来,再将自己的意图加进去,迫使它服务于自己新的目的。在暗辩体和对话体中则相反,他人话语积极影响到作者言语,强迫作者言语在其影响和左右下,相应地做出改变。

不过,在第三种类型话语的第二细类中,所有各种现象里都可能出现他人话语提高自己积极作用的情形。讽拟体如果感到被模拟的他人话语在有力地抵抗,如果感到这个他人话语有分量有深度,那么讽拟体便带上了暗辩的色彩。这样的讽拟体,听起来就不同了。被模拟的话语积极活动,对抗作者的意图。结果在讽拟体话语中,就会出现内在的对话关系。当暗辩体同讲述体结合时,也会出现这类现象。总的说来,在第三类型的所有体式里,当作者意图和他人话语的目标不相一致时,都会出现类似情况。

我们知道,在第三类型所有细类的话语里,他人话语在一定程度上全带有被描绘对象的客体性质。可随着他人话语减弱了客体性,在单一指向的话语类型中(如仿格体,如单一指向的讲述体),作者声音和他人声音便可融为一体。这两者的距离消失了,仿格体变成了一种独立的风格;讲述体里设置叙事人,变成了普通的一种布局谋篇的方法。而在具有不同指向的话语里,他人话语客体性的减弱,他人话语本身意图的相应的积极化,不可避免地导致话语内部出现内在的对话关系。在这种话语中,作者思想对于他人思想,已经不具有压倒优势;话语失去了平静和自信的调子,变得激动不安,表现出内在的矛盾,露出两副面孔。这个话语不仅仅是双声语,而且有两个意义重心,很难赋予它统一的语调,因为一赋予它生动的嘹亮的统一语调,就会使它变得太像独白语了,并且硬把这个语调强加给其中的他人声音,也没有道理。

第三种类型中不同指向的话语,随着客体性的减弱而出现内在的对话化,当然并不意味着在这一类型中又形成一个新的细类。这只是这一类型中所有细类(在具有不同指向的条件下)共有的一种倾向。这一倾向发展到极端,会引起双声语的解体,分解成两种话语,两个相当特别的独立的声音。单一指向的话语,在他人话语的客体性减弱时,具有另一种倾向。它发展到极端,会导致不同声音的完全融合,从而变成第一类型的单声语。处在上述两个极端之间的,便是第三类型的所有各种形式。

当然,我们远没有概括双声语中可能出现的所有现象,更没能概括为利用他人话语达到除了一般指物述事之外的目的而可能采取的一切方法。还可以做出更加深入和精细的分类。包括更多的细类,甚至更多的大类。不过从我们的目的来看,我们在上面所做的分类,已经足够用了。

现在我们列表说明这个分类。

下面列出的分类,当然带有抽象的性质。具体某一话语,可以同时归属于不同的细类,甚至不同的大类。此外,同他人话语的相互关系,在具体的活的语境中,也是活动变化而非停滞不动的:不同声音在话语中的相互关系,可能有剧烈的变化,单一指向的话语会转化为不同指向的话语,内在的对话倾向可能增强或减弱,消极的话语类型会出现积极化,如此等等。

第一种类型

直接指述自己对象的话语。它表现说话人最终的意向。

第二种类型

客体的话语(所写人物的话语)。
一、以各社会阶层的典型性为主的话语;
二、以个性特征为主的话语。 ⎫ 具有不同程度的客体性

第三种类型

包容他人话语的话语(双声语)
一、单一指向的双声语

1. 仿格体
2. 叙述人的叙述体
3. （部分地）代表作者意图的某一主人公的非客体话语
4. Icherzählung（第一人称叙述）

此类在客体性减弱时，趋向于不同声音的融合，即趋向于变为第一种类型的话语

二、不同指向的双声语

1. 讽拟体（包括所有不同的意味色彩）
2. 讽拟性的讲述体
3. 讽拟体的 Icherzählung
4. 主人公作为讽拟对象时的话语
5. 一切转述语调变化的他人话语

此类在客体性减弱而他人思想积极化时，出现内在的对话关系，并趋向于分解为两个第一种类型的话语（两个第一种类型的声音）

三、积极型（折射出来的他人话语）

1. 内在的暗辩体
2. 带辩论色彩的自传体和自白体
3. 考虑到他人话语的一切察言观色的话语
4. 对话体中的对语
5. 隐蔽的对话体

他人话语从外部对此类施加影响；此类同他人话语的相互关系，可以有极其繁多的形式；他人话语的影响，会在不同程度上改变此类的形态

  我们这里提出的研究话语的一个角度，即考察它同他人话语的关系，在我们看来对于理解小说，具有异常重要的意义。狭义上的诗语，要求作品的所有话语能够和谐一致，统一在一个类别上。这个统一的类别，或者可能是第一种类型，或者属于其他类型中某些弱化的细类。自然，这里会有些这样的作品，我们无法把它整个的话语全部划归到某一类别上。不过在19世纪，这种现象实属少见，而且极为特别。属

于这一类的,例如有海涅、巴比耶,部分地还有涅克拉索夫等人抒情诗的"散文化"(只是到了20世纪,抒情诗才出现显著的"散文化")。在一部作品中能够并行不悖地使用各种不同类型的话语,各自都得到鲜明的表现而绝不划一,这一点是小说散文最为重要的特点之一。小说体与诗体的一个深刻区别,就在这里。不过即使在诗歌中,如果不采用上述研究话语的新角度,也会有一系列重要问题得不到解决,这是因为不同类型的话语,在诗中要求从修辞上对之进行各自不同的处理。

现代修辞学忽视这一研究角度,实际上只是第一种类型话语的修辞学,也就是探讨作者直接指物述事话语的修辞学。现代的修辞学,渊源于古典主义的诗学,迄今没有摆脱那种诗学特有的清规戒律。古典主义诗学的目标,是使用直接指述事物的单声语,只是稍许倾向于虚拟性的仿格体话语。在古典主义诗学中,定基调的就是这个半虚拟性半仿格体的话语。直到今天,修辞学所依托的也正是这种半虚拟性的直接指述的话语。人们事实上是把这种话语同诗语本身等同了起来。对古典主义来说,只存在辞句的语言,没有主体的话语,是指物述事的话语,是属于诗歌辞藻的话语;这个话语从诗歌语言宝库里,直接转用到具体诗作的独白语境中去。因之,生长在古典主义土壤上的修辞学,只了解囿于一种封闭语境中的话语状况。当语言从一种具体表述中转入另一表述时,当这些不同的表述相互为用时,话语在这过程里会发生什么变化——现代修辞学对此是忽略不计的。它只知道话语在从语言体系转为独白型诗歌表述的过程中所发生的变化。在具体的表述中,风格的话语的生命与功能,是在其语言的生命与功能的背景上表现出来的。一个话语对于他人篇章与他人所说同一话语的内在对话关系,在这里同样是忽略不计的。修辞学的探讨就局限在这个框子里,直到如今。

浪漫主义带来了直接指物述事的实实在在的话语,而不包含任何的虚拟性。对浪漫主义来说,典型的话语是作者的饱含感情、不能自已的直接指述的话语,它绝不允许因引入他人话语而把自己的热情冷却下来。在浪漫主义的诗学中,第三种类型话语的第二细类,特别是最后一个细类,起着相当重要的作用。①但是占优势的仍然是第一种类型的话语,是得到充分发展的极富表现力的话语。它的优势之大,致使我们在浪漫主义的土壤上研究的问题同样不可能发生重大的变化。在这一点上,古典主义的诗学几乎不曾有过动摇。话又说回来,即使对浪漫主义来说,现代的修辞学也远不能说明问题了。

  散文体作品,尤其是长篇小说,是这样一种修辞学所完全无法理解的。这种修辞学充其量只能较好地分析散文体创作中的一些小片段,而这些小片段对散文体来说并无很大的代表性和重要性。在小说艺术家眼里,世界上充满了他人的话语;他要在众多的他人话语中把握方向,他必须有灵敏的耳朵去倾听他人话语独有的特点。他必须把他人话语引入自己话语的范围之内,同时又不打破这个范围的界限。②他有着极为丰富的绚丽多彩的话语体式,并且也善于驾驭这些材料。

  我们接受小说作品时同样如此,要细心分辨我们在上文分析过的所有大类和细类的话语。不仅如此,我们在生活中也总是十分敏锐十分精细地听出周围人们讲话中所有这类意味,我们自己也很会使用我们话语的种种色彩。我们能在实际生活中对我们至关重要的他人谈话里,十分敏感地猜出语调的细微变化,不同声音的交锋。言辞上任何察言观色、解释申明、留有余地的表现,任何暗示和攻讦,都瞒不过我们的耳朵,而且这些也会出自于我们自己口中。因此,这一切至今

---

① 由于对"民族性"(народность)(不是作为人种学的范畴)的兴趣增加,各种形式的故事体(即带有轻微客体性起折射作用的他人话语),在浪漫主义中获得了重大的意义。但对古典主义说来,"人民语言"(指某一社会阶层的典型性的他人话语和个性鲜明的他人话语)却是纯粹的客体性话语(在各种俚俗的体裁中)。在第三种类型的各式话语中,含有内在辩论的 Icherzählung(尤其是自白型),对浪漫主义具有特别重要的意义。——作者

② 散文体的大部分体裁,特别是长篇小说,都是由一些成分构筑而成的。它们的结构便是完整的表述,尽管这些表述不全是平等的,而且又都服从于一个独白型的统一体。——作者

没能得到我们理论上的阐明,没受到应有的评价,就益发令人奇怪了。

在理论上,我们是局限于某一封闭的表述范围内,利用一些抽象的语言学范畴,仅仅来研究话语中各种成分在修辞上的相互关系。只有这一类单声语现象,才是目前这种表面的语言修辞学所能研究得了的。尽管这一修辞学具有语言学的价值,可在文艺创作中,迄今为止它只能从作品文字的外表上,记录到它并无所知的种种艺术目的的某些蛛丝马迹。话语在小说创作中的真实生命,不是这样的框架所包容得了的。即便对诗体来说,这个框架也同样显得捉襟见肘。①

修辞学不应只依靠语言学,甚至主要不只应依靠语言学,而应依靠超语言学。超语言学不是在语言体系中研究话语,也不是在脱离开对话交际的"篇章"(текст)中研究话语;它恰恰是在这种对话交际之中,亦即在话语的真实生命之中来研究话语。话语不是死物,它是总在运动着、变化着的对话交际的语境。它从来不满足于一个人的思想,一个人的声音。话语的生命,在于由这人之口转到那人之口,由这一语境转到另一语境,由此一社会集团转到彼一社会集团,由这一代人转到下一代人。与此同时,话语也不会忘记自己的来龙去脉,更没有可能完全摆脱它所栖身的具体语境的影响。

在一个谈话的集体里,哪个人也绝不认为话语只是一些无动于衷的语言的,不包含别人的意向和评价,不透着他人的声音。相反,每个人所接受的话语,都是来自他人的声音,充满他人的声音。每个人讲话,他的语境都吸收了取自他人语境的话语,吸收了渗透着他人理解的话语。每个人为自己的思想所找到的话语,全是这样满载的话语。正是这个原因,一个人的话语在许多人的话语中所处的地位,对他人话语的各种不同感受,对他人话语做出反应的不同方法——这些可能

---

① 在整个现代的语言修辞学(包括苏联国内外)中,B.B.维诺格拉多夫的优秀著作显得格外突出。他以大量的材料充分揭示出小说散文从根本上说是极其多样的,具有多语体的性质,并且揭示出小说中作者立场(即"作者形象")的极端复杂性。尽管据我们看来,他对于各体言语风格之间对话关系的意义,有些估计不足(由于这种关系超出了语言学的范围)。——作者

就成了超语言研究每一种话语(其中也包括文学的话语)时所要解决的最重要的问题。每一时代里的每一流派,对于话语都有自己独特的感受,都有自己特殊的采撷话语手段的范围。远非在任何的历史环境中,作者语义的最终旨趣,都能通过直接的、非折射的、非虚拟的作者话语表现出来。当不存在作者自己的左右一切的话语时,每个创作意图,每种念头、感情、心境,就需通过他人话语、他人风格、他人姿态折射出来;不能不加说明,不保持距离,不通过折射,便同上述的他人话语直接地融为一体。①

如果某一时代形成了有一定权威的稳定不变的氛围来进行折射反映,那么这种或那种虚拟性话语就要占统治地位,虽然虚拟的程度会有不同。倘若没有那样的氛围,占统治地位的就将是指向不同的双声语,即所有各种讽拟体的话语,或者是一种半虚拟性、半讽喻性的特殊类型(晚期古典主义的话语)。在上述时代里,特别当虚拟性话语占统治地位的时候,直接指述的话语、无条件的非折射的话语,会被人们看成是粗野、原始、不文明的话语。而文明的话语,则是透过权威性的稳定不变的氛围进行折射反映的话语。

一个时代一个流派里是哪种话语占统治地位,话语的折射反映存在哪些形式,是什么形成了折射反映的氛围,具有头等重要的意义。我们在这里当然只是简略地顺便地举出这些问题,没有加以论证,没有分析具体的材料,因为这里不是对它们进行实质性探讨的地方。

转回来再谈陀思妥耶夫斯基。

陀思妥耶夫斯基作品的惊人之处,首先就在于话语的大类和细类异常纷繁多样,而且每一类都表现得极为鲜明。明显占着优势的,是不同指向的双声语,尤其是形成内心对话关系的折射出来的他人话语,即暗辩体、带辩论色彩的自白体、隐蔽的对话体。陀思妥耶夫斯基的作品里,几乎没有不紧张地盯着他人话语察言观色的话语。可同时,他的作品里又几乎不存在客体性的话语,因为他处理人物话语的

---

① 本章在前面引用的十分有代表性的托马斯·曼的一段话。——作者

方法，使得人物话语不可能具有任何客体对象的性质。其次令人吃惊之处在于：纷繁的话语类型经常处于突然的交替之中，出乎意料地由讽拟体忽然转为内心的辩论体，又由辩论体转为隐蔽对话体，再由隐蔽对话体转为仿格体（模仿普通生活中平稳安宁的格调），由这里重又转向讽拟体的讲述，最后归之于极度紧张的公开对话——这便是这些作品话语上波澜起伏的轨迹。上述所有的体式，是通过故意安排的模糊不清的线索，用记事讲述型的话语一个接一个连缀交织起来的。在这种模糊的线索中，何处开头，何处结束，都难以捉摸。可是，就连这平淡的记事话语本身，也受到邻近的各类话语的影响，或者被映照得通明，或者被罩上了浓重的阴影；邻近的表述使这记事语言同样也具有了某种独特的色调和言外之意。

当然，问题并不只在于话语类型的纷繁多样，交替突然，也不在于其中占优势的是形成内在对话关系的双声语。陀思妥耶夫斯基的独特之处，是他把这些话语类型匠心独运地配置在作品的各种基本布局因素之间。

作者文意的最终旨趣，在作品的话语整体中是怎样表现出来的，是在哪些方面表现出来的？如果说的是独白型的小说，这个问题很容易回答。不管独白型作者纳入作品什么类型的话语，也不管他是怎样在作品的布局结构中配置这些话语，作者的理解、作者的评价较之其他人的理解和评价，总应该占统治地位，总应该构成一个含义上明确无误的紧密的整体。如果在某一类话语中或在作品的某一部分里加强了他人的语调，那么这充其量不过是作者的取巧之笔，目的是要在这之后更有力地突出他自己的话语——直接指述的语言或是折射反映的话语。倘若在一个话语中有两个声音交锋，各自争夺这里的控制权、争夺优势地位，那这种争论任何时候在事前便都已有了结果，争论不过是假象而已。作者种种实实在在的见解，迟早总要汇合成一个言语中心，汇合成一个人的思想，多种语气要聚合于一个声音之中。

而陀思妥耶夫斯基的艺术目标，则完全是另一回事。他不怕双声语中的不同指向都发展到极其强烈的程度。相反,这正是他为了达到自己的目的所需要的。因为在他的小说里,多种声音并存的现象不应该被取消,而应该大放异彩。

在陀思妥耶夫斯基作品中,他人话语所具有的修辞意义是巨大的。这里,他人话语在紧张地活动。对陀思妥耶夫斯基说来,基本的修辞关系,完全不是一个独白型表述中平面的话语间的关系,而是在表述之间,在独立而地位稳固、各有言语和意义中心之间的修辞关系,它们不受统一的独白风格的话语意义的限制,不受制于某种统一的风格和情调。

陀思妥耶夫斯基的话语,这话语在作品中的生命,它对于实现复调目标所起的作用——这些问题我们将要结合话语所处的几种布局结构统一体来加以探讨。这些结构统一体是指:主人公独白语,讲述体(叙述人的讲述或作者的讲述),最后还有作品中人物的对话。这就是我们下面论述的顺序。

二、陀思妥耶夫斯基中篇小说中主人公的独白话语和叙述话语

陀思妥耶夫斯基开始创作,用的是一种折射性质的话语,亦即书信的形式。他给哥哥写信谈到《穷人》时说:"他们(指读者和评论。——M.巴赫金)习惯于处处都看到作者的面容;可是我没有显露出自己的面目。他们竟没有弄明白,是杰符什金在说话,而不是我,而杰符什金只能这样说话。他们觉得小说很拖沓,但是其中没有一句废话。"[1]

马卡尔·杰符什金在和瓦莲卡·杜勃罗谢洛娃说话,作者只不过分别安排他们的话语;因为作者的构思和意向是通过这男女主人公的

---

[1] 费·米·陀思妥耶夫斯基:《费·米·陀思妥耶夫斯基书信集》,第1卷,第86页。——作者

话,折射反映出来的。书信体是 Icherzählung 的一种。这里话语是双声的,多数场合是单指向的,它从布局结构上便替代了作者话语的存在。我们将会看到,作者的理解是十分细腻的,他这种理解在主人公的叙述中,得到谨慎的折射,尽管整个作品充满了或明或暗的讽拟、或明或暗的论争(作者在争论)。

但这里我们研究马卡尔·杰符什金的言语,首先是把它当作主人公的独白表述性,而不是它在这里充当第一人称叙事者的语言。(因为这里除了两位主人公外,并不存在任何别人的话语)作者为实现自己的艺术构思,无论采用任何叙事人形式,其话语都要属于一定的类型(除了属于叙事的功能类型之外)。那么杰符什金的独白表述性属于哪一种类型呢?

书信体形式本身还不可能先就决定话语类型。从总体看,这种形式在话语上具有广泛的可能性,但最适宜于第三种类型的最后一类话语,即被反映的他人话语。书信本身的一个特点,便是总敏锐地感到有交谈者、收信人的存在。书信如同对话中的对语,总是对某个人而发的,考虑到了那人可能的种种反应和可能的回答。对缺席的谈话对方,考虑的程度可能有多少的不同。在陀思妥耶夫斯基的作品中,这种考虑具有特别积极的特点。

陀思妥耶夫斯基在其第一部作品中,就创造了为他全部创作所特有的一种言语风格,其中一个决定因素,便是总要极力预测他人话语。这一风格在后来的创作中具有重大的意义:主人公们最为重要的一些自白式的自我表述,无处不贯穿着他们对于他人话语的紧张揣测,要考虑到他人对这种自我表述会说什么,对这自白会有何反应。不仅这类自我表述的语调和风格,还有它的内在语义结构,都取决于对他人话语的猜度结果:无论是戈利亚德金自怨自艾的申明和解释,还是伊万·卡拉马佐夫在伦理上和玄学上的托词,都是如此。在《穷人》中,开始形成了这一风格的一种变体,可称"逆来顺受的"变体,这种话语是怯懦的、惶愧的、察言观色的话语,同时还带着极力克制的挑战。

这种察言观色的小心谨慎,首先表现为这风格所特有的言语阻塞,和由于不断解释所造成的言语中断。

"我住在厨房里,或者换个说法就会准确得多:挨着厨房有一个小间(我得告诉您,我们的厨房可是一间干净、光线充足的上好房子),屋子不大,就那么一个不起眼的小窝……也就是说,或者更准确点说,厨房是一间有三个窗户的大房间,我把这厨房横着隔了一道墙板,这样就像又多了一个房间,一个外加出来的房间。这屋子挺宽敞舒适,还有一个窗户,什么都齐全,总而言之,一切都很舒适。喏,这就是我的小天地。可是,亲爱的,您可别以为这里有什么别的原因,还有什么没说出来的意思:嘿,住的是厨房!是啊,我确实就住在这间厨房的隔板后面,但这没什么不好的;我一个人单独生活,自己不声不响地、安安静静地过日子。我在屋里放了一张床、一张桌子、一个五屉柜、两把椅子,还挂了一张圣像。确实,有比这更好的住处,也许还好得多,可是最重要的是要方便,要知道我这样完全是为了方便,您别以为这是为了什么别的缘故。"(第1卷,第87页)

杰符什金几乎每说一句,都要回望一眼那不在场的谈话对方,害怕对方会以为他在诉苦,想尽量早些消除他住在厨房里会产生的印象,不愿因此使谈话对方伤心等。一些话语的重复,为的是加强它们的语气,或是由于考虑到谈话对方可能的反应,想给说过的话增添一点新的意思。

在上面援引的段落中,瓦莲卡·杜勃罗谢洛娃这位谈话对象可能说出的话,就是折射出来的他人话语。马卡尔·杰符什金谈论自己的言语,多数情况下取决于另一个"外人"、"他人"的折射出来的话语。杰符什金是这样来解释"外人"的含义的。"告诉我,您到外人那里能干什么呢?"他问瓦莲卡·杜勃罗谢洛娃。"大概您还不知道,外人是怎么回事吧?……不,让我先问问您,然后我就能告诉您,外人是什么人。我了解外人,亲爱的,很了解他们,曾经吃过他们的饭。瓦莲卡,

外人可厉害呢,好厉害,您的心眼可不够用;他会埋怨您、责备您、甚至用恶意的眼光看您,把您折磨死。"(第1卷,第140页)

马卡尔·杰符什金是个穷人,但是个"有自尊心"的人。按照陀思妥耶夫斯基的构思,这样的人经常感到他人投向自己的"恶意的眼光",或是责难的眼光,或者对他来说更糟糕,是一种嘲讽的眼光(对那些更加高傲的主人公来说,最坏的是他人怜悯的眼光)。正是在他人这种目光的逼视之下,杰符什金的言语才扭曲变形了。他就像那地下室里的人一样,总是留心听着他人对自己的议论。"他穷虽则穷,却很在乎人家的看法;他对人世也有自己的见解,对过路人也疑心重重,还不安地注视自己周围的一切,用心听周围的每一句话,怀疑别人是不是在议论他。"(第1卷,第153页)

这种对社会上他人议论的顾虑,不仅决定了马卡尔·杰符什金言语的风格和语调,而且还决定了他思考和感受的方式、观察和理解自己以及周围世界的方式。陀思妥耶夫斯基的艺术世界中,在言语风格最表层的诸因素、自我表现的方式,同世界观的基本因素之间,总有着深刻的有机联系。人物在每一次自我表现中,总是把自己和盘托出。人物对他人话语和他人意识所采取的态度本身,实质上就是陀思妥耶夫斯基所有作品的基本主题。主人公对自己本人的态度,同他对别人,以及别人对他的态度,是密切相关的。主人公的自我意识总是以别人对他的感知为背景。"自为之我"总是以"为他人之我"为背景。因此,主人公谈及自己的话语,是受到他人议论他的话语的不断影响才形成的。

这一主题在不同的作品中,有着不同的形式,不同的内涵,不同的思想水平。在《穷人》中,穷人的自我意识,是以社会上他人对他的看法为背景展现出来的。自我肯定听来就像无休止的暗中辩论,或是以自己为题暗中与别人、与他人进行着对话。这一点在陀思妥耶夫斯基的早期作品中,表现得还相当简单而直接:这里,这种对话还没有深入内心,亦即没有进入思维和感受的真正核心。主人公的天地还很狭小,他们也还不是思想家。正是社会加于的屈辱,使这种内心深处的惊惧顾盼和争论表现得直接而明显。但这还不是那种极其复杂的内心挣扎的波澜;后者在陀思妥耶夫斯基晚期创作中,发展成了完整的思想体系。尽管如此,自我肯定和自我意识所具有的深刻的对话性和争辩性,早在这部作品中便已展示得极其明显了。

"前两天在私人谈话中,叶夫斯塔菲·伊万诺维奇发表意见说,公民最重要的美德就是会赚钱。他开玩笑说(我知道他是开玩笑),一个人不应成为任何人的累赘——这就是道德。我没有成为任何人的累赘!我这口面包是我自己的,它虽然只是块普普通通的面包,有时候甚至又干又硬,但总还是有吃的,它是我劳动挣来的,是合法的,我吃它无可指摘。是啊,这也是出于无奈嘛!我自己也知道,我不得不干点抄抄写写的事;可我还是以此自豪,因为我在工作,我在流汗嘛。我抄抄写写到底有什么不对呢!怎么,难道抄写有罪,还是怎么的!他们说:'他在抄写!'可是这有什么不体面呢?……是啊,现在我觉得我是有用的人,我是必不可少的,干吗要胡说八道把人搞糊涂呢。好吧,既然他们认为我和耗子一样,就算我是耗子吧!可是这只耗子是有用的,这是只于人有益的耗子,人家还依靠我呢,还要夸奖这只耗子呢:瞧多么好的一只耗子!不过,这个话题讲得够多了,亲爱的,我本来没打算要讲这些,刚才有点激动了。不过有时候替自己说上几句公平话,总是愉快的。"(第1卷,第125—126页)

当马卡尔·杰符什金在果戈理的《外套》中认出自己的时候,他便用更激烈的论争来揭示自我意识。他把《外套》看作是他人对自己的议论,就极力争辩着来消除这种议论,证明这同他本人并不相符。

现在我们来仔细分析一下"察言观色的话语"是怎样结构起来的。

还在我们引用的第一段话里,杰符什金仿佛看着瓦莲卡·杜勃罗谢洛娃的脸部表情,向她描绘自己的新住处;这里我们已发现他的言语中有种特别的停顿。这种停顿决定了言语的句法和语气。他的话里似乎嵌入了他人的对语,事实上自然并不存在这种对话,但它作用的结果,明显地改变了原来的语气和句法。他人的对语并没出现,但言语上有它的影响和痕迹,而这痕迹是现实的。但有时他人的对语,除了对语气和句法结构产生影响外,也在马卡尔·杰符什金的言语中留下一两个词,有时是整个句子:"可是,亲爱的,您可别以为这里有什么别的原因,还有什么没说出来的意思:嘿,住的是厨房!是啊,我确实就住在这间厨房的隔板后面,但这没有什么不好的……""住的是厨房!"这话就是从杰符什金猜度他人可能会说的言语中借来的。这话说出时用的是他人的语气,杰符什金又用争论语调加以夸大。他人的语气,杰符什金是不能接受的,尽管又不能不承认它的分量,于是努力用种种解释、局部的让步和软话来搪塞;而这一切便改变了他言语的结构。这个移植进来的他人话语,仿佛在言语水面上激起的涟漪,向四方散开。除了这句明显的他人话语、他人的语气外,上引段落中的大多数词语,说话人都是同时从两个角度考虑选用的。一方面,这些词语应能表现他的理解,他同时希望别人也这样理解;另一方面,又要考虑到别人可能怎样理解这些词语。在这里,他人的语气不过初露端倪,却已经在他的语言中引出了种种解释或停顿。

在马卡尔·杰符什金言语中,引入他人对语中的词句,特别是语气,在前引段落的最后一段文字中,看得更为明显突出。这里,他人话语带着出于争论而夸张了的他人语气,甚至作为直接引语移入文中:"他们说:'他在抄写!'……"在此之前的三行文字里"抄写"一字重复了三次。其中每一次,他猜度中的他人语气在"抄写"一词上都是存在的,但杰符什金自己的语气盖过了它。然而他人语气愈来愈强,直至最后冲口而出,采用了直接引语的方式。因之,这里好像是他人语气由弱到强的层递:"我自己也知道,我不得不干点抄抄写写的事;……(接下去就是解释。——M.巴赫金),我抄抄写写到底有什么不对呢!怎么,难道抄写有罪,还是怎么的!他们说:'他在抄写!'"我们用变体文字标示他人语气以及他人语气的逐渐加强,最后这种语气完全占了上风,变为直接引语。但在最后一句明显是他人的话语里,也可听到杰符什金本人的声音。由于争论的需要,他在这里夸大了他人的语气——这一点我们在前面已经提到过。随着他人语气的强化,杰符什金与他人争辩的语气也不断加强。

我们不妨用这样的描述来说明我们所研究的全部现象:在主人公的自我意识中,渗入了他人对他的认识;在主人公的自我表述中,嵌入了他人议论他的话。他人意识和他人话语引出了一些特殊的现象,这些特殊现象一方面决定了自我意识的主题发展、他的沮丧、争辩、反抗;另一方面又决定了主人公言语中的语气断续、句法的破碎、种种重复和解释,还有冗赘。

对同样的现象,我们还可以做出这样一种形象的描述和解释:我们可以这样设想,极度紧张的一组对话中,两句对语——发话和驳话——本来应该是一句接着另一句,并且由两张不同的嘴说出来;现在两者却重叠起来,由一张嘴融合在一个人的表述里。这些对语是相互对立的,在这里冲突起来。因此,它们相互重叠并汇合成一个表述,便引起极度紧张的语言阻塞。本来,完整的对语本身是统一的,只有一种语气。但不同对语一相遇,在融合后出现的新表述里,就变成了相互对立的声音的尖锐交锋。这种交锋体现在表述的每个细节、每个元素中。对话性的冲突深入到内心,言语结构的各种细微成分中(相应地又深入到意识的各种成分中)。

上面引用的那段话,可以展开来化为马卡尔·杰符什金和"他人"之间的一组粗略的对话:

他人:应该会挣钱,不应成为任何人的累赘。可是你成了别人的累赘。

马卡尔·杰符什金:我没有成为任何人的累赘!我这口面包是我自己的。

他人:这算什么有饭吃呀?!今天有面包,明天就会没有面包。再说是块又干又硬的面包!

马卡尔·杰符什金:它虽然只是块普普通通的面包,有时候甚至又干又硬,但总还是有吃的,它是我劳动挣来的,是合法的,我吃它无可指摘。

他人:那算什么劳动!不就是抄抄写写吗,你还有什么别的本事。

马卡尔·杰符什金:这也是出于无奈嘛!我自己也知道,我不得不干点抄抄写写的事,可我还是以此自豪!

他人:有什么值得骄傲的!抄抄写写!这可是丢人的事!

马卡尔·杰符什金:我抄抄写写到底有什么不好呢!……

正像是把上面对话中的对语重叠融合为一个声音,才得出了我们在上文引录的杰符什金的自我表述。

当然,上面设想出来的对话,是十分简单的,正如设想的杰符什金的意识,内容也过于简单一样。要知道,不管怎么说,这是阿卡基·阿卡基耶维奇呀,他有着自我意识,善于讲话,并且正在形成自己的言语风格。不过,正由于这里讲得简单粗略,他的自我意识和自我表述的形式结构,才显示得异常明显和清晰。因此对话也才对此做了十分详尽的说明。在陀思妥耶夫斯基后期作品中,主人公所有重要的自我表述,也都可以扩展为对话,因为它们好像都是两种对语融合的产物。但是不同声音的交锋却隐藏得很深,渗透到话语和思想的精微之处。因此,要像上面扩展杰符什金的自我表述那样,把它们扩展为直观而粗略的对话,当然是完全不可能的。

我们分析的他人话语在主人公意识和言语中所引起的种种现象,在《穷人》中又罩上了一个彼得堡小官吏的相应的修辞面貌。我们分析过的"察言观色的话语"、暗中争辩和内心对话的话语的各种结构特点,在这里是通过严格而精到的杰符什金这一社会阶层的典型言语风格[①]才

[①] В.维诺格拉多夫在《论文学的语言》(莫斯科,国家文学书籍出版社,1959年,第477—492页)一书中,认为马卡尔·杰符什金的言语是特定的社会个性的言语,并对此做出了深刻的分析。——作者

反映出来的。因此,在《穷人》中出现的各种解释、重复、指小词语、各类小品词和语气词等语言现象,在陀思妥耶夫斯基作品中,是不可能原封不动地出现于另一社会阶层的其他主人公嘴里的。同样,这些语言现象,会以另一种社会典型性格和个人性格的言语面貌出现。但它们的本质仍然不变:这仍是两种意识、两种观点、两种评价在一个意识和话语的每一成分中的交锋和交错,亦即不同声音在每一内在因素中的交锋。

戈利亚德金的话语,属于同一社会阶层的典型言语,但却具有个人独特的表达风格。在《同貌人》中,我们上面分析到的意识和言语所具有的特点,表现得比陀思妥耶夫斯基任何其他作品,都要明显和清晰。在马卡尔·杰符什金的形象身上已然形成的那种倾向,在这里极其顽强并始终一贯地发展到了极点,而所用的材料,内容上同样是故意地简单和粗糙。

陀思妥耶夫斯基创作《同貌人》时,曾给哥哥写信说,自己就用讽刺模拟体再现了戈利亚德金讲话的言语和思想内容。像任何讽刺模拟体一样,这里也明晰而又粗略地展示了戈利亚德金话语的基本特征和倾向。

"雅科夫·彼得罗维奇·戈利亚德金的性格是一贯的。他是个十足卑鄙的家伙,简直令人无法接近;他无论如何也不愿前进,自以为尚未准备,目前他自管自,他无所谓,什么也不在意;如果真需要的话,那么他什么都能做得出来,为什么做不出呢?由于什么缘故做不出呢?他也和别人一样嘛,只不过他没去干罢了,其实他与别人没什么不同。他又怎么样!卑鄙的家伙,卑鄙透顶的家伙!在十一月中旬以前,他绝不同意结束自己的仕途,现在他已经向大人阁下做了说明,而且大概(为什么不这样做呢)打算提出辞呈。"

我们可以看到,这部中篇里的叙述体,正是采用这种模拟讽刺主人公的风格。关于叙述体,我们以后再来研究。

他人话语对戈利亚德金言语的影响,是十分明显的。我们立刻可以感觉到,上面这一段话同杰符什金的话一样,既不局限于自己,也不局限于谈话内容。不过,戈利亚德金和他人话语、他人意识的相互关系,与杰符什金不尽相同。因此,他人话语在戈利亚德金风格中所引起的一些现象,也属于另一种类型。

戈利亚德金的言语,首先竭力表现自己完全不受他人话语的影响:"他自管自,他无所谓。"这种卓然独立和无动于衷的标榜,同样会使他的言语中不断出现重复、解释、拖沓。但这些现象不是针对外界,不是针对别人,而是针对自己而发:他劝说自己、鼓励并安慰自己,在自己面前扮演着另一个人的角色。戈利亚德金同自己进行的抚慰性的对话,在这部中篇中是屡见不鲜的现象。但是,在假装无动于衷的同时,他对他人话语的态度还有着另一个方面,即企图躲开它,不让它注意自己,想藏到人群中,不让别人发现自己:"他也和别人一样嘛,只不过他没去干罢了,其实他与别人没什么不同。"这里他说服的已不是自己,而是别人。最后,他对他人话语的态度还有第三个方面,就是对它的退让、服从、恭顺的接受,正如他自己也是这么想的,他自己真诚地对此表示同意:他大概已有准备,"如果真需要的话,那么他什么都能做得出来,为什么做不出呢?"

戈利亚德金的态度包括这样三条主线,此外还有些也颇重要的支线,使主线变得更加复杂。单只是每一条主线,都足以在戈利亚德金的意识和话语中,引起极其复杂的现象。

我们先来谈谈他装作独立不羁和安然自若这一点。

我们已经说过,《同貌人》通篇都是主人公与自己的对话。不妨说,戈利亚德金整个内心生活是在对话中展开的。我们举以下两段对话为例:我们的主人公吩咐马车在铸造街一座五层楼房门前停下。下车时他继续想道,"不过一切会不会是这样呢?""会不会是这样呢?这样体面吗?这样合适吗?不过这也没什么,"他继续想着,一边喘了一口大气,抑制着心跳,上了楼梯。他每次踏上别人家的楼梯就爱心跳。"这没关系。我去就是说说自己的事,没有什么可指责的……瞒住不说倒是愚蠢的。我就这样装出一副什么事也没有的样子,不过是路过这里罢了……他也会看得出来。就应该是这样啊。"

内心对话的第二个例子,就复杂和尖锐得多了。这发生在同貌人出现之后,亦即在第二个声音变成了他视野中的对象之后。

"戈利亚德金先生就这样表达了自己的喜悦。但与此同时,他觉得脑子里还有什么东西使他不能安生,说忧伤又不像忧伤,可有时候心里那么不是滋味,弄得戈利亚德金不知该怎么宽慰自己才好。'不过,咱们再等等,那叫人高兴的日子总会到来的。不过,这究竟是怎么回事啊?让咱们来琢磨琢磨,让咱们来看看。好吧,就来议论一下吧,我的年轻朋友,嗯,来说说吧。嗯,第一,他是和你一样的人,完全一样。嗯,这有什么奇怪的呢?如果有了这样一个人,我就该哭鼻子吗?关我什么事?这与我无关,我只管吹我的口哨,如此而已!既来之,则安之!让他去当官好了!真是无奇不有,他们竟说起什么暹罗双连人①来了……为什么一定是暹罗的呢?双连人就双连人吧,有时候连伟大的人物看起来也很奇特呢。历史上不也是说嘛,那个大名鼎鼎的苏沃罗夫,叫起来像公鸡……嗯,当然,那些人都是政治家,还有伟大的统帅……不过,扯统帅干什么?我可是自管自的,如此而已。我谁也不管,我生来洁身自好,对敌手不屑一顾。我不是阴谋家,为此感到骄傲。我纯洁、爽直、干净,讨人喜欢,心地善良。"(第1卷,第268—269页)

这里首先一个问题,就是戈利亚德金内心生活中的自我对话有什么功能。对此可以简略地回答如下:对话能使主人公用自己声音来代替他人的声音。

戈利亚德金第二个声音的这种替代功能,到处都可以感觉到。不理解这一点,就无法理解他的内心对话。戈利亚德金对自己说话,就如同在对别人说话。他夸赞自己是"我的年轻朋友",这种赞扬只可能来自别人;他亲昵地含情脉脉地疼爱自己说:"我亲爱的人,雅科夫·

---

① 1811年至1874年生活在暹罗的胸部相连的畸形连人。也谑指两个形影不离的朋友。——作者

彼得罗维奇,戈利亚德金多惹人喜爱,瞧,你的姓氏多好!"他以一个年长、自信的人的权威口吻抚慰和鼓励自己。可戈利亚德金这个泰然自信、沾沾自喜的第二个声音,决然不能与他那第一个犹豫和怯懦的声音融合起来;对话绝对不可能变成戈利亚德金的统一而自信的独白。不但如此,这第二个声音绝对不与第一个声音相容,它的独立化意向已然咄咄逼人;因此在这第二个声音中,取代原来的抚慰和鼓励的语调,如今到处可闻挑逗、挖苦、背叛的语气。陀思妥耶夫斯基以惊人的技巧和分寸感,使戈利亚德金的第二个声音从内心对话转变为叙事本身,而读者却几乎察觉不到。这个声音听起来,已经是叙述者的他人声音了。关于叙述语言下面再谈。

戈利亚德金的第二个声音,应是替代补足另一个人对他的承认。戈利亚德金希望无须别人的承认,靠自己就足够了。可这个"自己"非得使用这种口吻:"我的朋友戈利亚德金,咱俩……"也就是采取对话的形式。事实上戈利亚德金关切的只是别人的看法,只是自己给别人的印象(只存于别人身上,以自己的反映存在于别人身上):"这样体面吗?""这样合适吗?"对这些问题的回答,又总是揣测中可能出现的别人的看法,那就是:戈利亚德金在装样子,装得什么事也没有,不过是路过罢了;别人也会看得出来:"就应该是这样啊。"最要紧的就是别人的反应、别人的话和别人的回答。戈利亚德金的第二个声音虽极自信,却绝对无法完全支配他,无法真正代替现实中的别人。对他来说,别人的话是最重要的。"尽管戈利亚德金先生把这一切(关于他的独立不羁。——M.巴赫金)都说了,说得极其明确、清楚、很肯定,他字斟句酌,指望能产生极好的效果,但与此同时他现在却不安地、惴惴不安地、极度不安地看着克列斯季扬·伊万诺维奇。现在他整个人都化作了视觉,怯懦地、焦急烦躁地等着克列斯季扬·伊万诺维奇的回答。"

在我们引用的第二段内心对话中,第二个声音的替代功能是十分明显的。但是,除此而外,这里又透出第三个声音,完全是他人的声音,它不时打断仅是替代别人的第二个声音。因此这里就出现了与杰符什金言语完全类似的现象,这些我们在前面已进行过分析,这就是他人话语或半属他人的另一个人的话语,以及相应的语气上的变化:"真是无奇不有,他们竟说起什么暹罗双连人来了……为什么一定是暹罗的呢? 双连人就双连人吧,有时候连伟大的人物看起来也很奇特呢。历史上不也是说嘛,那个大名鼎鼎的苏沃罗夫,叫起来像公鸡……嗯,当然,那些人都是政治家,还有伟大的统帅……不过,扯统帅干什么?"这里好像处处都可嵌入预料之中的他人对语,尤其在打了省略号的地方。这一段话又可以扩展为对话的形式。但此处的对话要复杂得多。在杰符什金的言语中,和"他人"争论的是一个完整的声音,而这里却是两个声音:一个是自信的、过分自信的声音;另一个是过分胆怯的、处处退让、彻底投降的声音①。

先是戈利亚德金的替代他人的第二个声音,其次是躲避他人议论的第一个声音("我和大家一样""我什么事也没有"),再次是向他人议论投降的声音:"我没什么,如果这样,我也准备好了",最后是一个永远在他脑海里响个不停的他人声音,这些声音相互处于复杂的关系中。这就提供了足够的材料,可以形成错综完整的情节,仅仅利用上述声音便构筑起一部小说。现实的事件,亦即向克拉拉·奥尔苏菲耶芙娜求亲失败,以及小说中所有其他次要事件,其实并没有着意描绘。它们的作用仅在于把内心的多种声音调动起来,仅在于使内心冲突变成现实,更加激化;正是内心冲突才是小说描写的真正对象。

除了戈利亚德金和他的同貌人以外,所有人物实际上都没有参加到错综复杂的情节中去,情节发展的全过程都是在戈利亚德金的自我意识中进行的。这些人物只不过是提供素材,就好似给戈利亚德金自我意识的紧张工作,提供必需的燃料一般。有意写得模糊的外表情节(主要事件其实在小说开始之前都已经发生了),对戈利亚德金内心的情节来说,同样不过是一副坚硬的勉强可以摸到的骨架罢了。小说所

---

① 自然,内心的对话早在杰符什金的言语中便已露端倪。——作者

要叙述的,是戈利亚德金如何企图摆脱他人的意识,摆脱他人对他的承认;如何企图摆脱别人而肯定自我;以及这一切的结果如何。在陀思妥耶夫斯基的思想里,"同貌人"代表的是一部"自白"①(当然不是个人意义上的自白),也就是描写在自我意识中发生的事件。《同貌人》一书在陀思妥耶夫斯基创作中,是第一部戏剧化了的自白。

因此,主要的情节就是:戈利亚德金鉴于别人完全否定他的人格,便企图自己来顶替一个他人。戈利亚德金装扮成一个独立不羁的人;戈利亚德金的意识则装出自信和自得的样子。当戈利亚德金当众从晚宴上被赶出时,他与别人更加尖锐的新冲突,越发加重了他个性的分裂。戈利亚德金的第二个声音,不遗余力地拼命标榜自己的自满自足,以挽救戈利亚德金的面子。这第二个声音无法与戈利亚德金融为一体,相反地在这个声音中,越来越明显听出了嘲讽的背叛的口气。它挑逗、刺激戈利亚德金,它揭掉了自己的面具。于是出现了一个同貌人。内心的冲突戏剧化了;开始了戈利亚德金和同貌人的纠葛。

同貌人说的是戈利亚德金本人的话语,同貌人没有任何新的词汇和新的语调。开始时,他伪装成退避隐藏的戈利亚德金和败北屈从的戈利亚德金。等到戈利亚德金把同貌人带到了自己家里,同貌人的样子和举止就酷似戈利亚德金内心对话中那信心不足的第一个声音了("这样合适吗?""体面吗?"等):"看来这位客人(同貌人。——M.巴赫金)极度慌乱,十分胆怯,恭顺地注视着主人的一举一动,观察他的眼色,好像想据此猜度出他的想法。客人的一举一动,处处表现得低声下气,备受压抑,又胆战心惊。如果可以打个比方,他此刻极像一个自己无意着了别人装束的人:袖子太短,腰身快挨上了后脑勺儿,他一个劲儿地拉扯身上的短坎肩,扭动身子左躲右闪,有时竭力想躲藏起来,有时探视大家的眼睛,竖起耳朵听着,看人们是不是在议论他的窘

---

① 陀思妥耶夫斯基在写作《涅朵奇卡·涅兹万娜娅》时,给哥哥的信中写道:"但很快你就会读到《涅朵奇卡·涅兹万娜娅》。这是自白,就像戈利亚德金一样,虽然不是同一类的,语气也不同。"见《费·米·陀思妥耶夫斯基书信集》,第1卷,第108页。——作者

相,是不是在嘲笑他,是不是羞于同他为伍。他脸上发烧,不知所措,自尊心受到了伤害……"

以上其实是对躲躲闪闪、仓皇失措的戈利亚德金的写照。同貌人说话的语调和风格,也和戈利亚德金的第一个声音一样。而第二个声音,也就是那个自信、亲切、鼓励的声音,则由戈利亚德金本人说出。他以这样的语气向同貌人说话,此时他仿佛与这第二个声音完全融为一体:"……我和你,雅科夫·彼得罗维奇,将如鱼得水,像亲兄弟一般生活,老朋友,咱们要狡猾一些,咱们一起来耍点手腕;咱们要对他们耍点阴谋,给他们捣个乱……耍阴谋给他们捣乱。对他们你可谁也别信。我了解你,雅科夫·彼得罗维奇,也了解你的性格:你可是心直口快的人,什么都会说出去的,你太老实! 老弟,你对他们都提防着点。"①(第1卷,第276页)

但接下去就换了角色:背弃反目的同貌人学到了戈利亚德金第二个声音的语调,讥讽地夸大了它那温和亲昵的口气。从不久以后他俩在办公室见面起,同貌人就开始用这种语调说话,直到小说结束。有时同貌人自己也强调他的言语与戈利亚德金用语相同(指戈利亚德金在他们初次见面时所说的话)。一次他们在办公室见面,同貌人亲昵地用手指弹弹戈利亚德金的肚子,"极其刻薄和颇有用意地微笑着对他说:'老弟,雅科夫·彼得罗维奇,你这是胡闹,胡闹! 咱们一起耍个手腕吧,雅科夫·彼得罗维奇,耍个手腕。'"又过些时,在他们准备去咖啡店面对面地详谈之前,小戈利亚德金先生从轻便马车上下来,一边说着"如此这般,亲爱的,"一边恬不知耻地拍拍我们主人公的肩膀说,"你这个老朋友啊,雅科夫·彼得罗维奇,为了你我准备走小胡同(当时你看得多准啊)。不是有这样的坏蛋吗,想干什么,就可以对人这么干。"(第1卷,第337页)

陀思妥耶夫斯基的一个基本手法,就是把一个人嘴上的话移用到

---

① 此前不久,戈利亚德金曾对自己说:"你生性就是这样的……马上又要来那一套了,高兴了嘛! 你太老实!"——作者

另一个人嘴上，内容依旧，而语调和潜台词却变了。他迫使作品中的主人公在别人身上认出自己，认出自己的思想、自己独特的话语、自己的意图、自己的姿态。在这一别人身上，所有上述的一切都改变了自己在整体中的含义，改变了自己的真意，一变而为讽拟或挖苦①。

如前所述，陀思妥耶夫斯基作品中重要的主人公，几乎每人都能在别人身上，甚至在几个人身上（斯塔夫罗金和伊万·卡拉马佐夫），找到自己部分的同貌人。陀思妥耶夫斯基在自己最后一部作品中，重又采用了充分表现第二个声音的手法，这里当然要更深刻细腻些。从外部的形式的构思看，伊万·卡拉马佐夫同魔鬼的对话，戈利亚德金同自己以及同貌人的内心对话，两者是类似的；尽管环境和思想内容不同，实质上两者要解决的，是同一个艺术任务。

戈利亚德金与其同貌人的情节纠葛就是这样展开的。这种情节的发展，是他自我意识的危机戏剧化了，是他的自白戏剧化了。这里的情节没有超出自我意识的范围，因为剧中人都只是从他自我意识中分离出来的。出台的有三个声音，全是由戈利亚德金的声音和意识分解而成的。第一个声音是"自己眼中之我"他要依赖别人和别人的承认才能存在。第二个声音是佯装的'他人眼中之我'（即反映在别人身上的我），也就是戈利亚德金第二个起替代功能的声音；最后，第三个声音是不承认他的他人声音，但这个声音并没有超脱戈利亚德金之

---

① 例如《罪与罚》中，斯维德里加依洛夫（部分地相当于拉斯柯尔尼科夫的同貌人）挤着眼睛，几乎逐字重复了拉斯柯尔尼科夫对索尼娅说过的心里话。这一段我们全文引出：

"'——嘿嘿！真是个多疑的人！'斯维德里加依洛夫笑了起来；'我不是已经说过了吗，这笔钱我没有用。我不过是出于人道，您不相信怎么的？因为她不是个'跳蚤'（他指指屋角躺着的死人），像那个放高利贷的老太婆。怎么样，我说得有道理吧，'是不是真该让卢仁活着继续作恶，还是应该让她死？'如果我不帮忙，那么，'波列奇卡也许就得走同样的路……'

"他说话时，脸上露出一副高兴的、挤眉弄眼的狡猾神情，目不转睛地望着拉斯柯尔尼科夫。拉斯柯尔尼科夫脸色苍白，身上毛骨悚然，原来这些话都是他对索尼娅讲过的。"——作者

外的存心,因为作品中没有与戈利亚德金处于平等地位的其他主人公①。因此这里就像是一种特别的神秘剧,或者准确些说是道德寓意剧,出台的不是一个个完整的人物,而是在他们身上争斗着的精神力量。不过这里的道德寓意剧并不带有任何的形式主义和抽象的寓意。

那么,《同貌人》一书里究竟是谁的叙述呢?叙述人是如何塑造的?他的声音又是怎样的呢?

我们在叙述部分也找不出任何一个超出戈利亚德金自我意识的因素,找不到任何一个词语或语调是自己的对话,或与同貌人的对话中所未曾有过的。叙述人接过戈利亚德金的话语和思想,接过他的第二个声音的话,强化了其中原有的挑逗和嘲讽的语调,并用这种语调去描绘戈利亚德金的每个行为、每个姿态和每个动作。我们已经说过,戈利亚德金的第二个声音通过不易觉察的过渡,同叙述人的声音融为一体。于是给人一种印象,叙述人是在对戈利亚德金本人对话,叙述是对他而发,在他的耳中鸣响,就像是别人挑逗他的声音,就像是他的同貌人的声音,尽管形式上叙述是对读者而发的。

戈利亚德金不请自到,闯入了奥尔苏菲·伊万诺维奇家的舞会。叙述人这样描写他在这最不幸时刻的举动:

"现在我们还不如来谈谈戈利亚德金先生,我们这部极为真实的故事的唯一的真正主人公吧。

"原来,他现在正处于一个至少可以说是十分奇特的境地。先生们,他倒也在这里,虽然不在舞会上,但差不多也等于在舞会上;先生们,他无所谓;他虽然自管自,但此刻他没有站到一条正道上;说来也奇怪,现在他正站在门堂里,在奥尔苏菲·伊万诺维奇家后门的楼梯上。但他站在这里,倒也没什么,他觉得可以。先生们,他站在角落里,躲在那里,虽说这里不太暖和,可是倒比较暗。他身体部分被一个大书架和旧屏风挡住了,四下里都是破破烂烂的东西、乱七八糟的垃

---

① 具有平等地位的其他人的意识,只在长篇小说中才出现。——作者

圾、废物。他这么躲着,要到时候才出来。目前他只是以一个看客的身份欣赏着大家。先生们,现在他只是欣赏着;其实,先生们,他也是可以进去的……那为什么不进去呢?只要跨前一步,就可以进去的,而且可以显得很自然。"

在上面的叙述结构中,我们可以听到两个声音的交错。这种两个对语的融合,恰是我们在马卡尔·杰符什金的表述中听到过的。只是这里对语的作用变了:这里似乎是他人的对语吞没了主人公的对语。叙述中不时可见戈利亚德金本人的话:"他无所谓""他自管自"等。但叙述人说这些话,语调是嘲讽戈利亚德金本人的,多少还有些责难的味道。这种嘲讽的形式要能触及戈利亚德金的痛处,并且刺激他。挖苦的叙述不知不觉地变成了戈利亚德金本人的话。"为什么不进去?"这句问话本是戈利亚德金自己说过的,这里却带有叙述人的挑逗的语气。其实这种语调对戈利亚德金本人的意识来说并不陌生。这一切都可能作为他的第二个声音出现在他的脑子里。实际上,作者在任何地方都可随意打上引号,而不致改变语气、声音和句子结构。

稍后不久,他就是这么做的:

"现在,先生们,他就静静地等着,他等那机会,足足等了两个半小时。干吗不等呢?连维雷尔①自己也等待过呀。可这里提维雷尔干吗!这和维雷尔有什么关系?我现在得怎么才能那个……说进去就进去?……哎,你呀,你就是摆摆样子的角色!"

但是为什么不提前两句,在"干吗"之前打引号,或者再靠前些,把"先生们,他"换成"你这个戈利亚德卡②",或者用戈利亚德金对自己的另一种称呼呢?无疑,这里引号不是任意使用的。作者如此使用引号,目的在于要转换得微妙而不易察觉。维雷尔名字出现的地方,正是叙述人的最后一句话和主人公的第一句话。看起来,戈利亚德金的

---

① 维雷尔·约瑟夫(1773—1854),法国复辟时期的反动政治家。1815 年至 1827 年领导内阁,1830 年 7 月革命之后脱离政治运动。戈利亚德金记起的是维雷尔 1820 年之事,当时俄国报纸的报道中常常提到他的名字。——作者
② 戈利亚德金的爱称。——译者

话是直接地接续叙述,并通过内心对话回答他自己:"维雷尔自己也等待过呀。""这里提维雷尔干吗!"这确实是戈利亚德金与自己的内心对话,分解成了两句对语:一句对语纳入了叙述人的叙述中,另一句对语留给了戈利亚德金。这里出现的现象,同我们前面分析的相反:我们研究过的是两句互相交锋的对语的融合现象。但其结果是相同的,都是双声交错的结构,并且引起全部附带现象。其活动范围也是一样的:一个自我意识。只是这个意识中的支配者,是如今融进其间的他人语言。

下面我们再举一个例子,其中叙述语与主人公话语之间的界限同样是模棱两可的。戈利亚德金终于下了决心,走进了正在举行舞会的客厅,出现在克拉拉·奥尔苏菲耶芙娜的面前。"毫无疑问,这时候他巴不得能马上钻到地缝里去,可是他进也进来了,后悔已来不及了……怎么办呢?'事情不成功——沉住气,事情成功了——要坚持。戈利亚德金先生,不用说不是阴谋家,也不是穿着靴子蹭地板的能手……'反正已经进来了。再说这里还混进了些狡猾的家伙……不过,戈利亚德金先生顾不上他们了!"

这一段文字值得注意的是,这里从语法上说,并没有戈利亚德金的直接引语,因此没有理由使用引号。叙述中一部分括入引号,看来是编辑的错误。陀思妥耶夫斯基大概只是把俗语"不成功——沉住气;成功了——要坚持"括进了引号。接下去的句子,用的是第三人称,虽然它无疑是戈利亚德金本人的话。其次,用省略号标出的停顿,也属于戈利亚德金的内部言语。这个省略号之前和之后的两个句子,从各自的语气看,正好是内心对话中的两句对语。说到狡猾家伙的两个相连语句,同上文用引号分别括起的关于维雷尔的两句话完全类似。

最后,还有一段可能出现了相反的错误:叙述中没加引号,可是从语法上看应该用引号。戈利亚德金被撵出了门,他冒着大风雪跑回家去,路遇一行人,此人就是他后来的同貌人:"倒不是他怕什么坏人,不

"是的,也许不是为这个……可谁知道呢,谁知道这走夜路的人是干啥的,"戈利亚德金先生脑子里掠过这么个念头,"也许,他不为什么,也许,他在这里有最重要的事,不是没事在这里闲逛,是有目的的,他就要来挡我的路,还要来惹我。"

这里,省略号把叙事和戈利亚德金第一人称的内心直接言语("我的路""惹我")分隔开来。可是两者融合得如此紧密,的确使人不想再用引号。要知道,这个句子得用一种声音来念,当然这是内心对话的声音。这里极其成功地把叙事转换成了主人公的言语:我们仿佛感觉到了一股语流,它没有遇到任何障碍和阻隔,就把我们从叙事带进主人公的内心,又从主人公内心重新带回到叙述中来。我们感觉自己实质上只是在一个意识的范围内移动。

还可以举出大量实例来说明,叙述是戈利亚德金第二声音的直接继续和发展,而且是对主人公而发的对话。不过我们上面举的例子已经足够说明问题了。因此,整个作品就像在一个分解开来的意识内,三个声音从头至尾地进行内心对话。作品每一个重要关头都处于这三个声音的交叉点上,处于它们之间尖锐而痛苦的交锋之中。如果用我们提出的形象来比喻,不妨说,这还不是复调,但也已不再是齐唱。同样一个词语、思想和现象,都要以三种声音表现出来,而每个声音都各有不同。一切的词语、声调、内心意图的总和,既要通过戈利亚德金的外部言语,也要通过叙述人的言语,又要通过同貌人的言语;而且这三个声音是面对面交谈,不是互相议论对方,而是同对方交谈。三个声音唱的是同一个内容,但不是齐唱,而是各有自己的声部。

不过,这些声音此刻还未成为完全独立的、现实的声音,还不是三个充分独立的意识。这要到陀思妥耶夫斯基的长篇小说中才能得以实现。只限于本身和自己所讲内容的独白话语,在《同貌人》里是不存在的。每一种话语都被分解为对话,每一种话语中都可以听到不同声音的交错。但后来的长篇小说中出现的互不融合的意识间那种真正的对话,这里是没有的。这里已经有了对位法的萌芽:它在话语本身的结构中已有显现。我们上面所作的种种分析，似乎已经是对位法的分析了（当然这是形象的说法）。不过这些新型关系仍然没有越出独白材料的范围。

在戈利亚德金的耳鼓里，永无休止地响着叙述人和同貌人挑逗和挖苦的声音。叙述人朝他耳朵里喊叫的，是他自己的话语和思想，但语调却不同，绝对不是他自己的，是一种严厉谴责和挖苦的口气。陀思妥耶夫斯基的每个主人公，都有这样一种第二个声音，而在他最后的一部长篇小说中，第二个声音正如前述，重新又获得了独立存在的形式。魔鬼朝伊万·卡拉马佐夫耳朵里嚷嚷的是他自己的话，借此挖苦他去法庭认罪的决定，同时也是用他人语调复述出他内心隐秘的念头。我们先不分析伊万和魔鬼的对话本身，因为真正对话的原则我们将在以后研究。这里想举出紧接在这段对话之后的伊万对阿廖沙激动的叙说。它的结构与我们分析过的《同貌人》的结构相仿。这里也是按照同样原则把不同声音组合起来，当然一切都更为深刻和复杂了。在这段叙述中，伊万同时用两种声音、两种迥然不同的情调表述出自己的想法和决定。在这段引文中，我们略去阿廖沙的对语，因为他的真实声音不是我们这个模式所能容纳的。这里我们感兴趣的，只是各个声音内核里的对话关系，仅是不同声音在一个分解开来的意识内的相互组合（亦即微型对话）。

"'他挑逗我！你知道吗，搞得可巧妙啦，可巧妙啦：'良心！良心算什么？它是我自己做的。我为什么要苦恼？是习惯使然。是七千年以来世界性的人类习惯。让我们矫正这习惯吧，那就可以成为上帝'。这是他说的，这是他说的！……

"'是的，他可太狠毒。他嘲笑我，他太放肆，阿廖沙，'伊万气得声音发颤，'他对我进行诽谤，在许多方面诽谤我，对我撒谎，当着我的面说我的瞎话。噢，你是去建立高尚美德的功勋，你去宣布说是你杀死了父亲，说仆人是在你的怂恿下害死了父亲'……

"'这是他说的，是他；这一点他清楚。你去建立高尚美德的功勋，可你又不信什么美德，因此你恼怒、痛苦，因此你变得如此睚眦必报，

他对我就是这么说的,可他明白,他是在说什么……'

"'不,他是会折磨人的,他心太狠,'伊万谁也不听,继续往下说,'我总是预感到他来这里的目的是什么。'他说,'你是出于傲气才要去的,但那时还有希望可以揭露斯梅尔佳科夫,并流放他去服苦役,米佳会被宣告无罪,而你呢只不过受到道义上的遣责(你听见没有,这时他笑了)而别人还会一个劲儿地夸奖你呢。可是斯梅尔佳科夫现在死了,上吊了。嗯,现在谁会在法庭上信你一面之词呢?你走啊,走啊,你还是要去的,你决定要去的。可在这之后你干吗还要去呢?'这太可怕,阿廖沙,这样的问题我听不下去。谁竟敢向我提这样的问题!"

伊万思想上的种种退让、对他人的话语和他人意识的察言观色、摆脱一切他人话语并在自己心里代之以自我肯定的尝试、他那良心的种种解释——这些因素在他每一个思想、每一话语和每一种感受中,都引起了跌宕变化。而在这里,它们聚集浓缩,构成了上引的完整的魔鬼对语。伊万的话语和魔鬼对语之间的差别,并不在内容,而只在于语气,只在于声调。而语气的这种变化却改变了话语的真实含义。魔鬼仿佛把伊万话中低声说出、并不强调的副句内容,移到了主句的位置上,而把主句的内容放到不做侧重的副句中去。伊万对做出决定的主要动机的解释,到魔鬼嘴里变成了主要的动机,而主要动机反而成了一种解释。其结果,几种声音的组合交错就显得十分紧张而富于情节,其实并不依赖任何情节内容上的对立。

当然,伊万自我意识的全面对话化,也和陀思妥耶夫斯基所有作品中一样,有一个逐渐形成的过程。他人话语是渐渐地、偷偷地渗入到主人公意识和言语中的:在侃侃而谈的独白中不该有停顿地方,他人的话语会以停顿的形式出现;有的地方,他人的话以他人语气出现,从而打破了语句的统一;有的地方,它又表现为过分提高、夸大、破坏伊万本人的语调;如此等等。伊万的意识通过对话逐渐分解的过程,开始于他在佐西马修道室里最早说的一些话和他内心的意图,经过他和阿廖沙、父亲的谈话,尤其经过去切尔马什尼亚前与斯梅尔佳科夫的谈话,最后到谋杀发生后与斯梅尔佳科夫的三次见面为止。这个过程比之戈利亚德金的变化,要更为深刻,思想上也更为复杂,但就其结构而言,和戈利亚德金是别无二致的。

主人公自己的话被他人声音借用,改换语气后重又在主人公耳旁窃窃低语;其结果是,在一个语言内,在同一段话里,不同意向的话语和声音十分独特地组合起来;在同一个意识中有两个意识交错在一起——这些在陀思妥耶夫斯基的每一部作品中都可见到(形式、程度、思想意向可能各有不同)。这种在同一意识范围内不同意向的声音的对位组合,成了作家引入其他现实声音的基础和土壤,但这个问题我们留待以后再来讨论。这里我们想探讨一下陀思妥耶夫斯基作品中这样一个片段,其中作家以惊人的艺术力量,对我们所分析过的不同声音的相互关系,赋予了一个音乐的形象。我们看看《少年》中的一节。有趣的是,陀思妥耶夫斯基除了这一段以外,在作品的任何其他地方几乎从不谈音乐。

特里沙托夫向一位少年谈着自己对音乐的喜爱,并且向他发挥着自己歌剧的构思:"您听我说,您喜欢音乐吗? 我喜欢极了。什么时候我上您那儿去,给您弹点什么。我钢琴弹得极好,学过很长时候。我学得很认真。如果我要写一出歌剧,那么,告诉您,我就要从《浮士德》中取材。我很喜欢这个主题。我一直在琢磨大教堂里的一场戏,不过只是在脑子里想想罢了:一个哥特式的大教堂,教堂内景,合唱队在唱赞美诗。甘泪卿登场,您要知道,这时响起了中世纪的合唱,要唱得有15世纪的气氛。甘泪卿满脸忧伤,唱起了宣叙调,声音低低的,然而充满恐惧和痛苦,而合唱队的齐唱声调阴沉、严峻、冷漠:

Dies irae, dies illa[①]!

"蓦然间响起了魔鬼的声音,魔鬼的歌曲。他不显形影,只听见他的歌声。他的歌声和赞美诗同时唱着,几乎融合到一起,然而它们又完全是不同的音乐——要想办法做到这样才好。他不知疲倦地、久久

---

① 原文为拉丁语,意为:这一天,愤怒之日。——译者

地唱着,是个男高音。开始时,他的歌声低柔轻缓:'你还记得吗,甘泪卿,当你还是纯洁无瑕的孩子,和你妈妈来到这座大教堂,捧着那本旧《圣经》咿咿呀呀地朗读经文?'可是后来歌声越来越强有力,越来越热烈、急速。调子高昂起来,歌声如泣如诉,充满痛苦,绵绵无穷,无可慰藉,最后变成了绝望:'你得不到宽恕,甘泪卿,你在这儿得不到宽恕!'甘泪卿想祈祷,可是她胸中迸发出来的只是喊叫声——你知道吗,泪水憋得嗓子发紧——可是魔鬼的歌声一直不停,像把尖刀似的,越来越深地扎进她的心窝。歌声越来越高亢,猛然间几乎是喊了一声,猝然中断:'一切都完了,你应遭到诅咒!'甘泪卿跪倒在地,双手捏紧放在胸前,她开始祈祷,很短,唱得近似宣叙调,可是淳朴,没有任何修饰,纯粹是中世纪的调子,唱的是四行诗,总共只有四行……斯特拉代拉①就有好几种这样的曲调……她唱完就昏倒在地,然后是一阵骚乱。人们把她扶起来,抬出去,这时忽然响起雷鸣般的合唱。那声音就像多声齐奏,合唱充满热情和胜利,锐不可当,类似我唱的《上帝的光辉永存》那样的颂歌,震得地动山摇,随后转成热烈的齐声高呼:Ho-sanna!② ——仿佛整个宇宙在发出呼号。可是她呢,让人抬走了,抬走了,正在这时,幕落下来!"

  无疑,陀思妥耶夫斯基部分地实现了上述的这一音乐构思,当然是采用文学作品的形式,而且还不止一次,用的是各种不同的材料③。

---

① 斯特拉代拉(1645—1682),17世纪下半叶意大利著名的作曲家和歌唱家。——译者
② 原文为拉丁语,"和撒那!"是《圣经》中对上帝的赞词。——译者
③ 托马斯·曼的小说《浮士德博士》,有许多方面感觉到陀思妥耶夫斯基的影响,而且恰恰是陀思妥耶夫斯基复调的影响。我下面引一段对作曲家阿德里安·莱弗金的描写,这很近似特里沙托夫的"音乐构思":"阿德里安·莱弗金在变相同为不同的艺术中,永远是伟大的……这里也如此——但他这种艺术在这里显得最为深刻、最为神秘,也最为伟大。任何一个词,只要包含着'变换'意思,神秘变化的意思,当然还有宗教意义上的转换——变换、变形——在这里都完全适用的。确实,此前的种种噩梦在这不寻常的童声合唱中,进行了彻底的新的结构;这个合唱中已完全是另一种乐队总谱,另外的节奏。然而,在这音响朗朗、美妙和谐的天籁中,没有一个乐音是在地狱的笑声中不非常准确地复现过的。"见托马斯·曼著《浮士德博士》,莫斯科,外文书籍出版社,1959年,第440、441页。——作者

我们再回来谈戈利亚德金,对他的分析我们还没有结束,确切说,我们对叙述人的话语还没分析完。B.维诺格拉多夫完全从另一个角度,亦即从语言修辞的角度,在论文《彼得堡长诗〈同貌人〉的风格》①中,对《同貌人》中的叙述做出了与我们相似的结论。

B.维诺格拉多夫的基本论点如下:

"把戈利亚德金言语中的'字眼儿'和用语,纳入到叙事的故事体中,便产生了下列效果:在叙述人的面具后面,不时地露出戈利亚德金本人的真面目,是他在叙述自己的种种遭际。在《同貌人》中,戈利亚德金先生的口头言语所以非常接近风俗作家的叙述风格,还由于在间接言语中,原封不动地保留了戈利亚德金的言语风格,这样就成了作者言语的特点了。由于戈利亚德金讲一件事时,不仅用自己的语言,还用自己的眼睛、表情手势和动作,所以不难理解,几乎所有的描写文字(它多方面描绘了戈利亚德金先生的'一贯原则'),夹杂着他话里的词句,却没有注明是他说过的。"

B.维诺格拉多夫列举了叙述人言语与戈利亚德金言语相吻合的许多例子之后继续说:

"这样的例子还可以摘录许多。仅仅上面举出的例子,便可构成戈利亚德金先生的自我说明,外加一种局外旁观者的零零碎碎的笔墨。不过这些已经足够鲜明地指出:《彼得堡长诗》一书,至少是它的许多部分,成了'同貌人'讲述戈利亚德金的故事;这个同貌人也就是使用他的语言和观念的人。《同貌人》所以不成功,原因正在于运用了这种新的手法。"②

B.维诺格拉多夫的全部分析,精微有致;他得出的结论也是正确的。但无疑他仍局限在他所惯用的方法上,而这种方法恰恰不能包容进最重要和最本质的东西。

---

① 最早指出我们这里所谈到的《同貌人》特点的,是别林斯基,但他没有对此做出解释。——作者
② 《Ф.陀思妥耶夫斯基论文与资料汇编》,第 1 卷,陀里宁编,莫斯科—列宁格勒,思想出版社,1922 年,第 241、242 页。——作者

据我们看来，B.维诺格拉多夫没能发现《同貌人》句法的真正特点，因为句法结构的面貌，在这里并非取决于故事体本身的要求，也不取决于官吏们的日常口语或正式的官场套语。这里起决定作用的，首先是不同语气在一个句法整体范围之内的冲突和交锋。换句话说，这个句法整体虽是统一的，却包容着两个声音的语气。其次，这里没有理解、没有指出叙述体面向戈利亚德金的对话性质，其实这种对话性的外部特征表现得非常鲜明。例如，戈利亚德金的第一句话，完全是对此前一句叙述体的显而易见的对语。最后，也没能理解叙述与戈利亚德金内在对话之间的基本联系：要知道叙述根本不是一般地重复戈利亚德金的语言，一而只是直接地接续着他第二个声音的话。

总之，囿于语言修辞学的范围，是不可能认识风格的艺术作用的。对话语的任何一种形式方面的语言学方面的定义，都不能囊括话语在作品中的艺术功能。真正的风格构成因素，是在语言修辞学的视野之外的。

B.维诺格拉多夫还正确地指出了《同貌人》叙述的故事体中的另一个极为重要的特点，但并没有做出解释。他说："在故事体的叙述中，大多是动态的形象，其主要修辞手段是摹写动作，而不管它重复多次。"①

确实，叙述体中不厌其烦地准确记录着主人公的全部微小的动作，不惜大量地重复。叙述人似乎被自己的主人公吸住，无法退到应有的距离，以便写出他的行为和活动的整体形象。这样总括性的形象，已经在主人公本人的视野之外了。写这种形象，总得要求有某个外部的固定的视点。可叙述人缺乏这个观点，他没有从远处着眼的必要条件，以便艺术上最终完成主人公及其行为的总体形象②。

《同貌人》叙述体的这一特征，在陀思妥耶夫斯基以后的全部创作

---

① 《Ф.陀思妥耶夫斯基论文与资料汇编》，第 1 卷，陀里宁编，莫斯科—列宁格勒，思想出版社，1922 年，第 248 页。——作者
② 甚至作者对主人公间接引语要做总括性的反映，也缺乏这种必要的远景把握。——作者

中一直保留了下来，只有微小的一些变化。陀思妥耶夫斯基的叙述体，总是没有远处着眼的叙述体。我们不妨用艺术家的术语说，陀思妥耶夫斯基作品中，主人公和事件都没有"远景的形象"。叙述人紧挨着主人公和发生的事件，也就从这缺乏远景的近处视点来对它们进行描述。自然，陀思妥耶夫斯基作品中的录事们，撰写手记时已在全部事件过去之后，似乎已经有了一定的时间距离。例如，《群魔》中的叙述人经常说"如今，所有这一切都已结束了""现在，当我们回想起所有这一切"等，而事实上他在建构故事时，并没有让出任何实质性的远景距离。

不过，陀思妥耶夫斯基的后期作品与《同貌人》的叙述体已经不同，它们完全不再实录主人公微小的动作，不显得冗长拖沓，也全然没有任何重复。陀思妥耶夫斯基后期的叙述体，简短平淡，甚至略嫌抽象（尤其当他交代发生过的事件时）。但是这种简短和平淡，"有时甚至像吉尔·布拉斯"，并不是由于有了远景的距离，相反正是由于缺乏远景。这种有意的不取远景，是由陀思妥耶夫斯基的整个构思所决定的，因为我们知道，定型的最终完成了的主人公和事件形象，预先就已被排除在构思之外。

我们不妨再次回头来看看《同貌人》的叙述体。除了我们已经阐明的这一叙述语调同主人公语言的关系之外，我们同时在叙述体中还发现有另一种倾向——讽刺性模拟的倾向。在《同貌人》的叙述体中，也和杰符什金的信中一样，存在有讽刺性模拟的成分。

早在《穷人》中，作者就通过主人公的声音来表现讽刺模拟的意图。他是通过各种不同途径达到这一点的：或者把讽刺性模拟根据情节线索直接引入杰符什金的信中（从拉塔贾耶夫作品中摘引的片段，用作对上流社会长篇小说、对当时历史小说，以及对写实派的讽刺模拟），或者讽刺模拟的笔触直接出现在中篇小说本身结构中（如《捷列扎和法尔多尼》）。最后，作品中还有直接表现在主人公声音中的与果戈理的争吵，具有讽刺模拟色彩的争吵（如读《外套》，以及杰符什金气愤的反应。接下去的一段,以及讲到帮助主人公的那个将军,这里暗含着同果戈理《外套》中写"大人物"的情节相对立的意思)①。

《同貌人》里叙述人的声音中,有为讽刺而模拟《死魂灵》中"高雅文体"的地方;而且总的来说,整部《同貌人》中到处可见对果戈理各类作品的讽刺性模拟以及半带讽刺性的模拟。应该指出,叙述中的这些讽刺语调,直接与对戈利亚德金的挖苦模仿交织在一起。

讽刺模拟因素和争论因素引入叙述体,叙述体就变得更具多声性质,更不平稳,不能囿于自身及所叙述的内容了。从另一方面看,文学性的讽刺模拟加强了叙述人话语中的文学假定成分。这就使叙述人话语更少独立性和完成论定主人公的力量。在此后的创作中,文学假定性成分及其某种形式中的显示,同样也总是为了进一步加强主人公立场的充分独立性。从这个意义上说,文学假定性不但没有降低陀思妥耶夫斯基长篇小说内容的重要性和思想性,相反应该提高内容的重要性和思想性。这正是陀思妥耶夫斯基所预想的。这一点很像让·保罗,甚至像斯特恩。在陀思妥耶夫斯基创作中,由于破坏了普通的独白原则,致使这一普通的独白原则的一些因素,也被作者完全排除在作品结构之外,另一些因素则被仔细地剔除了独白性质。消除独白性的手段之一,就是文学假定性,亦即将模仿风格的话语或讽刺模拟的话语等带有假定性的话语引入叙述体之中或列为结构原则②。

至于说到叙述体话语面向主人公的对话性,那么在陀思妥耶夫斯基以后的创作中,这一特点当然还保留着,但形式发生了变化,变得复杂而深刻了。这里已不是叙述人的每一词句都对主人公而发;是他的整个叙述,叙述体的原则,对主人公而发。叙述体的言语大多是枯燥而又缺乏生气的,称它是"实录文体"是最合适不过了。不过这实录就

---

① B.维诺格拉多夫在文集《陀思妥耶夫斯基的创作道路》(《播种人》,Л.勃罗茨基编,列宁格勒,1924年)中,就《穷人》中的文学的讽刺模拟和文学争论,做了极有价值的文学史方面的说明。——作者
② 所有这些修辞特征同样与宗教上的狂欢节(四旬节前持续半周或一周)传统和弱化的双重感情的嘲笑相联系。——作者

其总体的基本功能而言,是对着主人公揭露和挑战的实录,它仿佛是对主人公说话,而不是议论主人公。只是这一功能是由实录整体现实的,而不是它的个别成分。当然,即使在晚期创作中,对个别主人公的描写,也还用了直接讽刺模拟和挑逗他们的笔法,听起来就像是他们内心对话中夸张了的对语。例如,《群魔》中写斯捷潘·特罗菲莫维奇的叙述,就是这样建构起来的,但也仅此而已。在其他长篇小说中,也散见有这种挑逗笔调的个别表现。《卡拉马佐夫兄弟》中也有。但总的来说,这种成分已是相当微弱。陀思妥耶夫斯基晚期创作的主要倾向是:使风格和语调变得平淡而准确,不带感情色彩。但是,一旦占优势的、实录般平淡而不带感情色彩的叙述,被强烈评价性的语调所替代,那么这些语调总是具有面向主人公的对话性,这些语调也正产生于主人公可能的内在的自我对话和对语之中。

现在我们从《同貌人》直接转到《地下室手记》上来,其间的一系列作品都略去不谈。

《地下室手记》是自白性的 Icherzählung(第一人称叙述)。这部作品起初本该题为《自白》①。这确实是真正的自白。当然,这里的"自白"我们不是理解为个人的自白。这里犹如在任何一篇 Icherzählung 中一样,体现了作者的意图;这不是个人的什么材料,而是一部文学作品。

"地下室人"的自白,首先令人惊异的是高度的紧张的内心对话化:其中简直没有一个是坚固的、独白式的、不可分解的词句。主人公的言语从第一句话开始,就在预料中的他人的话的影响下变形、扭曲。主人公从一开始便与他人发生了尖锐的内心的争论。

"我是个有病的人……我是个凶狠的人。我是个不招人喜欢的人"。自白就这样开始了。值得重视的是省略号,和省略号之后语调的急剧变化。主人公一开头,多少带些自怨自艾的语调:"我是个有病的

---

① 《时代》杂志首次预告《地下室手记》时,陀思妥耶夫斯基给作品定的标题就是《自白》。——作者

人。"但立刻就对这样的语调生气了,因为这么一来仿佛他在抱怨,并且需要别人的同情,寻求别人的同情,求助于别人!于是这里便出现了明显的对话转折;这一语气的变化,对《手记》整个风格来说都是很典型的。主人公似乎想说:也许,您听了我第一句话会以为,我在寻求您的同情,那我要对您说——我是个凶狠的人。我是个不招人喜欢的人!

由于预料到他人的反应而增强不满的语调(有意激怒他人),是很典型的现象。这类转折总要引出许多愈来愈厉害的骂人话,或者至少令人不快的话,例如:

"一个人过了四十岁,再活下去就寒碜了,很庸俗,很缺德!什么人过了四十还活着呢?请你们坦率地、老老实实地回答!我告诉你们吧,过四十还活着,只有傻瓜和无赖。我这话要当面对所有的老人说,告诉所有那些可敬的老人,所有那些满头银发和香气扑鼻的老人!我要向全世界公开这样说!我有权这样说,因为我自己要活到六十岁。要活到七十岁!要活到八十岁!……等一等!让我喘口气……"

在自白开头的几句话里,和别人内心的争论是隐蔽的。但他人话语潜在地存在着,并从内部决定了言语的风格。但是到第一段的中间部分,争论就公开显露出来了:预期的他人对语进到了叙述之中,当然这种成分此时还比较微弱。"不,我是因为有气才不去治病。你们大概不了解这一点。可是我却明白。"

第三段末尾已出现十分典型的现象:揣猜他人的反应:"先生们,你们是否已经觉得,现在我是在向你们忏悔,我在请求你们的宽恕?……我相信,你们是这样想的……其实,我可以担保,即使你们这样想,我也不在乎……"

第四段的末尾,就是前面引过的攻击"可敬的老人"的那段争论。接下去的第五段,直接就是从揣猜回答上文的对语开始:"先生们,大概你们会想,我是想逗你们笑?你们错啦。其实我根本不是你们所想象的,或者可能想象的那种十分快活的人,不过,如果你们讨厌我如此饶舌(而我已经感到,你们生气了),想问我一句:我究竟是个什么人?

那我可以回答你们:我是一个八等文官。"

下一段又以预料中的对语来结尾:"我敢打赌,你们以为我出于傲慢才写了这一切,想讽刺一下活动家们;而且出于这种令人讨厌的傲慢,像我的将军那样军刀作响,耀武扬威。"

在以后的段落里,类似的结尾渐渐少了,但是小说中所有内容重要的部分,结尾处仍以公开揣测他人对语来激化语气。

由此可见,小说风格自始至终受到他人话语的左右一切的巨大影响。他人话语或者在内部隐蔽地作用于小说言语,如作品开头那样;或者作为预料中的他人对语直接进入主人公话语中,就像我们上面列举的一些结尾那样。小说中没有一个词句仅仅局限于自身和自己所讲的对象,亦即没有一个独白性话语。我们还将看到,"地下室人"同他人意识的这种紧张关系,会变得更加复杂,因为又加上了同样紧张的与自己本人的对话关系。但是,我们先把如何预测他人对语,简略地做一个结构上的分析:

这种预测有它与众不同的结构特点:它引向恶性的循环。做这种预测的目的,在于使自己一定保有做出最后定论的权利。这种定论要能表现出主人公不受他人的观点和话语的约束而完全独立,表明主人公对他人意见的评价全然无动于衷。他最害怕别人以为他在向别人忏悔、请求别人宽恕;以为他容忍别人对他的责难和看法;以为他的自我肯定需要得到别人的认可和肯定。正是从这个方面他猜测他人的对语。可是,正因为他预测他人的对语并且做出回答,他便又向别人(也向自己)表明是受到他人制约的。他害怕别人会以为他害怕别人的看法。但这种担心恰好显出他依附于他人的意识,显出他无法满足于自我评价而心安理得。他反驳别人,正好说明他想驳倒别人;这一点他自己也清楚。于是主人公的自我意识和话语陷入无法摆脱的循环之中:"先生们,你们是否已经觉得,现在我是在向你们忏悔,我在请求你们的宽恕?……我相信,你们是这样想的……其实,我可以担保,即使你们这样想,我也不在乎……"

在宴会上狂饮时，"地下室人"受到自己同事们的轻慢，因此想摆出一副对他们不屑一顾的神气："我鄙薄地冷笑着，一边在房间的另一头，沿着墙，正对沙发，在桌子和炉子之间来回踱步。我竭力想表示，没有他们我也过得去；同时我还故意用靴跟走路，踩得地板笃笃直响。可是全都白费劲。他们却谁也不理睬我。"

其实，地下室主人公对这一切都非常清楚，也十分了解他对别人的态度只是循环不已，毫无出路。由于同他人意识处于这样的关系之中，他与别人以及自己的内在争论就成了一种特别 perpetuum mobile① 现象，产生了没有完结的对话，一个对语引出第二个对语，第二个对语引出第三个对语，如此直至无穷，然而并不向前发展。

下面的例子就是对话化了的自我意识，表现出的这种无出路的 perpetuum mobile 情况：

"你们会说，在我经受了自述的那么多欢乐和痛苦之后，现在把这一切（主人公的幻想。——M.巴赫金）公诸于众，是下流而且庸俗的。为什么是下流的？难道你们真以为我对这一切感到害羞，真以为这一切比你们生活中任何东西还愚蠢吗？此外，你们应该相信，我有些东西也并不是那么糟糕的。并非什么事都发生在科莫湖上。不过，你们说得也对，确实既庸俗又下流，而最下流的是我现在开始在你们面前替自己辩白。更下流的是我现在在做这样的说明。好了，好了，话也说得够了，要不然永远也没个完：总是一个比一个更下流……"

我们看到的是一个对话恶性循环的例子，它既无法结束，也不能完成。这种毫无结局的对话式的对立，在陀思妥耶夫斯基创作中有着很重要的形式上的意义。但是在以后的作品中，这种对立再没有表现得如此显露，如此抽象而明确，几乎可以说，具有数学的形式②。

由于"地下室人"同他人意识和话语处于这样的关系之中（对他完全地依附，同时又强烈地敌视，不接受他的评价），他的叙述便具有

---

① 拉丁语，意为：易变的、流动的。——译者
② 这是因为《地下室手记》属于"梅尼普讽刺"，具有这一体裁的特征。——作者

了一种极端重要的艺术特点,那就是他的风格受一种特殊的艺术逻辑的制约而有意地显得不伦不类。他的话语不炫耀自己,也不可炫耀,因为没有可以对之炫耀的人。要知道,这个话语并非简单地局限于自身和自己讲述的内容。它面向别人和说话人自己(指与自我进行内在的对话)。无论它面向哪一方面,它都不愿炫耀自己,不愿成为一般所说的那种"艺术"话语。面对别人时,它竭力故作粗鄙,故意在各方面与别人"作对",与别人的趣味过不去。但即使面对说话者本人,它也取同样的态度,因为对自己的态度与对别人的态度是分不开的。因此,这个话语特别的粗鄙,而且有意如此,尽管说时十分激动;它竭力接近癫狂,而癫狂也是一种特殊的形式,一种特殊的审美观,只不过反用其意罢了。

由于上述原因,当描绘自己内心生活时,风格的平实达到了极点。就《地下室手记》的材料和主题来说,它的第一部分是抒情性质的。而从形式的角度看,这是描写心灵探索和精神探索、描写心灵隐秘的散文笔法,正如屠格涅夫的《幻影》和《够了》一样,也和任何一篇抒情的Icherzählung 自白一样,和《维特》一样。但这是与众不同的抒情,像是表现牙痛的抒情。

如何抒情地表现牙痛,如何在其中体现与听者和患者本人的内在争论,恰恰是地下室的主人公讲到了这一点,他讲这些当然不是没有原因的。他要人们仔细听听"19世纪有文化的人"牙痛时的呻吟,患病第二天或第三天的呻吟。他努力想揭示当着"大众"的面无所顾忌地表露疼痛时的那种特殊的快感。

"他的呻吟变得讨厌、可恶,而且日夜不断。他自己也知道,呻吟不会给自己带来什么好处;他比谁都更清楚,他只会徒然折磨和激怒自己和别人;他知道,甚至他使劲对之呻吟的大众以及他整个家庭,听到他的呻吟就非常反感,完全不再相信他,他们心里都明白,他可呻吟得自然些,不必装腔作势,也不必怪声怪气,认为他不过是故意捣鬼和恶作剧。可是他的快感正来自人们的这些感觉,来自他的恬不知耻的

263

行为。他像是说:'我不让你们安生,让你们心里不好受,叫全家不能睡觉。所以你们就别睡好了,你们也应该每时每刻感觉到我在牙痛。对你们来说,现在我已经不是过去想当的那种英雄了,而不过是个坏人,是个二流子。好吧,那就这样吧!你们认清了我,我为此很高兴。你们讨厌听我那可恶的呻吟吧?得啦,那就讨厌去吧;我现在要给你们哼哼出更难听的怪腔怪调来……'"

当然,把"地下室人"自白的结构方法和牙痛的表现加以类比,这本身就有讽拟夸张的色彩。在这个意义上说,这比较也近乎厚颜无耻。然而,通过对牙痛的这种"装腔作势""怪声怪调"的描写,体现出了对听者和患者本人的态度;这种态度十分准确地反映了自白语言自身的意图。我们要再说一遍,这种反映当然并不客观,而是用一种挑逗的、讽拟夸张的格调,就像《同貌人》的叙述体中反映戈利亚德金的内部言语那样。

在别人心目中破坏自己的形象,玷污自己的形象,把这作为最后的努力,以摆脱他人意识对自己的控制,使自己能理解自己——这就是"地下室人"全部自白的意图所在。因此,他说到自己时,故意讲得很难听。他想打消自己要在别人眼中(也在自己心目中)当英雄的想法:"对你们来说,现在我已经不是过去想当的那种英雄了,而不过是个坏人,是个二流子……"

为此必须从自己话语中扫除一切平淡叙事的和抒情的语调,充满"英雄精神"的语调,使话语变得不顾羞耻地客观。对地下室的主人公来说,理智客观地评定自己而不事夸张和嘲弄,是做不到的,因为清醒而实实在在的评定自己,要求叙述时不要察言观色,不要留有后路。可是在他的话语里,既没有不察言观色的叙述,也没有不留有后路的叙述。不错,他总是力图冲越障碍获得这样的话语,达到理智清醒。可是对他来说,必得通过不顾羞耻和癫狂才能做到。他现在既没有摆脱他人意识的控制,也不承认它对自己的控制①;目前他只是与它争斗着,气恼地争论着,既不能接受它,又无法驳倒它。他极力想在别人心目中,也为了别人,践踏自己的形象和自己的话语,这里不仅表现出理智地评定自己的愿望,而且表现出让别人懊恼的愿望。正是这个原因迫使他表现出过分清醒冷静,对此加以夸大挖苦,达到了不顾羞耻和近乎癫狂的程度:"你们讨厌听我那可恶的呻吟吧?得啦,那就讨厌去吧;我现在要给你们哼哼出更难听的怪腔怪调来……"

但是,地下室人讲自己时,他的话语不仅是察言观色的话语,而且如我们已经说过的,是留有后路的话语。要留有后路这一点对主人公自白的风格有着极为巨大的影响,以至于如果不考虑它在风格形式上的作用,就不可能理解这种风格。留有后路的话语,总的说在陀思妥耶夫斯基创作中,尤其在他后期创作中,都具有十分重要的意义。至此,我们已经转到《地下室手记》结构的另一个方面了,这便是主人公对自己的态度,他对自己内心对话的态度。这种内在对话在整部作品里,始终与他和别人的对话交织结合在一起。

意识和话语的留有后路是什么意思呢?

留有后路就是给自己留下更改自己话语的最后真意的可能性。如果话语留有这样的后路,这不可免地要反映在话语结构上。这另一种可能的含意,即预留后路,像影子一般伴随着话语。就其意义上看,留有后路的话语应该是最后的定论,也确实装成是最后的定论,但是实际上它还只是最后定论前的结论,它给自己打上的终结的句号,只是相对的并未完结的句号。

例如,留有后路的自白式的自我评定(陀思妥耶夫斯基最常用的形式),从意义上看是对自己的最后的定评,是给自己做的结论性的评语,但实际上内心里准备着别人报之以相反的评价。他表示忏悔,责备着自己,实际上只是想引起别人对他的称赞和肯定。他一边谴责自

---

① 据陀思妥耶夫斯基的看法,如果承认他人意识的控制,主人公的话语同样会变得平静、单纯。——作者

己,一边希望并要求别人反驳他的自我评定,他留有后路是防备别人突然真的同意他的话,同意他的自我谴责,防备别人不利用自己的他人地位发表自己的见解。请看,地下室主人公是如何表达自己的"文学"幻想的。

"比方说,我取得了全面的胜利;大家当然都已丢盔卸甲,不得不心甘情愿地承认我的所有优良品德,而我把他们全都宽恕了。我以有名望的诗人和宫廷大臣身份出现,扬扬得意;我得到不可计数的巨资,并且立刻把它捐献给人类,并当场对所有的人坦白我的可耻行为,当然不单是可耻行为,其中自然也含有很多很多'美好而崇高'的东西,某种曼弗雷德的东西①。大家都流泪了,他们亲吻我(不然他们才是大糊涂虫呢)。我于是光着脚、饿着肚子去宣扬新思想,并且在奥斯特里茨②击溃了顽固落后派。"

这里他含着讥讽,留有后路地讲述自己对建树功勋的向往,留有后路地做着自白。他是为了讽刺,模拟复现这种幻想。但是下面的话就透露出,即使这种对幻想忏悔式的自白,也是留有后路的。如果别人出乎意外地表示同意,认为这些幻想确实只是庸俗可耻,那么,他自己随时准备在这种幻想和这种自白中发现些好东西,如果不是曼弗雷德的品格,至少是属于"美好和崇高"的东西:"你们会说,在我经受了自述的那么多欢乐和痛苦之后,现在把这一切公诸于众,这是下流而且庸俗的。为什么是下流的?难道你们真以为我对这一切感到害羞,这一切比你们生活中任何东西还愚蠢吗?此外你们应该相信,我有些东西并不是那么糟糕的……"

这个上文已经引过的例子,正是一个察言观色的自我意识,在进行恶性的循环。

预留后路,就形成一种特殊的对自己的虚假定论,只是缺乏完结

---

① 英国浪漫主义诗人拜伦的诗剧《曼弗雷德》(1818)中的主人公,他的性格特点是高傲的孤独、意志的独立不羁和临危不惧等。——译者
② 城名,旧属奥地利。1805年12月2日拿破仑军队在此大破俄奥联军。——译者

的语气。这种虚假的定评,一股劲儿探察他人的眼神,要求别人认真地加以反驳。我们可以看到,留有后路的话语在伊波利特的自白中,表现得特别突出。但从实质上看,在陀思妥耶夫斯基的主人公们所有自白式的自我表述中,这种话语都有不同程度的表现①。预留后路的结果,使主人公们的自我评语变得很不肯定,含义多不稳固,像变色龙一般随时准备改变自己的语调和最终的真意。

预留后路的结果,主人公是怎样的人,连他自己也变得模棱两可,难以捉摸。为了深入了解自己,他需要经过漫长的道路。留有后路的做法严重地歪曲了主人公对自己的态度。主人公不知道,归根到底谁的意见、谁的见解是他的最终观点:是他自己的忏悔和自责的意见呢,还是肯定他、为他辩解的别人意见(这是他所期望,所要求别人说出的意见)?例如,娜斯塔西娅·菲利波芙娜的整个形象,几乎完全建立在这一点上:她一方面认为自己有罪过,是堕落的女人;同时,她又认为作为别人应该为她辩护,不能认为她是有罪过的女人。她真诚地与处处为她开脱的梅思金争论,却又同样真诚地憎恨、否定那些同意她的自我谴责并认为她是堕落女性的人们。最后,娜斯塔西娅·菲利波芙娜连自己对自己是什么看法都不清楚了:她是真认为自己是堕落的女人呢?还是相反认为自己没有罪过?自我谴责和自我开脱本是两个声音(我谴责自己,别人为我开脱),但两者为一个声音预感到了,便在这个声音中形成交锋,形成内在的两重性。预感到的也是期望中的别人为她的开脱,与她的自我谴责融合在一起,于是声音里同时听到两种语调,相互激烈地交锋,突然的转换。娜斯塔西娅·菲利波芙娜的声音就是这样,她的话语风格就是这样。她的全部内心生活(我们将看到,她的外部生活也是同样),就在于透过隐藏在她身上的两种声音,寻找自己和自己没有分裂的声音。

"地下室人"同自己进行着同样毫无结果的对话,正如同他与别人的对话一样。他不能和自己完全融合为一个统一的独白声音,而把他

---

① 例外的情形,将在下面指出。——作者

人的声音(不论是什么样的声音)不留后路地完全排除在自身之外；因为像戈利亚德金一样，他的声音还负担着替代他人声音的功能。他无法和自己达成一致，但要不再和自己交谈也不可能。他谈论自己时的话语，难以用句号结束，难以作为定论结束，它与此格格不入。无论是它的个别因素，还是它的整体，都莫不如此。这种风格是一种内心的不知终结的言语，倒是可能使它机械地中断，但却不可能使它有机地完成。

但也正因为如此，陀思妥耶夫斯基才能那样有机地，那样与主人公相适应地结束自己的作品，而结束的方法，就是指出自己主人公在手记中形成的那种内心不知终结的倾向。"然而够了，我不想再写'地下室'的事了……"

"不过，这位奇谈怪论者的手记并没有就此结束。他没有打住，继续往下写。可是我们同样以为，到此也可以停止了。"

最后，我们还要指出"地下室人"的以下两个特点。不仅他的话语，而且连他的面孔也是察言观色、预留后路的，由此同样引起上述种种现象。不同声音的干扰交错，好像渗透到他的躯体中，使他失去独立性和单一性。"地下室人"憎恨自己的面孔，因为这张脸上可以看到别人对自己的控制，看到他人评价和他人意见的制约。他自己也用他人眼光、别人的眼睛观察自己的面孔。这个他人眼光和他自己的眼光交错融合在一起，便令他对自己面孔产生了一种特别的厌恶：

"比如说，我憎恨自己的脸，发现它模样可憎，甚至正怀疑它有什么下作的表情，因此每次上班时总是很痛苦地极力让自己尽可能显得独立不羁，使人家不致怀疑我下贱，脸上的表情也力求显得尽可能高尚些。我心想：'脸不好看倒没什么，但得让它显得高兴、富于表情，更主要的是非常聪明。'但是我非常难过地确知，所有这些优点都是我的脸永远也无法表现的。最可怕的是，我发现我的脸不可救药地愚蠢。要是说内心，我也完全可以将就了。甚至我也认可它的表情鄙俗，只要人们觉得我的脸非常聪明就行了。"

正像他讲到自己时故意把话说得不伦不类，他也高兴看到自己的面孔难看：

"我偶尔往镜子里看了看。我觉得我那惊慌不安的面孔令人极端讨厌：苍白、凶狠、丑陋，一头蓬乱的头发。'这随它去，我喜欢这样，'我心想，'让她看到我这副讨厌模样，我才高兴呢。这使我愉快……'"

在《地下室手记》中，同别人就评定自己进行的争论，由于加上另一场争论而变得复杂了，这就是同别人就世界和社会进行的争论。地下室主人公与杰符什金和戈利亚德金不同，他还是个思想家。

在他谈及思想见解的话语中，我们很容易发现和他评定自己的话语相同的一些现象。他谈论世界的话语，或公开或隐蔽，都带有争辩性；而且这种话语不只与别的人们争论，不只与另外一些思想争论，还和自己思考对象（即世界和世间的秩序）进行争论。即使在议论世界的话语中，对他来说仿佛也有两种声音，他不能在其中找到自己的声音和自己那个世界，因为就连评定世界时他也预留后路。正如在人的身躯里他看到了杂错交锋，世界、自然、社会在他眼里，也一样有着杂错交锋。论及它们的每一个思想，都包含着不同声音、评价、观点的斗争。无论在哪里，他首先感觉到有一个左右他的他人的意志。

他联系到他人意志，来看待世界秩序，看待自然和自然界的机械的必然性，看待社会的制度。从他思想的发展和形成来看，他像是亲身遭受到了世界秩序的欺凌，亲身受到世界那种盲目必然性的损害。这一点使论及思想见解的话语，具有了十分亲昵和热烈的性质，并使它能与评定自己的语言紧密交融起来。人们会觉得（陀思妥耶夫斯基的构思也确实如此），实质上这里说的是一种语言；主人公只有理解了自己，才能理解自己的世界。他谈论世界的话语，也和谈论自己的话语一样，具有深刻的对话性：他对世界秩序，甚至对大自然的机械的必然性，都发出尖锐的责难，仿佛他不是在议论世界，而是在和世界对话。论及思想见解的话语所具有的这些特点，等我们以后研究主要是思想家的那些主人公时，再来分析，其中尤以伊万·卡拉马佐夫把这些特点表现得特别清晰突出。

"地下室人"的话语,完全是实现交际的话语。对他来说,一讲话就是同某个人交谈;议论自己,是以自己的话语去同自己交谈,议论别人,是同别人交谈,议论世界就是和世界说话。不过,当他和自己、别人、世界讲话时,同时他还是对着第三个人说话:他不时朝一旁斜眼,看看听众、目击者、评判人①。由于语言同时面向三个对象,又由于这个话语只能在同对象的交际中才能议论对象,结果话语便形成了一种异常活跃的、激动不安的特点,我们还不妨说是纠缠不清的特点。不可能把它当成是安心局限于自身和自己讲述内容的抒情性的平静叙事性的话语,某种"超脱"的话语;不是的,遇到这种话语,你首先便会做出反应、回答、被吸引去同它做戏;它能使你激动不安,刺激你,几乎就像一个活人亲自同你谈话。这种话语打破了舞台上下的界限,但并不是由于它具有现实的意义,或是表现出直接的哲理意义,而是由于我们所分析的语言结构形式上的原因。

陀思妥耶夫斯基作品中的任何话语,都带有交际的成分,其中叙述的话语和主人公的话语,在同样程度上都是如此。在陀思妥耶夫斯基的世界里,一般没有任何物的存在,没有对象、客体,只有主体。因此没有单纯判断的词语,没有只讲客体的词语,没有背靠背的单纯指物的词语;只有交际中的话语,与他人话语接触对话的话语,谈论别人话语的话语,发向他人话语的话语。

三、陀思妥耶夫斯基长篇小说中的主人公话语和叙述体话语

现在我们来探讨长篇小说。在长篇小说上我们将少用些篇幅,因

---

① 我们不妨回忆一下,陀思妥耶夫斯基在《温顺的女性》前言中,如何描绘主人公的言语:"……有时他自己对自己说话,有时好像和一个隐身的听话人、某个评判人在说话。其实,现实生活中总是这样的。"——作者

为这里的创新,表现在主人公的对话中,而不在主人公的独白语里;这种独白语言在这里只是变得更复杂更细腻了,但总的说来,在结构因素方面并没有充实什么真正新的东西。

拉斯柯尔尼科夫独白语的惊人之处,在于它高度的内心对话性,在于它对其所想所说的一切,采取活跃的亲自对话的态度。对拉斯柯尔尼科夫来说,对一个东西进行思索,就意味着和它谈话。他不是思考种种事物,而是与这些事物说话。

这样,他同自己说话(常用"你"字,就像对别人一般),他劝说自己,挑逗自己,揭露自己,嘲弄挖苦自己,如此等等。下面就是他与自己对话的范例:

"绝不会成功?不让这门婚事成功,你有什么办法呢?你去阻止吗?你有什么权利?要获得这样的权利,你自己又能应许她们什么呢?等到你从大学毕业,有了工作,把自己的整个命运和整个前途都献给她们吗?这话我们都听到过了,这不过是一句空话,可是目前怎么办?目前就应该想些办法,这你明白吗?你现在是干什么呢?你不是在剥削她们嘛。她们的经济来源是一百卢布养老金和向斯维德里加依洛夫老爷们预支的薪水!你,未来的百万富翁,支配她们命运的宙斯,有什么办法能使她们不向斯维德里加依洛夫们和阿法纳西·伊万诺维奇·瓦赫鲁申借钱。再过十年吗?母亲在十年内会因编织三角头巾而双目失明,也许会哭瞎的;她会因吃不饱而变得憔悴,可是妹妹呢?嗯,你想一想吧,十年后,或者十年内,妹妹会变得怎样呢?你想过吗?"

他拿这些问题折磨自己,挑逗自己,甚至觉得是一种快乐。

在整部长篇小说里,他和自己的对话始终如此。当然,问题在变化,语调在变化,但是结构依然如旧。他的内心的言语的特点是,其中充满了他人话语,都是他刚刚听到或谈到的:来自母亲的信中,来自信里所引的卢仁、杜涅奇卡、斯维德里加依洛夫的言语中,来自刚听到的马尔梅拉多夫的言语中,以及来自他所转述的索涅奇卡的话语中等。

271

他在内心的言语中塞进他人的话语,增加了自己的语气,或者干脆改变了原来的语气,并同之进行激烈的争论。因此,他组织内心的言语,就是针对他近日来听到的、触动了他的他人话语,组织一连串生动的、激烈的对语。他称呼争论的对方,都用"你"字;对其中几乎每一个人,都要引述回敬他的原话,却改变了语气。同时每一个人物,每一个新的人,对他来说立即变为一种象征,他们的名字也变成了普通名词:斯维德里加依洛夫们、卢仁们、索涅奇卡们等。"哎,您这个斯维德里加依洛夫,想要干什么?"他朝一个追逐醉酒姑娘的花花公子这样喊道。他从马尔梅拉多夫那里了解了索涅奇卡,在他的内心的言语中,她总是象征着不必要的无谓的牺牲。杜尼娅出现在他的内心的言语中,带有另一种含意;卢仁的形象又具有自己的意义。

但是,每一个人物进入他的内心的言语,都不是作为一种性格或一种典型,也不是生活情节中的一个人物(如妹妹、妹妹的未婚夫等),而是某种生活目的和思想立场的象征,是在令他苦恼的那些思想上的问题中代表着生活中某种解决办法的象征。只要一个人出现在他的视野中,对他来说这人立即成为解决他自己那个问题的某种办法的体现者,而这个解决办法又与他自己做出的决定不相同;因此每个人都触到他的痛处,都在他的内心的言语中扮演一个确定无疑的角色。他把所有这些人物相互联系起来,让它们相互比较或者相互对立,迫使他们相互回答问题,相互呼应或相互揭露。结果,他的内心的言语就像哲理剧一般展开,其中的人物都是生活中现实存在的不同生活观和世界观的体现者。

拉斯柯尔尼科夫引入自己内心言语的所有声音,相互发生一种特殊的接触;而在现实的对话中,这些不同声音之间不可能发生这种接触。由于这里它们是处于同一个意识中,便好像变得相互渗透。它们聚拢、靠近,部分地相互交叉,在交叉的地方相应地就出现交锋。

我们前面已经指出,陀思妥耶夫斯基作品中没有思想的形成过程,即使在个别的主人公的意识范围内也没有表现(只是极少数例外)。主人公的思想材料总是一下子全都赋予他,而且这形式不是单个的思想,个别的原则,这是人的整个思想意向,人的整个声音;问题仅在于选用它们之中的哪一个。主人公内心进行的思想斗争,是一场在已有的思想意向之间如何选择的斗争;而这种思想意向的数目,在整部小说的始末几乎是不变的。在陀思妥耶夫斯基世界里,是没有下列情况的:这个我以前不知道,这个我没见过,这是我后来才清楚的。他的主人公从一开始就什么全知道,什么都看得见。因此,每逢发生惨祸,主人公们(或叙述人讲到主人公时)常常这么说:这些他们都早已知道,早有预见。"我们的主人公突然喊叫了一声,双手抓住脑袋。唉!他这早已预感到了。"《同貌人》就这样结束了故事。"地下室人"经常强调说,他什么都知道,什么都预见到了。"我自己什么都看见了,我的绝境是显而易见的!"《温顺的女性》里的主人公这样大声说道。不错,我们在下面可以看到,主人公经常是向自己隐瞒他所知道的事,对自己也装出一副样子,似乎没有看到一直摆在他眼前的东西。然而在这种情况下,我们所指出的特点反而显得更加突出。

在新的事实、新的观点影响下逐渐形成某种思想——这种事几乎是不存在的。问题只在于选择,在于解决一个问题:"我是什么人?"和"我和什么人说话?"找到自己的声音,并在许多别人声音中找到自己的位置,使自己的声音同一些声音结合起来,与另一些声音相对立,或者把自己的声音同自己密切交融的另一个声音分离开来——这就是主人公们在整个小说中要完成的任务。这些也就决定了主人公的话语。主人公语言应该在同他人话语极度紧张的呼应协调中,找到自己,揭示自己。而所有这些人的话语,一般说从一开始就充分展示出来。在长篇小说整个内在情节和外在情节的发展过程中,主人公们的话语只是改换相互间所处的地位,形成各种不同的组合,而它们的数目自始至终是不变的。我们不妨这样说:从一开始就提供出了相当多样的稳定不变的思想内容;后来所做的,无非是把这些多样内容的重点重新配置而已。拉斯柯尔尼科夫在行凶杀人之前,就从马尔梅拉多夫的讲话中听出了索尼娅的声音,并立即决定去找她。她的声音和她的世界从一开始就进入了拉斯柯尔尼科夫的视野,进入了他的内心的对话。

"拉斯柯尔尼科夫在向她彻底坦白后说:

"'顺便说说,索尼娅,我在黑暗中躺着的时候,总觉得是魔鬼引诱了我,不是吗?'

"'您别说啦!不敬上帝的人,您别笑了,您什么也不懂!什么也不懂!噢,天哪!他什么也不会明白的!'

"'别说了,索尼娅,我根本没有笑。我自己也知道,是魔鬼拉我去干的。别说啦,索尼娅,别说啦!'他沉着脸不停地重复说。'我全都知道。那次我在黑暗中躺着的时候,我已经把这一切反复想过了,一次次低声对自己说过了⋯⋯干这一切,我内心是经过再三斗争的,连每一个细节都反复想过了,一切我都知道,一切我都知道!那时我很讨厌,对这些空谈讨厌透了!索尼娅,我想把这一切都忘掉,重新开始,也不再说空话!⋯⋯我当时要弄清楚另外一点,是另外一点促使我出此下策:当时我想知道,想快些知道,我同大家一样是只虱子呢,还是一个人?我能够越线,还是不能越线?我敢于俯身去拿呢,还是不敢?我只是头发抖的畜生呢,还是我有这个权利⋯⋯我只想向你证实一点:当时是魔鬼缠了我的身,后来他对我说,我没有权利上那儿去,因为我同大家一样也不过是一只虱子!他把我嘲笑了一番,所以我现在上你这儿来了!接待客人吧!要是我不是一只虱子,我会上你这儿来吗?你听着:那次我去找老太婆的时候,我当时只是去试一试⋯⋯你要明白这一点!'"

从拉斯柯尔尼科夫一个人躺在黑暗中的低声自语中,已经可以听见所有人的声音,其中也可听到索尼娅的声音。在这些声音当中,他探寻自己(就连犯罪也只是对自己的试探),考虑着自己的态度语气。现在这些语气侧重已经重新配置;前面引述了一部分的那段对话,就发生在语气侧重转换的过渡时刻。拉斯柯尔尼科夫内心里的多种声音,已经移动位置,形成新的交错关系。可是在整部长篇小说的范围内,我们始终听不到有主人公的流畅而无阻隔的声音;只是在小说尾声中才指出有这种可能性。

拉斯柯尔尼科夫的话语,有其独具的许多修辞现象,它的特点当然还远远不止于此。下面我们还要回过来,通过他和波尔菲里的对话,分析一下他的极度紧张的话语。

我们对《白痴》要谈得更少些,因为这里几乎没有什么实质性的新的修辞现象。

这部长篇小说中,伊波利特的自白(《我的必要的解释》)是典型的留有后路的自白;这正如伊波利特未遂的自杀,从其意图看是留有后路的自杀。对伊波利特的这一意图,梅思金做出了基本正确的评价。阿格拉娅揣摩伊波利特企图自杀的目的,是想让她以后能看到他的自白;梅思金回答她说:"那就是……这话怎么对您说呢?这是很难说的。不过,他大概是希望大家围住他,对他说人们都非常爱他,尊敬他;他希望大家都拼命劝他活下去。非常可能他最多的是想到了您,因为他竟在这个时候提到您……尽管他自己也许并没意识到是在想您。"

这当然不是谋划不周,这恰恰是留有后路,是伊波利特有意为之,但这一点使得他弄不清该怎样理解自己,正如他弄不清该怎样理解别人一样①。因此,伊波利特的声音一如"地下室人"的声音,内心是没有完成的,没有打上终结号。这也就是为什么他的最后的话(按他本意,自白便应是最终的定论),实际上没有成为最后的话,因为他自杀未遂。

这是一个谋求得到别人肯定的隐蔽的意图,它决定着整个作品的风格和语调。与这一意图相矛盾的,还有伊波利特如下的公开诉说,这些决定着他自白的内容:他不受他人品评的约束,对此不屑理睬,一任自行其是。他说:"我不想不作回答就一走了之,我愿意自由地而非被迫地讲几句话,不是为了开脱。噢,不!我没有必要向谁请求宽恕。

---

① 梅思金对此同样做了很准确的猜测:"此外,很有可能他根本没有思考过,只是愿意这样……他愿意最后再和人们见一次面,能得到他们的尊敬和爱戴。"——作者

没有什么原因,只是我希望如此。"他整个形象就建立在这个矛盾之上,他的每一个思想、每一句话都是由这个矛盾决定的。

同伊波利特谈论自己个人的话交错纠结在一起的,还有他谈论思想见解的话。它也像"地下室人"的话一样,对着宇宙而发,表示出抗议。自杀无疑也应是抗议的一种表现。他关于世界的想法,通过与得罪了他的某种上天力量的对话形式,得到了发挥。

梅思金言语和他人话语的相互关系同样非常紧张,但性质略有不同。梅思金的内心的言语,不论是对自己,或者是对别人,都以对话的形式展开。他同样不是谈论自己或谈论别人,而是与自己交谈,与别人交谈。这种内心的对话充满巨大的不安感。但左右着他的,主要是对自己话语的恐惧(指自己谈论别人的话语),而不是对他人话语的恐惧。他话中的种种解释、停顿及其他现象,大多是从这种恐惧中来的,由对他人一般地彬彬有礼,直到极度、异常害怕说出对别人的决定性的、最后的意见。他害怕自己对别人的想法、自己的怀疑和推测。在这方面最典型的,是他在罗戈任谋害他之前的内心对话。

当然,按照陀思妥耶夫斯基的构思,梅思金的话语已经是洞察一切的语言,就是说它能积极、有把握地介入别人内心对话,帮助别人认出自己的声音。当娜斯塔西娅·菲利波芙娜在笳纳家里,绝望地装成"堕落的女人"的时候,她内心里出现了不同声音的尖锐交锋。这时梅思金以一种几乎是决定性的语调,介入到她的内心对话中:

"您也不知道害臊!难道您真是像刚才发疯那样的人吗?这怎么可能呢!'公爵忽然带着极诚挚的责备口气喊道。

"娜斯塔西娅·菲利波芙娜不禁一惊,微微笑了笑,但是,她的微笑里好像掩饰着什么情绪。她有点慌乱,看了笳纳一眼,就从客厅里走出去了。她还没走到前室,忽然又回来了,快步走到尼娜·亚历山大洛芙娜面前,拉起她的手,贴在自己的嘴唇上。

"'他猜对了,我的确并不是那样的人,'她迅速地、热烈地小声说着,忽然满脸通红。她转过身去,又走了。这回走得非常快,谁也弄不清她回来是为了什么。"

类似的话,他也会对筰纳、罗戈任、伊丽莎白·普罗科菲耶芙娜等人说,也会取得同样的效果。但是,按陀思妥耶夫斯基的构思,梅思金这种富于洞察力的话,他从别人内心的多种声音里认定一个真实声音的见解,从来都不具有决定的意义。他的话语缺乏某种充分的信心和权威,常常干脆就半途而废,他同样没有见解坚定而又完整的独白语。他也和其他主人公一样,话语有强烈的内在对话性,而对话又充满了不安。

下面谈谈《群魔》。我们只分析一下斯塔夫罗金的自白。

斯塔夫罗金自白的修辞特色,引起了列昂尼德·格罗斯曼的注意,为此他撰写了一篇不长的论文:《斯塔夫罗金风格(〈群魔〉新的一章分析)》[①]。

他的分析结论如下:

"以上就是斯塔夫罗金'自白'的不同寻常又极为精巧的结构体系。要对犯罪意识给以尖锐的自我剖析,要无情地实录这一意识的所有细枝末节,就要求在叙述格调本身,用某种新的原则把话语分解开来,把完整流畅的言语分裂为不同层次。几乎在叙述的全过程里,都可以感到有一个分裂和谐的叙述格调的原则。可怕的罪犯的自白,既是讲谋杀和断案的主题,同样也就要求这种分解性的、近乎层层剥落的反映手法。文学描写式的完整圆满、从容镇定的言语,最难于同罪犯那种混乱恐怖、惶惑不定的心灵合拍。斯塔夫罗金回忆中充满的荒谬绝伦的丑恶和无穷无尽的恐惧,要求肢解传统的话语。恐怖的主题不断地寻找着某些新的手法,以创造一种扭曲的令人生厌的语句。

"'斯塔夫罗金的自白'是一次精彩的修辞实验;俄罗斯长篇小说的经典艺术散文,在这里第一次遭到动摇,遭到扭曲,并且离开原来的

[①] 见《陀思妥耶夫斯基的诗学》。论文首次刊于《陀思妥耶夫斯基·论文与资料汇编》第2集。——作者

轨道,转向获取迄今未知的新的成就。只有以我们今天的欧洲艺术为背景,才能找到恰当的标准来评价这种一反常规的风格所使用的种种带有预见性的手法。"①

Л.格罗斯曼把斯塔夫罗金自白的风格,理解为是他意识的独白表现;格罗斯曼认为,这一风格恰好适应主题,即罪行本身和斯塔夫罗金的心灵。这就是说,格罗斯曼分析自白时,采用了一般的修辞学原则。这种修辞学只考虑直接语言,即局限于自身和所写内容的语言。事实上,斯塔夫罗金自白风格的因素,首先是由通过内心对话以显示对他人的意图而决定的。正是对别人察言观色这一点,决定了它风格的变化和它整个的特殊的面貌。当吉洪直截了当从"审美评价"入手,批评自白的风格时,他所指的也正是这一点。很能说明问题的是,格罗斯曼完全忽略了吉洪评论中最为重要的部分,在自己论文中没有引述,而只涉及了次要的东西。吉洪的批评是很重要的,因为它不容争辩地表现出了陀思妥耶夫斯基本人的艺术构思。

吉洪认为自白的主要毛病是什么呢?

吉洪仔细地看完斯塔夫罗金的手稿,头一句话就是:

"'能不能对这手稿做点修改呢?'

"'为什么要改?我写时态度是真诚的。'斯塔夫罗金答道。

"'最好在风格上略微改改……'②"

由此可见,自白使吉洪感到吃惊的,首先是它的文体(风格)和它不雅的外观。下面我们引他们两人的一段对话,来揭示斯塔夫罗金风格的真正本质:

"'好像您有意要装扮得粗野些,可您的心里未必愿意这样……'吉洪胆子愈来愈大。显然,'手稿'对他产生了强烈的印象。

"'装扮'?我再次告诉您:我不是'装扮',更没有'装腔作势'。

"吉洪很快垂下了眼睛。

---

① 列昂尼德·格罗斯曼:《陀思妥耶夫斯基的诗学》,第162页。——作者
② 《文学史和社会舆论史文献》,第1卷,第32页。——作者

"'写这手稿是一个受到致命伤害的心灵的直接需要,我这样理解对吗?'他毅然决然地说道,显得十分激动。'是的,这是心灵的忏悔,是心灵自然的要求,这个要求征服了您,于是您走上了这伟大的道路——一条闻所未闻的道路,可是,您好像事先就对所有将看到这种描写的人怀恨在心,蔑视他们,呼唤他们投入战斗。您既然不耻于承认自己的罪恶,那为什么对悔罪又感到羞愧呢?'

"'我感到羞愧?'

"'您既羞愧,而且还害怕!'

"'我害怕?'

"'怕得要命。您说,让大家看着我好了;那么您自己又将怎么看他们呢?在您的叙述中,有些地方加强了风格的力量,您似乎在欣赏您的心理状态,并不放过每一个细节,全是为了用您并不具备的冷漠去使读者吃惊。这是什么,难道不是倨傲的罪人对法官的挑战吗?'"①

斯塔夫罗金的自白,也同伊波利特及"地下室人"的自白一样,有着极度紧张的面向他人的针对性;主人公离不开他人而独处,但同时却又仇视他人,不接受他人的评议。因此,斯塔夫罗金的自白,犹如我们以前分析过的自白一样,没有完成论定的能力,却同"地下室人"的言语所明确追求的那样,也趋向于一种恶性的循环。斯塔夫罗金如果得不到别人的承认和肯定,就无力肯定自己,但与此同时他又不愿接受别人对自己的看法。"但是对我来说,将会有那么些人,他们什么都知道,他们会打量我,而我也要打量他们。我愿意所有人都打量我。这会不会使我感到轻松——我不知道。我要作为最后一招试一试。"然而同时,他的自白的风格,却又受到他对"所有人"的仇视和不承认的态度所决定。

斯塔夫罗金对自己本人和对别人的态度,也陷入了一个跳不出的圈内,与"地下室人"的圈子一样。"地下室人"徘徊在圈子里,对自己

---

① 《文学史和社会舆论史文献》,第1卷,第33页。——作者

的伙伴全不理睬，同时又踩得皮靴笃笃直响，期望他们最后一定要注意到他是如何不理睬他们。但这里所用的是另一种素材，它同幽默相去甚远。不过斯塔夫罗金的处境仍然是滑稽可笑的。"甚至在这最重要的悔罪形式中，也包含着某种可笑的东西，"吉洪说。

但当我们研究"自白"本身时，我们应该承认，从风格的外部特征看，自白与《地下室手记》是大相径庭的。没有一句他人的话，没有任何他人的语气引进自白中。没有一处解释，一处重复，一个省略号。似乎没有任何外表的标志，说明他人话语起着决定性的影响。这里，他人话语确实深入渗透到内部结构中，相互对抗的对语紧密交织，致使话语从外部看去，是一种独白性的语言。不过即使是不很灵敏的耳朵，也能听出其中有不同的声音在激烈地不可调和地交锋。这一点吉洪立刻就指出了。

这里的风格，首先取决于对别人不加理睬的无礼态度，是特别有意视而不见。别人语句毫不经心地时断时续，并且准确到了厚颜无耻的地步。这不是一种冷静的严谨，不是一般意义的纪实手法，因为这种现实主义的纪实性应体现在自己记述的对象上，并且力求在各方面都符合对象的实际，尽管风格显得很枯燥。斯塔夫罗金尽量要使自己所说的话不带评价的语气，故意让它显得无动于衷，从中消除一切情调。他希望大家都扭头看他，可同时他又戴着呆滞僵硬的假面具忏悔。因此，他改动每个句子，使语句不透露他个人的声调，不冒出他后悔甚至仅仅是激动的语气。于是，他把语句断得支离破碎，因为正常的语句太便于传达人们的情调了。

只举一个例子说明："我，尼古拉·斯塔夫罗金，186……年退伍军官；住在彼得堡，耽于淫乱，但未得到乐趣。当时一段时间，我有三个住处。一处是我住的旅馆，有张桌子，一个女仆。当时在那还有玛丽亚·列比亚德金娜，现为我的合法妻室。另外两处，我按月租用，专为私情：一处接待一个爱我的女人，另一处接待她的侍女。有一个时期，我极力想安排这位太太和侍女在我处相遇。因为了解两人性格，心想这一玩笑定会带来极大乐趣。"①

只要一出现活生生的人的声音,好像语句立即中断。仿佛斯塔夫罗金向我们每投过一句话之后,马上就扭过脸去。值得注意的是,当他讲到自己时,当"我"字不仅仅表示动词的主语,且应带有个人强调的语气时,他就连这个"我"字也尽量略去不用(例如前引段落中第一句和最末一句)。格罗斯曼所指出的全部句法特点,诸如破碎的句子、故作隐晦或不避污秽的语汇等,实质上是表现出了斯塔夫罗金的主要追求,即显而易见地挑战式地从自己的话语中排除个人生动的语气,背过脸去同别人说话。当然,同时与这一特点相关,我们在斯塔夫罗金的"自白"中,也能发现某些我们在前引的一些主人公独白语中已经见过的现象;不用说,它们在这里表现较弱,至少是要从属于基本的主导倾向。

《少年》的叙述体,特别是开头部分,仿佛又使我们回到了《地下室手记》:这里同样有与读者或明或暗的争论,同样有种种解释、种种省略,同样引进运用预料中的对语,同样实现了对自己和对别人的全部关系的对话化。当然,作为主人公的"少年",他的话语也便具有了同样的特点。

在韦尔西洛夫的话语中,倒可以发现略为不同的现象。这话语是拘谨的,而且似乎是相当文雅的,其实并非真正的优美。这个话语整个地是要故意而且突出地,怀着对别人克制的轻蔑和挑战,来全部淹没个人的情调和语气。这使渴望听到韦尔西洛夫本人声音的"少年",感到愤懑和屈辱。陀思妥耶夫斯基以其惊人的技巧,迫使这个声音偶尔也有暴露,这时听到的是出人意料的新的语调。韦尔西洛夫制作了一个文雅的话语面具,一直戴着它,长期来始终回避摘下话语假面与少年面对面地相遇。在下面讲的这次见面时,韦尔西洛夫的声音就露出了本相:

"'这些楼梯……'韦尔西洛夫嘟嘟哝哝地说,吐字挺慢。看来他

---

① 《文学史和社会舆论史文献》,第1卷,第15页。——作者

想说点什么,可是又害怕我会说出什么来,'这些楼梯,我不习惯走了,你又在三层,不过我会找到的……别着急,亲爱的,你会伤风的……'

"我们已经走到大门口,我还一直跟在他后面。他打开门,一股风立刻刮进来,吹熄了我的蜡烛。这时,我突然抓住了他的手;四周漆黑一片。他哆嗦了一下,但没说话。我朝他的手俯下身去,突然热烈地吻了起来,先吻了几下,又吻了好几下。

"'我亲爱的孩子,为什么你这么爱我呀?'这时他说话的声音完全变了。他声音发颤,声音里有一种崭新的东西,好像换了个人在说话。"

不过,当韦尔西洛夫和阿赫玛科娃(既是爱又是憎)说话时,当有时和"少年"的母亲说话时,他话中两个声音的交锋,才特别突出和激烈。这种交锋的最终表现,也是在时间上分解成为两个声音——双声并存。

在《卡拉马佐夫兄弟》中,主人公独白语的结构中出现了新的因素,我们需要简单谈谈,尽管这新因素得到充分的体现,是在对话当中。

我们说过,陀思妥耶夫斯基的主人公,从一开始就无所不知,只需对样样齐备的思想素材进行选择就成了。但有时他们对自己也隐瞒起他们实际上已经知道的和看到的东西。表现这种现象最简单的方法,是用所谓双重思想。这种双重思想是陀思妥耶夫斯基所有主人公共有的特征(连梅思金和阿廖沙也莫不如此)。一个思想是显而易见的,它决定言语的内容,另一个思想是隐蔽的,但它却决定着言语的结构,给它留下自己的色调。

中篇小说《温顺的女性》,干脆以故作不知作为结构基础。某种东西一直摆在主人公眼前,可他却对自己隐瞒,并且仔细地从自己话语中剔除出去。把他整个独白归结到一点,就是最终要让自己看到并且承认其实他从一开始就知道看到的东西。这段独白的三分之二,表现了主人公拼命企图绕过那内在地决定着他的思想和言语的东西;这仿佛是无形而存在的一种"真理"。主人公起初努力想"把自己的思想集中到"与这一真理相对的"一点"上。可是结果他还是被迫把思想集中到了他所害怕的这一"真理"上。

这一修辞基础在伊万·卡拉马佐夫的言语中,体现得最深刻。开始他希望父亲死掉,后来他参与了谋杀,这两者构成了暗中决定他言语的因素;无疑这也同他处世思想的两重性有着密不可分的联系。小说中所描绘的伊万的内心生活,对他和别人来说,在很大程度上就是逐渐认识和肯定实际上他早已知道的东西。

再重复一下,这个过程主要在对话中展开,而首先是在与斯梅尔佳科夫的对话中。斯梅尔佳科夫也逐渐掌握了伊万自我隐瞒的声音。斯梅尔佳科夫之所以能驾驭这个声音,正是因为伊万的意识并不往这个方向看,也不愿意看。最后,他要从伊万那里获得他所要求的言和行。伊万离开这儿去切尔马什尼亚,是斯梅尔佳科夫坚持要他去的。

"当他已经在马车里坐好,斯梅尔佳科夫跑到近前把毯子整了整。

"'你瞧……我这是去切尔马什尼亚……'不知怎么伊万·费多罗维奇突然脱口说道,又像昨天那样不由自主地脱口而出,还带有一种神经质的笑声。后来他久久回忆起这件事。

"'看来人们说得对,和聪明人谈话也有趣。'斯梅尔佳科夫斩钉截铁地说,诚挚地望了伊万·费多罗维奇一眼。"

伊万对自己实际上已经了解的事实、他的第二个声音讲到的东西,不断进行自我探索,逐渐予以承认,这个过程构成了这部长篇小说以后章节的内容。但这一过程始终未能完成。它由于伊万患了精神病而中断。

伊万谈及思想见解的话语,这话语中的个人倾向性,他对所谈对象采取的对话态度——这些都表现得极其鲜明和清晰。这不是对世界的泛论,而是个人对世界的否定;他把上帝看作是世道如此的罪魁祸首,对上帝表示拒不接受这个世界。但伊万的思想见解仿佛是在双重的对话中展开的:一是伊万和阿廖沙的对话,二是插进来的由伊万编造的宗教大法官与耶稣的对话(确切些说是对话化了的独白)。

我们再谈谈陀思妥耶夫斯基作品中的另一种话语,即记述圣徒言行的话语。它出现在赫罗莫纳什卡(即跛女人)的言语中,玛卡尔·多尔戈鲁基的言语中,还出现在记述圣徒佐西马的言行中。最早它可能是出现在梅思金的各种叙述中(尤其是讲到玛丽的一段)。记述圣徒言行的言语,是不须察言观色的无所顾忌的言语,是局限于自身和所讲内容的言语。不过,在陀思妥耶夫斯基作品中,这种话语的风格当然是有所效仿的。主人公自信而坚定的独白声音,在他作品中实际上从不出现,只在少数的一些情况下,能明显感到这种倾向。按照陀思妥耶夫斯基的构思,每当主人公讲自己接近真实的时候,当他与别人和解并逐渐掌握真正自己的声音时,他的风格和语调就开始变化。例如,在《温顺的女性》中,当主人公按照作者的构思接近了真理时,"真理不可遏止地使他的智慧和心灵升华。到最后,甚至叙述的声调与它杂乱无章的开头相比,也发生了变化。"(摘自陀思妥耶夫斯基的前言)

下面就是小说最后一页上,主人公的变化了的声音:

"她闭上眼了,闭上眼了!她是死了,听不见了!你不知道我把你置于什么样的天国之中。天国在我的心里,我要把你安置在其中!哦,你不会爱我——不爱我就不爱我,那又怎么样?一切本该是这样,一切都会照这样下去。你只要像对朋友似的对我说话——我们会觉得快活,会快活地笑,彼此注视着对方。我们本会这样生活。万一你爱上了别人——嗯,那就爱吧,爱吧!你会跟他一边走,一边笑,我呢,就从街对面看你们……啊,我一切都不在乎,只要她能睁开眼睛,哪怕睁一次也好!睁一会儿,只要睁一会儿!就像不多久以前那样瞅我一眼,当时,她站在我面前,发誓说:她要做一个忠实的妻子!啊,她只要看一眼就全都明白了。"

在"少年"("长老佐西马的弟弟")的话里,在战胜了自己(指马弁和决斗的情节)的佐西马本人的话中,最后在"神秘来客"忏悔后所说的话中,都有讲到天堂的话,也是采用类似的风格,但却是用现身表演的声调。所有这些言语,都在不同程度上模拟效仿宗教传记或宗教忏悔的格调语气。至于说在叙述人的言语当中,这种声调只出现过一次,就是在《卡拉马佐夫兄弟》的《卡纳·加利列伊斯卡娅》一章中。

在陀思妥耶夫斯基作品中,真心实意的话语,地位颇为特殊,它具有自己的功能。按构思来说,它应该是确定无疑的独白性话语,是没有分裂的话语,不须看人脸色,不须留有后路,也不包含内心的争论。但这种话语,只有在与别人真实的对话中才能出现。

根据陀思妥耶夫斯基的构思,根据他的基本的思想前提来看,即使在同一个意识范围内,不同声音的和解和融合,一般也不可能形成独白,而是使主人公的声音融进合唱中去;为此就得制服压倒自己那些虚假的声音,那些不时打断和嘲弄真实声音的虚假声音。从陀思妥耶夫斯基的社会思想来看,这表现为要求知识分子阶层和民众的结合。"收敛些吧,高傲的人,首先打掉自己的傲气。收敛些吧,游手好闲的家伙,首先到老百姓的土地上去干点活。"从他的宗教思想来看,这就意味着加入合唱,和大家一起高歌"Hosanna!"在这个合唱中,言语口口相传,全都用同一种赞扬、欣喜和快乐的语调。而从他的长篇小说来看,这里形成的并不是这种由相互和解的声音构成的复调,而是由相互斗争、内部分裂的声音构成的复调。这相互斗争、内部分裂的声音,已经不是来自他观念上的狭隘期望,却是来自当时的现实生活。他的思想观念中固有的社会乌托邦和宗教乌托邦,没能吞没,没能消融掉他那客观的艺术视觉。

简单谈谈叙述人的风格。

叙述人话语即使在最后几部作品中,和主人公话语相比,也并没有提供什么新的语调,什么重要的意向。它仍同以前一样,只是众多话语中的一种。一般讲,叙述总是在两个极限之间移动,从枯燥的通告式、记录式、完全不做绘声绘色描叙的话语,到主人公的话语。在叙述竭力向主人公语言靠拢的地方,主人公就要改变叙述的语气(变为挑逗、争论、讽刺的语气),只在极个别的情况下才愿意与之融合在同一种语气中。

在每一部长篇小说中，叙述人话语都是在这两个极限之间移动的。

这两个极限的影响，甚至在章节的标题中都看得很明显：一些章节的标题是直接摘自主人公的话（但作为章节的标题，这些话无疑表现了另一种语义的侧重）；另一些章节的标题，符合主人公风格的要求；再一些标题则具有公文通告的性质；最后，还有一些章节的标题，是文学性的虚构。在《卡拉马佐夫兄弟》中，每一种都可以找到例证：第六章（第二卷）：《这样的人活着有什么用！》（德米特里的话）。第二章（第一卷）。《被扔在一边的长子》（符合费奥多尔·帕夫洛维奇的风格）。第一章（第一卷）：《费奥多尔·帕夫洛维奇·卡拉马佐夫》（介绍人物的标题）。第六章（第五卷）《暂时还很不清楚的一章》（文学性虚构的标题）。《卡拉马佐夫兄弟》的目录，就像一个微观世界，将长篇小说中纷繁多样的语调和风格都包容了进去。

在任何一部长篇小说中，如此纷繁多样的语调和风格，都不能归纳成一个类型的东西。不论是作家的话语或是主要人物的话语，都不能成其为主导的话语。在陀思妥耶夫斯基的长篇小说中，这种独白意义上的统一风格是不存在的。至于说整个叙述是如何组织起来的，那么我们已经知道，叙述是对主人公采取一种对话的态度。因为，作品中所有因素无一例外地实现对话化，是作者构思本身的一个重要方面。

当叙述不作为他人的声音渗入到主人公们内在对话时，当叙述不与其中某一主人公的言语交错结合的时候，这时的叙述言语就不表示谁的声音，没有什么语调，或者只有假定的语调。枯燥的通告、记录式的话语，似乎是没有人声的话语，是人声的素材。这种没有人声、不带语调的事实，在作品中以恰当的方法表现出来，使它能够进入主人公本人的视野，能够变成主人公自己声音的材料，能够变成主人公评定自己的材料。作者不把自己的裁决、自己的评价加到这事实上。正因为如此,叙述人的视野狭窄,看不到远景。

就这样,有一些话语直接地公开地参与主人公的内在对话,另一些语言则是潜在地参与:作者要使主人公本人的声音和意识能够掌握这些语言,它们的语调没有预先确定,为语调留下了自由的天地。

总之,在陀思妥耶夫斯基的作品中,没有终结的、完成的、一次论定的话语。因此,也没有确定不移的主人公形象能来回答"他是什么人?"的问题。这里只能有"我是什么人?"和"你是什么人?"的问题。但即使这些问题,也只出现在从不间断又永不完成的内心对话中。主人公讲的话语和讲主人公的话语,都取决于对自己本人和对别人所采取的不封闭的对话态度。作者话语不能从所有方面包容、封闭,并从外部完成主人公及其话语。它只能同他交谈。所有的品评和所有的观点,都为对话所囊括,都被纳入对话的过程。陀思妥耶夫斯基不用背靠背的话语;这种话语概不介入主人公的内心对话,它只会不动感情地客观地塑造出完成论定的主人公形象来。"背靠背"的话语,对人物做出最终结论的话语,不属于他的构思范围。确定不移的、呆滞不动的、完成收束的、毫无反响的、已经论定的东西,在陀思妥耶夫斯基的世界中是不存在的。

四、陀思妥耶夫斯基的对话

陀思妥耶夫斯基主人公的自我意识,是完全对话化了的:这个自我意识在自己的每一点上,都是外向的,它紧张地同自己、同别人、同第三者说话。离开同自己本人和同别人的充满活力的交际,主人公就连在自己心目中也将不存在了。从这个意义上可以说,陀思妥耶夫斯基作品中的人,是交谈的主体。不能谈论这个主体,只能同他交谈。陀思妥耶夫斯基认为描写"人类心灵的隐秘",是自己的"最高意义"上的现实主义所应完成的主要任务,而这心灵的隐秘只有在紧张的交际中才能揭示出来。对人做冷静的、不动声色的分析,是不可能掌握人的内心世界,不可能看清他,理解他的;通过与他融为一体、移情其身,也不可能把握他。这都不行。只有通过与他交际,采用对话方式,才能够接近他,揭示他,准确些说是迫使他自我揭示。而要描写出陀思妥耶夫斯基所理解的内心的人,只能靠描写他与别人的交际。只有在交际中,在人与人的相互作用中,才能揭示"人身上的人",揭示给别人,也揭示给自己。

完全可以理解,在陀思妥耶夫斯基艺术世界中居于中心位置的,应该是对话;并且对话不是作为一种手段,而是作为目的本身。对话在这里不是行动的前奏,它本身就是行动。它也不是揭示和表现某人似乎现成的性格的一种手段。不是的。在对话中,人不仅仅外在地显露自己,而且是头一次逐渐形成为他现在的样子。我们再重复一遍:这不仅对别人来说是如此,对自己本人来说也是如此。存在就意味着进行对话的交际。对话结束之时,也是一切终结之日。因此,实际上对话不可能、也不应该结束。陀思妥耶夫斯基在自己的宗教乌托邦的世界观方面,把对话看成为永恒,而永恒在他的思想里便是永恒的共欢、共赏、共话。在长篇小说里,这表现为对话的不可完成性,而开初则还表现为对话的恶性循环。

在陀思妥耶夫斯基长篇小说中,一切莫不都归结于对话,归结于对话式的对立,这是一切的中心。一切都是手段,对话才是目的。单一的声音,什么也结束不了,什么也解决不了。两个声音才是生命的最低条件,生存的最低条件。

在陀思妥耶夫斯基的构思中,对话潜在的无限性本身,就已说明这种对话不可能成为严格意义上的情节性对话。因为情节性对话犹如情节中的事件一样,一定要努力达到终点;其实情节性对话就是情节性事件的一个因素。因此,就像我们已经说过的,陀思妥耶夫斯基的对话永远是超情节的,就是说从内在性质看,它不受交谈人之间情节关系的制约,虽然它无疑是以情节作为铺垫的。例如,梅思金和罗戈任的对话,是"人与人"的对话,而绝非两个情敌的对话,虽然正是情场角逐使他们相遇一起。对话的核心永远是超情节的,不管对话在情节上是多么紧张(例如,阿格拉娅和娜斯塔西娅·菲利波芙娜的对话)。不过,对话的外形总是极富情节色彩的,只有在陀思妥耶夫斯基的早期创作中,对话带有某种抽象性,没有嵌进坚固的情节框架里。

陀思妥耶夫斯基对话的基本公式是很简单的:表现为"我"与"他人"对立的人与人的对立。

在早期创作中,这个"他人"同样具有某些抽象性:泛指的他人。"地下室人"在年轻时曾暗自想过:"我只是一个人,所有的人都是他们"。实际上他在以后的生活中仍旧是这样想的。对他来说,世界分裂为两个营垒:一个营垒是"我",另一个营垒是"他们",即无一例外的所有"他人",不论他们是什么人。对他来说,每一个人首先是作为"他人"而存在的。对人的这种看法,直接决定了他对人的全部态度。他把所有的人都归结为一类——"他人"。学校的同学、工作上的同事、阿波隆的女仆、爱上了他的女人,甚至他与之争论的世界秩序的缔造者,他把他们都归入这一范畴,并且对待他们首先是当作自身之外的"他人"。

这种抽象性是这部作品的整体构思所决定了的。地下室主人公的生活,没有任何情节可言。有情节的生活应是有朋友、兄弟、父母、妻子、情敌、心爱的女人等,他自己也应能是兄弟、儿子、丈夫;可是这样的生活他只能在幻想之中体验到。在他的现实生活中,并没有真正的这类人们。正因此,这部作品中表面的对话和内心的对话都很抽象,而且清晰醒目,以至足可与拉辛作品中的对话相提并论。表面对话的无限性,在这里和内心对话的无限性一样,犹如数学般地明确无误。现实中的"他人"要进到"地下室人"的世界里,只能是作为"地下室人"已然与之进行无结果争论的那个"他人"。任何现实中的他人声音,必然会同已经响在主人公耳中的他人声音融合起来。而现实中的"他人"话语，同样会被吸收到易变、流动的运动中去，正像一切预料中的他人对语。主人公专横地要求他人完全承认和肯定自己，可同时他又不接受他人这种承认与肯定，因为在他人那里，他只能是软弱、消极的一方，亦即被人理解的、被人承认、被人原谅的人。这是他自尊心所难以忍受的。

"不久前我在你面前像个羞愧的女人忍不住流了泪，这一点我永远不会原谅你！还有，在我现在向你承认的这些事上，我也永远不会原谅你！"当他向爱他的姑娘袒露心迹时这么喊道，"你明白吗，现在我把这些话对你讲了，以后我会因为你在这里并且听了我的话而憎恨你？要知道，一个人一生只能有一次说出这样的话来，而且只是在歇斯底里发作的时候！……你还要什么呢？在这一切发生以后，你为什么还要站在我面前，折磨我？为什么你不走呢？"

但是她没有走。后来的情形更糟。她理解了他，而且如实地肯定了他。对她的同情和肯定，他受不了。"我这乱糟糟的脑子里，也冒出这样的念头：现在完全对调了角色，现在她成了英雄，而我却正好变成了四天前那个晚上，她站在我面前的那副失魂落魄的屈辱样子……这些想法当我趴在沙发上的时候就已经出现在我的脑子里了！

"我的上帝！难道从那时我就妒忌她的地位了吗？

"我不知道，直到如今我还说不清楚，而当时自然比现在更糊涂。我要是不知道谁折磨谁，就活不下去……可是……这类问题光靠议论是说不清楚的，因此也就用不着发什么议论。"

"地下室人"总是处于与"他人"的无结果的对立之中。现实里真人的声音也和预料中的他人对语一样，不可能结束他那永无终结的内心的对话。

我们已经说过，内心的对话（即微型对话）及其结构原则，是陀思妥耶夫斯基起初引进真实的他人声音所依靠的基础。内心对话同形诸布局结构的表面对话，两者之间上述的相互关系，我们现在需要更仔细地分析一下。因为这是陀思妥耶夫斯基对话本质所在。

我们已经看到,在《同貌人》中,陀思妥耶夫斯基直接把第二个主人公(同貌人)当作是人格化了的戈利亚德金本人的第二个内心声音。叙述人的声音也同样如此。从另一方面看,戈利亚德金的内心声音,本身也只不过是替代现实中的一个他人声音,是一种特殊的替身。由于这个原因,不同声音之间才产生了最密切的联系,它们的对话才达到极度的紧张(当然这里是单方面的紧张)。他人的对语(同貌人的对语)不可能不触痛戈利亚德金,因为这对语恰好是他自己的话,却由他人之口用恶意歪曲和改换了的语调说了出来。

　　这种把不同声音结合起来的原则,在陀思妥耶夫斯基以后的全部创作中都始终保持不变,只是结合的形式变得复杂而深入了。他的对话具有特殊的力量,全靠了这一原则。陀思妥耶夫斯基总是这样写出两个主人公来:他们之中每个人都与另一人的内心的声音亲密无间,尽管直接成为别人替身的情况再没有出现过(伊万·卡拉马佐夫的魔鬼除外)。因此,在他们的对话中,一个人的对语会牵涉到另一人内心对话的对语,甚至有的地方与其重合一致。一个主人公讲出的他人话语,与另一主人公隐秘的内心话语,有着极其深刻重要的联系,或者部分地重合一致——这是陀思妥耶夫斯基所有重要对话不可或缺的因素;一些主要的对话,就直接建立在这种因素上。

　　下面我们从《卡拉马佐夫兄弟》中,摘引一段虽不很长却极为鲜明的对话。

　　伊万·卡拉马佐夫还深信德米特里是有罪的。但在内心深处,他几乎是背着自己在怀疑自己本人的罪过。他内心的斗争极为激烈。就在这时,发生了他和阿廖沙以下的对话。

　　阿廖沙绝对否认德米特里有罪:

　　"'照您说,那么谁是凶手?'他(指伊万。——M.巴赫金)外表冷漠地问道,问话的声调甚至有一点高傲。

　　"'是谁,这你自己知道。'阿廖沙低声真诚地说。

　　"'谁呢?你讲的是关于那个羊癫风白痴的神话吧?是说斯梅尔

佳科夫?'

"阿廖沙突然觉得浑身发颤。

"'你自己清楚他是谁。'他无力地脱口而出,喘不过气来。

"'到底是谁?是谁?'伊万几乎狂暴地喊了起来。突然间完全失去了控制。

"'我只知道一点,'阿廖沙仍然用近乎耳语的声音说道,'杀死父亲的不是你。"

"'不是你'!'不是你'——这话什么意思,伊万呆住了。

"沉默了约半分钟。

"'我自己也知道不是我,你在说梦话吧?'伊万脸色苍白,牵动嘴角苦笑了一下。他好像用眼睛盯住了阿廖沙不放。两人又站到灯旁。

"'不,伊万,你自己对自己多次说过,你是凶手。'

"'我什么时候说过?……那时我在莫斯科……我什么时候说过?'伊万全然不知所措地喃喃道。

"'在这可怕的两个月里,当只剩你一个人时,你多次对自己说过。'阿廖沙仍旧低声地,并且一字一顿地继续说道。他说时好像已经不由自主,不能控制自己,而是受到某种不可抗拒的力量支配。'你控告自己并且对自己承认,凶手不是别人而是你。但杀人的不是你,你弄错了,你不是凶手,听见没有,不是你!这些是上帝让我对你说的。'"

我们所分析的陀思妥耶夫斯基的手法,在对话内容当中就清楚地显现出来,十分鲜明。阿廖沙直截了当地说,他是在回答伊万在内心对话中给自己提出的问题。这个片段是说明真心实意的话语及其在对话中艺术作用的最典型的例子。下面的一点是非常重要的。由他人嘴里说出来的伊万自己隐秘的话,引起伊万对阿廖沙的反驳和仇视,而且正是因为它们确实触痛了他,确实是对他问题的回答。这时他便根本不能同意由他人来讨论他自己内心的隐秘。对此阿廖沙是异常清楚的,但他预见到伊万(富有深沉的良心感的人)或迟或早必然做出绝对肯定的回答:是我杀害的。按照陀思妥耶夫斯基的构思,他对他自己不可能做出另一种回答。到那时阿廖沙的话作为他人的话,就会有用的:"'哥哥,'阿廖沙声音颤抖着又说,'我对你说这话,是因为你以后会相信我的话,我知道这一点。我对你说"不是你!"这话永远不会变。听见没有,永远不会变。而我这样对你说,是上帝的旨意,尽管你从现在起一直会对我怀恨在心……'"

阿廖沙讲的与伊万内心的言语相重合的话,应该拿来和魔鬼的话进行一番比较;魔鬼的话同样是伊万本人思想和话语的重复。魔鬼给伊万的内心的对话带进了讥讽和绝对谴责的语气,就像特里沙托夫歌剧中魔鬼所唱的歌,它"挨着颂歌,和着颂歌,差不多合进了颂歌,可完全是另一支歌"。魔鬼说话,既像伊万,同时又像怀有敌意地夸大和歪曲他的语气的"他人"。"你就是我,是我本人,"伊万对魔鬼说,"只是另一副面孔。"阿廖沙同样也给伊万的内心对话加上了他人语气,但不过性质全然相反。作为"他人"的阿廖沙,引进的是钟爱与和解的色调,这在伊万说自己的话里当然不可能出现。阿廖沙的话和魔鬼的话,虽然同样都重复着伊万的话,却赋予它们截然相反的语气。一个强调内心对话中这一方对语,另一个强调另一方对语。

对陀思妥耶夫斯基来说,这样安排主人公们的位置,安排他们话语之间的相互关系,是最典型不过了。在陀思妥耶夫斯基的对话中,相互冲突和争论的,不是两个完整的独白声音,而是两个分裂的声音(至少有一个是分裂的)。一个声音的公开对语回答另一个声音的隐蔽对语。两个主人公与一个主人公对立,后两个主人公中的每一人又关联着前一个主人公内心对话中的相反的对语——这对陀思妥耶夫斯基来说是最典型的组合。

为要正确理解陀思妥耶夫斯基的构思,考虑一下他如何评价"他人"的作用,是很重要的,因为他的主要艺术效果,就是靠让同样的话由相互对立的不同声音说出才获得的。我们上面引了阿廖沙和伊万的对话,与此相呼应,我们再从陀思妥耶夫斯基给 T.科夫纳的信中引一段话:

"我不太喜欢您信中的两行字,那里您说并不因为在银行里干的事而感到丝毫的后悔。有某种东西是高于理智的结论和种种现实条件的，人人都应该服从它（也就是说又是旗帜一类的东西）。以您的聪明，当不至于因我说话坦率和冒昧而感到屈辱。第一，我自己并不比您或别的什么人高明（这绝非假装谦逊，再说我又何必这样呢？）第二，如果说我内心用自己的方式在为您辩护（好比我也可请您为我辩护），那么我为您辩护毕竟要比您为自己辩护要好。"①

在《白痴》中，安排人物的情况也相类似。此外主要的有两个组合：第一个组合包括娜斯塔西娅·菲利波芙娜、梅思金和罗戈任，第二个组合是梅思金、娜斯塔西娅·菲利波芙娜和阿格拉娅。我们就第一个组合分析一下。

我们已经知道，娜斯塔西娅·菲利波芙娜的声音分裂为两种声音，一是认为她有罪，是"堕落的女人"；一是为她开脱，肯定她。她的话里到处是这两种声音的交锋结合：时而这个声音占上风，时而那个声音占上风，但是哪个声音也不能彻底战胜对方。每一个声音的语气都得到现实中他人声音的加强，或者被它打断。一些谴责的声音迫使她夸大自责的语气，有意激怒这些谴责她的人们。因此，她的忏悔有些像斯塔夫罗金的忏悔，或是像"地下室人"的忏悔（修辞表达上更接近）。当她来到笳纳的住所，知道那里人们对她是指责的态度，就故意装出高级娼妓的样子。只有梅思金的声音同她内心的对话里的另一种态度相一致；只有梅思金的声音才使她急剧改变声调，并恭敬地吻了笳纳母亲的手，可刚才还在挖苦她呢。梅思金和他真实的声音在娜斯塔西娅·菲利波芙娜生活中所占的地位，完全是由他与她内心的对话里一方对语亲密无间的关系决定的。"难道我不想嫁给你这样的人么？你猜得很对，我老早就梦想着了，当时我住在乡下托慈基家，一个人孤孤单单住了五年。那时我常常想啊想，做着梦，老想嫁给一个像你这样善良.诚实、美好、带点傻气的人，他会忽然跑来说：'您没有错，

---

① 《费·米·陀思妥耶夫斯基书信集》，第3卷，莫斯科—列宁格勒，国家出版社，1984年，第256页。——作者

娜斯塔西娅·菲利波芙娜,我崇拜您!'我有时竟想到发狂的地步……"

这句预料中的他人对语,她终于在梅思金现实的声音里听到了。它在娜斯塔西娅·菲利波芙娜的不幸的晚会上,几乎一字不差地重复了出来。

对罗戈任是另一种处理方法。他从一开始就成了娜斯塔西娅·菲利波芙娜第二个声音的象征。"我不过是罗戈任的人。"她不止一次地重复说。和罗戈任一起饮酒作乐,跟罗戈任走,这在她来说就是整个地体现和实现她的第二个声音。买她为玩物的罗戈任以及他的寻欢作乐——这就是她的不祥而夸张的堕落象征。但这时对罗戈任来说是不公正的,因为他,尤其在开始时,完全不想责备她,但他却会恨她。罗戈任背后藏着刀,她对此是清楚的。这就是第一个组合的情况。梅思金和罗戈任两人真实的声音,同娜斯塔西娅·菲利波芙娜内在对话的两个声音交织重合。她的声音里的交锋,变为她与梅思金和罗戈任相互关系中情节上的交锋:如她数次逃离自己与梅思金的婚礼,跑到罗戈任那里,又从罗戈任那里重新逃回到梅思金那里,和她对阿格拉娅的憎与爱①。

---

① A.斯卡夫特莫夫在论文《长篇小说〈白痴〉的主题结构》中,对陀思妥耶夫斯基的人物安排中"他人"所起的作用(对"我"而言),有着完全正确的理解。他说:"陀思妥耶夫斯基在娜斯塔西娅及伊渡利特(也包括他笔下所有傲气的人)身上展示了寂寞和孤独的痛苦,这种痛苦表现为对爱情和同情的锲而不舍的追求;这就表现出一种倾向:人面对内心隐秘的自我同情,自己不能肯定自己,并且,他自己既然不能使自己表现出高尚,便为自己感到痛心,于是到别人心里寻找对自己的崇高和赞同。在梅思金公爵的叙述中,玛丽的形象起的作用,就是通过宽恕求得心灵的净化。"

他是这样说明娜斯塔西娅·菲利波芙娜对梅思金的态度的:"作者本人便这样揭示了娜斯塔西娅·菲利波芙娜对梅思金公爵不稳定态度的内在含义:地一方面想靠近他(对理想的渴求和对宽恕的渴求),同时她又或感于自己的卑下(有罪的意识和灵魂的纯洁),或出于自尊心(无法忘却自己而接受爱情和宽恕)而疏远他。"见文集《陀思妥耶夫斯基的创作道路》,H.布罗茨基主编,列宁格勒,播种者出版社,1924年,第153及148页。

但是 A.斯卡夫特莫夫所做的,仍是纯心理的分析。他并没有揭示这一点在塑造这一组人物和组织对话中的真正的艺术作用。——作者伊万·卡拉马佐夫和斯梅尔佳科夫的对话,性质则有所不同。在这里陀思妥耶夫斯基运用他的对话的手法,达到了登峰造极的地步。

伊万和斯梅尔佳科夫相互间的意图极为复杂。我们已经谈到,在小说开头,伊万盼着父亲死去的念头无形地、对他自己也是若明若暗地决定着他的话。但是,斯梅尔佳科夫觉察到了这隐蔽的声音,而且听得十分清晰无疑①。

按照陀思妥耶夫斯基的构思,伊万盼望父亲被杀死,但有个先决条件:他自己无论在外表和内心都不参与。他希望弑父能像一件命里注定、不可避免的事发生,不仅不是他的意愿,而且违背他的意愿。他对阿廖沙说:"你要记住,我总是要保护他(父亲。——M.巴赫金)的。但是这类情况下,要说我的愿望,那我保留完全的自由。"伊万的意愿在内在的对话中分解的情况,可以用以下两句对语来表现:

"我不愿意父亲被害。如果发生了,那是违背我的意愿的。"

"但是我愿意谋杀能违背我的意愿而实现,因为那样我内心也同此事毫无牵连,我对自己无可指责。"

伊万同自己的内在对话,就是如此建构起来的。斯梅尔佳科夫猜到,确切说是清晰地听到了他内在对话的第二个对语,但是他对其中

---

① 伊万的这一声音,阿廖沙从一开始就听得很清楚。我们下面引述的他和伊万的一小段对话,已是发生在父亲被害之后了。一般说,从对话的结构看,它和我们已经分析过的他们那段对话相类似,但在某些方面又有所不同。

"'你记得吗(伊万问道。——M.巴赫金),午饭后德米特里冲进屋里,打了父亲,后来我在屋外面曾对你说过,我要保留"希望的权利"。你说说,当时你是想到没想到,我是愿父亲死去?'

"'我想到了。'阿廖沙低声说。

"'不过,实情确实如此,用不着多费思量。可你当时是否又想到,我正希望让"一个坏蛋吃掉另一个坏蛋",也就是我希望最好由德米特里去打死父亲,愈快愈好……甚至要我自己也帮上一把,我也不反对!'

"阿摩沙脸色开始变得苍白,默默不语地望着哥哥的眼睛。

"'你说呀!'伊万喊了起来,'我非常想知道,你当时是怎么想的。我要知道真话,真话!'他重重地喘过一口气,眼睛已凶狠狠地盯着阿廖沙了。

"'原谅我,这一点我当时也想到了。'阿廖沙喃喃道,以后他就沉默了,没有再补充任何使人宽心的情况。"——作者

预留的后路,有他自己的理解。他理解为这是伊万不希望留给他斯梅尔佳科夫任何参与犯罪的罪证,理解为这是"聪明人"外表和内心的极端小心谨慎,避免说出任何直接揭露他的话,因此和这个聪明人"谈话也很有意思",因为可以同他只用暗示讲话。在父亲被害之前,伊万的声音给斯梅尔佳科夫的印象是十分完整的,并不是分裂的。在斯梅尔佳科夫看来,希望父亲死掉的愿望,是从伊万思想见解引出的十分简单和自然的结论,是从他那"一切都是许可的"观点引出的十分简单和自然的结论。斯梅尔佳科夫没有听到伊万内在对话中的第一句对语,他不能完全相信,伊万的第一个声音真的不希望父亲死。但根据陀思妥耶夫斯基的构思,这个声音确实是认真的,这就使阿廖沙有根据为伊万辩护,尽管阿廖沙自己也明知他心里的那第二个声音——"斯梅尔佳科夫式"的声音。

斯梅尔佳科夫自信而又坚决地利用伊万的意愿,确切些说是赋予了这意愿特定的具体表现形式。伊万的内心的对语,通过斯梅尔佳科夫从意愿变为行动,斯梅尔佳科夫在伊万去切尔马什尼亚之前同他的对话,从达到的艺术效果看,是惊人成功地体现了两个人意愿的交换。一个是斯梅尔佳科夫公开而自觉的意愿(只不过表现为暗示),另一个是伊万隐蔽的意愿(也瞒着他自己),这场交谈似乎是越过了伊万另一个公开而自觉的意愿。斯梅尔佳科夫用暗示和哑谜对伊万的第二个声音说话,直言不讳又信心十足。斯梅尔佳科夫的话和伊万内心的对话中的第二句对语相呼应。而回答斯梅尔佳科夫的,是伊万的第一个声音。因此,伊万说的话虽被斯梅尔佳科夫理解为反义的隐喻,其实并不是什么隐喻。这是伊万直接要说的话。不过他回答斯梅尔佳科夫的这个声音,在这里时常被他第二个声音的隐秘对语所打断。于是产生了交锋,正由于这个原因,斯梅尔佳科夫才对伊万的同意深信不疑。

伊万声音中的这种交锋是很微妙的,主要不表现在话语上,而表现在与他的语意不相符合的停顿上,表现在他第一个声音无法理解的语调变化上,以及突然的和不合时宜的笑声,等等。假如伊万回答斯梅尔佳科夫的那个声音,是他唯一的和统一的声音,亦即纯粹独白的声音,那么所有这些现象就都是不可能出现的了。它们是两种声音在一个声音中、两种对语在一个对语中交锋、干扰的产物。在弑父之前伊万同斯梅尔佳科夫之间的对话,就是这样组织的。

父亲被害之后,对话的结构方法就不同了。这时陀思妥耶夫斯基迫使伊万逐渐地在别人身上认出自己隐蔽的意愿,开始是含糊不清、模棱两可的,后来才明确而清晰。伊万原来以为是把自己都瞒过了的隐蔽的愿望,本来就不会导致行动的、因此也便无罪的愿望,在斯梅尔佳科夫的眼里,却原是明确而清晰的意志表现,而且支配着他的行动。如今看来,伊万的第二个声音说话就下了令,而斯梅尔佳科夫只不过执行了他的意志,是"里查德忠实的奴仆"。伊万在头两次对话中,确信自己无论如何内心是参与了谋杀的,因为他确实有这样的愿望,而且毫不含糊地向别人表示了这种意愿。在最后一次对话中,他又认识到自己在外表的事实上也参与了谋杀。

我们再来研究下面这样一点。起初,斯梅尔佳科夫把伊万的声音,当作是完整的独白的声音。他听了伊万说的"一切都是允许的",就把这说法当成了神圣的、无可怀疑的教导。开始他并不明白,伊万的声音是分裂为二的,伊万那自信有力的语调是为了说服自己本人的,而根本不是为了把自己的见解充分有力地传达给他人。

沙托夫、基里洛夫和彼得·韦尔霍文斯基对斯塔夫罗金的态度,也与此相类似。他们每个人对待斯塔夫罗金就像追随老师一般,把他的声音看作是完整的和无可怀疑的。他们都认为,斯塔夫罗金同他们说话,犹如老师和学生说活;事实上他是让他们参加到自己那毫无结果的内心对话中来,在对话中他要说服的是自己,而不是他们。现在,斯塔夫罗金从他们每个人嘴里,都听到了自己说过的话,但语气却成了稳定不变的独白语气。他自己现在来重复这些话,不能用劝说的语气,而只能用嘲笑的语气了。他对自己是什么也没能说服,而听被他说服的人们讲话,他又感到很沉重。斯塔夫罗金同他的三个追随者中每一个人的对话,都是以此为基础建构起来的。

"'您是否知道(沙托夫对斯塔夫罗金说。——M.巴赫金),现在整个大地上谁是唯一的"圣徒"人民,将要以新上帝的名义来更新和拯救世界?谁是唯一得到了生活的钥匙和新话语的钥匙的人……您是否知道这是谁,他的名字是什么?'

"'按照您的方式,我必须尽快地做出结论说,这是俄罗斯人民……'

"'您这已经是在取笑了,好个民族啊!'沙托夫冲口而出。

"'请您安静些;相反,我所等待的正是类似的回答。'

"'等的是类似的回答?难道这些话您本人听见过?'

"'很熟悉,我能很清楚地预见到您的用意。您的整句话,甚至"圣徒"人民的说法,不过是两年多以前在国外(您去美国前不久)我和您那场谈话的结论……至少目前我记起的是这样的。'

"'这整句话都是您说的,而不是我说的。是您自己的话,而不只是我们谈论的结论。根本不曾有过"我们的"谈话:那是一位教师,他郑重地申说过大义,再加上一个死而复生的学生。我便是那学生,而您是那位教师。'"

当他和斯塔夫罗金在国外谈到"圣徒"人民时,斯塔夫罗金的语调是深信不疑的,是郑重申说大义的导师语调。他所以用这种语调,是因为他实际上说服的还只是自己。他那带说服语气的话,是向自己讲的,是把他内心对话的对语大声说了出来:"当时我可不是和您开玩笑,我说服您,也许,我更多为说服自己,您是次要的",斯塔夫罗金令人莫解地说。

陀思妥耶夫斯基主人公们的话,所以带有很强烈的开导说服的语气,在绝大多数情况下只是由于所说的话其实是内在对话的对语,并且它应该说服说话人自己。说服语调的增强,说明主人公身上的另一个声音在进行内在的对抗。完全排斥内心斗争的话语,在陀思妥耶夫斯基主人公们的口中几乎从来不曾有过。

在基里洛夫和韦尔霍文斯基的话里,斯塔夫罗金同样可以听到自己的声音,语气有了变化:基里洛夫的语气是躁狂而坚定的,彼得·韦尔霍文斯基的语气是不顾羞耻的夸张。

拉斯柯尔尼科夫和波尔菲里的对话,是一种特殊类型的对话,虽然从表面看,与伊万和斯梅尔佳科夫在费奥多尔·帕夫洛维奇被害前的对话极其相似。波尔菲里和拉斯柯尔尼科夫用暗示讲话。拉斯柯尔尼科夫竭力谨慎小心又准确地扮演自己的角色。波尔菲里的目的,在于迫使拉斯柯尔尼科夫内心的声音冲口而出,使他那有意和巧妙装扮出的对语中出现交锋。因此,在拉斯柯尔尼科夫装扮的角色的话语和语词里,经常会插进来他那真实声音中的真实话语和语调。波尔菲里由于自己扮演着轻信的侦察员的角色,同样有时也要使自己露出真实的面目——一个信心十足的人。在交谈双方佯装的对语中,会有两句真实的对语、两种真实的言语、两个真实人的目光突然相遇,相互交错起来。其结果,对话由一个层次(佯装的层次),不时地转入另一个层次(真实的层次),但为时极短。只在到了最后的对话中,佯装的层次被有力地揭破,话语才完全彻底地转变为真实的层次。

下面一段便是突然转入到了真实的层次里。波尔菲里·彼得罗维奇在米科尔卡认罪之后,和拉斯柯尔尼科夫最后一次谈话时,开始他好像没有任何怀疑,但后来出乎拉斯柯尔尼科夫的意料,宣称说米科尔卡绝不能杀人。

……不,这怎么会是米科尔卡呢,亲爱的罗季昂·罗曼诺维奇,这不可能是米科尔卡!'

"在他说了那么多很像是否定的话以后,这最后几句话太出人意料了。拉斯柯尔尼科夫浑身哆嗦起来,好像被刺了一刀。

"'那么……是谁……杀的呢?'他忍不住了,气喘吁吁地问道。波尔菲里·彼得罗维奇,仿佛没料到这一着,被问得愕然了,甚至向后一仰靠在椅背上。

"'还用问是谁杀的？……'他重复一遍,仿佛不相信自己的耳朵,'罗季昂·罗曼诺维奇,是您杀的！就是您杀的……'他几乎耳语着补充了一句,声音是确信无疑的。

"拉斯柯尔尼科夫从沙发上霍地站了起来,几秒钟后,又坐了下来,一言不发。他脸上忽然掠过一阵轻微的痉挛……

"'不是我杀的。'拉斯柯尔尼科夫喏喏道,像干了坏事而被当场捉住吓得要命的孩子。"

陀思妥耶夫斯基作品中,自白性对话具有重大意义。"他人"的作用,不管这"他人"是谁,在这里表现得格外清晰。下面我们把斯塔夫罗金和吉洪的对话,作为最地道的自白性对话的典型,简略分析一下。

这段对话中斯塔夫罗金的整个意图,是由他对"他人"的双重态度决定的:一方面不可能没有这个"他人"的评定和宽容,另一方面同时又敌视他,抗拒他的评定和宽容。因此在他的言语里、表情姿态中,就出现了种种交锋,情绪和语调急剧地转换,没完没了地说明和解释,猜测吉洪的对语,并对想象中的这些对语给以断然的反驳。和吉洪说话的,好像有两个人,他俩不断交锋地融合成一个人。与吉洪对立的,有两个声音,吉洪作为一个参加者被卷进了两个声音的内心斗争中。

"刚一见面,他们寒暄了几句,不知为什么双方感到明显的不自然,话说得很快,甚至都含糊不清。以后,吉洪就把客人引进书房,又急匆匆地让客人在桌前的沙发上坐下,自己坐到旁边的藤椅里。这时奇怪的是,尼古拉·弗谢沃洛多维奇变得茫然不知所措。好像他在下狠心要去干一件非同寻常的又无可争议的事,可是同时是几乎无能为力的事。他朝书房四周打量了一会儿,看来没瞧见什么,又陷入了沉思,很可能却不知该想什么。一阵寂静使他惊醒过来,他突然觉得吉洪好像羞赧地垂下了眼睛;脸上挂着装出来的微笑。一刹那间,这在他心里引起了厌恶和反抗。他想站起来离开这里。在他看来,吉洪完全喝醉了。但吉洪突然抬起眼,坚定和充满深意地望了他一眼,同时神色又十分出人意料和诡秘,他差点儿没吓得哆嗦起来。这时他突然产生完全另一种感觉,好像吉洪已经知道他的来意,早有人告诉了他(尽管全世界谁也不可能知道这个缘故);他之所以不先开口,是因为可怜他,担心他会感到屈辱。"①

斯塔夫罗金情绪和语调的剧烈变化,决定了后面的整个对话。时而这个声音占上风,时而另一个声音占上风,不过斯塔夫罗金的对语更多地表现为两个声音在交锋中的融合。

"这些发现(有关魔鬼对斯塔夫罗金的访问。——M.巴赫金)十分奇特而混乱,好像确乎来自一个狂人。这里尼古拉·弗谢沃洛多维奇说话坦白得出奇,过去从未有过,又说得极为真诚,完全不合他的性格,让人感到原来的人在瞬息之间不知不觉地完全消失了。在说到自己见了魔鬼时,他毫不掩饰自己的恐惧。但这些都转瞬即逝,发生得突然,消失得也迅速。

"'这都是荒唐的,'他急促地说着,有些不自然和懊恼,突然间又想起了什么,'我找医生去。'"

再下面一些是:"……但这都是荒唐的。我去找医生。这都是荒唐的,荒唐至极。这不过是我本人想得太多了,如此而已。我现在补充了这……句话,你大概会想,我还在怀疑,不相信这是我,而不真是魔鬼。"②

这里开始时,斯塔夫罗金的一个声音占了绝对的上风,看来"他身上原来的人突然之间,不知不觉地消失了"。但以后又插进来第二个声音,引起语调上急剧的变化,破坏了对语。于是便猜测吉洪的反应,这一点是很典型的。接着出现我们已经熟悉的那些附带的现象。

最后,在斯塔夫罗金递给吉洪几页自白之前,斯塔夫罗金的第二个声音猛然打断了他的话和他的意图,宣称自己对别人来说是独立不羁的,对别人是蔑视的。这同他要自白的意向本身,以至同宣告自白的语调本身,都是直接矛盾的。

---

① 《文学史与社会舆论史文献》,第1卷,第6页。——作者
② 《文学史和社会舆论史文献》,第1卷,第3—9页。——作者

"'您听我说,我不喜欢那些好刺探别人秘密和心理的家伙,说轻些,是那些想知道我心灵奥秘的人。我不愿向别人祖露心灵,我谁也不需要,我自己就能对付过去,您以为我怕您,'他提高了嗓门儿,挑衅地仰起了脸。'您确信,我来您这里是为了向您坦白自己一桩骇人的秘密;您怀着惯于打听别人隐私的好奇心,正等着想知道这个秘密。告诉您吧,我什么也不会向您说的,什么秘密也不会说,因为没有您,我完全可以过得去。'"

　　这段对语的结构及其在整个对话中的安排,与我们分析过的《地下室手记》中的现象完全一样。也许可以说,在与"他人"关系上的恶性循环倾向,这里甚至表现得更为明显。

　　吉洪知道,他对斯塔夫罗金来说,应该代表泛指的"他人",他的声音不是与斯塔夫罗金的一种独白声音对立,而是渗入到他的内在对话中去,而其中似乎本来就为"他人"留下了一席之地。

　　"'请回答我的问题,但要说真话,只对我一个人,只对我说,'吉洪完全用另一种声音说道,'如果有人悄悄读了您这骇人的自白,原谅了您的这些事(吉洪指指那几页纸),而且这不是一个您所尊敬或者害怕的人,倒是一个您永远也不会认识的陌生人,那么您想到这时,会不会感到轻松些,还是无所谓呢?'

　　"'会轻松些,'斯塔夫罗金低声答道,'如果您能原谅我,我会感到轻松许多。'他补充说了一句,垂下了双眼。

　　"'但希望您也同样能原谅我。'吉洪诚挚地说道。"①

　　泛指的"他人",而不具体点明社会特征和实际生活状况的"他人",在对话中有什么功能,在这里表现得异常清楚。这个他人,即"您永远也不会认识的陌生人",他在对话中的功能是超出情节之外的,是超出他自己在情节上的确定地位的,他只是一个纯粹的"人身上的人",代表与"我"相对的"所有他人"。由于这样来处理"他人",这里

---

① 《文学史和社会舆论史文献》,第1卷,第35页。把这一段与上文引用的陀思妥耶夫斯基给科夫纳信中的片段加以比较,是饶有趣味的。——作者

的交际便具有了特殊的性质,并远离了所有现实的和具体的社会形态(家庭、阶层、阶级、生活经历)[①]我们再分析一个例子,这里对泛指的"他人"所起的作用(不论这他人是谁),揭示得特别鲜明。

"神秘客向佐西马承认自己犯罪后,在公开忏悔的前夕,于深夜又回到佐西马处,企图杀死他。这时,左右他情绪的,纯粹就是对泛指的'他人'的憎恨。他是这样描绘自己的心境的:

"我从你那里出来,走到漆黑的夜色中,在街头游荡着,内心同自己进行着斗争。突然,我恨起你来,肺差点没气炸了。我想,'现在他是唯一捆住我手脚的人,并且是审判我的判官,我已经不能摆脱明天对我的惩罚,因为他知道了一切'。倒不是我怕你去告密(这我连想都没想),可是我想,'如果我不去自首,我以后怎么有脸见他呢?'尽管你离这里十万八千里,但你活着。一想到你还活着,什么都知道,并且在谴责我,我总觉得难以忍受。我开始恨你,好像你才是罪魁祸首。"

现实中的"他人"引进自白性的对话中,他的声音总是要作为超情节的声音,按同类方法处理。

这样一种处理"他人"的方法,即使其表现形式并非那么明显,都毫无例外地决定着陀思妥耶夫斯基作品中的所有重要对话:这些对话足由情节发展中引出的,但它们的高潮,也就是对话的顶峰,却高踞于情节之上,出现在纯粹的人与人关系的抽象领域中。

我们对对话类型的研究到此就结束了,尽管我们远远没有穷尽所有的对话。不仅如此,每一种类型还可分出许多的变体,对此我们完全没有涉及。不过,结构的原则各处同是一个。到处都是公开对话的对语与主人公们内在对话的对语的交错、呼应或交锋。到处都是一定数量的观点、思想和话语,合起来由几个不相融合的声音说出,而在每个声音里听起来都有不同。作者意图所要表现的对象,绝不是这些思

[①] 我们知道,这样便是获得了狂欢式的宗教神秘剧的空间和时间。在陀思妥耶夫斯基长篇小说中,不同意识相互作用所引出的最后事件,便在这个时空中进行。——作者

想本身,绝不是这种不带感情色彩、局限于自身的东西,不是的。他要表现的,恰恰是一个主题如何通过许多不同的声音来展示;这可以称作主题的根本性的、不可或缺的多声部性和不协调性。陀思妥耶夫斯基认为重要的,也正是不同声音的配置及其相互关系。

综上所述,形诸布局结构的对话,与内在对话(亦即微型对话)密不可分地联系在一起,并在一定程度上以内在对话为基础。而它们两者同样密不可分地与囊括它们的整部小说的大型对话联系在一起。陀思妥耶夫斯基的长篇小说,是全面对话性的小说。

我们已经看到,对话型的世界感受,也贯穿于陀思妥耶夫斯基所有其他作品中,从《穷人》开始便如此。因此,话语的对话本质,在他创作中展示出巨大的力量,表现得异常鲜明。超语言学对这一本质的研究,其中包括研究双声语的多种类型以及其对言语结构各个不同方面的影响,在这位作家的创作中找到了异常丰富的材料。

陀思妥耶夫斯基同任何一位伟大的话语大师一样,善于看出此前的其他作家很少采用的话语中的新因素和新成就,并运用于艺术创作中。陀思妥耶夫斯基不仅重视艺术家们惯用的话语描绘功能和表达功能,不仅善于客观地再现作为客体的人物言语的社会特征和个人特征,对他来说,更重要的是人物言语之间相互的对话关系,而不管它们具有怎样的语言学的特征。因为他的主要描绘对象是话语本身,而且还是具有充分价值的话语。陀思妥耶夫斯基的作品,是对话语而发的论及话语的话语,被描绘的话语和描绘的语言,平等地在同一平面上汇合到一起。它们相互渗透,从不同的对话角度相互交错。由于不同话语相遇的结果,话语中的新因素和新功能被揭示了出来,并且占据了显著的地位;这也正是我们企图在本章中加以阐释的内容。

结　语

　　在这本书中,我们力图揭示陀思妥耶夫斯基作为艺术家的特色。这位艺术大师带来了艺术视觉的一些新形式,因此开拓和发现了人及其生活的一些新的方面。我们的注意力集中在他的新的艺术立场上。是这种立场使他拓展了艺术视觉的视野,使他有可能从另一个艺术视角来观察人。

　　陀思妥耶夫斯基继承欧洲小说发展中的"对话路线",创建了一种新的小说体裁——复调小说,本书所致力的就是阐明它的创新的特征。我们认为,复调小说的创立,不仅使长篇小说的发展,即属于小说范围的所有体裁的发展,获得了长足的进步,而且在人类艺术思维总的发展中,也是一个巨大的进步。据我们的看法,简直可以说有一种超出小说体裁范围以外的特殊的复调艺术思维。这种思维能够研究独白立场的艺术把握所无法企及的人的一些方面,首先是人的思考着的意识,和这一意识存在的对话领域。

　　目前,陀思妥耶夫斯基的小说也许可以说是西欧最有影响的典范。追随作为艺术家的陀思妥耶夫斯基的,有思想观点极其不同的人;他们常常和陀思妥耶夫斯基本人的思想意识,处于深刻的对立之中。这是因为他们为他的艺术追求、他所开创的新的复调的艺术思维原则所折服。

　　但这是否意味着,一旦发现了复调小说,它就要把独白小说作为过时而不再需要的形式摒弃了呢？当然不是。任何时候,一种刚出世的新体裁也不会取消和替代原来已有的体裁。任何新体裁只能补充旧体裁,只能扩大原有的体裁的范围。因为每一种体裁都有自己主要的生存领域,在这个领域中它是无可替代的。所以,复调小说的出现,并不能取消也丝毫不会限制独白小说(包括自传体小说、历史小说、风习小说及史诗小说等)进一步的卓有成效的发展。因为,人和自然的一些生存领域,恰恰需要一种面向客体的和完成论定的艺术认识形式,也就是独白形式,而这些生存领域是会存在下去并不断扩大的。不过我们要再重复一次:思考着的人的意识,这一意识存在的对话领域,及其一切深刻和特别之处,都是独白型艺术视角所无法企及的。这些在陀思妥耶夫斯基的复调小说里,首次真正成了艺术描述的对象。

  总之,没有一种新的艺术体裁能取消和替代原有的体裁。但同时,每一种意义重大的新体裁一旦出现,都会对整个旧体裁产生影响,因为新体裁不妨说能使旧体裁变得比较自觉,使旧体裁更好地意识到自己的潜力和自己的疆界,也就是说,克服自身的幼稚性。例如,小说作为一种新体裁,就曾对旧的文学体裁,包括故事、史诗、戏剧和抒情诗,起过这样的作用。此外,新体裁对旧体裁又可以产生好的影响,当然影响的程度取决于体裁的特性。例如在小说繁荣时期,可以说旧体裁在一定程度上出现了"小说化"。新体裁对旧体裁的影响,在多数情况下①有助于旧体裁的更新和丰富。无疑,这一点也适用于复调小说。在陀思妥耶夫斯基作品的背景上,许多旧的独白型文学形式都显得幼稚简单了。在这方面,陀思妥耶夫斯基的复调小说对独白型文学形式的影响,也是十分有益的。

  复调小说对审美思维同样提出了新的要求。审美思维由于受独白型艺术视觉的熏陶和渗透,习惯于把独白形式绝对化,看不到它们的局限。

  这就是为什么时至今日仍有一种强大的倾向,要把陀思妥耶夫斯基的小说独白化。这种倾向表现为,在分析作品时企图给主人公做出完全论定的评价,表现为要找到作者某种独白型的思想,表现为到处寻找肤浅的与生活形似的逼真,等等。人们忽视或否定陀思妥耶夫斯基艺术世界的本质所在——原则上的不可能完成论定,和对话的开

---

① 只要它们自己没有"自然地"死去。——作者

放性。

当代人的科学意识,学会了适应"概率宇宙"的复杂条件,不为任何"确定性"所困惑,并且善于对它们加以考虑和预计。这种意识早已习惯了爱因斯坦的世界及其众多的系统。但是在艺术认识领域内,人们仍然不时地要求最粗糙、最简单的明确性,事先就知道这不可能是真正的明确性。

必须摆脱独白型的熟练技巧,以适应于陀思妥耶夫斯基发现的新的艺术领域,并去把握住他所创造的极其复杂的艺术世界的模式。

白春仁　顾亚铃　译

《陀思妥耶夫斯基创作问题》一书的片段

前 言

　　本书仅限于讨论陀思妥耶夫斯基创作的理论问题。一切历史问题我们都排除不谈。然而,这不意味着我们认为这种研究方法从方法论上说是正确的、正常的。相反,我们认为,每一理论问题均须作历史的考察。在文学作品研究的共时方法和历时方法之间,应有不可分割的联系和严格的彼此制约。不过,这只是理想的方法而已,在实践中并不是任何时候都可做到的。出于一些纯技术上的考虑,有时不得不抽象地分出某一理论的共时的问题而加以独立的研究。我们正是这么做的。不过我们随时都考虑到了历史的角度;不仅如此,历史的角度成了我们感受所研究的每一现象的背景,但这个背景没有写进书里。

　　然而,即使理论问题在这本著作的范围内,也只是提出而已。诚然,我们试图找出解决这些问题的答案,但仍然觉得这本书最多只能称作《陀思妥耶夫斯基创作问题》。

　　作为本书分析的基础的,是这样一种认识:任何文学作品本身内在地都具有社会性。作品中交织着各种活生生的社会力量,作品形式的每一要素无不渗透着活生生的社会评价。所以,即使纯形式的分析,也应把艺术结构的每一要素看作活生生的社会力量的折射点,看作这样一个艺术的结晶体:它的各个棱面经过加工琢磨,都折射着各种社会评价,并且是在一定视角下的折射。

陀思妥耶夫斯基的创作,迄今为止只是从狭隘的思想观念方面加以研究和阐释。研究者感兴趣的,主要是直接表现在陀思妥耶夫斯基言论(更确切地说,是他的主人公们的言论)中的那种思想观念。而同样是这个思想观念,却如何决定了他的艺术形式,如何决定了他那异常复杂的、又是崭新的长篇小说结构,至今几乎完全没有揭示。狭隘的形式主义方法,仅仅能够接触这一结构形式的皮毛,而狭隘的观念化方法,因为首先寻求纯哲理的认识和领会,并未把握住陀思妥耶夫斯基作品中感受承载他的哲学和社会政治观点的那个东西,即他在小说这一艺术形式领域中所做的革命性创新。

在本书的第一部分里,我们对陀思妥耶夫斯基所创造的长篇小说新类型的基本思想做一界说。在第二部分我们通过具体分析陀思妥耶夫斯基作品中的话语及其艺术的和社会的功能,详细展开我们的论点。

摘自《陀思妥耶夫斯基作品中惊险情节的功能》一章

陀思妥耶夫斯基的情节,完全丧失了任何使作品最终完成的功能。情节的目的是把人置于各种不同的境遇中,让境遇揭示人物,挑起矛盾,使他们相遇并发生冲突。然而,他们又不停留在这一情节之中,而要脱离开它。他们之间的真正联系,是在一般情节完成了自身辅助性功能之后而宣告结束的地方,才能开始。

沙托夫在同斯塔夫罗金推心置腹地谈话之前说过:"我们是两个人,在茫茫大地上相遇,……这在世上是最后一次。收起您那腔调,说点人话吧!哪怕是只说一次也好啊!"

实际上，陀思妥耶夫斯基的所有主人公，都是在时间之外和空间之外相遇的，就像两个生物在茫茫无际中相遇一样。[①] 他们各自的意识与他们各自的世界交织在一起，他们各自的整体视野也交织在一起。在他们视野的交叉点上，便形成了长篇小说的故事高潮。这些交叉点便是长篇小说连接成整体的纽带。这些纽带不是情节性的东西，不属于欧洲长篇小说的任何一种架构模式。那么，这种纽带又是什么呢？对这一基本问题，我们在这里还无法做出答复。诸多声音的结合原则，只有在详尽分析陀思妥耶夫斯基的话语之后，方能揭示出来。因为这里说的是主人公们讲自己讲世界的充实而重要的话语的相互结合，他们的这些话语是由情节引发出来的，但不能完全归纳于情节之中。本书的下一章便将用于话语的分析。

陀思妥耶夫斯基在自己的笔记中，对其艺术创作之特点作过精彩的说明："在完全采用现实主义的条件下发现人身上的人……有人称我是心理学家，这不对，我只是最高意义上的现实主义者，也就是说我描绘人的内心深处的全部隐秘。"[②]

"人的内心深处的隐秘"，或如唯心主义的浪漫派为与心灵相区别而称的"精神"，在陀思妥耶夫斯基的作品中成为客观现实主义的、清醒的、朴实的描写对象。人的内心深处的隐秘，在表示全部高级意识活动（即认识的、伦理的和宗教的活动）的含义上，在过去的艺术创作中仅仅是直接诉诸激昂慷慨的表现的对象；或者说人的内心深处的隐秘作为这种创作的原则，决定了这种激昂慷慨的创作。精神要么作为作者本人的精神而出现，这时它已在作者所创造的艺术作品整体中被客观化了；要么作为作者的抒情而出现，是用他本人意识中的概念所做的直接的自白。无论在前一种或后一种情况下，精神都是"幼稚

---

① 在此书的修订本中，沙托夫话里强调的"人与人的关键性相遇中"对经验空间和时间的突破，被陀思妥耶夫斯基阐释为"进入狂欢节神秘剧的空间和时间"。——原编者

② 《Ф.М.陀思妥耶夫斯基生平、书信和笔记》，圣彼得堡，1883年，第373页。——作者

的";而浪漫主义讽刺本身并不能克服这一幼稚性,因为这种讽刺就处在同一精神的作用范围里。

陀思妥耶夫斯基与欧洲浪漫主义有着深刻的血肉联系。但浪漫主义者从内部出发,用其所迷恋的自我的诸范畴加以观照的东西,陀思妥耶夫斯基却是从外部出发去加以观照,而这样做的同时,这一客观的角度丝毫也没有降低浪漫主义所关切的精神问题的重要性,没有把精神问题变成心理问题。陀思妥耶夫斯基把思想、观念、感受加以客观化的时候,从来不从背后下手,从来不出其不意地袭击。他从自己艺术作品的第一页到最后一页为止,一贯所遵循的原则是:在把他人意识加以客观化并最终完成时,绝不利用这一意识本身所无法知晓的东西,绝不利用处于他的视野之外的东西。即使在抨击性文章中,他从来也没利用过主人公看不见也不知晓的东西来揭露主人公(或许只有极罕见的例外);他不用人的后背来揭露他的脸面。在陀思妥耶夫斯基的作品中,简直没有哪一段议论主人公的重要话语,是主人公本人所不能说出来的关于自己的话(是从内容方面而不是语调方面看)。陀思妥耶夫斯基不是心理学家,但同时陀思妥耶夫斯基是很客观的,完全有理由称自己是现实主义者。

另一方面,在独白小说中作者浓墨重彩描绘世界的那种创作主观性,到了陀思妥耶夫斯基作品中也被他加以客观化了,感知形式遂变成为感知对象。因此真正的形式(以及形式内在蕴涵的作者主观性)被他推向很深很远,以至形式已不可能在风格和语调中表现出自己了。陀思妥耶夫斯基的主人公是思想家。思想家的意识以其全部严肃性和预留的后路,以其全部的原则性和深刻性,以其完全脱离了存在的地位,如此充分地进入他的小说内容之中,致使这种直截了当的独白式的观念化,已无力决定小说的艺术形式。独白式的观念化在陀思妥耶夫斯基之后,成了"陀思妥耶夫斯基主义"。所以,陀思妥耶夫斯基本人所持的独白的立场以及他的思想评价,并没有损害他的艺术观照的客观主义。他描绘内在之人、"人中之人"的艺术方法,就其客观主义而论,对任何时代,在任何思想观念的条件下,都不失为典范。

摘自《陀思妥耶夫斯基的对话》一章

我们至此结束了对话类型的研究,虽然还远未穷尽一切。而且,每一类型又有许多变体,我们则完全没有涉及。但构建的原则各处却都是一样的,到处都是主人公们公开对话与内在对话的交叉、呼应或断续。到处都有一些观念、思想和话语分属于几个互不融合的声音,在每种声音中又都独有意蕴。作者创作的意向所在,完全不是这些思想本身,不是某种中态的和一成不变的思想。不,意向所指,恰好是通过多种不同的声音展现主题,是这一主题原则上具有的,可以说很常见的多声性和歧声性。不同声音的配置方法本身及其相互作用,正是陀思妥耶夫斯基认为至关重要的。

狭义上的思想,即主人公作为思想家的种种观点,也是根据上述的构建原则进入对话之中的。各种思想观点,为我们所见的那样,内在地已对话化了;而在外部的对话中,它们又总是与他人的内在对语相结合,即使外表采取完整的独白表现形式,亦是如此。伊万与阿廖沙在酒馆里那段著名的对话就是这样,包括里面讲到的"大审判官的传说"。仔细分析这段对话和"传说",就可以看出:伊万世界观里的所有因素,都深深地参与到自己内心的自我对话中,也参与到同他人之间的含有内在争论的相互关系中。"传说"虽有外部的严整结构,内里却充满了波澜;传说采取了大审判官同基督对话这种形式,同时又是同自身对话。最后的结局却出其不意,具有双重性。这些都说明了:传说的核心思想本身,内在地分解成了对话。对"传说"进行主题分析,会发现它的对话形式具有深刻的重要性。

在陀思妥耶夫斯基作品中,思想从来都不脱离开声音。因此,认为陀思妥耶夫斯基作品中的对话是辩证的对话,是根本错误的。要是那样，我们就得承认，陀思妥耶夫斯基作品里真正的思想都是辩证的合题，如拉斯柯尔尼科夫的正题和索尼娅的反题之合，阿廖沙的正题和伊万的反题之合，如此等等。这样去理解，是极其荒谬的。因为伊万不是与阿廖沙，而首先是与自己争论；而阿廖沙也不是与伊万的完整统一的声音争论，而只是进入到伊万的内在对话中，在其中加强一种对语的分量。这里谈不上任何的合题，这里只有这个声音或那个声音的胜利，而在他们一致的地方可以说是声音的结合。对陀思妥耶夫斯基来说，不是作为独白式结论（即使是辩证的结论）的思想，而是不同声音相互作用的事件构成最终的现实。

  陀思妥耶夫斯基的对话因此而与柏拉图的对话大相径庭。后者的对话，虽然不是完全独白化了的、教学式的对话，但其中声音的纷杂歧异还是在思想中被消解了。柏拉图把思想不是作为事件①，而是作为存在来思考。参与某一思想，便意味着参与这一思想的存在。而在认识的人们之间，由于参与思想的程度不同形成了不同层次的相互关系，最终也消解在充分圆满的思想本身之中。拿陀思妥耶夫斯基的对话与柏拉图的对话作比较，这在我们看来并不足取，也无大益处②，因为，陀思妥耶夫斯基的对话根本不是纯认识性的、哲学的对话。而拿它与圣经的对话及福音书的对话加以比较，则重要得多。约夫③的对话以及福音书的某些对话，对陀思妥耶夫斯基的影响是无可置疑的；而柏拉图的对话一直处于他的关注范围之外。约夫的对话就其内在

---

① 这里的"事件"（событие）一词，在俄语中含有"共同存在""共在"（co-бытие）之义，与下一句的"存在"（бытие）形成相互对比。所以，此处亦可译作"共在"。读者注意，巴赫金凡是从哲学角度来谈"событие"（我们通常译成"事件"），均具有"共在"之义。"共在"是巴赫金的核心思想之一，也反映了他与20世纪德国著名哲学家海德格尔的某种关系。——译者

② 陀思妥耶夫斯基的对话与柏拉图的对话之间的相互关系，作者在第二版中做了新的理解，原因在于这里分析了深层的体裁渊源及陀思妥耶夫斯基的体裁形式中积淀的体裁传统。苏格拉底对话存在这里已成为欧洲小说发展史上"对话"路线的来源之一，而陀思妥耶夫斯基同这一"对话"路线是一脉相承的。——原编者

③ 约夫（？—1607），1589年起为全俄第一任大主教，1605年失去主教宝座，被流放。有书信及有关16世纪末俄国历史著作传世。——译者

结构来说,是没有终结的,因为心灵与上帝的相对(或是抗争的或是驯顺的),在他的对话里被视为是必定的和永恒的。然而,即便是圣经对话,也不能帮助我们认识陀思妥耶夫斯基对话的最本质的艺术特征。在提出影响的问题和结构的相似问题之前,必须利用现有的资料揭示出这些特征。

我们所分析的"人与人"的对话,是非常有意思的社会学材料。为要极其突出地在他人身上感觉到他人,在自我身上感觉到纯粹的我,必须有一个前提,即把我和他人化为具体社会的人(家庭的、阶层的、阶级的人)的全部规定以及这些规定的所有变体,统统失去自身的权威性和构建形式的力量。人仿佛是直接地从整个世界中感觉到了自我,不通过任何中间环节,不通过任何他所属的社会群体。这个自我与某个他人以及诸多他人的交际,是在终极问题的背景上直接进行的,越过了一切中间的较近的形式。[①] 陀思妥耶夫斯基的主人公,是偶然拼凑的家庭和偶然汇集的群体里的主人公。展现主人公生活及其相互关系的那个真实的、不言而喻的交际,在这里却荡然不见了。而作品中上述的那种交际,从生活必备的先决条件变成了主人公们认可的定理,成为他们追求的乌托邦目标。的确如此,陀思妥耶夫斯基的主人公们为一种乌托邦的理想所驱动,那就是在现存社会形态之外建立某种人群的村社。在人世间建立村社,把一些人联合起来而不采用现存的社会形态,这是梅思金公爵的追求,是阿廖沙的追求,也是陀思妥耶夫斯基的其他主人公不很自觉不很明确的共同追求。阿廖沙在伊留莎下葬后建立的孩童村社(仅仅为了怀念受难的孩子)[②],梅思金想用爱把阿格拉耶和娜斯塔西娅·菲利波芙娜结合起来的乌托邦幻

---

① 试比较《关于陀思妥耶夫斯基一书的修订》中对陀氏创作中"终极问题"和"中间环节"的相互关系所提出的略有修正的见解。——原编者
② 请参考巴赫金在俄国文学史讲稿中说的话:"在伊留莎的坟墓上建起一座小小的儿童教堂。这里仿佛是给伊万一个答复。……只有建立在真实苦难上的那种和谐才具有真实的心灵。围绕着受折磨孩子的苦难和死亡,形成了一种联盟。……所以,这一男孩的情节鸟瞰式地概括了整部小说。"——原编者

想，佐西马建立教堂的思想，韦尔西洛夫和《一个可笑的人》梦见了黄金时代——所有这些都属于同一序列的现象。交际仿佛失去了自己实实在在的血肉，想要纯粹用个人的材料随意地构造交际的肌体。所有这一切都是深感自己飘零、孤独、恐惧、危险的平民知识分子迷失社会目标的深刻表现。坚定的独白声音，要求有牢固的社会支柱，要求有"我们"在，不论意识到还是没有意识到这一点，这是无关紧要的。在孤独的人看来，他自己的声音是一种脆弱的声音，他自身的统一以及内心的自我和谐是自己的基础。

卢小合　译

《陀思妥耶夫斯基诗学问题》
一书的增补与修订

陀思妥耶夫斯基一书的草稿
关于卢那察尔斯基文章的评说

赞同对莎士比亚问题的论述。

复调的特性。

莎士比亚,以及一定程度上的巴尔扎克,是与陀思妥耶夫斯基同处一条路线上。

作者及其积极性在复调小说中的特殊安排:对话方式。他是大型对话的一贯始终的参与者。他不会剥夺主人公的最后话语权。对话中思想的革新,反思。

持有最终立场的思想型主人公〈,〉以及主人公一生中的一切所作所为只能表现这一立场。

双声性话语的指向性和意义。各种声音为拥有自己的话语而斗争。

俄国知识分子活动家的个人双重性问题。

深邃而潜在的相对性意识,处在时代的真实性的共存和争论之中。我们可以说,这是狂欢节的意识,而没有狂欢节的诙谐。

陀思妥耶夫斯基的双重性以及这一双重性的社会原因和个人原

因(癫痫)。

陀思妥耶夫斯基的摇摆不定转化为个性的双重性层面,致使他失去了最终解决基本的意识形态问题。这是千真万确的,但这是外在于小说结构的事实。而什克洛夫斯基作了同样的论述。

我们所关心的不是发生在陀思妥耶夫斯基心灵里的犹豫不决,以及他一生中社会立场的摇摆不定。——我们所关心的是作者在小说中所持的客观的现实立场。作者〈是〉对话的参与者。

卢那察尔斯基做得好:问题不是谈及他抽象的思想,而是谈及活生生的人的声音,表现在世界上所持的整体立场的声音。

因为,如果说复调只是个人双重性造成的结果,疾病致使的结果等,没有其他原因形成的话,那么,复调绝不可能是正面的发现,成为文学艺术发展中向前迈出的一步。悲惨的时代一去不复返了,谢天谢地,可作品也像典型人物一样,保留了下来。这是十分难得的事儿。如果说癫痫真的是复调产生的原因之一的话,也不会给复调掉了价(托马斯·曼)。声音在交替变化,但复调依然故我。复调——这不是陀思妥耶夫斯基式的心理分析。

陀思妥耶夫斯基的个人犹豫不决和双重性,对他本人来说,是一种负面的东西。但长篇小说的复调,无论是对他还是对我们来说,都〈是〉具有某种深刻的正面的东西的。"在他们看来是一种苦难,但对人们来说是一支美妙的乐曲"。

不仅争论可以成为一种复调,而且赞同也是一种复调。但复调的赞同不是把声音融合起来,不是同一,不是机械的回声。

把内容转化成视觉形式十分重要,把时代的矛盾和个人本身的矛盾转化成新的艺术结构,转变成艺术视觉的新形式十分重要。

在赞同中独立性、自由,以及平等的实现要比在矛盾和争论的情况下更加难以做到。孩子在顽皮时表现出自身的独立性,同你对着干(部分的内莉)。作为失去个性的鬼魂害怕赞同(附和合唱)。

大型对话。独白型长篇小说可以把大量恢宏的、十分尖锐的对话纳入自身之中(例如,《父与子》)。但这些对话是用处在对话外的、高于对话之上的和正在完成着的对话的独白语境来框定的。不错,被框定的对话可能与多种声音中的一个声音共鸣,但这不会改变事物的本质:外溢于对话的这种声音是与作者的被框定的对话融合在一起的。可能存在着无框定的对话,但与这种形式上保留在对话中的声音一起,不是平等的而具有作者声音的功能(在柏拉图的作品中,这里的框架显然没有表现出作者观点的独白性,在这里它不过是一种情景说明而已)。最后,作者的独白观点可能表现出纯粹的结构上的以及修辞上的没有特别声音的一种直接的对话原则(戏剧中客体主人公的对话)。在陀思妥耶夫斯基的作品中,小说整体上是完全的对话(已不是那种狭窄的结构含义上的对话),一切都被吸收到这一对话之中,对他不存在什么中立的东西。这就是大型对话。但进入这一对话之中的单独的主人公的对话,已经是严格的结构含义上的对话了。这是普通的"中间对话"。最后,长篇小说的每一句话语(作者的、叙述者的、主人公的任何对话中的对语)是内在的对话。这就是微型对话。

　　陀思妥耶夫斯基本人的世界观以及小说外世界观的裂变分化。在小说中他参与在对话中,但是如何参与的呢?不是作为单独的有着完全价值的声音出现的,这种声音对长篇小说中所涉及的问题有着自己的观点。他是大型对话的组织者,更准确地说是各种声音的发出者。他善于聆听这个大型对话,更确切些说,是善于作为对话者倾听世界和全部人类生活,善于作为艺术家目睹人类意识、人类生活的对话本质。这不是什么哲学命题,这是在作品中被实现了的艺术视觉。时代及其矛盾性有助于他看到了这个,创造了发现这个的理想条件,有可能,癫痫有助于他的这个发现(还有陀思妥耶夫斯基的其他性格特征和他个人生活条件),但在这些理想条件(对于这整个条件,我们无法揭示与弄清)中完成的这个发现以及先前文学的发展(我们谈及的特殊传统)所准备的发现,依然保留着自身的意义,即对未来时代和过去时代来说仍然是发现,就是说,人类的意识和生活按其本性说,过去一直是,将来依然是对话性的,虽然这个对话性的具体内容可能发生急剧的变化。

作者是这一大型对话的组织者:他提出问题,挑衅性地发问(拷问式话语)。他看到人们的心灵。外在性立场。他把对话性语调掺杂进主人公的声音中(双声语),但他把最后的话语留给主人公。

小说之外的陀思妥耶夫斯基思想(发表在《岁月》《时代》《国民》《作家日记》的政论文章中的思想),与长篇小说中的类似思想,是迥然不同的。

如果说陀思妥耶夫斯基是个不可救药的教条主义者(哲学的、宗教的、政治的教条主义者)的话〈,〉那么,他一般来说就不会成为伟大的艺术家(他可能会是个著名的社会活动家)。

不仅是争论,而且是对他人〈、〉他者意识的感觉本身在陀思妥耶夫斯基的作品中是重要的(吉尔波京)。

受苦的孩子的眼泪在陀思妥耶夫斯基的政论文中以不同的变体形式复现出来。但长篇小说中的眼泪是在〈与〉丽莎(物体的位置)的残酷的幻想作大型的对话中,表现出来的,以及特米特里的"孩子的啼哭"以及以伊柳舍奇卡的苦难和崇拜中刻画出来的。受尽苦难的孩子〈,〉或许是小说的基本主题。父亲对孩子们的关系,孩子成为杀害他的凶手。

人的意识和人类生活的对话本性,这不是哲学命题,而是艺术视觉,艺术发现。但这个视觉是在小说中展开的,我们多多少少用哲学语言来阐释。

(1) 赞同基本命题。

(2) 有关莎士比亚和巴尔扎克的争论。

(3) 长篇小说中作者的观点。

(4) 时代与作家个性的双重性。

(5) 时代与个人一去不复返,但发现保留了下来。

有朝一日一旦开放,便难以关闭。

卢那察尔斯基基本上赞同我们所提出的命题……

我们将在第二部分揭示作者所取的(新)立场,而作者对思想关系上所持的立场将在第三部分来阐释。

"陀思妥耶夫斯基的心理描写"〈是〉从复调中榨取出来的反作用的独白形式。这是转化为个人心理层面的对双重性和犹豫不决性的崇拜。存在着陀思妥耶夫斯基心理描写的另一种色调变化。

陀思妥耶夫斯基的政论造成对他长篇小说中复调的曲解。我们以他的政论文章为依托,来对陀思妥耶夫斯基的一定取向作独白性解释。

从复调中抽取出来的声音〈,〉不再是它原有的那个声音了,它的本性(它的发音)被改变,被歪曲。它就开始追求抽象的原理、命题、论据,切盼无个性的、系统的统一体,而不是渴望事件。要不追寻哲学命题,要不贪求部分的政治纲领。

对某种争论的速记还不是复调。

问题不在于缺少作者对由小说主人公来阐述的某个问题持有坚实的决定性的意识形态上的立场,而是在于这一立场没有得到它在独白小说中具有的功能(正在解释功能和正在完成功能)。

初步简述中的争论具有未完成性,它表现得更为尖锐和突出。复调表现得更为尖锐:最初的构思包含有两部或者甚至三部小说。第172页及往后。①

陀思妥耶夫斯基心理描写(Достоевщина)罕见复调性。这种心理描写被禁锢在一个意识或一个心理的框架内。而在陀思妥耶夫斯基的作品里,主要的是发生在众多意识之间,众多心里之间,众多思想(而不是一个思想的独白式发展)之间的那个东西。

---

① 所指的页码,下同,依据以下出版物:В.Б.什克洛夫斯基著《赞成和反对·陀思妥耶夫斯基研究札记》,莫斯科,1957年。——原编者

所以,〈思想〉不能脱离开历史形成过程的分析(解释),但也不能把思想融化于这一分析中。

在分析陀思妥耶夫斯基的修辞时,对决定话语修辞意义的微型对话的分析占有主要地位,描述陀思妥耶夫斯基作品中这一声音的特点占据主要地位。

智力的个性化。

就我们的命题(复调)而言,不存在本质上的观念。

第223页。

什克洛夫斯基从格罗斯曼首先提出的原理出发,说争论(观点之斗争)是陀思妥耶夫斯基作品艺术形式的基础,是他的修辞风格的基础。但什克洛夫斯基所关心的与其说是陀思妥耶夫斯基作品的这一形式(复调的),不如说是这一争论的历史(时代)滥觞和人生传记渊源。他在自己的论争性笔记《反对》中亲自界定了这一著作的本质。

什克洛夫斯基用他所固有的生动而尖锐的形式剖析了陀思妥耶夫斯基人生各个阶段的生活和创作道路:1848年的革命高潮以及1859年至1861年和1879年至1880年的革命局面。

第229页—230页。

社会决定的阙如。第294页。

争论的十分有价值的发现,不仅存在于直接的争论里,而且存在于长篇小说的全部艺术结构成分中。所有成分之间的对话关系。时代的争论,历史本身的争论。现在与未来的争论,良心不可能迁就于现实和不正确的决定。

社会声音和历史声音的争论。这一争论对陀思妥耶夫斯基以及他的时代来说所具有的未完成性。

他在挑唆、在聆听,在创造这一正在进行中的对话背景。

[对陀思妥耶夫斯基诗学的这一文学评述(本质上说),对意大利读者来说,所具有的重要性。]

主人公的地位和行为不是对它的已完成的性格负有责任,而是对它的最终的含义立场负责〈,〉对它的内在未完成性负责,对与自身的非等同性负责。所以,主人公在许多方面看来是不真实的。(例如,对皮萨列夫①,安东诺维奇②,Л.托尔斯泰的评价——什克洛夫斯基,第96页)

〈……〉格罗斯曼以陀思妥耶夫斯基作品为例,把两个层面结合在一起的描绘,是十分成功的。

格罗斯曼的另一个观察对象涉及教皇会议选举。这是一个特殊的不同声音的现象。在陀思妥耶夫斯基的作品中,这种因素承续了十分古老的传统、同时具有诙谐和悲剧性的加冕和脱冕的狂欢化传统。

格罗斯曼对复调的独出心裁的解释,把我们引向普通美学和艺术学的复调问题,就像它在西方最近十年来所做的那样。

格罗斯曼公正地把这个称之为是对西方美学的革新。显而易见,对复调这一兴趣的产生,与陀思妥耶夫斯基的创作没有丝毫的直接关系。但这反映着普通文化学和普通美学意识向纵深推进,这一推进是早就准备了的,而陀思妥耶夫斯基则善于比他人更早地在自己的作品中天才地感受到这点并加之实行而已。〈……〉

〈……〉沙尔·拉罗,法国艺术学协会主席。音乐学家。

任何一部艺术作品都是复调型组合。一个结构在与主旋律形成和声的过程中,是与处在其他层面上的诸结构结合在一起的,但处在统一的整体的框架内。

二.③主人公以及作者对主人公的关系在复调小说中的立场

---

① 皮萨列夫(1840—1868),俄国政论家、文艺评论家。——译者
② 安东诺维奇(1835—1918),俄国文艺评论家、政论家。——译者
③ 原文标号如此。——译者

(1)自照镜子出现在陀思妥耶夫斯基的第一部作品中,而这一行为对他来说具有特殊的意义。杰符什金、戈利亚特金、地下室的人等类型的一切主人公,痛苦或自负地注视着自己在镜子里的外貌。拉斯柯尔尼科夫、斯塔夫罗金、伊凡一类的主人公,根本不在乎自己在镜子里的模样,但不无痛苦地注视着或捕捉自己内心形象在他人意识这面镜子里的反映。他们憎恨心理学家和密探。作者实际上不去描写这些主人公的外部相貌。我们还要再谈面对镜子注视自己的复杂行为。第55页。

(2)果戈理的主人公成为陀思妥耶夫斯基的主人公。第56页。

(3)杰符什金对《外套》的理解。第56页。

(4)哥白尼革命,主导思想的位移。第56—57页。

(5)视野与超视野问题。第57页。

(6)作为主导思想的自我意识;幻想家和地下室里的人。第58—59页。

插入论及思想家的主人公。

(7)作为自我意识的主人公不表现自身,而是描绘成对作者来说的他者意识。以"我"这一叙述形式或者忏悔形式本身是不重要的;距离保存了下来。第60页(或许在这里或接下存在着作者的立场)。

(8)对他者意识和他者界定的先见之明(第61—62页)。注视他人意识的镜子。

(9)第三者的观点,对"我"和"他人"的形式持中立观点(在哪里谈及这些坐标形式呢?)。第63页。

(10)主人公的最终话语:他力求把它留给自己,而作者赋予他这个最后话语。第63页。

不是客体的及彻底被外化了的形象。

(11)外视野的幻想点;《温柔的女人》。第65—66页。

(12)人的真实只能是自身意识的真实。第67页。

[国外文学对复调的陀思妥耶夫斯基一无所知,这里多半是对复

调总谱作独白式阅读。而弗洛伊德解释在那里却分外盛行。]

（13）托尔斯泰作品中死的外在性与独白性。

这里可能存在着死的问题？第67—68页。

（14）陀思妥耶夫斯基作品中提出作者话语的难度。第68—69页。

（15）论话语之话语，对话性地关注话语（不是论主人公，而是与主人公一道）。第70页。

对待他人话语的对话性立场，应信以为真，就像具有真正价值的话语一样，同时又与这个话语保持着距离，排除了与它融合在一起，即使在完全赞同的情况下。

（16）在构思范围内主人公的自由。

1.作者的立场。

2.死亡问题。

3.独白性的界定。

4."我"的形式和"他人"的形式。

5.主人公在世界上占有最后的立场。

6.超视问题。

7.镜子与表情问题。

8.在两个意识的边界上生活。

9.作者的完成性话语会贬低个性，会剥夺自由，会预先决定他〈主人公〉，会使他倒行逆施。

与阿格拉娅和丽莎的几次谈话。

10.剥夺它的自由的外在意识的势力。

11.作为实验体系一部分的实验。

12.车尔尼雪夫斯基的构思。

〈在〉作者的第一部作品中，已经出现对独白立场的批评，然而它还是一种天真的批评，天真地借杰符什金的嘴说出。斯塔夫罗金的"人类内心的间谍"。与阿格拉娅和丽莎的几次谈话。

325

量子理论的实验者进入实验体系,但并未把客体整个儿置于自身之外,而是把自身整个儿置于客体之外。主体与认识客体之间的新关系。这种关系可以看作类似于(借喻性的)对话关系。

声音的界定。

作者对主人公所持的原则性新立场,与占优势的自我意识结合在一起的新立场,表现在哪里?

我们竭力阐明这一崭新的作者立场,把它看作是对人的艺术视觉的新形式。

序　言

[必须把国外读者引入复调小说的迷宫之中。通常他们把它作为独白小说来阅读,把它改变为独白小说的语言。陀思妥耶夫斯基小说的难点非同寻常。但刻苦努力和持之以恒终将获得回报。]

许多小说的主人公觉得自己前世注定不可救药了,仿佛在死之前就已经死了。

陀思妥耶夫斯基的主要人物不是"他"(也不是"我"),而是"你"(对我来说是他人之"我")。

作为思想家的主人公是在寻求真理,在世界上寻求最终立场,但不是为了写作论文和哲理性诗歌(虽然他们也在这么做),而是为了生活,如果他们热爱生活而后追寻目的意义,那么他们感觉到生活是一种低下的,并且想对它作(宗教上的)思考或者拒绝它。

不能把人变成一个完成认知的无声客体。

在论思想这一章里:人的思想原则上说具有未完成性,思想永远是未准备妥当性但不是对思想的完成。

在薄伽丘天才的小说里临终前的自白("最终的话语")。欺骗的可怕力量。

在卢日内的作品中只有肮脏的秘密,刑事犯罪或半刑事犯罪的秘密,但不是良心上的秘密,像伊凡,特米特里等人那样。

引 言

陀思妥耶夫斯基是俄国文学和世界文学中最难读懂和最复杂的作家之一。这不是因为他是个"过于俄罗斯化的人",以至于他与臭名远扬的"俄国心灵"的特殊性有着过于紧密的联系(还有沃居埃①),这里不存在逻辑关系。陀思妥耶夫斯基,作为一个地道的本民族作家(他与俄罗斯社会经济和意识形态的发展有着紧密的联系,在其他条件下他未必能做到),同时又是整个欧洲小说文化的继承者。问题在于陀思妥耶夫斯基的深刻而独辟蹊径的创新。为了进入他小说的无底深邃和复杂的世界,仿佛需要再造他的艺术意识,摒弃许多传统的观点和美学范畴。陀思妥耶夫斯基需要一个严肃而无可争辩的复杂的理论概述。在对陀思妥耶夫斯基的关系上,过于轻松地走上简单化的道路,用老旧的习惯性形式的眼睛去阅读新形式,至今的评论家通常是这么做的。

在陀思妥耶夫斯基那里一切是极其复杂的。但这不是蹩脚的复杂性,与朴实相对立的复杂性,也不是主动导向朴实的复杂性。这是不可回避的复杂性,无法超越的复杂性!〈……〉

〈……〉主人公不具生平经历。他从中剥离出意识能了解到的东西,反映在人意识本身中的东西。同样攫取反映在他人意识中的,超越该人之上的,还有他看不到的,未被用来完成和缺席审判的东西,而加入与该意识的对话关系之中。

拉斯柯尔尼科夫所看不到也不得而知的一切东西,未被他就此完成,而是用来与波尔菲里、索尼娅、拉祖米欣、杜妮娅的对话中与他相对立(因而,也被揭示出来),把他与他的作为对映体的孪生兄弟斯维德里加伊洛夫,以及部分卢仁的对立中来揭示他。主人公的对话性表现。一切外在于他的意识的东西都是处在与他作对话性的矛盾对立之中。

---

① 沃居埃(1848—1910),法国作家、文学史学家。——译者

在这里首先表现出作者的对话积极性。

主人公的未完成性以及对他的行为的难以理解性。皮萨列夫、托尔斯泰。从完成的或原则上完成的人物性格观点上分析。有关人的真实不能是背靠背的真实。人不是物,人总是"我"或者"为我之他人",不存在超越这个之上的另一个有价值的真实。

在主人公交谈中对心灵做背地里分析。

陀思妥耶夫斯基否定他是心理学家。"人的全部内心深处"。

第101页。

与人的物化做斗争。

这些因素只能把我们导向我们的命题。

现实主义不是知识,而是深刻体验。B.伊凡诺夫。

在新物理学领域里,我们习惯于同任何可能性和不确定性打交道。我们出色地利用它们并善于给予确定的,不错,新的最高的质(正因为如此,我们理解这一不确定性和"只有可能性"的全部深刻内涵,而不是对它视而不见)。

那么,为什么在文学中,即在艺术地感知人的领域里,我们有时要求最愚蠢的、最粗俗的确定性(这种确定性显然不可能成为真理)以及当我们未找到它时而怒发冲冠。

独白论者对陀思妥耶夫斯基的见解(皮萨列夫、安东诺维奇、托尔斯泰的见解)。

这就是为什么陀思妥耶夫斯基不承认自己是心理学家。显而易见,对我们来说,重要的不是批评他的学术理论方面,它首先不理解人在行为和意识中自由与必然的辩证关系。对我们来说,重要的是竭力关注他的艺术注意力以及他对人的内心观察的那种未完成性新形式。〈……〉

引 言

[陀思妥耶夫斯基诗学的基本特点(他的创作研究之概述)。

陀思妥耶夫斯基热衷于，其一，从他的创作中抽取出来的抽象思想；其二，惊险的、几乎是冒险的侦探情节；其三，心理描写（虽然他不是通常意义上的心理学家），甚至具有病态般的兴趣。人们阅读他的作品，如果像阅读19世纪其他小说家的作品那样去阅读——即使是这种阅读也会发现许多自己觉得有意思的东西，但他们发现不了陀思妥耶夫斯基。如此阅读他是不可取的。]

1.纯理论问题提出的不可避免性。

2.托尔斯泰的人物形象与陀思妥耶夫斯基的人物形象有着形式上—内容上的原则性区别。在文艺学家和艺术家——陀思妥耶夫斯基的追随者那里，对这种区别（坐标上的区别）的不理解。

3.以马卡尔·杰符什金对果戈理《外套》中的作者立场（客体性立场）的批判，这是带有无限性立场的批判，未完成性和自由的立场上的批判（不能把我一览无余地展示出来，窥视出来，整个儿完全彻底地被计算被测量，最终被确定出来；这就是你全部〈,〉你身上再也没有别的东西了，对你已经没有再多的话可说了，而你本人已经一无所有了）。对这种完成性形象作慈仁的同情性安排不适合于杰符什金。这是对个性的抗议。

4.陀思妥耶夫斯基的真正主人公向来是一个思想家。杜亚美①的主人公不是思想家。所以，这些主人公依然是性格型的，没有升华到个性上。

5.声音和话语。我们已经不期待从声音中能得到什么新的和本质的东西。而在已经说出的话语中我们不再期待在新的语境中，即在他人声音的持续对话中揭示出新含义和获得内容深奥的新东西。在已完成的语境中，已完成的话语具有了终结的、凝固的、已穷尽的意义。

---

① 杜亚美（1884—1966），法国作家。——译者

我们能以新的方式来解释表述,例如,巴扎罗夫的话语,但只有在时代终结的条件下,在做因果阐释时才有可能。

6.在陀思妥耶夫斯基的艺术世界与托尔斯泰的艺术世界之间,既存在着联系,也存在着中间过渡阶段。哥白尼世界诞生于托勒密世界,而爱因斯坦世界源自牛顿世界。绝对的断裂和绝对的创新是没有的,也不可能有。

7.自由和未完成性范围(内心深处之"我",人身上之人)。

只有行为的永恒真实是重要的。"一切都在变化——而只有一个真实保留下来"。主人公的真实、思想和绝对的(最后的)大公无私。

8.对待作者与主人公在立场上的不同。作者是主体,主人公是客体;可以以主人公的生活来生活(浪漫的情思①),但不能以作者的生活来生活;然而,可以用作者的眼睛来看待世界和主人公的生活;作者是关系体系;我们与作者争论,但不能与主人公争论(但我们可以因与主人公的关系而与作者争论);作者与主人公处在不同的层面上;这个基本的观照人人都能做到。在陀思妥耶夫斯基的作品里,主人公与作者同处一个层面上。迈尔-格列夫。

复调小说中最主要的东西是作者所持的新立场。陀思妥耶夫斯基的基调是与人的物化做斗争,是与人的这一物化在阶级社会(特别在资产阶级社会中,这里的物化达到了极限)中的形形色色的形式作斗争:社会—经济的、道德的、机械的形式做斗争——存在于唯物主义中和生理学主义中(从列别兹雅特尼科夫②的"结核病"到米基恩卡·卡拉马佐夫③的"珀尔纳④"),存在于他与之斗争了一生的环境理论

---

① 原文боваризм,源自法国作家福楼拜小说《包法利夫人》中女主人公。——译者
② 陀思妥耶夫斯基小说《罪与罚》中的人物,是位"新派"思想的人物。——译者
③ 陀思妥耶夫斯基小说《卡拉马佐夫兄弟》中的人物,长子德米特里·卡拉马佐夫。爱称"米基恩卡""米卡"。——译者
④ 克罗德·珀尔纳(1813—1878),法国自然科学家、生理学家、病理学家。他解释了生物体内神经粒子运动的心理现象。青年时代的陀思妥耶夫斯基对大脑和神经系统疾病极感兴趣,在《罪与罚》和《卡拉马佐夫兄弟》等书中有描述。——译者

中,存在于像他所理解的那种社会主义中,以及最后,存在于艺术创作(已经不是在政论文章)中。[任何动机,即使是精神上的——"神奇怪事,秘密和威望"——他都把它作为物化人的手段加以揭露。]他从哲学观点和科学观点上来理解,许多是不正确的(对社会主义的关系),他目睹了在实行解放等的事业的地方存在着物化。自由和必然的辩证法在他看来是不可企及的。但反对把人变成物的斗争具有深刻的先进性。特别在艺术领域里。对物体(星辰、树木、原子)不能提出诉求,提出问题。物体对正在认知着的认识取消极态度。

〈……〉陀思妥耶夫斯基具有独特的精神上的民主主义。

对待主人公持一种严肃的,即真正创造性的(而不是华而不实的表演〈,〉就像他在政论中常做的那样)对话的态度,积极地以对话的方式倾听他谈及自己和世界的真实情况(更准确地说,他走向真实的道路,对真实的明确态度,对意向的明确态度),这一真实只能是他的真实,这一真实保障了主人公的无所限制的、无须事先决定的、自由的、具有圆满价值的声音,与此同时又保障了主人公与作者之间的距离,他们两人意识的不相融合,两个真实的不相融合,即使这两个真实看来是完全地相同,那么,这只会是两种不同的声音,两种真实的相同、和谐,而不是把他们融合成一个声音,融合成一个超个性的或者无个性的真实。对立(punctum contra punctum)在这种情况下依然保存着强大的威力。

在陀思妥耶夫斯基的真正的小说对话(大型对话和用结构表示出来的对话)与其在政论中华而不实的表演和文学假定式的对话之间,存在天壤之别,就像陀思妥耶夫斯基通常的艺术创作与政论作品所表现出的差别一样(虽然有时政论因素进入长篇小说之中)。

在政论作品中,他常常用自己的语言对他人表述(自己的论敌)作歪曲性的转述,进行恶毒的改变原意,等等。我们往往找不到他对他人话语和他人思想的尊重。"气得哆嗦的双手"(萨尔蒂科夫)经常在这里摇笔杆子。

331

在以主人公的名义采取的独白方法下，别期望获得作者的赞同或反对的自身的真实；以主人公的名义通常是一无所得：因为他被客观化了，而在完成性的小说中他是完成了的，结束了的〈，〉"一切都在这里"，虽然在小说的框架内他可能得到（完成）改变和本质的变形。

人身上存在着许多东西，以至于完全应该获得客观的、正在完成的认识：他的社会典型性等。但陀思妥耶夫斯基以自身的新立场渗入到人的个性的新的方方面面，这些方面与他在世界上最后的含义立场联系在一起，与他唯一的个性的最后真实联系在一起，这一个性是客观化认识所无能为力的。复调小说不会废除独白小说（这与科学不同，艺术上的新形式不会废除旧形式）。

作为科学认识对象的人，在方法论层面上说与其他所有认识对象别无二致。这不是"我"，不是"你"也不是"他"。而概括性认识的结论完全同样地涵盖到"我"和"你"，以及其他人。但在现实的已体验过的世界上，只有人以及除了人之外没有任何一种现象，总是以"我"和"他人"（"你"和"他"）的形式出现的。每个人同人打交道，只是同自身或他人打交道（显而易见，这丝毫也不会干扰他对人的思考，不管是"我"和"他人"这一形式一般来说，人，在人类学，在社会经济学中，是指无产阶级、农民、男人、女人）。与"这个"类似，一个最抽象的话语，也能表明"这个"唯一的物体。对艺术来说，第二个意思中的"这个"恰恰是十分重要的。陀思妥耶夫斯基熟知他所否定的施蒂纳[①]有关这个问题的辩证法。在车尔尼雪夫斯基的理性利己主义理论中他与类似问题发生了冲突，不过是在另一层面上，同时，他本人还亲自参与了这一问题的争论。

文学是用"鲜活的生活形式"（车尔尼雪夫斯基）来描绘现实的，或者用"直接的经验形式"（《马克思列宁美学的基本原理》）来描绘现实，所以，人物形象不同于人的概念，不可能是对"我"和"他人"形式

---

① 施蒂纳（1806—1856），德国青年黑格尔派哲学家。——译者

采取完全的中立,不可能把这些形式完全抽象化,当然,这丝毫没有贬低文学的认识(即概括)意义,但有其艺术认识的特殊性。从内部和外部来描绘。外在性和超视。

复调小说中外在性与超视的应用。《三人之死》的分析。拉斯柯尔尼科夫的内心独白。

本章的结尾处把陀思妥耶夫斯基的创作构思看作是统一的自白观点的批判。唯我论(认识上的和伦理上的)的不可能性。一个意识是 contradictio in adjecto① 的说法。人的屈辱性物化和唯我论(离群索居)——是资本主义的反映,是资本主义的产物,陀思妥耶夫斯基与之作了斗争。

1.对杰符什金、斯塔夫罗金等人的批判。2.与对人的物化认知的斗争,这种认知蔑视人的内在未完成性和他的真实。3.对话方法。论参与者和活生生的人的话语。4.外在性与超视。5.诸例子。6.托尔斯泰作品与陀思妥耶夫斯基作品中对死的描写。7.自白问题与意识的社会性问题。

《罪与罚》,作者在书中几乎没有离开自己的主人公半步(有些情节,其中最重要的情节是斯维德里加伊洛夫与杜妮娅的幽会);只有在文学报道布局上有后记(有关法庭,有关次要人物的命运)以及结尾建构层面上的独白(在西伯利亚)。

在其他小说(特别在《群魔》以及《卡拉马佐夫兄弟》)中,情况更加复杂:这里较为复杂的多层面以及中心主人公的阙如(严格意义上说)〈,〉有着相当大的物质的、实用性的,即报道性的超视,但不是客观地、背靠背地讲述主人公的那种超视,而是向读者阐明正在发生的事件(在实用情节层面上)的那种超视。但一切重要的东西都在小说的这面意识的镜子的体系上得到反映,投入燃烧着的素材——对话之中,即一切都具有对话性。小说中存在着(极为罕见)仿佛由作者来解释的一般性议论,例如,在《白痴》中资本主义出现的一般性画面,铁路

---

① 拉丁语:自相矛盾。——译者

建筑的画面,议论俄罗斯新的生意人的画面,但这些画面要么没有多大意义(报道性的),要么赋予双声的讽刺形式,要么,即使是重要的话,随后就会作为对话的题材或主人公内心独白的题材出现。

［沃居安论镜子。奥斯卡尔·王尔德论大多数主人公的未完成性。］

对主人公的意识来说,不存在什么秘密的东西是不能公开的。但意识一旦公开,它就成为主人公的行为和话语的决定性因素,即它进入对话之中。

而独白型作者最终创造的人物独立于他作者。他不虚构人物,而是再造他们,但他创造的人物是完成了的,而最后思考他们的存在则留给了自身。一个是创造不依懒于他的存在,而另一个则创造有充分价值的声音(他人的真实)。

问题不是在说作者的形象(所有这些形象,正因为他们是形象,最终为作为创造者的作者所创造)。问题说的正是这个最终的作者——创造者,他要挑选与他的构思相适应的讲述故事的形式:由"作者"来叙述,由叙述者来叙述,由新闻栏编辑来叙述,由第一人称来叙述,等等。对我们来说,重要的是作者——创造者的最后阶段;而这一阶段的出现,就我们的意思来看是对话性。

在《罪与罚》中,以及在《白痴》中都是由作者来叙述的。在《少年》中是以"我"来讲述的,而在《群魔》和《卡拉马佐夫兄弟》中是由无个性的新闻栏作者来叙述的。

对主人公的积极的对话性态度,倾听主人公的真实情况,更准确地说,倾听它对真实情况的倾向性(意向性)。这种倾向性可能就是主人公的真实情况,它不仅保证主人公声音含义上的货真价实,而同时又保证了主人公与作者之间的距离,两个意识的不相融合性。而作者的这一立场保证了各种不同的主人公的声音在整体的复调界限内的不相融合性。这个不相融合性是复调小说的基本特征。

真正的对话要求一个外在的伙伴,因为当内心独白发生冲突到极点时,就出现了两个面貌相同的人(外在性)。然而,在陀思妥耶夫斯基作品中内心的对话是复调型的。参与这一对话的总是具体人们的声音,主人公一生中与这些人争论不休。

只有在《罪与罚》中内心的独白是重要的。在《卡拉马佐夫兄弟》中完全没有内心的对话(新闻栏编辑的角色)。

〈……〉这不是陀思妥耶夫斯基的哲学原理:这是他对人的艺术视觉的形式,他是作为艺术家在自己的作品中对这一形式的实现。但当这种视觉形式用概念性语言来阐释时(我们在这里就是这么做的),这些形式就具有了与哲学原理的某种类似性,令人遗憾的是,这是不可避免的。这就具有了意识形态色彩,但实际上这是真实的视觉形式。

这里不存在外在于主人公意识的本体论的、社会的生活环境的任何一般性题外话,不存在于历史中的题外话;所有这一切说明了主人公的情况,但主人公本人是无能为力的,也不为他的意识所关注。这种东西有多少在巴尔扎克、托尔斯泰、屠格涅夫的作品里,他们熟悉多少事件在他们所描绘的世界里完成,进入作者的视野里,但这些事件从未进入主人公的视野里。但这些事件对整体的含义,作者的独白含义来说具有决定性的意义。

我们举一个人人皆知的例子:托尔斯泰的《三个人之死》。这是一篇篇幅不大,但有三个层面的短篇小说。它描绘了有钱的太太之死,车夫之死,一棵树木之死。在每一个垂死之人那里,周围的一切及其视野,每一个层面都是封闭的,但它们之间外在的实际联系是:带着病得奄奄一息的太太的车夫,拿走濒临死亡者车夫身边的靴子,为此在其死后去森林中,砍一棵树来做他坟前的十字架。但无论是车夫之死和树木之死都没有进入地主太太的视野和意识里(她对此一无所知),太太之死也没有进入车夫的视野和意识里。他们之间谁也不认识谁。在这三个层面之间没有也不可能〈有〉任何对话关系。他们结合在一起,并被思考,只有在作者的统一的包罗万象的视野之中。所有这一切是托尔斯泰向我们揭示的独白的客观世界的各个部分:有轿式马车〈,〉有富人豪宅,有车夫的简陋木屋〈,〉这里车夫正在火炉旁慢慢死去,还有森林,一棵树在枯萎。有钱太太的形象,车夫的形象和树木形象具有深刻的现实主义性质,活灵活现的,极具表现力、典型性和个体化,但他们是客观的,他们的最后的真实只为作者所熟知,他们自身垂死挣扎,从不怀疑这一真实。所有三个人的死互为阐释,但这是只对作者(还有对读者)而言的。

对陀思妥耶夫斯基来说,如此的整体构建是不可能的(相反,对托尔斯泰来说具有典型性)。他会迫使这三个层面相互反映,相互交谈(当然,不一定用结构上的对话来表现)。他会对话性地把这三个真实对立起来,以及把自己的真实作为第四个真实也与所有三个真实作对话式地对立起来〈,〉如此一来,它不可能是享有特权的、最终的作者真实,而仅仅是这些真实中的一个。四个真实中的每一个就会有自己的与另外几个具有最终的平等的话语权。但对于此,当然,并非选择死的主题不可。而在陀思妥耶夫斯基的小说世界里不可能处在一个平面上,就像同等地活生生的生物、人和树木一样。

我们举拉斯柯尔尼科夫的内心独白为例(第191页)。索尼娅的真实,杜妮规的真实,斯维德里加伊洛夫和马尔法·彼特罗芙娜的部分真实,母亲的真实,马尔梅拉多夫的真实,等等。一切都汇集到外部的或内部的对话之中,小说的一切层面都处在对话性的相互关系之中。

托尔斯泰没有赋予自己的主人公最后的话语,他把最后的话语留给了自己〈,〉而这个话语不是处在与主人公话语的一个层面上。人们有关陀思妥耶夫斯基的作者话语争论不休。但无须争论,最后的享有特权的作者话语是不存在的。存在着我们所熟知的来自政论文章的陀思妥耶夫斯基的话语,我们发现这一话语也存在于小说之中,但这一话语在那里不带有享受特权的作者话语的完成性功能。它听起来就像处在未完成性对话中诸多声音中的一个。

作者的超视是用来组织对话的。

谈谈陀思妥耶夫斯基政论文章的文体问题。60年代的精神,有着对论敌的恶意歪曲和不尊重,有着与陀思妥耶夫斯基小说本质上格格不入的一切东西。无论怎么说看来是真实的,无论怎么说是说出了最后的话语、极端的偏执、刻板的新闻手法。把自己的论敌置于一种可笑的、愚蠢的位置上。所有这一切,陀思妥耶夫斯基〈是〉他那一时代里典型的新闻人。

生活中的一切是对位的(对话的)。托尔斯泰作品中的主人公和层面的潜在的对话性。但陀思妥耶夫斯基揭开了曾经是隐秘的东西,揭开了对话的创造性本质。如同一切发现一样,秘密的成为公开的,所以秘密地进入了生活本身完全崭新的阶段。

陀思妥耶夫斯基小说中的"思想"与他的"世界观"相互关系的复杂问题,我们将在第三部分讨论。

陀思妥耶夫斯基的主人公对他人嘴里说出的"他是谁?"这一问题不予理会。杰符什金不回答这个问题。他在果戈理的《外套》中看到的正是对这一问题——他是谁?——的完成性答案。他们仿佛感觉到自己内心的未完成性,自己内心有能力转变,使他们任何外在的完成的界定变得不正确。有时,同谈及自身的他人话语(可能的或是现实的)的这一斗争成为他们生活的重要因素(例如,娜斯塔西娅·菲利普芙娜的生活)。我们看到,地下室里的人和格里亚德金正在做这件事。主要主人公(拉斯柯尔尼科夫、伊凡等人)正处在复杂的意识形态思想的道路上,在犯罪或建立功勋的道路上实现着自身的未完成性和未确定性。

陀思妥耶夫斯基的主人公,对作者来说(对作者的立场来说),不是"他",而是"你",即另一个"我",享有充分权利的他人之"我"("你是"),是极其严肃的、真正的(而不是华而不实的表演式的、文学假定性的)持对话性态度的对象(在最后一部分我们将指明陀思妥耶夫斯基作品中指向性话语的作用)。而这个对话(大型对话)不是过去时的，而是现在进行时，即真正的创作过程；这不是完成性对话的速记记录，作者已经从这一对话中走出来并高踞于这一对话之上，就像处在最高视点、决定性视点那样〈,〉而是作者此刻正处在其中。在独白小说中这就会立即把真正的、未完成的对话变成客体的完成的对话形象，变成通常的对话。

〈……〉形象总是看到并赋予人的两个层面：内在的，即"我"的形式，与外在的，即"他人"形式（"他"）。在第一种情况下，我们与主人公一起看到、一起体验、一起评价，而且在主人公的主观视野里；而在第二种情况下，我们看到、体验到、评价主人公本人及其全部主观视野的一切东西，是在作者的包罗万象的客观视野之中。我们同时在其内部也在其外部对人的形象的关系做出分析。两种观点——内部的与外部的——是有机地结合在人的整体形象之中。在这里可以看出艺术形象的特殊本质。

由于流派、体裁、作者的个性、叙述小说的形式、主人公在作品中的角色（主要的，次要的）以及其他因素的不同，这些从内部及从外部出发的每一个视点的比重可能是千差万别的。从内部出发的视点（以及主观视野）可能是最小限度的（某个次要人物，喜剧人物和讽刺性主人公），在这种情况下，主人公几乎可能都被作了实实在在的物化。但从内部出发的视点完全被消失殆尽是不可能的；因为这会把人的形象变成物的形象，即把他转化到另一审美范畴上去了。而从外部来观察的视点能够成为最小限度的，例如，以 Icherzählung 来叙述的自白形式中，但要完全消失也是完全不可能的，因为这会破坏形象，会把文学作品变成非艺术的个人资料。

作者对人物形象的基本立场是外位性立场。整个作品的统一体以及它的艺术完成性（思想的以及任何其他的：主题的完整性，情节和结构的完成性，修辞的一致性）只能从内在的外位性和外在的外位性的包罗万象的立场上方能做出。如果作者与自己的主人公（或者与自己的主人公中的一员)彻底地融合在一起,那么,艺术作品将会被破坏,将会变成,这么说吧,自身的存在。距离和外位性立场保存在最主观的文学体裁中,例如,以 Icherzählung 叙述的自白中:因为,在相反的情况下,文学作品就会变成非艺术的个人资料。

距离与作者的外位性。

作者在复调小说中的崭新的对话立场没有破坏作品的统一体,作品的完整性和完成性(不错,是新的,更加复杂的方式),因为对主人公关系的距离,以及作者的外位性依然精力充沛。但内容,以及主要的,是这一外位性的功能(以及作者与主人公相比在视觉上的相应超视,以及知识上的丰富性)在不断地变化着。

[外位性保证了作者视野的众所周知的客观上的超视,即作者熟知一切,理解和看到一切,与每一个主人公及其对一切东西的总和的视野相比较而言的。正是有赖于这个超视,发生着每一个主人公及作品的独白式完成。]

我们竭力通过篇幅不大的对比分析来阐明独白的外在性与复调(对话)的外在性之间的根本不同。

[托尔斯泰所关心的不是自然而然的死——人们是怎么死的——他关心的是把死作为结局,作为整个生命的最后特征,他关心的依然是那一个问题——人们是怎么生活的——或者确切些说——人们是怎么活的和怎么死的。

死解决不了危机,死是结束——或者中断——传记生活的点(出生、童年、少年、青年、婚姻、孩子、死亡),陀思妥耶夫斯基对此不为所知。陀思妥耶夫斯基本人只说自己(我不晓得,我开始生活或者我结束生活)。这对陀思妥耶夫斯基本人是否正确,他的主人公可以决定生平,但他的主人公总是处在门槛上。

在这种情况下,死是总结,阐明整个生命的总结,是理解和评价整个生命的最理想的点。人应该认识一切,熟悉一切,和理解一切,对一切给予应答。用有限的意识之价值,天真的无知之价值,内外从属于他人意志之价值来赎买人的幸福,按照陀思妥耶夫斯基的观点,是无能为力的。

本章的结尾,说明一个意识是不可能存在的。由此得出存在的是对话性。]〈……〉

[在形象的主要部分是自我意识的地方,就不可能存在传记式描写。不可能存在是传记式之死,还是有机体之死。]〈……〉

〈……〉[在以"我"来叙述的作品中,没有实用主义的视野超视,例如,在《少年》中。视点的含义超视发生在已完成的生命中]。〈……〉

作为自身思想载体的作者与统一的物体不相干,他只同人们发生关系。

陀思妥耶夫斯基作品的思想

1.思想的未完成性。

2.声音的界定。

3.对话外的思想。

4.对话中思想的形变;反射。

5.思想的未完成性;思考,但不会完成思想。

6.分歧与赞同。

声音的思想。

7.小说外(政论中)的思想与小说中的思想全然不同。

苦难孩子的眼泪。

8.从复调里抽取出来的声音是被歪曲了的声音,它力求趋向系统的一致性,趋向命题。

9.理智的个性化。

从对话中提取出来的思想是腐朽退化的。在这种思想里折射着他人思想。

"永远变化着的世界观"(格罗斯曼)。但说的是另类世界观。有关自己思想的内在对话本性,这种思想生活在而且只能生活在与另一个人的思想、他人思想(体现为声音的思想)的经常接触之中。不是与处在那统一的语境中的另一个人的思想相接触,而正是与他人整体语境相交往。

目睹和倾听思想的能力,使他成为这一观点上唯一的一个思想艺术家,创造出引人入胜的思想戏剧。

一个准备就绪的、给定的、四面八方都是透明的、全部结论都是清清楚楚的、完成了的思想不需要真正的对话立场。对抽象的、纯粹物化了的、从声音中剔除出来的思想也不需要这种立场。

对话性立场强迫说出思想,揭示出自身新的可能性,拓开新的界线,得出出其不意的结论。

对思想的评价不存在预先决定了的立场。

与声音融合在一起的思想决定着内在之人的整个命运,人和人类的全部命运,要求持对话性的立场。

思想不是在系统中给定的,而是在活生生对话环境中得出的。在众多他人变化着的思想中得出变化着的思想。

他不讲述完成的思想,也不表明这些思想在个人意识中的心理形成过程。他表明思想在个人间对话交往的环境中的生活过程。即使是孤独主人公的内心独白也是内在的对话(或者直接与同貌人的交谈)。他不揭示单独思想在整体世界观的独白体系中的联系。正像我们在以后的阐释中所看到的,他那里没有单独的思想,也不存在体系化了的整体。

1.思想的对话性揭示。2.原型及其艺术创作的发展。3.结尾。

省略号以及省略号的对话性交叉,这些东西在现实中还未被实现。

341

陀思妥耶夫斯基作品中的思想是描绘的对象,他赋予思想的形象。但思想的形象,也与"人身上之人"形象一样,不可能从客观化了的和物化了的独白的立场出发来创造,而只能对思想采取内在的对话性态度。把思想与未完成的人相结合。只有在原则上未完成的态度来关注思想,即成为彻底的无私心的真理探索者,人本身才能成为未完成的人。

在独白世界里,思想成为已就绪的完成的思想。"人身上之人"的未完成性与思想的未完成性是融合在一起的。

一个圆满的思想进入小说的大型对话之中,而不是仅仅进入结构上明显地表现出来的对话之中。

在陀思妥耶夫斯基小说的世界里,赞同保存着自身对话的性质,即不会导致声音和真实的融合,像独白世界里那样。

拉斯柯尔尼科夫和维尔希洛夫思想的原型。

次要条件是对成为形象的思想性对话关系。

"需要解决思想问题"。

在每一个"伟大的和未决定的思想"中。而拉斯柯尔尼科夫应该解决思想问题。他们所固有的崇高的无私精神。成为洛特舍尔德的思想是无私的思想。

单独正确的思想(箴言、格言),无个性真实和无主的思想,只是取自自身的对象方面,与陀思妥耶夫斯基绝对地格格不入。

1.思想,反思,外在于对话的思想之退化,在政论中(在《作家日记》中)。

2.独白小说不是从外部瓦解的,而是从内部瓦解的。对一切早先的手法,其中包括古代的手法的利用(重新思考)。

3.佐西玛论探索者和未决性。

4.格里美豪森与陀思妥耶夫斯基。

对陀思妥耶夫斯基的意识形态的正面分析:高尔基、卢那察尔斯基、叶尔米洛夫等人。

历史文化的"心灵感应",即通过时空对十分复杂的思想上的和艺术上的综合体(哲学思想和〈/〉或艺术思想的有机统一体)的传达和再现,不存在任何可把握的真实的联系的传达和再现。这样的有机统一体的末端、边缘对于展开和再现复杂的有机的整体绰绰有余,因为在这个无足轻重的一块地方保存着整体之潜能和结构之入口(星火可成燎原之势①等等)。我们的思考饱含着过多的机械论思想。陀思妥耶夫斯基所猜想的梅尼普讽刺。痴儿历险记②。

作为有深度的社会行为的自我意识。没有话语就不可能有自我意识,话语按其本性是为他人而存在,它力求被人听到,被人理解。无论是意识,还是自我意识,没有在他人意识的情况下能畅行无阻。单个的意识是幻觉或是谎言和僭越。(与基尔波京相联系)

思想(思想性)与个性的深层核心的融合。正是这一核心——人身上之人——是未完成的,与自身不相重合的个性,只能在思想的中介(不是个人历史,不是情节)中才能生存和被揭示出来。这个核心是深邃的大公无私。就是这个核心,也只有与开放的对话立场一起才能被揭示出来。

只有在思想环境(当然,不是抽象的环境)中,人身上之人才能被对话方式揭示出来。〈……〉

对思想的对话关系永远是对另一个他者意识的关系,正是对这个他者意识的根源本身的关系,是处在其活生生的未完成的真实之中。

---

① 此处原文的意思是"一丁点坏东西可发展成整个坏事"。——译者
② 此处原文是 Симплициссимуса,指的是德国作家格里美豪森的小说 *Der abenteuerliche Simplieissimus Teutsch*,中文译成《痴儿历险记》。——译者

对不会成为人的声音的思想,不可能形成对话关系,而对客体主人公的声音,也不可能有真正的对话关系,任何思想上的立场,也是不可能的。对这种声音,只能作假定的修辞上的关注。

[陀思妥耶夫斯基的创作需要一个文学理论方面的引言。这种引言可能会进入陀思妥耶夫斯基的艺术结构之中,不会被他的创作上的意识形态方面所嫌弃,也不会为它所迷恋。这种引言不能是,也不应该是简单的,肤浅的。在创作的复杂迷宫中阿里阿德涅①的简单而天真的线团是无所助益的。]

〈……〉陀思妥耶夫斯基的主人公所具有的所有内在的和外在的思想上的独白,总是具有整体上的对话性。例如,前一章我们所引用的拉斯柯尔尼科夫的内心独白,是整体上与缺席的谈话伙伴(同母亲,同妹妹,同索尼娅等人)的对话;拉斯柯尔尼科夫的思想在与他们的观点,他们的立场的对话式交锋中予以自我辩解和认罪。陀思妥耶夫斯基不在任何地方阐释已定型的思想,而且也不表明这些思想在一个个人的意识中心理上的形成。他正是描绘这些生活的形成过程,是在个人之间活生生的对话交往的环境中的过程。

陀思妥耶夫斯基所发现的思想上的对话性本质,人的意识的对话性本质以及由意识(因而也是思想)所阐明的任何人类生活的对话性本质,这些艺术发现使他成为伟大的思想艺术家。〈……〉

过去、现在和将来,也像古希腊和文艺复兴时代的"死人对话"一样(陀思妥耶夫斯基与这些对话有着有机的联系)在现代性平台上汇集在一起,并且争论不休。〈……〉

---

① 阿里阿德涅,希腊神话中克里特国王弥诺斯之女,她给雅典英雄忒修斯一个线团,帮助他沿着一路上散出的线走出迷宫。阿里阿德涅线团,是指能帮助解决困境的办法。——译者

〈……〉施蒂纳和拿破仑三世的原型思想,成为思想的形象,不可分割地与拉斯柯尔尼科夫的个性形象联系在一起,被纳入与索尼娅、波尔菲里等人的对话之中,具有了崭新的质,听起来完全是另一种声音,而不是施蒂纳的哲学论说和拿破仑三世抽象的历史阐释的那种系统的独白语境中的声音。同样事情发生在陀思妥耶夫斯基小说与其他另一些原型思想的关系中:他们成为完整的对话性的、未完成的思想形象,进入艺术世界的新的环境中(在这种情况下并未失去自身思想上的圆满意义)。完全另一种情况的出现,是与陀思妥耶夫斯基作为政论家和思想家的思想联系在一起的,这些思想是出现在《岁月》《时代》《作家日记》中的论文里、系统性独白语境中或者写给不同人的书信中:我们应该把它们作为思想原型来看待,当我们在他小说的艺术语境中,例如,在索尼娅、梅思金、佐西玛等人的思想形象中遇到类似于这些情况时。在小说中,作为政论家和思想家的陀思妥耶夫斯基的这些思想成为那样对话性的思想形象,与另一种原型(例如,拉斯柯尔尼科夫的思想形象或伊凡·卡拉马佐夫的思想形象)的其他思想形象,有着平等的权利。完全不允许把独白小说中作者思想的完成性功能归咎于他们。在陀思妥耶夫斯基的复调小说中,他们全然不具这种功能,他们仅仅是拥有同等权利的对话参与者。他们在这里成为生活在艺术世界中的形象。他们在这里与陀思妥耶夫斯基文章中自己政论性原型或哲学原型相比较而言,其变化是多么的明显啊。在文章中,或者在书信中(例如,写给马伊科夫,波别多诺斯采夫等人的书信中)这些思想是从活生生的未完成的对话中提取出来的,是独白化了的、教条主义化了的,成为僵死的、枯萎的、几乎无个性的、本质上无修辞的思想,他们意识形态上的全部局限性被揭示出来了。作为天才艺术家的陀思妥耶夫斯基在政论的环境中所表现出来的,是他那一时代的一位普普通通的政论家,全然不是什么抽象思维的思想家,而写给真实收件人的书信是与他的话语体裁格格不入的(也是他所憎恶的)。而一般的对话化了的思想形象以及无主的思想,在系统的独白的语境中,按其本性来说是完全不同的现象。所以,有人从陀思妥耶夫斯基的小说中抽取某种思想并对它做出扩大化的系统性的独白式发展(哲学的,社会政治的或者其他的)时,那么,即使对这种非艺术的思想性的发展极其深刻和有力,所得出的结果也是与陀思妥耶夫斯基风马牛不相及。因为在小说中,思想上已经打上他人声音和思想的对话性反射的烙印,而思想又是与未完成的个性形象(人身上之人)结合在一起的,交相辉映,没有融合,与其他赞同的声音一起,在危机和未完成性状态下被揭示开来、被形成的,有时候在直接的内外大转变的条件下形成的——这就是脱离开这一整体的、被隔绝的、被孤立的独白思想,它不再是小说中的那个思想了。不能用对思想的抽象性系统性阐释来偷换思想的艺术视觉。〈……〉

对思想所持的这一艺术立场,揭开了思想中新的可能性、新的界线,揭开了与他人思想的新的对话性的相互关系。这一立场只有在把思想形象与人的形象、与思想的活生生载体的形象的不可分割的联系中,才有可能。但在这种情况下,人的形象不可能成为完成了的性格或类型——因为在这种条件下思想失去了自身圆满的意义,只能成为一定社会集团或时代的理性评述或社会典型特征。要么思想脱离形象,成为作者声音的简单传话筒,成为作者的独白思想。活生生的具有圆满意义的思想形象,只能与个性的精髓,即"人身上之人"的形象结合在一起。

陀思妥耶夫斯基作品中的情节与空时价值

格罗斯曼在文章中指明了近期的传统,是正确的,虽然不圆满。但这些近期的史料自身包含着各种不同的成分,是与古代的、却很少有人研究的传统结合在一起的。

苏格拉底对话的产生时代。梅尼普讽刺作为苏格拉底对话的解体的产品。发禄。哲学对话。乌托邦小说与梅尼普讽刺中的乌托邦成分。哲学(思想的生命)与传奇和贫民窟的自然主义的结合。危机与蜕化。门槛旁的对话。真实的奇遇。新教的讽刺,其中有关耶稣的转世和否定的神话。Soliloquia①。

把陀思妥耶夫斯基的小说界定为悲剧小说,是 B.伊凡诺夫做出的,这一界定极具生命力。但它不太准确,它把陀思妥耶夫斯基的创作以及他的传统的渊源推向另一种体裁(悲剧),他与这一渊源的联系仅仅是间接的。

在悲剧衰微时代,一般来说在经典的古希腊罗马文化衰微时代,出现了崭新类型的对话体裁:讽刺性对话和索夫龙的民间歌舞剧。诞生了对生活和思想的对话性理解。这一对话的瓦解并出现了不同形式的梅尼普讽刺。梅尼普讽刺对古希腊使徒行传和拜占庭文学的影响。希腊和罗马的狂欢化体裁(在罗马是农神节体裁)。所有这一切在欧仁·苏等人的作品中被庸俗化了,甚至在雨果的作品中也存在这种情况。在陀思妥耶夫斯基的作品中,以这些狂欢化传奇的哲学体裁所表现出来的极端的世界观和普济主义富有生命力。人的命运和人类命运,特殊的象征主义,力求"阐明带根本性的精神问题"(高尔基)。

精神生活,思想探索与幻想作品。

陀思妥耶夫斯基幻想作品的类型发端于狂欢化神秘剧类型(前基督教类型和早期基督教类型)。为实验之目的的幻想作品。爱伦·坡。

怪诞是对秩序的破坏。情节的怪诞。心理怪诞。哲学怪诞。(第287页)

被历史时间隔绝的思想进行着阴间的对话性相遇。

月光下讽刺,梦幻讽刺等等。

筵席,广场,妓院,大路,轮船上的甲板,古希腊罗马的澡堂。

---

① 拉丁语:独白。——译者

陀思妥耶夫斯基的阅读——第338—339页。选举教皇会议——第344—345页。

倒霉的坏事转变成崇高的悲剧——第345页。

《卡拉马佐夫兄弟》一书中法庭上的选举教皇会议——第348页。

宗教的民间创作。古文献样本。《训诫集》传说，伪经，《圣母苦难之旅》——第348—349页。

［思想存在之环境——是对话，而在对话之外，排除对话的思想，觊觎对话外的重要意义的思想在退化和濒临死亡。］

传记文学。它与希腊化时代的游记小说有关。苦行僧的事业与行为。第349页。《玛利亚·叶吉别茨卡娅传》——是陀思妥耶夫斯基喜欢的传记。传说苦行者的道德漫游。为世界恶行事实所惊悚的现代思想家的生平经历。第349—350页。

传记与危机和堕落结合在一起的类型分外重要。这里，形成了人的未完成性和犹豫不决的范畴。这一范畴在前基督教文学中特别盛行。后来，在已形成的基督教的沃土上出现了预先决定论。

在《罪孽深重者传记》中，心灵漫游在各种不同的哲学派系和宗教自白之中。《心灵的苦难历程》——第350页。

在前基督教的古希腊罗马时代，我们发现了对时间价值的类似感觉：永恒的现在，危机和决断的现在，在这一现在中仿佛汇集了所有的过去和将来，瞬间的荣升和罢黜。与这一时间相联系的是空间的价值：门槛（门槛上的决断时间，滞留在门槛上的时间），高升与罢黜的垂直线（楼梯），加冕与脱冕的广场，强烈的苦难和讥笑的广场，等等。

自然主义与象征主义的特殊结合。这对梅尼普，对《萨蒂里孔》，对《金驴记》来说具有本质特征。象征主义与幻想，通常来说，出色地与所谓自然主义（霍夫曼，《疯狂的经历》等）结合在一起。嵌入体裁的手法（第353页）。这一手法在那时已经出现。

伏尔泰和狄德罗的对话性作品（伏尔泰的《珍妮的故事，或无神论者与聪明人》，这里有一章"有关无神论的对话"）。

陀思妥耶夫斯基的结构规律——第356页。

创作方法——第358页。

正如我们所认为的那样,我们的概念使得我们更加正确地感触到通向陀思妥耶夫斯基的那一传统的艺术散文的路线。可以谈及两条路线:叙事路线与对话路线。这两条路线的形形色色的交叉点,在19世纪几乎把它们圆满地融合在一起。对话路线把狂欢化的怪诞路线接受过来,充实自己。在对话路线上形成了复调的未来成分。史诗长篇小说和戏剧性长篇小说——这种说法是公式化的和不准确的。长篇小说不是史诗,也不是戏剧。对话路线不是从戏剧对话中脱胎出来的。

狂欢节传统不间断地充满整个欧洲人的历史。以传说为基础的体裁,以虔诚为基础的体裁,官方体裁。狂欢节世界观问题。出自官方轨道的生活,狂欢的相对性,狎昵态度以及广场的开放性,加冕与脱冕,改头换面,任何官位等级和礼节的取消(狂欢化的无束),夸张和咒骂融合,生与死的融合(祝福性谩骂与重新引起的凶杀)。陀思妥耶夫斯基小说中的奇谈怪事和古怪行为带有狂欢化性质(选举教皇会议)。

《舅舅的梦》带有狂欢化滑稽剧性质。在他的长篇小说中,《白痴》带有极端的外在性狂欢化性质。

狂欢化了的两种对立物:脸面与臀部,青年与老年,生与死,聪明与愚笨,等等。狂欢化的世界危机与蜕变。狂欢与静止的、官方的、肯定的现存秩序相对立。狂欢的乌托邦因素:农神节的回归是自由、平等、友谊、富足的世纪。托尔斯泰、屠格涅夫、冈察洛夫那里几乎不存在有狂欢化的感觉。他们描绘生活是在生活的轨道上。陀思妥耶夫斯基描绘生活,超越生活的轨道,破坏正常和自然的生活。出自偶合家庭的新闻栏编辑与生活富足风度翩翩的小说家形成鲜明的对照。

一切生活把内部空间(室内布景)推到门槛。内部空间(客厅)变成广场(怪诞不经、脱冕、法庭和自白的场所)。节日的描绘在《群魔》

中,"在我们这里",斯塔夫罗金家客厅里的怪事(与跛脚女人一道出现的列比亚德金等人)。叶潘钦家上流社会的客厅,公爵的凉台,伊沃尔金家的客厅——统统都是广场。但决定因素则在门槛上。托尔斯泰的法庭场面与陀思妥耶夫斯基的法庭场面。前者是道德上的揭露,而后者则是狂欢化的脱冕。

陀思妥耶夫斯基作品里人的极端性体验。(第368页)

哥特式长篇小说的影响与感伤主义的影响——第372—373页。

欧仁·苏的《玛蒂尔达》①。

哥特式长篇小说在40年代蜕变成小品文式"社会"长篇小说:弗雷德里克·苏尔耶、欧仁·苏、大仲马、巴尔扎克和乔治·桑。小品文式小说的构建原理。好色的贵族,受苦的无产阶级,问心无愧的妓女,高尚的罪犯——这就是这一小品文式史诗的主要面具。(第377—378页)

富贵奢侈与贫穷潦倒,淫荡与圣洁,关于普惠幸福和金世纪的梦想。

苏尔耶的《魔鬼的回忆》。

刑讯与淫荡,强烈的社会对照,刑事犯罪,法庭错判,等等。

欧仁·苏小说中最喜欢的是《弃儿马丁》。(第378页)

60年代小品文式长篇小说的消失。

小品文式长篇小说走向社会小说,走向史诗小说。雨果的《悲惨世界》。他发端于苏尔耶、欧仁·苏、巴尔扎克、乔治·桑。社会哲理小说,哲学和历史哲学对话与城市贫民窟。(第381—382页)

《卡拉马佐夫兄弟》一书的评述——第382页。

论《埃特加·爱伦·坡》——第383页。

《罪与罚》的评述,"作者形象"和叙述性质的探索。(第387—389页)

---

① 欧仁·苏(1804—1857),法国小说家,其小说《玛蒂尔达》(《一个少妇的回忆》),出版于1841年,对贵妇人颇多讽刺。——译者

这一小说中的肖像——第390页。

论短篇小说及其新形式(与梅尼普讽刺的联系)——第392—393页。

西方短篇小说——第395页。

《行家沉默寡言》——第398页。

主人公的反复性。主人公是"问题之人,戏剧之人",这一任务的解决不知结尾,而这种冲突行为的结尾也不可预见。第399页。这里表现出未完成性。论思想。

形象类型学——第399页以及之后。论《同貌人》的严肃性——第401页。

追求主旋律和变奏曲——第409页。

楼梯与门槛——第410页。

陀思妥耶夫斯基创作的整体性——第414页。

现实主义基础上的浪漫主义小说——第414页。

论为思想而牺牲一切的俄罗斯特征——第415页。

在梅尼普讽刺中,为了 ἀνάκισις,即为了激发话语之目的而采用幻想惊险情节。把人提到一个外在于一般生活轨道上,进入不可能在通常自然的秩序下生活的条件。在地狱里,更确切些说,在生活的门槛上,在月球上,现在之人坠入过去,等等。所有这一切通过新教文狄德罗的对话性作品,通过雨果、欧仁·苏、苏尔耶、部分的巴尔扎克、爱伦·坡等人的著作,可能为陀思妥耶夫斯基所熟知。而从另一方面来说⟨,⟩经过传记文学、伪经书,经过饱含着这些形式的基督教文学,也可能为他所熟悉。新约和默示录。狂欢化路线通过拉伯雷、塞万提斯、莎士比亚等人为他所知晓。梅尼普讽刺给予拜占庭文学以巨大影响,并通过它影响到古俄罗斯文献。

插入体裁的引言,破坏了语调的叙事统一体和叙事的完整性,仿佛带入众多的作者和众说纷纭的歧见。

现代性以及对叙事过去的破坏。这个文学不依懒于传说,而广泛采用杜撰。世界的叙事画面,通过史诗为之依靠的权威性传说,被作了独白式的加工。

这里就出现了意识形态上多声性的萌芽。

时空立场的多样性。

是的,对话传统的源泉是其一,而狂欢化传统的源泉〈是〉其二;它们总是不相吻合的。

苏格拉底对话中的对话技巧。对照法(синкризы)和引导法(анакризы)。它们的目的是借助于话语(借助于提问,归纳和对谈话伙伴的争论)来挑起、激发话语。苏格拉底自称为拉皮条、接生婆,等等。在梅尼普讽刺中,引导法的挑逗性功能转化为交谈的情景和情节。不错,这一要素已经在苏格拉底的对话中形成了(苏格拉底在法庭上的对话言语,在监狱里面对死刑有关宁死不屈的对话,以及其他事儿)。这里,情景激发出特殊的话语,临死前的话语,"人身上之人"的话语。如此一来,在这里已经表现出创造特殊情景的倾向,把任何自动化、客观性和典型性从话语中剔除出去。

在苏格拉底对话中,探求真理的对话方法是与觊觎把握周全真理的官方独白主义格格不入的。苏格拉底是"拉皮条的人":他把人们拉到一块儿,挑起他们的论争,这一论争的结果是诞生了真理。苏格拉底对待这一真理是作为"接生婆"出现的,帮助真理的出现。在柏拉图那里,苏格拉底像他的对话的主要人物那样,成为作者声音的扬声器,即产生了众所周知的对话的独白化,虽然对对话真理本质的承认依然存在于(以弱化了的形式)他的世界观里;因为,在相反的情况下,他的对话就会变成解释真理的简单方法(以训诫为目的)。所以,当对话转到服务于已形成的,特别是官方的和有权威的世界观上时,这一对话就成为阐述已经发现的就绪的真理的简单形式了,它退化了,最后变成教育新生的一问一答的形式(问答手册)。但这种对话化了的形式,与梅尼普讽刺一样,也与哲学对话和与农神节相联系的狂欢化了的罗马讽刺一样,是与以对话方式探索真理(即与理解真理的对话本性)以及与非官方的民间文化(这些体裁与整个官方的、完备的、稳态的体裁相敌对的)保持着本质的联系。一切官方的东西追求独白主义。

在苏格拉底对话中所开创的世界观和思想的对话性,是与紧张的情节性(幻想惊险性质)以及与在梅尼普讽刺的体裁中艺术地描绘当代现实结合在一起了。

乔治·桑的狂欢化了的威尼斯短篇小说(陀思妥耶夫斯基十分欣赏这些小说)。

与惊险的场面和现代性的描绘相结合,也存在于索夫龙的滑稽短剧中,但我们对其知之甚少。

那么,陀思妥耶夫斯基于这一传统的联系又是如何的呢?历史上的心灵感应术。任何传统的延续是与对早先发现的东西的新发现有关联(陀思妥耶夫斯基著作中的月下讽刺)。

阿里斯托芬的喜剧。

对话与舞台独白(小斯托亚、爱比克泰德、马可·奥勒留)。

1.苏格拉底对话及其特点;苏格拉底对话的技巧。对话性的发现。

2.在梅尼普讽刺中,在逻辑史中以及相近的体裁(哲学对话、善良品德学等等)中对话性与变化急剧的幻想情节相结合,与自然主义地描写现实相结合。梅尼普讽刺的历史及其各种不同的变体。

梅尼普讽刺的特点。

3.梅尼普讽刺的狂欢化特征:(1)自古存在的狂欢化(苏格拉底形象中的狂欢化因素和广场因素);(2)农神节狂欢化。

4.这些形式对基督教文学的渗透:对古希腊罗马文学,拜占庭文学和中世纪文学的渗透。

5.这些形式在文艺复兴时代和新教文学中所起的巨大作用。

6.陀思妥耶夫斯基创作中苏格拉底对话和梅尼普讽刺的因素。

7.陀思妥耶夫斯基创作中世界的狂欢化。

8.陀思妥耶夫斯基作品中的空时价值(门槛、楼梯、广场),危机和退化;生平时间(一般来说指成长与变化的有机体时间)的阙如。

9.陀思妥耶夫斯基关注不同形态的传统时走的是何种路线。

庄谐体领域;它与史诗和戏剧的矛盾对立。它对长篇小说史的重要意义。艺术散文、长篇小说发展的叙事路线和对话路线。这些术语的假定性。叙事路线依赖于讲故事的传统,依赖于讲故事的单调风格,依赖于单声性,叙事表现力和完成性,依赖叙事时间,历史时间和传记时间,依赖于叙事的、抒情的和历史的作者立场(被修辞手段复杂化了的立场)。出于古希腊罗马的体裁,这条路线受到史诗的决定性影响,受到历史、新阿提卡喜剧、抒情作品以及部分悲剧和古典雄辩术的决定性影响。

对话路线形成于庄谐体土壤之中。

两条路线从来不是以纯粹的形式出现,它们交叉在一起,混合在一起,特别在19世纪。但在每一部单独的作品中(而且往往在单个作家的整体创作中),其中某一条路线占据主要地位。

就叙事路线而言,古希腊小说具有代表性,特别是《达佛尼斯与赫洛亚》。

我们应该允许直接认知陀思妥耶夫斯基,虽然是浮浅的,有时出其第二手资料,如与柏拉图,与卢奇安,与阿普列乌斯的《金驴记》等人的对话,但我们认为,这些作品的直接影响意义不大,而且不具本质性。具有本质的而且决定性的是它们的断代式影响,按时代,按问题,按18世纪的基督教文学的艺术传统、文艺复兴时代的艺术传统等方面来说,更加接近于陀思妥耶夫斯基。对他的影响还有伏尔泰和狄德罗的卢奇安式的对话。他未必知晓格里美豪森的月下讽刺。我们认为,他对发禄讽刺作品的熟知,几乎完全可以排除(即使是第三手的资料)。但,若说与艺术散文对话路线的肇始者有着直接的联系,虽然曾经有过,但不具本质意义。这些肇始人物对一些古董的(?),享乐主义的对话主义有着决定性的影响,如阿纳托尔·法朗士的对话主义,此人把形形色色的他人思想、观念和不同时代的世界观,前基督教时代的和早期基督教时代的思想和观念统统地糅合在一起(如《伊壁鸠鲁的花园》《苔伊丝》等)。

狂欢化了的 *Nekyia*。一些犬儒学派型的智者处在疯狂行为的边缘上。(开始的震颤性谵妄。变化无常的、低声的矛盾腔调带有犬儒主义的滑稽成分。可恨的滑稽可笑。聪明与疯狂的二重性;有关聪明和笨蛋的议论。)墓地上对已故之人和死者的说话腔调和行为处理不合时宜。与死神的狎昵性接触。把不会开花结果的种子投入土地里,这些种子是没有生命力与再生的。

出现了对生活和思想的对话性理解。

与悲剧性对话截然不同。与索夫龙接近。

1.与苏格拉底对话不同的是具有了笑。但有可能是从他(波爱修)那里脱颖而出。

2.对话与挑衅性性质的急剧变化的幻想的惊险情节相结合;特殊情节情景的话语;考验人生的哲学话语。

3.哲学的庸俗化;道德哲学;不是哲学家,而是智者。

4.思想家:第欧根尼、梅尼普;有时是其他智者。他们的考验,贩卖奴隶等等。有时考验的,与其说是思想上的,不如说是智慧上的。

5.哲学思想、幻想和象征与贫民窟的自然主义相结合;大地上的漫游和真实的惊险故事;贫民窟里的、肮脏的人生中以及罪恶的世界里的思想家。

6.梅尼普讽刺的时空体特征;危机和未完成性。

7.梅尼普讽刺构建的三个层面(例如,塞内加的 *Ludus de more Claudii*)。

8.哲学学派和宗教教义的旅行;献身与净化。

9.躁狂题材;梦境与愿望的作用。

10.嵌入体裁的作用:短篇小说、言语、书信。

11.广场的开放性,奇谈怪事,唐突的话语,古怪的行为。

12.对比鲜明的和矛盾二重性结合:圣洁妓女,奴隶国王,奴役中的真正自由(第欧根尼),情操高尚的强盗,罪犯哲学家(凶手),等等。美与丑,两种深渊的观照。

13.地狱(некийя)的作用;"死人对话"。

14.乌托邦和乌托邦成分的作用。

维兰德作品中的梅尼普讽刺(他的全部创作都是处在这条路线上),歌德。梅尼普讽刺成分在吉佩利和让-保罗的作品中。阿纳托尔·法朗士作品中的梅尼普讽刺。

特殊的主题:果戈理的梅尼普讽刺(《鼻子》等)。霍夫曼梅尼普讽刺的特殊幻想(属于陀思妥耶夫斯基的路线)。

15.梅尼普讽刺的普济主义和极端的世界观;力求阐释精神上的终极问题,思想上的探索。

16.梅尼普讽刺中的怪诞成分(包括哲学上的怪诞)。

17.梅尼普讽刺中对时间的解释。

18.梅尼普讽刺中内在二重性主题(发禄的《比马库斯》)。独白。

发禄作品中在意识形态海洋里的幻想遨游。坠入过去(还是在他那里)。

梅尼普讽刺并非以类似性、通常性、典型性的需求而联系起来的,框定起来的。它也不是以历史记忆的局限性联系起来的,像苏格拉底对话那样。它不与传说相联系。具有情节上的虚构和哲学上的杜撰的特殊自由。我们面对的已是艺术体裁。对话性接触的自由。

发禄作品中的симпосион和墓地上的筵席。

文学史上广泛而深刻的语境使我们免遭那一暂短时代的偶然性

现象和一现即逝现象的琐碎而平淡无奇的解释,避免对个人秘密的、心理的和传记的特点等琐碎而平淡无奇的解释。

双重思想。意识的应急手段。

首先,为了激发和考验话语的思想,需要一个无限的自由来创造一个特殊的情景。最大胆的幻想小说:行为从地面转到奥林匹斯山,从奥林匹斯山进入地狱,主人公在月球上旅行,坠入遥远的过去,等等。

受考验的不是已完成的性格,而是智者(大多数情况下是犬儒学派的智者)在世界上的最后立场。

安提斯芬认为自己哲学的最高成就是与自身作对话式交往的能力。

《巴依》是发禄舒适怡人的对话。

一切行为是决定性行为,在每一个行为中存在着整个人及整体的生命。

不是人的外在性命运,而是人的意识命运,体现在意识中的思想的命运。

Sesculixes 是在意识形态海洋里遨游。

《欧墨尼得斯》①——疯狂的不同形式:不择手段地敛财,疯狂地追逐地位,等等。

奥林匹斯山上的奇谈怪事和脱冕(莫莫斯的发言)。

梅尼普描绘了智者形形色色的人生状态。他像普罗透斯②一样,渴望自己变化多端。他从天上以众神名义给自己的敌人写信。

塞内加、卢奇安、阿普列乌斯小说中命运的巨变(从帝王到奴隶)。

(智者的,而在基督教文学中则是圣者的)考验主题。

幻想小说真实的冒险故事。

梅尼普讽刺的主人公是思想家,他的命运是他的思想的命运,他

---

① 欧墨尼得斯,希腊神话中的复仇三女神。——译者
② 普罗透斯,希腊神话中的海神,会有多种变化。——译者

的冒险故事是真实的冒险故事。所以,全部通常的情节因素(爱情、婚姻、斗争、财产的获得)要么完全没有描写,要么从根本上来个再思考。人生命运的传记阶段全然不见。主人公不依懒于自己的命运,他的叙事的传记整体性全然被破坏。命运成为纯粹偶然的事儿("游戏财产"),没有揭示主人公的真正的本质。没有写尽他的一切可能的事件,主人公与自己不搭界。对人生状态,对外部意义采取犬儒主义的漠然态度。人能够急剧改变自身的外部状况,改变自身整个生活环境,可以成为梦想中和疯狂中的另一个人,可以重生。

对尽人皆知的真理失去威信。第欧根尼·拉尔修给赫拉克利德·庞提克补写了一篇有关人从月球下来的故事,大概用的是带有乌托邦因素的喜剧对话的形式("月球喜剧")。而幻想乌托邦小说《阿巴丽丝》(探索公正的社会、国家;我们从居住在北方寒冷地带的人那里能发现这种国家)也是他写的。

思想开始以情节生活而活着。

比恩:讥笑,有意产生矛盾,荒诞;他研究了哲学上的一切流派来探求真理,阐发深刻的思想内涵。第一次给哲学穿上五颜六色的小丑的衣服。论及他的有乌泽涅尔,瓦克斯穆特等人。

善良品德学是上帝救世主的神奇的事业,以及他的先知们、行为高尚的人们的事业。

比恩·鲍里斯菲尼特是哲学对话大师,他"给哲学穿上五颜六色的交际花的服装"。

菲洛斯特拉特[①]的《阿波隆尼·基恩斯基》——1世纪——博大精深的善良品德学。

卢奇安的《出售生命》。在《伊卡罗梅尼普》中为寻求真理而遨游太空。在《佩列格林的仙逝》中佩列格林的自焚。

善良品德学——是与公元头几个世纪的宗教运动有关。不同宗教的先知先觉和圣哲们的"事业"和"欲望",他们的诞生、游历、布道、

---

① 菲洛斯特拉特,古希腊旅居罗马的作家。——译者

奇事、受苦受难以及被列为诸神和英雄(稍后是圣人)。

古基督教叙事文本的善良品德学性质：众多的福音书和《使徒行传》。这些著作的大部分已成为伪经。

《阿波隆尼·基恩斯基的传记》。善良品德学文学的主人公是毕达哥拉斯。

从古希腊的叙事体裁生发出许多线索导向中世纪文学，拜占庭文学，斯拉夫文学和西欧文学。

神话的"苦难"。早期长篇小说主人公的苦难经历。

色诺芬的《以弗所①小说》。对底层社会的描绘：奴隶、强盗、梦想幸福生活的渔夫的陋舍、监狱、品德高尚的强盗形象。新毕达哥拉斯禁欲主义的倾向。在中世纪的拜占庭和西方极为盛行。

基督教小说：

《巴维尔和菲克拉传》(圣女菲克拉寻找爱她的使徒巴维尔)。

《克利曼金一家》——是家庭成员相互寻找。夸大其词的穷苦悲伤。因绝望而砍去母亲的手。彼得与魔法师西蒙斗争的故事。

《萨基里康》。赌窝和秘密宗教上的狂饮，广场上或者客厅里的丑陋场面，轮船上的甲板。直接的开放性。

《金驴记》。感性之人——是"盲目命运"的奴隶。人在抑制情欲时方能"战胜命运"。在做出献身之后，另一命运——清醒的命运就已经把他置于自己庇护之下了。

运用强烈对照之手法。把分开的、遥远的东西拉近。屈尊低求的婚姻。原则上的不相配和其貌不扬。所有这一切是严格的叙事体裁和抒情体裁所格格不入的，也是悲剧所排斥的。庄谐体裁的相互渗透性。

对一切叙事的和悲剧的价值，进行贬值处理，对生活中人的一切外在地位进行贬值处理，对他们进行嘲笑。瓦解一切古希腊罗马的高

---

① 以弗所，土耳其的一座古城。——译者

尚的善、"心身和谐美"。内在的价值。世界的狂欢化。

道德尝试，特殊的(荒诞的)道德状态：疯狂、自杀、梦魇、冲动的愿望。

《罪与罚》中阅读福音书的场面，散发着梅尼普讽刺的味道。

如此一来，梅尼普是把紧张的思想性和哲学对话同惊险的幻想和贫民窟的自然主义有机地结合在一起。

为观照而探索特别的试验立场。《伊卡罗梅尼普》是发禄作品中鸟瞰下的城市。

勒萨日的《跛脚魔鬼》，斯威夫特，伏尔泰的《米克罗梅哈斯》，等等。

作为某种轰动一时的政论性"杂志"体裁的梅尼普讽刺。在卢奇安、彼特罗尼乌斯、发禄等人的作品中的争论和政论风格。现代流派的讽刺性模拟。

《作家日记》是一种上升到那一路线源头的体裁。

最终问题的对照法。《出售生命》，即最后生命的确立。通过哲学流派的道路。比恩。

三个层面。稍后是乌托邦，然后是实验。

相近体裁在梅尼普讽刺的道路上的发展。哲学对话与独白。

哲学对话是最内在的对话化了的修辞风格，它区别于古典的修辞学。言语和思维自我过程中的对话化。作为哲学对话大师的比恩。对话性成为思维和言语的结构成分，并转化为对自身的对话关系。安提斯芬、爱比克泰德、马克·奥勃留、奥古斯丁。梅尼普讽刺把哲学对话和独白纳入自身之中。发禄的《比马库斯》。另一方面，梅尼普讽刺又渗透进其他体裁之中：进入长篇小说，进入善良品德学体裁等等。严格的体裁壁垒被打破了，就时代来说，体裁的相互渗透是最具特征的。

首先涉及的是梅尼普在后古希腊罗马的大地上的发展，必须涉及梅尼普笑成分中的狂欢化性质,通常来讲,是文学发展中狂欢化路线的更加广泛的问题。

在《艾迪米欧尼》里鸟瞰城市的生活。

实验性的幻想:鸟瞰及观察到的人类生活现象的范畴做相应的改变。对斯威夫特和伏尔泰(《米克罗梅哈斯》)等人的幻想性讽刺的影响。

十分重要的意义在于,可以称之为心理道德实验:描绘疯狂(以及疯狂的情欲)、愿望、梦魇、二重性格等等。描绘特殊、"不正常的"道德心理状态。

早期梅尼普讽刺中赫拉克勒斯①的疯狂。对这些现象的早期解释,例如,梦魇的解释。在史诗中梦不会把人超越于他的命运之外;先知先觉的梦激发出而不是破坏叙事命运和叙事事件的整体性,相反,而是巩固这一整体性。梦中的人不会变成另一个人。

安提斯芬作品里的赫拉克勒斯。

梦魇、愿望、疯狂打破了人及其命运的叙事整体性和悲剧整体性,揭示了其中另一个人及另一种生活的可能性,消除了人的完成性,他不再与自身相吻合了。对整体性和完成性的破坏促成了对自身的对话关系。在发禄的《比马库斯》里,对二重性格的描写颇为引人入胜:喜剧性对话转入二重性格的描写。马克答应写信谈谈道路和人物,但没有履行自己的诺言。另一个马克提醒他这件事。但第一个马克不能在这上面集中注意力:他迷恋于荷马的小说了。也作起诗来,等等。这是与自身的喜剧对话,但他对奥古斯丁的 *Soliloquia* 产生了影响。《艾弗曼尼德》的片段:疯狂敛财、贪图虚荣,等等。

1.空想性。

2.截然对照和逆喻。

3.嵌入体裁。

---

① 赫拉克勒斯,希腊神话中的英雄,宙斯与凡女阿尔克墨涅所生之子,力大无穷,建立了许多功勋。——译者

4. 开放性,丑事,古怪行为。

5. 政论作品和讽刺小品文。

　　那一体现在狂欢化行为的诸种形式中的世界观,可以从这些形式中解读出来(看出它们)。理解栩栩如生的以狂欢化形式出现的语言,首先是理解狂欢化的笑。文学(话语)体裁,与这些形式相联系,并把狂欢化世界观用这种话语语言表达出来。开始是狂欢化的笑,然后是栩栩如生的形式中的思想含义。农神节世纪的回归。

　　狂欢化的屈尊低就的婚姻之精神。狂欢节的专用语言。不能把它等同地移译成理论的、科学的话语语言。歌德的尝试。但移译成艺术语言,话语形象的语言,是可以的,文学正是这么做的。文学用话语艺术形象的语言来转述狂欢节世界观和狂欢节的象征意义。那么,文学中的狂欢化表现在何处呢?狂欢——这是一种特殊的栩栩如生的形式,无须舞台场面,大家都参与其中,进入其中(无须天真的观众)。舞台是广场(还有毗邻的街道)。是这样的一个广场(通常是聚会场所),在这里做生意,发布命令,举行群众集会(在古希腊罗马时期),执行死刑等等。这是真实的城市里真实的广场。但在狂欢的日子里,这个广场成为特殊的世界,这里平常的非狂欢的日子里所颁布的律法、限制、禁忌统统被取消。进入狂欢的广场里的人们就到了自由、平等(一切的、任何的等级关系都作了狂欢化的取消)、富足、繁荣的乌托邦世界,回归到农神时代的金世纪,进入"翻了个个的世界"(monde à l'envers)、狎昵接触的世界、彻底开放的世界等等。对帝王进行加冕与脱冕、鞭挞毒打(古老的刑法),更换服装。中世纪民间广场的治外法权。广场渗透着象征意义,同时又是真实的,作为仪式的象征意义而被渐渐地忘却了。广场上的行为和事件获得了圆满的象征含义,获得了仪式上象征的狂欢化的泛音。这些行为的逻辑是交替和更生的逻辑,孕育着生死的逻辑。二重性。所有这一切,数千年来渗透进文学形象的结构之中,创造着形象的狂欢化泛音。所有这一切都超出真实的生活状况和教条主义的世界观的束缚。艺术结构和形象在千百年来不间断的狂欢节传统的过程中使得自身获得了这一补充性的(但十分重要的)狂欢化含义。

在卢奇安的作品中,众神会议不单是对荷马的讽刺性模拟,而且是狂欢化的讽刺性模拟。

梅尼普讽刺中的门槛和广场。从狂欢节而生发出来是各种不同成分的有机结合。把狂欢节的象征用更加理性的语言来表现话语的艺术形象。

作为摆脱一切官方束缚的自由。

现实主义形象的背后透射出狂欢节意义的光芒,而在其另一面则蕴涵着更加深刻的(这么说吧)全人类含义。

结尾时我们应该特别强调这一体裁的不同寻常的有机性,同时又有可塑性。它依然是自身的样子,同时又像普罗透斯一样,采取了各种不同的形式。它把别的体裁吸收到自身,并且又渗透到其他体裁中去。

发生危机和惨祸的地方是门槛和广场。

体裁的内在逻辑决定着其一切成分紧密地环环相扣。

对自身采取对话性态度,解放了外在地位和意义、他人眼中意义的幽灵和权力的束缚。与物化他人的观点做斗争。

狂欢化的笑的宗教性质。不能把它现代化。这不是对否定现象的嘲笑。是对最高层的嘲笑。忧郁的笑。笑是埋葬同时又是再生。嘲笑整个神圣的东西。笑伴随着并表现出伟大的变革。笑具有的世界观性质。民间性质。笑的乌托邦性质。农神节。脱冕与加冕。等级的取消。狎昵。狂欢化的世界感觉。秩序与权力的相对性。里朝外的世界。更换服装。变革与彻底变革。整个官方东西的取消。摆脱通常轨道的生活。狂欢化的随意性。二重性。

整个现存的世界秩序的相对性。交替与变化的激情。狂欢化广场。加冕与脱冕的仪式。鲜明对照的一对。自由、平等、富足。

上下交替,高低交替。狂欢化的怪诞性。

对整个正常的、自然的、通常的东西的否定。

(1)广场及其象征意义。

(2)加冕与脱冕。交替的激情。

(3)生与死。二重性。

(4)笑;对崇高的和神圣的东西的嘲笑,狂欢化的亵渎。

狂欢节渗入欧洲众多语言之中,渗入手势动作之中,渗入欧洲民间的形象思维之中。

〈在〉(二位一体的)形象中对变革、危机、由死而生的固化。死亡的与再生的种子。死孕育着生。祝福式的诅咒。把高与低结合在一个二位一体的形象中。

双人形象与同貌人。

把狎昵的交往移植到文学中,意味着把它移植到情节结构中和情节场面的描写上,把它移植到作者对主人公的狎昵立场上(通常对世界的描绘中),并表现在话语的修辞风格上,等等。

这里,铸造出人与人相互关系的特殊类型,这在阶级社会里真实的生活条件下是不可能做到的;同时又是特殊的思维类型,是摆脱了其社会等级地位和评价的影响的人所具有的思维类型。这一狎昵交往的范畴决定了有组织的民众的行为的性质,自由的狂欢化姿态,以及狂欢化话语的性质。狂欢化的低就婚姻与狂欢化的亵渎。

滑稽的加冕与脱冕范畴。现存制度和现存政权,整个世界秩序的相对性的实现。交替与变化的激情。这些范畴不是抽象的思想,而是半真实地已被实现的生活形式。

比一切更为鲜明的农神节中的狂欢化思想。

荒唐的范畴。与传说不相干的事件,与虔敬的接受不相干的事件,与作为高级必要性的思考不相干的事件。直白事件与亵渎事件。摆脱开人生等级地位的逻辑而自由的人,这种地位迫使人接受生活中的行为方式和言语方式,使人变得古怪而反常。

二重性范畴:创造性的死,祝福性诅咒,夸奖与咒骂的结合,崇高的与卑微的结合,聪明的与愚笨的结合,等等。

抽象性思维无论何时都不可能确定某种程度上重要的和稳固的艺术形象、艺术情景、情节,尤其是体裁形式的成分。用生活本身形式来思考是必要的,把思想体现在具体感性形式中是必要,表演生活是必不可少的。

[可以把面包扔在土地上:种子,播种,受精。把它扔到地板上是不行的:因为它是无法生育的地方。这是狂欢节的逻辑。]

物质-肉体的象征,是与大地和躯体的创造力源泉联系在一起的。狂欢化的下流猥亵动作。狂欢化之火〈,〉燃烧着的世界并让世界重生。整个儿的狂欢化交替,危机与再生。

《白痴》的二重性形式以及《堂吉诃德》的影响。探索别墅(马伊科夫的信)。有关现实主义的幼稚观念。在别墅后面——真实的别墅后面——无论如何应该显露出狂欢节广场。地位是外衣,人们在狂欢节玩耍时穿的衣服(变更衣服和狂欢式的故弄玄虚)。贫民窟里新贵们的奇遇。

行为、手势、话语在普通生活制度和秩序的背景下成为怪事,不合时宜的事,因为它们不受制于这一制度下人们的地位。

进入文学的移位,情节中的情景,作者的狎昵立场,低就婚姻和亵渎,古怪性,主人公形象的变化。所有这一切在史诗中和悲剧中是不可能做到的。

狂欢化层面中的那个世界。

向狂欢化行为和狂欢化世界观基本核心的转化。

狎昵交往背景下的形象。

狂欢化传说原则上不同于英雄化了的故事,它们是用平庸和诙谐来净化主人公的形象。狂欢化传说不否定英雄人物,它把英雄人物狎昵化、人性化,它像狂欢化的笑一样,具有二重性。

脱冕成为具体地感性地思考生活现象的形式。

把衣服变成道具。脱冕不是赤裸裸的揭露。它具有二重性。

加冕仪式带有滑稽性质,因为接下的脱冕是早就定好的。此外,加冕的是现在当今国王的原型——奴隶或小丑(里子朝外的世界)。

狂欢化是对体裁之间、思想之间、风格之间的壁垒,用狎昵化交往方式做根本性的破坏。整体的基础是狂欢化世界观。

讽刺性模拟的狂欢化本质。这是对脱冕同貌人的创造,这是里子朝外的那一世界。这是庄谐二重性。一切具有自身的讽刺性模拟,即自身诙谐的观点,一切通过死而复生(讽刺性模拟是地狱里的笑)。讽刺性模拟保留着这个深刻的狂欢化的含义,就能够产生同样深刻的作品,如《堂吉诃德》(以及由讽刺性模拟产生的堂吉诃德形象)。在新时代公认的文学上的讽刺性模拟中,狂欢化含义(即狂欢化世界观,讽刺性模拟与死亡-再生的相关概念)几乎完全消失殆尽。文艺复兴时代的讽刺性模拟中,这个因素还存在着。而笑是二重性的,它是世界观的表现形式。在罗马则是出现了葬礼时的讽刺性模拟和凯旋时的讽刺性模拟。

狂欢化形象的结构。这一形象力求涵盖对立的两级变化或者两种对立成分:生与死,高与低(崇高与低下),肯定与否定,爱与恨。而且按照扑克牌的人物安排原则,一个反映在另一个之中。

在陀思妥耶夫斯基的作品中,一切只是生活在与对立面的边界之上。爱与恨毗邻,爱理解恨并且反映在恨中。维尔希洛夫。信任只能存在于与不信任的边界上,并且理解不信任,反映在不信任之中。无神论与有神论相邻。高植根于低之中,善寓于恶,纯洁在于龌龊之中。

不信任知晓信任所知道的一切,而信任同样知晓不信任所知道的一切。

信任与不信任的狂欢化交往。把远的拉近,把未连接的连接起来。

不应存在世界上互不知晓的任何东西,互不反映的任何东西,永远分裂和不联合的东西。

渴望一切联合,一切互为阐释(对话式地)。对此需要狂欢化的自由。联合与结合。对此需要自由地对待空间和时间,对空间和时间的狂欢化解释。

一切应该成为同时的,汇合在一起,在一个点上碰撞,同时又对空间和时间的克服。

改换服装(衣服和地位的变化)。狂欢式的故弄玄虚。这是行动。交换礼物等等——是一种富足的表现。

对崇高采取仪式上矛盾的笑。

危机和惨祸的发生地是门槛和广场。

狂欢化的双重性。

狂欢化广场,广场的二重性。

狂欢化的二重形象。

狂欢化之火。

我们不在这里谈及加冕和脱冕方式的不同变体(按照时代和节日来区分)。我们称之为一般的行为:更换服装,即对衣服、生活地位和命运的变换,狂欢化的故弄玄虚,礼物的交换(与富足相关),等等。所有这些行为移译到文学中,赋予象征性的深层含义,矛盾的情节和情节冲突。但是,无可置疑,加冕和脱冕仪式具有特殊意义。这一仪式决定了艺术形象和整体作品的脱冕构建类型,这些形象和作品是以矛盾的脱冕形式构建起来的。但,如果狂欢化了的深层含义和矛盾性在其身上熄灭了(熄灭了狂欢化之火),那么,他就蜕变为赤裸裸的道德或者社会政治性质的赤裸裸的(即纯粹否定的)揭露,形象就变成了单调的,而作品,从本质上说,消除了艺术性质,成为政论作品了。

我们现在转向谈谈狂欢化形象和单独因素的矛盾本质。二位一体。

作为社会惊险小说(苏尔耶的作品,欧仁·苏的作品,还有巴尔扎克的部分作品和狄更斯的作品)的基础,是狂欢化表演技巧(狂欢化的屈尊低就婚姻,对立和比较,古怪行为和丑事,加冕和脱冕,狂欢化的更换衣服与故弄玄虚,狂欢化的乌托邦因素)。在苏尔耶和欧·苏的作品中,狂欢化表演是最表面的,而巴尔扎克、狄更斯、萨克雷、雨果的作品中,它已经进入内部深处。外表的狂欢化寥寥无几,而内在的狂欢化世界感觉(多层面,矛盾性和普济主义)则不胜枚举。

狂欢化的普济主义。狂欢化思想生活在最后问题的范围里,但狂欢化思想赋予最终问题的不是抽象的哲学的或者宗教的教条主义的解决,而是让这些问题在全民的狂欢化行为和形象的具体感性形式中翩翩起舞。

类似形式和行为的并行发展(是以原始世界观的条件中共同起源为基础的),是处在形形色色的宗教祭祀中(从埃莱夫西诺斯神秘庆祝仪式①到基督教祭祀——礼拜仪式,等等)。但在宗教仪式中,类似行为和象征都被教条主义化了和绝对化了,交替的基调和欢乐的狂欢化相对性变得衰微。所以,这些仪式形象对文学的影响,与类似的狂欢化形象的影响全然不同。但在希腊化时代,这些路线已经交织在一起(例如,在阿普列乌斯的《金驴记》中)。但随着教条主义化和绝对化的进展,这些路线急剧分化(但保持着外部的类似性)。但它们在新时代中有时又出现相互接近与交叉……狂欢化之火仿佛融化了仪式行为和象征的教条主义和绝对化的食古不化。

老式法国的 Desputaisons. Moralité——是卢奇安类型的对话。Débats, dits.

梅尼普讽刺和相近体裁对中世纪文学的影响:对拜占庭文学(通过它对斯拉夫文献及古俄罗斯文献)及西欧文学的影响。

梅尼普讽刺的成分:对话性——dits 等。新形式的对照法。所罗

---

① 古希腊每年祭祀农业女神得墨忒耳和她的女儿珀耳赛福涅的秘密仪式。——译者

门与马尔科尔弗。西姆珀希欧尼。*Cena Cypriani* 等等。从另一方面来看,是民间文学。*Parodia sacra*。梅尼普成分也渗透进崇高体裁之中。

狂欢节。地区性狂欢节节庆。广场在中世纪生活中的巨大作用。

德佩里埃①。*Satire Ménippée*, *Moyen de parvenir*。新教徒的讽刺。门槛上的对话与天门旁的对话。拉伯雷的狂欢性,塞万提斯的狂欢性,格里美豪森的狂欢性。第 17 世纪。索列尔。对话路线。伏尔泰,狄德罗。斯卡龙,菲尔丁,勒萨日。斯威夫特。社会惊险小说。维兰德。歌德。吉佩利。让·保罗。爱伦·坡。亨利·海涅。

梅尼普的狂欢化威力:它所在之处,等级壁垒就被穿透,出现了狂欢化的开放性;相差遥远的东西结合在一起,屈尊低就的婚姻。他本人不参与任何一个多么严肃的,有限的生活联系,彻底地不进入其中(生活中),滞留在生活圈子的边缘旁。对兄弟-对手(罗戈任)的关系。无助于自身实现并接受生活方式的爱情(对两人的爱)。疯狂与智慧。强力与弱小(列夫与梅思金)。

三等车厢。仆人与公爵在前厅进行狂欢化的谈话。席间交谈和公爵的故事。沿街阅读。前厅里的故弄玄虚。客厅里的丑事,等等。把不相干的思想与生活糅合在一起(就像《堂吉诃德》里那样)。《白痴》里特殊的幻想氛围。

早餐时再次涉及死刑判决主题以及意识的最后时刻的主题,在这里,这个主题是不合时宜的,在远离门槛的内部空间里,提起门槛的事儿。有关玛丽的故事并非不是地方。

他摧毁壁垒,"穿透"壁垒,他以自己的现象,自己的个性把一切相对化了,以至于把人们拆散开来,赋予他们生活上一个虚假的严肃性。他的天真幼稚与将军夫人。

切线。他兀立在生活的边缘上:他理解整个生活,完全彻底地理解(比其他人都多),但不能进入生活之中,不能投身其中。

---

① 德佩里埃(约 1510—约 1544),法国人文主义作家。——译者

我们在这里全然不涉及这一令人叹为观止的形象中深刻的内涵，我们只对他真正的狂欢化功能感兴趣。

小说的中心屹立着狂欢化了的梅思金公爵的矛盾形象（是在《白痴》一书中）。这是一个具有特别的绝无仅有的含义之人，他在生活中没有任何地位可用来决定他的行为和思想，以及限制他那纯洁的人性（例如，对纳斯塔西娅·菲利普芙娜的爱，他对待自己的情敌罗戈任犹如兄弟一般，等等）；从这一生活逻辑上来看，是不合时宜的，极其古怪的：他对要杀害他的情敌有着兄弟般的情谊，他同时爱着两个女人，却不理解这件事的不合理性。在他身上这是整体性和有机性的表现。女主人公的行为也是与自己的地位完全相悖，但〈不具有〉整体性也不具有有机性，所以，她是疯子（精神病），而他是白痴。

在《群魔》小说中有着整体的生活，群魔都是在这一生活中行动的，对这一生活是作为狂欢化了的地狱来描绘的（一切都出了轨：丑事，冒牌顶替和故弄玄虚，加冕与脱冕，等等）。冒牌顶替主题（对魔鬼斯塔夫罗金·赫罗莫诺舍卡的揭露以及以伊凡-查列维奇来解释斯塔夫罗金的彼特·维尔霍文斯基的思想）。整个城市的整体生活变成了完全狂欢化的咄咄怪事。作为梅思金的对映体-同貌人的彼特·维尔霍文斯基：他来自瑞士，把一切都狎昵化，不过处在与梅思金直接对立的方向上。

1. 音调的特点。
哲学对话或布道和忏悔。
2. 题材和问题的汇集。
3. 可笑之人的主题，他自己晓得他是可笑之人。
4. 我与所有他人（只他一人晓得真理）。
5. 淡然处之的主题。
6. 自杀和最后瞬间的主题。道德实验。伦理唯我论。

7.有关月球上的行为论述。

8.鄙视亿万年。

9.同貌人主题与永远复生的主题。

10.天真的整体性与意识的诞生。

11.贫民窟的自然主义。

12.女孩的形象。

梦境具有特殊的逻辑特征,这么说吧,梦境的创作方法的特征。但按本质说,这是自身创作瞬间的特征,不仅仅是该故事采用的因素。在危机时刻、转折时刻。另一个重要因素是:真实情况的观照。

"……一切所做的正是永远梦见的那样,当你越过空间和时间,越过存在和理智的规律,停留在心里锺景在一个点上时"。

陀思妥耶夫斯基没有展开历史时间和传记时间的描述,他仅仅停留在危机点上和交替点上。并非一般的与绝无仅有的。

在某种程度上,堂吉诃德与他的金世纪的布道一起,遭到大家的嘲笑,认为他是疯子。这仿佛是人类的自白。

对我不存在的世界感兴趣。伦理唯我论问题。

强烈满足的主题。塞内卡。

无辜的整体性问题与意识问题。

生活与布道。

真理的活生生形象。

一点钟内一切都会立即搞定。

这是一个百科全书式的问题以及陀思妥耶夫斯基整个创作的主题。它们的深邃内容,我们不将涉及。

人类的命运。人间天堂,堕落,未来的复活。神秘剧与梅尼普讽刺的内在联系被揭开。雨果的《一个死囚的末日》。

消除一切问题的斯多葛的淡然处之问题。

"我"与"所有他人"的问题。大家都在笑话他,而现在大家又认为他是疯子,而他一人晓得真理。

(《希波克拉底小说》中德谟克利特的情景,或者,大概是维兰德的《阿波德里基亚恩》中的德谟克利特的情景。)

贫民窟的自然主义:船长及其一伙酒鬼朋友,在隔壁房间里的嬉耍与斗殴。

受屈女孩的形象(赫丽,斯维德里加诺夫的梦,《永恒的丈夫》中的丽萨,斯塔夫罗金的忏悔。《卡拉马佐夫兄弟》中受屈男孩作用的扩大)。

古希腊罗马语体(金世纪)中的天堂观点:在希腊群岛的岛屿上(就像维尔希洛夫的梦中一样)。

天真整体性的消除与意识、科学、真理、理想、痛苦的出现。

天真、纯洁与幸福:在卢梭的作品中以及在(3词不清)。

墓穴上的欢乐(是来取乐的),墓穴大门边的筵席。自命不凡与恪守礼仪的企图允许摆脱谎言的引导法(анакриза)。可以从头到尾谈论真话。但这个真话是什么——是吐露真情(好色的吐露和表白)。中高级将军们、交际花、船长夫人、太太、孩子、工程师、七等文官、小品文编辑,等等。显露出狂欢节广场:给玩纸牌定规矩。屈尊低就的婚姻。争论与叙述的内在对话:从直接与缺席的谢苗·阿尔达利奥诺维奇的争论开始。墓前斗地主①。幻想是以导引法为目的的。

这里的一切都不合时宜,所有一切都是被破坏了常规的生活逻辑和公认的待人礼仪:有送走客人的欢乐,有大门口的筵席,有向坟头上祭献面包,有在坟前斗地主,有对"死者圣事"的狎昵不敬,有好色的吐露真情。一个店铺老板知晓高尚的、虔敬的死者的在天之灵,恭候四十天忌辰。他做的一切都很有分寸(大家各就其位)。对此刻作古之人和对现代生活的脱冕。但脱冕具有二重性:你的死是为了再生和复

---

① Преферанс 是一种三人玩的纸牌,与目前我国流行的三人玩"斗地主"十分类似。——译者

活。极端的犬儒主义的吐露真实,没有统一的忏悔范围。最后的三部长篇小说的基本动因是紧密联系在一起的。而《豆粒》,是古老的狂欢节仪式和送葬仪式的象征(坟墓上的豆粥)。行为与对话发生在门槛上:墓穴门槛,第二生活门槛("最后两个月"),最后死亡的门槛。他们将带着何物复活。

[在不信鬼神的门槛上信鬼神,以及在信鬼神的门槛上不信鬼神。处在界限上的生活与思想。]

[作为引导法的自杀与死刑:死神门槛上的意识。]

坟墓里的淫乱。人的极端堕落及其意识的最终分化。

狂欢化了的梅尼普讽刺及《倒霉的事儿》和《同貌人》。

这不是风格模拟,这是遥远的生活,是体裁的复活与更生(因为体裁只能在创新性作品中复活与再生)。

这是葬礼的笑,坟墓上的笑。但这是创造性的矛盾的笑:通过嘲笑来复活。

在双重的而又是模糊的作者阐释中发出的双重音调。

阴间喜剧是改编自神秘鬼怪故事的一种弱化了的喜剧。一种对墓地、对殡葬的狎昵的、亵渎的关系(一种侮辱人的、使之平庸的关系)、对已故之人、对死亡的狎昵的、亵渎的关系;与此同时,从来自已故之人方面来说,也是对这一极端亵渎的愤懑,他成为这一亵渎死亡的见证人。象征则是把对墓地、墓地里的人群、难闻的气味的描写〈与〉自然主义结合起来(把亵渎的俏皮的双关话语与神职人员结合在一起)。

他亲自引入自身语体的特征,一位朋友提供的而他也同意的这一特征。

他本人恰好想过要尊重(即他渴望虔敬,但没有发现虔敬)。

克里涅维奇的建议"大声地讲出我们的故事,没有什么好遮遮掩掩的"。神秘鬼怪的类似建议。《白痴》中的费尔特申科,是以狂欢化的阴间风格塑造出来的人物。

他知晓 Apocolocynthosis。出殡时的欢乐。墓地。对死的厚颜无耻的脱冕(出恭时刻的死),在阴间玩骨牌。他知晓布瓦洛的修辞性讽刺。

这个狂欢化的地狱(带有厚颜无耻、淫乱、上流社会的空虚与贪婪,三教九流的人物等等)说明了客厅里内部的狂欢化场面及其古怪和露骨的脱冕,它们古怪的开放性。[娜斯塔西娅·菲利波芙娜,公爵的领地上放荡的伊普利特。在马尔梅拉多夫超度亡灵时丑事和肮脏事。阴谋,垃圾,下流东西的惩罚,聚集起来的不真实的东西和愤恨的爆发。"霉烂绳子"的折断。《群魔》中一个节日上那些古怪东西的公开化(霉烂绳子的折断)。]

列夫·托尔斯泰同样描绘了"霉烂绳子",但完全不是狂欢化的形象,也不是幻想的形象,是在完全逼真的框架内作道德心理和社会学的分析。

不正常的人(疯子、怪人)是超越了通常的人生轨道的人,不被大家认可的人,可笑的人,不像大家那样与所有人发生冲突的人。

第367页。论西拉诺①。

古希腊罗马的梅尼普讽刺向来是对自身做一些讽刺性模拟。

没有忏悔的自白是最高极限的自白。没有能力去死,去再生,去复活,去净化自身,以便成为他人。埋入地下的无法再繁殖的种子。心理上的欲念满足。

全部创作之线都聚焦在这一短篇作品之中。并非偶然,这一焦点正是"梅尼普讽刺"。外在的类似性与内在的共鸣。谁写过死者的交谈。一切都是许可的。瓦尔科夫斯基公爵。与娜斯塔西娅·菲利普芙娜情节内在的亲近性。掌控意识和思想的满足欲念的主题。"优雅"的普通人形象。不合时宜的主题。地下室主人公。处在虚无主义者人群中的《群魔》里的德罗兹朵夫将军。一生都在撒谎的斯特·维

---

① 西拉诺(1619—1655),法国作家。——译者

尔霍文斯基。

他很晚开始写作梅尼普讽刺，而对他的创作来说纯属偶然。列别贾特尼科夫——是个思想上拍马屁的人(不错，在这里，他不是个虚无主义者)。他们的声音我们看不见，却只能听得到，但他们整个儿站在我们前面，他们用自己的话语把自己抖搂无遗。

由于幻想情节，由于《豆粒》中狂欢化地狱的内在逻辑，对我们来说，某种程度上揭露出陀思妥耶夫斯基作品中这些场面的更加复杂的逻辑。狂欢化范畴和行为(我们早先对其作过分析)，在我们看来，有助于深入到陀思妥耶夫斯基作品的艺术结构中对这一独特特点的研究(它们经常被认为不足信且艺术上不真实)。

这些场面带有出其不意的交替和转折的基调、丑事、偶然性、杂乱无章、古怪，常常被认为生活上不足信，荒唐及艺术上不真实。

语调上的差异。笑转化为内容。

小斯托亚。此人对自己了如指掌。智者平和心态的主题(作为解决一切问题的手段)。

最后瞬间问题。道德上的实验。面对自杀丝毫感觉不到自己行为的羞耻。最后问题的体裁。两小时后一切都烟消云散了。

唯我论主题。

阐释月球上的行为。与基里洛夫谈话中的斯塔夫罗金。自杀主题。

梦的问题。对真理来说反正一样，在梦中或者不在梦中。真理依然是真理。

鄙视亿万年(伊凡，鬼魂趣事)。

只谈谈梦寐以求的时刻。

同貌人主题与永远回归的主题。

〈……〉[书信、日记、自白、对话，但不是叙述(但如果是叙述的话，那么，是一个半拉子讽刺性模拟的或直接他人的叙述)，这是对话路线的本质特征。]

对人间天堂的描写坚持用古希腊罗马的金世纪的语调,与维尔希洛夫的梦境遥相呼应。原始整体性和纯洁性的瓦解。许多东西与拉斯柯尔尼科夫的西伯利亚之梦相似,与"宗教大法官"的某些动因相似。

关注宇宙的话语,关注宇宙创造者的话语,关注面对天上和地下所有人的话语。

《温顺的女性》《地下室手记》《糟糕的事儿》。

赌博的狂欢节本质(与赌徒的狂欢节感觉):命运的急剧变化,人的地位瞬间擢升与罢黜,在轮盘赌时大家都有狂欢节的公平感觉(面对幸运者),赌博时间,这里瞬间按其意义来说犹如数年。轮盘赌的狂欢化影响着全部周围的生活。《赌徒》。赌博(赌注)类似于危机,人感到自己是在门槛上。〈……〉

梅尼普讽刺的成分。斯塔夫罗金与自己的同貌人的鲜明对照。与斯梅尔佳科夫的鲜明对照。拉斯柯尔尼科夫与斯维德里加伊洛夫。《群魔》与《卡拉马佐夫兄弟》两书的梅尼普讽刺成分特别深邃。狂欢化比梅尼普更为宽泛。

《舅舅的梦》《罪与罚》《白痴》《赌徒》《群魔》《卡拉马佐夫兄弟》。渊源。

狂欢化不具有狂欢节的直接源头。

源头:勒萨日的《吉尔·布拉斯》。狄更斯及英国狂欢化民间文学的影响。

狂欢化的不同性质与其再认识的不同流派。《阿芒提拉多的酒桶》①。薄伽丘。拉伯雷。莎士比亚。塞万提斯。普希金的狂欢化了波尔金悲剧(特别是《瘟疫流行时的宴会》和《石客》),拜伦的《百诺》和《唐璜》,爱伦·坡的《瘟疫国王》。把人们驱出常轨的阿纳克里斯

---

① 《阿芒提拉多的酒桶》系爱伦·坡的作品。——译者

瘟疫,最后的瞬间。修昔底德①的作品。自我暴露与随意性。

德·斯达尔②的《科里娜》。

乔治·桑的《威尼斯小说集》。

《最后的阿尔迪尼》(译作)。《欧拉斯》。《跳跃》——青年时代最欣赏的作品。

骗子小说。非常规生活,地位的下降,等级,名字游戏,交替与转折。《吉尔·布拉斯》。

狂欢化国王的折磨——冬天的邋遢女人或昔日的邋遢女人。

分成几个部分的狂欢化思想。

因改革而脱离了常规的人们,资本主义来临的人们——生活的狂欢化。把分散的东西汇聚起来,等级差距和优雅风度的消除。第二层面是深化了的、全人类的、正在搭起的舞台支架,把房间拓展到广场。

侨居国外的俄罗斯人的主题。他们也是一伙脱离常规的人们。里朝外的世界。更加深刻的因素是讽刺性模拟的同貌人主人公,他在他们中死去。

丧失了外部位置支撑的人们,过着复杂的高尚的生活形式的人们。内心疲惫不堪的,站在门槛旁或广场上的人们。霉烂的绳子已经断落,而超越了自身等级巢穴的思想(就像超越了自身封闭的修辞范围和语义框架的话语一样)碰上了绝对的对话。思想的狂欢化交往。全民性与普济主义。

爱与恨。情–欲生活与处在边界上的思想。包括两个深渊,处在变化两极,生与死。

包含两个对立成分的形象,高与低,高尚的反映在卑下里,反之亦然。

---

① 修昔底德(约前460—前400),古希腊历史学家。——译者
② 德·斯达尔(1766—1817),法国女作家。——译者

"喝得醉醺醺的"。狎昵的与亵渎的激情影响。但主要的是：思想的狂欢化力量与思想的狂欢化交往。源泉：苏尔耶，欧仁·苏，主要的是巴尔扎克。对拉斯柯尔尼科夫权力制度的脱冕。广场上的顶礼膜拜。

从一般团体生活中被排挤出来的人（侨居国外的俄国人，骗子）。

狂欢化生活的泛音是梅思金（在莫克罗姆对波兰人的脱冕）。寻欢作乐变成苦难的旅行。

《一个热心肠的人的自白》。杀害父亲的主题。（谁是凶手？）对法庭的狂欢化脱冕。所有这一切都进入最深邃的含义层面。

《黑桃皇后》的影响。创造了如此的情节场面就能揭示出人身上之人。这不是外在的刻板公式，而是内在的观点，深入人的内心深处和人与人之间关系的视觉形式。同时，这一观点对于判断疾风暴雨式地来到的资本主义关系来说，是十分有效的，那时原先的形形色色的生活形式、规则和目的变成了霉烂的绳子，揭示了隐蔽的二重性和未完成性的人的本性和人的思想。不仅是人及其行为，而且还有思想统统都超越自身的等级牢笼。

"自身环境外"的主人公（叶尔米洛夫）。

这里存在着尖锐的社会题材。

上流社会行为的虚伪与上流社会虚度年华的人。

门槛与危机的作用。内心历程的颠沛流离。

这些人们获得的真实，是厚颜无耻的真实。霉烂的绳子忍受的了的只有这个——纯粹荒淫无耻的真实。

极端的淡然处之的问题。

可笑而丑恶的自杀者的鬼魂。

梅尼普讽刺的多样性。它的非同凡响的体裁可塑性，以及它具有进入"人的内心深处"的能力。对人取对话性态度。

所有这些题材在梅尼普讽刺的条件下看来是一种自由的乐园，但是在一种极端强烈的形式中。

只有他一人晓得真理之人的地位。

[狂欢化创造第二层面(无限地更加宽广和深邃的层面),具有全人类意义的层面。它把特定时代中有限的私人生活的狭窄舞台推广到世界的全人类舞台,把房间拓展到广场。它让人们感觉到下至地狱,上至天堂。]它把神秘剧舞台的三个层面置于自身之下。我们开始听到的说话声不是"在这里",而是在"世界"上,声音开始面对上帝说话,就像真正的神秘剧一样。正是在这一氛围中陀思妥耶夫斯基的未完成性对话才有可能。

把"可笑的人"升华到上苍。神秘性在这里已经是特别明显的了。人的命运,堕落和未来的复活。

此外,狂欢化还能把特定时代的私人生活的狭窄舞台拓展到极端的包罗万象的全人类的神秘剧舞台上。〈……〉

我们说的是话语,而不是语言,因为我们指的是整体的话语的具体而多面的生活,而不是作为语言学对象的语言,通过抽象的手段把活生生的、具体的、话语中某些本质方面而得到的语言。这些方面为语言哲学与超语言学的学科所研究。我们随后的分析基本上带有超语言学性质,显然,它不排除它们与语言学的紧密联系。

从狭隘的语言学方法的观点上看,在长篇小说(通常在艺术散文①)中调之间的应用,看不出有任何本质上的原则性差异。

在陀思妥耶夫斯基的多声性小说中,言语修辞题材的音韵结构,区域性与专业性方言,行话等等所形成的语言区分,要比独白巨擘(托尔斯泰、列斯科夫等人)的作品中罕见得多。在表面的或者狭隘的语言学方法下表明,他小说的主人公(主要人物)说的是同样的"作者"

---

① 在国外,长篇小说有诗体(韵文)长篇小说与非诗体(散文)长篇小说之分,故作者有括弧内有"艺术散文"一说,指的是后者,与国内体裁分类,如"散文"有些不同。——译者

语言。在这一点上，许多批评家在非难他，其中甚至包括托尔斯泰在内。这是显而易见的：激烈的言语特征，借助于言语与社会修辞风格，促使创造客体性的完成了的形象，降低了表述在思想上的全部价值（含义的整体价值）。人身上之人，对话性地聚集在中态思想中的地方，言语特征消失了任何艺术上的意义，并且彻底失去了意义。主人公对作者在声音方面的独立性，不是由它们决定的。

对话关系（包括说者对自身话语的对话关系）——是超语言学研究的对象。双声语。

我们分析的主要对象是对话关系，亦称对话主义。这不是语言成分之间的关系，而是整体表述之间的关系。然而，这些关系渗透进表述内部。况且，它还渗透进单个的话语之中，所以，它成为整体的副手和代表，成为表述的缩写词，因为我们在这一话语中听到了说者（表述作者）的声音。

表述之间的对话关系以及说者之间的对话关系，就像表述的作者之间的关系一样，声音之间的关系一样。

因为我们感觉到（听到）话语中存在着作者（我们不能为了对象-含义的意义问题而把它抽象出来），我们就进入这个话语的对话关系之中了。我们听到了话语中的说者声音。

不是逻辑关系，不是对象性含义关系，不是语言学关系（即语言体系中的关系）。但这些关系整个儿表现在话语之中，它们，这么说吧，主要是用话语来表达的。

对话性渗透进言语的一切成分之中——进入单独的话语之中，进入话语的复杂的物体含义和价值结构之中（情感结构和语调结构）以及进入句法结构之中，进入说者能够感觉得到，能够听到他的声音的一切东西之中。但为了在纯粹语言学上来研究这个成分，即语言体系中的功能（仿佛对它无须解释），需要对这一对话因素予以抽象。

我们在这里描写了一系列现象的特征。这些现象早就吸引了从事修辞学研究的一些文艺学家的注意力（还有某些语言学家的注意力,例如,福斯勒学派)。从我们的观点来看,福斯勒学派的研究者们所研究的,与其说是严格意义上的语言学问题,不如说是元语言学问题,即研究的不是语言体系的现象,而是它们在不同文化领域(首先在艺术领域)中活生生的功能形式中的现象。这些现象,如果研究其本质的话,即研究对话本性的现象,它已经超出严格的语言学范畴,因而是元语言学现象。

言语中狂欢化世界观及人们之间的狂欢化关系的反映。文学中的狎昵风格问题。亵渎话语问题。亵渎的狎昵化是把对话从等级观念、教条主义等等的影响中解放出来。研究文学中的对话形式史时,不能轻视狂欢化:中世纪的 dits 和 qçþgfs′,所罗门和马尔科里弗的讽刺性模拟对话。

文学中骂人话的狂欢化意义。无视狂欢化就难以理解讽刺性模拟的历史。但所有这些历时性问题,我们不打算在这里研究。我们将谈及陀思妥耶夫斯基时代里同时性的双声语,即陀思妥耶夫斯基时代小说中的双声语。通过文艺复兴时代文学语言的急剧狂欢化时期,进入一定程度上的全欧洲文学。整个中世纪狂欢节的影响。

复调小说没有排斥独白小说。新体裁或者体裁变体不会消除旧的体裁,只能是对旧体裁的补充。诚然,它迫使旧体裁做某种程度的更新。文学的长篇小说化。某些旧形式的独白小说在复调小说的背景上表现出十分幼稚。独白性留了下来,但它失去了自身的幼稚性和直白性。

爱因斯坦与相对论宇宙。文艺学至今还处在独白形式和方法的牢笼中。

文学狂欢化的有趣阶段。

时间问题。

他把曾是直接思维的东西打造成艺术视觉的对象。思想的艺术视觉。他更新了艺术的哲学体裁(苏格拉底对话,梅尼普讽刺,伏尔泰等等)。

这不是新思想,而是对待思想的新态度。最后,内在之人的发现。

我们力求揭示陀思妥耶夫斯基作为艺术家的特殊性,而且是作为带来艺术视觉的新形式的新型艺术家的特殊性,因为他善于看到人与生活新的方面。但我们的注意力不是集中在这些发现的内容方面,而是他的那一新的艺术立场。这一立场使得他开阔了艺术视觉的范围,使得他从艺术视觉的另一角度来看世界和人。

陀思妥耶夫斯基是绝对真实的艺术家。更何况他扩大了艺术真实的范围,把对人的内心深处的描绘、对人的思想深处的描绘包括在其中。作为小说家,他描绘了思想,是个思想艺术家,而不是特定的反动思想(他作为政论家予以捍卫的思想)的片面喉舌。他是地地道道的真实的思想艺术家,以至于拉斯柯尔尼科夫和伊凡·卡拉马佐夫的思想形象(他作为政论家对此予以批判),作为形象要比索尼娅和佐西玛的思想形象强大得多,丰富得多。把作为艺术家的他,变成一个从他的作品中抽取出来的特定的思想的一个偏激的宣传家,就是轻视了他的创作的复调本质。〈……〉

至于这个思想,只能生活在与他人思想的边界上,而他人思想仿佛失去了内在的空间,以及/或者那里只有界限。至于这个主人公,不能把他界定为与自身不相吻合的人。〈……〉

〈摘自第一章和第二章的增补誊清稿〉

第一章

〈第 54 页,在此段文字之后:"……不同的本事,不同的层面"〉:

在 Л.格罗斯曼献给陀思妥耶夫斯基诗学而撰写的大部头著作中,诚然有着不少其他有价值的观点。其中一些我们将在下面导论一节中予以阐释。

Л.格罗斯曼著作中对复调的独创性解释使得我们转向复调的普通美学和艺术学问题的探讨,近几十年来的西方是如何提出这一问题的。

第二章

〈第73页,在此段文字之后:"……在阐释'心理学规律'的全部话语和行为中"〉:

所以,整个法庭调查程序,对特米特里来说变成"心灵的苦难历程"。

〈第75页,此段文字之后:"……封闭的且不期待话语的应答"〉:

作为科学认识(人类学认识、社会经济学认识、历史学认识)对象的人,诚然,是在排除了对人的这一具体的生活感受的形式后做出了完全抽象的认识:这不是"我"、不是"你"、也不是"他"。对这一形式来说,人的概念及其任何科学分类(新石器时代的人,无产阶级,女人,等等),完全是中性的。有关人的任何概括性思想,首先是把他们抽象化了。但在实际的被感受的世界里,人赋予人的,向来是"我"与"他人"的形式("你"与"他")。世界上没有其他现象,除了人本身外,能给人以这些具体感受的形式。但在语言本身,在社会与文化生活的一切领域里,在每一个被作了伦理上思考过的行为里,对人的直接体验是在"我"与"他人"的形式中,这不可避免地与对人的概括性思考(伦理的、法律的、社会的、政治的思考)结合在一起。

陀思妥耶夫斯基对这一问题的复杂的辩证关系,心知肚明,他是根据马克斯·施蒂纳的《唯一之人及其所有物》一书中知晓的,此书在俄罗斯引起强烈反响与争论。陀思妥耶夫斯基绝不赞同施蒂纳的观点,但对施蒂纳本人的思想十分感兴趣,在他的作品中及信函里都能得到验证。陀思妥耶夫斯基带着这一问题,不过已经在另一层面上,与车尔尼雪夫斯基的理性利己主义理论发生冲突,并且亲自参与了这一问题的争论。所有这一切不能不影响到他的艺术创作的实践。

〈摘自第四章的誊清稿〉

〈第 136 页,在此段文字之后:"……特别在罗马与早期基督教这块土地上"〉:

对话历史故事(Логисторикус)是一种体裁?它自身包含着对话(logos)和传说故事(historia)。归于这一体裁的有普卢塔克的许多 moralia(例如,索克拉德魔鬼的故事)。这个体裁的大师是发禄。对话历史故事与梅尼普讽刺之间的界限不甚明确,宁可说这两种体裁是互为接近的。但梅尼普讽刺给创作上的虚构一个更大的自由度。

〈第 148 页,在此段文字之后:"……某些加以变形和重新认识"〉:

况且,在欧洲文学中,自文艺复兴时代之后长篇小说的狂欢化路线继续得到了实质性的发展,渗透进狂欢式世界观,利用了众多的狂欢节形式的特征。属于这一路线的有陀思妥耶夫斯基,而且狂欢化,正如我们将要表明的,十分深邃地而且地地道道地渗入到他的创作中去了。浮浅地一瞥,这可能觉得有点荒诞,因为狂欢化里通常存在着某种极端轻率的东西和欢乐的东西,而在陀思妥耶夫斯基的作品中,则是思想深邃而心绪忧结。然而,情况本来就是如此。梅尼普讽刺和狂欢,在我们看来,是准确地解释他的许多创作特征的历史起源的一把钥匙。

〈第 149 页〉:(例如,在发禄的作品中,存在着描绘罗马节庆的两种讽刺;其中一种是尤里安·欧茨图普尼克①的梅尼普中所描绘的奥林匹斯山上农神节节庆。)/(例如,在发禄的作品中,罗马的节庆描绘在两种讽刺的形式中——"Quinquatrns"和"Venalia",在尤里安·欧茨图普尼克的 Caesares 中描绘了奥林匹斯山上农神节节庆。)

〈第 151 页,在此段文字之后:"……给形成古基督教文学——希腊文学、罗马文学和拜占庭文学以决定性影响"〉:

(显然,这里把东方因素——犹太的、巴比伦的、埃及的因素结合在一起。)

〈第 152 页,在此段文字之后:"但是,狂欢化在伪基督教文学中的表现显得十分抢眼"〉:

在古希腊罗马,特别在希腊化时代,与狂欢化类型的全民节庆相向而行的是神秘的祭祀戏剧(从神秘剧到基督教祭祀)。这些神秘戏剧在许多方面与狂欢化类似(基础是它们共同植根于深层的原始世界观)。但与狂欢节相类似的戏剧和象征,在宗教祭祀中被教条主义化了和绝对化了,交替的激情与欢乐的狂欢节的相对性被消解殆尽。所以,这些祭祀形象的影响明显不同于狂欢化的影响,有时几乎是背道而驰的。但在希腊化时代这些路线的影响还没有分道扬镳,往往是纠结在一起(例如,在阿普列乌斯的《金驴记》中,狂欢化与伊希斯②的祭祀的影响交织在一起)。这就涉及基督教祭祀。但随着教条主义和绝对化的成长,这两条影响的路线就开始激烈分化(但保持着纯粹外部的类似性)。然而在随后的时代里,有时发生着它们的接近与交叉;狂

---

① 欧茨图普尼克,人名,意为离经叛道的人。——译者
② 伊希斯,古埃及神话中贤妻良母的象征,又是丰产、水、风、魔力、航海女神、死者的保护女神。——译者

欢化之火仿佛融化了祭祀戏剧和象征的教条主义的顽固不化。

〈第155页，在此段文字之后："……特别是这篇作品的体裁特点"〉：

按照古希腊罗马的术语，我们面对的是典型的 κμνκὸςτPόπOς（就像有时我们称之为梅尼普讽刺的相应变体）。

〈第159页，在此段文字之后："陀思妥耶夫斯基的经典性梅尼普几乎就是如此"〉：

诚然，陀思妥耶夫斯基本人无论在这里，还是在别的地方，从来没有应用过这个有点学究式的体裁术语"梅尼普讽刺"。在俄罗斯文学中它通常没有流行开来。但在欧洲文学中，从16世纪开始直至19世纪初叶（特别在17世纪和18世纪），这一术语与"卢奇安对话"以及较为狭窄的"死人对话"一起，是相当司空见惯的。陀思妥耶夫斯基本人利用的是宽泛的和不确定的术语"幻想小说"。但问题不在术语上，而是在体裁本身上。

〈第160页，在此段文字之后："……出恭时死去（灵魂出窍）"〉：

不错，类似对比不可能有决定性的说服力，但它们使得我们的假设具有相当大的概率性。此外，陀思妥耶夫斯基未必不晓得塞内加。

〈第161页，在此段文字之后："……按体裁的实质来说，是典型的狄德罗梅尼普"〉：

狄德罗的《失去体面的珍宝》（这是典型的梅尼普讽刺，别看其东方的结构框架)一书中创造了一个十分大胆的幻想场面(引导法):一只魔法戒指迫使女人坦白出自己最隐秘的恋情(一只魔法的戒指在女人的"宝物"上施法术,让宝物卸去任何羞耻并让女人彻底坦白难于启齿的见不得人的秘事)。这与《豆粒》讽刺中的"暴露、裸露一切"遥相呼应。

〈第167页,在此段文字之后:"……别列热拉克的作品是整体哲理幻想小说"〉:

在别列热拉克那里,除了卢奇安的《真理的故事》外,直接的源头是 Fr.Godwin *The Man in the Moon*(1638)。但葛德文[①]本人利用一种我们闻所未闻的西班牙文献资料。

葛德文的文集(法语译者是博杜恩),除了别列热拉克的长篇小说外,也是格里美豪森的 *Der fliegende Wandersmann nach dem Monde*(大约在1659年)的梅尼普讽刺之直接文献资料,按其外部形式来看,更接近于陀思妥耶夫斯基。不排除这一形式仿佛为陀思妥耶夫斯基所熟知。

〈第174页,在此段文字之后:"潜在的社会政治的和文学的争论"〉:

我们还能提出梅尼普讽刺,这么说吧,讽刺小品文类梅尼普讽刺——《鳄鱼,非常事件或帕萨热的意外事件》。

〈第176页,在此段文字之后:"……而且,他没有完全清楚地意识到"〉:

狂欢节对欧洲文学的重要而直接的影响,从17世纪末就开始中

---

① 葛德文(1756—1836),英国作家。——译者

止了。索列尔多部强烈的狂欢化小说(特别是《弗朗西恩》)以及斯卡龙的小说(《喜剧小说》)还反映着狂欢节的直接影响及文学的传统影响，然而，文学的传统影响(特别是拉伯雷和塞万提斯的影响)占有重要地位。从18世纪起，狂欢化成为纯粹的文学传统。这首先是因为狂欢节本身已经不再是它在文艺复兴时代的那个狂欢节了：它在人民生活中的重大地位，它所具有的观察世界的意义，他的形式的极其丰富性与多样化——所有这一切都消失了，失去了光泽，或者退化变质了。例如，多种多样的狂欢节形式脱离开自身的全民基础，从广场进入宫廷节庆和娱乐，改变了自己的本性(这个过程开始于文艺复兴时代)。狂欢化的象征意义遭到了再认识，并且式微萎缩了。但可以说，狂欢节衰微了，完成了自己的使命：它以自身的对世界的感觉以及自身的多种形式成为创造文艺复兴时代伟大文学的源泉。这一文学自身又成为创造整个欧洲文学的沃土。

〈第191页，在此段文字之后："……跨越禁令界线，要么再生要么死亡"〉：

门槛及其各种变形形式的这一意义形成了、分化了、以新的色彩丰富了，而然后，相反地，又贫乏了、简化了，在数千年的历史中——从最古老的"宗教仪式的变化"到现代简化了的迎来送往的礼节("在门槛相迎""送到门槛"等等)。在全部欧洲语言中(我说的正是这个)"门槛"一词或者它的多种变体具有这一补充性意义，并且进入隐喻性词组组合之中，如"死亡门槛""未来门槛""决断门槛""复生门槛"等等。"台阶"和"楼梯"还有补充性意义的色彩，与封爵和罢黜(高位与底层)联系在一起。

〈摘自第四章未誊清增补稿〉

〈第120页，在此段文字之后："……必须提出对其溯源"〉：

Hirzel 不区分对话形成过程中的修辞成分与狂欢化成分。

来自活生生的直接的事件中的对话变成阐释完成了的、从前注定好了的和凝固的思想的僵死形式。

〈第 136 页，在此段文字之后："……正在变革的梅尼普进入古基督教文学的叙事体裁"〉：

我在这里只提出早期基督教小说《克拉曼金》。这部小说是浮士德传说最早源泉之一（A.H.维谢洛夫斯基已经指出这点），它的许多题材和古怪形象与陀思妥耶夫斯基的创作遥相呼应。

〈第 137 页，在此段文字之后："……为它而出现的体裁条件"〉：

现在我们应该紧接着谈谈我们早先提出的狂欢化世界观和文学狂欢化问题。如果不谈它，无论庄谐体各种体裁的特征，它们的特殊活力，以及它们的进一步发展，就不可能理解，也得不到解释。

[口头民间文学囊括着狂欢节节庆：互骂（агоны）、对骂、辱骂，等等。这些东西至今还流行在欧洲民间语言上。但我们感兴趣的是狂欢化文学。公牛斗殴，以及类似的节庆。中世纪梅尼普的不同变体。Gesta，一些韵文故事，小说。寓言故事。狂欢化戏剧体裁。苏格拉底对话的随后发展。对话的雄辩性（失去了狂欢化基础）。旧词的消亡以及在这一消亡中新词的艰难诞生。

整个言语层面（狎昵层面）是在狂欢化氛围中发展起来的。生在临死的边缘上，反之亦是如此——死在生的边缘上，创造性的诞生之死。现时代的狂欢节：戏剧、马戏、滑稽表演、假面舞会。

狂欢节的游艺表演实质。我们关心的是狂欢化。所以，我们的注意力集中在狂欢节中那些能够移译成文学形象的语言的东西。出自我们著作的引文。

整个狂欢化了的民间文学围绕在狂欢节仪式表演实质的周围。

在中世纪不同民族文化中,梅尼普轻松地与狂欢节的新形式结合在一起。它与滑稽可笑的形式结合在一起(在果戈理的作品中)。

苏格拉底作品中哲学思想的民主化。与过去独白主义的对立。与谈话者,与自身的思想,与历史本身的狎昵交往。哲学从象牙塔走到民间狂欢化的广场上。狂欢化脱冕的哲学方法。作为弱化了的笑的苏格拉底讽刺。互骂。索夫龙的滑稽短剧。〈……〉]

* * *

普希金的快乐理智,而不是判断力和修辞学的——片面的严肃性的——政论文章。思想沉浸在变化着的存在的欢乐的相对性中。它担心被做了绝对的骨化处理。

* * *

陀思妥耶夫斯基有时接近于启蒙运动的对狂欢化的利用,而有时又接近于浪漫主义。但他不是启蒙运动思想家,也不是浪漫主义作家,而是"最高意义上的现实主义者"。

〈摘自第四章眷清增补稿〉

〈第166页〉:有着特别的(非史诗的)艺术地思考的梦……人和生活的加冕与脱冕/

有着特别的艺术思考(非史诗的思考)的梦,第一次进入欧洲文学,正如我们已经说过的,是在梅尼普的土壤上。梦在这里获得了他人生活,"第二个人生活"的功能,他人世界的功能和他人之"我"的功能。这个他人生活异化了第一个人的生活、普通人的生活,并迫使以新的方式去看它,并以此给它脱冕(有时,在相反的情况下,予以加冕)。他人世界(梦中所见世界),把真实的现代生活置于乌托邦背景之下,给它脱冕;而第二个"我"(梦中的"我")的功能,通常是作为真实之"我"的同貌人而予以揭露。

在不同的时代,不同的流派里,梦的体裁情景的利用,当然是各不相同的:例如,"梦中幽灵"在古基督教文学和中世纪文学里的角色,梦在 17 和 18 世纪(从克维多①开始)的文学中的揭露性讽刺的运用,浪漫主义者作品(例如,在诺瓦利斯的作品)中的童话象征性的运用,等等。

〈摘自"后记"的誊清稿〉

〈第 299 页,在此段文字之后:"……陀思妥耶夫斯基的复调小说对文学独白形式的影响,是富有成果的"〉:

正因为如此,绝不允许对陀思妥耶夫斯基的小说用独白方式来解释,及对它进行过度解释。遗憾的是,这种情况至今屡见不鲜。需要指出的是,我们的文学艺术意识正是以独白的艺术思维形式训导出来的,充盈着独白思维,如此之多,以至于我们难于摆脱它们,为了正确地接受和理解这些形式之外而创造的新的艺术世界而改变我们的思维。我们还要说明,陀思妥耶夫斯基的任何一部长篇小说在某种程度上可以作为通常的独白小说来阅读,在这种情况下也能有所收获。至今不少读者还是这样去阅读的:就像阅读令人废寝忘食的惊险小说一样,或者如深刻的心理小说一样,或者如尖锐的社会小说一样(通常是作独白式理解)。我们再重复一遍,这些读者中的每一个人都有所收获。但这个"收获"还不是陀思妥耶夫斯基的。陀思妥耶夫斯基是在复调之中,而复调是听不见的。但也可以这么说,陀思妥耶夫斯基的复调小说是很难转述的,不能对他作独白解释(即使这里可以作转述)并且不能以此来歪曲他的实质。即使在陀思妥耶夫斯基最优秀的著作中作了这样的转述:在这种情况下也会失去恰恰是主要的东西——

---

① 克维多(1580—1645),西班牙作家。——译者

对话性与狂欢化氛围。转述复调小说是不可能的,就像不能转述音乐的复调一样:它需要的是听。同样困难的是,为了准确地理解陀思妥耶夫斯基的复调需要对这些难点予以克服。

〈第300页,在此段文字之后:"……他创造了艺术的世界模式"〉:

特别错误的是企图把陀思妥耶夫斯基的艺术创作与他的政论文章不加区别地混为一谈。我们竭尽全力地表明,陀思妥耶夫斯基本人的政论文章的思想(就像政论文章一样,具有狭隘的独白性)只能成为他的小说中某些思想形象的原型而已。陀思妥耶夫斯基以绝对的艺术真实性而著称。况且,他拓宽了艺术真实性的范围,把这一艺术真实性扩大到用来描绘个人的内在的深层世界和人的思维意识。如果说他在这里表现出痴迷,那么,未完成性和对话的开放性就成为不可能。陀思妥耶夫斯基在他的作品中是一个真实的思想艺术家,全然,不是片面的、特定的反动思想的喉舌,如他作为政论家有时所做的那样。陀思妥耶夫斯基是地地道道的真实的思想艺术家,拉斯科尼科夫或伊凡·卡拉马佐夫的思想形象(这些形象是他作为政论家所拒绝承认的)要比索尼规或佐西玛的思想形象(他作为政论家是予以捍卫的)强大得多,丰富得多。他的艺术创作的复调本质,如此深刻地反映着时代的未完成的对话,战胜了政论家的狭隘思想。

卢小合　译

附录

巴赫金访谈录

В.Д.杜瓦金[①]

第一次访谈(1973 年 2 月 22 日)

杜瓦金(以下简称杜):米哈伊尔·米哈伊洛维奇,您是说,您有一本回忆录要出版了?

巴赫金(以下简称巴):是为纪念我七十五岁生日而出版的一本书。[②]

杜:不过,这好像说到了另一个话题……那么,您确切的生日是几号?……

巴:确切的……应该是 1895 年……旧历十一月四日,新历 11 月 17 日。

杜:那您是在哪儿出生的?

巴:出生地是奥廖尔。

杜:那家庭状况如何?您是什么家庭出身?

[①] 维克托·德米特里耶维奇·杜瓦金(1909—1982),苏联文学理论家、语文学家、档案专家,俄罗斯黄金和白银时代诗歌领域的研究专家。1973 年 2 至 3 月间,他六次采访了巴赫金。——译者

[②] 《诗学和文学史问题(M.M.巴赫金诞辰 75 周年暨从事学术和教育活动 50 周年纪念文集)》,萨兰斯克,1973 年。——原编者

巴：我生在一个贵族家庭，而且是个很古老的家族。[①] 就是说，从14世纪就有我们家族的记载了……不过问题是，到我出生时已是家道中落，家产几乎已丧失殆尽。

杜："我们严厉的家族开始衰败了……"是吗？

巴：可不（笑）。是这么回事：我的高祖父……是叶卡捷琳娜时代的准将……就是说，他是旅长一级的将官……他把自己的三千个农奴捐出来，专门用来创办一所士官学校，这是俄国最早的士官学校之一。这所学校一直存在到革命爆发。

杜：这所学校是以他的名字命名的吗？

巴：是的。就是说……奥廖尔巴赫金士官学校。[②] 有一段时间，它叫作"武备中学"，也冠了巴赫金的名字。

他捐出了三千农奴——其实，这可能是账单上的数据，而不是指农奴的实际人数。这些农奴显然是被典卖、抵押了，此类的做法在当

[①] 在所有保存下来的由奥廖尔市民管理局于19世纪末至20世纪初颁发的官方文件中，尼古拉·巴赫金和米哈伊尔·巴赫金被称为奥廖尔市民 M.H.巴赫金之子，而后者被称是奥廖尔商人之子。在奥廖尔州国家档案馆所发现的奥廖尔彼得罗巴甫洛夫斯克大教堂储存资料中的出生登记簿上有这样的记载：М.М.巴赫金的父母是"奥廖尔商人之子米哈伊尔·尼古拉耶维奇·巴赫金及其合法妻室瓦尔瓦拉·扎哈里耶娃，皆系东正教徒"（奥廖尔彼得罗巴甫洛夫斯克大教堂，1895年出生登记簿，见：奥廖尔州国家档案馆。储存编号：200。编目号：1。卷宗号：837"丙"。页码：48—49〈背面〉。报表制作人 В.И.拉普图恩）。在尼古拉·巴赫金的生平纪实《尼古拉·巴赫金：讲稿和随笔》（伯明翰大学出版社，1963年版，第1页）中首次表明巴赫金一家属于古老的（自14世纪起）未授爵位的贵族；在 В.В.柯日诺夫和 С.С.孔金的文章《米哈伊尔·米哈伊洛维奇·巴赫金：生平简介》（收录于《М.М.巴赫金诞辰75周年纪念文集》，萨兰斯克，1973年版，第5页）中，则再次表明了这一点。这一说法尚未得到相关文件的证实。关于巴赫金一家的社会状态的问题仍然是这位思想家生平未能揭开的谜团之一。见 С.С.孔金和 Н.А.潘科夫综述各种观点的文章（探讨 М.М.巴赫金的生平、理论遗产和时代等相关问题的学术研究杂志《对话·狂欢·时空体》，维捷布斯克，1994年第2期，第119—137页）。——原编者

[②] 奥廖尔地主米哈伊尔·彼得罗维奇·巴赫金捐助并创办士官学校的事情发生在1835年。参阅 И.А.梅尔库洛夫的《奥廖尔的巴赫金士官学校》，见《奥廖尔州：改革的时代与重负》，奥廖尔，1992年，第124—135页。关于其祖先创建了士官学校的说法在关于 М.巴赫金的哥哥尼古拉的生平传记中也是这么写的，这一传记是用英文出版的，不过其中的祖先指的是叔伯系祖先。——原编者

时是很常见的。这是账单上的农奴数目。

杜：是的,我明白。换句话说,那毕竟是一笔不小的数目。

巴：没错儿,是一笔很大的数目。他给我们家的破产,乃至家族的破产,这么说吧,奠定了基础。他很富有,拥有很多领地,但这笔数目确实太大了,不能不影响到……

杜：您指的是曾祖父?

巴：不,我说的是高祖父。到我祖父就完全破产了。不过,本来他也还有几处领地:奥廖尔省有两个县几乎还全是属于他的——就是所谓的谢夫斯克县和特鲁布切夫斯克县。

杜：我对谢夫斯克这个地方特别感兴趣,因为伊凡·格奥尔吉耶维奇·彼得罗夫斯基就出生在谢夫斯克。① 您不知道这家人吗?

巴：不,不知道。

杜：他父亲好像也是一位贵族,而且在谢夫斯克创办了一所学校……是在革命前不久。

巴：噢,不,这已经是我们把领地卖掉之后的事了。

杜：谢夫斯克是奥廖尔省的吗?

巴：是奥廖尔省的。就是现在……谢夫斯克……特鲁布切夫斯……也都属于奥廖尔省的,在德米特罗夫斯克区……就在安基奥赫的父亲季米特里·康捷米尔的庄园那一带。我想,安基奥赫·康捷米尔本人也曾在那个庄园里住过。我们之间甚至有某种宗亲或是姻亲关系,总之,他是我的一个……

杜：堂舅。

巴：是的,堂舅。他母亲与康捷米尔一家是亲戚。可确切的关系,我就不知道了。〈……〉老实说,我对这些并没有多大兴趣……我的哥哥研究过家谱,很了解这一切,而我弄不太清楚……在那里他和我们家是邻居,也同这个……斯维亚托波尔克—米尔斯基家族有点宗亲或

---

① 伊凡·格奥尔吉耶维奇·彼得罗夫斯基(1901—1973),数学家、科学院院士、莫斯科大学校长(1951—1973)。——原编者

是姻亲关系。

杜:哎呀! 这可真是个大家族。

巴:是的,一个大家族……不过,我还是不能完全弄清楚这个家谱。我很小的时候去过这些庄园……就是斯维亚托波尔克—米尔斯基家族的庄园,至于是哪一座庄园,我不清楚……

杜:是家族的最后传人之一……

巴:是最后传人之一,他曾在英国住过,后来到了我们这里,结局十分悲惨。

杜:是呀。可有一段时间他是头号评论家。曾得到高尔基的呵护。

巴:不错,是这样。

杜:我见过他。

巴:您见过他? 我可没见过。

杜:我就在这里见过他。他是一个典型的知识分子。

巴:是的,这我知道,一个典型的知识分子,很天真。真是天真极了。

杜:非常可爱……

巴:您明白吗,一般来说……我是这么想的——也许英国的共产党员大都是勋爵出身……因为英国共产党是非常特别的;党内几乎没有工人,都是清一色的勋爵和知识分子。总之,洋味十足,与别人不同。而这位斯维亚托波尔克—米尔斯基就像那些勋爵出身的共产党人。他本人也是勋爵。①

杜:可是……您父亲是不是已经有了自己的职业?

巴:父亲已经有了自己的职业。他是搞金融的,在银行里做事。

---

① 德米特里·彼得罗维奇·斯维亚托波尔克—米尔斯基(1890—1939),公爵、文学评论家。革命后侨居国外,与欧亚运动组织有密切关系。著名的英文版《俄罗斯文学史》(1927)作者。1930年加入英国共产党,1932年回到苏联。在1937年被捕之前的五年间,在苏联报纸杂志上发表了许多关于当代苏联、俄罗斯及英国文学的评论文章。——原编者

但是领地已经没有了。祖父和祖母也还是有一些的。而且总的说来……似乎还相当可观。起初在奥廖尔留有很大的一幢房子,我就出生在那儿。房子俨然像一座庄园,各种东西一应齐全,跟庄园没什么两样。

杜:这可真有意思!

巴:我不知道它是否保存完好。您知道吗,那是木房,带阁楼。房子很大,里面大概有三十个房间,好像还有厢房什么的……这幢房子位于最昂贵的住宅区之一,在花园街道和格奥尔吉街道相交的拐角处,而在下一个街区,屠格涅夫街道和格奥尔吉街道相交的拐角处,便是屠格涅夫的出生地,离我们家仅有几步路的距离。他就出生在那里,但那幢房子却已经没有了……在我出生时,就已经没有了,只剩下遗址。我看到的是一幢小石房。不过确实是那个地方……屠格涅夫诞生的房子就在那里。这个领地是我叔父的一处领地,紧邻斯帕斯基—卢托维诺夫庄园,在姆岑斯克县,距姆岑斯克市大约有十公里远。我也去过那些地方。我出生时,那处领地还属于叔父。他的名字叫吉洪·阿法纳西耶维奇·巴赫金。

杜:这么说,您父亲是位贵族出身的高级职员。

巴:对,对的,是位相当高级的职员。要知道,我祖父创办了一家银行,叫作奥廖尔商业银行,也是一直开到革命前,在……彼得格勒,即彼得堡,已经有了一家很大的分行。可是,这些银行都不走运。我的祖父,可以说,是一个非常善良的人,很容易轻信别人……他是董事长,这家银行基本是他的资金……可他的同事们,董事会的其他成员却是些骗子,他们要么心术不正,要么毫无远见,结果银行倒闭了。这是件大案子,这件诉讼案当时引起了轰动,许多人都被推上了被告席,包括我的祖父。当然,我祖父没有被捕……因为他没有任何刑事方面的责任,但出庭受审是有的。为我祖父出庭辩护的是赫赫有名的普列瓦科。他对这起案件当庭发表了意见。最终的结果是,我祖父完全免负刑事责任,因为从一开始就很清楚,在这桩案件中,谁是诈骗犯,谁只不过太轻信别人,在没有弄清楚请他做的业务是怎么回事的情况下就签字同意了。官司是这么了结的:有人坐了牢。而民事责任是这样的:所有这些领地……好大的领地,都得交出去。还能怎么样呢!按理说,他——我的祖父,自然用不着把它整个儿交出去。您知道吗,遇到这种情况,通常要交一点儿手续费……比如说,从每个卢布里上缴二十戈比,就可以了。但被祖父一口回绝了,他交的是全额,结果他付了一笔巨款。

尽管如此,事后还剩有一幢房子,甚至还有一小块领地和大约十万卢布的现金。就是这样。后来,这点家产就渐渐变得越来越少了。但是,还有祖母支撑着……祖父先死了,祖母一直活到十月革命前,我记得,好像是在1917年底或1918年初去世的,年纪老迈时死于斑疹伤寒。

杜:是在自己家里去世的吗?

巴:是的。

杜:她没有被赶出来?房子没有被烧毁?

巴:没有,房子没有被烧掉,她也没有被赶出来,只是里面住得很挤。她好像住在……我已经不记得了……我母亲也住在那里……当祖母得伤寒病去世时,我已经不在那儿住了。她还……留下了一笔钱……

我的祖父尽管有意要从事金融和商业活动,但却是个太容易轻信别人的大好人。我还记得,在祖母的储藏室里保存着一个大钱箱,里面塞满了借据——都是那些借了钱而没有偿还的人留下的。那些人挥霍无度,祖父连眼睛都不眨一下就把钱借给了他们。于是到最后,到革命前,我们家有个常年的律师,负责追回这些债务。他倒是追回了一些小钱。其实,那几乎是没有任何意义的。直到最后,不得不罚款了事。

父母和我们几个孩子都已不住在奥廖尔了,早已搬出去住了,不过几乎每年夏天我们都会到这里来——来这儿的是我们三个孩子:

我,我哥哥和妹妹。

杜:您还有姐妹?

巴:我有三个姐妹,严格说来,甚至是四个,因为最小的那个是养女。①

杜:这就是说,有六个孩子。是个大家庭。

巴:是的,是个大家庭。而且我们家还寄住着许多亲戚,其中包括我祖父的一个哥哥,很早就死了。他去世很早,留下了相当大的一笔遗产,也是一些庄园,正好也在德米特洛夫县。他的孩子们,三个女儿和一个儿子,也住在我们家,因为我祖父和祖母先后是他们的监护人。

杜:其乐融融……

巴:那当然。起初我们是靠自己的资产来生活的,因为……祖父死后留下了相当大的一笔地产。此外,我们还有一些亲戚……我们破产了,但我们的亲戚很有钱,都是百万富翁。尽管他们大多都是旁系亲属,但关系还是相当亲密的,是祖母那边的亲戚。他们都是些非常富有的人家。需要说明的是,他们当中自然已没人剩下了,除了我的一个表妹,她也是我的一个富家亲戚的女儿,她父亲当过市长……

杜:奥廖尔市吗?

巴:是的,奥廖尔的市长。这实际上也把他给害了。他是革命前在位的。

杜:那当然。

---

① M.M.巴赫金的母亲瓦尔瓦拉·扎哈罗芙娜·巴赫金娜(出嫁前姓奥韦奇金娜),他的三个姐妹:姐姐玛丽娅·米哈伊洛芙娜·巴赫金娜和叶卡捷琳娜·米哈伊洛芙娜·巴赫金娜,妹妹纳塔莉娅·米哈伊洛芙娜·巴赫金娜(出嫁后姓佩尔菲利耶娃)——她们全都饿死在列宁格勒围困时期的1942年1月。(据推测)她们被安葬在谢拉菲莫夫墓地的阵亡将士公墓。纳塔莉娅·米哈伊洛芙娜之子安德烈·尼古拉耶维奇·佩尔菲利耶夫奇迹般地活了下来,当时他年仅五岁。小妹尼娜·谢尔盖耶芙娜·博尔谢芙斯卡娅(巴尔谢芙斯卡娅)是巴赫金家的养女,1944年在列宁格勒的一家医院里死于长期饥饿引发的病症。以上信息来自于巴赫金的妹夫(其妹纳塔莉娅·米哈伊洛芙娜的丈夫)尼古拉·帕夫洛维奇·佩尔菲利耶夫(1907—1998),他还为本书提供了极为罕见的巴赫金家人的家庭照片。——原编者

巴:就是这样。革命爆发后,因为他为人不错……所以,虽然他被关了起来,但一点也没有虐待他。不仅如此,当时有许多企业只有他才能够管理得了……所以他被释放了,而他也做了他该做的事情。情况似乎不错,不料白军开进了奥廖尔。那会儿有这么一句口号:"一切恢复到革命以前。"一切!这样我舅舅就得重当市长。他也当了。

杜:可……这又害了他。

巴:是的,正如您所知,白军在那里没待多久。红军回来了。舅舅只好逃亡。他举家出逃,一路也相当顺利,到了高加索,改名换姓住在阿尔马维尔。住了相当长的一段时间,平安无事。是的。可后来……

杜:后来侨居国外了,是吗?

巴:不,他未能侨居国外。他未能出国侨居。

杜:那么,他被镇压了?

巴:不,没有来得及镇压他。事情是这样的。阿尔马维尔爆发了霍乱,他得了霍乱,被送进了简易的霍乱病房,正巧就在这时查出了他的身份。顺便说一下,早在奥廖尔,他就被缺席判处死刑了。这会儿发现了他,于是就派人来抓他。可发现他躺在简易病房里。于是派人到霍乱病房,不是要把他送进监狱医院,就是要派一名国家安全部的人守着他……那时还不叫国家安全部……

杜:那时叫契卡①。

巴:是,叫契卡。就是。可医生说,"你们放心吧,他快死了,甚至不是几天的事儿,而是几个钟头的事儿"。他年纪大了,霍乱自然是很难扛过去的。他果真死了。自然也就不知道人家已发现了他的身份等一些事情。是这样。不过,关于他被判了死刑的事情,他当然是知道的。就这样,他死了,而家庭保住了。

杜:没有动他家人吗?

巴:家人?不,没有动。那有谁活下来了呢?剩下了妻子和女儿,他唯一的女儿丽莎。她现在就住在莫斯科,她是我唯一的亲人,很近

---

① 契卡系"肃清反革命和怠工特设委员会"(1917—1922)的俄语缩略形式。——译者

的亲戚……是舅舅那边的。①

杜:她父亲是您表舅?

巴:是的,是我舅舅。不仅如此,她母亲也是我母亲的妹妹,因此可以说是亲上加亲。

杜:哦,明白了,是交叉式婚姻。

巴:是的,不过,可惜她患病在身。她年纪比我小,甚至小许多岁,但她毕竟也不年轻了,患上了重病——血管病,现在十分流行。这不,她甚至都不能出门,也无法走动,只能靠别人帮助。总的来说,她十分困难。所以,她没来过我这里。我最后一次见到她是在克里姆林宫医院,她生病,我们是一起住院的。我现在同她只能通过电话联系。

杜:刚才您饶有趣味地从多方面讲述了您的家庭。您是在革命前念完中学的……

巴:是的,这一点我没有被耽误。

杜:……那么大学呢? 也是这样吗?

巴:是的,大学也是这样。不过,也不全是:革命后我已经通过了国家考试。

杜:那么中学您是在奥廖尔读完的吗?

巴:不是。事情是这样的:当时父亲在工作,他是搞金融的,不过……总是搬家。所谓总是,至少搬过好几次吧,他调任为奥廖尔商业银行维尔诺②分行的经理。于是,他在那儿待了五年,我也在那里住过。

杜:那么您是在维尔纽斯中学念的书?

巴:是的,是在维尔纽斯中学念的书。尽管我还考上了奥廖尔中学……不过后来……全家搬到了奥德萨。我是在奥德萨考上大学的。不过,我在那里没有待多久,我和哥哥转到了彼得堡大学。在那里我念完了大学。

---

① 指伊丽莎白·季洪诺芙娜·希特尼克娃(1906—1978)。——原编者
② 维尔诺,1940年起改称为维尔纽斯。——译者

杜：您读的是历史—语文系？

巴：是的，历史—语文系。古典语文专业。

杜：您父亲受过高等教育吗？

巴：父亲？没有。他只受过专门培训……没有受过高等教育。那时对此也不大重视，因为他毕竟拥有财产，后来，可以说，又有了自己的银行。就是这样。于是，他就在自己的银行里开始工作。还没干多久就突然被调到维尔诺当银行经理了。

杜：看来，您对俄罗斯外省中学的了解是比较全面的：奥廖尔、维尔诺、奥德萨——这分别是中部、西部和南部地区。那就请您稍微讲一讲中学的情况吧，也就是说，谈一谈它们各自的特点吧……

巴：您知道……要把这一切都回忆起来，而且还要有条有理，自然是很困难的。我只说一点——所有这三所中学都是好学校。奥德萨中学尤其好。这是一所优秀的学校。维尔诺中学同样也很好。

杜：那么奥廖尔中学稍差些？

巴：奥廖尔中学稍微差一些，是要差一些。说到维尔诺中学，维尔诺第一中学……那里全市……也只有两所中学……其实恐怕全省也只有这两所。那儿有许多来自各个不同小城的人……利达就是这么一座小城，好像还有……这不，大家都在那里上学……

杜：要交学费吗？

巴：是的，要交学费。不过需要说明的是，奖、助学金种类很多。事实上，学习好的以及真正需要的人几乎总能指望拿奖、助学金。是的。可以坦率地这样说。因为不缴学费而被赶出校门——这样的事我还没听说过。因为家长委员会总能做出相应的决定，使得学生免除学费。

杜：那么这些奖、助学金都是靠私人捐资吗？

巴：是的，靠私人捐资，是靠私人捐资。是这样。如今……我曾就读过的维尔诺第一中学校舍，是旧时维尔诺大学的楼房……这所大学建于16世纪。

杜:我知道这座楼房。我在里面讲过几次课(笑)。

巴:啊哈!我最美好的回忆就是……当然,最美好的回忆是我在家乡度过的童年,还有就是维尔纽斯,包括这所学校和这幢美丽的楼房。这座建筑宏伟气派……

杜:简直就是一座城堡!

巴:它占了整个街区,那儿的一切也都很有意思,有一种特殊的气氛。分了几个院子。每个院子都有自己的名称。比如,大家进出的主要院子,叫作列列韦尔。

杜:列列韦尔?

巴:是的,这是……旧波兰的一位活动家。① 为了纪念他就起了这个院名。所有的院子都有自己的名称。就是这样。在这所维尔诺中学求过学的,有毕苏斯基②(当然,是在我之前)。总之,还有许多人后来成了著名的活动家,他们都在这所维尔诺第一中学里读过书。应该讲,那里的教师非常强,非常强……

杜:这是俄国学校吗?

巴:是的,是纯粹的俄国学校。不过,那儿有许多波兰人。波兰人很多。

杜:不过是用俄语讲课的?

巴:是的,讲课只用俄语。不过……给波兰人开了波兰语课,只有波兰人根据自愿来听这门课。

杜:居然还开了这门课?

巴:开了波兰语。

杜:波兰语? 没受到迫害?

巴:没——有。那全是夸大之辞。开的这门课……不是必修课。不是必修的。谁愿意谁来学。就这么回事。当然是有波兰语的,哪能

---

① 约阿希姆·列列韦尔(1786—1861),波兰历史学家和爱国主义者,1830年至1831年波兰起义的思想领袖。——原编者
② 毕苏斯基(1867—1935),波兰军事家、政治活动家。1926年策动军事政变,1926年至1928年和1930年任波兰总理。——译者

没有呢！我还记得那个老师呢……我倒是没有听过他的课，没有去过，但我记得他——是个不寻常的人。他长得非常英俊，是个典型的波兰人，留着胡子，既非常英俊，又非常有涵养。所有波兰学生只要愿意，都可以来听他的课。

杜：那有立陶宛语课吗？

巴：没有立陶宛语课，没有。立陶宛学生倒是有的，但那几所中学都没有立陶宛语课。或许，有的学校开了。因为那里还有一些私立中学……师资很强，十分强。至少我……不记得有哪位教师让我和别的同学反感。没有。他们都很真诚、博学，有的人学识极为渊博，为人和善，所以说，我没有什么可抱怨的，一点儿也没有。我记得……我们都很喜欢阿德里安·瓦西里耶维奇·克鲁科夫斯基，尤其是我，对他十分喜爱。至今我还记得他。是的。我们都管他叫"垮台剧院的演员"——所有教师无一例外都会被学生起绰号，任何时候都是这样。因为他有一头……灰白色的卷发，身上的确有演员的某种气质——不过这是一个古老的，却已垮台的剧院里的演员。但他是一个学识渊博的人。

杜：他教什么？

巴：他教授俄语和俄罗斯文学。教得非常好，讲得津津有味，我要说，富有激情，这种激情感染着每一个人。他也写点儿东西。他的观点绝非……表现革命思想。不是的。发表过一篇《俄罗斯诗歌中的宗教思潮》。后来他写过屠格涅夫。直到1916年，他的最后一篇文章发表在……《国民教育部杂志》上。[①]

数学老师扬科维奇我也很喜欢，大家都喜欢他。他有点儿枯燥，干巴巴的；不过，也过于……怎么说呢……

[①] А.В.克鲁科夫斯基，俄罗斯作家和诗人的研究者，发表多种著述。其著述目录见К.Д.穆拉托娃主编的《19世纪俄国文学史：书目索引》。关于屠格涅夫的文章《屠格涅夫笔下的俄罗斯妇女》，载《国民教育部杂志》，1914年第8期。正是在这份杂志（1916年2月号）上还刊有《两所学校》一文（该文系《关于西北地区过去的教育状态手记》系列文章中的第2篇，讲的就是巴赫金兄弟曾经就读的维尔诺学区）。——原编者

杜：认真。

巴：他逻辑性很强，一丝不苟。最主要的是逻辑性很强。他讲课的时候从来不会这样说："会背就行了。"不，他总能做出论证，让你真正领会。后来，那会儿我早已……离开维尔诺中学了，他被任命为新斯文灿斯克中学校长。

这所新斯文灿斯克中学被迁至涅韦尔市（战争爆发后，新斯文灿斯克很快就被德军占领了）。

杜：迁到了涅韦尔？

巴：是的。我也来到了涅韦尔。什么原因呢？因为那里住着我的一个朋友，这个朋友在我的生活中所起的作用相当之大。他就是列夫·瓦西里耶维奇·篷皮扬斯基。①

杜：我听说过他。

巴：他被载入了……文学百科辞典。

杜：他是著名的文学家。

巴：是的，著名的文学家。他是个才华出众的人，而且学识渊博。

杜：他跟您是同辈人吗？

巴：他是我的同辈人。他比我小一岁。

杜：他还健在吗？

---

① 列夫·瓦西里耶维奇·篷皮扬斯基（1891—1940），语文学家、文化历史学家，列宁格勒大学教授（30 年代）。著有《陀思妥耶夫斯基与古希腊罗马文化》一书（彼得格勒，1922 年）。此书与后来出版的巴赫金关于陀思妥耶夫斯基的论著形成理论上的呼应；20 年代末至 30 年代初著有关于屠格涅夫的系列论文，在这些文章中他对巴赫金的那本书表明了自己的态度；还写有关于 18 世纪俄国文学，关于普希金、果戈理、丘特切夫、莱蒙托夫，以及 17 世纪德国文学的多篇力作。参见尼古拉耶夫的《试论 Л.В.篷皮扬斯基的理论遗产》，载《语境（1982）》，莫斯科，1983 年，第 289—303 页。关于巴赫金与篷皮扬斯基在所谓涅韦尔哲学流派里的合作活动，可参见 Н.И.尼古拉耶夫的一些著述：《涅韦尔哲学流派：М.巴赫金，М.卡甘，Л.篷皮扬斯基在 1918—1925 年（依据 Л.篷皮扬斯基档案资料）》，见《М.М.巴赫金和 20 世纪哲学文化》，第 2 卷，圣彼得堡，1991 年；以及《Л.В.篷皮扬斯基的笔录的 М.М.巴赫金在 1924—1925 年间的讲课和演讲》，见《作为哲学家的 М.М.巴赫金》，莫斯科，1992 年；Л.В.篷皮扬斯基：《古典传统》，莫斯科，2000 年，第 12—15 页。巴赫金在与杜瓦金的最后一次，即第六次谈话中更为详细地介绍了篷皮扬斯基。——原编者

巴：很遗憾，早就去世了，英年早逝。他去世时……只有四十九岁左右。

杜：我读过他发表的一些东西。

巴：您大概读的是他关于屠格涅夫的一些文章……

杜：好像是的……

巴：没错儿。后来他对18世纪的文学进行了大量研究，尤其是对特列季亚科夫斯基研究得非常多，包括特列季亚科夫斯基诗歌的句法学和作诗法的问题。后来，他服了兵役，也就是上了战场，再后来，他所在的团驻扎在涅韦尔。他就在那里退役了。于是他就留在了涅韦尔，因为那时列宁格勒（当时叫作彼得格勒）生活很艰难。正在闹饥荒。他就没有回去。而在涅韦尔他过得非常好，就是这样。涅韦尔的上层人物与他的关系非常密切。他在那里可没少讲课。接下来……他来到列宁格勒——应该是彼得格勒，通常是住在我们家，住在我父母和哥哥①的房子里。他同我哥哥还在上中学时就很要好……哥哥去了南方。在那里，他加入了"志愿军"，随军流亡国外，与溃逃的军队一起从克里木去了……君士坦丁堡。后来又加入了外籍军团。

杜：在西班牙吗？

巴：不，不，不。外籍军团早就有了……在西班牙之前当然就

---

① 指尼古拉·米哈伊洛维奇·巴赫金（1894—1950）。兄弟俩只相差一岁，同时就读于维尔诺和奥德萨中学，以及新罗西斯克和彼得格勒大学，直至1917至1918年事件爆发。此后，他们的人生道路便永远地分开了。M.巴赫金关于哥哥的生平叙述［包括同"志愿军"（国内战争时期俄国南方的反革命武装。——译者）一道于1920年流亡国外，20年代初在北非的外籍军团里服役，在巴黎逗留，参加Д.С.梅列日科夫斯基（1866—1941）和З.Н.吉皮乌斯（1869—1945）这群人的活动，20年代后半期和30年代初在巴黎的俄国杂志《环节》和《数》发表文章，1932年在剑桥大学完成学位论文答辩，而后在剑桥大学和南安普敦大学从教，从1938年直至去世任伯明翰大学教授］与两篇传记中的内容是吻合一致的，这两篇传记分别发表在《尼古拉·巴赫金：讲稿和随笔》（伯明翰大学，1963年版，第1—16页；文集收录了Н.巴赫金生前未发表的著作，其中包括米哈伊尔·米哈伊洛维奇提到过的关于普希金的学术报告和关于外籍军团的回忆）和《牛津斯拉夫文集》（第10卷，1977年）二书中。两篇传记都避而不谈Н.巴赫金在第二次世界大战期间加入英国共产党一事；

有了。

杜:那他和什么人在一起?在什么地方?

巴:那是法国人的外籍军团,是一个老牌的外籍军团。在阿尔及尔早就有这个外籍军团了。

杜:啊,在阿尔及尔……

巴:可以说,这是一个非常有趣的现象,很独特的现象。他也曾在回忆录中……描述过自己在外籍军团的生活。后来他负了重伤。他们主要是和柏柏尔人①打仗。那都是些不愿归顺的柏柏尔人。他负过好几次伤,特别严重的是胸伤,几乎伤到了心脏。他从那里复了员,来到了巴黎。起先一直在军队里,在某个部门供职。他写道,在那个部门里其实他们这些复员军人根本就没做什么事情,根本没做:就是写写信,聊聊天……工作非常轻松。而后他……考上了大学……在俄罗斯他几乎就要大学毕业了,不过在那里,这么说吧……他得办理相关手续。他在那里办了手续……

<接上页>他在晚年已成为"公爵阶层出身的共产党人"中的一员。最近,我国出版物中刊载了一些关于 H.M.巴赫金的文章:《纪念蒂尼亚诺夫第五届学术报告会文集》,里加,1990 年版,第 211—245 页;《M.M.巴赫金和 20 世纪哲学文化》,第 2 卷,圣彼得堡,1991 年版,第 122—135 页;《纪念蒂尼亚诺夫第六届学术报告会文集》,里加—莫斯科,1992 年版,第 256—269 页。巴黎时期撰写的文章被收入 C.费佳金编的《H.M.巴赫金:论文、随笔、对话》(莫斯科,1995 年)一书中。此书重新刊登了Г.阿达莫维奇的札记《忆一位不平凡的人》,这篇札记是这样开头的:"这是我一生中所遇见的最有才华的人之一。"H.巴赫金青少年时代的朋友 M.H.洛帕托写于 1951 年 3 月 5 日的书信也公开发表了,信中描述了 H.巴赫金鲜明的性格特点:"……他前程无量,是世上曾经有过的最有才华的人之一……当别人正在享受自己的发现成果时,像巴赫金这样的智者所留下的不是自己的英名,而是广为传播的创见……"(《纪念蒂尼亚诺夫第五届学术报告会文集》,第 232,236—237 页)。巴赫金兄弟俩的相互关系——两人的兴趣非常接近(两人都是古典语文学家,Ф.Ф.泽林斯基的学生,杰出的文化哲学家),其智力水平也旗鼓相当,但无论是生活遭遇,还是各自活动的创作结果却大不相同——是 M.M.巴赫金传记作者们需要探究的一个问题。题为《俄罗斯心理分析历史》一书的作者指出:"也许,与哥哥的交往具有疑惑、挑唆和反驳的性质,这对米哈伊尔·巴赫金而言成了真正对话的样板。"(А.埃特金:《不可能的爱神:俄罗斯心理分析历史》,圣彼得堡,1993 年,第 389 页)——原编者

① 柏柏尔人,北非、苏丹中部和西部的民族群。——译者

杜：是在索邦神学院吗？

巴：是的，在索邦神学院。在索邦神学院。……他总算毕业了……他做了许多场学术报告，还写了不少的小文章。

杜：他学的专业是……

巴：也是古典语文学。

杜：也是吗？

巴：是的，也是学古典语文学的。不过后来我完全改了行，而他却能做到始终如一。他的博士学位论文是在那里，剑桥大学，答辩的……

杜：那么他后来是留在了那里还是回国了？

巴：不，他没有留在法国。那个……现在很有名的学者……名叫科诺瓦洛夫，就是老科诺瓦洛夫的儿子……①

杜：科诺瓦洛夫部长的儿子。

巴：对，科诺瓦洛夫部长之子。就是。

杜：我知道，古济②同他认识。

巴：是的，古济同他认识。他来参加斯拉夫学者大会。好像是第五届大会。

杜：要不就是第四届，第四届……莫斯科的那届，是1958年举办的。

巴：人们介绍他时，称他是"科诺瓦洛夫先生"。就是这样。他也是我哥哥的朋友，他们是在国外认识的。在俄国时还不认识。就是这位科诺瓦洛夫说服他去了英国。他自己则是一开始就移民到了英国。

于是他就去了那儿。起初在剑桥大学。我不久前收到一份礼物……一张复印的照片，是他最后一次在剑桥大学做学术报告时的情

---

① 谢尔盖·亚历山德罗维奇·科诺瓦洛夫，百万富翁、临时政府的商贸和工业部部长 A.И.科诺瓦洛夫之子，俄罗斯历史、文学和社会思想专家，剑桥大学和伯明翰大学教授，邀请尼古拉·巴赫金移居英国。——原编者

② 古济·尼古拉·卡林尼科维奇（1887—1965），古俄罗斯文学和 Л.Н.托尔斯泰创作研究专家，莫斯科大学教授。——原编者

景……讲的是普希金。就是这样。问题是:为什么像普希金这样的经典作家的作品——风格清晰、似乎也很简朴,为什么翻译得很少,很糟糕?为什么国外对他所知甚少?这就是他最后一次做的报告。这份讲稿在他生前没有发表过。而他去世之后,就在不久前,在他的纸堆里发现了这份讲稿的草稿。

杜:他是什么时候去世的?

巴:1950年5月去世的。

杜:我记得,您上次对我说过,他有一本著作要在这里出版,是吗?

巴:在这里?不。他没有任何著作要在这里出版……

杜:就是说,他是客死他乡?

巴:在列宁图书馆有一本他写的关于现代希腊语的著作。不过,他是通过古希腊语来研究现代希腊语的。他的基本思想是这样的:其实,新希腊语中所包含的真正古典性,可以说是……未经夸饰的、未受任何观念制约的古典性,远比考古学,以及我们所熟悉的古希腊经典文学作品里的松多得多。人们似乎还没有从考古学的视角出发来研究过新希腊语。想必您也知道,这是已故的马尔院士的观点之一。他……在古生物学方面……

杜:我知道。

巴:不过他是自成一体的,未受马尔的影响,而且观点似乎也完全不一样。他并没有去寻求某些原始象征物,没有去寻找任何的——这么说吧——原始元素,他要寻找的是……

杜:这就是说,从总体上,他没有脱离印欧学说的古典框架?

巴:是的,印欧学说的框架。在英国的时候他就已经数次前往希腊,甚至还参加了挖掘工作,包括在马拉松原野上的考古挖掘。母亲那儿甚至还保存着一张照片。他出于小心谨慎的缘故没有与我通信,因为在那些年代是不可以同国外有书信来往的。这可能是非常冒险的行为,所以他只给母亲写信,他知道,母亲肯定都会转告我的……

杜:母亲住在哪儿?

巴：母亲那时已经住在列宁格勒了。我的姊妹住在那里。母亲那儿有一张照片，是他同妻子(他妻子是英国人)在马拉松原野上参加考古挖掘时拍摄的。他只穿了一条短裤。就在希腊的马拉松原野上。后来又拍过一张照片，背景是剑桥大学的古楼。他身穿博士服，手捧一本厚厚的大部头，几位教师和大学生站的位置稍微偏一点，而他就在正中间。

杜：您的哥哥与您一起在维尔诺这所中学读过书，是吧？

巴：当然，他也在维尔诺中学读过书。

杜：那他比您大不了几岁吧？

巴：是的，他比我也大不了几岁。大一点儿。

杜：那您……我们还是回到中学这个话题上来吧。您不是在维尔诺中学毕业的吧？

巴：不是，我还没有念完就转到了奥德萨中学……我是在那里毕业的。

杜：那奥德萨怎么样呢？

巴：奥德萨……奥德萨中学也不错。奥德萨中学确实也不错。我对它没什么可抱怨的，一点儿也没有。所有的教师都不错。或许，没有……像维尔纽斯那样的杰出教师，或许，总体水平可能要稍微低一些……

杜：您指的是学生的总体水平吗？

巴：也指教师，整个师资队伍。学生嘛……在我看来，没有特别优秀的。不过总体而言还是不错的。都是一些容貌俊美、品德高尚的棒小伙子。没有什么可说的。教师也都挺不错。没有任何迫害、压制的现象……我们那些最进步的作家、记者和社会活动家们大肆渲染的种种现象，在这里是根本不存在的。也许在其他地方是有的，但我没见到。要是有的话，也是例外。总而言之，我们的中学是高水平的——需要明确指出这一点。确实是高水平的。

杜：学校的名称是什么？

巴：就是中学。

杜：奥德萨中学？就只有一所吗？

巴：不，那儿不止一所。这是第四中学。

杜：就是说，这是奥德萨第四中学。在后来出名的奥德萨籍作家当中有谁跟您同校学习过吗？

巴：不，没有。

杜：巴格里茨基呢？……

巴：不，不，不，他们全都是别的中学的。我那会儿不认识他们。我是后来才知道他们的……

杜：一个都不认识？伊里夫和彼得罗夫，还有……

巴：都不认识。我在奥德萨没住多久。在那里我考上了大学，而后很快就转走了。

杜：这么说，您在那里只念了高年级？七年级还是八年级？

巴：是的，只念了七年级和八年级。

杜：八年级就相当于现在十年制学校的最后一年？

巴：是的，相当于现在十年制的最后一年。当时还有一个所谓的预备级。我没有在那里学习过，当时许多人都没有上这个班。他们通常在家里准备应考，然后参加中学一年级的入学考试。

杜：您是在那里开始读大学的吗？

巴：是的，我在那里开始念大学了。

杜：那里有历史—语文系吗？

巴：当然有。这所大学名叫新罗西斯克大学①。不是叫奥德萨大学，而是新罗西斯克大学，因为整个地区都称作新罗西斯克。需要说明的是，那里给我上课的都是些很不错的优秀教师。比如，我还记得有位出色的语言学家，他叫汤姆森②……他是一位特别优秀的语言学

---

① 新罗西斯克大学，建于1865年，1933年改称奥德萨大学。——译者
② 亚历山大·伊凡诺维奇·汤姆森(1860—1935)，语言学家，Ф.Ф.福尔图纳托夫的学生，印欧、斯拉夫和俄罗斯语言学专家，从1897年直至去世在奥德萨任新罗西斯克大学教授。А.И.汤姆森编写的教材是《语言学导论》(奥德萨，1906年)。П.С.库兹涅佐夫关于汤姆森的回忆，参见《对话·狂欢·时空体》(维捷布斯克，1995年第2期，第100—102页)。——原编者

家,特别优秀。我们学习和考试所用的都是他的那本精品教材,我后来很想搞到这本书,但现在看来是不可能再找到了。这是本大学教科书,书名叫《语言学导论》,是一本很好的教材。后来那里还来了一位教师……虽然由于性格方面的原因,他不怎么招人喜欢,但却是一个十分有趣的人……他叫朗格。

朗格是一位著名的德国教授,著有《唯物主义史》等。好像……这位朗格的全称叫什么来着?……尼古拉·尼古拉耶维奇·朗格①,教过我的这位教授叫尼古拉·尼古拉耶维奇·朗格。他曾是冯特的学生。朗格在冯特的心理学实验室开始自己的研究工作。是的。他有本著作,书名叫什么来着?……叫《心理学问题》……或者叫《心理学概论》,我已记不准了。书里的文章很有意思,都是谈心理学的。特别是,他还从事……麻醉的科学研究,他为此特意服用过——还是在德国师从冯特的时候服用过鸦片还是大麻,我这会儿已记不得了。他作为心理学家,作为学者,这样来跟踪观察自己的身体状况:麻醉品的作用是怎么开始、加强和发展的,等等。我记得,那都是些很有意思的著作,特别在我国这样的著作很少,甚至完全没有,没有人做过类似的研究。在我国了解这方面情况的……恐怕是文学研究者,原因很简单,波德莱尔写过一部有名的作品,书名叫 Les Paradis artificiels,也就是……《人造天堂》。② 所谓人造天堂,他指的是……

杜:一种醉态。

巴:是的,是一种麻醉状态。他主要指的是大麻的作用。总的来讲,这本书是非常有意思的,一如波德莱尔的所有作品。需要说明的是,其中他对一本书作了非常详细的分析,这本书在我国还不为人知,

---

① 尼古拉·尼古拉耶维奇·朗格(1858—1921),著名心理学家,新罗西斯克大学心理学实验室(俄罗斯最早的心理学实验室之一)创建人。H.H.朗格的著作是《心理学研究》(奥德萨,1893 年)。——原编者
② 这是夏尔·波德莱尔于 1861 年在巴黎出版的散文体短篇作品集。该书的核心部分为《鸦片吸食者》,是对英国浪漫主义者、古典语文学家、诗人、小说家、散文家、经济学家托马斯·德·昆西(1785—1859)《一个吸食鸦片的英国人的自白》(1822)这本名作的主题变奏,是波德莱尔因他不久前去世而专门创作的。——原编者

在我们俄国也从未出版过,我指的是德·昆西的一本书①。

杜:德·昆西?

巴:是的,德·昆西。德·昆西是著名的古典作家,在古典语文学领域很有影响,是位大学者,他是英国人。他从少年时候就嗜鸦片成瘾,一直到死。尽管这样,他还是活到很老才去世的。而且,他最后所用的剂量之大,是没有哪位学者和医学工作者能够相信的,谁也不信这是可能的。他是逐渐达到这种大得惊人的剂量的,吃完后他却安然无恙。

杜:那么他体验到快感了吗?

巴:他体验到了快感。是的。他把自己的幻觉和见到的幻景都描绘了下来。由于他是一位优秀的古典作家,又具有诗才,因此所有这些幻景都具有高度的诗意,这也就引起了夏尔·波德莱尔的注意。波德莱尔在书中讲述了德·昆西的生平。德·昆西的这部作品在欧洲很有名。还被翻译成了……这本书是用英文写的,但被译成了……法语,全篇刊登在 *Revue des deux mondes* 杂志上,登了好几期……

杜:*Revue des deux mondes*?

巴:这是19世纪一家著名的法语杂志。

杜:我觉得,它在20世纪也出版过。

巴:是的,20世纪也出版过。不过这位英国鸦片吸食者的回忆当然是在19世纪登出来的。我正巧在 *Revue des deux mondes* 上读到了,看的是全文。可在我国不知为什么却不研究这个问题,人们很少对它感兴趣。而恰恰是尼古拉·尼古拉耶维奇·朗格他对一个鸦片或大麻(我记

---

① 此说不确。俄译本曾于1834年在彼得堡出版过一次(在进行谈话之前),书名为《一个食用鸦片的英国人的自白》,但署名为 Ч.Р.马图林,即长篇小说《漫游者梅尔莫斯》的作者。该书对(作为《涅瓦大街》作者的)果戈理和陀思妥耶夫斯基产生了一定的影响。只是前不久才首次以其作者的名字出版的:Т.德·昆西著《一个食用鸦片的英国人的自白》,莫斯科,1994年。新版为:托马斯·德·昆西著《一个喜好鸦片的英国人的自白》(译文审定 Н.Я.季亚科诺娃),莫斯科,拉多米尔—科学出版社,2000年(文学古籍)。——原编者

413

不清了)的服用者的状态进行(可以说是)心理学的科学分析。

杜:这可以说是一段离题的插曲吧。就是说,奥德萨的新罗西斯克大学历史—语文系古典专业,就自身的总体学术水平而言还是相当不错的喽?

巴:是的,相当不错。还有一位叫莫丘利斯基①的人,是一位并不出众的教师,我说他不出众,指的是他没有给我留下深刻的印象。不过他的身材非常魁梧……

杜:这么说,那儿不学俄罗斯文学?

巴:当然不学!

杜:那不是古典语文学专业吗?

巴:都一样。是的。都一样。

杜:那整个西欧文学呢? 有没有公共课?

巴:当然有。这都是公共科目。在那里,专业课的学习要晚得多。总之,我和所有学生一起听课,不分什么专业……

杜:是五年制吗?

巴:不,是四年制,四年。

杜:请问,您学过古代语言吗?……

巴:已经学过了。

杜:是从中学开始学的吗?

巴:从中学就学。拉丁语是必修的。而且应该说,拉丁语学得很好。学得很好。而古希腊语是选修课,就是看个人意愿。我学了……古希腊语。

杜:就是说,当您念大学一年级的时候,已经懂拉丁语,古希腊语,当然,还有法语啦……

巴:当然还有法语。法语我从小就会,从小还懂德语。不仅如此,

---

① 瓦西里·尼古拉耶维奇·莫丘利斯基(1856—?),新罗西斯克大学俄罗斯语文教授,著名的俄侨文艺理论家康斯坦丁·瓦西里耶维奇·莫丘利斯基(1892—1948)之父。——原编者

因为哥哥只比我大一点儿,就给我们俩请了家庭教师,她是德国人。这对于我来说还是早了点:我那时俄语还说得不太好……所以,我掌握的第一门语言几乎就是德语了。差不多是这样。我当时想事用德语,说话也是德语,一直到……

杜:法语是后来才学的?

巴:是的,法语是稍后才学的。

杜:没有学英语?

巴:没有学英语。

杜:那时一般不学英语……

巴:是的,一般不学英语,甚至选修课也没有英语。大学里才有。大学里可以学任何一种语言。那里师资齐全。比如,我哥哥开始选修了丹麦语(不过后来放弃了)。在彼得格勒大学有一位名叫弗莱根·拉森的小姐开设了丹麦语选修课。

杜:那么,您念奥德萨大学,是什么年代?已经是战时了吗?

巴:不,是在战前。战争年代我已经在列宁格勒了。

杜:是彼得堡吧。

巴:是的。

杜:请等一下,年份好像多了一些。您考入奥德萨大学是在……

巴:年份我可能记错了,搞混了……

杜:战争是1914年7月开始的。如果您在奥德萨只念了战前的1913—1914这一学年,也就是第一学年,那么即便您是直升二年级的,但根据您所讲的内容……

巴:是直升二年级的。

杜:这么说,您在奥德萨只念了一年……

巴:只念了一年。

杜:……可您这是在奥德萨。而朗格和发生的所有这些事情——当时您是一年级的学生?

巴:是的,我是在那里中学毕业的,后来……又上了一年的大学。

杜：那么就是说，1914—1915、1915—1916、1916—1917这三个学年，即二、三、四年级您是在彼得堡大学上的？

巴：是的，是在彼得堡大学上的。

杜（压低声音，似乎在自言自语）：或许那时已经叫作彼得格勒大学？

巴：是的。日期我确实记不准了。不过有我哥哥的回忆录，就是……这本……英文回忆录。在这本书里有一些童年时代的详细回忆。

杜：有这本书当然好。不过我们感兴趣的是书里没有的东西。

巴：书里有关于我们那位女家庭教师的回忆，她是德国人，我十分喜欢她……我只称她Liebchen，非常喜欢上她的课。是这样。她是一个非常好的人。

杜：这么说，您的确获得了非常全面的培养和教育。

巴：是的，非常全面。不过应该说，尽管我对中学和大学无可挑剔，但主要的知识我还是通过自学获得的。这不足为怪。因为实际上像这样正式的学校不可能提供令人满意的教育。当一个人只限于学校教育，那么他实际上就变成了……科学界的官僚。是这样。他只知道已有的东西，即科学发展的以往阶段，而对当今的创造性阶段却……他必须了解现阶段，通过自学最新的文献、最新的著述来了解。就拿我对您提到过的尼古拉·尼古拉耶维奇·朗格来说吧。他是位出色的教授，但我记得当我问他（我很早就开始阅读德语原版的哲学著作），赫尔曼·柯亨（也就是马堡学派的领袖人物）怎么样……

杜：就是帕斯捷尔纳克所属的那个学派？

巴：是的，帕斯捷尔纳克。没错儿。柯亨的第一本也是非常重要的一本书，是 *Kants Theorie der Erfahrung*，即《康德的经验理论》。[①] 我问朗格教授，这本书是不是很有分量。他回答我说："似乎相当有分量。"就是说他没读过。不仅如此，我感觉，朗格也只是听说过赫尔

---

① H.柯亨：《康德的经验理论》，柏林，1871年。——原编者

曼·柯亨这个名字。

杜:我也是只听说过他,是由于牵涉到帕斯捷尔纳克。

巴:是吧。别雷也提到过:

马堡哲学家柯亨,

枯燥方法论的创立者……①

说他是"枯燥方法论的创立者",这当然是绝对错误的评价。他是位出色的哲学家,对我影响巨大,影响巨大。我们还会谈到这个话题,再跟您细说吧。

杜:好的。一位学者最初形成阶段的……形成的历史总是很有趣的。现在我们就转到下一个话题吧……您刚才想说谁来着?……

巴:可以说,我很早就开始独立思考,独立阅读严肃的哲学书籍,起初最让我着迷的就是哲学。还有文学。我从十一、十二岁时就已经熟悉陀思妥耶夫斯基的作品了。稍后,从十二、十三岁时,我就已经开始阅读严肃的经典书籍了。其中,康德的书我很早就读过了,他的《纯粹理性批判》我很早就开始读了。而且,需要指出的是,我是读懂了的。

杜:您读的是德语版吗?

巴:读的是德语版,德语版。俄语本我甚至都没有翻过。只有《绪论》我读的是俄语版。《绪论》是由弗拉基米尔·索洛维约夫翻译的。这个我读的是俄语。《绪论》是本好书,写得很有趣,它其实是《纯粹理性批判》的缩写本。我读的其他哲学书籍也都是德国哲学家写的。我很早就熟悉索伦·克尔凯郭尔了②……在俄罗斯,我比任何人都早。

---

① 安德烈·别雷《大智慧》(1908)中的诗句,该诗收录于他的诗集《水罐》(1909)中。别雷的原句是"马堡教授柯亨……"——原编者

② 克尔凯郭尔著作的俄译本早在19世纪末就已出版。C.克尔凯郭尔:《享受与义务》,Π.汉森译,圣彼得堡,1894年。然而,他的名字在俄罗斯鲜为人知。像列夫·舍斯托夫这样在精神上与他如此相近的思想家,也只是侨居国外之后才第一次听说他的,他在1928年写道:"我不得不承认,我不知道他,他的名字在俄国无人知晓……甚至别尔嘉耶夫这样博览群书的人也不知道他。"(Н.巴拉诺娃—舍斯托娃:《列夫·舍斯托夫的一生》,第2卷,1983年,第12页)年轻的巴赫金是通过德语熟悉克尔凯郭尔著作的。——原编者

杜：对不起，您说的这个人连我都不知道。叫索伦……

巴：克尔凯郭尔。

杜：克尔——凯——郭尔？他是德国人吗？

巴：我们的出版物上写得不对，都写成了克尔凯加尔德。应该是克尔凯郭尔。克尔凯郭尔。

杜：他是丹麦人？

巴：是的，他是丹麦人，是一位伟大的丹麦人。

杜：也是哲学家吗？

巴：他是哲学家和神学家。是的。是哲学家。他是黑格尔的学生，受到黑格尔的教诲……还……师从过谢林。但后来他转而反对黑格尔及黑格尔学派。他是存在主义哲学的早期奠基人。生前却完全没有被人们所注意。

杜：对不起，他生活在什么年代？他与……谁是同时代人？……

巴：他是陀思妥耶夫斯基的同时代人，正巧他们同一年出生，不过他死得稍早一些儿，稍早一点点儿。① 陀思妥耶夫斯基对他当然是一无所知，不过他与陀思妥耶夫斯基却有着惊人的相近之处，主题大致相同，深度也大致相当。总之，人们现在已把他（索伦·克尔凯郭尔）看作是近代最伟大的思想家之一，而他生前却未得到应有的重视。

杜：我们这里有没有翻译过他的著作？

巴：他是一个大学者……有人翻译过。但译得很少，而且都不是他最好的东西。您知道吗，还是在奥德萨那会儿我就认识了一位非常有教养的瑞士人——汉斯·林巴赫。可他并未留下什么。当克尔凯郭尔还不为人知的时候，他已经是克尔凯郭尔的狂热崇拜者了。

杜：莫非他认识克尔凯郭尔本人？

巴：是的，认识他本人。

杜：就是这位瑞士人送你这些书的吧？

巴：是的。他帮我发现了克尔凯郭尔。他甚至还把克尔凯郭尔的

---

① 克尔凯郭尔出生于1813年，卒于1855年，即先于陀思妥耶夫斯基。——原编者

第一本著作赠送给了我,上面有作者签名"索伦·克尔凯郭尔"。是这样。后来,我弄到了他的全集……我不懂丹麦语,不过他的著作都已译成了德语,好像是在 Pieter Verlag 出版社(现在我记不清了,反正是一家非常好的德国出版社)出了克尔凯郭尔的十卷本文集。① 如今,克尔凯郭尔已成了……可以说,现代思想的主宰……

杜:那么在西方呢?

巴:……在研究他……是的,西方在研究他。我们这儿也出了两本关于他的书。其中一本写得非常好,作者是……现在我的记性太糟了,尤其是(这么说吧)近几年……而那些旧事我倒还记得一些……对了……她是搞哲学的……还相当年轻。她就住在我们这里。她本人我并不认识。是这样……是的,她很有名,常在《文学问题》和《哲学问题》上发表文章。她所有的文章都是极为客观的,既不粉饰,也不漫骂。以前,我们这里只要一提到克尔凯郭尔,总要加上诸如"反动分子"这一类的修饰语。其实他是个笃信宗教的人,甚至可以说,他一半是哲学家,一半是神学家。所以,我们这里过去提到他时总要加个修饰语"反动分子"克尔凯郭尔,或者就是"克尔凯加尔德"(我们这里以前都是这么写的)。就是这样。可她做出的评价却是完全客观的,是理解他的价值的……②

而另一本书我这里是有的,我记得,是卢里耶写的。没错。您瞧我这记性都成什么样子啦!太糟糕了!

杜:您的记忆力很好!

巴:"很好"!哪儿的话!我年轻的时候,过目不忘。只要读一遍,就能记住,不仅是诗歌,散文也一样。现在,我的记性自然是糟糕透顶,糟糕透顶……

杜:是的……我也能记一些诗歌。

---

① 可能是指 1909 至 1924 年出版十二卷文集。——原编者
② 指 П.П.盖坚科的《唯美主义的悲剧:试论 С.克尔凯郭尔的世界观》一书,莫斯科,1970 年。——原编者

巴：要我背出我以前会背的那些东西（我以前会背很多很多的东西），我现在已经做不到了。散文我过去也背过。比如说，尼采文章的许多……段落……我都会背，虽然不是整部作品。自然是德语原文的。对尼采我也曾一度十分着迷过。

杜：这是在稍后一些吧？

巴：是的，要稍后一些。但差不多就在那个时候。不，我接触尼采甚至比克尔凯郭尔还要稍微早一些。

杜：您是1895年生人……也就是说，1915年您才二十岁，那时您还在奥德萨大学读书，可您已经在哲学方面获得了广泛的知识，还有在……

巴：那当然。我那时已有了哲学的知识。那里有个教授叫卡赞斯基。我听过他的课。

杜：有一位名叫卡赞斯基的人后来加入了诗歌语言研究会。

巴：啊！当然是有的。那是他的儿子，是我这位老师的儿子。一般来说，奥德萨教授们的儿子有不少都在列宁格勒，只是朗格不是。总的来讲，在我看来，朗格的儿子们好像不是很有出息的，都是些所谓的游手好闲者。而卡赞斯基的儿子，他就读于……

杜：就在这期的《列夫》上登了一篇谈列宁语言的文章。作者是卡赞斯基。

巴：是的，那是卡赞斯基，鲍里斯·卡赞斯基。他是卡赞斯基教授的儿子。[①] 卡赞斯基教授是一位非常令人尊敬的人。他从古希腊语翻译了亚里士多德的全部著作。

杜：直接翻译成俄语？

巴：是的。这自然是巨大的劳动。翻译亚里士多德的作品是很难

[①] 亚历山大·帕甫洛维奇·卡赞斯基，新罗西斯克大学教授，著有《亚里士多德关于经验对认识之意义的学说》，奥德萨，1891年。书中译有亚里士多德的著作《论灵魂》中的五十一个片断。鲍里斯·瓦西里耶维奇·卡赞斯基（1889—1962），语文学家，与诗歌语言研究会关系密切，写有《列宁的语言》（《列夫》，1924年第1期）；并非 А.П.卡赞斯基之子。——原编者

的。好像比诗人翻译柏拉图要更难。亚里士多德很注重术语,这就难翻了。但他译得很好。但作为一个有创造性的哲学家……说实在的,他不是一个有创造性的哲学家,所以,他讲的哲学导论课,大学里的第一门哲学课程——"哲学导论",听起来很差。

杜:那么您怎样看丘尔帕的《哲学导论》教程呢?……我准备稍后写篇书评……

巴:寇尔帕,寇尔帕。① 他是德国人。

杜:啊,原来是德国人,我还以为是法国人呢。

巴:您指的是寇尔帕吧? 不,一般般,写得一般般。

杜:我学过这本书。

巴:是吗! 有这种事! 要知道,寇尔帕肯定算不上是有分量的人物。

杜:那么谢尔盖·特鲁别茨科伊②的《古希腊罗马哲学史》呢?

巴:这么说吧,更有意思一些,但自然也还不是经典著作。我是这么看的(无论怎样,我还是偏爱马堡学派):《哲学入门》——这是那托尔卜写的……那托尔卜是赫尔曼·柯亨的学生,也属马堡学派。这么说吧,那托尔卜,保罗·那托尔卜是最彻底最纯粹的马堡派人士之一。他写了《哲学入门》,顺便说一下,这本书已译成俄语了。③

杜:米哈伊尔·米哈伊洛维奇,看来,马堡学派的繁荣期是在 90 年代末到本世纪头十年?

巴:是的。最早的著述还在 80 年代就出版了。我指的是赫尔曼·柯亨的著述。后来就……有了三卷本的《哲学体系》,第一本是 *Logik des reinen Erkenntnis*,即《纯粹认识的逻辑》,接下来是 *Logik des reinen Willens*,即《纯粹意志的伦理学》。这是伦理学。最后第三本是:

---

① 奥斯瓦尔德·寇尔帕(1862—1915),德国哲学家和心理学家。其《哲学导论》的俄译本于 1901 年在圣彼得堡出版(П.Б.司徒卢威作序);第二版于 1908 年出版(С.Л.弗兰克作序)。——原编者
② С.特鲁别茨科伊:《古代哲学史教程》,莫斯科,1910 年。——原编者
③ 俄译本于 1911 年在莫斯科出版。——原编者

Logik des reinen Gefühls，即《纯粹感受的美学》；这是……他的美学……三本书就是这样。① 正如您知道的,这是康德的传统。只是康德那里是《纯粹理性批判》,而这里是《纯粹认识批判》,后来……他的伦理学叫作……《批判》……康德是《实践理性批判》,而他的美学叫作《判断力批判》。这是支撑康德哲学体系的三部力作。赫尔曼·柯亨追随着他,同时又认为自己的哲学体系是以康德学说严谨理论为基础,从康德那里似乎又向前发展了一步。说实在的,他没有放弃康德学说的本质,而是把它发扬光大了。

杜:米哈伊尔·米哈伊洛维奇,您一开始刚说到奥德萨时,正好提判了好像是第一个语言学或文学团体……我说的是"诗歌语言研究会",您说:"不,是 Om..."这是什么?

巴:不。是 Omphalos。

杜:这是在奥德萨吗?

巴:不,不是。这已经在列宁格勒了。

杜:在彼得堡。

巴:在彼得堡。

杜:啊,那好吧,我就不催您了。我以为您是忘了呢。

巴:后来它有了名气,甚至还有了出版社,在奥德萨,这家出版社早就被人们遗忘了,也叫作 Omphalos。

杜:叫 Omphalos?

巴:叫 Omphalos。这是一个希腊词,就是"肚脐""脐"的意思。"肚脐"。Omphalos。关于这个我是能够回记起来的,等我记起来再说吧。

杜:那就等我们谈到这个话题的时候再说吧。我以为这是在奥德萨,而您忘记了。

巴:不——不,不——不,这不是在奥德萨。发生这件事情的时

---

① H.柯亨:《哲学体系》;第 1 卷:《纯粹认识的逻辑》,柏林,1902 年。第 2 卷:《纯粹意志的伦理学》,1904 年。第 3 卷:《纯粹感受的美学》,1912 年。——原编者

候,我还在奥德萨……我也记不确切了……开始于 1912—1913 学年……建立起一个小组,好像是小组。是一帮年轻人,大多是刚毕业或快要毕业的大学生,要不就是大学高年级的学生。是这样。

杜:那么这时您已经转到彼得堡大学了吗?

巴:已经在彼得堡了。在 Omphalos 里……没有搞会员制。只是一个小组,是一群朋友自愿组成的。在这个"肚脐"小组成员里有拉德洛夫俩兄弟:谢尔盖·拉德洛夫和尼古拉·拉德洛夫。① 他们在小组活动中相当积极。

杜:是的,不过这已经是在彼得堡了,这完全是另一个话题了。那么,关于奥德萨您还有什么要说的? 应该讲,您谈得确实非常有趣,不过还没有涉及事情的本质。现在请您还是谈谈在奥德萨的生活,不过稍微再拓展一些。您很好地介绍了自身的学术成长过程,以及这种哲学……氛围。总的来说,这种氛围——比如说,对马堡学派,乃至对整个哲学的兴趣——这种氛围是否宽泛?

巴:不,并不宽泛。老实说,这种氛围……从来就没有宽泛过。这是一个相当窄小的圈子。

杜:那究竟有谁和您志同道合呢?

巴:和我志同道合的是一个我很晚才认识的人,后来他成了我最亲近的朋友之一。他本人就在德国学习过,师从赫尔曼·柯亨。他早就不在人世了,他的女儿常来看我。

杜:他是谁?

---

① 尼古拉·埃内斯托维奇·拉德洛夫(1889—1942)和谢尔盖·埃内斯托维奇·拉德洛夫(1892—1958),哲学家埃内斯特·列奥波多维奇·拉德洛夫之子,兄弟俩的父亲是弗拉基米尔·索洛维约夫的朋友,也是他死后所出版文集的编纂者。这对兄弟与巴赫金兄弟俩同期在彼得格勒大学历史—语文系学习。后来,谢尔盖成为一名著名的戏剧导演。1923 年,他在列宁格勒模范剧院执导了 Э.托勒尔的《不幸的欧根》(在巴赫金随后与杜瓦金的交谈中有对这出戏的回忆);1935 年,他在国家犹太剧院将名剧《李尔王》搬上舞台(C.米霍埃尔斯在该剧中担纲主角)。尼古拉在 20 世纪头十年就以画家的身份担任《讽刺周刊》《新讽刺周刊》和《阿波罗》杂志撰稿人,后来,他成了书籍线条画家、漫画家、肖像画家和艺术批评家。——原编者

巴：他叫马特维·伊萨耶维奇·卡甘。①

杜：这么说在奥德萨时你们并不认识？

巴：是的，不认识。我是很晚才和他认识的。

杜：我想问的是，在奥德萨的时候，有谁和您志同道合……有谁与您趣味相投？

巴：没介谁，只有我的哥哥，他那时也在大学里，他是在奥德萨开始上大学的。

杜：您那时甚至连古典语文学家都不是？……

巴：我已经是……哲学家了。您瞧，我是这么认为的……

杜：您更多的是哲学家，还是语文学家？

巴：更多的是哲学家，而不是语文学家。哲学家。直到今天还是如此。我是个哲学家，我是个思想者。不过，比如说在彼得格勒，在彼得堡，在彼得格勒没有哲学专业。说是出于这样的想法：哲学算什么呀？什么也不是。学生应当成为专家。所以以前虽然有个哲学专业，却不是独立的。你想念完哲学专业，那当然可以，但必须再读完另一个专业：要么是俄罗斯语文学专业，要么是西日耳曼语专业……

杜：这是在历史—语文系范围内？

巴：是的，在历史—语文系范围内……要么是古典语文学专业。拿我来说吧，我读完了古典语文学专业……必须修完两个专业，因为光学一个哲学专业是不行的……

杜：找不到职业。

---

① 马特维·伊萨耶维奇·卡甘（1889—1937），哲学家。在马堡研究哲学，跟随德国新康德主义学派的领袖人物赫尔曼·柯亨从事哲学研究，还师从 П.那托尔卜和 Э.卡西勒，是马堡大学的哲学博士，1918 年回到故乡涅韦尔，其时 M.M.巴赫金也来到了那里，于是他们就在那里结识了。关于 M.巴赫金与 M.卡甘的关系可参阅 Ю.M.卡甘的《家庭档案中的旧手稿（M.M.巴赫金与 M.И.卡甘）》(《对话·狂欢·时空体》，维捷布斯克，1992 年第 1 期，第 60—88 页）。在发表的这篇文字中有 M.И.卡甘的自传性短文和 M.巴赫金于 1921 至 1922 年间写给他的书信，还有 Л.B.篷皮扬斯基写给 M.И.卡甘的书信，以及 M.И.卡甘写给 C.И.卡甘的书信。——原编者

巴：……找不到职业。

杜：总的来说，这是对的。

巴：我认为这是对的。哲学家究竟是什么人？哲学家……人们通常将他们划分为人文科学哲学家和自然科学哲学家，因为有一些人的专业是学自然科学的，如物理、数学，外加哲学；而另一些人的专业则是人文学科。其中就包括，属于马堡学派的……这位……卡西勒，恩斯特·卡西勒。这个名字想必您听说过吧？

杜：不，不知道此人。

巴：恩斯特·卡西勒也是马堡学派的一位优秀哲学家。对他的著作至今还评价甚高，在我们这里也很推崇，而且还受到读者的青睐。他写有 Die Philosophie der symbolischen Formen，即是《符号形式的哲学》，共有三卷。第一卷是《语言》，第二卷是《神话》，第三卷是《认识》……这就是卡西勒的一些情况。

杜：那您在奥德萨时期的文学兴趣呢？是否只局限在古典作品，还是您有……

巴：不是，不仅是古典。我还酷爱现代诗歌：象征派，所谓颓废派，包括俄国的、法国的和德国的。是这样。我有一位朋友，当时正巧住在奥德萨，其实，他甚至不能算是朋友……他是我的一个叔伯兄弟，或者更近一些……当时他也在奥德萨大学，和我是同学。他的（藏书。——编者）极为丰富，也很全……几乎收全了已经出版的……法国诗歌作品。是这样。我利用了他的藏书，所以我对法国象征主义诗人、颓废派诗人都非常了解……从波德莱尔开始……

杜：波德莱尔的诗歌我们这里直到1911年才被翻译过来。

巴：不，还要早一些。可以说，瓦列里·勃留索夫在这方面是好样儿的。他很早就译出了……

杜：他在编选的诗集《象征派诗人》里就已经翻译了。

巴：是的。同时还有另一本诗集《被诅咒的诗人》——*Poètes maudits*。

杜:*Poètes maudits*。我记得,这好像是雅库博维奇①编选的。

巴:不,是勃留索夫首先编选的。雅库博维奇对这些诗人不感兴趣。

杜:但这个诗集是他出版的……

巴:是的,这个书名很流行——*Poètes maudits*。

杜:是的,这我知道。您究竟喜欢谁呢?

巴:您指的是诗人?

杜:是的。

巴:现代诗人?

杜:是的。

巴:前辈诗人中……我当然非常喜欢普希金,这没说的。其次很喜欢丘特切夫,很喜欢巴拉丁斯基,很喜欢费特。其他的就差一些了。莱蒙托夫我不是太喜欢。法国诗人中,我特别着迷的是堪称象征派和颓废派鼻祖的夏尔·波德莱尔。我对他的诗可说是烂熟于心。而且,我能背出许多,自然是用法语原文。夏尔·波德莱尔……其次,我对何塞·埃雷迪亚评价很高……

杜:埃雷迪亚——我听说过,是的。

巴:是的,埃雷迪亚。虽说他只有一本不厚的集子,书名叫*Trophées*,尽管如此,他还是极为优秀的……

杜:*Trophées*?

巴:是的,*Trophées*,即《战利品》。这是一个希腊词。法语也叫*Trophées*。就是这位何塞·埃雷迪亚,虽说只出版了这么一本小集子,但却……

杜:照我看,艾吕雅也是在同一时期发表诗作的,是吧?

巴:不,艾吕雅要稍晚一些。艾吕雅……接下来应该是艾吕雅……不过在我看来,无论是过去还是现在,他都是二流诗人。说实

---

① 彼得·菲利波维奇·雅库博维奇—梅利申(1860—1911),诗人、民意党人,译有波德莱尔的作品。他翻译的《恶之花》于1909年在彼得堡出版。——原编者

话,他……那时之所以很有名气……无非是因为他属于超现实主义流派。时当他脱离了超现实主义,就可以看出,他实际上空空如也。空空如也。他甚至还做过这种事情,把先前的一些爱情诗——还是写得不错的、感情真挚的诗,献给女性、献给心上人的诗,改成革命诗。他把"心上人"换成"革命"。就这样。他以此坦露出对革命的热爱和忠诚。这当然已经是贫瘠之作了。

杜:是贫瘠之作。

巴:不,他还是……变得空空如也。

杜:那在俄国象征派诗人中呢?

巴:在俄国象征派诗人中吗?

杜:有谁引起了您的兴趣?

巴:当时我有一位喜欢的诗人,直到今天恐怕还是我最喜欢的诗人,他叫维亚切斯拉夫·伊凡诺夫。维亚切斯拉夫·伊凡诺夫。此外,我也很喜欢安年斯基,伊诺肯季·费奥多罗维奇·安年斯基。想必您也知道,安年斯基不仅仅是个出色的诗人……

杜:他也是个古典语文学家,他翻译了欧里庇得斯。

巴:对,他翻译了欧里庇得斯。

杜:……这就是泽林斯基斥责他的原因……

巴:是——吧……

杜:没——错。

巴:噢。不过泽林斯基,他也编辑了欧里庇得斯的著作。① 泽林斯基是欧里庇得斯文集最后一卷的编者。在很大程度上讲……

杜:我有这本书,我知道。

巴:泽林斯基也曾是我的老师,恐怕是我最喜欢的老师。

杜:您听过他的课吗?有没有直接听过?

---

① И.Ф.安年斯基翻译、Ф.Ф.泽林斯基主编的《欧里庇得斯戏剧》由萨巴什尼科夫兄弟出版社出版(三卷本,莫斯科,1916—1921年)。在第2卷序言中,泽林斯基坦言,已故诗人的译文质量"还是相当差的",并讲述了他所做的大量的编辑工作(第2卷,1917年,第7—23页)。——原编者

巴:是的,直接听过他的课。

杜:那您知道古典语文学家米哈伊尔·米哈伊洛维奇·波克罗夫斯基吗?①

巴:知道。

杜:我听过他的课。

巴:我没有听过他的课,因为他当时在莫斯科。有这么几位古典语文学家:波克罗夫斯基,然后是索博列夫斯基——他不久前才去世,差不多活了九十五岁,②还有……拉齐格③。

杜:拉齐格也是不久前刚去世的。不过拉齐格是个枯燥乏味的人。

巴:是的,没错,他是个枯燥乏味的人。

杜:他像个中学生。

巴:他是个鄙俗之人,可他还……他是怎么讲古希腊罗马文学的?!全是庸俗之辞,比方说,以多愁善感的情绪把《伊利亚特》的内容转述一下,就这么回事。正如一个多愁善感的四年级中学生所做的那样。

杜:他离世前一直在大学里教书,已是八十开外的人了……

巴:是的,我知道……

杜:他总是步行去上课。他对大学教师这个职业可以说是尽心尽力的,在这方面他颇为令人感动。可大学生们却……一年级的时候是带着兴趣去听课的,可后来就……

巴:后来就明白,这不是一门科学,而是……

杜:只不过是些故事而已……

---

① 米哈伊尔·米哈伊洛维奇·波克罗夫斯基(1869—1942),古典语文学家、古希腊罗马文学和古代语言史学家,Φ.Φ.福尔图纳托夫的学生,科学院院士。——原编者

② 谢尔盖·伊凡诺维奇·索博列夫斯基(1864—1963),古典语文学家、古代语言史学家、翻译家,苏联科学院通讯院士。——原编者

③ 谢尔盖·伊凡诺维奇·拉齐格(1882—1968),古典语文学家,莫斯科大学教授。——原编者

巴：……是些故事。他是当作故事来转述的,而且都是些很糟糕的故事。

杜：是的。后来……我根本算不上是古典语文学家,但当他对我议论起古典语文学家们的译作时(我不清楚,也许他是对的),连我都感到厌恶……有一次……在战争年代,好像是在排队领土豆的时候,差不多是这种情形吧……他引述了自己的译文——我一听(我不知道,应该怎样按照古典诗的形式来翻译),我一听就觉得都是些非常蹩脚的俄语诗,他还拿别人的译文作比较:"勃留索夫翻译得极为糟糕。"他还特别责骂了魏列萨耶夫。

巴：不过,关于魏列萨耶夫,他在很大程度上说得没错。

杜：他连同勃留索夫和魏列萨耶夫都……

巴：关于勃留索夫他说的不全对,不全对。

杜：他说,他们全都歪曲了原文。可他念出来的那些东西——其实都是些死抠字眼的翻译。他不是一个有才华的人。

巴：他是一个庸人,当然,不是指日常生活中的庸人(实际上,在日常,在生活等其他方面,他好像是一个很正派的人),而是指在对古希腊罗马文学,对这些诗歌译作的理解上,他是一个庸人。

杜：我还认识米哈伊尔·米哈伊洛维奇·波克罗夫斯基,我听过他的课,不过当时我对他的授课内容准备不够……我甚至还写了他布置的课程作业,谈的是歌舞队在欧里庇得斯戏剧中的作用(不是埃斯库罗斯,而是欧里庇得斯),以及歌舞队的作用在其中是如何渐渐弱化并被消解的。他给我打的成绩是合格,不过我自个儿觉得,这不是我的所长。我去过他家里好几次。您可以设想一下,一位研究古希腊罗马文学的教授在1927年身处无产阶级大学生之中会是一种什么样的境况!

巴：那当然……

杜：老实说,我是怀着逆反心理去选听的,因为没人选修他的课。我们一共好像有三四个人。他们跟我一样,在某种程度上也是出于这个原因去听课的。后来我才明白,米哈伊尔·亚历山德罗维奇·彼得罗夫斯基的授课内容精湛而深刻。①

巴:彼得罗夫斯基是位学者。

杜:他是位已经去世的学者。现在他的弟弟费奥多尔·亚历山德罗维奇还健在,也是一位古希腊罗马文学专家。②

巴:是的,还出版了一本非常好的纪念他的文集。这是一本精彩的文集,其中的许多文章都是很有意思的。另外还有一个人,不过您没有听过他的课——洛谢夫。

杜:是的,我没有听过他的课。

巴:他也是一位可以好好写写的人,值得好好去写。他是一位严谨的古典语文学家。

杜:他还健在吗?

巴:是的,还健在。他已完全失明。眼睛看不见了。但是,尽管如此,他还在继续工作。

杜:米哈伊尔·米哈伊洛维奇,我尽量少打断你,不过我现在顺便向您提出的几个问题,同样具有某种……(笑)

巴:……目的性……

杜:……某种目的性。您描绘了自己身处的小环境,讲得非常精彩,不过您也生活在大环境里。比如……奥德萨本身……就像您也没有讲维尔纽斯一样……奥德萨本身……您为什么……您参过军吗?

巴:我没有参过军。

杜:为什么?

巴:因为我从小有病(小时候就开始得病了),这病实际上到今天

---

① 米哈伊尔·亚历山德罗维奇·彼得罗夫斯基(1887—1940),文艺理论家、翻译家,撰有关于诗学,尤其是20年代小说诗学的多种有趣著作。后死于镇压。——原编者

② 费奥多尔·亚历山德罗维奇·彼得罗夫斯基(1890—1978),古典语文学家、翻译家。曾出版过纪念他的文集《古希腊罗马文化与现代性:纪念Ф.А.彼得罗夫诞辰80周年》(莫斯科,科学出版社,1972年)。——原编者

也没有好,叫作骨髓炎。

杜:噢,我知道。是因为这个病您失去了一条腿吗?

巴:对,归根结底是因为这个病。当然,小时候不是这样。小时候我做过手术,还有其他一些治疗……

杜:这是骨头的毛病。

巴:是的,这是骨髓病,不是骨头本身,而是骨头里面的骨髓的毛病。是骨髓发炎。这就意味着,要采取一些治疗手段(这些手段至今还用着呢):得动手术,在骨头上钻孔,把脓放出来。

杜:这不是骨结核吧?

巴:不,不是骨结核。不是骨结核。我想,要是骨结核就更糟了。这是急性病。不过,是那种经常复发的急性病。我得这个病的时候……才九岁、十岁的光景。做了很复杂的手术:在我的腿上打了洞,钻透了大腿骨和小腿骨。就是这样。我那时病了很久,不过,我很快就能走路了。

杜:您后来还能走路?

巴:后来?那当然!

杜:那是过了很久才给您截肢的吧?

巴:不,是过了许多年才给我截的肢,相对来说,就是前不久才给我截的肢。

杜:怎么会呢?……在战争爆发前我已经看见您只有一条腿了。

巴:是的,就在战争爆发前。战争爆发前两年给我截的肢。① 不可能再往前推了。

杜:是因为这个您没有参军?

巴:是的,就因为这个。在整个这段漫长的时间里,我的病还复发过多次,复发过多次,所以也就多次做过手术。

杜:另一条腿有没有受到影响?

巴:没有,另一条腿完全没受骨髓炎的感染。

---

① 手术做于1938年2月。——原编者

杜：那您这条腿是可以弯曲的？

巴：是可以弯曲的，但这条腿现在不大听使唤了，因为长期以来我都是靠这一条腿走路——拄拐杖，我走路很棒，我拄拐走路不比别人用两条腿走路差：我能跑，能跳，还能爬上爬下，什么都行，可是，由于这一条腿负担过重，连这条好腿也……有一段时间，完全不听使唤了：髋关节里的软骨作用减弱，并受到磨损。众所周知，软骨是没办法恢复的。

杜：受到磨损？

巴：是的，完全受损了。

杜：所以您现在走路非常困难。

巴：可以说，自从软骨作用减弱以来吧。

杜：原来是这样。这就是说，在奥德萨期间，您的两条腿都还是管用的，并且可以行走？

巴：完全可以行走。

杜：您回顾了一个学者的形成过程，对此我非常、非常之满意，不过，此外……您还是奥德萨的居民呀。奥德萨有剧院，奥德萨有文学活动，还有所谓奥德萨人。（两人都笑了）您明白我的意思吗？……那就请您说一说战前和战争开始时的奥德萨吧。

巴：好吧，我就来谈一谈战前的，革命前的奥德萨吧。总的说来，奥德萨是一座优美的城市。一座优美的城市。阳光充足，十分欢乐。可以说，它是我们苏联，我们俄罗斯最欢乐的城市之一。是一座非常欢乐的城市。那里充满了欢声笑语……总是有很多快乐。我当时见到莫斯科，当然，特别是彼得堡，总感到十分惊讶。尽管我很喜欢彼得堡，当然要超过奥德萨，但与奥德萨相比，它太阴郁了。是这样。这是一座阳光明媚、令人快乐的城市。奥德萨人都非常活泼，但有一点不太好，奥德萨人非常……有些俗气。

杜：有些俗气？

巴：是有些俗气。"奥德萨大妈"，正如他们所称呼的那样……

"奥德萨大妈"……在这个"奥德萨大妈"的身上,有许多俗不可耐的东西。是这样。我觉得,这种奥德萨式的俗气劲儿在所有奥德萨作家的身上也都有所流露。我当时不认识他们,他们的年龄和我一般大,也可能稍大一些,或稍小一些……

杜:大多数人都比您年轻。

巴:是的……

第二次访谈(1973 年 3 月 1 日)

杜:米哈伊尔·米哈伊洛维奇,上周四我们结束谈话时说到了奥德萨。这个话题没有谈完。当时您说到了奥德萨人的俗气。要不您就先把奥德萨的话题讲完?奥德萨人不至于全都是庸俗的吧?总也有好人的吧。

巴:那是。当然也有好人。

杜(笑):有一座奥德萨剧院……

巴:好像我们上次提到过它。奥德萨剧院非常好。另外,总有巡回演员来奥德萨,既有来自我国中心城市的演员,也有来自欧洲各国的演员。一直都有。就这一点来说,奥德萨人对西欧艺术的了解一点儿也不比……北方人差,甚至比他们了解得更多、更好。

杜:您指的是彼得堡人和莫斯科人吧。那您有没有听过来奥德萨巡演的著名演员的演唱会?

巴:听过,当然听过。只是我现在想不起来,究竟是在奥德萨还是后来在别的什么地方。比如说,夏里亚宾我听过。只不过第一次听他演唱时还是在我去奥德萨之前,在维尔纽斯。他去那里巡演。

杜:好的。那我们就转入您生活的下一个时期——彼得堡时期。

巴:好吧。说到这儿最好先讲讲那时的一个派别,还是 1911 至 1912 年就已在彼得堡成立的一个小组。

杜:您来的时候,小组已经有了吗?

巴:已经有了,已经在活动了。在我搬到……彻底搬迁到彼得堡之前，我就参加了小组活动。小组的头领是我哥哥尼古拉·米哈伊洛维奇·巴赫金。其实这个小组没有什么严格的组织，谈不上什么正式的成员。是一群朋友自发组织的，类似于普希金参加的皇村中学学生小组：大家彼此间是有某种关系的，要么有共同的兴趣爱好，要么同属一所大学（或者已经毕业，或者仍然在读），有的则是个人的朋友关系。这个小组的名称是 Omphalos。①

杜：是什么意思？

巴：意思是"肚脐"，Omphalos——"肚脐"。

杜：这是希腊词吧？

巴：是的，是希腊词。需要指出的是，这个小组的大部分成员都是搞古典语文学的。都是搞古典语文学的。有一些是搞罗曼—日耳曼语的。现在说说，谁加入了这个小组。我已说过，领头的是我哥哥尼古拉·米哈伊洛维奇。其次是篷皮扬斯基……列夫·瓦西里耶维奇，他既是我哥哥的，也是我的中学同窗。再有……就是洛帕托，②他的名和父称我忘记了，只记得姓洛帕托。他那时是搞语文学的，刚刚从语文系毕业。从事语言学研究，后来加入了诗歌语言研究会，③不过，他在那里没起什么明显作用，在研究会里甚至不大会提到他。洛帕托是个诗人，不过应该说，诗写得并不怎么样。好像在1914年，不，要晚些，在1915年……他出过一部诗集。④同样应该说，这本诗集也不怎

---

① 关于"奥姆法洛斯"小组和出版社，请参阅B.埃杰尔通的文章，见《纪念蒂尼亚诺夫第五届学术报告会文集》（里加，1990年，第211—244页）。此文是以作者与M.H.洛帕托的往来书信为材料而写成的。——原编者

② 关于米哈伊尔·约瑟夫维奇·洛帕托（1892—1981），请参阅B.埃杰尔通的同一篇文章（文中载有洛帕托的一封信，作者在信中回忆了尼古拉·巴赫金），以及生平资料。见《纪念蒂尼亚诺夫第六届学术报告会文集》（里加—莫斯科，1992年，第254—256页）。这里的记载是，"奥姆法洛斯"小组早在维尔诺就已产生，当时洛帕托与巴赫金兄弟俩就读于该市的同一所中学。——原编者

③ 诗歌语言研究会（1916—1918至20年代末），由语言学家（Е.Д.波利瓦诺夫、Л.П.雅库宾斯基）、诗学理论家（С.И.伯恩斯坦、О.М.布里克）、文学理论家和文学史家（В.Б.什克洛夫斯基、Б.М.艾亨鲍姆、Ю.Н.蒂尼亚诺夫）等人创建。——原编者

④ М.洛帕托：《圆桌：诗歌》，彼得格勒—奥德萨，"奥姆法洛斯"出版社，1919年。——原编者

么样。洛帕托不是一位严肃的诗人。下面我会谈到,我们这个小组是怎么回事,有什么特点。洛帕托不仅是诗人,还是位文艺理论家。他曾发表过几篇文章,①同早期的诗歌语言研究会的观念是一致的。后来,十月革命之后……头几年倒还在,后来就离开了。得说一下,他非常有钱。他父亲就在革命前夕买下了奥德萨那家著名的伦敦旅馆。他非常有钱,是百万富翁,甚至是亿万富翁。

杜:洛帕托真会用铁铲搂钱。②

巴:用铁铲搂钱,完全正确。是的,是的。(两人都笑了起来)是这样。此外,他那时(是1916年吧,还是更……是的,是1916年)还娶了一位很富有的女人,得到了一大笔嫁妆,所以即便从这方面来说,也很有钱。因此,据我所知,他大概直到今天都很健康,在意大利安闲度日。他在佛罗伦萨有一幢别墅,甚至可以说是宫邸,还是革命前买的。

杜:那么从文化意义上讲,他令人感兴趣的地方在哪里?

巴:您知道吗,他令人感兴趣的地方就在于:他兴趣非常广泛,又很会交际,所以他总能够把人们给团结起来。当然,部分地是因为他从不缺钱,而我们当中很多人都缺钱用。

那么,除了我提到的这几位之外……属于这个小组的还有拉德洛夫兄弟……谢尔盖·埃内斯托维奇和尼古拉·埃内斯托维奇。谢尔盖·埃内斯托维奇后来当了导演,而当时他还只是个搞语文学的,甚至都还看不出他会成为导演。当时他就是位年轻的语文学者。而他的兄弟尼古拉·埃内斯托维奇则是位画家,很不错的画家,顺便说一下,还擅长漫画。当然,这并不是他的主要方面。此外,还有好些人与小组有关系,随着谈话的进行,我可能还会想起来的,因为现在我的记性已经不好了。是这样。

那么小组在实质上是怎么回事呢?这是一帮爱开玩笑的学者,学术界的戏谑者……或者,也不妨叫作来自学界的丑角。不过原因在

---

① M.洛帕托:《散文理论导论》,彼得格勒,1918年。——原编者
② 在俄语中,姓氏"洛帕托"与"铁铲"一词构成谐音。——译者

于,这种现象在历史上是颇为典型的,这一点我们是知道的。比如在波兰就有过所谓的苏卜拉派①……他们大部分也都是些受过良好教育的人,是学者,他们聚在一起,撰写种种诙谐的、主要是讽拟性的作品,如此等等。

杜:这是什么时候的事情?

巴:苏卜拉派出现在19世纪初期。对了,其中还产生了我们的布拉姆别乌斯男爵——先科夫斯基。起初他属于苏卜拉派,那当然还是在波兰家中,在彻底搬迁到俄国之前。不仅如此,类似的现象在其他国家也出现过,如英国。那里也有一个小组,成员们可说是专门嘲弄人的,不过并不是……庸俗的嘲弄,而是具有学术品位,甚或哲理格调的嘲弄。斯威夫特在很大程度上就是从这里产生出来的。他也属于这个圈子。这还是在18世纪的时候……比苏卜拉派大约早了一百年。应该这么说:斯威夫特到后来才变得特别严肃的,成了一个悲剧人物,可年轻时他却已在这帮年轻人和朋友当中学会了笑谑。等他后来成了爱尔兰教会人士,成了爱尔兰民族英雄,当然,笑谑的东西就已所剩无几了,而且仅存于他的文学作品(如在《斯威夫特》中②),以及其后一系列的抨击性讽刺文章等等。斯威夫特的这些讽刺性文章,包括著名的《小小的建议》,大概您是知道的。

杜:不,我不知道。

巴:这恐怕是那个时代写得最好的讽刺性文章之一。其实质在于,它仿佛是出自一个极为严肃的自由派政治经济学代表之手。文章谈的是赤贫,谈到许许多多的儿童没有父母的照料,以及太多的人抛弃了自己的孩子。这样做在经济上是不适宜的,是非理性的。为什么

---

① 关于19世纪10至20年代存在于维尔诺的社会团体"苏卜拉派"(意为"骗子,流浪者"),可参见 B.卡维宁的《布拉姆别乌斯男爵:记者、〈读书文库〉编辑奥西普·先科夫斯基的往事》,莫斯科,1966年,第127—132页。"苏卜拉派"以英国幽默作家斯威夫特和斯特恩,以及伏尔泰为追寻目标,致力于推行自己的,即轻松诙谐的("苏卜拉式的")风格。——原编者

② 看来是口误。巴赫金指的是"在《格列夫游记》中"。——原编者

不利用这些孩子呢？于是就提出了"小小的"建议：把他们养肥，然后屠宰。肉、皮什么的都有用处。他还做了非常严肃的测算：一磅肉值多少钱，皮能卖什么价，怎样利用这一切，从中能获取多大的好处。然后是如何腌制等等，讲到这他又指出食盐的成本……简直是极为严肃的经济核算。没有想到，他的这本书出来之后，人们真的接受了他的建议，真的接受了。(讪笑)而这也正是他所需要的，因为他恰恰想告诉人们，曼彻斯特学派的追随者们鼓吹的这种经济学，这种经济制度必将导致人吃人的结果。一己私利。每个人都应该追求个人私利，再没有别的。别的都不用去考虑了。于是大家都心满意足了。就是这样。实际上这篇文章是对严肃经济学著作的模拟和仿讽，所以说这既是学者的抨击性文字，又是哲人的抨击性文字，总之，尽管这是丑角的表演，但却是一种极为特别的丑角。

杜：那么这些波兰人继承这一传统了吗？

巴：是的，不过也说不上他们是在继承这个传统，因为实际上各处都有类似的现象。在法国也有类似的情况，而且更早一些，18世纪有过所谓自由派诗人。①

杜：您所在的这个叫"肚脐"的小组也属于这种类型吗？

巴：是的，也属这一类。

杜：也就是这个洛帕托领头的？

巴：不，领头的是我哥哥。

杜：洛帕托是组织者？

巴：是的，他是组织者……不过与其说是组织者，倒不如说他资助了某些活动。

杜：那么这个小组究竟是什么样的？

巴：顺便提一下，Omphalos还可以与我们的普希金当年所在的"阿

---

① 自由思想哲学：17至18世纪出现在法国文学中的自由思想和宗教怀疑主义哲学。(代表人物有：泰奥菲尔·德·维奥，Ⅲ.索列尔，西拉诺·德·贝尔热拉克，Г.А.肖利厄，年轻的伏尔泰)——原编者

尔扎马斯"作比较,都是同一类型的〈……〉

杜:那么……是否可以将这个 Omphalos 看成是诗语研究会的前身,它的雏形?

巴:不能。从时间上看,它实际与诗语研究会是同时并存的。也许稍早一些。不……不,诗语研究会完全是另一码事。完全是另一码事。在诗语研究会中没有小组那个最主要的东西——对一切生活现象和当代文化现象所采取的十分深刻的批判态度,但不是阴沉着脸进行批判,而是带着欢快。小组里的每一个人当然都有自己的学科专业,而且个个在专业上都很强。他们在小组里都做了些什么呢?他们写了各种体裁、各种风格的仿讽作品。其次,他们举办了讽拟性的聚会。不能说他们是讽刺某个特定的诗人或学者。不,这是一种更为广泛的仿讽,有点像中世纪的那种:即讽拟最严肃、最沉闷的生活方式。可以说,这些诗人不喜欢严肃,尤其是过分的严肃,于是便用嘲讽和幽默来缓解。〈……〉因此这也不是针对生活、文学、科学中某些特定现象的仿讽或模拟,而是针对所有现象的……不是用那种尖刻的嘲笑,而是用一种,可以说,十分轻松而略带讽意的幽默。我哥哥的一部长诗,恐怕就具有这种近乎纲领的性质,诗名叫 *Omphalos epiphales*。如果逐字从希腊语翻译过来,就是"显现的,显露出的 omphalos"。正如您所知道的,这个术语也用在基督教中……

杜:用在神学中。

巴:是在早期的神学中。"显现","上帝的显现"就是显灵,上帝的显灵。是这样。*Omphalos epiphales*。在这里 omphalos 似乎相当于……

杜:您指的是肚脐的显现吧。

巴:是的,肚脐的显现。这是一首长诗,篇幅很长。而且,就是说,故事发生在古罗马,不过是在其衰落时期。对了,我忘了说,所有这些作品都是在打字机上写出来,并重打的。再汇成集子……全是打字稿。有可能在某个地方还保存着这些集子,也许是在某个人那里。大概在洛帕托的遗稿中有这些集子。

杜：一点都没有发表吗？

巴：没有，什么也没有发表。长诗 *Omphalos epiphales* 的开篇，即序诗是这样的：

> 神秘而虔诚的 omphalos'a 之信仰的
> 昭示者——我来到了您的面前，
> 我曾体验过媚人豹的温情，
> 也曾目睹过不敬神祇者的狂饮。
> 二百零八个民族的女人
> 总是让我感到不一样的温情。
> 我熟悉她们那色彩缤纷的情爱之梦，
> 和她们享乐时的无神慵态……

诸如此类的东西。

杜：感觉好像是在暗指勃留索夫的诗歌……

巴：是的，有一点……其实暗指的是象征主义范围内所有这些带预言倾向的流派……

杜：而仿讽的性质本身有点儿像弗拉基米尔·索洛维约夫的那些著名的仿讽诗。

巴：是有点像。没错，弗拉基米尔·索洛维约夫非常喜欢这样的作品。顺便说一句，整个小组对弗拉基米尔·索洛维约夫都怀有仰慕之情。稍后，就是在革命爆发前夕，成立了"弗拉基米尔·索洛维约夫研究会"。不过，好像只开过一次会，后来就发生了革命，整个事情便中断了。不过，这已经是一个很严肃的研究会了。

杜：那么您作为这个研究会的成员，有没有写过……

巴：我没有写过那种东西。我只是参加而已。因为起初，当这个研究会开始成立的时候，我并不在那里，我还在奥德萨呢。

杜：明白了。您转到了彼得堡大学？

巴：是彼得堡大学。

杜：那就请讲一讲1916年彼得堡大学历史—语文系的情况吧。是1915、1916和1917年。我没弄错吧？

巴：……是的，包括1917年。怎么说呢？我想说，那会儿恰好就是系里的全盛时期，这是我个人的看法。系里有很强的实力，很大的活力。那种令人乏味的教授和官僚教授几乎没有，至少在我们系里是这样。我所认识的、教过我的教授中，最有名望的有：法杰伊·弗兰采维奇·泽林斯基……他是杰出的古希腊罗马文学专家，是古希腊罗马等文学作品的翻译者，他对当时所有古典研究者有着巨大的影响。其次在哲学方面，有洛斯基——尼古拉·奥努弗里耶维奇。总的说来，哲学教研室是十分博学，非常有活力，可以说，像这样的教研室我们是不可能再有的。教研室主任是亚历山大·伊凡诺维奇·维金斯基，他写有……《作为认识论部分的逻辑》，您可能知道。这的确是一本好书。① 他还写过一系列著述、文章等等。他是位严格而一贯的康德主义者，甚至不能算是新康德主义者，而是纯粹康德主义的代表。这是教研室主任。而尼古拉·奥努弗里耶维奇·洛斯基当时还是副教授，后来成了教授。他是系里最突出、最活跃的人物。他持有完全不同的学术观点，他不是康德主义者，甚至可以说是反康德主义者。他是直觉主义者。他的主要著作是《直觉主义的根据》。因此，他们两个人作为哲学家自然是针锋相对、相互敌视的：一方是教研室主任，另一方是教研室的主力之一——洛斯基。

杜：您读过他的一本小书吗？是不久前在国外出版的晚期著作：《陀思妥耶夫斯基与基督教》。②

---

① А.И.维金斯基：《作为认识论部分的逻辑》，彼得格勒，1917年。巴赫金在1994年的自传中指出，他在新罗西斯科大学和彼得格勒大学"师从朗格教授和А.И.维金斯基教授期间"专攻哲学（С.С.孔金，Л.С.孔金娜：《米哈伊尔·巴赫金》，萨兰斯克，1993年，第11页。遗憾的是，该书有许多不准确之处）。关于А.И.维金斯基学派在巴赫金哲学观形成过程中的意义，见Н.К.鲍涅茨卡娅的《М.М.巴赫金和俄罗斯哲学传统》（载《哲学问题》，1993年，第1期，第85—86页）。——原编者
② Н.О.洛斯基：《陀思妥耶夫斯基及其基督教世界观》，纽约，1953年。不久前再版于《上帝和世界之恶》（Н.О.洛斯基著，莫斯科，1994年）一书中。——原编者

巴：没有，可惜没有读过这本小书。

杜：我现在正在读。

巴：不过我读了他的自传。① 非常有意思，非常有意思。是他的回忆。他从童年写起，差不多写到生前的最后几年。洛斯基活了九十五岁。而且……几乎一直工作到最后。

杜：那么您对谢苗·阿法纳西耶维奇·温格罗夫是不是持否定态度？

巴：不，不是否定的态度。我对他很尊敬，很尊敬。不过，他……没有自己的理论，哲学上根本就没有什么造诣。他是一位优秀的实录研究者。我没有参加他那个有名的小组，他的普希金小组。

（朝一只猫看去）它又过来了，怎么回事。（转向杜瓦金）它碍事吗？

杜（转向猫，试图让它离开麦克风，免得它被电线绊住）：拜托啦。

（巴赫金仔细地观看着，不时地笑了笑。——М.В.拉济舍芙斯卡娅注。在进行录制时，她看到了这个场景）

巴：是的……我要向您介绍的……第三位教研室成员，是伊凡·伊凡诺维奇·拉普申。他是一贯的直觉论者，因而也是反康德主义和一切理性主义的。他是英国式实证主义的追随者。可以说，他整个是一个英国化了的人，一个英国化了的思想家。是这样。

可见，完全是三种不同的流派。他们却相处得极好。教研室气氛融洽。争论是有的，但这只会使教研室的工作变得更加有趣，仅此而已。我觉得，这个哲学教研室比起莫斯科的哲学教研室（那里有切尔帕诺夫、洛帕京②等人），要强得多，深得多，也活跃得多。

杜：不过，切尔帕诺夫其实不是哲学家，而是心理学家。

巴：切尔帕诺夫吗？可他写过一本大部头的《哲学概论》，这本书

---

① Н.О.洛斯基：《回忆录：生活和哲学道路》，慕尼黑，1968年。——原编者
② 格奥尔吉·伊凡诺维奇·切尔帕诺夫（1862—1936）与列夫·米哈伊洛维奇·洛帕京（1855—1920），莫斯科心理学家和哲学家。Г.И.切尔帕诺夫编写的课本是《哲学导论》（基辅，1905年）。——原编者

是莫斯科大学的主要教科书。此外,他还写过许多纯粹哲学的著作。当然,他的学位论文基本上是纯粹心理学的。

杜:我在苏维埃年代学过他的教科书,不过是心理学课本,不是哲学。

巴:是的,他写过一本心理学教材。他的学位论文的题目是《视觉接受……》

杜:那么古典学家呢?都有哪些人?

巴:古典学家嘛,我讲过了:有泽林斯基……此外还有其他的古典学家。那么,我同谁特别亲近呢?……是同斯列布尔内,斯捷潘·萨穆伊洛维奇·斯列布尔内①。他是波兰人,没错。自然也是泽林斯基的学生,研究古希腊罗马时期的滑稽戏,主要是古希腊罗马喜剧,包括早期和中期的古希腊罗马喜剧。当然也涉及晚期的古希腊罗马喜剧,以及希腊的喜剧。

杜:那么俄罗斯文学和欧洲文学教研室呢?

巴:这个教研室我不太感兴趣。在我看来,那里好像没有很强的学者。

杜:还有哪些教研室?有历史—语文系吗?

巴:是的,有历史—语文系。还有历史教研室。当然,他们是历史学家。我现在甚至都不记得……我听过几位历史学家的课。有一次,我甚至听过有名的帕维尔·维诺格拉多夫②讲课。他是专程从伦敦赶来的。他后来就移居英国,去了英国的一所大学。他是位卓越的历史学家。

杜:看来,克柳切夫斯基您没有赶上……

---

① 斯特范(斯捷潘·萨穆伊洛维奇)·斯列布尔内(1890—1962),波兰古典语文学家,Ф.Ф.泽林斯基在彼得堡大学时期的学生,从1916年起留校任编外副教授,1918年回到波兰,担任维尔诺大学和托伦大学的教授,写有多种关于希腊悲剧和喜剧的著作,并将此类戏剧翻译成波兰语。——原编者
② 帕维尔·加夫里洛维奇·维诺格拉多夫(1854—1925),中世纪史史学家,莫斯科大学教授,从1902年起在英国牛津大学任教。——原编者

巴:当然,克柳切夫斯基我没有赶上。

杜:那里有语言学教研室吗?

巴:语言学教研室?当然有啦!语言教研室的代表人物是博杜安·德·库尔特奈。他是一位大学者。不过,作为一名教师,可以说,他……他不是个教育家。讲课的时候简直忘乎所以。考试的时候有过这种事情:据说,对语言学一无所知的那些学生在博杜安·德·库尔特奈那里也可以通过考试。一些学物理或数学的学生就打赌去他那里考试(笑),结果都通过了。只需要做一件事情就行了:开始答题时向他提一个问题。他立刻就对这个问题着了迷,便对这个感兴趣的问题滔滔不绝地说了起来。说着说着,终于明白过来,该收场了:"啊,很好,很好。"于是就打了个"优秀"……(两人都笑了)看来,他是在给他自己的回答打成绩。〈……〉实际上,博杜安·德·库尔特奈创建了……

杜:诗语研究会?

巴:整个形式主义学派。不是诗语研究会,而是整个形式主义学派。

杜:什克洛夫斯基就是他的直系弟子。

巴:什克洛夫斯基是他的直系弟子,其实,几乎所有在彼得堡大学学习过的人都是博杜安·德·库尔特奈的学生;他主持语言学教研室的工作。大家都来听他的课。博杜安·德·库尔特奈就是形式语言学派的奠基人。不过,实际上有两位奠基人,他们在语言学里建立了两种类型的形式主义:莫斯科的福尔图纳托夫……您可能同他……

杜:我是他的学生。

巴:啊,您是福尔图纳托夫的学生?

杜:不,我是乌沙科夫的学生,而乌沙科夫是福尔图纳托夫的学生。

巴:啊哈,是的,乌沙科夫是福尔图纳托夫派的。

杜:还有彼得松……

巴：我认为，波尔热津斯基也是。

杜：他也是。他们都是我们的……他们的著作都是我们研读过的。波尔热津斯基也是……还有彼什科夫斯基。

巴：当然，还有彼什科夫斯基。这是一种类型的形式主义。还有另一种，恰好也就是诗语研究会的基础，这就是……

杜：博杜安·德·库尔特奈。

巴：……博杜安·德·库尔特奈。他更接近于……整个世界语言学的形式主义源头——德·索绪尔。索绪尔。可以说，索绪尔是形式方面最为纯正的代表……

杜：那么索绪尔在哪里讲课？

巴：一般说来，他是在瑞士，在瑞士的法语地区讲课，后来，我记得是在巴黎大学。

杜：博杜安·德·库尔特奈听过他的课吗？

巴：没——有。据我所知，他没有听过他的课，但了解他的著作，并且相当熟悉……

杜：索绪尔是法国学者吗？

巴：是法国学者。

杜：他没有来过我们这里，没有在我们这里讲过课，也没有与我们的学者有过直接的接触，是吗？

巴：是的，从未来过。没有直接的接触。另外，索绪尔的主要著作——《语言学引论》，在索绪尔生前尚未出版。这本书是在索绪尔去世后由他的学生们根据笔记整理出版的。而在生前出版的那些著作并没有多少影响。

杜：其实正是整个这一批成了文学研究者的年轻语文学家、语言学家，和成了语言学家的文学研究者，组成了诗语研究会。在那些年里，您个人同他们有交往吗？

巴：没有，没有。我们完全分属不同的圈子，完全分属不同的圈子。

杜：这么说，无论是青年什克洛夫斯基，还是青年艾亨鲍姆，您都不熟悉？

巴：是的，不熟悉。我是后来才知道他们的，稍后才知道的。是这样，而那时并不知道。

在他们活动的初期，也就是诗语研究会时期，我不知道他们。直到大学毕业后，我在维捷布斯克时，才听说诗语研究会这个小组。就在那里，我读了诗语研究会的这些小册子，这些小书让人们感到大为惊讶，因为是用手纸印制的。

杜：我有这些小册子。是《诗学》吧？

巴：是《诗学》。但不只是这本书，还有另一些单行本的小册子，都是最初阶段的。

杜：可以说，他们是从语言学走向文学研究的。

巴：是的，当然是从语言学出发的。是从语言学出发的，不过，他们对语言学有着自己的理解，他们当中有语言学家，非常强的语言学家。其中有一位，可能是最强的一位语言学家，我当时就知道，他是……（在努力回忆）

杜：是不是波利瓦诺夫？

巴：波利瓦诺夫，完全正确。波利瓦诺夫[①]。

杜：他当然是一位……

巴：很有分量的人物。

杜：很有分量。当我听到他名字的时候，他已遭到马尔学派分子

---

① 叶甫盖尼·德米特里耶维奇·波利瓦诺夫（1891—1938），杰出的俄罗斯学者，因获得具有重大价值的发现而载入世界语言学历史，如果没有这些发现，就难以形成一门决定20世纪语言学性质的学科。波利瓦诺夫毕业于彼得堡大学历史—语文系斯拉夫—俄罗斯语言专业（1912）和东方实验学院日语部（1911）。在波利瓦诺夫科学兴趣的形成过程中，И.А.博杜安·德·库尔特奈起了主要作用，他肯定了这名学生的杰出才华，让他留校工作，并培养他从事教师职业生涯。波利瓦诺夫专攻普通语言学、印欧语言学、日本学和汉学等领域。波利瓦诺夫作为一个通晓多种语言的人，实际掌握（说、读、写）18种语言，而在科研活动中所涉及的语言则远远超过了50种。他从各种不同的方面和各种不同的功能视角全面研究语言。但在他的整个

的迫害。

巴：可有意思的是，他是和共产党走得很近的。不知为什么，他是……托洛茨基的铁杆追随者。此外，他好像还是布尔什维克……第一届……政府的外交部副部长。①

杜：主要是在彼得堡的政府吗？还是在"北方公社"②？抑或是在别的地方，比如远东共和国③？

<接上页>研究工作中贯穿着一条红线，即研究并把握语言发展的内部规律。波利瓦诺夫未能完成他的所有研究计划，许多研究成果也未能得以发表。然而，仅凭他所提供的成果，如他所创立的语言进化理论，就足以表明其科学成就是巨大的：他发现了语言发展和自我保存的独特规律。就其重要性而言，这一规律可与新语法学派所发现的语音定律之不可违背性的公设相提并论。波利瓦诺夫所提出的聚合—离散理论乃是建构历史音位学的基石（P.O.雅可布森语）。波利瓦诺夫发现的另一个规律也是为人们所熟悉的——"标准语的发展在某种程度上表现为，其发展势头愈来愈小"，即其变化速度逐渐放慢。波利瓦诺夫是我国社会语言学的奠基人，黑话、行话也在这一学科的研究范围之内，他的两篇文章——《说行话》（叶甫盖尼·德米特里耶维奇·波利瓦诺夫：《捍卫马克思主义语言学》，莫斯科，联邦出版社，1931年，第152—160页）和《论在校学生的行话和革命的"斯拉夫语言"》（同上，第161—172页）——便是对这一点的佐证。——原编者

① 作为和平主义者和国际主义者，波利瓦诺夫毫不动摇地接受了革命，"满怀着斗争实践的热情"。就在十月革命爆发后的第二天他便效力于新的政权，并作为助手——事实上，就是作为托洛茨基领导的外交人民委员部的副部长，为公布沙皇政府的秘密条约起到了重要作用。然而，他与托洛茨基关系不佳：这位人民委员的极度傲慢使得波利瓦诺夫放弃了准备以一位东方学专家的身份效力于苏维埃政权的幻想，还是在1918年2月，他便以此为由永远离开了外交人民委员部。然而，1937年有人想起他曾在托洛茨基手下工作过，于是，波利瓦诺夫于1937年8月1日在伏龙芝市被捕，几天后被押解至莫斯科，并按照一级罪名受审，这就决定了采用不公开和简化的诉讼程序，并有可能被判枪决。他被指控为，"积极参加反对苏维埃的、带有破坏和恐怖性质的特务组织，并且受日本情报机关的指使建立了这一组织"。整个程序只有大约20分钟。审判和枪决是1938年1月25日在莫斯科进行的。遗体掩埋地不详。1963年，根据苏联科学院语言研究所的申请，他被平反。——原编者

② "北方公社"是北方州的公社联盟，1918至1919年间苏俄北方和西北各省的联合体。——译者

③ 远东共和国（1920年4月6日—1922年11月15日），位于外贝加尔和俄罗斯远东的具有傀儡性质的民主国家，为苏俄和日本之间的"缓冲"国。白卫军和日本武装干涉者被粉碎后，远东共和国领土并入俄罗斯联邦。——译者

巴:不——不——不——不,在彼得堡,就在彼得堡,他当了托洛茨基的副手,好像也可以说是他的追随者。

杜:啊,怪不得后来他很快就被……我以前还不明白呢。

巴:当时人们甚至都叫他"布尔什维克部长"。是这样。可他并没有当部长,他只是个副部长而已。其实,我并不知道他最后的职位是什么,但他却做了很多的事情,因为他通晓数门外语,而这一点则是其他工作人员所不具备的……

杜:后来他做了件有点冒险的事:还是在革命前他好像就跟一些盗贼有来往……他研究黑话,盗贼使用的……该词不是用于现在的意思,而是用于字面意义,也就是黑话的意思。① 于是为了研究黑话(这是他的学生博洛京②告诉我的),这不,他……就跟刑事犯罪分子们混在了一起,最后染上了毒瘾。③

巴:这我倒不知道。我只知道他曾经吸过毒。

---

① "黑话"(блат)一词在俄语中是多义词,其现在的意思为"托关系,走后门"。——译者
② 萨穆伊尔·鲍里索维奇·博洛京(1901—1970),文学家、翻译家。杜瓦金于1967年录制了他对В.В.马雅可夫斯基、Е.Д.波利瓦诺夫和М.Н.茨维塔耶娃的回忆。录音带存放在莫斯科大学科学图书馆的语音资料部。——原编者
③ 波利瓦诺夫患有麻醉品瘾,在社会交往中自然也就很容易受到伤害——尤其是来自那些不怀好意者的伤害。不过,这位学者要么开句玩笑敷衍过去,要么就是避而不答。他第一次接触麻醉剂还是在1911年,当他在东方实验学院时,不过后来——1914、1915和1916这三年的夏季在日本考察期间,由于他得同各类提供情况的人(农民、渔夫、同路的大学生、和尚等等)打交道,并且得适应他们的生活,因此就开始有了使用麻醉剂的习惯,当他在苏维埃时期与中亚的茶房和集市商贩打交道的时候,这一习惯已根深蒂固,并变得如此之强烈,以至于他不用麻醉剂一天也活不了。他的妻子布里吉塔·阿尔弗雷多芙娜·波利瓦诺娃—尼尔克(1899—1946)说明了这一点,她在1938年1月给А.Я.维辛斯基的信中请求他呵护她的丈夫。当塔什干的局势令他难以忍受时,伏龙芝市则邀请他去吉尔吉斯工作,波利瓦诺夫便向共和国领导人提出了唯一一个条件——保证不间断地提供质量上乘的麻醉剂。这一条件被接受。于是这位学者做了大量的工作,并且卓有成效。关于这一点,本注释的作者是1962年从吉尔吉斯加盟共和国科学院院士К.К.尤达欣处获悉的。针对波利瓦诺夫在注射麻醉剂之后的工作状态这一问题,他回答道"哦,他

杜：后来,不知在哪里他受了伤,被截去了一只胳膊。所以他是独臂者。①

巴：是的。您知道……他确实从事过某些活动,而且是地下活动。不过,据我所知,这不是布尔什维克的地下活动,多半是……

杜：社会革命党的?

巴：是的,社会革命党,是社会革命党。

杜：是在革命爆发前?

巴：是在革命爆发前。

杜：这就是说,他成为副部长只能在1918年7月之前,也就是在左派社会革命党分子还能够进入人民委员会的时候。那时卡姆科夫,还有普罗相也都加入了。列宁曾为后者写过一篇悼念文章。

巴：什克洛夫斯基也曾经是……

杜：社会革命党成员。

<接上页>有了双倍的干劲儿! 关键就是一定要控制好剂量",而这一点正是这位学者的贤妻所关心的。在正常情况下,这些注射保证了旺盛的生命力。在波利瓦诺夫案件侦查档案里(联邦安全局中央档案室,第96109号卷宗第6页)存有一份1937年8月5日开具的医学鉴定,其中写道:"被关押者波利瓦诺夫患有麻醉品瘾,需要注射双倍剂量的海洛因。"其实波利瓦诺夫是一个意志力非常坚强的人,因此可以设想,之所以养成使用麻醉剂的习惯——是实验导致的结果,这类似于谢切诺夫在完成题为《酒精麻醉的生理作用》的学位论文过程中用自我观察法所做的那种实验。无怪乎波利瓦诺夫撰写了著作《论麻醉品对人的语言意识的影响》,尽管该著作未得以公开发表(B.拉尔采夫:《叶甫盖尼·德米特里耶维奇·波利瓦诺夫:生平与活动片断》,莫斯科,1988年,第319页)。——原编者

① 波利瓦诺夫失去了半截左前臂。他失去胳膊,多半是因为一次不幸的意外。据这位学者的表妹夫 В.В.洛普欣所言,"有一次,在火车驶进奥拉宁鲍姆车站站台快要停下来的时候,他从车厢的平台上滑落了下来"(В.Б.洛普欣:《10月25日之后》,见《往事岁月》,第1辑,巴黎,1986年,第16—17页)。В.Б.什克洛夫斯基在《散文理论》(莫斯科,1983年,第72页)和《从前有个……》(莫斯科,1966年,第176页)这两本书中的相关记载很能说明问题。需要强调的是,这次不幸事件发生在他挚爱的母亲叶卡捷琳娜·雅科夫列芙娜·波利瓦诺娃(1849—1913)去世后不久。——原编者

巴：是的，左派社会革命党成员。① 您知道，当时已有公开发表的材料说他是左派社会革命党分子，那时的情况是，已开始出现混乱局面，对左派社会革命党分子已开始实施抓捕……后来报纸上还专门刊文声讨他。当他得知这一情况后……

杜：就躲到国外去了。

巴：是的，去了国外。

杜：他在外面待了两年，后来不知为什么又回国了。

巴：是的，后来回来了，不过，似乎再也没有起到多大的作用。

杜：当然……这就是……一场冒险。

巴：是的……他不是政治家，可以说是一个冒险家。他是在冒险。

杜：那么您在上大学期间就认识波利瓦诺夫吗？什么时候他的双臂还是完整无缺的？

巴：至于什么时候他的双臂还是完整无缺的……我觉得……好像是……我记不太清了……后来当我知道他的时候，他就已经是一只胳膊了。

杜：他后来去过突厥斯坦的某个地方。

巴：是的，是的。后来他从列宁格勒消失了，漂泊在外……去过君士坦丁堡……

杜：总的来说，他绝不是学院派的学者，不过却很有才华。

巴：他才华卓著，学识极为渊博。他不仅具有才华，而且很博学。

---

① В.Б.什克洛夫斯基曾于1918年加入社会革命党的战斗组织，该组织准备发起反布尔什维克的暴动；同年秋天，在该组织被捣毁后，他逃离彼得格勒，藏身于伏尔加河流域，后来便远离政治。但数年之后，这段往事被重新提起：他的名字出现在Г.И.谢苗诺夫撰写的关于社会革命党人1917至1918年所从事政治活动的一本小册子里，该书是由于开始准备对他们进行诉讼而于1922年2月在柏林出版的。В.什克洛夫斯基在1922年3月16日和24日致高尔基的书信中讲述了他是如何逃离彼得格勒，如何躲过埋伏的 其中的一次埋伏是在Ю.Н.蒂尼亚诺夫家中设下的，对此В.А.卡韦林在《结局》(莫斯科，1918年，第8—13页)一书中做了讲述，后来，他穿越冰封的海湾，逃到了芬兰[В.Б.什克洛夫斯基：《致М.高尔基信札（1917—1923）》(А.Ю.加卢什金娜编并注释)，载 De visu，1993年第1期，第30、41—42页]。什克洛夫斯基于1923年10月从德国回到俄罗斯。——原编者

这就是波利瓦诺夫。

那么,其中还有哪些语言学家呢?接下来的一位语言学家应该是我提到过的洛帕托,他曾在谢尔巴那里工作过。

杜:彼得堡的谢尔巴,而在莫斯科那时则有福尔图纳托夫。

巴:是的。不过在彼得堡多半是……博杜安·德·库尔特奈。谢尔巴其实不是理论家,他只不过……首先,他是优秀的法语专家。他的代表作研究的是法语,这是他最有价值的书。其次,他是一位教育家。而博杜安·德·库尔特奈根本算不上是教育家,这一点我已说过了。

杜:是的,您已说过了。那么西方教研室呢?

巴:西方教研室嘛,最重要的人物是彼得罗夫[①]。

杜:维谢洛夫斯基兄弟都已去世了吗?

巴:维谢洛夫斯基兄弟都已不在了[②],但是维谢洛夫斯基学派有继承人。比如,希什马廖夫[③]就是。我认识他。有一段时间他担任过世界文学研究所的所长。但时间很短。他回到了列宁格勒,并且是在列宁格勒去世的。他在生前就已出版了一本精彩之作——《罗曼语系语文学导论》。〈……〉

杜:现在的术语"文学学"实际上在那时是根本不存在的。语文学家是按照门类来分的:古典学者、印欧学者……

巴:……罗曼—日耳曼学者……还有斯拉夫学者。

杜:那么,在彼得堡有哪些斯拉夫学者?

巴:我没有研究过斯拉夫学。我甚至都不记得有哪些人了。另外,我甚至还听过某人的课,因为得通过某种斯拉夫语的考试。我学

[①] 德米特里·康斯坦丁诺维奇·彼得罗夫(1872—1925),罗曼语文学家,西班牙语专家,彼得堡大学教授。——原编者

[②] 维谢洛夫斯基兄弟,亚历山大·尼古拉耶维奇(1838—1906)——科学院院士;阿列克谢·尼古拉耶维奇(1843—1918)——西欧文学史家,莫斯科大学教授。——原编者

[③] 弗拉基米尔·费奥多罗维奇·希什马廖夫(1874—1957),罗曼语文学家,A.H.维谢洛夫斯基的学生,法语史专家,科学院院士。——原编者

过一点儿波兰语,我们读过《塔杜施先生》,还读了一点儿《先人祭》①。但我不是特别感兴趣……可以说,只是为了完成任务。我对波兰语从来就不感兴趣。

杜:应该说,1915—1916年间彼得堡大学的现实图景在您的描述中,比维克托·鲍里索维奇·什克洛夫斯基公开演讲中所描绘的,要好得多……他关注的焦点是温格罗夫——并且取否定的态度……

巴:因为他在他的普希金小组里工作过。

杜:……那么,也就是说,年轻人造了这个温格罗夫的反。在大学里还有哪些关于他的事?我虽然听他讲过三次课,但却一无所获。

巴:不,应该说,这是有失偏颇的。因为他知道,这么说吧,他只是从一个侧面参加了课堂讨论……这当然不公道。温格罗夫是一位真正的经院型学者。当时造反的那些年轻人都是接近未来派之类的,对于他们来说,诗坛上最重要的人物自然是马雅可夫斯基……

杜:还有赫列勃尼科夫……

巴:是的,赫列勃尼科夫……当然不是那样,他(指温格罗夫。——编者)是一位令人敬重的学者,不过是实录考据型学者和文献索引专家,他是一位优秀的文献索引专家。无论如何,在文献索引方面是可以向他学习的。〈……〉

对了,顺便提一下,说到 Omphalos'e……我们举办过各式各样的会议,后来还对字谜着了迷。我记得,有一次是在某人的家里,那人是……

杜:学者们猜字谜,是吗?

巴:是的……是在斯列布尔内的家里……他年岁比我们大,当然不是比所有人都大,但比我们大多数人都要大些……他已经是副教授了,上古希腊诗律的实践课。像许多教授和副教授一样,他的课堂讨论是在他家里上的。这在当时很时兴。泽林斯基那些有名的讨论课

---

① 《塔杜施先生》和《先人祭》分别是波兰诗人密茨凯维奇的长诗和诗剧。——译者

就是在自己家里上的,而且他妻子还招待我们吃喷香可口的馅饼。就这样,我们坐在斯列布尔内家里,上讨论课,后来一部分关系较疏的走了,而我们小组与他的关系最为密切⋯⋯课后总是留下来喝茶,接着还猜字谜。我还记得有一个字谜是 Бурлюк("布尔留克"。——译者)。第一部分是"布尔"。我哥哥把"布尔人"出色地表演了一番:他一手拿着圣经,一手提着火枪,总之是一个形态逼真的布尔人⋯⋯

杜:是的,当时英国人与布尔人的战争刚结束不久,布尔人很时髦。

巴:是的,布尔战争①刚刚结束。

杜:有一本小书叫《皮得·马里斯——来自德兰士瓦的年轻布尔人》。什克洛夫斯基回忆时也讲过,我还记得。那么"留克"②是指什么?是说掉进洞口了吗?

巴:"留克"?是的,自然是掉进洞口了。两部分合起来就是"布尔留克"。斯列布尔内天生是个演员,他出色地表演了"布尔留克"的样子。也就是学温格罗夫——对不起,应该是温格罗夫——的样子⋯⋯还有一个人表演了温格罗夫,他也是一个人物,当时还没有一点儿名气。他是皮奥特罗夫斯基,阿德里安·皮奥特罗夫斯基③⋯⋯他后来死得很惨,是被枪决的。

杜:被枪决的?

巴:是被枪决的!有什么好奇怪的!

---

① 布尔战争(1899—1902),1814 年"开普殖民地"变为英国所有,英国移民蜂拥而至,他们的介入削弱了布尔人——居住于南非的荷兰、法国和德国白人移民后裔形成的混合民族的称呼——的特权。1835 年,布尔人向北大迁徙,建立了两个共和国——奥兰自由邦和德兰士瓦邦。后来,在这片土地上发现了黄金和钻石,大量英国人到达南非淘金,同布尔人爆发冲突。1899 年 10 月 11 日,英军和布尔人爆发战争。在战争中布尔人失利,战后双方共同建立了种族主义殖民政权南非联邦。——译者

② "留克"(люк)一词在俄语中意为"洞口,舱口"。——译者

③ 阿德里安·伊凡诺维奇·皮奥特罗夫斯基(1898—1938),古希腊罗马语文学家、翻译家(他是卡图卢斯诗歌的优秀译者)、戏剧理论家、剧作家。在巴赫金所说的那些年代,他在彼得格勒大学古希腊罗马文学专业任教。——原编者

杜:什么时候？

巴:这是一段荒唐的历史。准确的年份我记不清了,反正是在那个大恐怖时期被枪决的……

杜:是在革命时期还是1937年？

巴:是在1937年,没错儿,是在1937年。革命时期他还很年轻。他服过兵役,革命前夕入伍,当了俘虏,又英勇而巧妙地从德国战俘营中逃走了。逃出之后,他就开始了大学生涯,他既是一名年轻漂亮的大学生,又是一名有趣而出色的演员。他表演温格罗夫如何想进一步了解文学和诗歌的当代最新流派,为此来到一家演员和文学家的小酒馆。这可能指的是"流浪狗"或是……那时自然还没有"演员栖息地"呢……

杜:那时有"流浪狗"和"粉红灯笼"。

巴:是的。于是,他在那里遇见了一个人,一个诗人……别人向他介绍:这位是现代诗人,现代诗歌的领袖。这就是布尔留克。两人有了一段对谈。谈话内容大致是这样的:布尔留克严肃地捍卫形式主义立场,而温格罗夫则感到奇怪和惊讶,于是就提出各种问题,如此这般。(冲着猫说:"你又过来了。真拿它没办法。又来捣乱了。这个不安分的家伙。")

杜:请接着说吧,否则这些都会录下来的。

巴:什么？

杜:这些都会录下来的,我指的是我们和猫的谈话。(笑)

巴:是的。

杜:不过没关系,这甚或会活跃一下气氛。我会看住它的。请往下说吧。

巴:好吧,那么温格罗夫当然是旧有的经院式实录考证型文学研究的代表……

杜:那么这场戏是怎么演的呢？

巴:是这样演的:他感到奇怪、惊讶,却又解释说,他多少有点儿落后于生活,所以才觉得这一切极其古怪而不甚了然。实际上也的确如此。不过温格罗夫有一个特点:他特别能够宽容别人。他随时会接受别人的意见,甚至在不很理解的时候。他宽厚待人。所以他绝不会攻击年轻人。

杜:那么,未来主义者也收进他的文献卡片了吗?

巴:我想是收进去了,收进去了。不过总体说来,他当然是个大学者……

杜:我为什么讲起这个来了呢,因为维克托·鲍里索维奇讲的大学情况让我有些怀疑。有些太……他有点太不公正了……

巴:是的。也就是说……也许还不是不公正……我不知道该怎么说……

杜:有点儿见风使舵。

巴:是的,不过……我觉得是片面的。他所了解的只是一个方面。此外,您知道,那时的大学是革命前夕的大学,是革命之初时的大学。学生内部进行着争斗。分化、争斗得很厉害。

杜:是政治性质的吗?

巴:是的,是政治性质的。首先,有所谓学院派,他们认为参与政治不是我们的事,我们现在只需做一件事——学习。就是这样。

杜:这话没错。

巴:等我们毕业了再说。那时我们再分党派以及其他派别。现在什么派也不需要,没有任何任务。唯一的方向①就是好好学习。这就是学院派的看法。

杜:您也是这一派的吗?

巴:我不是,我不属于任何派别。

杜:但您曾经是一名学院派人士。

巴:不过总的说来,我当然是同情学院派的,因为他们的对手在校园里想尽办法……起哄捣乱,还搞出其他一些名堂。总之,他们一个

---

① 在俄语中"派别"和"方向"是同一个单词。——译者

劲儿地捣乱。无理取闹,闹得很凶,如此这般。这其中当然有各种各样的社会隐在势力。

杜:这其中恐怕既有社会革命党,也有社会民主党。而主要力量恐怕还是彼得堡大学的具有立宪民主倾向的那些人,即自由立宪民主倾向的人。

巴:那当然,学院派的大多数人都是立宪民主党领袖的子弟。

杜:教授们的子弟。

巴:是的。当时有人干脆说他们是"硬领派"。硬领派。而民主派的那些学生总是胡闹,他们连俄语都说不好,却几乎满嘴都是黑话。他们敌视学院派,就在校园里打架斗殴。

杜:打架斗殴?!

巴:没错。在大学生当中。

杜:打群架?

巴:是的。就在那个著名的大学长廊里。彼得堡大学有一条长廊穿过整幢大楼,是一条很宽的走廊……几乎像涅瓦大街一样——当时人们都是这么比喻的。当然,这有点儿夸张,不过,这条走廊确实很宽,各个系的学生在走廊上来来往往。就在那里打起了群架。

杜:怎么,就是有组织的对阵打架?

巴:不完全是这样,多半是个人出击,一个对一个。要是说这是有组织的行为——不会这样吧……

杜:一个人扇了另一个人的耳光,就是因为……

巴:是的,这个扭打一个,那个扭打另一个,于是就发生小规模的斗殴……

杜:那么发生这种情况会怎么处理呢?会不会开除?

巴:不会。这种情形校方一般……

杜:不干预?

巴:是的,不干预。他们自行调解。但要是有大规模的示威,那就会干预了。当这些示威者有组织地破坏上课的时候,还真的开除过一些人。不过,好像几乎所有被开除的人后来都平安返回了校园。革命前大学里没有发生过特别的迫害事件。迫害事件是后来发生的,新政权建立以后。当时并没有。

杜:对不起,您在校时应当是卡索统治①时期吧?

巴:是的,我那时候,我那会儿正是。

杜:不过好像当时卡索把一些人送去当兵了。

巴:那是在末期,卡索统治的末期。不过,应该说,卡索……您知道,所有那些……具有革命倾向的人在写卡索,在评价我们大学的政策和国民教育政策时,严重地歪曲了事实。卡索是个非常聪明的人,有文化素养,受过欧洲教育。他是个欧洲人,是个欧洲人。实际上,他的政策是明智的,是非常明智的。他认为,建大学就是为了让人们求学,获取知识。至于大学毕业后在未来生活中,随你去做什么。〈……〉

杜:在出了一桩大丑闻之后,所有的自由派教授都纷纷离开了莫斯科大学。

巴:是的。在我们列宁格勒大学也出了点儿事,但我们所推崇的大教授中没有哪个离校的,也没有哪个是站在反对立场上的。

杜:那么这些教授都是四等文官吗?要么就是五等文官?

巴:不,绝非所有的都是四等文官。

杜:这个官级是赐封的吗?

巴:是的,这个官级是赐封的,不过……有的是根据供职年限而获得的,有的则没心升到这一官级。大多数教授都没有升到四等文官。通常做到五等就离职了。

---

① 列夫·阿里斯季多维奇·卡索(1865—1914),1910至1914年间任国民教育部大臣。"卡索统治"这一概念主要是指1911年,那一年巴赫金还没有上大学,首当其冲的莫斯科大学发生了大规模开除左翼学生的事件(在自由主义观念中,这是发生在大学校园里的"斯托雷平的反动行为")。许多自由主义教授为了表示抗议,纷纷离开了大学,其中包括К.А.季米里亚泽夫、П.Н.列别杰夫和Н.Д.泽林斯基。——原编者

杜:四等好像是低一级的官职吧？还有二等,三等呢……

巴:是的,三等是高一级的。

杜:部长是三等吧？

巴:部长是二等文官。但也绝非所有的部长都是二等文官,有三等的,据我所知,甚至还有四等、五等的。

杜:那么依次是:二等、三等、四等和五等文官。一共有十四等官级吧？

巴:是的,十四个等级。

杜:这还是彼得大帝颁布的吧？

巴:是的,这还是彼得大帝颁布的,这是彼得大帝那项法令的第五条内容。

杜:一直到十月革命才废除的吧？

巴:是的,一直到十月革命。

杜:二月革命没有废除它吧？

巴:没有,二月革命根本就顾不上,这次革命不见得要破坏什么。

杜:是这样。那么,二月革命期间,您正好是彼得堡大学的学生吧？也就是彼得格勒大学。

巴:是的。不过说实在的,已开始在校内风起云涌的那些运动,我从未参加过。我完全置身其外。

杜:您完全不问政治。

巴:完全不问政治。我是不问政治,但对极端的东西我当然是不同情的,如极端的党派和国民教育领域中的极端措施。对这个我是绝不同情的。是不同情的。我认为,当时彼得堡大学乃至整个国民教育所具备的条件,完全可以保证人们成长为学者,保证人们适应生活。

应该说,学校的法律系也是相当强的。我记得,我自己去听过,大家都去听过彼得拉日茨基教授的课,也就是法学家彼得拉日茨基。[①]

[①] 列夫·约瑟福维奇·彼得拉日茨基(1867—1931),法学理论家,彼得堡大学法律哲学教研室主任,1918年起侨居国外。——原编者

应该说,听他讲课是挺费力的,因为他有特别重的波兰口音。再说他根本不善言辞。但他的课极为有趣。他是一个具有哲学素养的人。他尝试从新的哲学立场来看法学。这很有意思。

杜:这不,我们已说到1917年了。您说当时你们的Omphalos还是存在的。那么除了Omphalos以外,您没有参加过别的什么社团吗?

巴:没有参加过任何社团,因为很快所有这类社团都不能存在了。不过小组我是参加了的,革命后的一些小组。

杜:有哪些小组?文学小组吗?还是哲学小组?

巴:有哲学的,也有哲学—宗教性质和文学理论性质的,都是些非正式的小组。

杜:那您有没有参加过自由哲学联合会?①

巴:我只是去过……但从未在那里发过言。

杜:成立这个联合会基本上是安德烈·别雷的主意。

巴:是的,基本上是安德烈·别雷的主意。成立这个联合会。

杜:能从联合会内部观察一下会很有意思的。您参加过他们的会议吗?

巴:参加过会议,是的,参加过会议。应该说,我并不很赞同这个联合会,不很赞同。这是典型的俄国式的空谈,您明白吗,是空谈。没有严肃的学术报告。都是那种,您知道吗……夸夸其谈,主要是自由民主性质的夸夸其谈。

杜:……同时也带有理想神秘的性质……

巴:……只是在某种程度上也带有理想神秘的性质。我还赶上参加过哲学—宗教研究会的会议。这毕竟是更有意义的事情。

杜:这是梅列日科夫斯基所在的那个研究会吗?

巴:是的,是梅列日科夫斯基所在的……当时那个研究会的主席是卡尔塔绍夫。梅列日科夫斯基、吉皮乌斯,后来是菲洛索福夫,都起过重大作用。

---

① 自由哲学联合会,1919至1924年彼得格勒的文学哲学团体。——原编者

杜：您念作菲洛索福夫,这个姓的重音是在第三个音节上?

巴：是的。那时大家都是这么念的——包括他的熟人和朋友……

杜：我却习惯把重音落在第二个音节上。

巴：……念的时候也是把重音落在第三个音节上的。所以这是正确的念法。

杜：好吧,我们现在还是集中谈一谈……我刚才之所以稍微耽搁了您一会儿——在大学这个话题上多停留了一些时间,是因为已故的老校长当初给我布置了一个,可以说是专项研究课题,俄国高等教育史……关于我的母校莫斯科大学,我掌握了不少材料……而在彼得堡大学方面,除了什克洛夫斯基那泛泛的空谈之外,我一无所有。从这一方面来说,我首次从您这里得到了某种相当完整的图景……

巴：我还想讲一讲大学的行政管理人员。

杜：请吧。

巴：校长、副校长,以及这样一些……行政管理人员,首先可以说是完全不干涉教学工作的。而且他们都是某领域的专家。例如格列夫斯①就是历史学家……

杜：啊,您认识格列夫斯?

巴：当然认识。如果没有记错,好像叫伊凡·米哈伊洛维奇。他们……本人都是从事学术科学研究的,而不是官僚,绝对不是官僚。对教学方面他们是不干预的。他们尽力营造一种严肃的科研工作所必需的安定环境。在列宁格勒很大程度上也做到了这一点,噢,不是在列宁格勒……

杜：是在彼得格勒。

巴：在彼得堡,在彼得格勒多多少少做到了这点。要我说,他们得

---

① 伊凡·米哈伊洛维奇·格列夫斯(1860—1941),中世纪史学家、杰出的教育家,地方志学科奠基人,1899 年起任彼得堡大学教授(直至去世),但并未担任过校长一职。曾任(别斯图热夫)高等女子专修班历史—语文系主任。1911 至 1918 年彼得堡大学的校长 Э.Д.格里姆(1870—1940),他是西欧古代史和现当代史专家。——原编者

到了大多数学生的尊敬,除了那些无理取闹的人。他们得到了尊敬,人们不能不尊敬他们。那个主任……他叫什么来着?……是学生工作处处长……好像不是,不是……

杜:是副校长?

巴:也不是副校长。他是纯粹的行政管理人员,学生的事全归他管。学生的档案也在他那里。他叫伊凡·谢苗诺维奇·斯洛尼姆斯基。一个可爱的小老头。简直是个圣人。心地善良,和蔼可亲,乐于助人。学生工作实际上都是他管理的……

杜:是管理人员。

巴:是的,管理人员。具体的职务名称我想不起来了。他的儿子还是我的同学呢,比我年长。读完了法律系之后,又进了语文系,读了两个系。

杜:收学费吗?

巴:学费嘛,是收的。不过应该说,那时的学费并不高……

杜:一年多少钱?

巴:我记得,一年大约是八十卢布。

杜:有助学金吗?

巴:有助学金。而且得助学金是很容易的。别信那些胡说。很容易得。不过,您瞧,大学生们还是觉得,有些不好意思拿助学金。大家也就尽量不要助学金。要是想拿的话,一点儿也不费力:只需两个同学签字,证明他确有困难。甚至常常会这样:有人拿着申请书来到办公室,在那里撞见两个学生,甚至是不认识的——只要当时办公室里有两个学生,就请求他们签字。他们当然照签不误。传统就是这样。很简单。而且总体上说,助学金发放得很广。我看,凡是真正有困难的,又不怕承认有困难,敢于提出申请的,都可以拿到助学金。不过,得说明一下,即使是有困难的学生,多半也都不去申请。这也是传统。

杜:是不好意思吧。

巴:不好意思,是的,不好意思。

杜:那助学金有多少钱?也是三十卢布?

巴:不,这实际上就是免费学习。还有一种是冠名奖学金,发给取得某些成就的学生,当然是指科学上的成就。不过,我这会儿记不得有哪些了……

杜:是资助者提供的吧?

巴:是的,是资助者提供的。所以是冠名的奖学金。这只是免费接受教育而已。

杜:如果半年是四十卢布,这就是说,一个月还不到十卢布。

巴:一个月不到十卢布!

杜:不过,十卢布当然也算是一笔钱了。

巴:这也算是一笔钱了,算是一笔钱了。即便如此,人们也宁愿不申请,更何况可以很容易靠教课来挣钱,靠写点儿文学小作品和书评之类的……您知道,应该说,学生食堂的伙食很好,非常好,花上……我现在记不清了,大约花十戈比就能吃上一顿很好的午饭。

杜:到我那个年代一顿午饭就是三十三戈比了,而且应该说,吃得很差。

巴:还是我那会儿吃得好。

杜:不过面包倒是可以随便吃的。

巴:那个时候面包根本就不定量,随便吃……

杜:到1926年也还是这样。

巴:是的。不过午饭很不错。简单而实惠。一般都有菜汤,很不错的菜汤,汤里有肉,还有烂饭,肉饼……

杜:有意思。我念大学正好赶上新经济政策时期的后半段,1926年到1930年,我也是靠教课为生的。我没得助学金。我估算了一下。那时我教课每小时的收入是一卢布,后来甚至都提高到了一个半,而学生食堂里一顿午饭三十三戈比。

巴:伙食很差。

杜:伙食很糟。而且还要排队,队伍由高到低排得很长,大约要等四十分钟。

巴:我记得,我们那会儿不用排队。

杜:我们是在布龙街上。

巴:其实所谓的长龙阵只是后来才有的……

杜:不,1917年,1916年就已经有了。

巴:不过,1916年不是到处都有,只是有一些东西是要排队买的。

杜:买面包恰恰是要排队的。

巴:是的。

杜:您给大学描画出了一幅非常鲜明的图景。当时谁是彼得堡大学的校长?

巴:当时的校长是格列夫斯。

杜:格列夫斯是位历史学家。他好像当过系主任,是吧?

巴:他有一段时间当过系主任,我想是后来当的校长。现在我记不清了。需要说明的是,学生不必和校长打交道。可以在大学读完毕业,也可以留在大学里,随便待多少年……没有期限规定。施行的是所谓课程制,也就是说,每门课你想什么时候考,就什么时候考。当然,这其中也有例外,比如有些课要想通过考试,必须首先通过讨论课或实践课一类的考试。这样您就很自由:你想考了,你就去考。你这次通过了,那就记到你的……成绩簿。那么……你可以在四年内通过课程考试,然后再参加国家考试,也可以用五年、十年、二十年……有一些老学生,无期限地……读下去……

杜:这也太不合理了吧!

巴:是的。你读好啦……只要交学费就成。此外没有任何要求。

杜:您不觉得这够荒唐的吗?

巴:这无疑有它的缺点。但也有其优点。这么说吧,有些人……像那些老大学生,的确从来就不学习,但他们需要在生活中具有某种位置,他们就成了永久的大学生。人们正是这么称呼他们的:永久的大学生。而在德国,在德国的大学里也同样有这种情形,只是更自由一些。那里发一种通用的成绩册。您可以在这所大学里考这门功课,在那所大学里考那门功课,到第三所学校考第三门,所有成绩全部有效。

杜:这么说,"年级"和"升级"的概念都不存在了?

巴:概念还是有的,不过实际上,只是徒有其名。一般就按实际学习年头来计算:学了三年便是三年级……

杜:要是一个人学了八年,那不就成了八年级的学生?……

巴:不,再多就不算了,再多就不算了……可说"他考的是某门功课……"或是"他留下的'尾巴'是……"

杜:您是说,留有"尾巴"的学生?……

巴:他学了五六年,但留下不少"尾巴",就是说,他还有许多门功课尚未通过考试。而在德国情况是这样的:那里,可以在任何一所德国大学通过任何一门课程的考试。这样非常好,因为各校有不同的教授。每个人都渴望听听当时最好的名教授的课程,并能通过考试,于是一个接一个地来到学校就学……

杜:来到别的学校。

巴:是的,别的学校。然后再换一所,如此延续下去。那里也会有那些……只是在我们这里才称为"永久的大学生",而在那里叫作 bemooster Herr,就长满了……这个……

杜:长满了胡子的?

巴:不是,我这就告诉您更为贴切的译法……Moos, bemooster Herr,意为:满是……青苔的!青苔,就是青苔!这种译法最准确;长满青苔的、长满青苔的大学生,满是青苔的大学生……这就是 bemooster Herr——这位先生的实际含义。我们这里叫作"老大学生"或"永久的人学生"。是吧……我记得,列昂尼德·安德烈耶夫有部戏叫《老大学生》。对吧?或许是另一个叫法?[①]

杜:是的,我觉得好像不是这个叫法。

巴:其中的主角就是一位老大学生,他试图与那些有革命热情的

---

① 这部戏的名称为 *Gaudeamus*(1910)。——原编者

年轻人打成一片。

杜:米哈伊尔·米哈伊洛维奇,有一点我们今天还是不要……跳过去吧,请您讲讲……那时您所见过的……文化名人有哪些?例如您见过夏里亚宾……您自己观察过什么人?同谁认识(也不一定非得熟识)?……您常去艺术剧院,对艺术剧院您还有什么印象?要知道,您的看法……

巴:艺术剧院?是的,我当然了解,莫斯科艺术剧院我是了解的。剧团曾到我们那里去巡演。

杜:去哪里巡演?是奥德萨吗?

巴:不,是彼得堡。不过,我第一次见到剧团的确是在奥德萨,当时剧团去那里巡演。

杜:那就从夏里亚宾和索比诺夫讲起吧。

巴:您要知道,关于夏里亚宾……老实说,我能说些什么呢?夏里亚宾给我留下了十分强烈的印象。对索比诺夫的印象则要淡一些,似乎要淡一些,不知为什么……

杜:您可是一位音乐爱好者。

巴:是的,但我绝对算不上音乐方面的行家。我是爱好音乐……也受过音乐环境的熏陶,但我本人却没有成为音乐家。我在音乐学院教书,但教的是美学。我朋友当中倒是有一些音乐家。例如……玛丽娅·韦尼阿米诺芙娜,一位相当出色的……

杜:不过那是后来的事了。

巴:是的,要稍晚一些。

杜:关于玛丽娅·韦尼阿米诺芙娜我们还要专门来谈。

巴:好吧。那是后来的事。那么现在……有什么可说的呢?印象深刻……不过……关于夏里亚宾,总得说点儿别人以前没有写过的新内容吧……前不久是他的纪念日,人们对他多有回忆……此外我能补充些什么呢?夏里亚宾给我留下了十分强烈的印象。说实在的,我没有听到过比他唱得更好的男低音,后来也没有听到过。我听到过的优秀歌唱家可不在少数。

现在来谈一谈……艺术剧院。我最初是在奥德萨观看到剧团演出的,后来就是在列宁格勒了。我记得,我在莫斯科从未去过艺术剧院,如果没有记错的话。是在剧团来列宁格勒期间——这一点我记得很清楚。革命前和革命后都来过。

杜:您见过剧团的第一批成员吗?

巴:是的,见过第一批成员。

杜:那就请您谈一谈您对莫斯科艺术剧团的评价和印象。当然,我也特别对……还是说一说梅耶霍德吧——当然他是晚些时候才加入的……

巴:梅耶霍德是晚些时候才加入的,没错儿,梅耶霍德是晚些时候才加入的。关于他的一些情况我多半是从别人那里听说的。这么说吧,我和梅耶霍德有一些共同的熟人和朋友……是的。当然,梅耶霍德本人我也认识,但对他的了解很少,很少……

杜:莫斯科有大剧院、小剧院和艺术剧院……

巴:是的。那时还不叫大剧院,而是叫玛丽娅剧院。

杜:噢,那是在彼得堡!

巴:叫玛丽娅剧院。是的。我觉得是后来,现在才叫大剧院的。

杜:不是,大剧院是莫斯科的,我说的是莫斯科。那时您没在莫斯科住吧?

巴:我去过莫斯科,不过只是偶尔去一趟,那时并不住在莫斯科。再说,实际上我从未在莫斯科长住过,这里我倒是常来……住一住。革命后,我多次来这里居住,每次住的时间都很长。这不,我并不是从莫斯科来了解莫斯科艺术剧院的。最初我是在奥德萨见到剧团的。那次来的都是老戏班子,自然有……

杜:康斯坦丁·谢尔盖耶维奇?

巴:有康斯坦丁·谢尔盖耶维奇。我甚至还记得我们走过去看他的情形……那是在"伦敦饭店",里面有一个餐厅,一扇扇硕大的窗户

465

面向街道,就在一楼。我们走了过去,看见斯坦尼斯拉夫斯基本人和其他一些人正在那里用餐。看得清清楚楚……

杜:那么,您作为一名观众喜爱艺术剧团吗?

巴:说不上喜爱。但我对它有好感,印象不错……有些演出……我记得我是看过的。《布兰德》这部戏让我感到很震撼。

杜:谁演的布兰德?

巴:我记得,出演这个角色的是……卡恰洛夫。是卡恰洛夫。

杜:那《在底层》呢?

巴:《在底层》,您要知道,我没看过,未曾看过《在底层》。因为我从来就不是高尔基的崇拜者,所以我……不太想去看他的戏。

杜:那么,您看过契诃夫的戏吗?

巴:契诃夫的我看过,契诃夫的我看过,不过我得实话告诉您,我觉得他们……理解得不对……没有读懂契诃夫。

杜:没有读懂?理解得不对?

巴:是的,没有读懂,理解得不对。

杜:依我说,从他们那里看到的是一个过分伤感和优柔的契诃夫。

巴:是的。况且……契诃夫本人把自己大部分的剧作都称为笑剧或喜剧。例如,他把《樱桃园》径直称为笑剧。当然,从体裁理论的角度来看,这并不完全准确,但其中笑剧、喜剧的成分很足,这是毋庸置疑的……要是把它演成……

杜:一部几乎是感伤的戏……

巴:是的,把它演成情节剧,那是绝对不行的……绝对不行,绝对不行。可他们却这么做了。

杜:这很奇怪。

巴:应该说,后来,当剧团成员有了变动之后,尤其是当这个剧院……被视为楷模,被称是其他所有剧院学习的样板之后,它就完全退化了。

杜:完全退化了?

巴:是的,退化了。它被……标准化给扼杀了。就这一方面来说,也不足为怪:一旦将某一种文化现象奉为标准,那就等于把它给扼杀掉了。不能这么做!它只能存活在自由的、自由竞赛和竞争的氛围中……以及批评的氛围中……当这种氛围一律被禁止的时候,剧院就会死亡……

杜:是这样。您谈了……戏剧和音乐。那诗人的情况呢?

巴:诗人?诗人……我是知道的。在重要的诗人中我没有同谁有特别密切的关系,但我认识许多人,几乎是所有诗人。首先,我认识一个人,尽管他是我喜欢的诗人,而且他的为人也令我十分敬仰,不过我同他也没有什么密切的交往,他就是维亚切斯拉夫·伊凡诺夫。维亚切斯拉夫·伊凡诺夫。不过我同他没有特别密切的交往。

杜:您是在哪里认识他的?

巴:我是在列宁格勒认识他的,在一个晚会上,是别人介绍我们认识的……事情是这样的:我有位挚友——沃洛希诺夫……他是《马克思主义与语言哲学》的作者(可人们总把它,这么说吧,归于我的名下)。他全名叫瓦连京·尼古拉耶维奇·沃洛希诺夫①。他父亲是维亚切斯拉夫·伊凡诺夫的朋友,好像他父亲同维亚切斯拉夫·伊凡诺夫甚至都以"你"相称……在文学晚会上,他把我介绍给维亚切斯拉夫·伊凡诺夫,那还是在列宁格勒。后来,1917年革命之后我同他见面已是在莫斯科了。我印象特别深刻的是,我同他的最后两次见面,那

---

① 瓦连京·尼古拉耶维奇·沃洛希诺夫(1895—1936),诗人、音乐评论家,M.M.巴赫金的朋友——他们是1919年在涅韦尔相识的,后来在维捷布斯克住在同一套房子里。20年代在列宁格勒他加入了巴赫金的亲密朋友圈。从1926年起,以他的名字出版了两本书:《弗洛伊德主义》(列宁格勒,1927年)和《马克思主义与语言哲学》(列宁格勒,1929年)。还发表了一系列关于理论语言学的文章,这些著作和文章的作者权问题在最近20年成了争论的议题。巴赫金作为作者参与了这些著作的撰写,这一点已得到许多证据的确认,不应受到质疑,然而,就这一参与的形式和程度的问题却还在争论。关于这些论著的作者权问题,С.Г.鲍恰罗夫在《关于一场谈话及其相关问题》一文(《新文学评论》,1993年第2期)中作了论述。另见Н.Л.瓦西里耶夫撰写的《沃洛希诺夫传略》(《瓦连京·沃洛希诺夫:人文学科的哲学和社会学》一书,圣彼得堡,1995年)。——原编者

是在他动身去……巴库之前。他去巴库之后我就再没有见过他……那时是非常艰难的岁月,饥荒的年代。他当时住在疗养院里。如果没有记错,这所疗养院位于阿尔巴特街上的斯帕索—涅奥帕里莫夫胡同。

杜:不在阿尔巴特街上,是斯摩棱斯克林荫路上的涅奥帕里莫夫第三条胡同。这所疗养院我是记得的。没有斯帕索—涅奥帕里莫夫胡同。有斯帕索—佩斯科夫胡同。

巴:可能是吧。

杜:它靠近祖博夫广场,这条胡同。这是一所供脑力劳动者解除疲劳的疗养院。

巴:正是!对的。

杜:我去过那里,因为1920年我父亲重病之后曾在那里住过一段时日。和他同屋住的是布宁。他的名和父称叫什么来着?就是伊凡·阿列克谢耶维奇的哥哥。

巴:不过这是后来的事了。我是1920年在那里的。

杜:是的,是1920年。我记得是1920年夏天。我一直把这家单位同一本书联系起来,就是格尔申宗和……

巴:维亚切斯拉夫·伊凡诺夫写的……

杜:是的,伊凡诺夫的《两个角落的通信》。

巴:对,对。我恰好就去过这个房间,只是当时只住了维亚切斯拉夫·伊凡诺夫一个人,格尔申宗已经……或许还没有住进来,我记不清了……①

---

① 关于1920年8月两次去疗养院拜访维亚切斯拉夫·伊凡诺夫一事,M.M.巴赫金在1974年4月10日与本注释作者的交谈中做了叙述。巴赫金是同B.H.沃洛希诺夫一道前往的,后者给伊凡诺夫朗读了自己的诗作。参与谈话的有B.Φ.霍达谢维奇,他在疗养院拥有单独的一个房间(而不是与伊凡诺夫同住一间——巴赫金记错了)。关于自己在疗养院的逗留情况,包括当时也居住于此的尤里·阿列克谢耶维奇·布宁——作家布宁的弟弟的情况,霍达谢维奇在随笔《疗养院》中作了回忆(B.Φ.霍达谢维奇:《散文选》,纽约,1982年)。维亚切斯拉夫·伊凡诺夫与M.O.格尔申宗的《两个角落的通信》从6月17日延续至7月19日;在霍达谢维奇搬到疗养院居住后,其书信往来已经结束。当巴赫金和沃洛希诺夫造访疗养院时,格尔申宗已经不在那里。——原编者

杜:要不就是已经不在那里了。

巴:要不就是已经不在那里了,要不就是还没有住进去。也就是说,这两个角落间的对话是否有过,我说不准。这两个角落,我倒是看见了。不过,第二个角落里也住着一个非常有趣的优秀人物。他是……诗人……叫什么来着……记忆完全不行啦,他作为诗人我也很喜欢,他那精彩的回忆录我十分推崇……他是霍达谢维奇。

杜:啊!他还在莫斯科,还没有离开?

巴:他还在莫斯科,没有走。他在这间房子里占了第二个床位。也许,这是另一家疗养院?两层的白楼……

杜:正是。

巴:两层的白楼。食堂在楼下,进门向右走。再往前是上楼的阶梯。

杜:如今这幢楼房又加高了。我住得不远,在涅奥帕里莫夫第一条胡同。所以我都记得。

巴:可能是我弄错了……因为这些胡同太多,阿尔巴特街上也有……不过这是可以搞清楚的,因为我有……这本《两个角落的通信》。

杜:这可是难得一见的书。

巴:是的……我现在手头就有这本书,只可惜,不是我的。不过,说不定会成为我的,因为主人一直没有把书给要回去。

杜:那么,您也认识格尔申宗吗?

巴:不——不。维亚切斯拉夫·伊凡诺夫在那里待过。

杜:您认识维亚切斯拉夫·伊凡诺夫本人吗?

巴:认识他本人。这多亏了沃洛希诺夫。

杜:那么,您有没有发现,这么说吧,他毕竟有点儿……您是怎样一个人?你们不是搞了个 Omphalos 嘛,而维亚切斯拉夫·伊凡诺夫……无论如何也不能算作 Omphalos 的成员,他只能算是 Omphalos 的研究对象。

巴:在某种程度上说,他确实也是 Omphalos 的研究对象,在某种程度上说是这样,不过这完全不排除他给了我们巨大的影响,对所有 Omphalos 成员都有巨大影响,丝毫不排除我们对他的尊敬。另外,Omphalos 成员大都用古希腊罗马的格律来写诗……

杜:他作为诗人,您也给很高的评价吗?

巴:他作为诗人,我的评价也很高……我推崇他,恐怕主要还是把他当作诗人;但也当作学者。非常有意思的首先是他的文集。有些文章写得很精彩。他出过三本书。

杜:米哈伊尔·米哈伊洛维奇,关于象征主义……您谈了维亚切斯拉夫·伊凡诺夫。看得出来,您自然还是对古希腊罗马文化这条线上的人感到很亲切。那您是否还遇见过英诺肯季·费奥多罗维奇·安年斯基?

巴:不,我没见过他。1909 年他就去世了。〈……〉不过,他的第一本书我是知道的,自然也很熟悉,而且也很推崇——就是那本《宁静的歌》,作者署名,尼克·托儿。①

杜:您同勃留索夫有过什么……

巴:同勃留索夫,是的。我同勃留索夫见过几回面,也交谈过,不

---

① 尼克·托儿(在俄语中,尼克·托儿〈Ник.Т-о〉是"没有人"〈никто〉一词的谐音词。——译者):英诺肯季·费奥多罗维奇·安年斯基(1855—1909)的笔名。1901 年,И.Ф.安年斯基将自己创作于 90 年代末的诗歌汇编成题为《逃出波吕斐摩斯洞穴的乌季斯》的作品集。乌季斯(在荷马的史诗《奥德赛》故事中,奥德修斯及其水手们从特洛伊返航回家的途中登上了独眼巨人波吕斐摩斯所在的岛屿。波吕斐摩斯将他们困在了他的洞穴之内,并吃掉了奥德修斯的几名同伴。为了逃生,聪明的奥德修斯想了个办法:他把没有勾兑的烈性葡萄酒给波吕斐摩斯喝,并告诉他自己的名字叫 ουτι〈读作"乌季斯",即"没有人"的意思〉;乘巨人醉酒熟睡之际,奥德修斯把削尖的橄榄树桩插入了巨人的独眼。巨人大声呼喊,请求别人救助,但他呼喊的"没有人攻击我"被别人当成了玩笑,因而没人前来帮助他。——译者),或没有人,是奥德修斯向波吕斐摩斯谎报的名字。稍后,1904 年,安年斯基用这一假名的俄化形式(用"没有人"一词的字母组成诗人的笔名),即尼克·托儿,出版了诗集《宁静的歌》。这一笔名反映出诗人关于诗歌不可知性的思想。在接下来的谈话中提到了 И.Ф.安年斯基的哥哥尼古拉·费奥多罗维奇·安年斯基(1843—1912)——政论家、经济学家、自由派社会活动家,《俄罗斯财富》杂志编辑。安年斯基曾指出哥哥在其教育和成长中所起的重大作用,尽管他们的观点和兴趣不尽相同。——原编者

过没有什么特别的亲近关系,尽管应该说我对他——勃留索夫深怀敬意。现在当我读到一些人写的回忆勃留索夫的文章……好像也包括那个霍达谢维奇……我感到很气愤。

杜:霍达谢维奇写的回忆文章我没有读过。倒是读过茨维塔耶娃的……

巴:茨维塔耶娃的也写得很糟糕。

杜:我记得篇名是《狼》。

巴:其中她好像写了……这么一个评语:"克服了的平庸"。

杜:您知道这是谁的评语吗?出自艾亨瓦尔德[①]。

巴:出自艾亨瓦尔德?

杜:"克服了的平庸"。

巴:也许是吧。不过这成了茨维塔耶娃文章的基调。她也认为,他是一个平庸之辈,只不过靠自己的勤奋等因素,他成功地克服了这种平庸,所以平庸就看不见,没有表现出来,他这才有所作为。

杜:您不同意吗?

巴:完全不同意。他不是一个才华卓越的诗人,甚至可能也算不上是个大诗人,但却是一位极有价值、极有益的文化活动家,也是诗歌文化活动家。在提升俄罗斯诗歌文化方面,他所起到的作用巨大的。要知道说到底,他的确使我们接近了西欧的象征主义。他做了很多事情。不仅如此,为了使人们能正确理解古希腊罗马的诗歌,他在翻译方面,尤其是在他所熟知的晚期罗马诗歌的翻译方面,也做了许多工作。即使作为一个诗人,虽然我不认为他是伟大的,也不认为他是大诗人,但他终究是一位真正的诗人,而不是什么平庸之辈,即便是被克服了的平庸。霍达谢维奇在评价他和他的为人时,说了这样一些缺点……

---

① 尤里·伊萨耶维奇·艾亨瓦尔德(1872—1928),著名批评家,1922年被驱逐出境。艾亨瓦尔德的小册子《勃留索夫》(莫斯科,1910年,第32页)最后几句话说的是"被制胜的平庸之伟大"。——原编者

杜:霍达谢维奇本人就令人生厌吗?

巴:您知道吗,他给人的印象是双重的……他的外表……在我刚认识他那会儿,看上去很有意思。他很瘦,简直就是副骨头架子,身上瘦骨嶙峋的,整个人干瘦干瘦的。我第一次见到他的时候,他的体型……立刻让我想到了当时很风行的名画和一个人的体貌。这人就是贺德勒。贺德勒①。您大概不知道吧?

杜:贺德勒?不,不知道。

巴:是的,他好像被遗忘了。他可是那时很有名气的一位瑞士画家——这个贺德勒。他笔下的人物,就是这么瘦骨嶙峋,干瘪瘪的。霍达谢维奇正是这样瘦骨嶙峋,干瘪瘪的。一眼就可以看出,此人不善,恐怕还很凶狠。他本人也是这么自我评价的。不过与此同时他身上又有某种魅力。首先,尽管他干瘪瘪……瘦骨嶙峋的,而且还这么……凶狠(这在他身上能感觉到),但同时他身上还有股孩子气。

杜:是霍达谢维奇吗?

巴:是霍达谢维奇,尽管这有点令人不解。其实这反而更有一种特别的魅力。其次,他的形象毕竟在各方面都超越了他的凶狠和他那副干瘦的样子。

杜:值得注意的是,当他还没有最终成为反苏侨民的时候,当他在……国外期间,高尔基对他仍是十分友善关切,喜爱他的诗作。

巴:高尔基是这样的。卡米涅夫保护过他,确切地说,是卡米涅娃保护过他。

杜:奥莉加·达维多芙娜·卡米涅娃?

巴:是的。您读过卡米涅夫的《白色走廊》②吗?

---

① 费迪南德·贺德勒(1853—1918),瑞士画家和雕塑家,早期表现主义者。——原编者

② 《白色走廊》是 В.Ф.霍达谢维奇的回忆札记,1925 年 11 月首次刊登在巴黎的报纸《日子》上。巴赫金是在 В.霍达谢维奇的《文学论集及回忆》(纽约,契诃夫出版社,1954 年)一书中读到这些札记的。——原编者

杜:没有。

巴:这是一本很有意思的书。

杜:是在国外出版的吗?

巴:是在国外写的,正是十月革命的头一年。白色走廊在克里姆林宫,凡是住在那里的领袖们的房间都通向这条白色走廊。

杜:没有,没读过。侨民文学我读得很少。如今想看到这些书不算很难,我这才……那时我还小。可不是吗,只是一个八岁的孩子。

巴:这本书在我印象中是1926年写完的,当然也是在国外发表的。

杜:这不,您对霍达谢维奇刻画得很生动。霍达谢维奇……

巴:维亚切斯拉夫·伊凡诺夫,可以说是一位极其复杂的人物。有些评价……某些人认为他令人无法容忍,待人刻薄等等……

杜:您指的是维亚切斯拉夫·伊凡诺夫?我认为……他周身透着一股华贵之气。

巴:有些人也是这么看的……您会问是什么人?我印象中,别雷在某种程度上就是这么评价他的。在那个年代,确实是有华贵之气的。依我看,这毕竟是他身上最主要的方面,是最主要的方面。

杜:"对缪斯的侍奉不宜于烦嚣"。我就是用普希金的这一信条来理解他的。

巴:是的。

杜:那么,勃留索夫和维亚切斯拉夫·伊凡诺夫——他俩关系如何?

巴:他俩的关系,我觉得不错,他们互不敌视。无论在诗歌方面,还是在……

杜:是的,不过您还记得吧,在20世纪头十年的那场大讨论中,总的说他们是对立的:一方是勃留索夫的阵营,另一方是维亚切斯拉夫·伊凡诺夫、勃洛克、丘尔科夫。

巴:是的。不过总的来说,他们还是互相尊重的。当然喽,他们是

473

不同的人。

杜：那么，鲍里斯·尼古拉耶维奇·布加耶夫，也就是安德烈·别雷，您认识吗？

巴：这一位我也认得，也认得。

杜：我对他也有一些印象，但我很想知道您对他的看法。

巴：首先，我听过他的发言，是在哲学会……

杜：那是在自由哲学联合会？

巴：不是，还在自由哲学联合会之前。在自由哲学联合会里我恰恰没听过他发言。我去的几次，他都没有发言。那是在自由哲学联合会之前的宗教哲学研究会里，还是梅列日科夫斯基主持的会议。而研究会会长则是……卡尔塔绍夫。①

杜：是的，这一点您是说过的。那么，请您再稍微多谈一谈这个宗教哲学研究会吧。

巴：他做过一些很有意思的报告。我听过两场。不过报告的题目我不记得了。

杜：这些报告后来没有收进《青草地》②吗？

巴：没有，没有。报告当然……要晚些，比《青草地》要晚一些，当然要晚些。那已经是1916年岁末了。

杜：难道宗教哲学研究会一直存在到……

巴：一直到十月革命。

杜：原来是这样？我还以为，早在1910年代里它就消失了呢。

巴：不是，哪里的话！我参加了这个研究会的最后一次会议，会长卡尔塔绍夫做了发言。那时他已经是祭祀和宗教事务部第一任部长了……是临时政府的部长。是这样。他做了总结发言。那时他没有

---

① 安东·弗拉基米罗维奇·卡尔塔绍夫（1875—1961），教会史家和神学家，彼得堡宗教哲学研究会主要活动家之一。二月革命之后，担任临时政府的祭祀和宗教事务部部长。1919年起流亡国外。——原编者

② 《青草地》，安德烈·别雷的评论和哲学随笔集（莫斯科，昴宿六出版社，1910年）。——原编者

说要解散研究会,但大家都感觉到,这是最后一次会议。

杜:别雷就是在那次会议上发言的吗?还是更早一些?

巴:不,别雷没出席这最后一次会议。我是在这之前听过别雷发言的,接着他讲话的是谢尔盖·索洛维约夫……当我听谢尔盖·索洛维约夫讲话的时候,他已经是神甫了。①

杜:神甫?可我记得他后来不是得精神病了吗?

巴:其实他先前就已经得了病,在这之前就有过自杀行为。后来,他接受了神甫职位。

杜:再后来又接受了天主教的神甫之职。

巴:后来是这样,但那时他是东正教的铁杆教徒,做的报告是关于白色僧帽的故事,我还记得呢。这是一个传说:有个白色僧帽好像后来传到了俄国。这场报告具有强烈的亲俄色彩和地道的东正教性质。

杜:我对谢尔盖·索洛维约夫的看法,在一定程度上也是这样的。不过,这并不重要,我是说至于我是如何……我很想把所有人的情况都过一遍。您可能是最后不多的几个现在还记得、还能讲讲那个三重奏的见证人之一,我说的三重奏是指梅列日科夫斯基、吉皮乌斯和菲洛索福夫。

巴:是的,他们总是一起来一起坐。事情是这样的:宗教哲学研究会的会议……他们没有自己的房子……他们的房子是由俄国地理研究会提供的,占了一层楼,就在杰米多夫胡同里。

---

① 谢尔盖·米哈伊洛维奇·索洛维约夫(1885—1942),诗人、神甫,弗拉基米尔·索洛维约夫的侄子,出版其《诗集》的第一人,并撰写过一本关于他的书(《弗拉基米尔·索洛维约夫的生活和创作发展》,布鲁塞尔,1977 年);C.索洛维约夫是 A.别雷和勃洛克的朋友。关于这些情况,可参阅别雷的回忆录《世纪之初》和《两次革命之间》,以及他的女儿 H.C.索洛维约娃撰写的两篇札记,见《新世界》,1993 年第 8 期,第 178—180 页;《我们的遗产》,1993 年第 27 期,第 60—70 页。另见《沙赫玛托夫通报》第 2 期——"纪念谢尔盖·米哈伊洛维奇·索洛维约夫专号"(H.Г.普罗佐罗娃编,索尔涅奇诺戈尔斯克,1992 年);以及 C.索洛维约夫:《神学和评论随笔:文章和讲稿集》,托木斯克,1996 年。——原编者

杜:是莫斯科吗?

巴:不,当然是在列宁格勒。

杜:是彼得堡。

巴:我知道列宁格勒的一些研究会,莫斯科的我不知道,我从未去过。列宁格勒的这个研究会……在杰米多夫胡同,二层楼上。也就是说,二层的过厅里摆了一张大桌子,上面放着书(是出售的),有宗教哲学研究会的报告书,会员们出版的一些书籍等等。会议大厅其实并不大。一点也不大。我看最多能容纳二三百人。也还未必……

杜:能容纳三百人,那已经不错啦。

巴:大概能够容纳那么多吧,但也未必总有那么多人到场。就算是吧。里面有些小桌子、椅子、凳子和……左边有一个入口,右边有一张长桌。这是主席团坐的。其左侧紧挨着一个讲台。就在这张长桌后面坐着这个宗教哲学研究会成员。他们人数不多,而且来开会的向来又很少。出席会议的其他人都不是会员,或者算是候补会员吧。我曾收到过一张会议通知。有人把我介绍给了会长卡尔塔绍夫,我同他谈了一会儿,他记下我的名字,说:"您会定期收到会议通知的。"……

杜:参加这些会议的人没有任何义务吗?

巴:没有,绝对没有。果然,我后来准能及时收到会议邀请书,是在卷烟纸上打的字,上面标明了:有哪些报告等等。与会者无须出示任何证明。不相干的人也不会去那里。这只是个通知,因为报刊上也不发专门的通告。就在这张桌子后面通常坐着……梅列日科夫斯基本人,身边总是季娜伊达·尼古拉耶芙娜·吉皮乌斯;而吉皮乌斯旁边坐着菲洛索福夫。

杜:您同他们认识吗?

巴:谁?

杜:梅列日科夫斯基、吉皮乌斯和菲洛索福夫。

巴:认识,只是认识而已,点头之交。见面时互致问候。我们总在这个研究会里相见嘛。研究会其实很小,是个相当狭小的圈子,所以大家彼此都认识。

杜:这位女士十分抢眼吗?

巴:她么——是的!她是位十分抢眼的女士。她非常注意自己的外表。其次,她的举止有点儿不同凡俗,总叫人想起美人鱼来。我不知道这是她摆出的做派,还是真的……她在陆地上好像感到呼吸困难,跟美人鱼似的,呼吸十分困难……

杜:她差不多一直喘息到了九十岁。①

巴:是的,看来这是她摆出的这么一种做派。她是个挺有趣的人。

杜:她是棕黄色头发吗?

巴:我现在不记得她的发色了。不过她很有趣,外貌漂亮动人。

杜:她的肖像我倒是见过的。身材很好……

巴:是的,是的。我也见过她的画像,不过好像……这么说吧,她本人留下的印象比画像要深刻得多。她或许并不那么漂亮(您知道,画像总有些……美化她的成分),但多多少少她是有魅力的,尽管有些不自然。

杜:怎么讲?

巴:她有魅力,但同时又明显不够自然。也就是说她很不自然……

杜:十分精辟!

巴:是这样……她很做作,所谓不自然,就是做作。她呼吸十分艰难,像拉到岸上的人鱼。是这样。还有她的整个举止都有那么点儿做戏的成分,都是不自然的,都是故意为之。这就给人留下一种虚伪的印象。不过同时,她又富有魅力,因为她人很聪明。她比德米特里·谢尔盖耶维奇聪明,也比菲洛索福夫聪明。现在说说关系……其实这

---

① 3.H.吉皮乌斯死于巴黎,享年七十五岁。——原编者

是人所共知的 ménage en trois。① 而且在这个 ménage en trios 当中,梅列日科夫斯基是最……怎么说呢……

杜:最无足轻重的……

巴:是的,最无足轻重的一个人物,最无足轻重。他太缺乏男子气,别看他蓄着大胡子,可这一切……

杜:他的相貌有点儿寒碜。

巴:是有点儿寒碜,是有那么点儿寒碜。他留给人的印象是脸色发青,像个溺水的人,脸色发青,略显寒碜……是这样。所以,他没有让我感到肃然起敬,没有。有一点得说一下:他们总来得晚一些,总是在所有人到齐后才来。他俩挽着手走,或者至少并排走,和季娜伊达·吉皮乌斯一起步入会场;还得穿过几排人,才走到这张桌子跟前,因为门在左侧,而长桌在右侧。我还记得,当他们步入会场时,人们纷纷起立。

杜:什么?大家纷纷起立?

巴:是的,人们纷纷起立。也许,不是所有的人,但……这不是官场例行的那种起立,给我的印象是,大家都纷纷站起身来。也许,不少人仍坐在那里。更何况听众当中有人看不起梅列日科夫斯基。但总的印象是……总会有一阵喧哗声、起立声、挪动声……

杜:因为最受尊敬的人来了……

巴:是的。他们走了过去,向众人躬身致意,然后就坐到这张桌子后边,梅列日科夫斯基紧挨着讲台,然后是季娜伊达·吉皮乌斯,最后是菲洛索福夫。至于菲洛索福夫,他可能不是每次都到场的。反正我就记得一次他在讨论中发了言。是这样。此后,他也许来过,也许没

---

① 一种在梅列日科夫斯基那里具有理论依据的生活方式。Н.П.安齐费罗夫回忆了迈尔小组的一些成员于 1918 年拜访梅列日科夫斯基和吉皮乌斯的情形:"梅列日科夫斯基发展了三人婚姻的理论(ménage en trois)。他非常激动地说,两个人的婚姻已经过时。这是旧约的婚姻。它被新约所废除。根据我的记忆,他的观点得到迈尔和波洛夫采娃的赞同。"(Н.П.安齐费罗夫:《往事随想录》,莫斯科,1992 年,第 325—326 页)——原编者

来过。

杜:那他究竟是怎样的一个人呢？

巴:这么说吧，他这个人一点儿都不笨，不笨，还挺博学的。是个……可算是个思想家吧……

杜:照我的理解，他应该是个文学专家吧？

巴:那当然，是文学专家。

杜:他还不仅仅是文学专家。关于梅列日科夫斯基，我多多少少有些了解，而对菲洛索福夫，我不清楚是否可以把他算作思想家……

巴:您知道吗，据我所知，他实际上没有提出任何特别的课题，没有创立任何特别的门类，也没有这方面的追求。应该直截了当地说，他是个老爷。

杜:老爷？

巴:是的。梅列日科夫斯基可不怎么像老爷，倒像是刚被救上来的溺水者，尽管他穿戴总很讲究，梅列日科夫斯基的着装无可挑剔，那身打扮……而菲洛索福夫却是个真正的老爷，所以他的穿戴不像这一位。他是一身老爷打扮，总之，像是一个……您知道，人们对英国绅士是怎么说的吗？——什么是英国绅士？这种人有时会戴个绝非新洗过的、已经弄脏的衣领，但却总是让人觉得，他戴的是绝对无可挑剔的干净衣领。此外，这种人还很会穿衣服。因此我觉得菲洛索福夫……穿得不像这一位那么华丽，却显然更有派头……他很会穿自己的衣服——也许是更为简朴的衣服。他是个老爷，一个地地道道的老爷。是的。这一点处处都能感觉到。既是老爷，他当然不会为难自己去建立一种成熟的世界观，去写出一本什么书，一本需要……

杜:……花费大量劳动的书。

巴:是的。他不想这些。不过他很聪明，受过很好的教育，他讲话时（不过我只听过一次他在辩论中的发言，因为他没有做过报告）显得很有智慧，也很得体。

杜:而梅列日科夫斯基不像老爷，更像是商人出身，是吗？

巴:连商人都算不上。有一个人倒是商人出身……他是……我也很了解他……他是位诗人……他叫什么来着,我马上就会想起来的……有一段时间他诗名大噪……

杜:卢卡维什尼科夫?

巴:对,卢卡维什尼科夫!伊凡·卢卡维什尼科夫。他才是商人出身,而且是出生在巨贾之家,他的父母差不多是百万富翁,也许,甚至他的爷爷辈就已经是了,这我就不清楚了。而梅列日科夫斯基,要我说,更像是一个寒碜的知识分子。一个寒碜的知识分子。

杜:我……对不起,我并不想自己占用录音时间,但我很想向您核实一下。说实话,我讲课时总喜欢冷嘲热讽……有一本书,好像是温格罗夫革命前写的,书名叫《19世纪俄罗斯作家》。[①] 书里有多幅画像。

巴:是什么时候出版的?

杜:好像是1910年。差不多吧。书里有多幅画像:有梅列日科夫斯基,也有斯基塔列茨……还有季娜伊达·吉皮乌斯,一袭白衣,身材窈窕,非常符合您所描述的那个形象。而梅列日科夫斯基就有点儿……不真实……我读过他的许多作品,但我不喜欢他。他就这么坐着……脸上的胡子很难看……

巴:是的,胡子很难看。

杜:……他深陷在椅子里,做出一副有点像契诃夫在凝神思索的样子,分明是在做作嘛……

巴:没错儿,是在做作。

杜:那儿有几排放着贵重书籍的架子,可以看见书脊都是镀金的,而且都已古旧,还有一部分空墙……根据他的身材来看……是相称的……有一个这么大的十字架,而且,第一,这是一个天主教十字架……

[①] 根据所有相关情况判断,这是指《20世纪俄罗斯文学》一书(C.A.温格罗夫编,第1—3卷,莫斯科,世界出版社,1914—1918年)。——原编者

巴:是的,这是

杜:……还有第二,有一个日常细节令我大为惊讶,这个细节对一个信教的人而言就显得不正常了:这个十字架似乎是被固定在墙上的,就靠在电铃的花形装饰上。

巴:是的,是显得不太合适。

杜:您明白吗？电铃在那个时候可是件奢侈品。

巴:是的,是的。

杜:这个电铃是用来叫侍女的。您明白吗……这种奢侈品所带来的不仅是物质生活上的享受,而且还有精神上的享受,甚至可以带来自我满足感。所以我就对这件东西记得很牢。是这么回事吧？

巴:是这么回事。

杜:这与您对生活中的梅列日科夫斯基的印象是一致的吧？

巴:是的,是的。他在生活中也很做作。这么说吧,不论谈什么问题,他总要突显自己,强调自己的作用。比如问题涉及托尔斯泰——他先说上几句高度赞扬列夫·尼古拉耶维奇·托尔斯泰的话,然后就补充道:"我有权利讲这个话,是因为列夫·尼古拉耶维奇当初还在世的时候,我曾同他有过许多次争论。"可又何必要说他同托尔斯泰有过争论呢——看来是一份"荣耀"……是吧。

杜:您听过他的什么报告吗？

巴:我在场的时候,他没有做过专题报告,可是他认为对每个报告都必须讲点话。作为领袖嘛。是吧。应当说,他的发言没多大意思,和他写的那些东西是一路货色。应该说,亚历山大·亚历山德罗维奇·迈尔是那个时候相当活跃的人物。他过去是社会民主党人,后来成了宗教唯心论者。他祖籍德国。那时他是列斯加夫特学院的教授。他在那里讲授历史课程。

杜:列斯加夫特——是体育学院吗？

巴:是的。(笑)不过当时那里也教授哲学和其他课程。迈尔在那里教课时,极受学生的欢迎,极有影响。总的来说,这是个优秀的人物。很优秀。人也非同一般。他长得很帅。很帅。他蓄着一副精美的亚述人那样的花白胡须,还有一双俊眼,如此等等,不一而足。

按照官方的说法,我就是因为他的案子才蹲了班房的,不过这是官方的说法,因为事实上我并不赞同他的方针。不过对他我是很了解的,他常到我这儿来(我却从未去过他那里),但我不赞同他的观点。但按照官方的做法,总得挂到什么上面去,于是就挂到了一起。[①] 您知道,那会儿根本就不关心事实的真相。

就这样,他时常发言。他所持的立场是最激烈、最极端的。比如,他认为(这是在十月革命之前、二月革命之后的事情),应该使革命更加深化,应该将革命变成一场社会性的革命。一句话,必须将革命进

[①] A.A.迈尔(1875—1939)的名字,本注释的作者是在1972年1月5日与巴赫金的交谈中从他那里首次听到的;那时这个名字还鲜为人知。巴赫金当时讲道:"我和迈尔各获刑十年(后我又被改判为五年)。"两人在1929年被国家政治保安总局列宁格勒分局委员会判定参与"右翼知识分子的反苏维埃的非法组织"——这是一个在列宁格勒已存在数年,名为"复兴"的组织。冠有这一名称的是一个宗教—哲学小组,它是由迈尔在1917年末创建的,其活动一直持续到1928年12月——小组遭到取缔,迈尔和其他成员被捕(12月11日),巴赫金也遭到逮捕(12月24日)。巴赫金并未参加迈尔小组,只不过与迈尔本人和小组其他成员关系密切。像M.B.尤金娜(1899—1970)和Л.B.蓬皮扬斯基这些所谓"巴赫金圈子"里的人都参加过小组活动。国家政治保安总局列宁格勒分局在捣毁这个小组后,便以此为核心组织了一个广泛涉及"右翼知识分子"的重大政治案件;整个案件被冠以"迈尔小组"之名。根据最初的判决,迈尔被判处枪决,后来改判为监禁于索洛韦茨基集中营,而巴赫金则被判在索洛夫基(索洛韦茨基群岛或索洛韦茨基集中营的简称。——译者)监禁五年,后来改判为流放库斯塔奈。关于这一点见《记忆:历史论集》,第4辑,巴黎,1981年,第111—145页;《文学问题》,1991年第3期,第128—141页。1982年在巴黎出版了A.A.迈尔的哲学著作集(其中附有他的传记)。关于Д.C.利哈乔夫对迈尔的回忆以及后者的文本发表和出版情况,见《哲学问题》,1992年第7期。国家政治保安总局列宁格勒分局根据对"复兴"组织的侦查结果而制作的起诉意见书由Ю.П.梅德维杰夫公之于世,见《对话·狂欢·时空体》,1994年第4期,第82—157页。这份文件含有许多先前不为人知的关于"复兴"小组发展过程的信息。其中,M.M.巴赫金只是作为与"复兴"组织有关联的一个小组的成员而被提及的,这个小组在文件里被界定为"具有君主制倾向的宗教人士联合会"(第130—131页)。该文件指出,M.巴赫金"多年来在多个非法小组中做了数场(具有反苏维埃性质的)报告,其兄尼古拉·米哈伊洛维奇·巴赫金,著名的君主主义者,目前在境外积极从事与苏联进行武装斗争并企图复辟的宣传活动"。而且,在举行集会的那些住宅里,M.M.巴赫金的住宅也赫然在列(第99—100页)。——原编者

行到底。①

杜:他当时已经成了宗教唯心论者了?

巴:已经是了。

杜:不过别雷也持有这样的立场。他也是……他写了长诗《基督复活了》,还有……②

巴:是的,那还用说,他也曾持有这种立场。

杜:同时,有人说他是布尔什维克,尽管他从未当过布尔什维克。

巴:不,没人说他是什么布尔什维克,尽管……是的,他……他创建了自己的小组,自己的社团,接着在革命之后,当宗教哲学学会不复存在之后,他自己又创立了一个地下的(如果想这么说的话,也未尝不可)协会,继续活动。参加者多半是年轻人。别人告诉我(他们的活动我是不参加的,我说过,我不赞同他的观点),有一次开会……会上有人提出一个问题:"假设弗拉基米尔·伊里奇·列宁来参加我们的会议,他对我们会是什么态度?"他们得出的结论是,列宁对他们会持肯定的态度。他会理解他们的先进性,如此等等。不过,这自然是非常幼稚的,非常幼稚……

---

① Н.П.安齐费罗夫,俄国文学和彼得堡文化史学家,迈尔和 К.А.波洛夫采娃小组成员。他在回忆录中讲述了他在审讯中是怎样向侦查员 А.斯特罗明解释小组的社会倾向的。"斯特罗明试图让我相信,我属于一个将苏维埃政权视作敌基督(基督教教义中指基督的主要敌人,据说他将在世界末日出现。——译者)政权的组织。我告诉他,他完全没有明白迈尔和波洛夫采娃小组的倾向。克谢尼娅·阿纳托利耶芙娜赞同布尔什维克的一切经济和社会纲领,不过,她也同人一样,认为其纲领还不足以复兴人类和建设共产主义,需要宗教的力量。她的理想是这两者的结合。在五月一日与复活节星期日相逢之际,这种结合便可实现。"见 Н.П.安齐费罗夫的《往事随想录》,莫斯科,1992 年,第 332 页。Е.Н.费多托娃——历史学家和哲学家 Г.П.费多托夫的妻子(他是这个小组早期的组织者和领导者之一)——也这样回忆道:"小组的一个成员喜欢问:'该如何祈祷:是推翻布尔什维克,还是开导他们?'我想,这个时候大多数人会回答说:'开导他们吧。'"见 А.А.迈尔的《哲学论集》,巴黎,1982 年,第 454 页。——原编者

② 《基督复活了》是安德烈·别雷的长诗,创作于 1918 年 4 月——继勃洛克的长诗《十二个》之后,按照 К.В.莫丘利斯基的说法,是对勃洛克这首长诗的"回应",似乎是对它的阐释。——原编者

杜：他们自认为是革命者？

巴：是的，他们自认为是革命者，但却是不承认暴力的革命者。当然，他们是承认革命暴力的，但却带有某种特别的保留条件。具体条件我现在已记不清了。亚历山大·亚历山德罗维奇·迈尔是一个非常善良、非常正直的人，从不伤害别人。但他提出了自己的说法，这个说法倒不是为暴力辩护，而是要在某种程度上……

杜：……要在某种程度上进行和解……

巴：是的，与暴力，与革命的暴力和解。

杜：明白了。我们还是回过来简单谈谈那两口子吧。您从未听过梅列日科夫斯基或是季娜伊达·尼古拉耶芙娜·吉皮乌斯朗诵诗歌吗？

巴：朗诵诗歌？没有，没听到过。

杜：那么从总体上说……季娜伊达·尼古拉耶芙娜的发言怎么样？

巴：不知道，季娜伊达·尼古拉耶芙娜从未当我的面发过言。她只是在炫耀自己，只是一个劲儿地炫耀自己。是的。

杜：这不，您刚刚完成了一座象征主义者的画廊。不过，缺了勃洛克自然就不算完整了。

巴：是的，缺了勃洛克就……不过，您看……我和勃洛克几乎不认识。我听过、见过他几回。有两次听过他发言，准确地说，不是发言，而是诗歌朗诵。是的。我们有些共同的熟人和朋友。

杜：谁呢？您认识叶甫盖尼·帕甫洛维奇·伊凡诺夫吗？

巴：是的，我同他很熟。我们住列宁格勒的最后几年，他是我家的常客。①

---

① Е.П.伊凡诺夫也是由于"复兴"小组的那桩案件于1929年被判处流放北方边疆区（《文学问题》，1991年第3期，第134页；《对话·狂欢·时空体》，1999年第4期，第94、105、136、140页）。这两份材料表明：在1928年12月2日举行的"复兴"小组最后一次会议上，Е.П.伊凡诺夫以及 М.В.尤金娜都宣布退出该组织机构（第140页）。——原编者

杜:他可是勃洛克的亲近朋友。

巴:他也成了我们的亲近朋友,自称是"你们的棕须友人"。他的胡子是棕色的。

杜:是浅色的吧。

巴:是的。总的说,他当然算不上漂亮,绝对算不上。他的面孔,如果这样看过去,面孔就显得很呆板。

杜:是的。因为我对他一无所知,有一次我纯属偶然地去听他的报告。后来,这位可怜人把剪贴的画册卖给了文学博物馆。

巴:是的,是的,他日子过得很苦、很难。过得很苦。

杜:邦奇只付给他几个小钱。我本来以为,他只是个出让此类文献资料的。很久以后我才明白,他是一位杰出人物。

巴:是的,他当然是位优秀人物。不过,他的长相、他的表情像个愚钝的人。说起话来也是含糊不清,几乎就是口齿不利索。他无法正常说话,我觉着,有些音被他给吞掉了,发不出来。

杜:那么他是怎么给您讲勃洛克的呢?您自己对此……您根据自己的印象,又有什么补充或纠正?……我知道,他还保存着往来书信。

巴:是的。我自然很难给出一个什么说法:对勃洛克我了解得太少。但他作为诗人,我是很喜欢的,非常喜欢。

杜:有人喜欢勃留索夫……要知道,勃留索夫和勃洛克从某种程度上讲是象征主义中的两极。

巴:是的,从某种程度上讲是这样。不过您要知道,这里还是有夸过张成分的。在我们这里,人们总是喜欢把一切都置于矛盾的境地,把一切都引向两个极端,使其互为对立,如此这般。情况不完全如此,终究不能把勃留索夫——这位象征主义的发起人——同象征主义分开,也不能把勃洛克——这位年轻得多的第二代象征主义诗人,或把维亚切斯拉夫·伊凡诺夫同象征主义分开。无论如何,可以说他们有着同一颗心灵,在这一点上,没有任何对立可言。他们在深刻的意义上属于同一个阵营。属于同一个阵营。或许也应有多种声音。理应有多种声音——也确实存在。这正是力量之所在,力量之所在,在一定范围内……各种才华,各不相同的世界观都能得到蓬勃发展。

这便说到了勃洛克。他给人的印象相当强烈。具体说来,他相当漂亮,绝对漂亮,而且身材匀称。还有,他读自己的诗作非常精彩,虽说他完全是……他不是在朗诵,而是在读诗,读得很有特色。我以前会模仿他读诗,也就是像他那样读诗……

杜:很像吧?

巴:是的。我是刻意模仿的。不过现在不行了。

杜:现在不行了?

巴:现在已经不行了。是的……这不……现在……他总能马上叫人感觉到,他非同一般,这么说吧,和我们这些凡人不是一个材料做的。可以从他身上感受到某种崇高的精神……这么说吧,他超凡脱俗……应该说,这就是我对他的印象。他甚至超越了自己。可以说,诗中(但不是所有的诗中)的勃洛克是个优秀的勃洛克。另一个就是勃洛克其人,他有自己的交往对象和圈子。他对布尔什维克革命的迷恋,他围绕"俄国知识分子、脱离民众、知识分子与民众、知识分子与革命"这一话题所发表的那通胡言乱语——这些当然是属于那个勃洛克其人的;在一些美好的时刻,他自己会超越那个勃洛克的,即当他在真正创作的时候,当他高出一切的时候,他就会超过那个勃洛克。一般来说,这一点即刻就会感受得到:瞧这个人,他身上具有某种十分崇高的东西,这种东西超越了他自己……当然也不总是这样。他可能坐在椅子里,或在走路,或在读诗,直视听众的眼睛,想知道他们会有什么反应……所有这些总叫人觉得这不是勃洛克的一切,也不是勃洛克身上主要的东西。这也没什么,他终究要有个躯体,还得有一个社会地位,还得做点儿事情,还得穿衣,如此等等。当我见到他时,他身穿一件工作短衫,您知道吗……,时有一种短衫是……诗人们,对,是诗人们都喜欢穿的。这是从法国传进来的。第一次革命时革命者们曾经穿过,后来诗人、作家们也都穿起来了。

杜:叫人感觉到的就是这一点吗?

巴:也包括这一点。

杜:米哈伊尔·米哈伊洛维奇,那么您个人对《十二个》的评价是否定的?从您刚才所说的话里可以做出这样的判断。我只是从逻辑上……

巴:我的评价是这样:就才华而言,就表现革命而言,这当然是一部惊人之作。整个描绘方面——是非常有力的。我记得那个时代,记得那座冰雪交加的彼得堡和四处响起的枪声……你走在街道上,走在那条涅瓦大街上,夜里漆黑一片,还窜出一些奇怪的人影,突然枪声大作,也不知道为什么开枪,有什么目的……这不,所有这些他都表现得很成功。还有他在一开始所描绘的那些谈话——无论是日常生活中的,还是非日常生活中的那些谈话,都精彩极了!精彩极了!那个老妇,那个小姐,还有妓女,以及……"兴许是作家、雄辩士",等等,等等……所有这些当然都非常精彩。而且毫无疑问,这一切在某种程度上都具有嘲讽的意味。是有嘲讽意味的。当然也是具有嘲讽意味的(只不过这里的嘲讽,可以说已经有了另一种含义),也是具有嘲讽意味的——那十二个红色赤卫队员。他们似乎是以嘲讽的笔调塑造出来的。如果以为,他们——这些跟随耶稣的十二个信徒完全是从正面加以描写的……那就错了!这可是用嘲讽的笔调来写的,他笔下的整个情境都是以嘲讽的语调来写的。要我说,他笔下的耶稣也多少有点……尽管诗里的形象很美……"凌驾风雪……"那段是怎么写来着?

杜: 　前面那位刀枪不入,

　　　手持血染的旗帜,

　　　湮没在风雪之中……

巴: 　迈着晶莹的轻柔脚步……

杜: 　不是"晶莹的",是"凌驾风雪的"。

　　　(两人齐声)

　　　犹如飘洒的晶莹雪花,

戴着白玫瑰的花环，

前面——就是耶稣基督。

巴：写得太棒啦！尽管如此，总体看来，整个画面表现的是嘲讽的基调……因为描写的是那个时期的社会，那个时期的杂声——所有这一切就整体而言在某种程度上带有嘲讽的意味，但也不是冷嘲热讽……总之，这方面所体现出的正是勃洛克本人——他就是这样，要我说，这里既有勃洛克，又有"超越勃洛克"。

杜：那么，说到"超越勃洛克"……您是否认为，比方说，第一卷就是"超越勃洛克"吗？彼雅斯特和其他许多人都是这么认为的。

巴：第一卷？

杜：是的，第一卷，即《美妇人诗集》。

巴：不，不，不，在他全部创作里，在他成熟时期的创作中，到处都有这个"超越的勃洛克"，也有不"超越的勃洛克"。有作为诗人、象征主义者、象征主义诗人的勃洛克，还有，如果可以这么说，是作为象征主义的背叛者……

杜：再有：

一只邋里邋遢的猫从房顶上同情地睁大着眼睛……

……你在想：莫非它也是见证者？

但它是不会回答你的。

它的美德就在于

这样的纵酒狂欢。[①]

巴：是的。

杜：这是自我嘲讽。而谈嘲讽的那篇文章正是一篇精彩之作。[②]

巴：是的。他知道嘲讽的威力，也懂得其奥妙所在。

杜：这么说来，您了解和喜爱的是作为诗人的勃洛克吗？

[①] A.A.勃洛克：《我朋友的一生》（1913）。勃洛克的原话是："他也会这样回答你的。"见A.勃洛克的《作品集》，第3卷，莫斯科—列宁格勒，1960年，第49页。——原编者

[②] 《嘲讽》，勃洛克的一篇文章（1908）。——原编者

巴：我了解并喜爱他。我会背诵好多诗。只是现在我的记性太糟糕了。我会背诵勃洛克和维亚切斯拉夫·伊凡诺夫几乎所有的诗歌。是的。至于在勃洛克其人身上……或许，总之，不是在那个崇高的、创作了伟大作品的勃洛克身上，有许多这样的……其中一部分原因就是出于他不等同于自己，他超越了自己……这就是他的……背叛之处。当初他在某种程度上就是象征主义的背叛者（如果这里可以使用"象征主义"这个字眼的话），也是俄国知识分子的背叛者……

杜："背叛者"这个词不完全恰当。

巴：……有一段时间他脱离了俄国知识界……

杜：无论如何，"背叛者"这个词我觉得用在这里并不合适。

巴：是的，用在这里看来是不合适的，是不合适的。

杜：这么说吧，终归还是某种完全真诚的摇摆。

巴：是的，这是真诚的摇摆，不过背叛者也有出自真诚的。没错，这是真诚的摇摆。

杜：不管怎么说，"背叛者"有点儿……这个字眼含有"叛徒"的意味。

巴：是的，没错……

杜：那么，从他身上您感觉到这一点了吗？……那又怎么样呢？……对了，请您讲一讲，从"超越勃洛克"的角度来看，您觉得哪些作品最为出色？

巴："超越勃洛克"的？是这样……您知道，这很难回答。因为这样的作品很多，很多……我们就来回忆一下吧。首先是《陌生女郎》。《陌生女郎》是他早期的作品，较早的……

杜：这是1906年创作的。

巴：还是在维亚切斯拉夫·伊凡诺夫的"塔楼"上，维亚切斯拉夫·伊凡诺夫那座有名的"塔楼"上，他就朗读过这首诗。那座"塔楼"我没有上去过，因为后来那里已经住了别人，具体是谁我不清楚。

但我住得很近,常常见到它,每次路过时就想起这座"塔楼"。① 还有其他不少出色的作品。首先是他的那些与诗歌创作相关的作品,如《致缪斯》:"在你那隐秘的歌吟里……"了不起的作品,真是了不起!

杜:您又如何理解诗里的彼岸形象?

巴:是的,彼岸,就是……

杜:　　你的头上突然亮起了

（齐声朗诵）

那个晦暗的灰紫色的

我曾经见过的圆环。

巴:您看,对"我曾经见过的圆环"可以做这样的理解……首先,他本人确实与这个彼岸有关联;其次,这个"灰紫色的我曾经见过的圆环"中的"灰紫色"——这分明是弗鲁别利的色调。他可是弗鲁别利的狂热崇拜者。

杜:据我的想象,圆环是但丁那个地狱的返照。地狱的返照。

巴:啊——啊,是的,不过,这同……弗鲁别利绘画里的魔鬼和凶险也是一样的。他是弗鲁别利的狂热崇拜者。甚至在1912年的那篇讲话里,可以说那时他已经脱离了象征主义……

杜:还有象征主义中"诸多淡紫色的世界"……

巴:是的。就是,就是。当时他在那篇讲话中说道:"不朽的弗鲁别利,你那美好而苦难的灵魂世界。"②这是他的原话。

杜:那么,像《意大利诗抄》《拉韦纳》这样的诗篇呢?

巴:都是绝妙之作!《拉韦纳》真是绝妙之作!所有意大利诗行都是好诗。《拉韦纳》是我最喜欢的。其次是这首,也是谈创作的:"在炎热的夏季和风雪的冬天……"您当然也知道这首诗吧?

杜:是的。不过我背不出来。

---

① 1924至1930年间,巴赫金夫妇起初住在普列奥布拉仁斯卡亚街38号,5号住宅,后来住在兹纳缅斯卡亚街,萨皮奥尔内胡同拐角处。这两处住房都与"塔楼"不太远(塔夫里切斯卡亚街,特维尔拐角处)。——原编者

② 可能是指勃洛克发表于1910年的演讲《俄国象征主义的现状》。——原编者

巴:这是极好的诗,极好。

杜:而您是否认为……我实在抵不住诱惑,想跟您谈一谈——这是一个极有趣的话题。您是否认为,我是指完全严肃的看法,而不是谩骂,在勃洛克诗中除了悲剧性——崇高的悲剧性,还有颓废因素,即精神上的空虚?比如《可怕的世界》里就有崇高的悲剧性……

巴:是的。

杜:就是像这样的,您明白吗……

　　一个赤贫的傻瓜缠上了我,

还是在同一组诗里:

　　尾随身后,像熟人一般。

　　"你的钱哪儿去了?"——"花在了酒馆。"

　　"你的心呢?"——"丢进了深潭。"

您还记得吗?

巴:是的。

杜:瞧见了吧。这里有某种……我可以用勃洛克自己的话来印证我的这个想法:"我的世界观的正剧……"接着在括号里写道:"我还没有达到悲剧的高度。"①您有什么见解?

巴:是的,显然是这样。我这么认为的:某种程度的空虚在他身上是有的。不过,也可以说,这类某种程度的空虚在任何一位诗人身上都有,一个人如果不了解空虚,与空虚绝对没有任何形式、任何方面的干系,那也就无法懂得诗人所必需的充实感。就是这样。

　　会歌唱的心灵才会得到

　　世上那无尽的喜悦……

要让"会歌唱的心灵"得到这份"无尽的喜悦",还必须只能是这样的心灵……

杜:这就是说,您不区分真正的悲剧特点与……悲剧性毕竟是一

---

① 源自勃洛克1907年8月15至17日致安德烈·别雷的书信(A.勃洛克:《作品集》,第8卷,莫斯科—列宁格勒,1963年,第199页)。——原编者

种净化,而他的这种空虚……

巴:您看,问题就在这里。"悲剧的"一词……要我说,我们现在用得太滥了。

杜:我们把它太低俗化了。

巴:悲剧……可不是。悲剧,纯粹的悲剧,就是古希腊罗马文化所创造的悲剧,如埃斯库罗斯的悲剧,索福克勒斯的悲剧,甚至欧里庇德斯的悲剧,实际上都是天真的悲剧,很天真。他们很少触及空虚,他们很少见到,很少知道可怕的事情,而且也无法知道。他们无法知道这种事情。就是这样。尽管他们特别有分量和高度,但本质上都是些孩子,而在某种程度上讲,这正是他们的力量所在。是吧。可我们的悲剧则不可能是那种纯粹的悲剧……

杜:要更为可怕一些。

巴:是的。它整个都渗透着对空虚的这种感受,并且它与喜剧的因素是分不开的。① 是的,喜剧的因素。

杜:这就是您在《拉伯雷》一书中所表达的看法……就是滑稽表演。

巴:滑稽表演,当然是滑稽表演……

杜:对不起,我说到了自己的研究领域,宗教滑稽剧……

巴:是的,可以这么认为。没错儿。

杜:这样就更为全面。

巴:是的,是的。我也是这么认为的,如果扩大开来看,说到底,属于这一世界的,也就是勃洛克所在的世界,还有勃留索夫、巴尔蒙特,以及别雷、维亚切斯拉夫·伊凡诺夫;从某种程度上讲,也包括……马雅可夫斯基……但也不完全是。不过,马雅可夫斯基至少在部分创作中已经背叛了这个世界,实际上成了背叛者。他在世的时候,许多人

---

① 指康斯坦丁·瓦吉诺夫的长篇小说《山羊之歌》的题材(关于这部小说见第五次的谈话),这一题材在小说标题是用仿讽的笔调表现出来的,该标题系希腊语"悲剧"一词的字面翻译。——原编者

都把他当作背叛者而加以仇视,因为他的确做过一些不光彩的事情。这您也知道,有些人就不肯同他握手……同马雅可夫斯基。

杜:也有人也不肯同勃洛克握手。

巴:是的,也有人不肯伸出手。不过……性质稍微有点不同。那是一种……是的,不过……我说的就是这个,背叛在某种程度上是他固有的特点,我说的就是这个……

杜:在以后的面谈中我们还要回到马雅可夫斯基这一话题。这里还有一小点没有谈到……刚刚得出的关于象征主义的完整形象是相当精彩的。我们似乎把整个象征派都谈到了。

巴:是的,整个象征派。

杜:还有一个……霍达谢维奇。

巴:对,霍达谢维奇,还有……安年斯基。我十分喜欢安年斯基,十分喜欢安年斯基,直到现在还喜欢他。

杜:是的,可您没有见过他吧?

巴:没有,我不可能见到他,因为他在1909年就已经去世了。我见过他的一些熟人,见过他在皇村中学教过的学生。

杜:皇村中学的学生?那他的哥哥您认识吗?

巴:不,我不认识他,他其实是另一个圈子,另一个世界的人。他是一个政治家,自由主义知识分子,政治家尼古拉·安年斯基。我不认识他。

杜:那您见过古米廖夫和安娜·安德烈耶芙娜吗?

巴:古米廖夫——当然见过。我见过古米廖夫。诚然,我从来不是他的朋友,也不可能是,但我多次见过他。我喜欢他的诗歌。说实话,我当然不认为他可以与……像维亚切斯拉夫·伊凡诺夫和勃洛克这样的诗人等量齐观,不过,尽管如此,我还是喜欢他的诗歌。至于他晚期的诗歌,我现在还是评价甚高。他的人格也很有魅力,非同一般。但他缺乏深度,感觉不到有什么深度。他也不追求这个,不想成为深刻的诗人,完全不想,他不追求这一点。他想做一个有鲜明特色的诗人。

杜：有鲜明特色？

巴：是的，有鲜明特色。有鲜明特色。

杜：他的外貌好像也是，也是挺难看的，是吧？

巴：不，从外表上看他是个高个子，身材匀称，有点偏瘦。要我说，他给我留下的印象是：他有点儿像里尔克，也是那种特点、那种类型的外貌。只不过里尔克的目光十分柔顺、平和，而他的眼神则更加刚毅。总的说来，他是一个勇敢刚强的人。而且他自个儿也很欣赏这一点。他本来就喜欢男子汉气质。他原来是个出色的军人，很神奇。以前他常出去旅行，经历过各种危险。有一段时间，他同当时的许多人一样，专拣危险的事情去做，认为最为惬意的事情莫过于……

杜：……狮群不时地向我们逼近。

然而我们当中没有一个孬种，

我们开枪射击，对准狮子脑门……①

诗里还是有严重缺陷的。您没有感觉到吗？……您不觉得他好作姿态，有点儿做作吗？

巴：也可以说，有点儿做作。但他的勇敢，他对作战和军事危险的喜爱，则完全是真诚的。他确实迷上了战争，迷上了战争。他认为，在战前他其实没有生活过。即使是旅行什么的，也都不值一提。爱情也不值一提！战争可就不一样啦！不是吗！

杜：我们进攻已是第四天，

（齐声）

四天来我们没有进食……

在这美好的热情时刻

我们不需要人间的美食，

---

① 出自古米廖夫的诗篇《在壁炉旁》（1911）。此诗收录在诗集《异国的天空》中的第二部分，这一部分是献给 A.A.阿赫玛托娃的（H.C.古米廖夫：《短诗和长诗》，列宁格勒，1988年，第177页）。——原编者

因为天主的话语

胜似面包滋养着我们。

浴血的一周又一周

何等灿烂,何等轻松……①

巴:顺便说一下,要知道,那时所有写战争的诗篇……那时的诗人都写过……全都是陈词滥调……不是吗?

杜:写得十分蹩脚。

巴:十分蹩脚。全是陈词滥调。

杜:不如我们这次战争所写的那些诗篇。

巴:那当然不如。都是硬挤出来的。因为写诗的这些人实际上……不喜欢、不理解战事。难以想象他们会……比方说,像梅列日科夫斯基在战场上会做些什么呢?……至于勃洛克……勃洛克也是一个勇敢的人,我们知道,他是一个勇敢的人。他没有上过前线,但到过前线附近的地方,他不怕枪林弹雨,至少是这样。

杜:总之,有件事情很奇怪:在我们这次战争中,在最后一次战争中,一些很不起眼的比较弱的诗人(像苏尔科夫、西蒙诺夫等人)却写出了……

巴:那是同一个货色!

杜:不过这些人所写的诗作毕竟还是有实力的。

巴:才不是呢,跟他们那些人一样……

杜:可他们都是优秀的诗人……

巴:但他们写的都是些枯燥无味、千篇一律、了无生气的诗。

杜:例如勃留索夫,就写得很糟糕。

巴:是写得很糟糕,就连他的那些革命诗篇也写得很糟糕。他早在 1905 年就写了革命诗篇。都是些蹩脚诗。

---

① 古米廖夫的诗句是这样写的:"但不需要人间的美食/在这可怕而美好的时刻,/因为,天主的话语……"(Н.С.古米廖夫:《进攻》,见 Н.С.古米廖夫的《短诗和长诗》,列宁格勒,1988 年,第 234 页)——原编者

杜：您听过古米廖夫朗诵诗吗？

巴：朗诵诗？没有，我没听过。

杜：他说话结巴吗？

巴：我觉得有一点儿，不过是轻微的。

杜：津克维奇说："他可是个结巴。"

巴：不，津克维奇有点儿夸大其词了，有点夸大了。他当然不是结巴，不过，依我看，也不是擅长朗诵的人。

杜：那您有没有……听过他朗诵……

巴：没有，我从未听过他朗诵。

杜：那您是在什么地方见到过他的？

巴：我见到他，首先是在……我现在都记不清……是在哪个学会啦。但那时我不认识他，只是看到他了。后来，我是在宗教哲学研究会里同他认识的。没错，有一次我在那里见到他，是在战争前夕，也就是在他入伍前夕。后来又一次见到他，那是……他从前线回来短期休假。也是来到了宗教哲学研究会。那时他已经身着军装，是名军官……近卫军官……还有……那时怎么叫的？……他的肩章上是骷髅头骨和两根交叉的骨头……好像叫敢死队吧。是骠骑兵！骠骑兵！那时他可帅了！我记得当时我正巧在上面一个楼层的平台上，好像是和阿赫玛托娃站在一起的，我们在抽烟。房间里是不能抽烟的，我们就走上比第二层略高一些的楼梯，因为分给我们这个研究会的是二楼，而平台则是在楼层之间……我们就站在那里抽烟。突然有人喊了一声（我想是安娜·阿赫玛托娃）："古米廖夫在这儿！"说着便飞奔下去，真像小鸟一样振翅飞了出去。于是我也跟了过去，看到桌旁果然站着一个军人，英俊威武。他就是古米廖夫。十分帅气！帅气十足的古米廖夫！

于是我就明白了，其实这个人生来就是当军人的。尽管他当军人的时间并不很长。可别看他服役时间不很长，却得了两枚圣乔治十字勋章。那时，获得圣乔治十字勋章……可不容易……靠关系是拿不到的。根本不像现在人们所议论的那样，不是那么回事。我们现在的所有奖章毫无价值。我认识不少从事命令起草工作的文书,他们专门制定命令,都是知识分子出身,我知道他们是根据首长的指示拟定命令的,可这些个命令根本不符合实际情况。然而,他们就会因此而获得奖章。但在那个时候获得勋章是很不容易的。而他却得了两枚圣乔治勋章……尽管从未受过伤。有一次,他甚至写道:

但"圣乔治"

(齐声)

却两度触及

未被子弹伤及的胸脯……①

杜:是的,这是《火柱》里的诗句。

巴:我发现,您对诗歌非常熟悉……

杜:诗歌我是了解的。

巴:……是的,不仅是年代久远的诗歌,这么说吧,从……

杜:我是了解的。是这样。当然……我很高兴听到您说,您对此已有所感觉。

我们就谈到这里吧,磁带快录完了,我的时间也快用完了。〈……〉不过我们的谈话并未结束。下一次我们从阿赫玛托娃说起,总体说来,要专谈苏联时期了。

巴:是的,该谈苏联时期了,不过可讲的内容相对要少得多。我还想讲一些有意思的现象,比如当时已岌岌可危的那些沙龙。

杜:那太好啦。您真会营造气氛。谈话的气氛。不过今天就谈到这里吧。我这就关机。

第三次访谈(1973年3月8日)

杜:请吧,米哈伊尔·米哈伊洛维奇。上一次我们谈到了古米廖夫。那我们现在就来谈谈阿赫玛托娃吧。

---

① 出自古米廖夫的诗篇《记忆》(1921),这首诗是他最后一部诗集《火柱》(1921)的开篇之作。——原编者

巴：好的，那就来谈一谈阿赫玛托娃……讲一讲安娜·阿赫玛托娃。对安娜·阿赫玛托娃其人我了解得很少。我同她见过几面。只交谈过一次，而且我们的谈话也不是特别有意思的。还有，我觉得，大凡对于超出狭窄的，主要是指爱情方面的生活之外的那些话题，她不太喜欢多说。这还是在那个时候。当然这是很久以前的事了，此后她也发生了很大变化。

正如您所知道的那样，在阿赫玛托娃早期诗歌中几乎完全没有什么哲理成分，几乎是这样。她的创作都是抒情诗，专写隐秘关系的抒情诗，纯女性的抒情诗。当然，这无碍于她的诗作所具有的相当高的艺术水准。但在我刚认识她那会儿，也就是在她创作的早期阶段，她的诗作中没有提出带有普遍性的……具有深刻内涵的问题。我觉得，她的生活中也没有这种深刻的内涵。她感兴趣的是人。不过她是按照……女性的方式来观察人的，就像女人观察男人那样。她是这样来认识人的：所有的人都分为有趣和乏味这两种。这是纯粹的女性立场。所以，我对她这个人不是太喜欢的。

此外，我发现她身上有股子傲气。可以说，她有点儿以一种居高临下的姿态来看待普通人。后来我也听别人说到了这一点，这些人都同她有过交往。到了老年她身上也还是有这股子傲气，甚至还变本加厉，发展到了极端：比如说，当编辑部的工作人员来找她的时候，她甚至对他们的问候没有任何表示，也不请他们坐下。他们就这么站在她的面前，而她只顾埋头对编辑部的修改意见做相应的标记——同意还是不同意，连看都不看他们一眼。可是，我再重复一遍，她完全没有把他们当作人来对待。是这样。她就是这样。当然，又有谁知道这些回忆录的可信度呢，也许这些回忆很是……没有来由，带有主观色彩。他们来的时候，或许正赶上她心情不佳：要知道，一直有人在诽谤她，直到她生命的最后时日里，还有人在诽谤她。或许，她当时正处于这种遭人诽谤的感觉特别强烈的时刻……不过必须要说明的是，关于她的这股子傲气，甚至是某种程度的粗鲁（依我说），我也从别人（而且是很多人)那里听说了。

杜:这发生在她家里,当她接待来访者的时候吗?

巴:是的,人家是来办事的,而且都是普通人。而她在跟她认为多少有些名望的那些人打交道的时候却……

杜:是她那个圈子里的人。

巴:是的,是她那个圈子里的人——她自然又是另一种态度。像她这样的大有人在。果戈理当年就曾一针见血地指出,一个人会因谈话对象的地位高低而改变说话的态度。不过首次非常精彩地写到这一点的是萨克雷,他有一本写势利小人的书,其中描绘了一个势利小人的形象。此人同店铺伙计说话时是一种腔调……同某位勋爵说话时又是另一种腔调……(巴赫金变换着语调:讲到前者时用的是一副居高临下的口吻,讲到后者时则是一副卑躬屈膝的腔调)总之一句话,此人完全是可以变来变去的,这取决于他说话时是在往右看,还是往左看——他的那张脸每次都在变。

杜:如此说来,官员与势利小人是一路货色?

巴:与势利小人?不。

杜:实际情况是……官员……只是根据官阶等级表来确定"高低"。

巴:是的,是的,官员的情况取决于一个人的整体地位,没错。可势利小人,总的来说,不只是像官员那样,他……他的趋炎附势不仅仅表现在这方面——即对待大官和小官的态度上,而且还表现在他如何解决其他问题上,例如艺术等领域的问题。比如,有个势利小人在剧院里观看某部新戏。他不会先开口说话的,他会保持沉默,一直等到观众当中的某位颇有名望的人发表了自己的观感,他这才开口说话,他一旦掌握到别人的一两点观感,就应声附和。这时,他才开始大胆地赞扬这部戏,或者相反,对其大加挞伐。至于他自己在观看过程中有什么感受,这对他来说并不重要,他不相信自己。总之,他一旦脱离了公众的意见,一旦脱离了某个领域(如文化、纯艺术、音乐等)的大人物的意见，便无法独立存在了。这就是所谓的势利小人。很遗憾，这样的势利小人如今在我们这里甚至比以前还要多。这种人以前要少一些，以前人们还是有独立判断的，而且也不怕说出来。可现在，当然已看不到这种现象了。

杜：至于阿赫玛托娃，您不会说她是势利小人吧？

巴：不，她不是势利小人。不是。只是在她身上有这个特征。势利小人的这种特征在她身上是有的。

杜：就是说她在与人交往中没有做到一视同仁。

巴：是的。总之，这么说吧，她有点瞧不起那些在艺术、文学、科学或者政治方面一无所长的普通人，有点瞧不起普通人。关于她我还能说些什么呢？真是无话可……

杜：不会吧。那么，她作为一名诗人您又是如何评价的呢？

巴：作为一名诗人？她作为诗人，我当然是很推崇的。现在人们把她提升到伟大诗人的行列。我觉得，这当然是评价过高了。她所关注的范围还是太狭窄了，太狭窄了，不够宽阔，伟大的诗人可不是这样。甚至就人的气质而言——她也不具备伟人的气质。不具备。

杜：说到人的气质，特别是那些易激动的、创造型的人的气质……而且您刚才在回忆中的确说得十分恰当，她这个人终身受人诽谤，但她依旧保持着很庄重的行为举止……

巴：是的，她保持着庄重的行为举止。

杜：那么，您作为一名读者和文学研究者又是……您知道艾亨鲍姆是如何评价她的吗？您还记得他的那些旧著吗？……

巴：知道。其实，她作为诗人我当然是十分推崇的，她是那个时代、那个圈子里的重要诗人之一，甚至是最重要的诗人之一。

杜：艾亨鲍姆曾断言：可以说，她在某个方面揭开了新的一页……您还记得吧？您同意这种说法吗？他指的是语言和其他方面……他论述了阿克梅派的总体特征，不过谈的主要内容还是阿赫玛托娃。[1]

---

[1] Б.艾亨鲍姆：《安娜·阿赫玛托娃：分析试笔》，彼得堡，1923 年。——原编者

反正我不太赞同他的观点。

巴:当然,他毕竟有些夸大了她的意义。而且,这么说吧,他是从形式主义的立场来看待她的。不管怎么讲,她并没有在诗歌中写出什么新的语言。新的格调倒是有一些的,但却是那种特殊的、女性的格调。而新的语言在她诗歌中当然是没有的。不过,她是一个很不错的诗人,相当好的诗人。应该说,她所属的整个阿克梅派这群诗人,我是指古米廖夫……

杜:曼德尔施塔姆、戈罗杰茨基、纳尔布特……

巴:是的,我知道,她对曼德尔施塔姆评价甚高,而对戈罗杰茨基则不然。还有一位……诗人……库兹明。他也加入了这个阿克梅派。在这群诗人中,恐怕他是最具艺术价值的一位。

杜:我觉得,应该还是曼德尔施塔姆吧。

巴:是的,曼德尔施塔姆也算一个。

杜:如果要谈女性抒情诗(也就是阿赫玛托娃所擅长的本领),如果要列出相关的三个诗人的名字……对其中的一个您已经做出了相当刻薄的评价……这三人是季娜伊达·尼古拉耶芙娜·吉皮乌斯、阿赫玛托娃和玛琳娜·茨维塔耶娃。您认为作为诗人她们当中谁更有影响?

巴:要知道,恐怕是玛琳娜·茨维塔耶娃。

杜:我没有疑义。

巴:是的,是玛琳娜·茨维塔耶娃。她的诗有着深刻内涵,而这种内涵则是……

杜:……阿赫玛托娃所没有的,那吉皮乌斯就更不用说了。

巴:是的,吉皮乌斯——没什么好说的。吉皮乌斯那里一切都很做作,很做作:她的诗很做作,她这个人也很做作。至于阿赫玛托娃……当然,她那里,在她这个人身上稍微有点儿……但她的诗毕竟不做作。

杜:看来从您的关系和喜好来说,您自然更多的是属于象征派圈子?

巴：是象征派，是象征派。对我来说，最有威望的诗人……还不只是诗人，而且是思想家和学者，说到底还是维亚切斯拉夫·伊凡诺夫，维亚切斯拉夫·伊凡诺夫。直到今天我还非常喜欢他。

杜：在诗歌艺术上也喜欢？

巴：在诗歌艺术上也很喜欢。

杜：这我就不明白了。

巴：他的诗也许不是那种很常见的，而是比较富有学术味什么的，即使这样也还有一些优秀的作品，还有一些优秀的作品。

杜：您认为他的哪本集子最重要？

巴：最重要的？是 Cor ardens。两卷本。①

杜：正好我也知道。

巴：是吧。最早几本也……很重要，后来的也是。不错，他在国外的创作我知之甚少，不过我有一本他的诗集的打字稿。当然可以在其中感觉到：他已在走下坡路了，在走下坡路了……他早期诗集如 Cor ardens 中的那种力量，已经不见了。可以这么说……还是原来那些主题的重复，但表现出来的势头却有所衰弱。不过总的来说，这是一个非常重要的人物。我有第一卷……目前比利时的布鲁塞尔正在出他的全集——印刷很精美。刚出了第一卷。这第一卷我还是想办法找到了，通读了一遍，不过没有买到。那里的序文很有意思，详细介绍了维亚切斯拉夫·伊凡诺夫的生平，包括他晚年的生活，他的逝世……②

杜：他是哪一年去世的？

巴：⟨……⟩他好像是八十四岁那一年去世的。安葬在罗马。去世前不久，他见到了教皇，他受到了教皇的接见，还进行了交谈。那次接

---

① Cor ardens（第1—2辑，莫斯科，1911年），维亚切斯拉夫·伊凡诺夫的第三本诗集。前两本是《星辰舵手》（圣彼得堡，1903年）和《透明》（莫斯科，1904年）。在 Cor ardens 之后出版了《温柔的秘密》（圣彼得堡，1912年）。——原编者

② 《维亚切斯拉夫·伊凡诺夫文集》，第1卷，布鲁塞尔，1971年。该卷的开篇是一篇内容丰富的引言（第5—227页），详尽介绍了这位诗人和思想家的生平经历，引言作者是他的朋友和文学助手奥莉加·德沙特（O.A.绍尔）。——原编者

见引言里做了详细交代,他葬在了天主教多明我会修士墓地。

杜:怎么,他皈依天主教了?

巴:不。他没有皈依天主教。他对天主教采取了与弗拉基米尔·索洛维约夫同样的立场。甚至还直接以弗拉基米尔·索洛维约夫的这种双重观念为由,以他所确定的立场为由,即他不能……尽管他完全理解东方分裂教派……但他如果脱离整个教会便不能加入天主教。但他坚信,迟早总有一天会统一的。

杜:东西基督教的统一。

巴:是的。只是他似乎过早地,过早地预见到了这一点……加速迎了上去,但……

杜:……但他没有放弃东正教的……

巴:是的,没有放弃东正教。维亚切斯拉夫·伊凡诺夫也是这么做的。维亚切斯拉夫·伊凡诺夫只不过……就他的生活经历而言,他感到亲切的应该是天主教:他在意大利、法国……这些信奉天主教的国家里生活过多年……起初,当他还在上学的时候……当他还是蒙森①的学生时,他接触过德国文化和新教(不算很多),后来他所接触的一直是天主教。他还在天主教会学校里教过书,那是在意大利……

杜:米哈伊尔·米哈伊洛维奇,我们还是回到阿克梅派上来吧。您同阿赫玛托娃的会面是在所谓中立地进行的吧,还是您……

巴:是的,是在一个完全中立的地方,是在喝茶的时候。我记得,是在玛丽娅·韦尼阿米诺芙娜·尤金娜家里。

杜:噢,这不……您瞧,叫您顺便给赶上了。

巴:是的,不过,确实晚了一些。这大概是最后一次见到她。

杜:那时您已经认识她了吗?

巴:谁?

杜:玛丽娅·韦尼阿米诺芙娜。

巴:那还用说!我认识她的时候,当然还没有认识阿赫玛托

---

① 蒙森(1817—1903),德国历史学家。——译者

娃……

杜：好吧，关于这些我们到谈话结束时再回过来说吧。这么说，您不属于阿克梅派……

巴：是的，不属于。完全不属于。

杜：那就是说您既不认识纳尔布特，也不认识津克维奇……

巴：只听说过名字。

杜：……也不认识谢尔盖·米特罗法诺维奇·戈罗杰茨基？

巴：此人我认识，在不太愉快的场合见过他几次。有一次安排了巴尔蒙特的讲座。是这样。听讲座的人都来了。巴尔蒙特也到了。他一到就坐到讲台上，手里拿着一本书，眼睛瞪得大大的、直直的，瞪着瞪着，接着就倒向了一旁。

杜：是谁？是巴尔蒙特还是谢尔盖·米特罗法诺维奇？

巴：是巴尔蒙特，巴尔蒙特。他喝醉了……完全醉了。他最后几年几乎总是醉醺醺的，这不……醉得都快要倒下去了……这时就出现了这位……戈罗杰茨基高高的身影。他架住他走到后台去了。然后走出来说，很遗憾……

杜：……他身体欠佳……

巴：是的，他身体欠佳，于是，讲座取消。至于入场票是如何处理的，我记不得了……那是我第一次见到他，这个大高个子。不过戈罗杰茨基的诗我已经相当熟悉了。可他……后来发生了急剧的变化。他在维亚切斯拉夫·伊凡诺夫的生平中，正如您所知道的那样，是起了一定作用的……那时候维亚切斯拉夫·伊凡诺夫和已故的阿尼巴尔，季诺维耶娃—阿尼巴尔还在这里呢。

杜：这是他的妻子吗？

巴：是的，是他的妻子。是他的第二任妻子。他与第一个妻子离婚了。这是第二任妻子。〈……〉这么说吧，他们按照自己的信念，按照自己对爱情的理解，都认为，爱情不应当只限于两个人，还必须要有第三者，简而言之，又是那种 ménage en trois。于是他们就寻找这位第三者。这时出现了一个非常年轻英俊的同志——戈罗杰茨基。他就被他们物色为第三者。可最后还是没有成功。①

杜:在梅列日科夫斯基那里倒是成功了,而在他们这里却没有成功?

巴:不过梅列日科夫斯基完全不想接受……

杜:这位菲洛索福夫。

巴:是的。可这已经超出了他的意愿。

杜:不过这个 ménage en trois,也可以按不同顶点的三角形来建。可以反过来做,即第三者是女性……(笑)

巴:是的,这正是他们想做的……可没有做成。后来,又有一位艺术家也要以第三者的身份进入这个组合——也未取得成功。不过季诺维耶娃—阿尼巴尔后来很快就去世了,去世时还很年轻。

杜:那他后来就是一个人过吗?

巴:当然,他后来一直是独身,一直保持着对她的忠贞。②

杜:是的,不过他……他在阿克梅派诞生之际有过一阵喧嚣……正如那个亚当:

请原谅,迷人的湿气

还有这笼罩宇宙的雾霭……

还记得吗?

巴:是的。

杜:这后来成了阿克梅派的宣言。登在《阿波罗》上。

---

① 尝试建立精神和情爱的"三角关系"——这种行为受到了"克服个人主义"哲学思想的启发。维亚切斯拉夫·伊凡诺夫和 Л.Д.季诺维耶娃—阿尼巴尔起初试图把诗人谢尔盖·戈罗杰茨基,后来又试图把女画家玛格丽特·萨巴什尼科娃—沃洛申娃引入这种关系中(两次尝试都未取得成功)。关于这些尝试在布鲁塞尔出版的文集中都有所交代——在伊凡诺夫的生平传记中(第 1 卷,第 98—105 页)和在文集的注解中(第 2 卷,第 753—767 页,布鲁塞尔,1974 年),后者介绍得更为详细:摘录了与 1906 年夏天和秋天所发生的这些事情直接相关的伊凡诺夫日记和书信的片断。——原编者

② Л.Д.季诺维耶娃—阿尼巴尔猝死于 1907 年 10 月。几年后,维亚切斯拉夫·伊凡诺夫与她头婚生的女儿维拉·康斯坦丁诺芙娜·什瓦尔萨隆结婚。——原编者

巴:是的,我还记得。

杜:　　在清晰的风中有更多的幸福

　　　惠及那被创造出来的生活世界……①

巴:不过维亚切斯拉夫·伊凡诺夫从来就不是阿克梅派诗人。

杜:没错。这个圈子,在我看来是影响了很大范围的诗人们,尤其是列宁格勒的诗人们……就是这些阿克梅派诗人,一直在您的视野之外？那么……您与未来主义者也不愿意往来吗？

巴:未来主义者——是的！我不想与未来主义者往来。我与他们碰过面,见过他们,但……

杜:对赫列勃尼科夫也这样？

巴:我不认识赫列勃尼科夫,不认识。我根本就不认识他。

杜:未来派的聚会您没参加过？

巴:不,从未参加过。没——有。应该说,那时我们这个圈子里的人对他们有点看不起,有些讥笑,认为,这又是一阵短暂的时髦,这个运动产生不出什么真正的价值。当然,应该说,把马雅可夫斯基当作某种例外,也只是在某种程度上而已。总的说,我们连马雅可夫斯基也是不接受的。

杜:那么,你们这个大学的圈子有哪些人呢？您这是在讲您在大学里的最后时光？您从奥德萨转到彼得堡大学又念了几年？

巴:又念了四年。

杜:又念了四年？在那里两年,在这里又是四年？

巴:不,在那里一年。

杜:这么说,一共是五年。很正常。

---

① 这是谢尔盖·戈罗杰茨基的《亚当》一诗的开头部分。此诗发表在《阿波罗》杂志(1913年第3期,第32页)诗歌新流派——阿克梅派专栏里(这一流派的另一个未得以流行的名称"亚当主义"与戈罗杰茨基的这首诗有关)。专栏的编者按中写道:"此处刊登的诗作出自这样几位诗人的手笔,他们共同具有《阿波罗》第一号所刊登的H.古米廖夫和C.戈罗杰茨基的文章所阐述的思想。这些诗作在某种程度上可以看作是对上述文章所阐述的理论观点的一个实证。"这里指的是古米廖夫和戈罗杰茨基在《阿波罗》(1913年第1期)上所提出的新流派的理论纲要。——原编者

巴：是的。五年。但不正常。一般应该是四年。但很少有人……

杜：那是。您上一次讲到了您的大学老师。而同学这个群体……您谈得不多……您提到了这个——我忘了希腊文是什么，意思是"显现"……

巴：对，是的。我接近的正是这一群语文学家，语文学家，他们对一切所谓现代味很浓的东西都十分怀疑，极不信任，例如未来主义，部分地还有阿克梅主义，尤其是对当时的那些左倾的革命现象和诗人。

杜：那么，有位叫斯基塔列茨的，显然不是您的……

巴：斯基塔列茨？当然不是！不过，他的一些作品我是带着愉快的心情去读的，我觉得很有意思，比如说这个……《蜡烛头》。《蜡烛头》……

杜：那您怎么评价高尔基？是否喜爱？

巴：不是特别喜爱的。只是喜爱一部分作品吧。不过，我当然是理解的，我们大家也都理解他作为艺术家以及其他身份的那种重要性。但我们并不是非常喜爱他的。他的风格我们不喜欢。

此外，我们都了解他的性格，这同样也使得我们对他不太有吸引力。他是个不同寻常的人物。您知道吗，他在世界观方面完全丧失了自己的主见。这是某种女性的特征。他所迷恋的，往往就是在当时的情况下他所接近的那个人所迷恋的东西：忽而接近革命，忽而又接近反革命……一句话，他总是摇摆不定。假如说，非革命派的某个人去找他，同他谈一谈，他就完全同意。革命派的代表来谈，他也同意。在这方面，他没有自己的意志力，在世界观方面他没有意志力。他不会做出一以贯之的选择。他不会。他忽而选择这个，忽而又选择那个，忽而还会选择其他。不过，后来确实是生活本身，是生活环境迫使他做出某个选择，但最终他还是……他总是摇摆不定。他这样做不是赶浪头，不是的，这是一种特别的、他所特有的优柔寡断。不是赶浪头，不是的，也不是出于私利，不是的……不是出于私利。

杜：但不管怎么说，他具有某种包容性。您是想说，他身上不是各

507

种观点的结合,而是不同观点的交替?

巴:是交替,问题就出在这儿。不是结合,绝对不是。根本上就不存在一种完整的看法,所以也就谈不上其中可以结合什么,联结什么。绝不能把他称作折中主义者。不能。他忽而这样,忽而那样。您可能读过霍达谢维奇关于他——高尔基的回忆录吧?

杜:没有,这个回忆录我没有读过。

巴:恰恰这个回忆录写得十分之好。霍达谢维奇对他总的是肯定的。

杜:他对高尔基总是给予很大的支持。

巴:是的,他是支持的。尽管如此,霍达谢维奇毕竟是霍达谢维奇,也就是说,他还是说了些稍带气恼的话。他说高尔基其实非常喜欢谎话,喜欢谎话和骗子。当他自己被骗时,他对此很能容忍,并且会原谅任何谎言。他自己也很喜欢骗人。总之,骗子、骗子、撒谎的人——是很能吸引他的人物。他,这么说吧……他与他们心心相通。是这样。他就是这么写的。

杜:您指的是霍达谢维奇这么写的?

巴:是霍达谢维奇。他还从高尔基的生活中列举了大量的事例。此外,我认识一个人,有一段时间曾同他共过事……这就是谢尔盖·瓦西里耶维奇·阿德里阿诺夫教授,历史学家。他作为卓娅·洛迪的丈夫倒更是广为人知。① 您大概还没听说过卓娅·洛迪这个人吧。

杜:没有。

巴:要不就是那时已经不听人说起了? 卓娅·洛迪是一位杰出的歌唱家,不过不是唱歌剧的,而是唱室内乐曲的,风格非常细腻。她演唱的都是非常稀有的作品,然后是民族歌曲。她有几年在意大利专门研究意大利歌曲。

---

① 谢尔盖·亚历山德罗维奇(瓦西里耶维奇是巴赫金的口误)·阿德里阿诺夫,著名语文学家和翻译家,彼得堡大学(后来是列宁格勒大学)教授。见 П.科甘的《与音乐家们在一起》(莫斯科,1964 年,第 48 页)。卓娅·彼得罗芙娜·洛迪(1886—1957),室内乐歌唱家。——原编者

这个人就是卓娅·洛迪的丈夫。他年龄比她大得多。不过她也死得很早。她有点儿驼背,卓娅·洛迪。但她的脸庞很标致。顺便说一下,她的墓碑,大理石墓碑,现在很有名,是位画家完成的,我现在记不得这人的名字了……是我们的一位大画家。就是谢尔盖·瓦西里耶夫讲了许多高尔基的事情,他与高尔基很熟,不过主要是他们常在《事业》编辑部见面……

杜:啊!是杂志《事业》编辑部吗?

巴:正——是。他们也时常在别的一些文学活动中见面。他同样讲到了高尔基在观点上的这种极端摇摆性。

杜:说实在的,您的评语与列宁对高尔基的评语完全一致。您还记得"高尔基在政治上极端的缺乏主见"这句话吗?

巴:对——的,是这样。但不仅在政治上,也在总的世界观上。如对宗教也是如此:他一会儿是无神论者——彻头彻尾的……您大概看到过描写他与巴甫洛夫院士会面的一些文字……写他们截然不同的观点……可一会儿他又……可还不能说他是教徒,但总而言之是怀有宗教情绪的。他懂得什么是宗教。而勃洛克甚至讲过,他们有一次在什么地方见面时还争论了起来。勃洛克那时持无神论的观点,高尔基则同他争论,让他相信人的灵魂终归是不朽的。这不就发生了这种事情。这是勃洛克本人写的。我这会儿记不得他是在哪里说的了。

杜:米哈伊尔·米哈伊洛维奇,您与高尔基没有打过照面吗?

巴:与高尔基?没有。我只见过他几次,后来(这不用录),我被捕了,高尔基还给有关部门发过两封电报……

杜:高尔基?

巴:是的。他想保护我。

杜:那这正该录下来。

巴:他知道我写的第一本书[①],也听说过我个人的不少情况,还有一些共同的熟人……

[①] 《陀思妥耶夫斯基创作问题》,列宁格勒,1929年。——原编者

杜:高尔基发了电报……

巴:是的,发了电报……

杜:……是发给内务人民委员会……要不那时是别的什么称呼?……

巴:……他是帮我说情的。那时还是国家政治保安局呢……

杜:这是在哪一年?

巴:是在……1929年。

杜:啊。连高尔基也……后来他也不再过问了。

巴:所以在案卷里……后来——是的……在我的案卷里存有高尔基的电报,他的两封电报。

杜:您瞧!

巴:是的,后来他不再过问了。

杜:他的妻子叶卡捷琳娜·帕甫洛芙娜做了非常多的好事、善事。

巴:是的。叶卡捷琳娜·帕甫洛芙娜。我不认识她,但我过世的妻子去找过她几次,她们认识,彼此互有好感。她那时是某个机构的主席,这个机构是……

杜:红十字会。

巴:是的。政治红十字会。主席是维纳韦尔,她是他的副手。但实际上她才是这份事业的核心人物。①

杜:是的,当时传出很多有关她的佳话……不过……后来也就变得没有意义了,自然也就销声匿迹了。

---

① 在巴赫金的文稿中存有E.П.彼什科娃1929年10月8日写给E.A.巴赫金娜的书信:"针对您的询问,根据我从国家政治安全总局所得到的信息,现答复如下:就您丈夫M.M巴赫金的有关事宜,需要一份医院的证明书,但目前尚未收到证明书。"信是用盖有单位印章的公文用纸写的:"Е.П.彼什科娃。援助政治犯。莫斯科,库茨涅茨克桥,24号。"此前一个月,即9月2日,巴赫金写信给卫生人民委员H.A.谢马什科,请求他任命一个医务委员会就他的健康状况做出结论(《记忆》,第4辑,第267页)。经Е.П.彼什科娃的努力(也可能是她的努力才促使高尔基发了那两封电报),由初判(在索洛夫基服刑五年)改为六年流放。М.В.尤金娜和С.И.卡甘也为营救巴赫金而积极奔走(见E.A.巴赫金娜1929年10月24日写给С.И.卡甘的书信:《记忆》,第4辑,第280页)。——原编者

巴:是的,后来就变得毫无意义了。

杜:您对高尔基的这些看法很有意思,不过其中,可以说交织着各种不同的情感,因为一方面来看您说的这些话好像一种否定的评价……

巴:对,但也不全是。

杜:可他帮助的人范围很广,采用的方式也很多样。还有谁比瓦西里·瓦西里耶维奇·罗赞诺夫同高尔基相去甚远呢?高尔基在1918年那真叫支持他!

巴:是——的。

杜:这还是可以看出,高尔基胸襟宽阔。

巴:是胸襟宽阔。其次还有善良,这在他身上毫无疑问是有的。绝对的善良。

您知道吗,现在有一位文学研究者,您大概知道他,叫加切夫。他可能是您的学生。叫加切夫。

杜:不,我只是知道有这个姓的人。

巴:他属于柯日诺夫、鲍恰罗夫那个文学研究者圈子里的人。他们一起出了三卷本的《文学理论》……

杜:是的,不过他们当中只有柯日诺夫是我的学生。

(听到猫的叫声)

巴:可怜的小猫!

杜:我们该怎么办,到底该录谁:是录猫还是录您?(两人都笑了)它好像安静下来了。

巴:是这样。这个加切夫写了一本十分有趣的研究论著,至今还没有出版,不过将来会出版的,这本书是讲高尔基的,包括他的流浪时期和《在底层》这个剧本,以及整个高尔基。他说,高尔基实际上体现了狂欢的思想。

杜:他这是发挥了您的见解。

巴:是——的……(加切夫可算是我的学生,是那种非正式的学生,他是在莫斯科大学学习的。是这样。)……高尔基自身体现出狂欢的思想,他理解的生活都是超常规的生活。而从一次狂欢向另一次狂欢进行过渡的生活,那种严肃的、一本正经的生活,本质上与他的心灵是格格不入的。狂欢的、脱离常规的生活——高尔基只有在这里才会感觉到自己……是属于生活的人。加切夫分析了高尔基的意大利小说,很有意思。① 比如高尔基描写电车工人的罢工,好像是这样,您还记得吧?

杜:是——的,记得。

巴:他好像就是在描写狂欢……他在这里寻找的正是对正常生活进程的这种破坏。

杜:但另一方面又有《马特维·科热米亚金的一生》和……

巴:当然,他的创作也有另一面,这一点不用怀疑,但基本上还是……

杜:……还有《萨姆金》。

巴:不仅如此,加切夫还认为,甚至连《克里姆·萨姆金的一生》从本质上讲也是狂欢式的作品,可以说这是深藏内心的狂欢。

杜:狂欢本是节庆的、快乐的……

巴:是的,节庆的。这里似乎不是节庆的,也不是快乐的,但却有一连串的……假面,是假面在活动。没有一张人物的真脸。顺便说一下,正是这样的人……我称他们是不会笑的人——这样的人高尔基在生活中是不喜欢的。

杜:什么样的人?

巴:那种过于严肃的人,不看重也不懂得笑谑、笑话、哄骗、戏弄的人。这样的人他不喜欢。包括在《克里姆·萨姆金的一生》中也没有这样的人——他很想加以认可的人。比如,他的那些主人公,那些共

---

① Г.Д.加切夫:《剧本〈在底层〉中反真实的人物》(《不为人知的高尔基》,莫斯科,遗产出版社,1994年),以及《事物的逻辑和人:M.高尔基剧本〈在底层〉中关于真理和谎言的讨论》(莫斯科,1992年)。对《意大利童话》中电车工人罢工情节的分析,见Г.Д.加切夫的《形象意识在文学中的发展》(载《文学理论》,第1辑,莫斯科,科学出版社,1962年,第285—287页)。——原编者

产党员,首先是……库图佐夫。

杜:不会吧!这可是苏联文学中的正面形象!

巴:不,不,高尔基可没有肯定他。没有肯定他。对他是持否定态度的……甚至把他刻画得冷漠无情。他是名歌手,但从另一方面看,他并没有用心去歌唱。对于他来说,唱歌仅仅是一种形式,做做样子罢了。总的来看,他不大善于真正地了解人。

还有,他对剧本《在底层》是这样理解:剧中真正的主人公,高尔基笔下的正面形象自然是卢卡,是卢卡(人们对卢卡的阐释是完全错误的),高尔基本人也把他看作是正面形象。从剧情来看,这一人物也是这么来塑造的。这不,他就出现在……

杜:按剧情是这样,可后来,到1933年……

巴:"可后来"!后来他的世界观又变得不坚定了……这么说吧,他听了别人的话,确信:不对,卢卡……卢卡是在撒谎……的确,他是个好人,一直在努力帮助别人,可用的是什么方式呢?卢卡制造出一些幻想和谎言,或许这可以帮助人们生活,但不允许这样……这有损于人的尊严……他相信了这种说法,后来便对自己的这部作品又做出新的诠释。

杜:啊,很有意思……请再说下去……不过,对不起,您现在还是稍微谈谈自己吧,您后来的生活境遇怎么样?我们说到您大学毕业了。

巴:是的。

杜:是二月份吧。

巴:是的。正是这样,是二月份。二月革命。

杜:您还是大学生吗?

巴:我还是大学生。正快毕业。在这里,您知道的,就在列宁格勒……不,不是列宁格勒,那会儿还叫彼得格勒……开始闹饥荒了,非常严重。

杜:可闹饥荒是十月革命以后的事情。

巴:是十月革命以后的事情。但在二月份也已经十分困难了。

杜:那从二月革命起……关于1917年夏天您没有什么有趣的事情可回忆的吗？要知道这段时间到处都被忽略过去了,仿佛不存在似的。

巴:是的,那么,我说给您听,但不必录下来。

杜:可以抹掉的……可以不再转录。那好吧。

巴:我并不欢迎二月革命。不仅如此,我,准确说是我们这个圈子,认为那结果会很糟糕,会不可避免地……我们恰好认识一些人,同他们很熟,他们部分地参与了二月革命……后来,可以说,靠二月革命出人头地了。

杜:是立宪民主党人？

巴:是立宪民主党人,立宪民主党人和……那些……

杜:社会革命党人？

巴:劳动团分子。克伦斯基本人就属那个劳动团。总之是克伦斯基这一类人。我们认为,所有这些知识分子完全没有能力治理国家,没有能力保卫二月革命(如果需要保卫它的话)。因此占据上风的必然是最极端、最左倾的分子,即布尔什维克分子。后来事实也果真如此。我们对此深信不疑。

杜:不过,那时出头露面的人当中布尔什维克……并不多。

巴:……是不多。这么说吧,人们几乎不知道他们。但知道社会革命党左派,知道得更多的是极端的社会革命党左派,后来他们与布尔什维克一起共事了。其次,在社会革命党阵营中,在社会民主党阵营中,同样也有一些观点最左、最激进的人,这些人后来……加入了共产党等党派。有点名气的是托洛茨基……季诺维耶夫,人数倒是不多。是这样。

杜:托洛茨基恰恰是到五月才加入布尔什维克的。

巴:是的。像他们……这种人不在少数。像捷尔任斯基……他不是。捷尔任斯基不是,我觉得,他没有加入任何党派,他只不过是个笃信上帝的人,曾经准备去当僧侣的。

杜:是吗?

巴:是的。到天主教修道院去当僧侣。他几乎是个天主教的宗教狂,后来他才转变过来的……不过总的说,他是一个特例,不是典型的布尔什维克,不是很典型,不是……是另外一种类型的人,似乎是用另外一种材质做成的。而……维辛斯基则是个社会民主党,社会民主党人,后来成了布尔什维克,而且……

杜:直到1921年以前他是孟什维克。

巴:他?

杜:是的,在整个国内战争期间他都是反对布尔什维克的,后来,当布尔什维克取得了胜利,他这才投靠了过来。

巴:扎斯拉夫斯基,一位记者。

杜:是的,他是《基辅人报》的记者。

巴:没错。他甚至还开过讲座,虽然我没有听过这个讲座,但我们的人去听过,他们讲——二月革命之后……到十月革命前……不,已是十月革命之后……他是在什么地方欢迎向前挺进的南方志愿军的,他在这个讲座里提出了与布尔什维克进行斗争的某个计划。

就是这样。我那时认为,会出现一个最极端的政党,在俄罗斯要么是君主制,要么就完全是极端的暴民政治……

杜:对不起,您是不是联系到后来发生的事情,才有现在的这种回忆?……

巴:不——不,不——不,我当时就是这么想的。

杜:这么说,您在二月革命期间就主观地感觉到了要么是君主制,要么就是极端主义者统治?

巴:是——的。即使君主制,总之……极端分子的胜利是不可避免的。而且,照我说,那时我们的情绪都很悲观:我们认为,一切都完结了。君主制自然是不可能恢复了,再说也没有人能恢复,因为完全无从依靠,获胜的必定是这些士兵群众,士兵和穿了军装的农民,他们

515

对什么都不珍惜,是无产阶级,不是一个历史的阶级,不拥有任何价值——实际上就是一无所有。无产阶级奋斗终生,仅仅是为了非常狭隘的物质财富。正是他们会夺得政权。不会有人能够推翻他们,因为整个知识分子阶层都无力做到这一点。

杜:所以您没有参加过群众集会?

巴:没有,我没有参加过,没——有。我就待在家里读书,有了供暖之后,我就待在图书馆里。① 而不去参加集会。

杜:您听过克伦斯基讲话吗?

巴:克伦斯基讲话我听到过两次。我立刻就明白了,这是一个可怜的人,爬得太高又毫无本事……顺便说一下,当时有一家人跟我很亲近,丈夫是我的朋友,其次,我同他的妻子关系也很好,她过去是位男爵夫人;是克伦斯基的最后一位恋人。克伦斯基每天都来她家消磨时光,参加她的晚会,这里是他最后的爱情。后来,也许他还有过一次恋爱。

我的这位朋友也持有我的观点,他说:"您瞧!难道您看不出来,

---

① 关于俄罗斯象征主义运动,尼古拉·巴赫金在侨居国外期间所写的生平纪实中有一段回忆,可以帮助我们更加广泛地了解兄弟俩在 1917 年十月事变时的立场和行为。其中讲述了古典语文学研究小组某段时日在 Ф.Ф.泽林斯基家聚会的情形;Н.巴赫金没有提及他的弟弟是否参加了那次聚会,不过看来参加的可能性很大:兄弟俩都加入了"我们的圈子",М.М.巴赫金在本次谈话中在说到革命事件时提起了这个圈子:"我,准确说是我们这个圈子,认为那结果会很糟糕……"Н.М.巴赫金讲道:"这发生在 17 年前的'红色十月'——彼得堡的共产主义革命时期。瓦西里岛上的一间寒冷的住宅里,在烛光下(因为那些日子自然是没有电的)我们十二个人聚集在一起,还有我们的老教师泽林斯基教授;我们都是希腊文专家,都是哲学家和诗人,我们这个团体有聚会的习惯,讨论一些古典话题的当下意义。我们过于自信地将它取名为'第三次复兴联盟'。因为我们相信,一次新的文艺复兴很快就要来临,这次俄罗斯文艺复兴是古希腊的生活理念与当今世界的彻底而完美的融合;而我们就是这一运动的首批参加者。因为,一如俄罗斯的其他一切事物,研习古典语文不仅仅是一种学习,而且还是重新创造生活的一种方式。学习希腊文就如同为了实现古希腊人的理想而参与到一场危险的、使人感到紧张不安的推翻现代社会基础的密谋当中。我们当时正是满怀着这种愿望而遭遇十月事变的,在我们看来,这次事变必将击碎我们的那些天真向往。俄罗斯所走的道路显然完全不是通往古希腊文明复兴之路。"(《尼古拉·巴赫金:讲稿和随笔》,第 43 页)——原编者

他们迟早会把你们赶下来的。"他还说:"对不起,我什么都知道,我们在观察布尔什维克,别担心,他们根本什么事也做不成。"这也是他最后一次这么说,因为说这话就在发生事变和克伦斯基逃跑的前几天,确切地讲,也就三四天前吧。应该说,那个时候,克伦斯基……在最广大的群众中间……还是被拥戴的……他很有威信。

杜:不仅如此,还有名气。

巴:有名气。但那只是表面现象。我的这位朋友还告诉我,当克伦斯基头一次去他们家的时候(他那时住在工学院,彼得格勒的树林区),看门人一边擦着眼泪,一边说:"是克伦斯基,是克伦斯基来了,是克伦斯基来了。"他竟感动得大哭了起来。

杜:不过,您毕竟是语文学家,难道不会为他那精彩的演讲天才所折服吗?

巴:不是的,精彩的演讲天才他从未有过。这是瞎编出来的,胡扯。我听过他两次。相当平庸、肤浅,要我说,就是那种煽动型的。

杜:那就不妨说,他也是一个狂欢式人物。

巴:是的,不过,他这个狂欢式人物可不是自愿如此,甚至也不是个性使然,不——是。当然,他身上有些东西带有狂欢性质……

杜:所以他对您一点儿也没有吸引力?

巴:没有,一点儿都没有,一点儿都没有。

杜:可您不能不尊重像帕维尔·尼古拉耶维奇·米留科夫这样人的立场吧?

巴:这倒是的,无论如何我是尊重他的,是尊重他的,不过我认为,他完全无能为力,像米留科夫这样的人(我当时觉得),永远都治理不了俄罗斯。

杜:不过说到治理……我很感兴趣……这是同舒利金谈话的延续。①

---

① В.Д.杜瓦金指的是 1973 年 1 月他本人与 B.B.舒利金的几次谈话(莫斯科大学科学图书馆馆藏)。——原编者

巴：是——的，这很有意思。

杜：可是，您知道吗，甚至连舒利金在自己的笔记中也都明白地写道，当时治理俄罗斯的那伙人本身是软弱无力的……不是别人把他们推翻、打倒的，可以说是他们自己垮掉的。

巴：是的，没错。

杜：要知道，除了斯托雷平，没有一个人……

巴：是的，没有一个人……

杜：……算是较为出色的活动家。

巴：……是的。斯托雷平是一位非常出色的活动家，非常出色，远比一般人想象得还要出色，他很有远见。他提出的拯救俄国避免革命的办法，恐怕是唯一正确的办法，即形成中等富裕的农民、庄户，让他们拥有财产，拥有少量的财产。他认为，只有私有财产才能使人变得……怎么说呢……庄重体面，并且……

杜：……变得稳定。

巴：……是的，也变得稳定。可是，这些都没有实现，当时他未能把自己的田庄改革进行到底。再说……

杜：这一点与俄国民族特性相去甚远。

巴：是这样吗？

杜：这在很大程度上违背了俄国的历史……在这一点上高尔基倒是更具民族性。

巴：是的，那我们只能搞集体农庄。是吧。可集体农庄又搞得不太顺利；不光是在我们这里，在其他斯拉夫国家，没有哪里是搞成功的。不过问题不在这里。我只是回忆当时的情况，现在一般说我对……即使当时我对这些问题也考虑得不多，想得很少。旧的制度在瓦解，这是大家都很清楚的。总之，拉斯普京书写的这段历史，它……怎么说呢……是一种不幸的又富有预示的历史。

杜：是的，这很有意思。不过我们还是回到录音和我们的语文学上来吧。好了，发生了二月革命和十月革命……接着，到1918年……

一方面彼得格勒出现饥荒,另一方面是俄国诗歌进入咖啡馆阶段。

巴:为什么叫"咖啡馆阶段"?

杜:因为诗歌不再是杂志上的财富,而成为……

巴:啊!对!成了咖啡馆的财富,是——的,是——的。

杜:对诗歌的这一特殊时期,您总算是熬过来了呢,还是出于自己严肃高贵的经院立场而不肯俯身迁就他们?

巴:当然没有去迁就他们。顺便说一下,我在那之前就已经知道这个形式了,这不……当然是另一回事,还是在革命前就有"流浪狗"。

杜:那您常去"流浪狗"吗?

巴:"流浪狗"我当然常去,不过,只是作为客人,可以说,我对那儿的人还不是很熟悉的。

杜:是作为"药剂师"吧……

巴:正——是,正——是。

杜:……他们就是这么称呼的?

巴:是的。我还去过"滑稽港"。

杜:那么,关于"流浪狗"和"滑稽港"您还记得些什么?我很想从这个意义上听一听……我听到过那些极端名士派的意见,他们管你们(不是针对您个人,而是这一类人)叫药剂师……

巴:是的,这么一来,我还是个"药剂师"。所以我一般很少去那里。

杜:您在那里听过谁的朗诵?

巴:您知道吗,要我说,我听过各式各样的诗歌垃圾。我觉得,我在那听到的唯一……一个优秀的诗人是……库兹明!

杜:是在"流浪狗"吗?

巴:我是在"流浪狗"听他朗诵的。

杜:还是在战争时期?

巴:要么是在"滑稽港",现在我记不清了。恐怕这两个地方我都听过。

杜:"流浪狗"和"滑稽港"都在彼得堡。

巴:是在彼得堡。

杜:而莫斯科则有"彼托列斯克",还有另一家……"诗人咖啡馆"。

巴:那里……我没有去过……我到涅瓦大街上的那家去过一次。那里有一家"诗人咖啡馆"。那里我去过一次。里面坐着一些蓄着大胡子的人,头戴法式小帽,一副法国诗人的打扮。我并不喜欢这样:不严肃。

杜:那您还记得卢卡维什尼科夫吗?

巴:我记得卢卡维什尼科夫,我知道这个人。

杜:这一位尽管不是很有学问,但他的那副腔调却俨然是位学者。不过他毕竟还是有点学问的,而申格利……

巴:那是,申格利则……

杜:……格奥尔吉·阿尔卡季耶维奇一次也不落,每次都要登台朗诵一下。

巴:是吧,不过他是怎样的一个诗人呢?

杜:不是什么诗人。

巴:甚至就连他的那些翻译其实也很糟糕……学问做得也不怎么样。

杜:叶赛宁就在这个环境里才得以最终成熟的。

巴:叶赛宁?(沉思)是——的……他成熟了……不过叶赛宁在这段时期的情况还是模糊不清的。柯日诺夫恰好对这个问题感兴趣。原来,叶赛宁……人们通常以为:这位淳朴的、未开化的俄国农民来到了莫斯科和列宁格勒,那里的整个环境可以说很快就把他给毁了,把他变成了一个酒鬼,把他变成了一个淫棍等等,不一而足。

可是,我从柯日诺夫那里听到的却完全不是这样:叶赛宁在去那儿之前,在去首都之前就已经接触了那儿的文化,他有一些朋友,同他们有书信往来,等等。应该说,还在那些名士派的代表们对他产生影响之前,他就已经……形成了自己的观点。所以那些名士派的代表们,他们使他改变了思想和诗学方面较为严肃的倾向。①

杜:较为严肃的倾向——是在象征主义的沙龙里。那里有梅列日科夫斯基和吉皮乌斯。

巴:是的,也包括梅列日科夫斯基和吉皮乌斯。后来又出现一个人,他的名字未能查实……说得确切些,柯日诺夫查明、弄清了此人是谁。这人是……我这就告诉您……瞧我这记性! 在回忆录中……在茨维塔耶娃的回忆录中提到,她造访过一户人家。在那儿,她听到了库兹明的朗诵。您还记得吗?

杜:是在玛琳娜·茨维塔耶娃的散文里吗?

巴:是的,在玛琳娜·茨维塔耶娃的散文中。其中描写了他们所处的那幢房子。房子的主人是个非常英国化的人,是位知名的装甲舰建造师,那艘舰艇也挺有名的,不过没说他姓什么,他有两个儿子。其中的一个是诗人……要不就是在他的儿子及其朋友当中……反正其中有一个是诗人。就是这位诗人很了解叶赛宁,并对他产生了重大影响。不过这位诗人是谁,玛琳娜·茨维塔耶娃没有说。②

杜:那么柯日诺夫查出来了吗?

---

① 70年代初,B.B.柯日诺夫对谢尔盖·叶赛宁的创作形成问题很感兴趣,值得一提的是,他得出这样一个结论:其创作形成的原因完全得益于"农民"的生活经验与世纪初的高层次的文化意识的有机融合。还是1915年3至4月就已在叶赛宁与列昂尼德·坎涅吉瑟尔——一位极为雅致的彼得堡知识分子——之间所产生的亲密而真诚的友情便是这种融合的极为直观的体现。由于说的是关于后来刺杀彼得格勒契卡主席乌里茨基的凶手,因此也很难查明相关事实(此外,B.B.柯日诺夫询问了可能是当时唯一在世的见证人——留里克·伊夫涅夫,不过,他几乎什么也记不起来了,要不就是害怕回忆)。M.M.巴赫金对柯日诺夫的讲述表现出高度的关注。整个这一"情节"最值得注意的方面是:正如后来(即在米哈伊尔·巴赫金去世后)的情况所表明的那样,他在20年代关于叶赛宁的讲稿中实际上正是以这种观念来解决诗人创作形成问题的,他说,"文学现象不可能直接生发于20世纪民众的内在本质:它首先应当确立于文学本身"(《对话·狂欢·时空体》,1993年第2—3期,第163页)。看来,米哈伊尔·米哈伊洛维奇在70年代已经不记得自己在半个世纪之前所做出的判断了,不过他之所以对类似观点抱有浓厚的兴趣,很可能是因为无意中"体验到了"自己早年所形成的思想。——原编者

② M.茨维塔耶娃:《别处的夜晚》,见M.茨维塔耶娃的《散文选》,莫斯科,1989年。——原编者

巴:是的,柯日诺夫查出来了。

杜:应该去问他。他现在也不给我来电话了。

巴:没错,他还在这个方向上继续研究呢……留里兑·伊夫涅夫就住在这里,离我们不远。

杜:我录过他的谈话。

巴:录过吗?那好。不过他记不清了,记不清了。他嘛倒是叶赛宁这个圈子里的,但他不记得了。他现在已经八十多岁了。〈……〉他现在之所以还能引起人们的兴趣,只是因为他可能是叶赛宁这个圈子里的最后一位在世的人物。

杜:不是吧,还有几位画家呢……

巴:是有几位画家……

杜:有一位叫……科马尔坚科夫……①我也录过他的谈话。他是雅库洛夫的助手。

巴:噢……您录过克鲁乔内赫的谈话吗?克鲁乔内赫。

杜:他回避了我,后来就去世了。他好像害怕什么。我不明白,他究竟害怕什么。他是一个疑心太重的人。

巴:在他的晚年我才知道他的,不过当然不是在他生命的最后时日。我最后一次听人提起他大约是在二十年前……

杜:这么说,您毕竟还是同未来派见面了?

巴:是的,他当时给我留下了强烈的印象……他那会儿六十岁了……

杜:可他显得很年轻。

巴:显得特别年轻,个头不高,极为活跃,活力十足!而且,他的言谈十分风趣。他跟我讲起某个人的研究成果,这人是他的朋友,专门研究陀思妥耶夫斯基笔下的人物姓名。他讲得十分有趣,十分有趣。

杜:总的说,他很有……虽说不是学者,但很有语文学方面的

---

① 瓦西里·彼得罗维奇·科马尔坚科夫(1897—1973),戏剧艺术家。录制于1969年(莫斯科大学科学图书馆藏)。——原编者

天赋。

巴:是的,是的,毫无疑问。不过,对陀思妥耶夫斯基笔下人物姓名的分析其实不是他本人的研究,但他毕竟写得很有说服力。

杜:我觉得,从您的思想体系来看,您对"玄妙语言"这一思想不应该采取完全否定的态度。

巴:不,我没有否定。为什么要否定呢。我没有否定。

杜:可从您的回忆录来看,他们所有人……

巴:是的,那是回忆录。我们当然没有充分认识到……

杜:……好像是说其中并没有什么有意思的东西……

巴:是——的,正——是,您知道吗……甚至说的还不是没有任何有意思的东西,说的是……

杜:虚张声势。

巴:是的,平民化的东西,正是平民化的东西。

杜:我说的是虚张声势。

巴:既是虚张声势,也有平民化的东西。是的。就是这样。不过,我丝毫没有否定他们的意思。总的看,我认为赫列勃尼科夫很优秀,是个优秀的诗人。

杜:这么说,您对赫列勃尼科夫的态度从整体上来看还是有变化的。您现在……

巴:我以前也是这种态度……我当时就认为赫列勃尼科夫是出众的,后来更是……

杜:赫列勃尼科夫在哪方面引起您兴趣了呢?

巴:所有的一切。甚至他的思维类型或风格都令我感兴趣。这才是真正的具有深刻内涵的狂欢式人物。是个实实在在具有深刻内涵的狂欢式人物。他的狂欢性不是表面的,不是舞蹈,不是表层的面具,而是内在的形态,是他主观感受和话语思维等的内在形态。他无法把自己限定在任何框框中,无法接受任何既定的成规。他非常清楚,什么是现实,什么是现实的思想。最不应该指责他眼光短浅,玩弄……

不应该。

杜：可他非常抽象。

巴：不。他——不是那样的。他非常了解实际、现实，对人也是了解的。所有这些他都相当了解，但也可以说他从这一切中做了抽象的思考，不过不是要抽取出某些抽象空洞的思想，像另一些人那样，不是的。在他那里，他的那些抽象思考具有象征的性质，甚至具有某些神秘的性质。这是一种独特的预示性观照。只是仍然不可以把它们纳入到当时业已存在并且得到广为扩展的那种神秘主义的框子里。

杜：象征主义的神秘。

巴：是的。不能……绝不能简单地归到那里去。这是一种独特的神秘观照。就是这样。不妨说，是一种没有神性主义的神秘。但却是一种神秘。一种神秘……他思维时所采用的着实是非常宽泛的范畴，宇宙的范畴，但不是抽象的宇宙范畴。

杜：我没有完全听懂。

巴：他正好善于此道，这是他特有的本领，所以我才说，从最根本上讲他是一个非常狂欢化的人物；不妨说，他善于从一切局部中做抽象的思考，而把握地球的某种无尽而又无限的整体。他可是地球"球长"之一……也是整个宇宙"宙长"之一。他似乎能够在内心里体验到这一切，并把这一切用词语加以表现。当然，这些词语要当作普通的感受去理解，而如果被当作是写个别的事物、个别的感受、个别的人，那的确是无法理解的。是无法理解的。但如果善于理解他，能够进入他那宇宙思维的轨道，那这一切就变得可以理解而且极有意思了。这是一个极其卓越的人。极其卓越的人。无论怎样，其他所有的未来主义者在他面前都形同侏儒。形如侏儒……都是微不足道的小人物。刚才说到的那个克鲁乔内赫也包括在内，还有其他的人。他们这些人有天赋，有才能。像布尔留克，还有……达维特，和这位……

杜：尼古拉。

巴：尼古拉。尼古拉也许更有才华些。

杜:您知道他们吗？是否见过他们？

巴:我曾见过一次布尔留克。达维德我只是见过,但同他不相识,不过我知道他……人们对我谈起他和他的作品。他这人很有意思。很有意思。

杜:另外还有一位弗拉基米尔,是个画家。

巴:是的,是个画家,不过我不认识他。而达维德·布尔留克作为画家和作家,并不出色。他后来倒是成了一名很能干的实业家。在美国成了一名富翁。他那里后来成立了一个沙龙。美国所有的最激进的左翼知识分子常去他的沙龙聚会。每年他都要非常隆重地庆祝十月革命节,在自己的家里举行招待会等等。这是一个独特的人物。

杜:那么,现在已经……该是说说马雅可夫斯基的时候了。您从未见过年轻时的马雅可夫斯基吗？

巴:他年轻时我没见过。从未见过。他多半是在莫斯科。

杜:不,在战争年代他恰好在彼得堡。

巴:可我没有见过他。

杜:在"流浪狗"和"粉红灯"都没有见过吗？

巴:没有,不巧的是即便在那里我也没有见过。他可能去过那里,可您知道,那时……现在马雅可夫斯基在我们大家眼里是马雅可夫斯基(冷笑地)。可那会儿在我们眼里,马雅可夫斯基只是许多夸夸其谈的人当中的一个,对这些人我们是相当瞧不起的。

杜:这么说对他个人没有什么印象？

巴:没有。只不过……

杜:那就请谈一谈革命后您与马雅可夫斯基见面的情形吧,你们好像见过两次面。然后再总的来谈谈他。

巴:第一次见面是在斯托列什尼科夫胡同。这是一幢十层楼的房子,好像有个文学部就设在那里。

杜:十层楼？那就不是斯托列什尼科夫,而是格涅兹德尼科夫大街。

巴：对——对，当然是格涅兹德尼科夫大街。如今那里有苏联作家出版社和"罗曼"剧院等单位。是这样。当时，这个文学部的负责人是勃留索夫，瓦列里·雅科夫列维奇。

杜：您说的这个文学部……也就是勃留索夫主管的人民教育委员会文学出版处就在这幢楼里吗？

巴：是的，就在这幢楼里。

杜：那是1920到1921年吧。

巴：对，是那个时候。1920到1921年。我去过那儿。有一次，我听说那里要举办一场诗人晚会。我就去参加了这场诗人晚会。我顺便走进了勃留索夫的办公室。勃留索夫不在。办公室里只有他的副手，库兹科。①库兹科在人民教育委员会文学出版处做勃留索夫的副手，可以说，他是一名老布尔什维克，尽管那会儿他还相当年轻。他是个棕发的美男子，非常英俊，非常可爱。我和他坐那儿聊了聊。我以前曾跟他打过照面的，在哪儿可记不清了。好像是在艺术科学院和他头一次见的面。但同他不是太熟。我们就这样聊了起来，他讲了许多，其中还讲到了他与维亚切斯拉夫·伊凡诺夫的交往。然后讲了许多有关勃留索夫的事。而且，在谈到作为诗人和学者的勃留索夫时，对他尊重有加。库兹科本人是一个读书很多的人，掌握了不少知识，但绝不是学者。不过为人谦恭，非常可亲，极富自由思想，尽管他是党派到勃留索夫身边的。

杜：他好像是勃留索夫身边的政委吧？

巴：是——的，确实是勃留索夫身边的政委。

杜：而勃留索夫刚刚入党。

巴：对，刚刚入党。他讲道，在他看来，勃留索夫就其品格而言是个相当卑微的人，这么说吧，他非常……胆小……库兹科说："他特意来找我下棋，一边下着，一边从我这里探听党里的情况，打探人们对他的看法，他的前程如何：是留下巩固自己的地位，还是相反，最终会被

---

① 彼得·阿夫杰耶维奇·库兹科（1884—1969），作家。——原编者

赶出去,如此等等。"总之,他表现出了渺小者的情感,以及某种程度的恐惧。这些他根本是无法超脱的。

我们就这样等着勃留索夫。可最后我还是没有等到勃留索夫。总是有人来办各种事情,因为他代理勃留索夫的职位。这时,来了一位高个子。我立刻认出这是马雅可夫斯基:我见过他的肖像,甚至也许以前曾经见过他本人。那个时候,人们的穿着很差,而他则穿得很时髦。他有一件宽下摆的大衣。在当时是很时髦的。总的说来,他身上穿的全都是新式的,时髦的。感觉得出他时刻都意识到这一点——自己打扮得像花花公子,像花花公子。(黠笑)其实花花公子才不会在意自己的穿戴呢。这可以说是花花公子的第一个特点,即他的穿着打扮让人感觉,他对此是完全不在乎的。而马雅可夫斯基给人的感觉是,他总是惦记着他穿的是一件宽摆大衣,一身时髦的打扮,身段也不错,如此这般。总之,这一点我很不喜欢。

然后库兹科给了他一本装订好的小册子(正巧是刚刚出版的)——我记得是这样。我觉得是文学出版处专门出的一本杂志(那时杂志的境况很糟糕),上面登了马雅可夫斯基的诗。他一把抓过这本杂志,径直沉浸在他那刚刊出的诗歌当中。这似乎又让人感觉到,他在细细品尝着自己的诗作,最让他得意的是诗被刊出这一事实。看!登出来啦!总之,这给我留下了很不好的印象。

不过也应该说,所有的人一般都会这样,但尽管如此,马雅可夫斯基毕竟是狂欢式人物,故而理应超越这一切,所以我期待的多半是他对时髦打扮和发表诗作的不屑态度。可事实恰好相反:像个小人物,最为渺小的人物,只因发表了作品就沾沾自喜,尽管他早已出了名,早已发表作品了。这就像契诃夫小说里的一个小官吏,还记得吗?他失足滑倒在马旁,还被马拖行了一段距离,但他却因报上登了他的事而欣喜若狂,您瞧。这一点我很不喜欢。至于他当时说了些什么,我根本不记得了。他好像说了些什么,但不是对我,而是对库兹科说的。后来他走了,我也离开了。

杜：这是唯一的……

巴：不，后来我又一次见到了他，如果没记错的话，也还是在那里——诗人晚会上。那一次诗人们作了表演，而且每一位诗人都是作为某个流派的代表来表演的。您知道，当时那些流派真是太多啦。不管什么人都要表演一下！那次表演的也有……瓦列里·勃留索夫。我没有再单独见过他，他……我只是看到他登台表演了。他朗读自己的诗作，我这会儿不记得题目了……不过，我记得里面有这样的诗句：

也许在苏维埃的莫斯科

要举行 Klassische Walpurgisnacht...

等等。①

Klassische Walpurgisnacht——就是"古典式狂欢聚会"。是这样。上台表演的还有一些我完全不认识的诗人。上台表演的还有其他艺术的代表们。我记得，那时雕塑界成立了一个新现实主义者团体。他们用报纸做成了一些不大的半身雕像。我觉得非常有趣，那儿所有的人都很有才华，不过，当然这一切都没有能够继承下来，没有获得进一步的发展，没有。依我看，全都半途而废了。马雅可夫斯基在那儿也朗读了那首……《不寻常的……》之诗。

杜：《不寻常的遭遇》。这是与太阳的对话。

巴：是的。这一次我可是很喜欢他的。我喜欢他站在台上的样子。在台上他反倒很谦虚，比较朴实。他朗读得棒极了！朗读得棒极了！他的动作很有节制……别人说他的动作太过分。不对，他很有节制。"于是我说，请坐吧，太阳……"；瞧——"请坐吧，太阳"，他的动作非常舒展，似乎要……

杜：请客人坐下……

巴：是的。我很喜欢这样。那次我很喜欢他，也喜欢他的作品。

杜：那时您是不是很少读他的诗？

---

① 引自勃留索夫的诗歌 *Klassische Walpurgisnacht*（《古典式狂欢聚会》，1920年）。——原编者

巴：不，还是读的，读得还真不少。那时我们读书很多，简直是囫囵吞枣，其中也读了不少乱七八糟的东西。可马雅可夫斯基我还是了解的，自然不是……

杜：那《穿裤子的云》您知道吗？《穿裤子的云》《战争与世界》，还有《人》？

巴：这些我是知道的。我是知道的。我记得，我很喜欢他的……《战争与世界》。里面有些诗节很有意思，非常好。当然也有一些做作的、杜撰出来的、生硬的诗句。不过，应该说，他一直到最后都没能摆脱杜撰和生硬的毛病，甚至在长诗《放声歌唱》里面也有……不过，那里有精彩的诗句，非常精彩！

杜：那在《放声歌唱》里什么东西让您觉得是杜撰和生硬的呢？

巴：那样的诗句我偏偏是不记得的。但其中有许多……您来听听这一段。

> 我知道词语的力量，我知道词语的警示，
> 这不是包厢里拍手叫好的词语……

接下来很精彩：

> （齐声）
> 听到这样的词语棺材不胫而走，
> 迈开那四条细小的橡木腿。
> 有时，词语会被抛弃，未被刊登和出版，
> 但它们却会勒紧马肚带，一路驰骋……

巴：
> 时代之钟轰然鸣响，列车爬行而来，
> 想要亲吻诗神……

杜：应是"舔舐"。

巴：什么？

杜：不是"亲吻"，这在……修辞上……

巴：对不起，是"舔舐诗神……"不——对，我记得是"舔舐……那长满老茧的双手"。他在这里指的是什么，您怎么看？

杜：这些诗句您喜不喜欢？

巴：这个地方恰恰是我喜欢的。

杜：且听："……列车爬行而来，想要舐舔诗神那……"——这正是全世界目前所关注的中心问题，是十五年前，这么说吧，斯卢茨基用极为庸俗的表述概括出来的问题（讥笑地）："物理学者与抒情诗人"。这不，马雅可夫斯基还是断言：诗歌高于一切！列车将要舐舔……

巴：这恰恰是有力的。接下来是："……微不足道……""……看起来微不足道……"

杜：这一小段是：

> 我知道词语的力量：看起来微不足道，
>
> 就像飞飘在舞鞋旋风中的一片花瓣，
>
> 但人可以用心灵、嘴唇和躯干……

这里没有写完……

巴：这句写得真好："……人可以用心灵、嘴唇和躯干……"没有写完也不错。完全可以读懂。无须把话说尽。这样才好呢……

杜：您所认同的自然是另一种全然不同的（这么说吧）修辞格调，尽管您兼收并蓄。

巴：是的，是另一种修辞格调。不过，您发现没有，这里还要考虑到另一种因素：那个时候我对西方的左派诗歌十分熟悉，其中也包括法国的。他们走得很远，绝不亚于我们的未来派。与他们相比，我们的未来派还是孩童，他们是早期的模仿者。马雅可夫斯基在一定程度上也是，但也只是在一定程度上。

杜：这很有意思。

巴：他发明的那种诗体当然是他的创造。

杜：您认为马雅可夫斯基发明了某种新的诗体？

巴：是的，我认为他发明了新的诗体。不过您说的"诗体"是指什么？

杜：我是指……不是诗律层面上的……而是指诗歌创作原则上的。

巴：是的。毫无疑问。我认为，他发明了……

杜：他给俄罗斯诗歌提出了新的原则？

巴：是的，是的，毫无疑问。

杜：您从哪里看出……您如何界定这一原则？

巴：您要知道，这是很难的，我可不是诗律理论家。不过，一般都界定为一种新的重音律，不是原先的那种音节重音律，而是一种新的重音律。

杜：如果过去的诗体叫音节重音律，那么这种则是语调重音律……

巴：是的，是语调上的……这是一新的音律，此外，他最大限度地使得诗歌的语言接近于另一种语言……即演说的语言，不过是那种过于随便的演说语言，就像巴黎公社时期演说者那样所用的语言。呼喊，几乎是呼喊。总的说，就是把诗歌与广场呼喊（其实就是呼喊）独特地结合起来。① 他本人讲到自己时也几乎总是说："我在叫喊"，"我在叫喊"。不是"我在写诗"，也不是"我在歌唱"，而是"我在叫喊"。这是一种独特的呼喊，他成功地将这种叫喊变成了诗行和某种诗律。

杜：这又是您心爱的狂欢思想吧……其实您赋予了这个术语非常多的内涵。

巴：是的。

---

① 在 20 年代末关于马雅可夫斯基的讲稿中（这个讲稿作为俄国文学史家庭教程的一部分被 P.M.米尔金娜记录了下来），巴赫金谈到了马雅可夫斯基的诗歌是如何再现公共演说语调这一问题，并把这一点同古希腊罗马传统联系起来："他的修辞术与古希腊罗马传统具有共同点……蛊惑性对他来说也是一个特点：他不怕蛊惑性，总是在寻找蛊惑性。因此，马雅可夫斯基在另一个环境下——在俄国的土壤上，以一种新的形式，使诗歌获得了雄辩术的特点，而这一特点在他之前诗歌中是非常少见的。"（《对话·狂欢·时空体》，维捷布斯克，1995 年第 2 期，第 112 页）——原编者

杜:一开始我不明白,但我在三年前还是用心拜读了您写拉伯雷的那本著作。那时还是本新书呢。刚开始我弄不明白,这通篇的狂欢是什么意思……狂欢性在您的著作中是艺术的某些普遍原则之一,是大艺术的原则之一。

巴:是——的,没错。

杜:所以您就选择了拉伯雷,后来……再反过来……写陀思妥耶夫斯基……这是矛盾的统一体……从这个层面上看,马雅可夫斯基完全是一个举足轻重的作家。

巴:他那里总有许多狂欢性的因素。

杜:"宗教神秘剧"和"滑稽戏"——在他那里到处都是。

巴:是——的,到处都是。

杜:您知道吗?就连他制作的带有狂欢色彩的各种小玩意儿,我指的是广告之类的东西,也往往会突然闪现出某些严肃的形象,有时情况也恰好相反。我很高兴能听到您如此准确而公正地……这与通常的一些评价是尖锐对立的,不过……至于说到他是如何对待……要知道这一切都是有具体情况的……我非常理解……这完全是可能发生的……这么说,这是1921年啰?

巴:是的。

杜:不会在1922年之后吧?

巴:不会。不会。

杜:如果是在1922年秋天,那就已经是在他首次出国去拉脱维亚之后的事了。

巴:我觉着,是在这之前吧。

杜:可能是在这之前。不过也就是说,1920年到1921年,他是在罗斯塔社工作,在罗斯塔期间,他穿的是棉袄,戴的是羊皮帽……

巴:可不,天气很冷。

杜:……脚上穿的是毡靴,还有套鞋什么的。

巴:那时是夏天吧。要不就是春天……

杜:其实在青少年时代他的穿着倒是很寒酸的。不过,不止一个人有这样的回忆,也有专门的照片……说是他那时也是一副别出心裁的打扮……不是花花公子的派头,而正是狂欢气质……后来他戴起了高筒帽。

巴:要知道,布尔留克也戴一顶高筒帽。

杜:布尔留克也让他戴上了。在这之后就有了那篇《给社会趣味一记耳光……》,于是整个国立高等美工实习学校……美术、雕塑和建筑学校的师生都跑来看马雅可夫斯基——这位被开除了的学生再次返校……大家都已习惯看到他穿一双破旧的皮鞋,可……突然间却看到他穿戴一新地走了进来。我这里有一份记录。所有楼层里的人都跑出来看:"天哪,那是谁呀?是马雅可夫斯基?!""戴着高筒帽!""一副乞丐打扮!"他很喜欢这样……是的,他有时会这么做……这当然不是花花公子的派头。他身上完全没有花花公子气。

巴:不,这不是花花公子气,不——是。

杜:您说得完全正确。这是他一贯的……一种戏谑的成分。

巴:戏谑的成分?是的,归根结底是这样。

杜:在他身上这就成了戏谑成分。

巴:我总归看到了这个因素,尽管它不是一系列因素中的一个。那时我自然立刻就看出了这一切所含有的狂欢性。

杜:这就像墙上的一个小斑点。

巴:是——的。

杜:的确,在这方面他那里各种情况都有可能出现。他总是在游戏。他是一个极度狂热的人。

巴:是的,是一个狂热者。

杜:瞧他那副打牌的样子!太疯狂了!

巴:是吗?他很会玩吧?

杜:太疯狂了!真叫疯狂。您知道吗?他们坐下来开始打牌,最后身上仅剩一条裤子了！所有东西都押在赌桌上了！这是沃尔平①告诉我的。要钻十次桌子！这是他提出的要求，自己也照做不误。

巴：要知道打牌也是……纸牌赌博也是一种内涵深刻的狂欢现象。

杜：好了，马雅可夫斯基可算一个小插曲。而您的生活和文学成长同他很少有交叉点。

巴：是的，不多。

杜：我的感觉也正是如此。不过我这样推断是有所根据的：我以前听说，您曾经与列宁格勒的一个青年团体有交往，这个团体在某种程度上是以马尔夏克为中心的，它构成了"现实艺术协会"。老实说，刚一得知您的消息，我首先想到的是："我终于可以从一个人那里来了解现实艺术协会成员的事了……"是的，首先，这段时间您扮演了什么样的角色？您算是一个自由的文学工作者吗？

巴：这段时间？是的。在这段时间——是的。

杜：大学毕业以后？

巴：不完全是。大学毕业之后……

杜：在彼得堡，1918 年、1919 年、1920 年、1921 年这几年谁给您伙食费呢？

巴：不，我在 1918 年就离开了彼得堡。是这么一回事：我有位挚友——还是在青年时代就成了朋友，他叫列夫·瓦西里耶维奇·篷皮扬斯基，我已经对您提过了，他当时在部队里服役，驻在小城涅韦尔。是的……那里的自然风光令人陶醉……简直是一个迷人的地方。他在那里服役，他认识那儿所有的人，人家也都知道他。碰巧他来到彼得格勒，正赶上饥荒，几乎没有吃的。他就说服我去他那儿，去涅韦尔，说那儿既可以挣钱，还可以大饱口福，等等。于是我就照办了。这

---

① 米哈伊尔·达维多维奇·沃尔平（1902—1988），诗人、画家、电影剧本作家。В.Д. 杜瓦金 1967 年 11 月和 1975 年 12 月两次录制了他的回忆（莫斯科大学科学图书馆馆藏）。——原编者

是在 1918 年。

杜：您在那里干的是什么工作？

巴：是的,后来是这样。新斯文坚中学搬迁到了那里。在这所学校当校长的原来是我过去的数学老师。这时他已是校长了,已经是个白发苍苍的老人了。我便在这所斯文坚中学任教。不过我在过去的斯文坚中学,新斯文坚中学(后来学校撤到了后方,因为那里被德国人占领了)教书的时间并不长,两三个月的样子。之后学校更名为统一劳动学校。不过这所学校的一切都保留了下来:学生留下来完成学业,教师也留下来,校长就是我的朋友,我的长辈朋友,我的老师帕维尔·阿达莫维奇·扬科维奇①也留了下来。他留下来却不再当校长了。我不记得谁担任了校长。但事实上他仍在继续工作。

杜：这么说,整个 1918 年您都在那里？还是居住的时间更长一些？

巴：还有 1919 年。我在那里住了两年。

杜：啊,这下我终于明白了……当初我就是不明白,为什么在您那里会有那么一段空缺,为什么您记不得咖啡馆了……要知道,这一切在那个时候都是明摆着的事情。原来您离开了彼得堡,在涅韦尔那里度过了最饥饿的时期。

巴：是最饥饿的时期。我在那里大约住了两年……后来我同我的朋友篷皮扬斯基一起去了维捷布斯克。不过这座城市并不远,附近什么都有——毕竟是座省城。那时的维捷布斯克,文化很繁荣,因为许多列宁格勒人为了逃避饥荒迁到这里——维捷布斯克,当然是暂

---

① 帕维尔·阿达莫维奇·扬科维奇"自 1893 年 7 月 6 日至 1913 年 7 月 1 日在斯文坚男子中学担任数学教师",而从 1913 年 7 月 1 日起任这所中学的校长(《斯文坚男子中学教育委员会 1918 年 4 月 30 日会议纪要》,普斯科夫州国家档案馆大卢基分馆,储存编号:P-608,编号:1,第 4 号卷宗,第 80 页)。M.M.巴赫金在涅韦尔统一劳动学校里教授历史、社会学和俄语(同上,编目号:1,第 4 号卷宗)。——原编者

535

时的。

杜：夏加尔也在那里。

巴：夏加尔也在那里，不过夏加尔是当地的居民，是当地人，他的腿很长……

杜：您认识夏加尔吗？

巴：是的，认得，但不熟。我与他不太熟悉；我不记得我去了之后，他在那里待了多久。后来他恰好离开了那里，去了别处。

杜：这么说，1920年您已到了那里？①

巴：已经在那里了……1920年、1921年、1922年。

杜：对不起，那您1921年怎么会在那里呢？……

巴：啊，我来过莫斯科和列宁格勒。来过。莫斯科……我压根儿没在这住过。我从列宁格勒来到这里，然后又回到列宁格勒。而莫斯科我则是偶尔去一去。

杜：这下清楚了。

巴：我一向不喜欢莫斯科。

杜：您不喜欢去莫斯科？

巴：我以前当然也去过莫斯科，我是奥廖尔的，奥廖尔人。

杜：您不喜欢莫斯科？

巴：是的，不喜欢莫斯科。是这样。我在涅韦尔大约住了两年……那儿有一些独特的东西，在那个年代也是很有特点的：有一个涅韦尔科学研究会②。那可不是随便玩一玩，绝不是。顺便说一句，研究会主席就是我。成员有篷皮扬斯基、马特维·伊萨耶维奇·卡甘

---

① 根据保存在M.M.巴赫金档案中的文件资料，他从涅韦尔迁至维捷布斯克的时间不会早于1920年秋天。——原编者

② 关于涅韦尔科学研究会详见Л.M.马克西莫夫斯卡娅的《M.M.巴赫金口述中的涅韦尔（一个方志学专家的注解）》，载《哲学科学》，1995年第1期，第98—102页；Н.И.尼古拉耶夫的《涅韦尔哲学流派（M.巴赫金、M.卡甘、Л.篷皮扬斯基在1918—1925年）》，根据Л.篷皮扬斯基的档案材料），载《M.巴赫金与20世纪的哲学文化：巴赫金研究中的若干问题》，圣彼得堡，1991年，第1辑，第2期，第39页。——原编者

（哲学家）、化学家科柳巴金[1]；可惜，后来他……

杜：去世了？

巴：是的，大概去世了，情况我不清楚，但当我最后一次见到他的时候（他是个天赋极高的人），他已是一个重度咖啡瘾者，是一个无可救药的咖啡瘾者。这就是研究会的大致情况。那里我们是拿报酬的，有酬金，规定了工资。不过，工资自然是……不怎么够用……

杜：领到什么口粮吗？

巴：口粮是有的。领口粮。是这样。而且应该说，我在涅韦尔住的这一年半到两年间，吃得很好。想吃什么都有。

杜：这么说，您没有完全体验到彼得堡的苦难？

巴：没有完全体验到。我还从涅韦尔给家里人寄过东西。

杜：那时您已结婚了吗？

巴：那时没有。还没有。

杜：那么您所说的"家里人"是谁？父母亲？

巴：家里人？父亲、母亲、姊妹。要说一句，我的母亲和三个姐妹死于列宁格勒围困时期。[2]

杜：是饿死的吗？

巴：是的，饿死的，也死于抑郁症……围困时期的抑郁症……母亲已是老太太了……

---

[1] 格奥尔吉·亚历山德罗维奇·科柳巴金（1892—？），化学家、自然科学家。1919年在涅韦尔统一劳动学校教授自然历史和化学，并担任涅韦尔医院的药房负责人。1919年8月19日在涅韦尔举办的俄罗斯文化学术辩论会上，他作为报告人之一做了题为"俄罗斯的生物学与医学"的报告（《俄罗斯文化学术辩论会》，载《铁锤》，涅韦尔，1919年第128期，8月18日，第1页）。在1919年9月12日的《铁锤》报上刊有一则题为"在艺术工作者联盟"的简讯，其中写道，在培训班里"库列比亚金同志（笔误——应为 Г. А. 科柳巴金）即将开设有关化学和生物学方面的系列课程"。——原编者

[2] 见第一次谈话的相关注释。——原编者

杜:父亲那时还活着吗?

巴:他死得早。是善终,当然是相对而言的。

杜:那您在维捷布斯克待了多久?

巴:维捷布斯克是一个很有意思的地方。为什么呢?因为那里集中了彼得堡(也就是彼得格勒)许许多多的知识分子的代表,都是些极有名望的代表。他们在那里创建了一所非常好的、高水准的音乐学院。① 我在这所学院里教过书。② 学院的领导——院长是马利科。马利科是位指挥家,是玛丽娅剧院的首席指挥。

杜:噢!

巴:他是个大人物。优秀的音乐家,优秀的音乐家。另外,还有杜巴索夫,也是位大人物。③ 他主管钢琴班。他是位极其出色的教育家。后来的许多音乐家都曾得到过他的教诲。

---

① 人民音乐学院由玛丽娅剧院指挥家 H.A.马利科(1883—1961)于1918年组建。1918至1921年间他在维捷布斯克生活和工作。关于马利科在维捷布斯克的工作情况,见 H.A.马利科的《过渡时期》,载 H.A.马利科的《回忆·文章·书信》,列宁格勒,1972年。另见 Г.Я.尤金的《超越往日岁月:一个指挥家的片断回忆》,莫斯科,音乐出版社,1977年,第5—35页。从1920年12月起,巴赫金在维捷布斯克的人民音乐学院担任美学和音乐哲学的任课教师。后来当人民音乐学院改称为维捷布斯克音乐专科学校之后,他继续在那里从事教学活动。——原编者

② 1954年,巴赫金致函维捷布斯克音乐学院院长,请求出具一份关于他曾在音乐学院工作的证明,并提供了以下信息:"本人于1920至1924年间为国立维捷布斯克音乐学院在编教师,讲授美学课程。本人参加学院工作时,院长为 H.A.马利科;在普列斯尼亚科夫担任院长期间继续留任;在波斯特尼科夫担任院长期间离职。在此期间,与我在音乐学院共事的同仁包括杜巴索夫教授、В.Г.伊凡诺夫斯基教授、施泰恩教授、济明教授、克赖斯勒教授等人。我是自愿离职的,因为我要回列宁格勒。临行前,我把授课讲义转交给了 A.O.茨绍赫尔。"(M.M.巴赫金档案)——原编者

③ 尼古拉·亚历山德罗维奇·杜巴索夫(1869—1935),钢琴家、教育家。曾于1890年在第一届 А.Г.鲁宾斯坦国际钢琴与作曲比赛中获奖。1894至1917年间任教于彼得堡音乐学院,1912年起担任教授,1918年起任教于维捷布斯克人民音乐学院,并从1919年起担任该校钢琴专业负责人。1923至1935年间任教于列宁格勒音乐学院。——原编者

普列斯尼亚科夫也在那里。① 他是玛丽娅剧院的芭蕾舞导演。他在涅韦尔县有一小块田产。他也在那里。还有不少其他的人。这是那所音乐学院。简直是一所非常出色的音乐学院……

此外，那里还有一所艺术学校。校长不是别人，就是卡济米尔·马列维奇。②

杜：是吗！

巴：是的……至上派的创始人。

杜：这正是"黑方块"时期吗？③

巴：大概是吧。就这样。他是校长。校舍很阔气。从前有位名叫维什尼亚克的大银行家④，这就是他的房子，盖得非常有特色，分给了艺术学校。艺术学校……马列维奇就是这所学校的灵魂。他是一个极为有趣的人。

---

① 瓦连京·伊凡诺维奇·普列斯尼亚科夫（1875—1956），芭蕾舞演员、音乐家。1914年起任彼得堡音乐学院教授，负责教造型术和舞台动作班。1921年起任维捷布斯克人民音乐学院（后改称为维捷布斯克音乐专科学校）院长。——原编者

② 维捷布斯克人民艺术学校是1918年秋天由马克·夏加尔组建起来的，他是维捷布斯克州艺术事务特派员。学校的首任校长是 M.B.多布任斯基；1919年春天他离开了维捷布斯克，此后学校的领导权就转到了夏加尔手中。学校于1919年1月正式开始授课。学校的教师有夏加尔一家、Л.M.利西茨基、B.M.叶尔莫拉耶娃、H.O.科甘，他们都住在这里。在布哈林街10号的房子里还住有卡济米尔·马列维奇。1920年夏天夏加尔去了莫斯科，此后，担任维捷布斯克人民艺术学校负责人的是画家 B.M.叶尔莫拉耶娃（1893—1938），她后来又成了维捷布斯克艺术实验学院的院长。K.C.马列维奇（1878—1935）从未担任过大学校长一职，他当过教授委员会主任。但根据实际情况来看，他是学院里所有艺术过程的真正领导人。——原编者

③ 画作《黑方块》（藏于国立特列季亚科夫美术馆）完成于1915年，马列维奇由此开启了艺术中的一个新纪元——至上主义。这幅画当时是在彼得格勒的"最后一次未来派画展'0.10'"展出的。在马列维奇创作生涯中，至上主义时期一直持续到1927年。——原编者

④ И.В.维什尼亚克，维捷布斯克银行家和房东。这位银行家府邸的建筑工程于第一次世界大战前在维捷布斯克的沃斯克列先斯克街10号竣工。1918年这座私邸被苏维埃政府征用，并于11月被交给维捷布斯克人民艺术学校用作校舍；1918年11月间沃斯克列先斯克街更名为布哈林街（如今这所学校的旧址在真理街5号）。——原编者

杜：您认识马列维奇吗？

巴：认识。那几年当我和他都在维捷布斯克的时候，我们来往密切，很熟。是这样。我妻子很喜欢他，她对他——马列维奇很有好感。所以我们常常在去他那里，去学校聚一聚。①

杜：妻子？您那时已经结婚了吗？

巴：那时我已经成家了。

杜：您是在哪里结婚的？是在涅韦尔吗？

巴：不，在维捷布斯克。我妻子是维捷布斯克人。是这样。除此之外，他还研究天文学。

杜：马列维奇？

巴：是的，马列维奇。他有一台不大的……

杜：也许是赫列勃尼科夫的影响吧？

---

① 巴赫金与马列维奇的相识，以及他们最为密切的友好交往很可能是在1921至1922年之交的那段时间。巴赫金自1920年秋天起定居在维捷布斯克，而马列维奇则是1919年11月来维捷布斯克，1922年春末离去(关于他在这座城市的生活与工作详见A.沙茨基赫的《马列维奇在维捷布斯克》，载《艺术》，1988年第11期，第38—43页)。1921年头几个月，巴赫金身患重病，动了手术。而马列维奇从该年的4月至夏末这段时间几乎都是在莫斯科度过的。他们之所以得以相识，其直接原因是巴赫金夫妇来参观位于布哈林街10号的维捷布斯克艺术实验学校。而促成建立这所学校的则是马克·夏加尔。除此之外，他还筹建了现代艺术博物馆，馆内收藏了20世纪初期丰富多彩的俄罗斯艺术展品——从"艺术世界"的社员到极端右倾艺术家所创作的各类艺术品。博物馆始终未能分得一块专用的场地，1919至1923年间(即博物馆的开办期间)一直坐落于布哈林街的那幢建筑物里。从会面情形的描述来看，巴赫金夫妇是来参观博物馆展品的——展品分布在学生上课的那些房间里。宣传新生的艺术一直是马列维奇的主要活动范围之一。需要指出的是，马列维奇在维捷布斯克的这段时期整个都用于撰写理论和哲学论著，他在为大学生开设的讲座中，在维捷布斯克发表的一系列文章中不断完善其中的一些论点。1920年在学校的墙报上出现了成立新艺术拥戴者联合会的有关信息，其会员是追随马列维奇、热衷于鼓吹至上主义思想的青年学子。巴赫金夫妇同样也体会到了信念的力量——"这位优秀的鼓动者、宣传者、至上主义信念的提出者"所具有的信念力量(H.H.普宁：《第5号住宅：回忆录选篇》，载《艺术全景》，莫斯科，1989年第12期，第183页)。——原编者

巴：……一台小的望远镜……当然,有一部分是赫列勃尼科夫的影响①……每天夜里他观察星空,而且……像赫列勃尼科夫那样醉心于宇宙。他善于像艺术家和独特的思想家那样很好地、颇有说服力地说出自己的观点,尽管他没有受过这方面的教育。当然受过艺术教育,但这方面的教育则是没有的……他是位知识渊博的饱学之士……②

杜：这么说,他有一套自己的美学纲领？

巴：是的,他经常讲这些。他甚至写了个小册子,但后来却不见了。③

杜：不管怎么说,他其实就是在我们俄罗斯土壤上被称为抽象主义这个流派的创立者,是吧？

巴：是的,不过这是一个特别的形式。

---

① 马列维奇与赫列勃尼科夫的联系是从1910年代初建立起来的。这位画家为以下几本书画了插图：B.赫列勃尼科夫、A.克鲁乔内赫和E.古罗：《三人》(圣彼得堡,1913年),A.克鲁乔内赫、B.赫列勃尼科夫：《词语本身》(插图：K.马列维奇和O.罗赞诺娃,圣彼得堡,1913年),A.克鲁乔内赫：《战胜太阳》(序文：赫列勃尼科夫,圣彼得堡,1913年)；克鲁乔内赫—赫列勃尼科夫：《地狱里的游戏》(插图：K.马列维奇和O.罗赞诺娃,增订版,圣彼得堡,1914年)；B.赫列勃尼科夫：《吼叫！手套》(圣彼得堡,1914年)。1917年春天,马列维奇被赫列勃尼科夫吸收为地球政府成员,并担任政府联合主席。赫列勃尼科夫在马列维奇的"阴影图"(诗人这样称呼1916至1917年的至上主义绘画作品)中发现了神圣的数字365的比例和倍数——它们力图表达出人类新的宇宙经验。赫列勃尼科夫在《宇宙之首,空间中的时间》这篇论文提纲中对此进行了分析(俄罗斯国立文学和艺术档案馆,储存编号：665,编目号：第1宗,收藏单位：32件)。多年从事这项研究的两位外国学者在他们合写的那本书里对至上主义者和布杰特里亚宁(或称"希列亚人",意即"未来人"。——译者)之间在创作上的相互联系给予了相当的关注(R.克罗内、D.穆斯：《卡济米尔·马列维奇：揭发的极点》,伦敦,1991年)。——原编者

② 1890年代上半期,马列维奇在靠近别洛波利耶的帕尔霍莫夫卡村镇毕业于五年制农艺学校。1905至1910年间他就读于莫斯科的Ф.И.雷贝格私人艺术学校。1905年、1906年和1907年,他试图考取莫斯科美术雕塑与建筑学校,但三次均告失败。在各种履历表中,马列维奇都自称为自我教育者。——原编者

③ 马列维奇生前一共出版了七部理论著作的单行本,其中有五部是在维捷布斯克时期出版的。巴赫金很可能指的是石印本《论艺术中的新体系》,该书1919年12月在维捷布斯克出版发行；不排除作者曾将这本小册子赠送给巴赫金的可能性。——原编者

541

杜:这个至上主义的实质是什么?"至上"就是最高级的意思。①

巴:至上主义?不。这里的意思是艺术领域中最高的、终结性的思想。

杜:至上。

巴:是的,至上,至上主义。其实是这样的:与抽象主义者所不同的是,他毕竟……在这方面他继承了赫列勃尼科夫的传统,具有宇宙观……

杜:啊……具有国际主义观念和宇宙观……

巴:……是的,具有宇宙观。大宇宙,他关注的是宇宙。

杜:……他非常关切……

巴:他是这么说的:我们的艺术实际上局限在一个很小的角落里——三维空间里。这仅仅是一个小小的角落而已,可以说……是一间小小的茅房,仅此而已。而广大的宇宙是无法纳入进来,也无法……容纳不下。身处这个小小的角落,也就无法理解这个宇宙。于是,他便力求深入到宇宙中去。

我记得与他初次相识的情景。我和某个人一起去他那里,不记得是同谁去的了,只是与他认识一下,并参观一下他的学校。他接待了我们,非常热情,领我们参观教室,介绍情况。我还记得他最开始的解说。他走近一个雕塑作品,说:"瞧,这是一件雕塑。它像是有三个维度,这不……"说着,就给我们比画了一下……他能够把这一切都表现得非常具体。"我呢,就是完成这件作品的艺术家——那么我身在何处呢?我是处于我所创作的三维之外。你们会说我也处于三维之中。但这已是另外一种不同的三维了。我在观察这个三维,并作为一个默默静观的艺术家把自己的眼睛投向三维的另一边,如果按算术来计

---

① 源自画家母语——波兰语的术语"至上主义"起初意为绘画发展的最高阶段。在这一阶段,颜色的能量君临其他所有元素之上。后来,随着理论依据的发展,马列维奇所发明的这个词汇具有了哲学内涵。他在维捷布斯克时期所完成的几部著述中有一部就定名为《作为纯粹认识的至上主义》。——原编者

数,那应是第四维。但不能用算术来计数。不能说只有三个维度。维度有 33 个、333 个,如此等等,是无穷的。在这些维度中,在这些世界的、太空的、宇宙的维度中,我只是作为艺术家放置自己的眼睛。我自己作为人,当然……您可以打我,可以把我怎么着,但作为艺术家的我,您来打我试试……我的眼睛不在你们的……"①

杜:我用以观察事物的眼睛不在你们的影响范围之内……是这个意思吧?

巴:是——的,正——是。您拿我一点没有办法。就是这样。而且他说的这一切很有说服力,因为他是人……他从不装腔作势,也不装模作样,没有这些东西。他真诚地相信这一点。但他有点儿躁狂状态。顺便说一句,他最后死在了疯人院里。②

杜:是吗?

巴:他死在精神病院里,一贫如洗……

杜:在什么地方?

巴:好像是在莫斯科。

杜:他没有去别的地方?

---

① "多维度性"的思想曾在俄国先锋派圈内盛行,它发端于"第四维度"的观念,而后者则是由唯心主义哲学家 П.Д.乌斯宾斯基(1878—1947)在其著作《第四维度》(圣彼得堡,1909 年第一版;1911 年第二版)和《第三工具:开启世界之谜的钥匙》(圣彼得堡,1911 年)中所极力倡导的。马列维奇及其圈内人都赞同这位哲学家的观点,即认为人们有可能领会到"更为高级的空间的思想,这一空间比我们的空间有着更多的维度"(《第四维度》,第二版,第 93 页)。然而马列维奇对多维度性的认识在 1910 年代的后半段发生了重大变化。例如,在维捷布斯克时期出版的著作中,节余被宣布为第五维度,见马列维奇所著《论艺术中的新体系》(维捷布斯克,1919 年)一书的最后一章《规则 A》;也可参见《K.马列维奇文集(五卷本)》,第 1 卷,莫斯科,热带雨林出版社,1995 年,第 183—184 页。20 世纪艺术(包括俄国先锋派艺术)中与"第四维度"相关的一系列问题,在 L.亨德尔森所著的《现代艺术中的第四维度和非欧几何》(普林斯顿大学出版社,1983 年)一书中都得到了阐述。——原编者
② 被流放的巴赫金在库斯塔奈担任会计期间,显然听到了有关马列维奇患病的不实传言;其实画家死于另一种疾病——前列腺癌;马列维奇是 1935 年 5 月 15 日在列宁格勒的住宅中(住宅位于原先的国家艺术文化研究院的房子里,即邮电协会街 2 号)去世的。画家晚年时在俄罗斯博物馆里工作。——原编者

巴：没——有，他没有去别的地方。他的作品自然传播到了各地。还是在他生前，他的创作即所谓至上主义作品，就已在美国大获成功。只是他说，这些至上主义的画作位置摆放得不对：应当平放，而不是竖放。不过，他也说了，当然至上主义绘画总归还是至上主义绘画，这样的摆法并不会破坏这些画作的艺术内涵，但不管怎么说，平摆才能展现其全部内涵。那时在美国……他就取得了极大的成功。[1]

杜：那时就有名气了？

巴：那时就有，那时就有了。他的画作在美国用于……它们被用作……

杜：那在我们这里呢？……这么说，他在那里教书，然后呢？

巴：他过着苦日子，后来被送进了精神病院。这是在他离开维捷布斯克后不久发生的事情。我甚至不知道，他得的是什么病，不知道。也许，谁知道呢……那时没怎么……

杜：没怎么弄清楚。

巴：……严重的精神病……严重的神经官能症，可能不是精神病。此外，他变得极度虚弱。

杜：极度虚弱？

巴：我们住在维捷布斯克那会儿还不是这样，因为那儿伙食很好，

---

[1] "至上主义作品"是巴赫金个人使用的新词，显然可以从中听出马列维奇构词的泛音。该词指的是一些结构，至上主义的一些三维立体模型，它们都是马列维奇于20年代中期在国家艺术文化研究院（1924—1926）设计的（院长就是他本人）。这些结构具有各种不同的构造，包括垂直构造。当马列维奇在国家艺术史研究院的艺术文化实验研究委员会工作时（由于国家艺术文化研究院1926年被取缔，他的部门就转到了国家艺术史研究院），他仍在继续创作这些艺术品。巴赫金作为国家艺术史研究院的编外讲课人，可能在院里碰到过马列维奇，也可能见到过这些结构；显然，在这些年里仍旧延续着这样一个传统，即同事在短暂的碰面之际相互交流一下意见。马列维奇的至上主义创作在1920年代的美国尚无人知晓；然而，巴赫金的观察非常准确，因为马列维奇本人和受到至上主义流派影响的画家（首先是埃利·利西茨基）在美国的摩天大楼的建筑中发现了一些证据——可以证明艺术和建筑发展中的至上主义阶段的真实性和客观性。因此，马列维奇有一幅拼贴画很有名，这幅画就是曼哈顿摩天大楼的一张照片，还有一张垂直结构的拼贴画，这一结构在风格上与这座城市的景物是完全和谐的。——原编者

想吃什么都能买到。要我说,他长得很结实,很结实……他的脸上……有一股刚毅的神情……

杜:他差不多是马雅可夫斯基那一辈人吧?

巴:是的,他是90年代的人,是的。是——的,他年纪不大。恐怕比马雅可夫斯基还是要大一些,我记不得了。我并不知道他的确切年龄。反正他年纪要大一些。而且,需要说一下,他的男女学生对他佩服得五体投地,五体投地。他们都醉心于对宇宙奥秘的一种半神秘性的观照。他们在自己的画作中都越出了常规的空间。他们全都虔诚地相信这一点。事实上确实如此,我再说一遍,这里没有虚假,没有游戏。①

杜:这又是一幅出人意料的人物肖像。

巴:是的,如您所见,的确如此。总的说他这人非常有意思,同他谈话非常有趣。但同时,他又是绝对无私的,绝对是这样。他从不去追逐功名、地位、金钱和美味佳肴——这一切他都不要。不妨说,他是痴迷于自己思想的苦行主义者。他虔诚地坚信,自己在开拓一种全新的东西,并已成功地深入到、窥探到宇宙的奥秘,而别人却是窥探不到的。

杜:那么,在维捷布斯克当时还有哪些人呢?这所艺术学校……校长是马列维奇,对吧?

巴:是的,校长是马列维奇。不过在那里,这么说吧,最好的教授是佩恩。② 佩恩是位画家,很有名。但其实也很一般。

杜:他是个普通的人物?

巴:是的,很一般的人物。他就是个一般的现实主义派,巡回派的继承者。所以并没有什么。当然,他掌握了一些……

杜:我想,夏加尔跟他学过吧。

---

① 在维捷布斯克,马列维奇周围有一个小圈子——是由一批忠实的男女学生组成的。这个小圈子以"新艺术拥戴者联合会"之名被载入历史[A.沙茨基赫:《新艺术拥戴者联合会——"新世界的摇篮"》,载《伟大的乌托邦:1915—1932年的俄罗斯及苏维埃先锋派(展品目录)》,莫斯科,1993年,第72—83页]。——原编者

② 尤里·莫伊谢维奇·佩恩(1854—1937),画家,M.夏加尔的第一位老师。——原编者

巴:可能。当然,在那里也只有跟他才能学到点儿东西。

杜:我是从亚历山德拉·韦尼阿米诺芙娜·阿扎尔赫①那里知道夏加尔的:她跟我说起过他。您认识亚历山德拉·韦尼阿米诺芙娜吗(即亚历山德拉·韦尼阿米诺芙娜·阿扎尔赫,后来改姓为格拉诺芙斯卡娅,尽管可能还有另外一个娘家姓)?

巴:不记得了。

杜:就是她告诉了我有关夏加尔的一些情况……还说到了米霍埃尔斯!他也在那里吗?

巴:是的,米霍埃尔斯也在那里,但那时我不认识他。

杜:那里没有戏剧学校吗?

巴:那里没有戏剧学校。没有,不过在那里成立了一个附属于音乐学院的戏剧小组……

杜:这当中就有米霍埃尔斯。

巴:米霍埃尔斯?可能是吧,他也在那里。

杜:看来,虽说城市不大,却没有一个统一的团体。

巴:没有。不过,这可完全不是一座小城。它毕竟是座大省城,文化氛围很浓。过去维捷布斯克也出过许多人才,非常之多,非常之多……

杜:比如卡甘夫妇——勃里克,莉莉娅·尤里耶芙娜就在那里读的中学。②

巴:是的。哲学家洛斯基也是在那儿念的中学,洛斯基教授是我的大学老师。

杜:就是一直活到1965年的那位洛斯基吧。

---

① 亚历山德拉·韦尼阿米诺芙娜·阿扎尔赫—格拉诺芙斯卡娅(1892—1980),演员和导演,国家犹太剧院导演 A.M.格拉诺夫斯基的遗孀。В.Д.杜瓦金在 1968 年、1972 年和 1973 年数次录制了她的回忆(莫斯科大学科学图书馆馆藏)。谈话刊登在 A.M.阿扎尔赫—格拉诺芙斯卡娅所著的《回忆录:与 В.Д.杜瓦金的谈话》(耶鲁萨冷—莫斯科:格沙里姆—文化之桥,2001 年)一书中。——原编者

② Л.Ю.勃里克(卡甘)毕业于莫斯科 Л.И.瓦莉茨卡娅中学。她本人在 1973 年 5 月 8 日同 В.Д.杜瓦金的谈话中讲到了这一点(莫斯科大学科学图书馆馆藏)。——原编者

巴:是的。不久前我听说,普希金的那个杰利维格,他的父亲就在那里住过很长一段时间,杰利维格是去维捷布斯克看望父亲的。那儿还有一大批这样的人物……

杜:这么说,可以把维捷布斯克看作是一个文化……

巴:……摇篮。对,毫无疑问。那时它是……当然后来情况又变了……当一切都稳定下来了,人们就各奔东西了:马利科走了,普列斯尼亚科夫走了,其他人也都纷纷离开了。这一位离开后就去世了……我说的是马列维奇。

杜:这么说,那里本来就已经是一个摇篮了,而且已壮大成……像夏加尔这样的一股力量,在彼得格勒遭受贫困之际,相形之下,那里却是一片繁荣景象。

巴:是的,那儿是一片繁荣景象。

杜:您在维捷布斯克住了多久?

巴:我在那里住了很久,几乎到……1923年,也就是说,差不多整整三年,我是在第四个年头才离开那里回到了……[1]

杜:也就是说,您是1918年或1919年过去的,在那里度过了1920年、1921年和1922年?

巴:是的。我们正是在1921年结的婚,是在1921年5月。[2]

杜:她是当地人吗,您的夫人?

巴:不能完全算作是当地人。

杜:她叫什么名字?

巴:她父亲在革命前曾是省里的一位非常显要的大官员。此外,她家还拥有一块不大的田庄,在波洛茨克附近。[3] 我曾在那里住过,在

---

① 根据档案资料,巴赫金在维捷布斯克一直住到1924年5月。——原编者
② 结婚登记的日期为1921年7月16日;在婚姻登记的证明文件里,E.A.奥科洛维奇(1901—1971)被称作"波洛茨克城的姑娘"(M.M.巴赫金档案)。——原编者
③ 指位于维捷布斯克省波洛茨克县城的别申科维奇。田庄(或小城镇)的名称是尼娜·阿尔卡季耶芙娜·沃洛希诺娃,即B.H.沃洛希诺夫(1894—1936)的遗孀于1971年4月在与本注释作者的谈话中披露的。——原编者

她那里住过两三个夏天——那时她父母还都健在。是这样。她就是在波洛茨克附近的这个田庄出生的。离维捷布斯克也很近。

杜:您夫人的姓名和父称是什么?

巴:叶莲娜·亚历山德罗芙娜·奥科洛维奇。

杜:奥科洛维奇?

巴:是的,奥科洛维奇。别尔什-奥科洛维奇。

杜:别尔什? 这是犹太人名吗?

巴:"别尔什"——这就相当于……相当于"冯"或"德"(嘿嘿地笑着),法国人名字中的"德"或"冯"。是加在贵族头上的。"别尔什"不是姓。所以叫别尔什-奥科洛维奇,其原因是……我这会儿都记不太清了……她有保加利亚血统。但保加利亚血统是很早的,所以她的父母都完全是俄罗斯人了,完全是俄罗斯人。

杜:是——的。那我现在就明白了。莫斯科只是暂留之地……后来,1923 年您迁居彼得格勒? 在那里一直住到 1929 年?

巴:在那里住到 1929 年。

杜:您……我记得您写的那本书,可是……您当时名声并不大……

巴:是的,我当时只是在很小的圈子里有点名声。我周围有个圈子,如今人们称作"巴赫金小组"……近来常有人写到这个小组。这个小组首先包括篷皮扬斯基、梅德维杰夫(帕维尔·尼古拉耶维奇①)、沃洛希诺夫。顺便提一下,他们也都曾在涅韦尔待过,当然梅德维杰夫除外。

---

① 帕维尔·尼古拉耶维奇·梅德维杰夫(1892—1938),文学理论家、教师、社会及文化活动家,从维捷布斯克时期起就是 М.М.巴赫金的朋友(见 Ю.П.梅德维杰夫撰写的关于他的文章;《独木舟上有我们很多人……》,载《对话·狂欢·时空体》,1992 年第 1 期,第 89—108 页)。以他的名字出版的《文艺学中的形式方法》(列宁格勒,1928 年)一书是有关作者权问题的争论议题,涉及这一问题的还有 В.Н.沃洛希诺夫的另一本书和一些文章(见第二次谈话中的相关注释)。巴赫金从库斯塔奈流放地回来后,梅德维杰夫帮他安置到萨兰斯克的教师岗位上——关于这一点他在第五次谈话中做了陈述。此后不久,П.Н.梅德维杰夫就被迫害致死。——原编者

杜:就是后来也写过勃洛克或勃留索夫的那个梅德维杰夫吗?

巴:是的,他写过勃洛克。他的第一本书就叫《勃洛克的创作道路》。①

他们三人都在维捷布斯克待过。实际上这个小组是在那里打下的基础,后来在列宁格勒才正式形成的。在这个小组里,我讲过课,开过纯属私人性质的讲座,就在自己家里……讲过哲学课,一开始讲的是康德(我曾是个铁杆的康德主义信徒),后来题目范围就更为广泛了。②

杜:您没有在彼得堡大学、列宁格勒大学教过书吗?

巴:我——没有,没有教过书,没有来得及。本来是应该可以任教的,但没赶上。

杜:那么您与博加特廖夫、什克洛夫斯基的小组是否有重合?

巴:没——有。

杜:甚至没有接触吗?

巴:没有接触,我记得没有任何交往。是的。

杜:博加特廖夫、什克洛夫斯基、维诺库尔、雅可布森……

巴:是的,不过其实,维诺库尔……您说的是维诺库尔吗?是的,维诺库尔……是的,我认识维诺库尔。

杜:这些人可都属于诗语研究会的……

巴:是的,不过维诺库尔与这个研究会没有任何关系,没有,我记得没有任何关系……

---

① 《勃洛克的创作道路》是 П.Н.梅德维杰夫在其编纂的《纪念勃洛克文集》(彼得格勒,1922 年)中的一篇长文。——原编者
② Л.В.篷皮扬斯基在听巴赫金在小组会议上的发言、报告和系列讲座时都做了笔记,这些笔记登载在《作为哲学家的 М.М.巴赫金》(莫斯科,1922 年)一书中,见该书第 221 至 252 页(刊发者为 Н.И.尼古拉耶夫)。讲座的题目有康德哲学和现代新康德主义,以及"更为广泛"的范围,主要是关于宗教哲学的问题。巴赫金于 1928 年 12 月 26 日和 28 日在国家政治安全总局列宁格勒分局的审讯记录中列举了专题讲座和学术报告的一些题目(С.С.孔金、Л.С.孔金娜:《米哈伊尔·巴赫金》,萨兰斯克,1993 年,第 180—183 页)。——原编者

杜:维诺库尔可以说是乌沙科夫的学生,而乌沙科夫则是福尔图纳托夫的学生。

巴:是——的,是著名的福尔图纳托夫的继承者……是莫斯科学派的,而不是彼得堡学派的……

杜:不是博杜安·德·库尔特奈的继承者。

巴:……可不,博杜安·德·库尔特奈。

杜:您有没有同这个博杜安·德·库尔特奈打过照面?

巴:有过,当然有过。我听过他的课〈……〉

还有一点也可以说一说。我离开时是彼得格勒,回来时已经是列宁格勒了。

杜:怎么会呢? 1924 年已经改名了吗? 1923 年还叫彼得格勒来着。

巴:可后来一下子就成了列宁格勒。

杜:是在 1924 年 5 月才成为列宁格勒的。

巴:是的,1924 年。不管怎么说,这之后我就生活在列宁格勒了。是这样的,当时那里……有几个沙龙……文学沙龙。其中有一个是谢普金娜—库珀尔尼克的沙龙——已在勉强支撑了。在这个沙龙的最后几年里,我常去参加。①

杜:那么,这个谢普金娜—库珀尔尼克沙龙有什么吸引人的地方吗?

巴:没有,我不太喜欢那里的氛围。那里全是些……有点儿陈腐守旧的人物……

杜:同她本人一样。

巴:是的,同她本人一样。来这里的有旧时的俄国将领、律师——上了年纪的很有名望的首席律师。那时这个沙龙实际上不是谢普金

---

① 塔季娅娜·利沃芙娜·谢普金娜—库珀尔尼克(1874—1952),戏剧家、诗人、翻译家。在 12 月 28 日的审讯记录中,据巴赫金所称,谢普金娜—库珀尔尼克的住宅是他做哲学和美学报告的场所之一。——原编者

娜—库珀尔尼克的,而是她丈夫波雷诺夫的。尼古拉·鲍里索维奇·波雷诺夫。他是波雷诺夫院士的兄弟。① 他是著名的律师……一个非常可爱、很有修养的人。他酷爱哲学、艺术和诗歌,尤其是美学。我也在那里做过各种报告,讲过课,等等。

杜:您也上台讲过?

巴:是的,讲过。

杜:全是哲学问题吗?

巴:是的,哲学问题,主要是美学问题,哲学美学问题。

杜:作为一名康德主义者?

巴:是的。

杜:您居然敢做这样奢侈的事情(我这当然是讽刺),居然敢做这样奢侈的事情——在1924年的列宁格勒作为一个康德主义者做哲学讲座?

巴:是作为一个康德主义者。

杜:这显然后来导致您被发配到了边疆?

巴:是的,导致了这个结果。当时觉得……没什么可怕的……后来出现了一篇文章……是图尔兄弟的文章,是未署名的……

杜:未署名的?

巴:是的。也就是说,没有作者署名,但知道是图尔兄弟写的,是根据一些材料……

杜:是讽刺小品文吗?

巴:是根据一些材料写的……是的,很像这类文章……是讽刺小品文……

杜:是根据您所参加的这个沙龙的材料吗?

巴:这宗案件……送交国家安全部了。

杜:这是后来的事吧?

---

① 鲍里斯·鲍里索维奇·波雷诺夫(1877—1952),土壤学家和地球化学家,科学院院士。——原编者

巴：是国家政治保安局。不，当时很快就送交了。

杜：等一等，可那时还只是 1924 年呀！

巴：不，那当然是在 1929 年或 1930 年了。是在 1929 年。是的。有人把我的老账给翻出来了，说我做过关于康德的讲座，如此等等。其实我的罪名是，未经批准私自开设这种唯心主义性质的讲座。说实话，没有给我定任何罪就……只传讯过一次……应该说，那时国家政治保安局还延续着捷尔任斯基的传统，还保留着捷尔任斯基的传统。所以我没什么好抱怨的：对我的态度，可以说，在各方面都是极有分寸的。

杜：对您没有辱骂、殴打？

巴：没——有，没——有！一点儿也没有。那时第二处的处长叫什么伊凡·菲利波维奇·彼得罗夫——他过去曾经是个小作家。是的。他对我很有礼貌，很显然是同情我这个搞文学理论的人。侦查员是斯特罗明—斯特罗耶夫，也是位正派人。① 后来他们两人都被枪决了——与基洛夫被刺案有牵连，因为他们都知道些内情，所以就必须除掉他们，于是就除掉了，消灭了。

杜：明白了。

巴：是的，那时出现了一篇文章，标题是《橡树的灰烬》。

---

① 亚历山大（阿尔贝特）·罗伯托维奇·斯特罗明（1902—1938），作为 20 年代末 30 年代初国家政治保安总局列宁格勒分局的侦查员，专门调查知识分子案件；除了巴赫金之外，А.А.迈尔、Н.П.安齐费罗夫、Е.В.塔尔列、Д.С.利哈乔夫都被他调查过。1938 年他被"清除"时，已担任内务人民委员部萨拉托夫局局长。1974 年 11 月 21 日，巴赫金对本注释的作者讲道："我是 1928 年圣诞节前夕遭到逮捕的。来抓我的两个人，一个令人讨厌，另一个是位犹太人，十分招人喜欢。他看到了德文版的黑格尔著作，带着敬意问我：您是哲学家？后来我就被带进了判决前的关押所，又被关进了牢房。那里的条件还行。允许我写东西。偶尔审问一下，次数不多。办案的侦查员是第二处的处长伊凡·菲利波维奇·彼得罗夫，以及斯特罗明—斯特罗耶夫。他们同我谈话时都很客气。后来，他们自然就被清除了。我记得，塔尔列曾得意扬扬地写信告诉我：'您知道吗，审讯我们的那两个人被清除了。'但我却无法分享这一胜利的喜悦。"——原编者

杜：《橡树的灰烬》？

巴：是的，"橡树"。《橡树的灰烬》。"橡树"就是康德，就是弗拉基米尔·索洛维约夫等人，而我们……

第四次访谈(1973年3月15日)

杜：那我们就继续吧，米哈伊尔·米哈伊洛维奇。上次我们是在谈到某篇文章时停下来的，那就请您说完吧。

巴：好的。那时在一份叫作《红色报》的晚报上刊登了图尔兄弟的一篇文章，题目是《橡树的灰烬》。① 当时人们把这份报纸称为《证券交易报》，因为它的确很像革命前的那份旧报纸《交易所通讯》。文中描述了一些人……一群人，他们当时都遭到了……国家安全局的迫害。这群人里有好几代人的代表，他们实际上也是不同派别的代表人物。这么说吧，文章把这些派别统统包括进去了，指出有哪类人哪类人，不过没有指名道姓。首先针对的是老一辈的代表人物：普拉托诺夫院士……②

杜：普拉托诺夫？就是后来在工业党案件中提到的……内定为外交部长的那个人？

巴：是——的，外交部长。是的。

杜：(讥笑地)不过照我看，这是背着他本人指定的。他可能毫不

---

① 图尔兄弟的讽刺小品文发表在1928年6月14日的《列宁格勒真理报》(而不是《红色报》)上(即巴赫金被捕前半年文章谈的是两个哲学宗教小组——"宇宙科学院"和"谢拉菲姆·萨罗夫斯基兄弟会"，它们在这一年的春天遭到取缔；文中的这两个小组被认定为反革命的君主主义组织)。在巴赫金所提及的他的小组成员中，文章点到了两个人的名字：И.М.安德烈耶夫斯基和В.Л.科马罗维奇。——原编者

② 科学院院士С.Ф.普拉托诺夫和Е.В.塔尔列应是国家政治保安总局所立"科学院院士案件"或"历史学家案件"中的两个主要人物。两人被捕于1930年初。虽然并未启动诉讼程序，但在1930年末对工业党的诉讼程序中时常提到两位院士的名字：说他们是帝制派阴谋的领导人物，一旦阴谋得逞，普拉托诺夫就会担任未来政府的总理，而塔尔列则为外交部长(《记忆：历史文集》，第4辑，莫斯科—巴黎，1981年，第130—135页，469—495页)。——原编者

知情。

巴：全是扯淡，胡扯淡！说不定是哪个人喝醉了酒，在巴黎的某家小酒馆里编了份名单，说布尔什维克一旦垮台，那就让什么人来当……就是这么回事，无奇不有！

杜：不——不。这是……就是那个工业党，拉姆津的……

巴：是的，我知道。

杜：报纸上就是这么写的，还指定了内阁。这不是侨民干的。那里面我记得（我刚弄错了），总理好像应该是由普拉托诺夫出任，拉姆津也有一个职务，塔尔列是外交部长。

巴：对——对。不过问题是，最初传出来的情况完全不是这样的：说这份名单是国外侨民拟定的，是侨民拟定的。说拉姆津好像是从那里拿来的。

杜：可能是这样吧，我不太清楚……

巴：不过，随他们的便吧，好在这并不重要。

杜：与此并没有直接的关联。

巴：这一切完全是杜撰出来的。无论是塔尔列，还是普拉托诺夫，对自己被任命为部长的事情当然毫不知情。对了，名单上还有宗教哲学研究会会长卡尔塔绍夫，出任祭祀和宗教事务部长。他的确在政府部门担任过这一职务……

杜：……是在克伦斯基的政府里……

巴：是——的。是临时政府的首批部长之一。我还参加过宗教哲学研究会的最后一次会议。他在会上发了言，不过是以部长的身份，而不是作为会长。

杜：还是把这篇文章说完吧。

巴：好的。是这样。这篇文章指出，某些苏维埃知识分子的代表却抱着革命前的旧传统，诸如……康德、黑格尔，还有……弗拉基米尔·索洛维约夫等学者的传统。

杜：总之，继续维护唯心主义哲学。

巴：是唯心主义哲学，还有宗教的愚昧势力，等等，等等。可他们当然已经失去了根基。没有了生存的土壤。康德等人是橡树，而这些知识分子只是橡树的灰烬，因为这些人除了灰烬什么也没能流传下来；这些橡树赖以生长的土壤早就没有了。这就是这篇文章的大意。

杜：灰烬实际上就是指这些思想？

巴：是指……对，就是这些思想，不过他们是想说，那些思想……其实也已经失去了任何基础，没有任何土壤了。所以宣传这些思想的人，已经不是橡树了，而仅仅是橡树的灰烬。是这样。

杜：文章是图尔兄弟写的吗？

巴：是图尔兄弟写的，是的，图尔兄弟。他俩现在好像还活着，时常还能见到他们的名字。他俩根本就不是亲兄弟，也许是什么别的兄弟，总之，其中一位是图别利斯基，另一位是雷热伊。图尔就是他们这两个姓氏的首字母。

杜：噢，这个我还不知道。笔名的含义就是这么解释的？就像库克雷尼克斯兄弟？

巴：是的，就像库克雷尼克斯兄弟。他们是奥德萨人，不过那时自然已经不能算是奥德萨人了，而是彼得格勒人，他们与国家政治保安局挂上了钩。他们还有一些文章，是根据国家政治保安局的材料写的。这么说吧，国家政治保安局当时很乐意把某些案宗材料透露给像图尔兄弟这样的"先进""进步"记者（默笑）。就是这样。

在这之后，于是就有一大批人，包括我在内，就离开了那里……发配的发配……流放的流放。

杜：就是说，文章提到的所有人……但还是没有指名道姓……不过所指的那些人在文章发表之前早已被捕了呀？

巴：已经被捕了，甚至据我了解的情况，已经走了一部分。

杜：被判了刑。

巴：是的，被判了刑，甚至有人是根据判决书离开那里的。

杜:这么说,在那里已经蹲了很久了?在卢比扬卡蹲了很久了?

巴:不,不是在卢比扬卡,是在判决前的关押所。在列宁格勒的什帕列尔街。什帕列尔街有个判决前的关押所,而戈罗霍夫街上则是国家安全部本部。

杜:也就是国家政治保安局。

巴:是——的,就是国家政治保安局。没—错,在戈罗霍夫街上。是这样。不过我要说,国家安全部(纠正道),国家政治保安局对待我们(包括我在内)的态度,是很好的。顺便讲一个笑话(笑),这就不必录了。那里……简而言之,有位女性,女服务员,她说"老爷?老爷不在。老爷总往美国跑:一会儿去芝加哥,一会儿去格普戈"①等等,也就是说(笑),她家老爷时常遭到关押。是的……

杜:那就这样吧,笑话也讲了。请继续谈我们的话题吧。

巴:好的……他们对我们的态度很有分寸:没有用任何强迫的手段。他们相当有教养,业务素质也很高,也是懂文学的。(停顿)我们就不说他们的名字了。

杜:那还是……讲吧。为什么不讲呢?可以的。那还是捷尔任斯基当头儿的时候吧?

巴:不,已经是缅任斯基了,不过捷尔任斯基的传统还是保留了下来,您知道的,当年他是不允许虐待犯人的。总的说他待人非常礼貌客气,彬彬有礼。

杜:那么,你们都判了什么罪?

巴:判的不一样……最主要的是……

杜:都有谁?请列举一下这些人的名字,这些"灰烬"。都有些什么人?这真的是个小组吗?

巴:没有,没有这么个小组。各种圈子是有的,仅此而已……总

---

① 芝加哥与契卡(肃反委员会)在俄语中为谐音词。女服务员以为,"格普戈"是美国的一座城市,其实是俄语"国家政治保安局"的缩写。——译者

之,不存在任何的组织,①而且……国家政治保安局也没有查明存在这一组织的事实,否则就会是另一种判法了。当时对是否存在组织这一条是很重视的。他们没有找到任何的组织。有一些小圈子,只有一些联系,朋友间的联系而已。况且,我们是在家里做了些报告,比如我在家里就讲过许多次。

杜:那么都是谁呢?您讲到了塔尔列、普拉托诺夫……

巴:塔尔列,普拉托诺夫,接下来……伊戈尔·叶甫盖尼耶维奇·阿尼奇科夫,还有……

杜:卡尔塔绍夫?

巴:不,没有卡尔塔绍夫。卡尔塔绍夫已经在国外了。还有……科马罗维奇。②

杜:他是谁?历史学家?

巴:他是……不,他是文学研究者,文学研究者。他很有才气,很有才气。他用德语写过一本书——《〈卡拉马佐夫兄弟〉的由来》。③这是本大部头的著作,是在德国出版的。此外,他还写过一本书,国内出的,也很好,叫《基捷日传说》。④他详细研究了基捷日传说产生的历史和各种不同的版本。另外,他还有一些谈陀思妥耶夫斯基的文章,这些文章很有价值,收在当时多利宁编辑出版的陀思妥耶夫斯基研究文集中。里面有一篇他谈《少年》的文章——《陀思妥耶夫斯基长篇小说〈少年〉的结构》。⑤

---

① 在起诉意见书中,巴赫金被指与"右翼知识分子"的非法组织有染,该组织取名为"复活",曾在列宁格勒活动多年。在列宁格勒市法院主席团1967年5月30日作出的关于撤销1929年原判的决议,承认被告人未建立任何正式的组织。(《文学问题》,1991年第3期,第128—141页)——原编者
② 瓦西里·列昂尼多维奇·科马罗维奇(1894—1942)因"宇宙科学院"和"谢拉菲姆兄弟会"案件而遭到起诉。——原编者
③ 《Ф.М.陀思妥耶夫斯基:〈卡拉马佐夫兄弟〉的原始形式——陀思妥耶夫斯基史料(草稿和片断)》(德语版),B.科马罗维奇注,慕尼黑,1928年。——原编者
④ B.科马罗维奇:《基捷日传说》,莫斯科—列宁格勒,1936年。——原编者
⑤ B.科马罗维奇:《作为艺术统一体的长篇小说〈少年〉》,载《陀思妥耶夫斯基(文章和资料汇编)》,A.C.多利宁编,第2辑,列宁格勒,1924年。——原编者

杜:这我知道。

巴:看来,您是知道的,当然是知道的。后来他回来了,回来得很早;好像只判了他三年,遭送他去高尔基市待了三年,当时还叫……尼日尼市。他的父亲正好住在那里,是高尔基市的名医,所以他实际上(黠笑),是回了家。之后他回来继续工作,在研究所工作。发表过一些文章。我手头就有,是哪位热心人给我寄来的,是文章校样,还有他所有著作的目录。我甚至都不知道究竟是谁从列宁格勒给我寄来的,这是很久以前的事了,当时还是另一种气氛。就是这样。后来他死于……围困时期,同恩格尔哈特一样,后者也死于围困时期。

杜:恩格尔哈特也在这里面吗?……

巴:不,恩格尔哈特不在这一批人里。恩格尔哈特稍晚些才受到迫害的。[1]

杜:噢,他也受过迫害?

巴:是的,也受过迫害。并且,他被捕时发生了一件可怕的事情:他妻子——恩格尔哈塔,娘家姓是……迦尔洵娜。她原来姓迦尔洵娜。

杜:是迦尔洵的女儿还是侄女?

巴:我想是侄女,是侄女。但也姓迦尔洵娜。她也……患有迦尔洵的那个病:时常会发作,她控制不住。那天,丈夫被带走时(他们住在五层,好像只有一个楼梯,因为那时楼房里的正面主楼梯都被封死了),来人把她丈夫押着走下去的时候,她就从五楼跳下去,摔死了。所以当他与押解人员走到楼下时,看到了她的尸体——面目全非,惨不忍睹。

杜:太可怕了!

巴:这件事情太可怕、太吓人了。后来,当恩格尔哈特回来以后,他

---

[1] 鲍里斯·米哈伊洛维奇·恩格尔哈特(1887—1942),文学理论家和哲学家,1930年11月因与"科学院院士案件"有牵连而被捕。他的妻子纳塔莉娅·叶甫盖尼耶芙娜·迦尔洵娜—恩格尔哈特(作家弗谢沃洛德·迦尔洵的侄女),在丈夫遭捕时自杀身亡。——原编者

又找了一个妻子,是他过去的一个大学生,他后来在围困期间去世了。

杜:是这样……那里面还有普拉托诺夫、塔尔列……科马罗维奇、阿尼奇科夫……这些人……他们倒全是莫斯科人……可没有人被列入这个"橡树的灰烬",被当作唯心主义哲学家……还是说他们当时已经被赶走了? 弗兰克和伊林这些人……

巴:没有他们,因为他们已经在国外了。

杜:这么说,他们比这早一年,在 1923 年就被驱逐出境了。①

巴:是的,早一年,是 1923 年。不对,不是早一年,哪能呢! 我们这个案子不是 1924 年,而是 1928 年的事情。

杜:哦,是的,是——的!

巴:所以他们早在国外定居了。

杜:这么说,在 1923 年……还用驱逐出境的方式。而这时要不就是流放,要不……就是去集中营? 去的是索洛夫基吧?

巴:我们这拨人去的是索洛夫基……也不光是索洛夫基,还有凯姆、哈萨克斯坦这些地方。我到了北哈萨克斯坦,塔尔列则去了南哈萨克斯坦。② 而安德烈耶夫斯基……是的,安德烈耶夫斯基去了索洛夫基,③这拨人里,我的朋友当中有人也去了索洛夫基,是的。

---

① С.Л.弗兰克和 И.А.伊林于 1922 年被驱逐出苏维埃俄罗斯。——原编者
② 巴赫金在 1930 至 1934 年间被流放到库斯塔奈,塔尔列则于 1931 至 1933 年间被流放到阿拉木图。——原编者
③ 伊凡·米哈伊洛维奇·安德烈耶夫斯基(约 1890—1976),精神病医生和宗教活动家,女诗人玛丽娅·什卡普斯卡娅的兄弟,"谢拉菲姆·萨罗夫斯基兄弟会"和"宇宙科学院"小组的创建者和领导人。他获刑流放索洛夫基十年。"兄弟会"的历史详情和 Н.М.安德烈耶夫斯基的活动介绍,见 В.В.安东诺夫的《圣谢拉菲姆·萨罗夫斯基兄弟会:关于彼得格勒东正教运动的历史》,载《圣彼得堡教区通讯》,1996 年第 16 辑,第 44—49 页;同上,1996 年第 17 辑,第 93—99 页。在国家政治保安总局列宁格勒分局的《起诉意见书》中,有一部分叫作"'谢拉菲姆·萨罗夫斯基兄弟会'的残余势力",篇幅很长(《对话·狂欢·时空体》,1999 年第 4 期,第 106—113 页)。Д.С.利哈乔夫在关于集中营的回忆文章中称安德列耶夫斯基为"索洛夫基岛上 А.А.迈尔圈子里的人",并说他是一个"狂热的宗教人士"(《哲学问题》,1992 年第 7 期,第 92 页)。50 至 70 年代,他是(美国)约旦维力神学院教授,以"М.Н.安德烈耶夫"的名字出版了一系列关于宗教史和俄罗斯文学史的书籍。——原编者

杜:这么说,这都发生在1928年底。

巴:1928年底到1929年初。①

杜:现在还是让我们回过头来谈主要的话题吧。

巴:好的。〈……〉

杜:这么说……您是1924年回到彼得格勒的。是在列宁去世之前还是去世之后?

巴:去世之后。他是年初去世的,在1月份……

杜:1924年1月。

巴:是的,而我们是早春回来的。

杜:也就是在3、4月份?

巴:大约是在4月份。好像是在4月。

杜:就算4月吧。这么说,从1924年4月到1928年12月您已是生活在苏维埃的……列宁格勒了。彼得格勒刚刚更名为列宁格勒。

巴:是的,彼得格勒刚刚改名。

杜:1924年才改名的。您回来时已是列宁格勒了。

巴:我回来时,好像已经是列宁格勒了,是列宁格勒。

杜:是的。这个名字听起来觉得很突然很新鲜。您来了,就进入了一种文学的氛围,参加到文学生活当中,开始撰写最初的学术著作,结识一批大人物……也许当时还不是大人物,但后来展现了自己,成了大人物和大诗人,比如现实艺术联合会的那些成员,康斯坦丁·瓦吉诺夫,也许,您还记得扎波洛茨基吧。总之,我这里不再进一步细问什么了。还是请您给我谈一谈这五年的情况,差不多整整五年的情况。我洗耳恭听。

巴:好吧……在列宁格勒我认识了几位老一代的人,其中包括费奥多尔·索洛古勃。那时费奥多尔·索洛古勃是作家协会列宁格勒分会主席。

---

① 巴赫金1928年12月24日被捕,1929年7月22日被判决,1930年3月被流放到库斯塔奈。——原编者

杜：不是诗人协会吗？

巴：不是，是作家，作家协会。

杜：是有这么个协会。

巴：是——的，是这个协会……协会里有小说家，而索洛古勃本人更应当算是小说家，而不是诗人。

索洛古勃那会儿心情相当沉重，可以说，心情沉重。能感觉得出他有股怨恨，这股怨恨多半是个人方面的，不是政治上的，不是……不是这个原因。他失去了妻子。大家都知道，他妻子投水自尽了……

杜：您不知道是什么原因造成的吗？是精神失常还是……

巴：也许吧。至少她……不，她没有发疯，绝对没有，但处境极为糟糕，她就投水了……而且，好长时间都没有找见她的尸体。后来，是被水冲上来的……尸体被冲到了一个地方。总之，他去认尸，认出来了。他同她感情很好，看来很爱她……

杜：是叫切博塔廖芙斯卡娅吧？

巴：是的，切博塔廖芙斯卡娅。

杜：她是在涅瓦河投水的吗？

巴：是的，好像是涅瓦河，涅瓦河。① 所以他就有了这样一股怨恨的情绪。此外大家都知道，他是个悲观主义者，是死亡的歌手，正如有人称他为斯梅尔佳什金②……

杜：是高尔基吧。

巴：是——的，是高尔基。尽管如此，他在自己的周围团结了一些年轻作家和文学研究者。有的甚至在他的住宅里做报告，比如我的朋友篷皮扬斯基，好像在他的住宅里做过两三次报告。我记得，他非常喜欢讲三个"纪念碑"的那场报告。这是列夫·瓦西里耶维奇的报告，

---

① 阿纳斯塔西娅·尼古拉耶芙娜·切博塔廖芙斯卡娅（1876—1921），翻译家和评论家，1921年9月23日在小涅瓦河或日丹诺夫卡河溺水身亡。她的尸体直到1922年5月2日才被发现。——原编者

② 该姓氏的词根意即死亡。——译者

没有发表过。① 所谓三个"纪念碑",是指贺拉斯、杰尔查文和普希金的三首诗,他作了历史—文学的比较。

尽管……那时他的心情沉重,情绪悲观,但他对年轻美貌的女子绝不是无动于衷的,要不,这一句就不录了吧?

杜:到底是不是无动于衷呢?

巴:不是无动于衷。还不是无动于衷的。别看他是死亡的歌手,但却不想死,并不想死。

杜:可他偏偏不久就死了。

巴:是的,不久就死了。

杜:在1927年。

巴:是——的,很快就死了。作为协会主席,他行事非常独立,非常独立;那时像共产主义的、马克思主义的批评家们都已开始申请并加入作协了……戈尔巴乔夫就是这类人,当时是很走红的一位批评家。②

杜:当时拉普已经存在了吗?

巴:是的,已经有了。是的。我记得接受戈尔巴乔夫进入协会的情形。那时,索洛古勃对待自己的理事们非常友善,很有礼貌:"同志们,同志们……"而说到戈尔巴乔夫时却说:"现在戈尔巴乔夫先生,戈尔巴乔夫先生(用一副瞧不起他的口气)提交了申请。怎么办,同志们?……"瞧,他就是以这种口气说话,非常特立独行。

杜:这已经是一种挑战了。几乎就是挑衅了。(笑)

巴:是的。(黠笑)可是……

杜:那么戈尔巴乔夫对此有何反应呢?

巴:戈尔巴乔夫当时不在场。戈尔巴乔夫不在场,没—在。他提

---

① 首次刊登于《文学问题》,1977年第8期(Н.И.尼古拉耶夫编)。另可参见 Л.B.篷皮扬斯基的《古典传统》,莫斯科,2000年,第197—209页。——原编者
② 格奥尔吉·叶菲莫维奇·戈尔巴乔夫(1897—1942),评论家、共产党员、拉普分子。——原编者

交了申请,然后就……讨论这份申请……接下来就很清楚了:假如要接受戈尔巴乔夫的话,那就要请他出席了。您瞧,他就是这样特立独行的。当然,也没有动他。那会儿对他这样的人还是重视的,不去触动他们。虽然也了解他的情绪,但也许更加清楚他这个人不问政治,本质上完全是这样。他不过是发泄自己的愤恨,但对政治他完全是不闻不问的,完全中立。他举行过公开的晚会,沃伦斯基还在晚会上讲了话。

杜:他还活着?

芭:是,沃伦斯基还活着,我见过他。

杜:是阿基姆·沃伦斯基?

巴:是的,阿基姆·沃伦斯基。[1] 我是在某一个沙龙里遇见他的。那儿有他的一个开场白。我记得他是这么说的,"费奥多尔·捷捷尔尼科夫还是个教师,还是个教书匠的时候,总是穿着一件又脏又旧的礼服……"[2]

杜:阿基姆·沃伦斯基是这么说的?

巴:是的。他还说:现如今他可是位了不得的人物……可……这位……就回敬了一句,当然不是冲着听众,而是在幕后(我也在那里)。他是这么说的(轻声地):"我什么时候穿过又脏又旧的礼服了?!他这不是在说谎吗?!我一向穿戴整洁,注重仪表。"(两人笑)可那一位这么说……是为了表现自己的民主作风(微笑着)。阿基姆·沃伦斯基年事已高,生活很困难。他总是抱怨说:"不喝浓茶我无法工作,喝浓茶必须加糖,可糖又没有。"就是这样,大差不离吧。(黯笑)这就是沃伦斯基。于是他就尽力想稍稍迎合一下潮流。

杜:可不,阿基姆·沃伦斯基当时写了一本关于芭蕾舞的书。[3]

巴:是的,但我不知道是那时写的。

---

[1] 阿基姆·里沃维奇·沃伦斯基(1861—1926),评论家、随笔作家、艺术理论家。——原编者

[2] 捷捷尔尼科夫是Ф.К.索洛古勃(1863—1927)的真实姓氏(索洛古勃是作家笔名)。索洛古勃年轻时候曾多年任中小学教员。——原编者

[3] 《欢愉之书:古典舞蹈入门》,列宁格勒,1925年。——原编者

杜:而索洛古勃这时候出了几本书:《魔杯》……《单恋》……①

巴:是——的。后来他还写过一些诗歌,现在只留有手稿,当时没有发表……

杜:您是否知道,这是真的,还是假的,抑或是谣传,说索洛古勃正是在 1926—1927 年,也就是在他临死之前,曾经请求过……出国,请求批准他出国?

巴:是的,有这么回事。可我觉得,他申请出国的事情更早一些,在他妻子去世之前。但这一要求遭到了拒绝,或者说得确切一些,是被拖延了,这恰恰是导致他妻子去世的原因之一。②

杜:怎么,她非常想走吗?

巴:是的,她很想走。这件事是他妻子的死因之一。不过后来我就不清楚了,我想不是。我想不是,我没有听说他后来申请过出国这件事。

杜:这么说,他是 1927 年去世的,而妻子早死两年……

巴:至少,我当时不在那里,当我认识他,第一次见到他的时候,他的妻子已经不在人世了。

杜:您是 1924 年同他相识的吗?

巴:不,要稍晚一些。

杜:这么说,是 1925—1926 年了?

巴:是的,大约是在 1926 年……

杜:我见过他妻子的姐姐。她后来在文学之家工作,负责管理图书馆,也是姓切博塔廖芙斯卡娅……只是名字不叫阿纳斯塔西娅,好像是安娜,我不记得她的名字了。③

---

① 1921 年和 1922 年出版的索洛古勃诗集。——原编者
② 索洛古勃从 1920 年起就开始张罗与妻子一起出国的事情。А.Н.切博塔廖芙斯卡娅自杀时,实际上已经批准他们出国了(В.Ф.霍达谢维奇:《名人墓地》,莫斯科,1991 年,第 121 页)。——原编者
③ 亚历山德拉·尼古拉耶芙娜·切博塔廖芙斯卡娅(1869—1925),翻译家。同她妹妹 А.Н.切博塔廖芙斯卡娅一样,也是自杀身亡:1925 年 2 月在 М.Г.格尔申宗的葬礼之后,她从大石桥上投入莫斯科河(同上,第 189 页)。——原编者

好吧。您这是说了老一代的人……这些人您都说得很好,很有意思……那么,您能对索洛古勃——作为个人和诗人,总结一下吗?……

巴:对索洛古勃?您要知道,我一向认为索洛古勃是个天赋极高的诗人,我非常推崇他的诗。不仅如此,我认为他的长篇小说中像《卑微的魔鬼》这样的作品是 20 世纪最好的长篇小说之一。这是一部极好的小说,写得非常深刻,非常有趣,并且……几乎是部预言性的……①

杜:不过太令人厌恶了……

巴:是的,是这样……但我觉着,更差、更叫人厌恶的是他的最后一部小说《鬼魂的诱惑》。②

杜:是的,这完全是一部……

巴:第一部长篇小说《噩梦》是本不错的小说,写得不错。而《卑微的魔鬼》则很好。别列多诺夫的形象是我国文学中最精彩的形象之一。

杜:是的,那就应当重温一下。这渊源于……您是怎么看的?当然,一方面来自陀思妥耶夫斯基,但同时也源自谢德林。

巴:可能是吧,有一小部分源自谢德林。

杜:来自犹杜什卡。

巴:是的,来自犹杜什卡。不过我要说……毕竟犹杜什卡完全是另一个时代的人。可在今天像别列多诺夫这样的人真是多了去了。这不……也都是教师……就在前不久,我们几乎每一位中学教师都还是别列多诺夫,还有不少人至今还是别列多诺夫。别列多诺夫现象似乎已成了一种气候……小说里别列多诺夫是作为一个例外来写的,校长赫里帕奇很不喜欢他,很想尽快摆脱他。是这样。可在我们这里,

---

① 见巴赫金于 20 年代所开设的俄国文学史口授家庭教程中关于 Ф.索洛古勃的讲稿记录(P.M.米尔金娜记录),载《对话·狂欢·时空体》,1993 年第 2—3 期,第 146—155 页。——原编者

② 索洛古勃的这部长篇小说最初取名为《创造的神话》(1907—1914)。——原编者

别列多诺夫这样的人却会得到重用和推崇,他们是学校教师们的榜样,尤其在外省中学里,其实在莫斯科和列宁格勒也不例外……

杜:是的,应当再重温这部作品。您看见没有,作者的立场本身就是……别列多诺夫毕竟只是一个人物形象,这是其一,他就是犹杜什卡·戈罗夫廖夫,另一方面,他又是个小人。

巴:是的,是个可怕的小人。索洛古勃就是把他当作一个小人来写的。

杜:索洛古勃在某种程度上也是欣赏他的。

巴:不对。要知道,索洛古勃非常了解这个环境,因为他自己就当过大学教师,还做过其他学校的教师……工艺学校——好像是工艺学校的教师,就在列宁格勒。有一阵子他当过学监……

杜:我想他是在大卢基那里吧。

巴:那是一开始,后来已是在彼得堡了。那时他已经是个著名诗人了。有固定的日子在他那里聚会,好像是星期三,作家、诗人、戏剧活动家,包括梅耶霍德等人都去他那里。就是这样。这是后来的事了,不过在革命之前。他对这个环境氛围很了解,他就属于这个环境,在某种程度上也许他也受到这一环境的感染,不过,他自然没有变成别列多诺夫。他只是一个性格阴沉的人,当然就不会招人喜欢,不会的,虽然大家都能够感受到他的智慧、他的才气,以及某些超越他人的东西。绝不能说他是个庸人,却毫无疑问可以称他是个聪明人,有价值的人。只要我们一接近他,就能感觉到他的巨大价值。虽然他没有什么吸引力,没有。他是个心情沉重的人。这就是索洛古勃。但他特立独行,我已说过了,当然,这赢得了别人的尊敬。此外,他的诗写得很好,写得很好。他是个写诗的大家。这一点您当然是知道的。这就是我对索洛古勃的看法。

杜:　　我的老友,我忠实的魔鬼
　　　　为我吟唱了一支歌:
　　　　"海员在汪洋里游了一整夜,

> 黎明时却沉入海底。
>
> 他面前掀起了灰色的浪涛——
> 浪涛在他脚边化作了泡沫。
> 他那伟大的爱情,比浪花还洁白,
> 却从他面前漂流而过。
>
> 他在浮游时听到了呼喊:
> '喂,相信我,我绝不骗你。'"
> 聪明的魔鬼又唱道:"但要记住,
> 他在黎明时却沉入海底。"

这是索洛古勃的诗。[①]

巴:是的,还有这首:

> 死神啊,我属于你。你的身影
> 无处不在。我憎恨
> 俗世的各种魅惑……

这也是一首精彩的、很有力量的诗。结尾是:

> 你那不同凡俗的美颜之谜
> 充溢着我的整个身心(好像是这么写的)……
> 但我不会拜倒在它的脚下。

也就是"拜倒在生命的脚下"……往下:

> 此刻你那冰凉的泪珠
> 比纯净的水晶还要透明,
> 簌簌滴入我的眼眶。[②]

---

① В.Д.杜瓦金记错了:他背的是古米廖夫的诗《聪明的魔鬼》(1906)(Н.古米廖夫:《诗集》,列宁格勒,1988年,第88页),这是根据索洛古勃《当我在惊涛骇浪的大海上航行……》(1902)一诗的主题写成的(Ф.索洛古勃:《诗集》,列宁格勒,1975年,第278页)。——原编者

② 同上,第120页。——原编者

美妙的诗句。十分忧郁,但却美妙。

还有一首是写死亡的,看来他自己也有过念头想死,想……自杀。诗是这么写的:

> 过去的事还要再来。
> 过去的事将不止一次地重现……
> 我给干渴难耐的嘴唇
> 倒进掺血的水。

然后有这么两行:

> 后来有人生起火炉,
> 你便静坐在浴室边等候……

还有:

> 懒洋洋地进入我那空空的脉管……

结尾又是:

> 过去的事还要再来。
> 过去的事将不止一次地重现……①

这也是一首美妙的诗篇,当然也很忧郁。

杜:您知道吗,索洛古勃其实就是"颓废派"这个概念最集中的表现。当然是指艺术上的"颓废派"。

巴:是的。要知道,这一概念本身……他不认为自己是颓废派,不是的。

杜:那什么人还能算呢?!

巴:作为个人来说,他与颓废派似乎毫不相干。可以说,他是一个稳重正派的人:做过教师,还是一所很大的中学的学监,这所学校实际上是由他掌管的。他甚至还在学校里,好像就在学校的大礼堂里举办过一些小组活动,也就是把客人们召集过来等等。那时他还没有和切

---

① В.Д.杜瓦金记错了:他背的是古米廖夫的诗《聪明的魔鬼》(1906)(Н.古米廖夫:《诗集》,列宁格勒,1988年,第88页),这是根据索洛古勃《当我在惊涛骇浪的大海上航行……》(1902)一诗的主题写成的(Ф.索洛古勃:《诗集》,列宁格勒,1975年,第345页)。——原编者

博塔廖芙斯卡娅结婚呢。

杜：不，索洛古勃作为诗人的形象是……其实"颓废派"一词就是从他身上延伸开去的。因为别人都不像他这样明显，用这个词来说他是最合适的。

巴：总之我要说的是，在所有的诗人中，在当时的颓废派和象征派诗人中，包括像勃留索夫、维亚切斯拉夫·伊凡诺夫这样的在内，最不像颓废派的人，最稳重正派的人就是索洛古勃。您想要看到什么呢？从他身上看不到任何颓废的举动，当然，也看不到任何不体面的事，以及诸如此类的东西。他是一个稳重得体的人。

杜：不过这是另一回事，要知道……

巴：说到他的诗歌，那确实是真正的诗歌，绝对是纯粹的诗歌。不能说这是颓废主义，不是的。

杜：也就是说，颓废主义……就拿法语来说吧。正是按照法语的理解，那才叫颓废主义……

巴：是的……

杜：……也就是那种诗——衰落的、消逝的、死亡的诗。"颓废主义"这……只不过……是个术语……

巴：这……其实，应当这么说：我作为一个从事理论和文学史工作的人，并不接受这个术语。提出这个术语，并且热衷此道的都不是什么大诗人，而是些卖弄诗文的人。在他们看来，"颓废主义"是一种姿态，一种有利的漂亮姿态；他们的穿着打扮一定是黑色的，如此等等。例如，有个叫杜勃罗留波夫的，他那时也是一个非常鲜明的代表人物……①

杜：名字叫亚历山大？

巴：对，自然是这位……诗人。

---

① 亚历山大·米哈伊洛维奇·杜勃罗留波夫(1876—约1945)，诗人和宗教探索者，宗派主义朝圣者。关于他的情况见 E.B.伊凡诺娃的《亚历山大·杜勃罗留波夫：时代之谜》，载《新文学评论》，1997年第27期，第191—236页。——原编者

杜:是——的。

巴:他总是戴副黑手套,一定是这样的。即便坐在客厅里也不肯摘下来,就这么一直戴着。

杜:我也听说过,记不清是从哪儿听到的,反正有人告诉过我。

巴:是——的,这事大家都知道……真是令人咋舌。这才叫颓废派,这才是颓废派呢。大诗人在这方面则根本就不是什么颓废派,不是的。对他们用这个术语是不恰当的,它带有故作姿态的意味,很容易让人联想到黑手套之类的东西。可他们身上是没有这些的!

杜:这是个非常有趣的问题。您瞧,这个词里有两种……这个词已成了一个通用语。

巴:是的,成了一个通用语。

杜:还有,现代派可以说更多是针对修辞特点而言的。

巴:这已经完全是……这个术语根本就不可取。因为我们称之为现代派的这些人……对我们来说,"现代派"是骂人话,骂人的话。其实我们正应该把"现代派"颠倒过来理解,把它当作赞语……

杜:不,我们还是拿"颓废派"这个词来说吧。倘若这样去理解……倘若按照您现在所讲的去理解……不妨回忆一下契诃夫的话……您还记得吧?好像蒲宁写过:"安东·巴甫洛维奇,您怎么看颓废派?""颓废派?他们也能叫颓废派?!他们都是壮汉。应当把他们送进苦役队才对。"①

巴:可您知道,这是……

杜:就是说,这只是一种个人的评价……

巴:是的……

杜:……就是说,颓废派被看作是一种纯粹的姿态。这也许可以用到,比方说……梅列日科夫斯基身上。您说呢?

巴:也很牵强。

杜:是吧。那按照您的评价,可以用到吉皮乌斯女士身上。

---

① И.А.蒲宁:《回忆录》,巴黎,1981年,第91页。——原编者

巴：她嘛，也许可以吧……

杜：用在杜勃罗留波夫身上也挺合适。

巴：用在杜勃罗留波夫身上很合适。再说，他其实最不像颓废派了，他是个宗教探索者。

杜：但从另一方面说，可以往"颓废派"一词里注入更加严肃的、世界观上的含义，也就是说，接近"悲剧的"一词但又不完全与之相同的含义；也就是，在文学中是从明斯基那里引发的东西，可以说是从空无、崩溃生发出的东西，亦即某种哲学的……不是哲学理论，而是哲学上的某种情愫。

巴：不错，是一种世界观，可您是否知道，对他们来说这些都不合适……或者也有许多东西是合适的，因为过去的确有许许多多的伟大诗人都具有这种忧郁悲观的世界观，比如说，有衰亡、末日的思想等等。或许可以说，莱奥帕尔迪确实是最鲜明的颓废派了。拜伦也要成为颓废派了，拜伦甚至会成为最鲜明的颓废派了……

杜：不，在20世纪，颓废派诗人当然还是源自于波德莱尔的《恶之花》。

巴：这也不对。不过，倒也可以这么说，因为波德莱尔身上，除了的确是位伟大的诗人、卓越的诗人之外，还有点儿故作姿态的成分，这在当时的整个潮流中，在波德莱尔所属的那个圈子里都是普遍存在的。可泰奥菲尔·戈蒂耶也属于这个圈子，但却不能称他为颓废派，虽然他在晚年〈……〉——圈内人都称他为泰奥——在晚年异常忧郁，是个地地道道的悲观主义者。但没有人把他叫作颓废派。因为这是另一回事！

杜：在俄国的土壤上，如果使用这个词……不过从另一方面说，它当然适用于这个时代诗歌的所有代表性人物。比如，就说勃洛克吧，您还记得吧，好像在写给别雷的信中，也许是在自己的日记中，我记不太清楚了，有这样精彩的语句："我憎恨自己的颓废，我也鞭笞他人的颓废……即使他们在这方面的过错或许比我还少。"①不过在那里是指……

巴:是的,不过这里勃洛克……部分地是指他那个时代的颓废派、诗人,而且他用这个当时已成了通用语的这个术语,表示稍稍有点儿不同的含义,即指尼采的含义。尼采一直在说颓废派,而且总是在揭露颓废派,认为这是一种消极现象,用未来的真正的超人来与他们——颓废派抗衡。正如您所知道的,他把瓦格纳也称作颓废派,尤其因为他的那部作品《帕西法尔》——他就成了颓废派。他揭批自己身上的颓废主义,还努力战胜自己身上的颓废主义,努力战胜颓废主义。他歌颂的正是生活中无穷的快乐,歌颂的正是接受存在,而非接受生活,是接受存在。其实《永恒的回归》这首诗首先具有的是一种情感意义:我接受一切,而且准备无数次地体验自己的生命。这就是颓废主义,但这完全又是另一种颓废。这是尼采的颓废主义。尼采本人当然指的是(他是个古典主义者)古希腊罗马颓废主义时代,首先是罗马的颓废主义。顺便说一下,有首诗(一边回忆,一边激动起来)……鬼知道这算什么……是安年斯基写的:

  我——阿波斯塔特时代的可怜罗马人,
  趁着我的门廊远离屠杀的喧嚣而沉寂无声,
  我用慢调谱写着贯顶诗,
  最后落日的余晖在诗中渐渐消逝。
  堆满胸口的不是玫瑰,而是惆怅……②

等等。

这里写的是关于衰败、颓废的概念,也就是尼采所指的那一类东

---

① 摘自勃洛克1906年6月25日致Е.П.伊凡诺夫的书信(A.勃洛克:《作品集》,第8卷,莫斯科—列宁格勒,1963年,第156页)。其中的一处有误,勃洛克的原文是:"……周围的人也鞭笞他。"——原编者
② 出自魏尔兰的诗作《痛苦》(И.安年斯基:《诗歌与传统》,列宁格勒,1990年,第256页)。安年斯基是这么写的:"我用金色的格调","紫色的落日余晖","堆满胸口的不是沉甸甸的铜钱,而是惆怅"。——原编者

西。就是这个意思……就是这样。可是,这与亚历山大·杜勃罗留波夫有何相干呢?与索洛古勃等人有何相干呢?没有。他的世界观非常悲观——那是另一回事,是另一回事,不过这是另一种悲观……这是诗意上的悲观,在某种程度上也是哲理上的悲观。是这样。是诗意上的。应当直截了当地说……正如我们有位作曲家所讲的:"您知道有快乐的音乐吗?我可不知道快乐的音乐。"好像是柴可夫斯基说的。您瞧。不妨说,快乐的诗歌其实是没有的,也不可能有。倘若没有以某种形式表现出的终止和死亡的因素——哪怕是某种预感,那也就没有诗歌了,因为诗歌在某种程度上毕竟是有的……否则就不是诗歌了,而是像牛犊那样莫名其妙地撒欢儿了,可这一点诗里是不能有的,也不可能有。

就拿勃洛克来说吧。他非常清楚什么是欢欣——不是像牛犊那样莫名其妙地撒欢儿。

>会歌唱的心灵才能获得
>   世上那无穷无尽的欢乐……

不过接下来:"欢乐——痛苦——是一回事儿……"等等。死亡,死亡,接下来还是死亡。"反正我会接受你的。"

>我知道,反正我要接受你,
>   为这败落,为这衰亡。①

这是他的那首著名诗篇《噢,春天无边无际……》。这是什么呢?难道是颓废主义?!

杜(接着往下背):

>……春天无边无际!②

巴:是颓废主义?

杜:　我认识你,生活,我接受你,

---

① 勃洛克的原句为:"为这苦难,为这衰亡……"(A.勃洛克:《作品集》,第2卷,莫斯科—列宁格勒,1960年,第272—273页)——原编者
② 勃洛克的原句为:"……理想无边无际!"(同上)——原编者

敲响盾牌把你欢迎!

巴:是的。这才是诗!不妨说,一切诗歌概莫如此,只是形式不同而已。诗歌接受生活,但不是像牛犊那样,而是像懂得、理解生活的人们那样——生活总归要包含死亡这一必不可少的因素,"无边无际"中的边际、终结、结尾是非常重要的。是这样。

罗马人说:Respice finem,意为"请尊重终结、关注终结"。俄语中有个说法:"有始有终,就是成功。"是的。所以说,这个因素是要有的。在这方面一切诗歌本身,如同一切音乐那样,是……

杜:也就是说,您是想说所有的艺术?

巴:是的,包括颓废派……恐怕所有的艺术都是如此,是的。恐怕是所有的艺术。归根结底,所有的艺术在一种程度上,据我们所知,总要追忆祖先和故人,总要同坟墓、哀泣等相联系。因为活着的东西是需要巩固的,但……终结不需要追忆,不需要巩固,也不需要歌颂。等这东西离去之后,我们才去歌颂它。

要想永远被人们所吟唱,

那就必须在现今生活中倒下……

这是茹科夫斯基笔下的诗句。茹科夫斯基笔下的诗句。出自他翻译的《希腊的神祇》。① 当然,席勒的原诗稍有不同,但这无关紧要。

杜:米哈伊尔·米哈伊洛维奇,可反过来说也是……您坚定不移地相信,我明白……

巴:是的。

杜:但反过来也……您是想说,倘若不去回顾坟墓……

巴:是的。

杜:……便没有艺术。是这样吧?

巴:是的,不妨这么说吧。只是不要作粗浅的理解。

---

① 记忆有误:巴赫金所引用的席勒的《希腊的神祇》是费特的译本(1878),而不是茹科夫斯基的译本。费特的译文是:"要想在吟唱中获得永生……"(A.费特:《诗集》,列宁格勒,1986年,第555页)——原编者

杜:是的,但反过来也不要作粗浅的理解——说成是像牛犊那样撒欢儿。说不可能有快乐的诗歌,这我不敢苟同。您要知道……当然是有的——但我并不了解——应该是有的,比如就是那些缺乏才气的作品……那些诗里就有一些,举例说……瓦西里·卡缅斯基有一首长诗,起了个讽拟性的名字,叫作《浇不透的乐观主义》。这简直就是自我讽拟。比如说有这样两行:

我几乎走遍了整个地球——
生活真美好,活着多快意!

这是一个整天想着死亡的人写下的诗句。这就是诗,因为对读者来说……留下的主要是诗的结果……

巴:是对现实生活的肯定……

杜:对,这就是结果,您知道……马雅可夫斯基在另一处说得十分精辟:"乐观主义者与悲观主义者的永恒争论是:大厅是空了一半,还是坐满了一半。"

巴:是的,这话说得很精彩。

杜:所以艺术,包括悲剧艺术,只要是伟大的艺术,它总是说,它"坐满了一半",而生活还在继续等等……您刚才所说的那些……似乎不像是……您这位行家说的话……

巴:不像。

杜:……双重性和净化作用。在我看来,颓废派是缺乏净化作用的悲剧。

巴:是的。

杜:在勃洛克的诗中有的地方还是有净化作用的,有的地方则没有……

巴:那当然!但不管怎么说净化作用……

杜:……毕竟还是有的……而在索洛古勃的诗中(也许我对他不够了解)我却完全看不到这种净化作用,因为一旦空虚无物,也就没有力量了。

巴:是的……但也不能这么说他。凡是空虚无物而没有力量的诗就不大可能是真正的诗歌了。至于说到的那种乐观主义,也就是您所引用的马雅可夫斯基的诗行:"生活真美好,活着多快意"等,以及"置身于我们的喧腾中"……某种……"越热闹越好",这里面有许多官腔和虚假的东西。太多啦!在马雅可夫斯基的诗中……还是悲观主义占据上风。是这样。不过,在他的晚期,他自然就成了……一个歌功颂德者了……当然这里就有虚假的东西了……有这么一行诗:"我的民警会来保护我",好像是吧?

杜:等一等,等一等,这里可是有狂欢性的东西呀!

巴:不,"我的民警会来保护我"——这里没有任何狂欢性可言。太好了……

杜:"保护……""大街是我的,房屋是我的……"

巴:"我的房屋"。可实际上他却无法在自己的房屋里得到一套像样的住宅,更不能为自己的朋友们提供住宅……(笑)

杜:最后他没有得到!

巴:是的,没有拿到……

杜:这也就说明,他恰恰没有说假话。因为假如他说的是假话,他就会得到这一切的。在这个环境中……实际情形恰恰都是相反的。

巴:是的,但他在这里毕竟还是说了假话的。只不过人们没有发现他说的是假话,他总归不是自己人,对于当权者来说,他不是自己人,当权者(黠笑地)倒的确可以这么说自己:"这是我的房屋。不错,它们是别人的,但实际上是我的……"

"我的民警会来保护我……"这算什么?!阿赫玛托娃说得好:"这么说吧,就拿丘特切夫来说吧。看起来,好像很难找到比他更坚定的君主派了,可他从来都不说'沙皇的警察会来保护我'。"

杜:"保护……"

巴：是的……他从来都不说这种话。这话在他是难以启齿说出口的。① 可这里却不是这么回事。不是，这里不妨说，可能有讽刺的成分，但这种讽刺也常常是……

杜：诗里接下来还有讽刺呢……诗里写的是……
　　城郊是一片田野，田野里有几个小村。
　　村里的农民——胡须像笤帚。
　　那里坐着老大爷——个个都精明：
　　耕耕地，写写诗。
这可一点儿也不严肃！

巴：这当然不严肃。要知道，总的说，马雅可夫斯基创作中有许多狂欢化的东西，非常多。而且这一点当时恰恰没有给揭示出来，没有引起注意。他诗中最有力的东西就是狂欢的特性，这种特性自然首先体现在他的早期，未来主义时期。

杜：一直延续到最后，贯穿了整个创作！

巴：是的，一直延续到最后。是这个样子。但同时他也害了自己……他干吗要这样做呢？他干吗忽然想要做官方诗人，官方的样板，以及诸如此类的角色?！

不幸的梅耶霍德也同样如此，好像他甚至还打算逮捕剧院里的那些与他的思想体系相对立的人。我觉着他还威胁过什么人，是谁我记不得了，他说："我要逮捕您，因为您反对苏维埃政权！"可实际上那个人反对的并不是苏维埃政权，而是他的理论。就是这样。这真是一个十分狂欢化的人！

杜：可在梅耶霍德身上更多的是……您明白吗……更多的是精致的颓废主义特征……而马雅可夫斯基身上则是另外一些弱点。他也许文化涵养不够，可虚假他却从未有过……

---

① 阿赫玛托娃的这些话是阿纳托利·奈曼在其回忆录中转达出来的（A.奈曼：《安娜·阿赫玛托娃的故事》，莫斯科，1989年，第96页）。想必在70年代初有人把这些话口头转告给了巴赫金。——原编者

巴：但毕竟还是……站在这个立场上……要知道,他不可能不明白那所发生的一切,不可能不明白。他不可能不明白,无条件地接受这一切无论如何是不应该的。

杜：正因为这样才有了某种诗意,它使马雅可夫斯基与茨维塔耶娃很接近。还记得她的诗句吧："我对世上的这种无限的威力有什么办法呢?!"当然,他无法接受……您说得对……他作为诗人这样说："这是我的革命",并且完全接受了它。

巴：是的,他完全接受了——这一点我明白。

杜：他完全接受了革命。可以说,这是普通……哲学上的过错,即目的为手段提供了理由。他与世界上许许多多的大人物共同分担了这一过错。

巴：是的。

杜：自然,他的结局也当然会……

巴：应当说,在他所了解的那场革命中(当他写下"我的革命"时)……的确有许多狂欢性的东西。他也听出来了。可是当……

杜：毕竟还是有庄严之处的吧!

巴：有的,某种程度上是有的……

杜：于是他就成了这种庄严和这种滑稽的浓缩体。而且他从这种滑稽中提取出了诗歌……他的确在做游戏……在做文字游戏,他说："我认为《只有在莫斯科农产品加工托拉斯》是最高水准的诗篇,尽管含有诗的公然嘲弄。"为什么呢？因为诗歌是对语言的加工,任何材料都可以成诗,任何材料! 这就是他的立场,并且贯穿……

巴：……贯穿始终。是——的。

杜：……贯穿始终。他不可能走完大半路程就停了下来,所以关于他的一些议论让他感到十分委屈。当时有人说："这不,你们看见了吧……""他是因为加入了拉普才开枪自杀的。"还有人这样议论他："他走的是一条无产阶级诗歌的道路。可他是否已完全成为一个无产阶级诗人了呢？还只是三分之二？ 抑或四分之三？ ……"其实根本不是那么回事。他是一个有着鲜明个性的人;作为一个有着鲜明个性的人,他是多面而复杂的。作为一名诗人,他不可能……他可不是半调子诗人。

不可能有快乐的诗歌——这种说法我是绝不能同意的。至于音乐嘛,我就说不准了……

巴:不错,可快乐的……快乐的诗……确实……不过快乐的诗……还是很难的……反正快乐的诗不可能有……这里只有"冰凉的泪水"……

杜:　　玛祖卡舞曲轰鸣响,
　　　　大厅里顷刻如山摇,
　　　　鞋跟笃笃把木板敲,
　　　　门窗晃动哗啦啦叫。
　　　　现今我们也像淑女,
　　　　在漆板上翩翩滑动。
　　　　无论乡村还是城市,
　　　　玛祖卡舞还保留着
　　　　最初的风采和美妙:
　　　　蹦跳、脚后跟、八字胡,
　　　　坏时尚——我们的暴君,
　　　　新俄罗斯人的顽疾,
　　　　都未能把它们改变。①

我认为,这是快乐的诗!

巴:是的,可这只是快乐的诗而已……这只是些成分……

杜:这才是诗,这才是快乐的诗。

巴:是些成分而已!没—错。但不是快乐的诗……因为快乐的诗……

杜:难道这不是诗?当然是诗!难道这里没有快乐?当然快乐!

---

① A.C.普希金:《叶甫盖尼·奥涅金》,第5章,第42节。——原编者

巴:也许这是十分快乐的诗,是的。可是诗歌就其本身而言(从总体上说),诗人的创作(也从总体上说),不可能不包含这种……

杜:啊!!! 这不!咱们终于谈通了。

巴:那又怎么样?.归根结底……

杜:那咱们就谈通了。那我还是用马雅可夫斯基的诗来回答您:

纷乱的思绪,回你的家去吧。

让我的整个心灵拥抱深邃的大海!

谁要总是把问题想得清清楚楚——

我看他简直愚不可及。

正是这样。因此在这个意义上我们达成了某种共识。

巴:是——的。

杜:正好该换一下话题了……我们只谈了索洛古勃一个人。

(录音中断)

杜:您现在谈谈勃洛克?

巴:好的。这个人……不是一般的人,完全是用另一种材料做的。我们都不是用勃洛克那种材料做的。勃洛克是一个特例。只要他一出场,他的外表,他的诗朗诵——所有这些都让人感到有一种特别的东西,可说是一种非人间的东西,尽管从专业角度来看,他的诗朗诵并不好,甚至连朗诵都谈不上。非人间的,这里是指……总之一句话,我们都是微不足道的小人,而这个人就完全不同啦——他是个大人物,是用别的材料做出来的,有着与我们完全不同的嗓音。我们说的那些话一经从他口中说出来,就完全是另一个样子,就有了另一种意义。这就是我对他的印象。不过,后来我未能继续与他交往。我已经不在那里了……当我迁回列宁格勒常住的时候……

杜:他已经不在人世了。

巴:……他已经不在人世了。我只是还记得有过这么一件事。那时我们在维捷布斯克听到消息,勃洛克的物质生活状况很糟糕。看来,在一定程度上,他的确是被饿死的。可怎么会就连这样一个人都养不活的呢?!岂有此理!真是岂有此理!可克里姆林宫里的人一个个都酒足饭饱。不光是在克里姆林宫,到处都一样。我记得,就在我住的维捷布斯克,也没有谁饿着肚子。大家都吃得饱饱的,没人挨饿。

杜:这么说,当初在维捷布斯克日子过得……

巴:难道真的就不能帮一帮像勃洛克这样的人吗?!可怕的冷漠,不体谅人,这冷漠既来自于同事们,也来自于当局,首先是当局的问题。

这不,我们听到了一些传闻……于是我们就举办了一个救援勃洛克的晚会。就是这样。在这个晚会上讲话的有一个从彼得堡,从彼得格勒赶来的……记者……一位相当有影响的名记者……后来他遭到了流放,就在此后不久……我这就告诉您,他叫……

杜:是革命前的记者吗?

巴:是——的,革命前就当记者了,是革命前的记者。他是一位上了年纪的人……就是他讲了话。接下来发言的是梅德维杰夫,帕维尔·尼古拉耶维奇……

杜:这位记者,他是谁?他在苏维埃报刊上写过文章没有?

巴:写过,写过。

杜:写过?

巴:是的,写过。他还同作家协会有联系呢。

杜:是奥利舍夫斯基吗?

巴:不——是。

杜:有一个叫奥利舍夫斯基的,还有一个人叫图根德霍尔德,另外还有……都是老一辈的……

巴:是——的,不对。他总还算是比较年轻一代的人,但革命前就开始出名了……

他(指勃洛克。——编者)死于心脏病。他的心脏病之所以恶化,是坏血病引起的。众所周知,坏血病是营养不良导致的结果。

杜:您说他死于坏血病,有这方面的记录吗?

巴:死于坏血病？他得了坏血病？这方面的记录,我觉得到处都可以看到。

杜:可我却没有见到过。

巴:是吗？我记得甚至在他的日记里也提到过坏血病——坏血病现象等等。

杜:坏血病有明确的临床征兆。

巴:是的。看起来他的确有这些病症。是的。我们听到这一消息后,就举办了一个晚会。

杜:你们是在维捷布斯克得到的消息,是吧？

巴:是的,在维捷布斯克。大厅里挤满了人,募集了不少钱,本来应当把这些钱寄给勃洛克的。好像还决定在维捷布斯克购买各种食品,在维捷布斯克什么吃的都能搞到。此外,这毕竟是一座犹太人的城市。而犹太人凭借自己的一些老关系,凭自己的精明和顽强,在最困难的时候总能想办法搞到想要的一切。这不,就决定给他寄去。就在这当口得到了他的死讯。迟了一步！就没有寄出去。

杜:那这些食品是怎么处理的呢？

巴:我已经不记得是怎么处理的了。也许寄给他的家人了,可能寄给柳鲍芙·德米特里耶芙娜了。这已经不是我关心的事了。

在那天晚会上我作了诗朗诵……不,也许是做了报告……好像报告不长,是讲《夜莺园》的,我说了说《夜莺园》。之后朗读了他的诗作……是这一首……①我这就念给您听……

> 当你被人们、被忧虑和愁苦
>
> 折磨得疲惫不堪的时候；

---

① 关于巴赫金在救援勃洛克的晚会上所做的这一报告,存有两份回忆资料:一份是指挥家 Г.Я.尤金的回忆,他将巴赫金的这场报告视为巴赫金在维捷布斯克所做的众多演讲中"最为难忘的"的一次(这场报告还是在诗人在世时举行的,报告人在结束时朗诵了《夜莺园》一诗。见 Г.Я.尤金的《超越往日岁月:一个指挥家的片断回忆》,莫斯科,1977 年,第 70 页);另一份是 Р.М.米尔金娜的回忆(《新文学评论》,1993 年第 2 期,第 66 页)。——原编者

当诱惑你的一切

　　在墓碑下沉睡的时候……

等等。多好的诗呀!

　　杜:"那时你就可以为自己的幸福而骄傲……"①这句是在这儿吧?

　　巴:不。不——是,不在这儿。应该是这样的:

　　当你被人们、被忧虑和愁苦

　　折磨得疲惫不堪的时候;

　　当诱惑你的一切

　　在墓碑下沉睡的时候;

　　当你穿过城市的荒漠,

　　带着一副绝望的样子,

　　病恹恹地往家里走去,

　　白霜打湿了睫毛的时候。

　　此刻——你且停下脚步,

　　听一听夜晚的寂静:

　　你会领略到……另一种生活,

　　是你未曾了解过的;

　　你会用新的眼光打量

　　远处的雪街,篝火的轻烟,

　　笼罩着银色荒园、

　　静待黎明的夜晚,

　　还有那天穹——如书中之书;

　　你那空落落的内心

　　将重现母亲俯身的影像,

---

① "请相信吧:那时你还可以尽情地／为自己的幸福而骄傲!"——出自勃洛克诗作《当踏入大千世界……》(1909)(A.勃洛克:《作品集》,第3卷,莫斯科—列宁格勒,1960年,第73页)。——原编者

> 在这难以忘怀的时刻
> 路灯玻璃上的冰花,
> 凛冽刺骨的严寒,
> 你那冷冷的爱意——
> 一切都消融于感激之情,
> 此刻你会祝福一切,
> 你已领悟,生活的博大无垠,
> 是布兰德的随意①所不及的,
> 而世界依然美丽如故。②

好诗!好极了……

杜:是首好诗。您朗读得也很好。

巴:哪里,说到朗诵……过去我诗朗诵得还行,现在不成了。嗓子不行了,胸口也……

杜:不管怎么说,您的语调……很好。

巴:我记得,这首诗我那时也朗诵过。

杜:这一点在您说维捷布斯克时忘提了。

巴:是的。现在还是谈勃洛克吧。我的一个朋友,也是个挚友,帕维尔·尼古拉耶维奇·梅德维杰夫,他几乎就在此后即刻也回到了列宁格勒。他回得比我早一些。他和篷皮扬斯基在一种程度上,是为我们的返城做了准备。就是这样。他同勃洛克的遗孀关系密切。您知道吧,有流言说他是她的情人。更有甚者,我不久前还听说,好像他……

杜:谁,是梅德维杰夫?

巴:是的,梅德维杰夫。说他成了她正式的丈夫。全是瞎说。我

---

① 随意,该词为拉丁语(quantum satis)。——译者
② 勃洛克长诗《报复》的最后部分。勃洛克的原诗分别为:"沉重的白霜挂满了睫毛……""你会听懂……另一种生活,/是白昼里闻所未闻……""在这绝妙的时刻……"quantum satis(拉丁语)意为"随意量",是布兰德(易卜生的同名剧本主人公)的格言(A.勃洛克:《作品集》,第3卷,第244页)。——原编者

对梅德维杰夫非常了解,非常之了解。当然,至于他和她有没有不当行为,这个我不清楚,不敢打保票,但至少他没有成为她的丈夫。她让他看了勃洛克的文稿资料。他是第一个研究勃洛克文稿资料的人。勃洛克的笔记,勃洛克的日记都是他给出版的,这些东西是他首次出版的。当然并不完善,不完善。①

杜:是的,非常粗糙。

巴:没错,非常粗糙,不过总算是出版了。他还写了一本关于勃洛克的书,叫什么《勃洛克的创作道路》。这本书没有什么价值。

杜:没什么价值。

巴:没错,没什么正经内容,全是瞎扯。不过有一点很有趣。是关于勃洛克坟头上十字架的争论。您听说过吗?

杜:这我倒没听说过。

巴:是吧……现在勃洛克坟头上什么十字架也没有。不过这个坟已经迁过了,这是大家都知道的事情。在原来的坟头上,在迁坟之前,也就是还没有掘尸检验的时候,那里是否有十字架呢?

杜:不知道。那么是什么时候迁的坟?为什么要迁?

巴:勃洛克的墓挪到了作家(文学家)的坟地上。

杜:也就是沃尔科夫公墓。

巴:是——的。迁到那里去了。

杜:他是被安葬的吗?……

巴:安葬在斯摩棱斯克公墓,斯摩棱斯克公墓。

杜:这是在彼得格勒,但这是另一个公墓吗?

巴:是的,是另一个公墓。主要是没有跟文学界的人葬在一起,而是在别的墓地里随便选了地方。因此就这一点发生了争论,当然是在

---

① 指《А.勃洛克日记》(两卷本,列宁格勒,1928 年)和《А.勃洛克札记》(列宁格勒,1930 年)。两书均由 П.Н.梅德维杰夫编纂。——原编者

国外,不是我们国内。就是说勃洛克的坟头上有没有十字架?① 因为我们国内多数人认为,勃洛克几乎是位无神论者。是这样。不过也有人确信,勃洛克从来就不是什么无神论者;他是反抗上帝的人,世上没有哪位大诗人不是反抗上帝的,他们都是纯正的,而且是自然科学上的无神论者。这当然是一派胡言!您瞧……这些人要证明,勃洛克临死之际,当然还不是无神论者,他的坟头上有个十字架,竖这个十字架,是根据他临终遗嘱而办的。哪种意见更正确,我不清楚。所以我就想检验一下。帕维尔·尼古拉耶维奇·梅德维杰夫去过勃洛克的旧坟。他一到列宁格勒就先去坟上拍了照。他的这本《勃洛克的创作道路》……就有勃洛克墓的照片。不过我记不清,那上面是否有十字架。好像是有的,但我也没有把握。②

杜:既然有照片,那还争论什么呀?

巴:这本破书大家都忘了呀,全是瞎写的。

(录音中断)

杜:米哈伊尔·米哈伊洛维奇,关于勃洛克我们上次也已谈过一些了。今天我们提了个新的话题:索洛古勃,以及与他相关的一些事情。在我们这段时期,还有哪些重大的印象深刻的文学事件您现在还能说一说?

巴:在谈这一时期我在文学界的一些交往和会面之前,我想简单说几句这些会面的地点。可以说……这么几点。第一,是一些沙龙,或小组聚会。当然,严格意义上的沙龙在那个年代里已经不存在了,

---

① 巴赫金说的是 B.B.魏德列的长文《〈十二个〉之后:祭亚历山大·勃洛克墓上的十字架》。该文刊登于《俄罗斯大学生基督教运动通报》(巴黎—纽约,1971 年第 99—102 期),他在这一时期读到了该文。该随笔的开篇是一段侨居海外的作者与一位来自苏联的交谈者的虚构对话:"你忙活什么?什么十字架也没有。怎么,你忘了?我们这儿可是苏联,而不是俄罗斯。我知道:没有十字架;但我也知道,曾经有过的。我亲眼见过。我亲自去斯摩棱斯克公墓为勃洛克送的葬。"(同上,第 99 期,第 85 页)——原编者

② 竖有十字架的勃洛克墓穴照片见《纪念勃洛克》(Π.H.梅德维杰夫编,彼得格勒,1923 年第 2 版,第 122 页)。——原编者

也不可能存在了,但与它的作用相差无几的,则是一些小组——观点相同、趣味相投、私交相厚的一些人形成的圈子。那么,我当时参加过哪些沙龙和小组聚会,又是在什么地方认识了这些文学界的代表人物呢?

首先,是鲁戈维奇夫妇小组。是的。女主人安娜·谢尔盖耶芙娜·鲁戈维奇①本人并不是文学家,她是医生,但与文学界和艺术界,尤其是音乐界过从甚密,因为她是已故的安东·鲁宾斯坦的孙女,也是这位已故的安东·鲁宾斯坦的遗产继承人之一。只要上演《恶魔》,她总能拿到一笔钱。总之,在俄国她是鲁宾斯坦遗产的唯一继承人。

她丈夫鲁戈维奇的职业是工程师,也是一位受过良好教育、有修养的人。他的父亲好像是副部长……财政部的副部长,是革命前的。叫鲁戈维奇。那是个波兰人,后来去了波兰,在波兰共和国里担任了同样的职务。

就在他们家常有小组聚会,这些人都与文学、音乐和其他艺术有关。在这里我首先认识了像克柳耶夫这样的诗人。

是的。克柳耶夫。起初他给我留下了强烈的、非常好的印象。不过我第一次听他朗诵诗歌,还是1916年……不对,是1917年,二月革命之后,十月革命之前,在宗教哲学研究会里。他是在安德烈·别雷报告之后表演的。他当时朗诵了自己的诗作《俄语字母》——解释各个字母的含义,给每一个字母想出具有诗意的隐喻。当时我并不喜欢他,不喜欢他。当时他太爱仿效别人的风格:油头粉面的,所以给我留

---

① 安娜·谢尔盖耶芙娜·鲁戈维奇(1887—1958),巴赫金一家最亲密的朋友之一,安东·鲁宾斯坦的孙女,传染病医生,1933年担任列宁格勒博特金医院的科室负责人。关于A.C.鲁戈维奇及其丈夫弗拉基米尔·季诺维耶维奇·鲁戈维奇的情况(他们俩是1920年在涅韦尔相识的,巴赫金也是在那里同他们亲近起来的),在安娜·费奥多罗芙娜·莫然斯卡娅的文章《安东·鲁宾斯坦后代们的命运》中有所介绍,该文载于《音乐生活》(1994年第11、12期,第51—54页);文章的作者系彼得堡牧师——神父费奥多尔·安德烈耶夫(1887—1929)——的女儿。她的父亲是神父帕维尔·弗洛连斯基的学生和同道人,M.M.巴赫金20年代在彼得堡以及列宁格勒期间经常与之交谈。——原编者

下的印象不好……后来再见到他时已是在另一种环境中了，是好几年之后，这次我却很喜欢他了。首先，他非常出色地朗诵了自己的诗作，而且诗写得好极了。

杜：《铜鲸》已经出版了吗？还是在这之前？《铜鲸》是他写的一本书。①

巴：啊……大概是之后吧；《铜……》——对不起，叫什么来着？

杜：《铜鲸》，是他的一本书。

巴：是的。我现在都不记得这本书了。那么，我还喜欢他什么呢？他的长诗，就在那个时代……出了一部长诗——《凡人琐事的天使》：

凡人琐事的天使

云雀般飞进了我的茅屋……②

接下来很朴实地描写了俄国农舍、遍地都是农舍的罗斯，还介绍了对永恒的俄国乡村生活的一般印象。顺便提一下，在这方面像别洛夫这样的当代作家……

杜：噢，就是写旧要塞的那个作家吗？

巴：不，是沃洛格达的作家。别洛夫。③ 农民作家。我记不得他的那些作品都叫什么来着了……

杜：噢，我把他同别利亚耶夫弄混了。而别洛夫……

巴：不是别利亚耶夫，是别洛夫。他……还有不少写二月革命的诗。十月革命他没有写过。

心儿——婚礼车辄下

摇晃的铃铛——

贪婪地听着叽叽喳喳的……鸟叫，

吞噬着……金灿灿的空气……

---

① 尼古拉·克柳耶夫的诗集《铜鲸》(彼得格勒，1919 年)。——原编者

② 长诗《母亲安息日》(1922) 的头几行(H.克柳耶夫：《诗集》，列宁格勒，1977 年，第 457 页)。——原编者

③ 瓦西里·伊凡诺维奇·别洛夫(1932 年生)。此次谈话之前别洛夫已出版的书有《习以为常的事情》《木匠的故事》《沃洛格达的谎言》。——原编者

等等。①

已经到十月革命之后了,就是在十月革命之后,他写过这样的作品:"东方开来了商队……","东方开来了商队……"我忘了……"驮着绿松石……""踏着我们的伤口……"②——这支商队……我忘了……

自己的诗作他朗诵得很精彩。应该说,当我后来读到这些刊登出来的诗作时,它们留给我的印象不如我当初听他朗读的那么深刻了。

杜:您瞧,关于马雅可夫斯基人们也是这么讲的:当他朗读……不过他的情况刚好是倒过来的:如果用眼睛去看他的诗,会觉得不习惯,什么也看不懂,前言不搭后语。但如果用耳朵去听,那印象可就不同了。但倘若在听他朗读之后再回过头来看,那我没听到有谁说过先前听诗所获得的印象已暗淡不清,我自己……恰恰……是对马雅可夫斯基既不了解,也不喜欢的时候,听到过他朗读……《塔玛拉和恶魔》,后来当我在杂志上读到这首诗时,便豁然开朗了。而像这样经过诗人自己朗诵过的诗……

巴:……很好,可事后觉得不好?

杜:是的。

巴:也不是不好,但有些逊色……

杜:……那种诗当时写得很多。

巴:是的,写得很多。所以我觉得,克柳耶夫就是这样。但他还是一名真正的诗人。是名真正的诗人。尽管他的诗中有不少虚假的、程式化的东西……

杜:正是这样——有不少程式化的东西。

巴:……有不少装腔作势的成分。比如,在我结识他的最后阶段,

---

① 此处出自《铜鲸》一书中的诗作《理智之共和国,心灵之母亲罗斯》(第59页)。——原编者

② "商队开来了,驮着番红花,/还有丝绸和绿松石,/踏着我们的伤口,/踏着血迹斑斑的浅滩……"——此诗作于1921年(《诗集》,第409页)。——原编者

他装作是一个好像与城市知识分子文化格格不入的人。例如,有一次他走近书橱,问我:"你这些书都是用什么语言写的?"就这样。那都是德语书。而他德语阅读能力是很强的。不过,他发音不好,那是另一回事,而阅读是没有问题的,能够读懂,却偏偏要装作根本就认不出这本书是用哪种文字出版的。他当然是在撒谎。①

杜:当然,他这是在撒谎。

巴:是在撒谎,在撒谎。

杜:连勃洛克也当真以为他是农民呢。

巴:是的。事实上,他当然不是……

杜:那当然!

巴:……他不是这样,不是这样。他完完全全是个知识型的,并且……是个学识广博的人。

杜:……他是一个读死书的庄稼汉,尽管已成了知识分子,但还极力要维护老样式。

巴:是的,还想维护老样式。

杜:我见过他一回。

巴:但他真诚地相信,这才是真正的形式,而现在这个样子不是真正的东西,是杜撰出来的,是外加的,只能是昙花一现。他真心相信这一点。是这样。但我不认为他真的相信可以回到他所说的真正的罗斯,遍地都是农舍的罗斯。他认为会出现另一种样式,它更接近那个古旧的罗斯,而不像现代生活向他呈现的这种知识型大杂烩。

此外,他有非常强烈的好恶。他敌视勃留索夫……

杜:敌视勃留索夫?

巴:敌视勃留索夫。"勃留索夫用被强暴的笔吓唬人"——这就是他对勃留索夫的看法。

---

① 关于克柳耶夫阅读海涅原文版作品一事,见格奥尔吉·伊凡诺夫的回忆录(Г.伊凡诺夫:《诗集·第三罗马·彼得堡的冬天·中国皮影戏》,莫斯科,1989年,第333页);Г.伊凡诺夫:《选集》(三卷本),第3卷,莫斯科,和睦出版社,1994年,第68—69页。——原编者

杜:勃洛克他喜欢。

巴:是的,勃洛克他是喜欢的。大家都知道,他们有书信往来,信很多,具体数字不清楚,但很多。有一段时间,勃洛克热衷于这种民众性,他作了思考,后来写出了《知识分子与民众》一文,是这样。克柳耶夫在他看来就是民众的代表。但完全不是这样。后来勃洛克自己很快也就明白过来了。

杜:对。克柳耶夫也敌视马雅可夫斯基。

巴:当然,克柳耶夫也敌视马雅可夫斯基,没错。他有许多……

杜:这么说,您见到过他同克雷奇科夫在一起,是吧?

巴:我想,克雷奇科夫他是认识的,但对此人是什么态度,我就不清楚了。

杜:这是一个……您记得叶赛宁的诗句吧:"温顺的米古拉取了个绰号——克柳耶夫……"①

巴:是的。但我同他没有说起过克雷奇科夫。

杜:您没有见到过克雷奇科夫吗?

巴:没有,我不记得克雷奇科夫了。

杜:难道他们不是一伙的吗?

巴:我想是的。不管怎么说,他们很接近。但我不记得他了。

杜:他们您都不记得了吗?

巴:他们我都不记得了。至少在那里……

杜:在这个鲁戈维奇小组里……也有克柳耶夫,但没有……克雷奇科夫。

巴:是的。他有类似的好恶。

杜:这么说,这个小组总的来讲还是庄重正派的,没有名士的放浪不羁?

---

① "温顺的米古拉取了个绰号——克柳耶夫……"出自叶赛宁的诗作《噢,罗斯,扇起你的翅膀……》(1917)[C.叶赛宁:《作品集》(六卷本),第1卷,莫斯科,1977年,第138页]。——原编者

巴:是庄重正派的,没有名士的放浪不羁,一点儿也没有。就拿克柳耶夫来说,他是一个讲民间故事的好手,他讲的都是没有记录过也没有出版过的……他是在自己的故乡奥洛涅茨省听到类似的东西,后来自己就重新加工了一番。应该说,他故事讲得非常精彩。是的,非常精彩!这个已经是某种真正的艺术了,是更真的艺术,比起他的……

杜:比起他的诗来。

巴:……是的,比起他的诗来。不过都是口述的故事,是他口头讲述的,坐下来便开始讲述。讲得非常精彩。

杜:那么,他真的是出生在一个殷实的农民家庭吗?

巴:没错。是——的。

杜:您知道他是在哪里上学的吗?

巴:不知道。他就这样一直装扮为一名普通的农民,我的印象中他从来就不提这些话题。有一次我问了他,他说:"我没有上过学。我是跟民众学来的,是从书本上看来的。"他就是这么对我说的。

杜:那儿还有谁?

巴:我现在就把他……说完,马上就完。就是说,他故事讲得很精彩……

杜:这是事实。

巴:是的,可后来有一次,他在鲁戈维奇夫妇的沙龙里讲了一个故事,极其下流的故事。他讲得绘声绘色,但故事却极其下流。

杜:说来听听!

巴:从那以后就不再邀请他了。这其实不大公平,是这样。

杜:那个故事真好吗?

巴:很好。

杜:像一个真正的故事。

巴:是的。

杜:那就说来听听吧。

巴：我这会儿不记得他是怎么讲的了……他讲得很特别，如果别人用自己的方式来转述，而不用他的语言，那就不会有什么效果了。而且，有必要时他还吹口哨，发出各种各样的声音，尤其是讲到林妖、美人鱼之类的时候……

杜：这太有趣啦！

巴：是的，这一切都很精彩。很精彩。是的。可不再有人邀请他了。

现在我来说一说第二个沙龙。在那里我又遇见了他。这里当然没有撵他，绝对没有。① 其实前面也没有赶他走，只是不再邀请他而已。既然那里同他一道参加聚会的女士中有人消受不了他讲的那些东西……（讪笑）

杜：是不是非常像基尔沙·丹尼洛夫②笔下的那些下流话？

巴：是——的……现在还是说一说第二个这样的沙龙小组聚会吧。是在帕维尔·尼古拉耶维奇·梅德维杰夫家里，我不止一次对你提到过他了。在他那里聚会的是一群作家，其实都是些小作家。克柳耶夫也去那里。也是朗诵自己的诗作——新创作的诗歌。我还记得他那精彩的朗诵……有一首……是写叶赛宁之死的：

　　鬼怪，用澡堂的肥皂水熬出的蜜粥
　　　来祭奠叶赛宁的亡灵吧……

您或许还记得这首诗吧？我好像漏掉了一个词……③

杜：蜜粥？……

巴："……用澡堂的肥皂水。"

---

① 克柳耶夫在宫殿沿岸街上的M.B.尤金娜住所举办晚会的情形，在那次晚会上诗人朗诵了自己的作品《农舍之歌》（《新文学评论》，1993年第2期，第64—69页）。——原编者

② 基尔沙·丹尼洛夫（18世纪），相传为俄国民间文学作品（如壮士歌、历史歌谣、抒情歌谣等）的编纂者。——译者

③ 出自长诗《哭谢尔盖·叶赛宁》（1926）（《诗集》，第468页）。克柳耶夫的原句为："用木炭和澡堂的肥皂水熬出的蜜粥。"——原编者

杜:"……用澡堂的肥皂水……"肥皂水……啊哈。这么说,这蜜粥是用澡堂的肥皂水做的。得用它来祭奠……鬼怪来祭奠叶赛宁的亡灵?

巴:是的,叶赛宁的亡灵。

杜:总的说这诗写得很有力!

巴:很有力,很有力。接下来还有非常有力的作品呢。他有一些非常抒情的诗篇。

杜:他长什么样?外表如何?

巴:他穿的是一件好像是腰上打褶的外衣。我从未见他穿过带领的西装。他大概从不穿成那样。他学庄稼汉的样子,但同时穿的也不是农民的衣服。

杜:头发是剪成一圈的吗?

巴:头发剪成一圈,是的,剪成一圈,但不是用克瓦斯抹头啦,而是梳得很端庄。

杜:可是……他没有谢顶吗?

巴:恐怕,最后一段时日他是有点儿谢顶的。

杜:这么说,您直到他最后的时日都常见他?直到1929年?

巴:是的。直到他最后的时日。

杜:他是在您之前……还是在您之后?……

巴:您是说被流放?

杜:是的。

巴:我记得,比我稍晚一些。

杜:他是被害死的吗?……

巴:是的,他死在那边。

杜:他没有回来吗?

巴:是——的,他没能回来。

杜:您知道他被平反了吗?

巴:这我说不上来。也许被平反了。他被流放还不是作为政治犯,您知道吗,当时开始迫害同性恋者了。①

杜:他与此有牵连吗?

巴:是的,有的。大有牵连。

杜:这已经是30年代了。

巴:是的,他并不避讳这一点,就像……一位优秀的诗人……

杜:诗人?祖巴金?

巴:不是。

杜:那还能有谁有这份荣耀呢?……

巴:不是的,祖巴金是个小小的诗人,这位可是个大诗人。

杜:噢,是库兹明!

巴:当然是库兹明。就是。库兹明。克柳耶夫也不回避这一点,不隐瞒。当然也不总是挂在嘴边,但并不隐瞒这一点。我记得,当时正好有一位这一问题的专家来俄国,我忘记他姓什么了,是个德国人,很严肃的德国人,他自己也有个毛病。他写了一本厚书,我翻阅过,也就对此略知一二……

杜:您说的是……

巴:……说的是这类倒错行为。他的观点是这样的:这种事绝不能等同于某种犯罪,这完全是一种合法行为,从本质上讲,性生活方面没有什么做法是应当被禁止和被追究的。即使强奸之类的行为,也不

---

① 导致克柳耶夫被捕的原因是其同性恋行为——提出这一说法的是 И.М.格龙斯基。他不仅是事件知情人,而且还认识诗人,曾担任苏联作家协会组织委员会主席(截至1933年中期)。他于1959年9月30日在国立中央文学艺术档案馆所做的题为"关于农民作家"的讲话中提到了这一点。见《往日岁月:历史丛刊》,第8卷,巴黎,文艺协会出版社,1989年,第150—151页。讲话稿的刊登说明中有这样一段文字:"Н.克柳耶夫是1934年2月2日依据第10条第58款(富农煽动罪)遭到逮捕的,在度过了四个月的牢狱生活后,他被流放到纳雷姆地区(Г.С.克雷奇科夫、С.И.苏博京:《尼古拉·克柳耶夫的晚年生活:书信和文件资料》,载《新世界》,1988年第8期,第165、168页)。看来,强加给克柳耶夫的是政治条款,而不是生活腐化(有关同性恋的犯罪条款是1934年才被列入刑法的)。"(同上,第161—162页)所公布的内务人民委员部相关文件显示,诗人的流放、逮捕以及最后的处决是基于他犯下的"种种反革命罪行"(《尼古拉·克柳耶夫:世界之形象及命运》,托姆斯克,2000年,第211—223页)。——原编者

能……

杜:怎么,连强奸也不应受到追究?

巴:是的,不对,类似的事情——那追究是正确的。但这个则不然,不应受到追究。对此他加以科学的论证,引用了大量的材料,从古希腊罗马一直到今天。资料显示,同性恋中间原来有许多文化界、诗坛和音乐界的名人。

杜:在音乐界可以从柴可夫斯基算起。

巴:柴可夫斯基自然是其中的一个。他做了一番综述,篇幅很长,用德语写的……

杜:带有德国人的严谨。

巴:很严谨,还有一些优点。他来了。当然,有人把他介绍给了……

杜:……克柳耶夫。

巴:是的,介绍给了克柳耶夫,他们会面了。我当然没有参加这些会面,不过有人告诉了我,他们是如何交谈的。克柳耶夫说,"要知道,我们的上帝,基督也是同性恋者。"

杜:是吗?!

巴:是的。"……他与使徒约翰,自己心爱的弟子,一个有女性的人,就有关系。"是这样。他还说……

杜:难道克柳耶夫……难道会说自己是……

巴:……是基督教徒……

杜:……是基督教徒,东正教徒……

巴:是的。

杜:……不仅说自己是农民……还……

巴:是的,他自称是农民……尽管如此,他还是说了这番话。

杜:我不知道……

巴:您大概读过这位……库兹明的《双翼》吧?[①]

[①] 长篇小说《双翼》首次刊登在《天平》杂志(1906 年第 11 期)上。——原编者

杜：是的，但记不清了。

巴：总的来说，在艺术上……

杜：我没有这本书。

巴：……在艺术上是很有意思的，是一部杰出的作品。书里他也非常坦诚，从这一点来看绝对坦诚，毫不掩饰……

杜：我不大记得有这本书了。

巴：结果当时有许多人(库兹明已经去世了①)因此而被流放，去了很远的地方。其中克柳耶夫也是因为此事才走的，当然，这是起诉他的正式罪名，是根据这一条判他流放的，其实人们都知道他的总体倾向，他对苏维埃政权的态度，也许，这才是放逐他的主要原因。

杜：好了，已经讲了这两个小组了。那么这两个小组中还有谁是大人物呢？

巴：大人物？特别大的人物恐怕没有。这得想一想。帕维尔·尼古拉耶维奇家里来过一些作家，但他们后来都被遗忘了。比如，有个科扎科夫，米哈伊尔·科扎科夫。

杜：我记得。是个大小说家，很有名。

巴：是的，有名的小说家。他后来也被流放了。② 平反之后他回来了，但没活多久，在我印象中，他后来没再写什么。顺便说一下，他也是梅德维杰夫的密友，关系很好。不过最后出了件什么事，导致他俩分了手。是的……

还有一位作家，当时也相当有名……忘了……如果您想知道的话……以后我能想起来的。

在这儿聚会的还有诗人。在梅德维杰夫圈子里，主要的诗人是弗谢沃洛德·罗日杰斯特文斯基，当时他还完全是个年轻人。他刚在舰队上

---

① M.库兹明于1936年3月3日去世。——原编者
② 巴赫金听到的这一传闻并不属实：М.Э.科扎科夫并未受到迫害。在1937年40年代末被抓的是他的妻子；而米哈伊尔·埃马努伊洛维奇本人则开始长期遭受冷遇（М.М.科扎科夫：《片断》，莫斯科，艺术出版社，1989年，第107—113页）。——原编者

服完兵役,是潜水兵,当然,军衔很低,只是名潜水兵。是这样。他那时成就斐然。那时就已经有人说,正经有这么一个列宁格勒诗派。

杜:没错!

巴:一般认为这个流派的首领是……

杜:弗谢沃洛德·罗日杰斯特文斯基,没错,是的。

巴:属于这个诗派的,首先是吉洪诺夫,他的全名是尼古拉……有一段时间瓦吉诺夫也在其中(这个人我后面还会讲到),还有别的一些人。

杜:还有吉托维奇。

巴:对,有吉托维奇,是——的。

杜:还有普罗科菲耶夫、萨亚诺夫……

巴:普罗科菲耶夫、萨亚诺夫——不错,都是这个流派的。是这样。

杜:您不认识他们吗——普罗科菲耶夫、萨亚诺夫、吉托维奇?

巴:不,我不认识他们。不认识。

杜:那弗谢沃洛德·罗日杰斯特文斯基您认识的吧?

巴:我很了解他。

杜:他现在还活着呢。

巴:我知道他现在还活着。当时他经常在帕维尔·尼古拉耶维奇·梅德维杰夫家里朗诵诗歌,后来他好像还在谢普金娜—库别尔尼克的沙龙里表演过,如果我没有记错的话。在那里他也朗读了自己的诗作。他朗读的那些诗在那时都是很好的作品,都是些纯正的抒情诗,纯正的抒情诗!可以说,几乎没有任何政治诗。同样,他也朗读得很出色,朗诵得好极了!可等我后来读到印刷出来的那些诗,印象就差多了。

杜:他的诗作,您一点儿也不记得了吗?

巴:他早期的吗?不,您要知道……他毕竟不是那种有分量的诗人。我只是记得有这么几首,比如有一首是《勃洛克之死》。一首很好的诗。

杜：他的行为举止如何？就他本人您有什么有趣的事可以回忆吗？在梅德维杰夫小组里您经常遇见他吗？

巴：在梅德维杰夫那里，是的。他在那里参与了当时的文坛斗争。今天我当然已想不起来他的诗句了。他好像有一本诗集，叫《大熊星座》。① 其中好像有几首是写俄罗斯的，诗里有这么一行："有过那么一个辽阔而……"（西方会有人这么说）：

　　有过那么个傻大国，

　　但她那昔日的歌喉，

　　你们永远也无法企及！②

很有力的好诗。

杜："有过那么个傻大国，但她的歌喉……"

巴："……但她那昔日的歌喉……"

杜："你们永远也无法企及。"这是针对西方说的吧？

巴：那当然。没—错。还有这么一首……我现在就能记起来……

　　在星光送暖的田野上，

　　我们痛苦艰难地吟唱。

　　因之天使被派来照看诗人，

　　在他们尘世的旅途中。

　　天使像引着盲人或孩童，

　　我们这些不知疲倦的漂泊者，

　　便在自己手上听出可爱的伴侣们

　　那全神贯注的手指弹出的悠扬。

写得很好。

---

① B.罗日杰斯特文斯基：《大熊星座：抒情诗集（1922—1926）》，列宁格勒，1926年。——原编者

② 出自诗作《俄罗斯没了！在崎岖难行的道路上……》（同上，第34页）。巴赫金凭记忆所援引的诗句有误，罗日杰斯特文斯基的原诗是："当你们在整理老地图时，/请告诉孩子们：这就是她。/告诉他们：曾经有过这样一个/辽阔而荒蛮的国家。/大限已到。一场奇妙的大灾难/不期而降，/她永远再也不会一展那/我们曾经听到过的美妙歌喉！"——原编者

杜:是的。

巴:　　我的天使,如此之纯真,
　　　　从来不懂该做些什么,
　　　　我却知道,你会成为我的爱妻,
　　　　人间花园中心灵手巧的姑娘。

　　　　为了体验人间的独特生活,
　　　　你将告别……琴键的乐音,
　　　　在我那杂乱的房间里擦拭灰尘,整理物品。

　　　　而当(这里就记不得了)——
　　　　你会成为人类的竖琴……①

您瞧,我背错了。

杜:这可以理解。

巴:顺便说一下,我是少许学他的样子来读的,稍微有一点儿,也尽可能用他的语调,当然,现在我已做不到……

杜:这里有那么一点点帕斯捷尔纳克和叶赛宁的诗风。

巴:是的,这两个人的风格都有那么一点儿。好像还有勃洛克的影子,也有勃洛克的……

杜:当然,勃洛克还活着的时候他开始创作的。

巴:勃洛克还活着的时候他开始……

杜:对此他是有回忆的……

巴:当然,他是在勃洛克活着的时候开始写诗的,是的。

杜:应该找到他。您知道他还活着吗?

巴:还活着,还活着。他是普希金专家,专门研究普希金,是的。

---

① B.罗日杰斯特文斯基:《诗集(诗人丛书)》,列宁格勒,1985年,第55页。罗日杰斯特文斯基的原文分别是:"那星光送暖的花园纯真而缺乏理智的天使","我相信,你会成为我的爱妻","你将离开星星和天堂的琴键"。——原编者

杜:他住在……

巴:对,住在列宁格勒,过去也是。

杜:他活了下来?

巴:是的。

杜:您瞧,您有多么宝贵的财富呀。

巴:没——错……还有一些……一些诗句……是写勃洛克的,我记得……

　　……第一次这样的俄罗斯……

　　小车站、电报员、黑夜,

　　矿井和霞光……

　　第一次……

好像是:

　　深夜……

　　你成了他的女友……

　　在失去理智的深夜……

　　没有十字架

　　第一次……犹如(什么)暴风雪……

　　永远亲吻你的双唇……

这也写得很好。

杜:这是罗日杰斯特文斯基写勃洛克的诗吗?

巴:是——的,写勃洛克的。这是其中的几句。结尾部分好像是这样写的:"永远亲吻你的双唇。"还有:"三支烛光的浑浊绿眼……"好像还有:"身着这黑色的礼服,胳膊好似折断的双翼……"①等等。这都是些很好的诗,写得好极了。

---

① 巴赫金断断续续地回忆起弗谢沃洛德·罗日杰斯特文斯基《纪念 A.勃洛克》中的一些诗行(1921 年 8 月 7 日)(B.罗日杰斯特文斯基:《大熊星座》,第 35 页:"她有幸成了你的友人,/在那没有十字架的不幸之夜,/第一次经受醉人的暴风雪考验,/永远亲吻你的双唇……/三支烛光的浑浊绿眼,/窗外的雨水,还有我看到的锐角般/尖削的肩膀——犹如折断的双翼——/缩在皱巴巴的黑礼服里。")——原编者

杜:这么说,这些小组聚会——就是聚在一起朗诵诗歌吗?

巴:是朗读诗歌。当然,在帕维尔·尼古拉耶维奇家里还喝喝茶,有时喝点酒,吃点东西等等。

杜:做报告吗?

巴:有时也做报告。

杜:您在那里做什么了呢?朗读诗歌吗?

巴:不,我在那里主要是作为……在帕维尔·尼古拉耶维奇·梅德维杰夫家里很少有报告。朗读诗歌,小说家就读自己的小说。然后就聊一聊。

杜:您只是参与讨论……

巴:是的,我只是参与讨论,也很少说话,更多是在听。而在鲁戈维奇家里我更积极些。

杜:在鲁戈维奇家您做报告吗?

巴:是的,在那里我做过报告。做过报告。说的是……弗谢沃洛德·罗日杰斯特文斯基……说他的诗。在那里读诗的还有瓦吉诺夫。

杜:请说一说瓦吉诺夫吧,把他说完咱们就结束。

巴:另外,顺便说一下,也就是在那个时候还有一个类似于这样的沙龙——玛丽娅·韦尼阿米诺芙娜·尤金娜的沙龙,弗谢沃洛德·罗日杰斯特文斯基,还有瓦吉诺夫都在那里朗诵过诗歌,还有……瓦连京·尼古拉耶维奇·沃洛希诺夫——是位诗人,当时发表过诗作,但后来完全放弃了,意识到自己是个微不足道的小诗人,就不想继续写下去了,何况他还是个音乐家、作曲家。我得告诉您,那时在玛丽娅·韦尼阿米诺芙娜家里音乐当然是听得很多的。她自己演奏,有时一弹就是通宵达旦。我在音乐会上也听过她的演奏,可这样精彩的演奏我从未听到过!

杜:现在先别谈玛丽娅·韦尼阿米诺芙娜,留给下一次吧。谈谈瓦吉诺夫……

巴:瓦吉诺夫——他嘛,我想最好也留给下次吧。否则加琳娜·季莫菲耶芙娜①马上就要过来了。是吧(笑)……

杜:这么说,关于瓦吉诺夫您是有话要讲的……

巴:是的,有一些吧,我可以讲得详细些,因为他完全被遗忘了,这很不公道。百科辞典也没有把他收进去。什么也没有……

杜:一点都没有提到吗?是指文学百科辞典吗?

巴:根本就没有提到。文学百科辞典没有把他列进去。

杜:那就不公道了。

巴:是的,很不公道。

杜:那罗日杰斯特文斯基……我只是想问您一下……既然您见过他,那就请您稍微说一说他的外表,他的形象……

巴:您知道吗,他个头儿相当高,身材相当匀称,我甚至要说,人长得很英俊,但他的脸上,如同他的部分诗作那样,有种飘忽不定的东西……没有任何的明确性。没有。总之,用福音书上的话来说,就是"随风摇摆的芦苇"。他身上确实有这个问题。在他对待文学斗争的态度上也能感觉到:他总是支支吾吾,躲躲闪闪,模棱两可,摇摆不定,总之,态度不明确,而且依我看,完全缺乏勇气。

杜:勇气?

巴:没有勇气,一点儿也没有。许多人都觉得他非常讨人喜欢,尤其是在他朗读诗歌的时候,而且朗读得很好。每次听他读诗,从来都是聚精会神,其乐陶陶。可当我后来读到他刊登出来的诗作时,给我的印象就总不如当初了,虽然也不能说这些诗不好……

杜:要是拿他和安托科利斯基相比……您认为谁成就更大一些?

巴:这很难说。要知道,安托科利斯基文化修养高得多,也广博得多。

杜:是比罗日杰斯特文斯基?

巴:是的,更有文化修养。安托科利斯基是一个文化涵养很高的

---

① 加琳娜·季莫菲耶芙娜·格列芙佐娃,巴赫金于1972至1974年住在莫斯科期间聘用的保姆。——原编者

人,而那一位,应该说,文化涵养不高。他只是个抒情诗人。而当他转而涉及另一些题材时……比如,公民性的、政治的题材,一部分哲学题材时,他就不再是一个像样的诗人了。

杜:所以他更接近叶赛宁那种类型。

巴:是——的,是——的,他更接近叶赛宁。

杜:那是作为一个写诗的个体。

巴:是的,作为一个写诗的个体。

杜:而在风格上……有人说,在风格流派上这个诗派……即以弗谢沃洛德·罗日杰斯特文斯基为首的列宁格勒诗派主要学习了阿克梅派,这说法对吗?

巴:对,是学的阿克梅派。

杜:确定吗?

巴:在某种程度上还学了勃洛克。

杜:这是我的个人臆测。

巴:是——吧。这是对的,最主要的恐怕还是学的阿克梅派。

杜:学的是古米廖夫、阿赫玛托娃……

巴:是——的。

杜:也学了一些不怎么重要的阿克梅派诗人。比如说洛津斯基、舍尔温斯基、津克维奇,您知道这些人吧?

巴:那当然,都是彼得堡流派的,都是。

杜:您把康斯坦丁·瓦吉诺夫单独挑出来,因为他是一个较大的诗人吗?

巴:倒不是作为一个较大的诗人……或许也是一位较大的作家,但不是作为……我强调的不是作为诗人,而是作为小说家。

杜:作为小说家?

巴:是的。而且,他是一个完全不该被遗忘的小说家。作为小说家他是很优秀的,也很有意思。是个革新者。而且直到今天还没有得到人们的充分理解和应有的评价。作为诗人,当时在西方就已经获得了赞誉。西方人还说:瞧,苏联有这么一位独树一帜的诗人,可他是不会得到理解和重视的。

杜:原来是这样。那我们现在就剩下瓦吉诺夫了。然后……我还是等您……因为您毕竟与现实艺术协会的成员有所接触吧。您会讲一讲那些会员的情况吗?

巴:不——不。我对他们了解得很少。其实我只知道瓦吉诺夫。就他一个人。

杜:那扎博洛茨基您就不知道了,是吗?

巴:扎博洛茨基——我不知道,只是在他流放回来之后我才知道他的,而且所知甚少。那时他与玛丽娅·韦尼阿米诺芙娜住得很近,都在别戈瓦亚街上的这些单幢小楼里。

杜:是——的,我知道,就在霍罗舍沃公路上。〈……〉虽然看起来,我们今天的形式主要不是回忆,而是交谈,但却很有意思。

巴:是——的,是——的。

杜:米哈伊尔·米哈伊洛维奇,您累了吧?

巴:没有,我一点儿也不累。

杜:非常感谢您,米哈伊尔·米哈伊洛维奇。

巴:不必客气,不必客气。

杜:我这就关机……虽然磁带还没有用完……

巴:我们就剩玛丽娅·韦尼阿米诺芙娜还没有讲了,下一次吧。

杜:不,我们还剩好几个人呢……像瓦吉诺夫、扎博洛茨基(包括他晚年的情况),另外还有您那所记得的现实艺术协会成员的一些情况,以及您对他们的态度。然后再单独谈谈玛丽娅·韦尼阿米诺芙娜。好吧,那我就关机了。

第五次访谈(1973 年 3 月 22 日)

杜:米哈伊尔·米哈伊洛维奇,那就开始吧,这是我们的第五次,也应当算是最后一次谈话了。

巴：最后一次，当然是最后一次。那好吧。

杜（笑着说）：您瞧，您以为讲一个小时就够了。我凭经验知道，您了解很多东西。上次咱们说定，最后要谈谈尤金娜，现在就请您补充讲一讲……

巴：……瓦吉诺夫。

杜：……列宁格勒1924年到1929年的诗人和作家。

……康斯坦丁·瓦吉诺夫。我也记得这个名字，他有本小书《山羊之歌》——好像我是有过的，不过说老实话，对这个诗人我一点儿印象也没有。

巴：不会吧。是这样的，康斯坦丁·康斯坦丁诺维奇·瓦吉诺夫是列宁格勒诗派中最有趣、最杰出的代表之一。那时他还很年轻，刚从列宁格勒大学毕业。念的是语文系，书读得很多，是个书痴。他爱好藏书，他收藏的图书很有意思，主要是17世纪意大利诗人的作品。

杜：是吗！

巴：总的说，他非常喜欢……首先，不是古典希腊时期，而是希腊化时代[①]，是希腊化时代。他甚至还写过一首诗叫《希腊化文化爱好者》，有这么一句："我们是希腊化时代的文化爱好者"等等。[②] 其次，他喜欢17世纪，巴洛克，意大利的巴洛克，比如萨尔瓦多·罗萨和其他人。他还有这些作者17世纪出的书呢。这是非常珍贵和稀有的……

（录音中断，有干扰声）

杜：请说吧。

巴：这都录下了吗？

杜：没有。关于文艺事业的资助人那段没有录下来。

巴：是吗？那好吧……是这样，有些资助者请他去吃饭。

[①] 希腊化时代指公元前323年至前30年之间东地中海国家的一个历史阶段。这些国家的政治制度结合了古代东方君主政体与希腊城邦的特点。希腊化时代的文化是希腊与当地东方文化的综合。——译者

[②] 康斯坦丁·瓦吉诺夫：《借助节奏连缀词语的尝试》，列宁格勒，1931年，第45页；《现实艺术协会的诗人们》，圣彼得堡，1994年（大型系列诗人丛书），第442页。——原编者

杜：他有许多资助者吗？

巴：是——的。当时……有一些资助者……比如……伊利亚·格鲁兹杰夫①……

杜：是高尔基的传记作者吗？

巴：是——的，是高尔基的传记作者。那时他在国家出版社列宁格勒分社工作，写了不少东西。他有一篇文章是谈作者面具的，写得很有意思，在当时是富有新意的……在文学研究领域。他……仪表堂堂，很会安排自己的生活，同时，他也给吃不饱肚子的年轻作家（这样的人不在少数）提供帮助。年轻作家们吃不饱肚子——是那一时期相当典型的一种现象。他们通常都会去国家出版社，在那里聚会，相互走动。如果有哪个人弄到了西红柿，他就会说："我有西红柿，过来一起吃吧！"于是其他人就过去吃西红柿。这已经算是美食了，因为许多人连西红柿都没有。应当说，有一个人实际上也处于这种状况，只不过还没有饿成这样，他叫尼古拉……姓什么来着……

杜：吉洪诺夫？

巴：对，吉洪诺夫。他总穿件旧的军大衣……他过着一种……纯粹名士派的生活方式。他有一只茶壶，用它招待笔友之类的人喝茶，有时还配有面包，有时则没有面包。

可这位吉洪诺夫，我已说过，却相当孤单。他与所有这些作家都没有什么密切的交往。他靠写诗糊口，后来靠给青年作家们帮忙：校改他们的书稿，为他们提供咨询服务。他发表了一些诗歌，在一本叫《巡回剧团纪事》杂志上写过短评。

巡回剧团在当时是很有名气的。团长和创建人是盖杰布罗夫和……斯卡尔斯卡娅。盖杰布罗夫是位演员，当时已经是一位相当有

---

① И.格鲁兹杰夫：《论艺术叙述的方法》，载《П.П.盖杰布罗夫和Н.Ф.斯卡尔斯卡娅巡回剧团纪事》，1922年第42期，该文以《面孔与面具》为标题登载于柏林出版的丛刊《谢拉皮翁兄弟》（1922）；《论作为文学方法的面具》（对Ю.蒂尼亚诺夫《陀思妥耶夫斯基与果戈理》一书的评论），载《艺术生活》，1921年第811、817期。——原编者

名气的演员了。斯卡尔斯卡娅也是位演员,她是维拉·费奥多罗芙娜·科米萨尔热芙斯卡娅的妹妹。①

杜:是吗!是亲妹妹吗?

巴:我看是亲妹妹。斯卡尔斯卡娅这个姓我觉得应该是她的艺名。您知道这个剧团吗?

杜:不知道。

巴:是呀,看来这个剧团被人们忘得一干二净了,可当时是很有名气的。

杜:这么说,是彼得堡的一个剧团……

巴:是的,是彼得堡的巡回剧团。

杜:去哪里巡演?

巴:您看,巡回剧团这一名称和这个主意当然是从巡回派画家那里借鉴过来的。当年巡回派画家们就是把自己的画作带到地方各省去展出。虽说是……莫斯科和彼得堡的画家,却为如今所称的外省服务。盖杰布罗夫的剧团也是如此。其主要目的是,身为首都剧团却为地方省份服务,向地方省份介绍戏剧生活中的新生事物。这一点他们基本做到了。

杜:从风格流派上来看,这家剧团有什么特点?是像小剧院,还是更像莫斯科艺术剧院?……

巴:噢,这是……不过,这里主要还是……左翼流派:象征派的戏在这里上演过,其次他们选演一些不怎么有名的剧本。比如他们演过斯堪的纳维亚剧作家的许多剧本。

杜:这在当时是很时髦的。是易卜生戏剧之后开始兴起的。

巴:正是!是在易卜生戏剧之后开始兴起的。易卜生的作品他们当然也演了。不过上演的主要剧目还是那些不太有名气的剧作家的戏。在当时这自然是个挺不错的剧团,很不错的剧团。剧团十分活

---

① 帕维尔·帕甫洛维奇·盖杰布罗夫(1877—1960,演员、导演)和娜杰日达·费奥多罗芙娜·斯卡尔斯卡娅(1869—1958,演员,В.Ф.科米萨尔热芙斯卡娅的妹妹),巡回演出话剧团(1905—1928)的创建人。——原编者

跃,因为盖杰布罗夫本人就很活跃,斯卡尔斯卡娅也是。他们出了一本杂志,名叫《巡回剧团纪事》。杂志主编是帕维尔·尼古拉耶维奇·梅德维杰夫。他是我当时最要好的朋友之一。

杜:是——的。您已提到过他。

巴:他负责编辑这份杂志。他这个人非常……能干,不管遇到什么样的暗礁险阻,他总能设法躲过,当时在文学艺术界可谓暗礁重重,他这个人相当勇敢,富有开创精神。是他发表了瓦吉诺夫的作品。而别的杂志都不登瓦吉诺夫的东西。他刊发的一些诗作,现在都难以想象当时是怎么可以刊登出来的。当时发表了一首诗,是瓦吉诺夫的,恰好具有其自传性质……

我独自隐居——叶卡捷琳娜
临渠街,105号……
(准确无误的地址)
窗外长着母菊和野生三叶草,
透过砸坏的石门,
我听见格鲁吉亚、阿塞拜疆的呼喊。
形体的圣殿被毁坏。
一大群乌合之众草原上高唱,
顺从地跟随红旗奔跑……
……顺从地飞也似的疾驰而去……
罗斯,你今天发出的气味实在难闻,
在克里姆林宫你的穆罕默德拾级而上。
拾级而上的是穆罕默德—乌里扬:
"如此这般,拉赫曼!"
于是各团整队,驰骋而去……
……呼唤中国高举勇猛的大旗……
(停顿之后恢复常态)
……不停地飞奔,
呼唤中国高举勇猛的大旗。

再往下是……您看,就是这些诗……居然在杂志上发表了。①

杜:是20年代……哪一年?

巴:大约是……20年代的……

杜:大概是1923年?

巴:不是。

杜:这里提到的乌里扬,像是活着的。是在他活着的时候吧?……

巴:不,是在他死后。

杜:那为什么他还拾级而上?要不是指陵墓?

巴:是的……也许是在他还活着的时候。大约是1924年吧,就是我们来的那一年。

杜:正是!……这就不奇怪了,为什么把他……

巴:是的。还有:

　　我还年轻,怀着一颗不安分的心。
　　眺望广袤的伟大帝国的落日,
　　那是我的生命……

这是他的基本主题之伟大帝国的陨落。

杜:"……那是我的生命……"——什么意思?是指"映照出我的生命"?还是别的意思?

---

① 这首诗在诗人生前只发表过一次,但发表的不是全文,省略了四行,刊登在《巡回剧团纪事》(1923年第60期,7月3日,第3页)上。此诗全文如下(杂志刊载时所省略的诗行标以符号"[……]"):"我独自隐居——叶卡捷琳娜临渠街,105号。/窗外长着母菊和野生三叶草,透过砸坏的石门,/我听见格鲁吉亚、阿塞拜疆的呼喊。/吃的是玉米面包,喝的是变质水。形体的圣殿被毁坏。/一大群乌合之众草原上高唱,/顺从地跟随红旗奔跑。[我无事可做:就去祈祷/去亲吻那枚柏木十字架。/罗斯,你今天发出的气味实在难闻,/在克里姆林宫你的穆罕默德拾级而上。]/而在克里姆林拾级而上的是穆罕默德—乌里扬:/'如此这般,如此这般,拉赫曼!'/于是各团整队,又驰骋而去,/呼唤中国高举勇猛的大旗。什么也不要:我还年轻,/怀着一颗不安分的心。望广袤的伟大帝国的落日,/那是我的生命。"该诗全文首次发表于康斯坦丁·瓦吉诺夫的《诗歌选集》(Л.切尔特科夫选编、撰写后记和注解,慕尼黑,1982年,第71页)。——原编者

巴:就是指他的生命便在其中。其实这里不需要动词。

　　眺望广袤的伟大帝国的落日，

　　　那是我的生命……

您看，他的诗非常独特，很特别。有地址——十分准确的地址。他当初确实住在那里……

杜:对，那是。

巴:其次是列宁格勒在那一时期的特有标志：砸坏的石门、格鲁吉亚人和阿塞拜疆人的呼喊，所有这些……少数民族的人那时充斥了彼得堡。

杜:为什么？

巴:是因为他们待在那里逍遥自在。他们在那里很会折腾。俄国人对现有条件的适应能力要差得多。更不用说这些少数民族还享有诸多特权，如此等等。

还有，那里的确长有母菊和"野生三叶草"。我到他那儿去过多次，的确可以证明……

杜:不过这还是遭受破坏时的列宁格勒，也就是彼得堡。在这里我似乎没有感觉到施行了新经济政策。

巴:那时这里其实还没有新经济政策呢。就是说新经济政策是有的，但还没有显现出来。①

杜:完全没有显现出来……而这一手段已经有了。首先，马雅可夫斯基用过了，在马雅可夫斯基之后也有人用过："我住在大普列斯尼亚街24号。这是个清静、安宁的地方。是吧？……"

巴:对，总的来说是这样。可我觉着，这是在瓦吉诺夫之后。

杜:根本不是！要早得多……

巴:对——对，没错，没错。没错。

---

① 根据瓦吉诺夫诗歌的研究者和出版者 В.И.埃尔利的说法，该诗作于1921年。——原编者

杜:这还是在战争之初写的。①

巴:是——的,在战争之初。

杜:然后其他人也来跟风。再晚一些,卢戈夫斯科伊也用过,还有一些人。

巴:是的。这是主要的因素……

杜:那么,除了这首应该说彻头彻尾的反革命诗之外,他还有比较中性一点的东西吗?既然他还活着,总要发表作品的吧。

巴:是的。不过您知道吗,完全中性的东西是没有的,因为生活本身就不是中性的,几乎不存在什么中性的角落。就是这样。总的说,他是个孤独的人,作为一个人他骨子里是中性的,他为人如此,可生活却不是中性的。

那他还有什么重要作品呢?……

杜:您背不出来吗?我倒是很想听一听……

巴:那好,有一首诗开头是这么写的。我这就,这就……

　　噢,请把我的躯壳

　　铸成铿锵的塑像!

　　让它在松绑后

　　挺立歌唱,

　　唱我那亲爱的生活,

　　唱我那站在巴比伦墙壁

　　大门旁的害羞女伴……②

顺便说一下,他有许多像这样借用神话内容的诗作,这些借用……

杜:这是对借用的借用。

巴:对。这是……

---

① 这是马雅可夫斯基《我与拿破仑》(1915)一诗的开篇。——原编者
② 康斯坦丁·瓦吉诺夫:《诗选》,列宁格勒,1926 年,第 34 页。瓦吉诺夫的原诗为"……娇丽女伴"。——原编者

杜:这里能感觉得出勃留索夫。

巴:不,这里感觉不到勃留索夫。更像是维亚切斯拉夫·伊凡诺夫。这里指的是门农的塑像。

杜:不,我指的不是具体的引用,而是总的……

巴:对,是总的情调。

杜:是的,总的情调。是勃留索夫的情调。只有勃留索夫将这个转向了革命,而这里恰恰相反。

巴:这里确实如此。

杜:除了这本小书《山羊之歌》,他还有什么?

巴:我们说的不是《山羊之歌》,而是他的诗作。他有两本诗集。书名我不记得了……①

杜:他有没有被收进文学百科,即《现代简明文学百科辞典》?

巴:根本没有。搞不清为什么不收他。他完全被遗忘了。我们说的是他的诗歌。②

杜:那小说呢?

巴:他的小说则重要得多。尽管他的诗歌也很重要,很有特色。可他的小说……他写过两部长篇,篇幅相当长。第一部叫《山羊之歌》,第二部叫《斯维斯托诺夫的生活和劳作》。③

杜:对不起,《山羊之歌》不是诗集?

巴:不——是,是小说。长篇小说。

杜:那么诗集叫什么名字?

巴:书名我不记得了。

杜:两本诗集都不记得了?

巴:两本都不记得了。两本都忘了。

---

① 见本次谈话关于康斯坦丁·瓦吉诺夫的相关注释。——原编者
② 瓦吉诺夫只是被收入《简明文学百科辞典》第9卷,即补充卷中(词条撰写者 Т.Л.尼科利斯卡娅,莫斯科,1978年,第169栏)。——原编者
③ 第二部长篇小说的标题为《斯维斯托诺夫的劳作与生活岁月》(列宁格勒,1929年)。《山羊之歌》发表在1927年的《星》杂志上,其单行本1928年问世。——原编者

杜：那么《山羊之歌》写的是什么内容？也是历史小说吗？

巴：不，根本不是历史小说。这不，"山羊之歌"这一名称本身就是对古希腊语"悲剧"一词的直译。也就是山羊唱的歌，是山羊唱的。这部小说的主人公是个不同寻常的独特人物，叫捷普捷尔金。捷普捷尔金在他的诗歌里也出现过。这是他所选用的一个姓。

杜：悲剧人物捷普捷尔金。

巴：对，悲剧人物捷普捷尔金。

杜：这已经说明了某种风格上的……

巴：是的。这个悲剧人物……既是悲剧性的，又不是悲剧性的，也就是说，既可笑，也有点儿古怪，而且还莫名其妙，同时又具有深刻的悲剧性。这就是捷普捷尔金。

这部小说对这位捷普捷尔金的生平也有所交代。不过其生平自然不是从童年，也不是从青年，而是从十月革命开始写起的。这位捷普捷尔金是一个特别有学问的人，一心做科学研究。在闹饥荒时他去了外省，小说描写了他的外省活动。这位学者对周围的生活不闻不问，只知道埋头做学问。接下来写的就是他在列宁格勒的生活。他在那里教课，他一整天都排得满满的，几乎不睡觉，自己既要工作，又要上课。他教课不收费，各种专业课程和外国语（意大利语、西班牙语）课程他都教。此外，他还教……埃及语，古埃及语。不管谁，只要想学这些语言——那就请吧，我们欢迎。他义务授课，目的就是努力把俄罗斯文化和语文学的素质保持在一个高水准上，不使它们完全萎缩和衰败。其次，他完全……

杜：那他还是关心现实的。

巴：……他不懂得、也不接受，他不懂得、也不接受现代社会的这种技术观念和务实作风等等。

杜：您说的他，是指捷普捷尔金？

巴：对，捷普捷尔金。这些同他都格格不入。他生活在这样的世界里——一个与生活完全脱节的语文学家的世界里。其次，还有什么呢？

还描写了他想发表作品、从事文学活动的种种尝试。他的作品没能发表出来，因为谁也不理解他，不愿承认这种创作倾向。接着写到了他的婚姻。写了一个不能理解他的女人，如此等等。可见，捷普捷尔金这个人一方面很重要、很严肃，具有悲剧色彩，因为生活可说是处处为难他⋯⋯

杜：无法接受他。

巴：生活无法接受他。他也不接受周围的生活。不过，他对这种生活却非常友善，非常友善，并没有横加指责，他一点儿也没有那种批判的冲动，没有。

接下来就描写他的各种乖张行为。比如他住在一个塔顶上。彼得戈夫旧式别墅区有座木质塔楼。他租下了这座完全不能住人的塔楼，并住了下来，每天都爬上去。上面有间他的塔顶小屋，他在那儿工作。需要说明一下：这位捷普捷尔金是有⋯⋯其⋯⋯原型的。

杜：显然就是作者本人，是自传性的。

巴：不，根本不是作者。不是作者，完全是个真人，此人当时就住在彼得堡，他的生活事件和习惯等，都相当准确地写进了小说。这就是列夫·瓦西里耶维奇·篷皮扬斯基。想必您是知道他的。

杜：我听说过他，也听您讲过。

巴：听说过，是吧。他写过一些文章，发表过许多文艺理论方面的文章⋯⋯他的确是个很博学的人，几乎可说是异乎寻常的博学。他知道很多东西，通晓多种语言；所有这一切，还包括他免费授课，都表明他在最不适合文化发展的条件下努力维护着语文学的素养。再有是他的日常生活。他总是缺衣少食，自然也经常挨饿，尽管可以说他是一个有学问的人，可没人来帮助他。他的周围有各式各样的人，他们的形象在瓦吉诺夫笔下刻画得很好。其中也有人当时就住在列宁格勒⋯⋯

是的,这里也有一位自传式人物,是位不知名的诗人。小说里一直都有他的身影;这位不知名的诗人是捷普捷尔金的朋友。再有是科斯佳·罗季科夫。从某种程度上讲……他的原型恰恰就是帕维尔·尼古拉耶维奇·梅德维杰夫,他研究勃洛克,写过几本关于勃洛克的书,比如《勃洛克的创作道路》……

杜:我有这本书。这本书没有什么非常独到的见解,意义不大。

巴:总的说,这本书完全没有什么分量,写得很糟糕。

杜:看来,他好像是江郎才尽了——这位梅德维杰夫。开头写得倒还有趣,但后来……他有一本写勃留索夫的书,还是蛮有意思的。实际上,这是第一本有条理地论述勃留索夫的书。

巴:是写勃留索夫的?我这会儿都记不得了。

杜:是这样的……而关于勃洛克就写得差一些了。所以我一直把他看作是勃留索夫研究专家,推荐他写的书……关于勃留索夫我们没有什么研究成果……

巴:他是个文学理论家。

杜:对,也算是理论家,但不完全是。

巴:这不,他研究勃洛克,也确实熟识勃洛克的妻子,看来还是她的情人。

杜:您是说柳鲍芙·德米特里耶芙娜?

巴:对,是柳鲍芙·德米特里耶芙娜的情人。

杜:那是在勃洛克去世之后吧?

巴:那当然。她把勃洛克的文稿资料给他看了。他这才能拿去出版。还出版了勃洛克的日记,出版了勃洛克的札记。后来又出版了勃洛克未写完的、未完成的剧本片断。勃洛克的遗稿,他发表得相当多。

小说里描写的那位科斯佳·罗季科夫也在研究某位诗人(他所研究的这位诗人指的是古米廖夫),他试图查出这个诗人的所有情人,并一定要与她们每个人都有那种关系。① 他认为,要了解这个诗人,了解他的经历,总之要打开他的心扉,他必须可以说用最亲密的方式来了解所有的情妇。应该说,这是个独特的人物,非常典型。

杜:这是科斯佳·罗季科夫吧。

巴:对,是科斯佳·罗季科夫。

杜:他的原型是梅德维杰夫吗?

巴:对,是梅德维杰夫。

杜:那篷皮扬斯基是谁的原型呢?……

巴:是捷普捷尔金的原型。

杜:正是捷普捷尔金的原型。那么带有自传成分的又是谁呢?带有自传成分的就是那个不知名的诗人。

巴:对,就是那个不知名的诗人。小说里全是这样,都与特定的人物和特定的现实有关联。正如我说的那样,这里展现出瓦吉诺夫那非常鲜明的特点:一方面描写得很具体,细致入微;而另一方面,视野异常广阔,简直像宇宙似的广阔。这一点他在小说中表现得很突出。这种特性也反映在捷普捷尔金身上。开篇描写的是列宁格勒。"这时城里住着一个名叫捷普捷尔金的古怪人物。"②一个怪物。接下来讲了这位捷普捷尔金的日常生活:他的居室,铺在他床上的被子,与被子正好相配……我是篷皮扬斯基的挚友,所以我很清楚这被子是什么样的,这一切我都很熟悉,这一切都描写得相当准确。与此同时,篷皮扬斯基的力度、深度和悲剧性也得到了体现。

我要说,总的来看,这是文学中极为独特的一种悲剧,可以称作是一位可笑之人的悲剧。可笑之人的悲剧。古怪之人的悲剧,只不过用

---

① 巴赫金所回忆的《山羊之歌》中的人物名叫米沙·科季科夫,他的肖像融合了 П.Н. 梅德维杰夫和 П.Н. 卢克尼茨基的特征。后者是位文学家,搜集了有关古米廖夫的各种资料[见 В.И. 埃尔利在康斯坦丁·瓦吉诺夫的《山羊之歌(长篇小说两篇)》(莫斯科,1991 年)一书中所做的注释(第 550 页)]。科斯佳·罗季科夫是该小说的另一个人物。——原编者

② 瓦吉诺夫的原文为:"城里住着一个神秘人物——捷普捷尔金。"——原编者

的不是陀思妥耶夫斯基的创作手法,多少是另一种风格。总之,他的命运非常有意思,非常有趣。

杜:我好像有过这本书。

巴:是的,这本书能找到。

《斯维斯托诺夫的生活和劳作》是另一部小说。这里的斯维斯托诺夫在某种程度上正是瓦吉诺夫本人。从这一点看,小说更带有自传性。里面描写的也是那个时代的代表人物,他们都很典型。其中的主要人物就是库库。

应当说,这位库库是时代的独特产物,此人可说是没有任何属于他自己的东西。他本来拥有的一切都被时代剥夺了——我指的不是物质方面的东西。最后,他只能做一件事情——重复别人的生活,扮演别的人,成为别人的样子。他的穿着像是普希金时代的人。所以当他出去,比如到公园散步的时候,孩子们就叫喊道:"哎,要拍片子喽,要拍片子喽!"就是说,要拍影片,要拍电影了,因为这人的穿着打扮完全是20世纪20至30年代初期的。

总之,他所有的一切都是现成的。这是一种空虚的表现,但这种空虚在那个年代对各种势力、各个时代、各种利益都具有吸引力。他一心想步入文坛,可自己又写不出东西来,因为他本来就没有什么东西可写的。他只能去模仿。终于他被写进了这部《斯维斯托诺夫的生活与劳作》小说里。起初,他十分欣喜,因为他最终成了小说描写的对象,他要进入历史了;可后来,他一读这部小说,却惊骇万分,吓得逃离了城市,因为他被写成了这个样子,实在见不得人了。

所有这一切同样又完全是以一种独特的风格——地道的瓦吉诺夫风格展现出来的。要我说,在这方面瓦吉诺夫完全是世界文学中独一无二的人物,独一无二的人物。十分可惜的是,人们不知道他,把他遗忘了。

我离开的时候,瓦吉诺夫已经生病了:他患上了结核病。我离开后不久,他因结核病死去,他几乎没有得到任何帮助。

不过我还记得,列宁格勒的作家们曾开会讨论过他的诗歌。① 贝内迪克特·利夫希茨就他的诗歌做了报告。就瓦吉诺夫的诗歌所做的这场报告是那样的热情洋溢。顺便说一下,梅德维杰夫也发了言——也十分夸赞他的诗歌,并对他的诗歌特点做了分析。发言的还有一些诗人,我甚至都不认识他们,都是些古里古怪的诗人,他们批判了瓦吉诺夫的个人主义等等。此次会议的主席是费定,最后,费定做了总结发言。在讲话中他也夸赞并支持了瓦吉诺夫。

杜:这个晚会是什么时候举行的,您不记得了吗?是在哪一年?

巴:大概是在1925年。

杜:都有谁参加了?谁发言了?申格利去了吗?

巴:我记得申格利去了,他也发了言,讲了话。篷皮扬斯基也发了言,谈了他的诗歌。

杜:实际上,他的文学生涯以这次晚会而告终的……那么,是突然中断的还是渐渐停止的?……他被捕了吗?

巴:那时他已患病在身。后来我走了。再后来,情况是这样的:他终究未能如愿以偿,他的作品基本得不到发表,发表出来的只是极少数。他的生活十分艰难,实际上是在挨饿。此外,进入了30年代,在这个年代他已实在生活不下去了。他一事无成。甚至连费定——这个当年可以说是热心保护过他的人,都不再理睬他了;有人把费定的话告诉了我,说他"既然已落后于生活,不想与生活同步前进,那还能拿他怎么办呢"。当然在那个年代,像"落后于生活","没有与生活同步前进"这类的话是常用的流行语。所谓"生活",自然是指当时用一切手段推行的官方路线。

杜:是这样。那么,瓦吉诺夫……您已经说得够全面的了……那个时代的诗人当中,您可能还会想起什么人吧?

巴:不,这会儿我谁也记不得了……

---

① 可能指的是1926年3月在列宁格勒诗人协会为庆祝瓦吉诺夫出版《诗集》而举办的晚会。——原编者

杜:马尔夏克、叶赛宁,还有……

巴:不——不,不——不,我不了解他们,当然,我指的是,对他们本人并不了解。我见过这些人:叶赛宁,还有……

杜:您同安托科利斯基的关系得到了巩固,并得以进一步发展,是这样吗?

巴:不是。不——是,我和安托科利斯基刚认识不久,是去年夏天在佩列杰尔金诺认识的。

杜:那么安娜·安德烈耶芙娜是否积极参与了……这种生活?

巴:没有,她没有参与,完全没有参与。她已经退到了一边。而古米廖夫呢,他已经去世了。

杜:这个我知道。大家都清楚。

巴:不过瓦吉诺夫就在他的小组里,当时在那儿工作,对他非常尊敬,也很推崇。

杜:在古米廖夫的小组里?

巴:是的。他不是领导着一个小组嘛。

杜:是这样。米哈伊尔·米哈伊洛维奇,那我再给您提供一个话题。那时您去彼得堡的剧院吗?

巴:去过,但不常去,因为我觉得,那时的剧院不怎么精彩。

杜:为什么?20年代后半期的剧院还是很精彩的。

巴:是吧。可您要知道……我自然去看过戏的。给我印象最深的恐怕就是梅耶霍德的戏。是的,梅耶霍德。这是我非常喜欢的。他的戏我可没少看。记得,我特别喜欢的是他的《钦差大臣》,其次是《森林》。《钦差大臣》非常有意思。此外,那时上演的戏剧中我记忆很深的还是……《钦差大臣》里的角色。演主角赫列斯塔科夫的是……契诃夫,米哈伊尔·契诃夫。

杜:啊,您见过契诃夫演赫列斯塔科夫?!

巴:见过,是米哈伊尔·契诃夫扮演的。我见过……

杜:真有意思!刚出了本书,是格罗莫夫写他的。不过书写得很平淡。

巴：可他确实是一个优秀的演员。他主演的《钦差大臣》给我留下了极为深刻的印象。后来我再也没有在剧院里看过他的演出，只见过银幕上的。比如《饭店来人》——他扮演的也是主角。就在前不久，我在一部美国影片里看到了他，他已经老态龙钟了，他在其中演的是一个小角色——音乐学院的院长。是的，没错……他的演出并没有给人留下十分强烈的印象。

另外，就是一些巡回演员，其中有一个我看了也感到挺震撼的，他就是桑德罗·莫伊西。当他来演出的时候。

杜：这是1927至1928年间的事吧。

巴：是——的，是——的，就是那两年。他是位了不起的演员，绝无仅有。

杜：是个悲剧演员……他用哪种语言演出？

巴：用德语。他只说德语。而其他人……就他一个人是这样，而其他人都是用俄语演出，那是亚历山大剧院的演员。这就营造出某种特别的氛围：这是一个完全来自另一个世界——真正的大世界的，而其他的人就像是侏儒和未开化的人。给人的印象是这样。

还是在早些时候我就见过他。第一次认识莫伊西还是很早以前，当时他随莱茵加特剧团来演出。是莱茵加特剧团，他们在马戏场演出了《俄狄浦斯王》。演出可以说是完全像他……

杜：我曾经设法去看演出。去剧院看《俄狄浦斯王》。

巴：是莱茵加特剧团？您什么时候……有幸看他演出的？……

杜：不是他的演出。我指的是……这些经典剧目后来由希腊剧团在柴可夫斯基音乐厅上演过。

巴：啊！不过，那是另一码事了。莱茵加特剧团的演出是很有特色的。它也是在马戏场上演的。那次我见到了莫伊西——他和莱茵加特剧团的演员们在一起。所有人只用德语念台词。那是我第一次见到莫伊西……

杜:他本人是哪个民族的?

巴:论民族,他是……我觉着……不是……从南斯拉夫来的……就是克罗地亚人,要么是……①

杜:您指桑德罗·莫伊西。

巴:要么就是匈牙利人……是的,桑德罗·莫伊西。他人很小,个头不高,相当瘦弱,他的那张脸差不多跟猴子似的,但表情异常活泼。不过,当他演出的时候,自然就完全……可以说他完全把你给镇住了,用自己的心灵、自己的性格,他也完全克服了自身的外貌和个头等方面的缺陷。您见到的是一个真正的大人物,他显得高出他周围所有的人,虽然论个头他比周围的人都要矮小。总之,他是一个优秀的演员,是我所见到的最伟大的演员之一。我们没有这样的演员了……我们没有像他这样的演员了。

杜:我只记得海报了。当然,我没有亲眼见过。我记得莫斯科街头的海报——桑德罗·莫伊西……

巴:这就是我去过的剧院。我还时常光顾巡回剧团,但那没给我留下特别深刻的印象,没有。

杜:要知道那几年的戏剧中心当然是在莫斯科了。

巴:当然,当然是莫斯科了。我见到梅耶霍德的时候,他是来演出的……

杜:您看过梅耶霍德的哪些戏?

巴:我看了《森林》……后来还看了这个……《钦差大臣》,他演的赫列斯塔科夫。没错……

杜:怎么,梅耶霍德也赶了过去?

巴:他去了那里,去了。他常常去演。我记得他大概去演过两三回。

而桑德罗·莫伊西那时只去过一回,只有一回。我以前见过他,

---

① 指莫伊西·亚历山大(桑德罗),德国演员,阿尔巴尼亚族(1880—1935)。1924年和1925年间在苏联巡回演出。——原编者

我几乎完全还是个小孩子呢,第一次是在《俄狄浦斯王》里。莫伊西那时还很小。

杜:请问,他是德国演员吗?

巴:是德国演员。

杜:是当时的魏玛德国?

巴:对——对。是当时的魏玛德国。不过,他在莱茵加特剧团开始演戏时,我想那还在恺撒德国吧。

杜:戏剧界的恺泽①您知道吗?

巴:是剧作家凯泽?

杜:是的。

巴:我好像看过他的作品。《不幸的欧根》就是他写的吧?

杜:这我不记得了;我知道,对他也有过很大的争议。我想知道,是怎么回事。

巴:不错,有过不少争议。那时这些德国戏剧家们……都是表现主义者……比如韦尔弗……凯泽的戏演过……他也是……

杜:那位托勒尔也是。

巴:……也是表现主义者。我看过一部戏。我想,就是凯泽写的——《不幸的欧根》。②

杜:我记得这个名字,不过可惜的是,所有这些我多半是在海报上看到的……

巴:我当然记得,也记得他写的这出戏。这出戏给人的印象很深,舞台效果很好,相当特别。讲的是一个人的悲剧:战争中失去了男人的性能力,所以他就感到世界上(可世界到处都充斥着性饥渴)……人们只为性欲而活着,如此等等。而他——这位不幸的欧根却孑然一身,无法投身到这种生活,如此等等,如此等等。

---

① 在俄语中"恺撒"和"恺泽"这两个人名的读音和写法完全相同。——译者
② 《不幸的欧根》(1923)是恩斯特·托勒尔的剧作。之所以出错,显然是因为这两位剧作家(格奥尔格·凯泽和托勒尔)系德国表现主义领袖人物之故。——原编者

一部独特的戏,写得很特别。这就是《不幸的欧根》的大致情况。对这部戏有过争论——我记得。这些争论大多都是很浅陋的,谁也没有真正理解这部戏。当然,那时在这方面人们没有正确的知识,几乎不懂得心理分析法,虽然已有相关著作问世。正好也就是在那个年代,即20年代,我们这里出版了弗洛伊德本人及其学生的著作。

　　杜:的确有过一些非常庸俗的……不过也许有人会做出另一种评价。我记得,我听过一个叫叶尔马科夫教授所做的一次报告。

　　巴:啊!对,这我知道。他写过几本书。有本小书……

　　杜:是讲果戈理的,其中谈到了……

　　巴:是的,是有一本讲果戈理的小书,其中谈到了《鼻子》。① 他还有一本小书是讲……《科洛姆纳的小屋》②,书中他是这样破解作品标题的:"我的屋子让我感到非常讨厌。"③是这样。(笑)不过,叶尔马科夫当然几乎是对弗洛伊德的一种戏仿。

　　杜:但可惜的是,我那时没有认真读进去……只是从这本书的结尾部分……

　　巴:是吧……您知道吗,那时出版了弗洛伊德著作全集……

　　杜:在我们这里?

　　巴:是的,在我们这里。也就是说,当弗洛伊德还在继续工作时,就出他的全集了。不过应该说,这个弗洛伊德主义在我们这里并没有流行起来,没有。真正严肃的弗洛伊德主义继承者在我们俄罗斯的土壤上是没有的,是没有的。

　　杜:那么您如何看待弗洛伊德主义?

---

① 关于《鼻子》的文章收录于伊凡·德米特里耶维奇·叶尔马科夫教授的《Н.В.理创作分析论文集》(莫斯科—彼得格勒,1923年)中。新版见 И.Д.叶尔马科夫的《文学的心理分析:普希金·果戈理·陀思妥耶夫斯基》,莫斯科,1999年,第262—295页。——原编者

② 《科洛姆纳的小屋》(1830),普希金的叙事诗。——译者

③ 该文收录于 И.Д.叶尔马科夫的《А.С.金创作心理论稿》(莫斯科—彼得格勒,1923年)一书中。另见 И.Д.叶尔马科夫的《文学的心理分析》,莫斯科,1999年,第34—48页。——原编者

巴：您问我是如何看待它的？无论如何他是20世纪最伟大的代表人物之一，当然是一个天才的发现者。可以把他同谁相提并论呢？……应该是……我的天哪！……同爱因斯坦。人们一般也正是这么认为的。没错……是位巨人。可以不同意他的思想倾向，那是另一回事；但他成功地发现了前人未见未知的东西，这一点是毋庸置疑的。他正是一个发现者，而且是一个伟大的发现者。

杜：可毕竟……您的立场，据我的理解，是以20世纪某种变异的康德主义为基础的，那么以您的立场……

巴：是康德主义，没错。

杜：弗洛伊德毕竟与您的立场……

巴：在这方面我同他当然是格格不入的。

杜：格格不入？

巴：是的。

杜：所以我才会问您。

巴：所以他——他的观点没有对我产生那种直接的影响。但尽管如此……他毕竟有许多这样的东西：不是直接地，而是从总体上，就像任何一种新的发现，对您产生一定影响，虽说不在您所研究的范围之内，但它——这一新发现终归拓展了您的世界，以某种方式丰富了您的世界。①

杜：有意思。是这样。那么，您还有什么可以回忆起来的什么吗？到咱们休息还有点……休息之后我们来谈谈尤金娜。我好像还想问点什么的……

巴：请吧。没有什么可以回忆的了。

杜：在讲尤金娜之前，我请您再谈一谈……瓦吉诺夫已经说过了……

---

① 巴赫金在《弗洛伊德主义》一书对弗洛伊德主义学说做了评价和论析。该书是以他的朋友B.H.沃洛希诺夫的名字出版的（列宁格勒，1927年；当代重版本：莫斯科，1993年）；另见第二次谈话的相关注释。——原编者

巴:是的。关于瓦吉诺夫……可其他诗人我记不得了……包括作家。

杜:好吧。那其他诗人您还知道谁?……还是说说您与扎博洛茨基的关系吧,哪怕稍微说一点儿也好。

巴:没什么可说的。我只是读过他的作品,那是在他流放之前……和我流放之前,就这些。后来我见过他几次,谈的话不多,也很少听到他说话……他朗诵诗歌我倒是听过的……是在玛丽娅·韦尼阿米诺芙娜那里,就在她的寓所。就是这些。而且是这样,他是一个很能喝酒的人……

杜:是吗?

巴:……在玛丽娅·韦尼阿米诺芙娜家里就有"扎博洛茨基伏特加"。她那里通常是……她自个儿当然(默笑)不喝伏特加,去她家拜访的亲朋好友也都不喝伏特加。比如我当然也不喝伏特加。所以她家里放着伏特加,只是为扎博洛茨基准备的:他来串门的时候就可以……因此就叫它是"扎博洛茨基伏特加"。(两人默笑)

杜:那么,米哈伊尔·米哈伊洛维奇,现在让我们赶快简要地……

巴:什么?

杜:我想了解一下您后来的命运如何。这么说,您是在1928年12月被捕的……而且很快您就走了,是吗?[①]

巴:不,并没有很快就走。抓了我之后,又把我给放了……

杜:放出来了?

巴:是的,放出来了,不过我还在接受侦查。我是因为生病才被放出来的。我住在医院里。

杜:您那条腿还有吧?

巴:还有,还没有被截掉,但已经是条病腿了。此外,我的另一条

[①] 1928年12月24日 M.M.巴赫金被捕。在提交不离境保证书之后,1929年1月5日被解除看押,离开了列宁格勒临时关押所(列宁格勒的"卢比扬卡"位于什帕列尔街,人称"大房子")。档案馆所保存的文件资料显示,1929年的大部分时间他是在列宁格勒的埃里斯曼医院和乌里茨基医院度过的。——原编者

腿也发生了某种病变,看起来是髋关节出了问题。

杜:这么说,只是因为您生了病,他们,这么说吧,才从人道出发把您放了出来?

巴:是从人道出发放我出来的。总的说是讲人道精神的。再说,当时还有一个政治红十字会,领导人是……

杜:彼什科娃。

巴:维纳韦尔和彼什科娃。①

杜:是这样。那后来呢,他们只是叫您离开就行了?

巴:是的,只是叫我离开而已。

杜:去哪儿?

巴:去库斯塔奈。②

杜:库斯塔奈。在哈萨克斯坦。是南哈萨克斯坦吧?

巴:不,是在北部。北哈萨克斯坦。

杜:是不是在……阿克纠宾斯克一带?

巴:就在阿克纠宾斯克一带。我们都快接近阿克纠宾斯克州了……那时的库斯塔奈只是一个区中心,是区一级的。

杜:如今这些地方的名字都不一样了。

巴:我们都快靠近阿克纠宾斯克州了。没错,如今都变了。当时,自然还没有任何垦荒地。库斯塔奈的确还是一个相当落后的偏僻角落。

杜:在空旷的草原上?

巴:都是草原,周围都是草原,树木很少。光秃秃的草原……那里的气候很恶劣,很恶劣:冬天非常寒冷,而夏天沙尘暴则叫人完全受不了。大风卷起尘沙,人简直无法行走——喘不上气来……

杜:您在那里靠什么生活?

---

① 参见第三次谈话的相关注释。——原编者
② 巴赫金 1930 年 3 月 29 日乘车从列宁格勒前往库斯塔奈(C.C.孔金和 Л.C.孔金娜:《米哈伊尔·巴赫金》,第 198 页)。"在火车上行动自由"(即无人看押),米哈伊尔·米哈伊洛维奇 1974 年 11 月 21 日在与本注释作者的谈话中如是说。——原编者

巴:我有工作。

杜:什么工作?

巴:当经济师。① 一直干这个。当时基本都这样:像库斯塔奈……这些地方的流放人员都在某个单位……

杜:在执行委员会里?

巴:不,我是在商业部门当经济师。

杜:判了您多少年?五年?

巴:是的,五年?

杜:就是1929、1930、1931、1932……1933年您就期满了吧?

巴:是的。大概是1933年期满。这会儿我记不准了。不过我没有离开那里。

杜:是因为无处可去吗?

巴:无处可去,因为我是个服过刑的人,而且服刑的方式是:被流放到像库斯塔奈这样的偏僻地方。② ……就连一座像样的……州辖市也没有,甚至没有哪座城市有高等学校的——闭塞得很。就是这样。

杜:妻子也跟随您在流放地?

巴:是的,和我一起。

杜:你们没有孩子吗?

巴:没有孩子。

---

① 根据出具给米哈伊尔·米哈伊洛维奇的工作情况鉴定书(巴赫金的档案),自1931年4月23日至1936年9月26日,他在库斯塔奈区消费合作社联社担任经济师。米哈伊尔·米哈伊洛维奇1974年11月21日讲述道:"这份工作是我自己选择的,我选择了在区消费合作社联社做经济师。很快就学会了怎样做财务报告和结算表。甚至还讲过经济学的课。我干不了自己的专业,因为我被挡在了学校门外。"巴赫金在这一新领域所达到的专业水准在他的文章(这是其前半生——40年以来他署名发表的第五篇文章)《试论集体农庄庄员的需求》(《苏联贸易》,1934年第3期)中得到了反映。——原编者

② 流放期结束于1934年7月(从1929年7月22日判决之日起为期五年)。档案中存有一份证明,上面写着:"兹证明巴赫金公民在流放期满后应前往库斯塔奈市居住。"(最初写的城市名是列宁格勒市,后被勾掉。)证明的出具日期为1934年8月4日。——原编者

杜：妻子也有工作吗？

巴：妻子起先在图书馆工作，后来就不干了，后来就我一个人工作。

杜：可以说，你们吃够了苦头……后来去了哪里？留在了库斯塔奈？……

巴：是的……应该这么讲，我在库斯塔奈的时候……库斯塔奈这座城市在过去，在沙皇时代就一直是流放地。① 是的……那里的居民已习惯善待流放人员。这不管多么奇怪，这一点……还是保留了下来。这一传统保留下来了。那里的人对我们非常好——至少一开始是这样。我甚至感到惊讶。那时好像已经大闹饥荒了，所有的东西都是凭卡供应，但我们总能多得到一些。你到商店去，本来就给四分之一磅茶叶，甚至是八分之一磅茶叶，可只要你提一下，他们就会给双份、三份等等。在商店里人们对我们态度很好……

杜：您没有做过任何教育工作？

巴：不，做过，做过一些教育工作，尤其是最后一年。那儿有一所……师范……师范……不，不是学院……

杜：是师范专科学校？

巴：是的，师范专科学校。我在那里工作过，时间不长。后来我在各种培训班讲过课，给商贸工作人员讲的是……总之是经济方面的课程。

杜：怎么，您给他们教希腊化时代的文化？（笑）

巴：不，是经济课程。我在那里获得了一些相关知识，当然很快。您知道吗，这个领域……

---

① 与巴赫金同期在库斯塔奈流放的政治犯有 Г.Е.季诺维耶夫和著名的孟什维克分子 Н.Н.苏哈诺夫（吉梅尔）之妻 Г.К.弗拉克谢尔曼，后者1917年曾在俄国社会民主工党（布）中央委员会秘书处工作。米哈伊尔·米哈伊洛维奇说，弗拉克谢尔曼用打字机给他打印了写于库斯塔奈的大部头著作《长篇小说的话语》。关于季诺维耶夫在库斯塔奈的情况，米哈伊尔·米哈伊洛维奇曾对 В.Н.图尔宾讲述过（《文学报》，1994年6月15日）。——原编者

杜：是的。好了。那您是从那里到的萨兰斯克？

巴：就是从那里到的萨兰斯克。事情就是这样。

杜：这是1934年以后吧？

杜：是的，我……

杜：1934年那一年基洛夫被暗杀，这对流放犯的命运没有影响吗？

巴：对那里流放犯的命运？稍微有点影响……在那之前……对——对，是有影响的。首先，又出现了一大批新的流放犯。主要的已是……

杜：……共产党员。

巴：是的，共产党员。整个情况都发生了变化。我们这些流放犯所有的特权和优惠都改变了。说来也很奇怪，我们居然真的有一些特权和优惠。比如，谁也不会要让我们去认购国债。是这样。还有——工资。因为流放犯大多都是有文化、有专业的人，而这样的人那里很少，当地居民中是没有的，所以给我们发的工资就完全不一样了。比方说，一般是一百五十卢布，而发给我们的则是二百五十或三百卢布，只因为我们是流放人员。当然，我们也要尽量对得起这份工资。大家都明白，当地人谁也干不了、做不到我们所做的事情。他们毕竟文化程度很低，虽然也很聪明能干，但却没什么文化。

杜：是这样。那萨兰斯克在什么地方？

巴：萨兰斯克离莫斯科也不算远，坐车要二十个小时。

杜：这是在哪里？是高尔基州吗？

巴：是的，紧挨着。这是莫尔多瓦，莫尔多瓦自治共和国。

杜：这是往南了，这么说，是沿伏尔加往下了？

巴：不是，不是沿伏尔加河。还不到伏尔加河。

杜：难道不是在河畔？

巴：不。那里正好……

杜：那您是在什么时候到的萨兰斯克？是在战前吗？

巴：战前。是的。战前到的。

杜：那可是最困难的几年，1936年、1937年和1938年，您都住在萨兰斯克。没有人再动过您，再给您加刑？

巴：没有。没有……这里……等一等，萨兰斯克……我已经开始乱了。是的，我搬到了萨兰斯克，一点没错……不过那几年困难的时候我不在萨兰斯克。

杜：那是在哪里？

巴：是这样的：困难时期已经开始了……我在萨兰斯克是1936年和1937年，以及……后来在那里实在待不下去了。周围不断有人被逮捕，被抓走。简直是太恐怖了，让人无法理解。

杜：不过，当时到处都是这样。

巴：完全不可理解。

杜：您就离开那里了？

巴：我及时离开了那里。

杜：去了哪里？

巴：去了莫斯科、列宁格勒。有时住莫斯科，有时住列宁格勒。

杜：没有户口？

巴：没有户口。我有家人在列宁格勒：母亲和两个姐姐。莫斯科有个出嫁的妹妹。① 是这样。另外还有些朋友，在列宁格勒有些朋友。

杜：那您岂不成了非法居住？

巴：是非法居住。

杜：您是从流放地逃走的。

巴：是的。

杜：您靠这个得救了，因为……

巴：是的，我靠这个得救了。不过，恐怕也没人找过我。当时的情

---

① 母亲瓦尔瓦拉·扎哈罗芙娜·巴赫金娜和姐姐玛丽娅、叶卡捷琳娜以及父母的养女尼娜·谢尔盖耶芙娜·博尔谢芙斯卡娅住在列宁格勒；妹妹娜塔莉娅和丈夫尼古拉·帕甫洛维奇·佩尔菲利耶夫及儿子安德烈住在莫斯科。在1937年至1941年（战争之前）之间，巴赫金夫妇曾在莫斯科住过数月，与佩尔菲利耶夫一家住在公共住宅的同一个房间里，住址为：斯列坚斯克林荫道，6号1幢147室。——原编者

况说来也真怪:人是给被抓起来了,可一旦他出于某种原因离开了那个地方,却没有人去追究他,没有人去找他。

杜:是的,那是因为他已经脱离了当地机关的管辖。它们也是有管辖范围的。

巴:对,是——的。他们当然也有管辖范围。就是这样,这就是我在那里的生活情况。

杜:1939年我在世界文学研究所见到过您,好像是这样……

巴:啊,那时我已经……是的,那时我已住在……

杜:这是怎么回事,世界文学研究所允许您做报告,也不管您是怎么来莫斯科的?……①

巴:嗯。这就告诉您:当时我离开萨兰斯克,可以说是逃跑……不过,不是直义上逃跑,而是不慌不忙坐上火车走的……

杜:您不需要按月去报到吗?

巴:在萨兰斯克?

杜:是的。

巴:在萨兰斯克不需要,不用。

杜:您已经服满刑期了?

巴:是的,服满刑期了,所以就不需要报到了。

杜:您是个刑满人员。

巴:是的,是个刑满人员。在库斯塔奈的最后一年我就是这样。这不,有人对我说:好了,您可以走了。这里有一份您不能居住的城市名单。我想了想,实际上我已在库斯塔奈住下来了,干吗要从这个库斯塔奈换到那个库斯塔奈呢?于是我又在那儿待了一年。就在最后一年,我接到帕维尔·尼古拉耶维奇·梅德维杰夫的一封信。梅德维

---

① 据存档资料,报告会"长篇小说的话语"定于1940年10月14日在世界文学研究所理论组举行;报告会"作为文学体裁的长篇小说"定于1941年3月24日举行。通常由理论组负责人 Л.И.季莫菲耶夫致函巴赫金邀请他参加理论组会议;有一份1940年10月28日的邀请函就被保存了下来,内容是邀请他出席 Г.О.维诺库尔所做的题为"作为文学学研究对象的语言"的报告会。——原编者

杰夫去了趟萨兰斯克。他去那儿只是为了赚点外快。萨兰斯克有一所很大的师范学院……一个系主任是他的学生。所以他去那里兼点课。他喜欢上了那个地方;喜欢那里的安宁寂静,觉得那里什么都好。当时还没有……于是他建议我去萨兰斯克。

杜:搬回去?

巴:不,不是搬回去,而是搬过去住。我是第一次去。当时我人还在库斯塔奈……是的。他在学院里说,有这么个巴赫金……

杜:那后来呢?……您在萨兰斯克……

巴:住了一年,在那儿待了两个学期,两个学期。

杜:您在那里讲课吗?

巴:是的,就在学院里讲课。[①]

杜:这些情况您已对我讲过,当时没有录音。那时非常乏味是吗?

巴:……是的,没错。

杜:……在那里教书没有意思?

巴:对,在那里教书很乏味,因为那里的人都很愚昧无知:大学生很愚昧,教师也很愚昧。不过报酬挺高的。因为那时实行的还是计时工

---

① 在档案里存有一封 1936 年 9 月 9 日的信函(其署名人是莫尔多瓦国立师范学院院长 А.Ф.安东诺夫〈1896—1938〉),"尊敬的巴赫金同志!经帕维尔·尼古拉耶维奇·梅德维杰夫教授举荐,我们邀请您来莫尔多瓦师范学院执教。〈……〉我们暂且可以安排您担任副教授一职……"积极促成此次邀请的是格奥尔吉·谢尔盖耶维奇·彼得罗夫,他是语言文学系主任,过去曾与 П.Н.梅德维杰夫在列宁格勒文史哲研究所共事,在巴赫金的命运中他起到了相当大的作用。据 1937 年 6 月 8 日出具的证明材料,自 1936 年 10 月 1 日至 1937 年 6 月 9 日,米哈伊尔·米哈伊洛维奇的讲课时数为 758 课时,授课内容为世界文学通识课程和文学教学法。1936 年底,Г.С.彼得罗夫受到学院党委方面的迫害,1937 年 1 月被解职。А.Ф.安东诺夫 1937 年被捕,1938 年遭枪决。1937 年总体形势的浓重阴影笼罩着巴赫金,他作为"一个因反革命活动被流放五年而刑期刚满不久的人"在学院党委会上被点名。米哈伊尔·米哈伊洛维奇被迫于 3 月 10 日提交离职申请,但直到 6 月 5 日才公布了关于他的解职令,上面写着他被解雇的理由:"不顾多次警告,在教授世界文学通识课程中屡犯资产阶级客观主义的错误……"不过,7 月 1 日新任院长 П.Д.叶廖明将其理由更改为"根据个人意愿",巴赫金夫妇带着这份证明材料离开萨兰斯克,去了莫斯科[B.拉普图恩:《М.М.巴赫金在萨兰斯克(1936—1937)》,载《源泉》,萨兰斯克,1991 年]。——原编者

资。所以数目不小……我离开时带走了大约一万卢布,虽说我只干了两个学期。这不,当我开溜的时候,兜里是揣着上万卢布溜走的。(微笑)

杜:唔……这是有可能的。

巴:是的……我们就是这样过活的……①

杜:那您和妻子就四处漂泊?

巴:有时住在列宁格勒,有时住在莫斯科,而且不管在哪里,我们都尽量不在一个住处过夜,而是在不同的住处。到处都有朋友,朋友很多,都可以过夜……

杜:那还是不错的……因为当时人们对那些非本地户籍人员都感到非常害怕,不愿意让他们来自己家里。

巴:是的,尽管如此……

杜:您的户口在萨兰斯克吗?

巴:我的户口是萨兰斯克的,是萨兰斯克的身份证。

杜:身份证是莫尔多瓦语的?

巴:身份证嘛……不是……

杜:是俄语的,还是埃尔齐亚语?……

巴:不,对不起,当时我的身份证还是……

杜:哈萨克语的?(微笑)

巴:是——的,是哈萨克语的。身份证是哈萨克语的。

杜:这么说您在这里也不能参加科研活动,因为您是这样一个身份的人……

巴:可不是吗,我就是这么过活的……

杜:那时您在认真地做事了吗,搞自己的东西?

巴:可不,我写了一些东西,做了不少事,读书。

杜:您当时都写了些什么?您什么时候开始搞《拉伯雷》的?

---

① 看来,快到1939年的时候巴赫金夫妇实际上就已经没钱了,而在1940年和1941年初则完全过着穷苦的日子,仅靠他们的亲戚以及巴赫金的母亲和姐妹那极为有限的接济度日,尽管这些人也过着穷苦生活。战争期间,这些人和大家一样都在艰苦度日。——原编者

巴:《拉伯雷》——还是在库斯塔奈时我就开始搞了。是在库斯塔奈时,后来继续搞……

杜:可当时没有什么书籍资料啊!

巴:是的,我这就告诉您。列宁格勒我有一位朋友,他跟我关系很好,在我的老友当中他是今天唯一还活着的。他比我还大一岁。他还健在,而且在工作。他就是伊凡·伊凡诺维奇·卡纳耶夫教授。

杜:卡纳耶夫?我从来没有听说过。

巴:他的著作很多。他是生物学家。曾搞过遗传学,所以就……

杜:在李森科时期就吃了苦头……

巴:那当然。人们说他是"暗藏的摩尔根主义者"(笑着说),"暗藏的摩尔根主义者卡纳耶夫"。

杜:他给您弄了一些书?

巴:是这样:他有个……近亲是列宁格勒的萨尔蒂科夫—谢德林图书馆(过去的国家图书馆)馆长。他家可算是个相当大的家族。

杜:他就给您搞到了一些书?

巴:他给我弄来了各种书籍。各家藏书库的都有。

杜:这些书到了萨兰斯克,您的手里?

巴:到了萨兰斯克,我的手里,后来……

杜:这是一个令人欣慰的事情。到处都有热心人!

巴:是的。而且是这样的:有一只箱子,箱盖子的一面写着我的地址,另一面是卡纳耶夫的地址。我只需要把盖子翻过来就行了。这就是说,他给我寄过来,我打开盖子用书,然后翻过盖子把它们再寄回去。① 这样就行了。

杜:他就在那边又借又还?以自己的名字借出来?

---

① И.И.卡纳耶夫在萨维奥洛沃和萨兰斯克都拜访过巴赫金夫妇。多亏了他,我们才能看到巴赫金年轻时代的许多照片。1956 年,巴赫金最后一次去列宁格勒时,就住在 И.И.卡纳耶夫那里。——原编者

巴：他在那边又借又还……当然是以自己的名字借出来的。

杜：可是您所需要的书籍资料都是些非常罕见的呀……

巴：非常罕见的书籍资料。可实际上他连手稿都可以给我寄来。总之，在那边，他在图书馆里有最得力的帮手。所以他才能给我寄来……

杜：所以说，您写拉伯雷的那本精彩之作还是在库斯塔奈就动笔了？

巴：是的。不过主要部分当然是后来才写的。这样，在莫斯科我是没有户口的，后来我从莫斯科和列宁格勒搬到了一个更为固定的居住地——萨维奥洛沃。

杜：您获得批准了吗？

巴：我去了萨维奥洛沃，就在莫斯科附近。我那时已不再需要申请批准什么了。是这样。我是个刑满人员。而萨维奥洛沃是个……区中心。

杜：是的，离莫斯科已经有一百余公里了……

巴：不止吧，有一百三十公里。

杜：是的，好像还不是州的中心。

巴：没错，所以大家都在那里上户口。①

杜：那是萨维奥洛夫斯克铁路线的终点。

---

① 整个战争期间巴赫金一直住在萨维奥洛沃，几乎没有离开过，他在当地中学教书，也教德语。他的档案中保存着几张劝降德军士兵的德语传单。美国的巴赫金传记研究者出于误解，把这些传单说成是德国人制作散发的，而米哈伊尔·米哈伊洛维奇不仅把它们保存了下来，而且还在德语课上作为教学辅助材料加以利用……其实并非如此，而且也不可能发生这种情况；倘若果真如此，巴赫金至少会因此而遭到逮捕。不错，米哈伊尔·米哈伊洛维奇在德语课上使用过德语传单（有一段时间战线离萨维奥洛沃挨得很近），但很可能这只是因为，传单是"我方的"，苏联的；而德军的传单应该用俄语写才对，因为这是散发给俄国人看的。美国人不懂得这些是情有可原的，然而"美国人的"这一说法却被原封不动地照搬到了1992年于萨兰斯克出版的高校论文集中（《M.M.巴赫金的学术遗产问题》，第149页；源自克拉克、霍奎斯特的《米哈伊尔·巴赫金》，剑桥—伦敦，1984年，第263页）。——原编者

巴:是的,正——是,正——是。这是伏尔加河岸离莫斯科最近的一个地方。伏尔加河流经那里。就是这样。那儿流放人员很少,流放人员很少。我几乎就不知道那里还有谁是流放人员。

杜:这就是说,您实际上已不是流放犯了,而是被逐人员。

巴:是——的,被逐人员。是服过刑的人,那时叫刑满人员,是被逐人员,需要说的是,当时那里住了一位……我的天哪……住了一位诗人……诗人……诗人……诗人……不过他还是顺利地离开了那里……

总之,这会儿不知为什么我的状态十分糟糕……十分糟糕……记性坏,舌头也不利索……我不知道为什么会这样:也许是天气的关系……

是曼德尔施塔姆!是的,是的。

杜:啊哈,曼德尔施塔姆!啊哈,在萨维奥洛沃,的确……

巴:是的,他在那里住过,不过时间不长。

杜:您在那儿没有同他结识吗?还有娜杰日达·雅可夫列芙娜和……

巴:没有。我是在他走了之后才知道他在那儿住的。所以我没有与他结识。

杜:不知怎么的,他就去了莫斯科,后来又……

巴:是——的。就——是。他好像一开始去了亚历山德罗夫,这还算是城外……后来他就去了莫斯科……

杜:是这样。那么您是什么时候才……彻底恢复合法身份的,是斯大林死后吗?

巴:是的,在斯大林死后。

杜:您是从萨维奥洛沃来到莫斯科的?

巴:是的,在萨维奥洛沃居住期间,我就时常来莫斯科(也就130公里的路程),并住上一段时间,时常这样。

杜:您是什么时候截去这条腿的?

巴:截去这条腿是在……对,是在萨维奥洛沃。

杜:就在那里给您做的手术?

巴:就在那里动的手术。①

杜:很可怕吧。

巴:是的。

杜:建议您截肢,是为了保住另一条腿吧?

巴:是的。就在那里做了手术。应当说,那位外科医生是很出色、很出色的外科医生。是一个上了年纪的人,差不多是个老头儿了……

杜:那您有没有为消除"污点"而奔忙过?还是……

巴:没有,一点没为此事奔忙过。当时这样做是绝对无用的。一般说来我坚决反对任何……

杜:活动……

巴:……任何活动,包括笔墨官司。我连平反问题都没有得到解决。我也没有提出过申请要求平反。

杜:您为什么要这样?!

巴:何必呢?我认为其实自己根本就没有受过审,受过法庭调查,因为当时的那些个做法都不能称为审判和调查。就是这样。那都是些……

杜:不,您还是应当争取取消判决……

巴:不——不,我干吗去争取?我干吗要去争取?那些和我一起被捕的、同一个案子的人,几乎都平反了,不过我没有申诉。② 我完全不需要这个。绝对不需要。有什么用呢?

杜:您是从萨维奥洛沃回来的吧?……

巴:我从萨维奥洛沃搬回了萨兰斯克。

---

① 手术在 1938 年 2 月 17 日进行;1938 年 4 月 14 日米哈伊尔·米哈伊洛维奇出院。——原编者

② 显然,米哈伊尔·米哈伊洛维奇并不知道,关于为他及其同案人员的平反决定是在 1967 年 5 月 30 日作出的(见 B.拉普图恩公布的文件资料;《文学问题》,1991 年第 3 期,第 128—141 页)。——原编者

杜:又回到萨兰斯克?

巴:又到了萨兰斯克!是这样。

杜:已经开始有人去那里朝拜您了吧?

巴:已开始有人去那里……

杜:瓦季姆·柯日诺夫告诉我,他就去过。

巴:是的,他去过,我那里他去过几次。后来……还有……弗拉基米尔·尼古拉耶维奇·图尔宾经常去我那里。

杜:我知道。

巴:带着利亚列奇卡①。他总是带着里利亚列奇卡一起去,当时她是他的研究生。是的。

杜:利亚列奇卡是谁?是现在照顾您的这个人吗?……

巴:正——是,正——是,就是她……

杜:应该说,我对图尔宾的态度稍带那么一点儿嘲弄色彩。

巴:是吗……为什么呢?

杜:好像难以叫人佩服……他的那本书《时间同志和艺术同志》……②

巴:是的……不过那本书很老了,早就出版了,当时他还很年轻,热衷于技巧等方面的问题。

杜:他仅从交往和谈话中好像就生发出……不,他后来写的东西我并不了解,所以,也许我的评判并不公正。我并不坚持自己的看法,不过我有一个印象,他好像是个不求甚解而又自命不凡的年轻人。

巴:是的,过去是的,但现在不是这样了。现在不是这样了。应当说,他那本书《时间同志和艺术同志》在当时还是……

杜:书写得很生动。

巴:新颖别致,写得很生动,语言和风格都非常好。

---

① 列昂京娜·谢尔盖耶芙娜·梅利霍娃,语文学家,在大学年代参加了 B.H.图尔宾主持的课堂讨论;60 至 70 年代是米哈伊尔·米哈伊洛维奇和叶莲娜·亚历山德罗芙娜最亲近的朋友,在所有事情上都是他们最得力的帮手。——原编者

② B.图尔宾:《时间同志和艺术同志》,莫斯科,1961 年。——原编者

639

杜:可是毕竟充斥着胡言乱语。

巴:没错,不过他在这本书的序言里已经做了说明,他称自己并非学者,并非研究者,而是记者。这是记者型的书。就是这样。但同时他又是个做学问的人。他教了十五年的书。

杜:这我知道。我还在念研究生的时候就记得他。

巴:就是这样。他那很有名气的莱蒙托夫小组在一直存在着,时间很长。他已经……他的小组成员时不时地聚一聚,其中已经有副博士和副教授诸如此类的人了。

杜:可能是吧。后来我就落伍了。他是一个非常……一方面他似乎对什么都不满意,另一方面又非常……他的所作所为又非常……正统。您知道吗……他出身一个很有教养的家庭。我甚至还知道一点他母亲的情况。她曾在"处女地"上教我们这帮孩子学法语。

巴:啊啊……他出身知识分子家庭。他父亲是位工程师。此外……他认为,图尔宾这个姓是布尔加科夫取自他父亲的……他父亲当时的确在基辅,指挥一支很大的工程队伍……他出了一些事情,很像布尔加科夫描写的那些故事。布尔加科夫是从他那里听到这些故事的。

杜:是这样。看来,您的生平描写总的说已接近尾声了。

巴:是的,快要结束了。

杜:此后您回到了……并住在……

巴:……住在萨兰斯克,我又回去了……

杜:您为什么要回去呢?

巴:我还能去哪里呢?无处可去!

杜:您就住在那里了?

巴:是的,一直住到赫鲁晓夫上台。那时还是斯大林时期。

杜:是在战后吗?

巴:是在战后。

杜:从1948年到1953年?

巴:是的。所有这些都还是那个时代的事情。去莫斯科和列宁格勒,这是非分之想。我常去那里,但要想在那里上户口、住下来我办不到。于是我就去找……教育部,那时就是这么叫的……

杜:是高等教育部吗?

巴:是的。我想得到派遣,再去一所外省高校工作。在部里,我正巧碰见了师范院校处的处长,就是我的……就是我在萨兰斯克时的系主任。他见了我说:"您就回萨兰斯克去吧。我现在就把您给派过去,这就给院长写信。您需要的一切都会得到保证的。您最好就去萨兰斯克。"于是我就回到那里去了。①

杜:您在那里又待了好几年?

巴:我在那里待了……是的,待了好多年,年头相当多……我待了……差不多直到我搬到这里来。

杜:可是您还……对,有一个夏天您在佩列杰尔金诺,您和妻子被安排到了残疾人之家……

巴:是——的,是——的,的确在残疾人之家住过一段时间,没错。② 是的,在这之前……是的……

杜:直到七十五岁时您才分得莫斯科的住宅?

---

① 在米哈伊尔·米哈伊洛维奇的档案里有几封信件表明,早在1941年初,Г.С.彼得罗夫就试图帮巴赫金在莫斯科安置工作。此事看来是受战争影响而被搁浅。后来彼得罗夫又一次帮米哈伊尔·米哈伊洛维奇在萨兰斯克安置工作,这一点在彼得罗夫1946年7月2日写给莫尔多瓦师范学院院长的信中得到了证实,此信也保存在米哈伊尔·米哈伊洛维奇的档案里,他在信中建议在学院里保留世界文学通识课程教研室,其实这项建议是专门为巴赫金而提出的。根据相关的派遣证明,关于任命巴赫金为莫尔多瓦师范学院副教授的命令是1945年8月18日公布的,巴赫金看来是10月4日离开莫斯科的。——原编者

② 在莫斯科郊外克利莫夫斯克市的一幢老年公寓里(库尔斯科铁路格利夫诺站)巴赫金夫妇从1970年5月中旬一直居住到1971年11月底,在此之前他们在不对外营业的昆采沃医院里待了七个月(从1969年10月起)。1971年11月底住入波多利斯克医院,12月14日叶莲娜·亚历山德罗芙娜病逝于此。1971年12月30日米哈伊尔·米哈伊洛维奇从波多利斯克医院搬入位于佩列杰尔金诺的作家创作之家,并在那里一直住到1972年9月迁至莫斯科寓所(红军街21号,第42室)为止,这里也就是他与В.Д.杜瓦金进行谈话的地方。住房证是1972年7月31日领取的。——原编者

641

巴：不是。莫斯科的户口我只是在去年底,说得确切些,实际上是在今年才拿到的。这以前没有。当时在医院里还没有户口,在这幢房子里也没有户口。那时就这样……根本就没人提户口问题。

杜：我想,您是过于消极了。其实,您在1957年就应该得到平反了……

巴：有什么必要呢……

杜：……那样就分给您住宅了……

巴：是的……也不一定……就算是吧……我不知道……

杜：那时毕竟已经是另一个时代了。

巴：是的,可在那里,在萨兰斯克我过得很好——在物质生活方面。我在那儿的住宅很好。分给我一套住宅,一套单独的住宅。就我和妻子两人住,没有别人。就这样。分给我们的是一套单独的住宅,两居室。① 住宅比这个大,房间也大一些,天花板很高,总之,房子比较老,是一幢很不错的房子,在市中心。对面是政府机关:市政和……萨兰斯克州委大楼。现在大学里对我的态度也……的确,院长换了,态度也有了变化,但后来又变好了。总的说,还不错。还不错。要说我在那里受到了什么迫害,我不能说这话。我不能这么说。

杜：在那里没有人欺负您吗?

巴：没有,没人欺负我,没人欺负我。

杜：您第一次写《陀思妥耶夫斯基》那本书是在被捕之前吧?

巴：是的,还是在被捕之前。

杜：1928年?

巴：是的。

杜：这么说,您离开的时候已经是个名人了。这本书总的说引起了人们的关注。

巴：是的,引起了关注,有些反响。

---

① 1959年8月27日开具的第39号住房证保存了下来。地址:苏维埃街31号,30室。当时巴赫金快到六十四岁了。——原编者

杜:有人发表了评论。而第二版您是在萨兰斯克修订的吗?

巴:是的,第二版我是在萨兰斯克修订的。柯日诺夫来找我,我的责任编辑是……谢尔盖·格奥尔吉耶维奇·鲍恰罗夫。

杜:啊!谢辽沙·鲍恰罗夫!

巴:也是……我的朋友,他也到萨兰斯克来找我。

杜:这是个不错的小伙子……

巴:很不错。非常优秀。

杜:而瓦季姆·柯日诺夫是我的学生,关系很亲密的学生,不过我还是要说,这是个瓦西卡·布斯拉耶夫:"甩开膀子干吧!"要依靠他,那可费劲啦。的确,他……应该说,很能干,我从他那儿听说……我当时并不知道,您在哪里,您在干什么……您怎么样了……他是个很能干的人。

巴:他是个很能干的人。

杜:非常能干……但相当不讲原则。真的很遗憾。我不知道……他一直强调,他是我的学生,等等,可后来就一走了之了。我总觉着这不太好……

巴:噢,那您以为是因为您才出了这件事吗?

杜:是的!①

巴:不,您想到哪儿去了!您不了解柯日诺夫!对他来说这完全不算什么。他是大无畏的人。不——不,您想到哪儿去了!那他对我呢?我那时实际上还是个刑满人员,没人知道我。《陀思妥耶夫斯基》那本书被人遗忘了……他把这些事情都做起来了。要不是他……

杜:是他把您的这本书推荐出去的?

巴:全靠他!全靠他!全靠他。我连这个打算都没有。

杜:您怎么能这样呢!

---

① 1966 年 3 月,В.В.柯日诺夫和其他许多人一道联名写信给莫斯科大学校长 И.Г.彼得罗夫斯基,表示支持 В.Д.杜瓦金,当时后者因在审理 А.西尼亚夫斯基和 Ю.达尼埃尔这件诉讼案时作为证人出庭为他们辩护而被逐出语文系。——原编者

巴：是的，我连这个打算都没有。那本《拉伯雷》也是写好了，放在抽屉里的，我可没有想到拿去出版，觉得这不大可能。而他一来，就全都办妥了。

杜：扫清了重重障碍？

巴：扫清了所有障碍！都被他扫清了，扫得干干净净。

杜：这当然……这对瓦季姆来说当然是件很光彩的事情，如果真是这样的话。

巴：是的。一般来说，我对他已经很了解了，相当了解，他可是个大无畏的人。不——不，您不必这么想！说他怕您的名声不好——这话连提都不该提。才不是呢！他一直与这种非官方名声的人来往。（微笑）

杜：他有时在公开场合讲话非常……

巴：他在公开场合讲话——是——的，他……

杜：现在他可说是所谓根基派领袖之一。

巴：是——的，根基派，根基派，没错，或者叫新泛斯拉夫派。

杜：是的，说话粗鲁……还有反犹太主义……

巴：是的，不过您知道……他这个人……其实……不是的，他不是排犹分子，不是反犹主义者。这是对他的一种误解。您知道吗，是这么回事……他是一个非常活跃的人。仅仅写作——是不会让他得到满足的。他想要行动，在生活中扮演某种角色。他不是追求个人的名利地位，不是的，他完全不是名利熏心的人！他需要行动，他需要的是行动。

杜：同我打过交道又引起我疑虑的那些人，能听到有人说他们的好话，我非常高兴。

巴：没必要，您不该这么想。至少，您所说的那些是完全不可能的事情。这对他不会有任何影响。倒还可能会有相反的影响，相反的影响倒是可能有的。

杜：可能，他只是不感兴趣吧。

巴：其实他会产生更多的好感。如果可能的话，想必他会给您提供各种帮助的。是的……也不见得。不仅仅是这样……

杜：那时我所接触的人表现各异，我自然就很戒备。

巴：不用！

杜：但愿如此。您看，我们之间还有如此错综的关系。顺便问一句，您的姓氏很普遍吗？

巴：不，很少见。

杜：与您同姓的人多不多？

巴：我想，不多。我只知道……

杜：是这样的，在我的亲戚当中，这么说吧，在我妻子的亲戚当中，就有姓巴赫金的。我的妻子姓维谢洛芙斯卡娅。①

巴：是的，您曾经告诉过我。

杜：〈……〉我之所以对家族问题感兴趣（笑着说），是因为您一开始就说，您家的姓氏很古老……

巴：是的，很古老。

杜：……这么说，您也掌握了一些关于您家族的分支情况。

巴：是的。不过我本人这里没有，因为我没有关心过此事，而我的哥哥很关心。他了解家谱……

杜：您的家族是贵族吗？

巴：当然是贵族。

杜：奥尔洛夫斯基家族？

巴：是的，奥尔洛夫斯基家族。就是这个家族有一条莫斯科分支。在这个分支里有个人相当有名……作为文学家名气不大，但是个大官（有一段时间他是亚历山大二世时期的御前大臣）——巴赫金。是这样。莫斯科的这条分支极为常见，不仅在普希金的传记中，而且在莱

---

① 叶莲娜·谢尔盖耶芙娜·杜瓦金娜，法学家谢尔盖·鲍里索维奇·维谢洛夫斯基（1885—约1946）的女儿。她的亲兄弟有：历史学家、科学院院士斯捷潘·鲍里索维奇·维谢洛夫斯基和经济学家鲍里斯·鲍里索维奇·维谢洛夫斯基。——原编者

蒙托夫等人的传记中都能见到——巴赫金家族。其中有几个姑娘都与莱蒙托夫相识,莱蒙托夫差点没去追求她们中的一位。不过,可以说这是一个分支。所以,虽说这些人是一个家族的,但并非都是亲戚。(微笑)是这样。而奥廖尔省的就都是亲戚了,他们大数都是军人,将军。其中可说最显赫的一位,是俄国最早那批武备学校之一的创建人……

杜:这个人您曾经讲过吧?

巴:是的,正——是,那是在奥廖尔。

杜:是您的祖父?

巴:是我的曾祖父,是的……

杜:很有意思。好,我们现在还是休息一下吧,您得吃午饭了,然后我们来谈尤金娜。

好的,我想顺便问您一句……我很想知道……也许确实是我弄错了。在自己的家园里是没有先知的。您读过尤里安·谢尔盖耶维奇的哪些东西?他是我的表弟。[①] 您是自己阅读的,还是他念给您听的?

[①] 尤里安·谢尔盖耶维奇·谢柳(1910—1995),生物学家、兽医、文学家、艺术理论家,写有微型短篇小说和研究季奥尼西绘画语言的著述(一些片段发表在杂志《装饰艺术》,1977年第10期),以及一些论文集。70年代,曾去过位于红军街的巴赫金寓所,不仅给他读过自己的作品,而且还给他家的猫看过病。短篇小说《小病猪》和其他几篇短文援引如下(原编者在此处还援引了谢柳的《蜡烛》一文,由于其篇幅较长,故从略。——译者):

小病猪

小猪生病了。它状况不佳。直挺挺地躺在干草上。黑色的小眼睛直盯着上方的某个地方,却什么也看不见。僵硬的白色睫毛时而眨动几下。

静悄悄。煤油灯里的火苗在猛烈地抖动。鸡窝的栖架上露出母鸡的黑影。它们在睡觉。爷爷和奶奶一言不发站在小猪身旁。它身上发热。鼻子红得很不正常。身子一侧的鬃毛下有两个很显眼的黑色斑点。

"咯咯,咯咯。"奶奶唤着小猪。小猪暂时挣脱开病魔,挪动了一下身体:它听到了唤声,可又落入了魔爪。稀疏的睫毛时而眨动几下。

在黑魆魆的角落里,母鸡在梦中咯地叫了一声,身子微微动了起来——并开始巴：自己读过，也听他念过。还是很早以前读的。是些不太长的……

杜：是些小故事？

巴：是——的。就像是您所知道的那只小苍蝇。

杜：是的。您早就关注此人了吗？

巴：很早，很早。我们是通过玛丽娅·韦尼阿米诺芙娜认识的，那是很久以前的事了。

杜：您认为他的东西有意义吗？

巴：我认为，至少是很有意思的，很细腻，归根结底我认为，这也是有意义的。这也是有意义的。不过文学中的这种风格，这种特色，在我们这里并不为人知晓。人们并不承认，也不明白。您看看东方文学，

<接上页>不停地发出声音。接着一切又安静下来。

煤油灯里的火苗不时猛烈地发出吱吱响。小猪生病了。

1940 年

* * *

有时候，电话里那亲切的声音不是即刻就显露出来，就热烈起来的。有时候，它一开始是弱弱的，了无生气，听起来很生分，很不习惯。好像根本不是对自己人说的，不是对我说的；我不曾听到如此这般的声音——它好像是说给陌生人听的，还带些戒备。

可怜的心儿！它时常会陷入何等密集的布满灰尘的迷宫。孤零零的。所以，一听到可怖的电话铃声它就会吓得紧缩起来……

可终于那声音有了感觉，恢复了生气，像淙淙细流注入了听筒，并传了出来。

心儿离开片刻，等暖和过来——便恢复了原位。就像一只小野兽靠近了笼栅。

1979 年 4 月 6 日，10 月 10 日

* * *

两枚小草莓挂在草茎上。

那么可爱，真想一饱口福。

好想把它们摘下来，可又不知该拿它们怎么办。

那样只会剩下光秃秃的草干，只会留下淡淡的口香。好想完全占有它们。让它们成为我的东西，驻留我的心间。

强烈的欲望与淡淡的口味并不相符。

我观赏着它们。

好想把它们摘下来。自然也可以摘下。可又不知该拿它们怎么办。

1935 年 8 月 2 日，克鲁泡特金大门

——原编者

比如日本文学……

杜：那是有这种风格的。

巴：有的。那里只写一个形象，极小的形象，一个细节，就一个细节，一个微小的细节，但却非常细腻。是这样。我们没有这个，可他的作品里是有的。

杜：我可以直言不讳地告诉您，我……他给我留下的印象是不愉快的……他感觉自己是个开创了新纪元的天才，并且就因为我不认可这一点而生我的气。倒不是我不认可……他会满不在乎地说："那又怎么样，当初也没人听巴拉丁斯基的诗……瞧……可后来……"也就是说，他满以为自己就是个开创者和创新者。

巴：是吧。在一种程度上他是对的。要知道，关于天才……从根本上说……这个词……我认为讲谁是天才，只能是在他死后一百年，至少也得是在他死后五十年。这么说吧，时间会检验并筛选出天才的。是这样。他嘛，毫无疑问是位创新者，他用自己的创作、自己的短篇小说在文学领域开辟出一条路线，这也是毋庸置疑的……非常遗憾的是，这一点目前没有得以发展，没有。

杜：可为什么没有呢？……

巴：这太……不合时宜了。

杜：要知道，这里没有任何政治因素，全是……那为什么呢？有一位叫叶莲娜·古罗的，也写了那种印象主义的玩意儿。还有普里什文。

巴：嗨——嗨……这可不一样……

杜：他的特色在哪里？

巴：这可不一样。

杜：您说的其实也没有什么好争辩的。当然，这很细腻，那单个的细节……那里面还写到了一只小猪崽……

巴：是的，有的。是一只小病猪。

杜：没错，是一只小病猪。一切都记得很真切，都很不错……有一位电车女司机,绰号叫"小土豆",开着一辆有轨电车……这个情节写得很好。但他想要达到一定的深度,而我个人却根本就看不出有什么深度……因为您的意见对我而言自然是很宝贵的,我也许会重新考虑一下自己的意见,但我觉得,当你读一部真正有价值的作品时,不论你反复读多少遍,每次你总会发现新的东西。您把另一部作品拿来与这部作比较……契诃夫不是说过这么一句话:不管什么都可以描写,"连墨水瓶也可以写"。

巴:可——不,可不是吗,他也写过的……

杜:他写过墨水瓶,还有钢笔,这些就是他写的东西。原则上讲所有的东西都可以写……其实这也不是他的发现;可要在这只墨水瓶上,这支笔上看到,说得简单点儿,看到星空世界……而这一点我却感觉不到。起初我听他读过许多东西,后来我觉得乏味了,而且他偏偏就喜欢朗读。我就只好听他念……就像您谈到的罗日杰斯特文斯基的情况;他朗读的时候感觉不错,很有趣,可后来再拿来一看——就满不是那么回事了,我想,还是自己看一看吧,可一看——却是兴味大减。当然,这也取决于接受程度……读者的接受情况,也许问题出在我自己身上,我这人做不到持之以恒,可是……我坚信,只有引起我反复阅读的作品,才是伟大的艺术作品……

巴:必须经得起多次阅读。

杜:……要经得起多次阅读,每次都会有所发现。您还记得吗……对此我跟您有不同的理解,不过……在我看来,马雅可夫斯基的作品的确如此。普希金的也是。陀思妥耶夫斯基的也是……也算是……虽然应当说,对陀思妥耶夫斯基的作品……我很少去重读。这不,现在由于看了您的著作,我又开始重读陀思妥耶夫斯基的作品了。有些作品我根本就没有读过。我想从头到尾……从第一卷开始……

这不……而……表情朗诵……况且,他非常看重自己表情朗诵的作用,也就是说,他把这看作是散文诗。

巴:没错,在某种程度上是可以用这个术语的。

杜：但我觉得，这说法不对。我个人总的认为，散文诗的提法不太靠谱。诗……之所以为诗……正因为它是诗……

巴：那是。

杜：诗有它自己无可替代的特性。顺便提一下，就连屠格涅夫的《散文诗》我也不喜欢。屠格涅夫那篇短小的"……咸咸的白菜汤……"①结果也被当作……一首小诗了……所以说，在屠格涅夫这些散文诗之后，在契诃夫之后，在古罗之后，从某种纯形式的方面看，还有个罗扎诺夫。尽管我完全同意说罗扎诺夫全然是另一种情调。

巴：全然是另一种情调。

杜：他是个喜欢荒诞离奇的人……

巴：是的，那里更多的不是事物，而是极为独特的思想、独特的感受等等，而他的作品里却不是这样，是别的东西，是事物，各种事物。是各种事物，自然现象。

杜：要说是事物的话，您知道吗……这到底是事物还是抒情主人公（如果这是散文诗的话）？如果是抒情主人公，我却感觉不到……

巴：这不是抒情主人公，绝不是抒情主人公。这是事物，是事物，是现象，一种特有的现象。不过只是这样一种事物，它在文学中通常只是作为细节来描写的，而没有独立的意义，只有在整体中、情节中才会获得意义；在情节中，为了表现某一主题就需要细节，为了刻画某一性格就需要细节，就是这样。总之这不是独立的东西，而只是细节，是整体的一部分。

杜：那么，它有权像这样独立存在吗？……

巴：有的，有的。具有充分的权利。

杜：怪不得他总要把自己的作品组织成系列。

巴：这是另一回事。可以组成系列，但每部作品总体说都是独立存在的，具有自身的价值。

杜：可契诃夫的一些札记也可以当作文学作品来读。

---

① 此处引自 И.С.屠格涅夫的散文诗《白菜汤》，略有变动。——原编者

巴：是的，但那是另一回事，情况不同。对契诃夫来说，这毕竟都是半成品，是为将来的作品——契诃夫特有的作品而准备的，仅仅是半成品而已。

杜：当然，他是很才干的。他父亲也写过作品。

巴：也写过作品？

杜：也写过。写过一些不错的小故事，是位很有禀赋的教师，的确是位很有禀赋的教师，在这方面他也表现出了自己的才干。他是个民主派甚至有一点儿虚无派类型的人，是从事生物学的。尤里安本人也学过生物学，学过做观察。实际上他是受了利季娅·叶夫拉姆皮耶芙娜[①]的鼓动：她引导并推动他走上了这条创作之路。因为他不能全身心地投入创作，四十年里……现在他又转而研究……季奥尼西[②]。他把研究成果读过几遍。自以为写得很成功。其实并没有取得真正的成功，我问过一些人。他们都不表态："要说内容么……"但也不得罪他，就是说，他们感觉写得还是比较肤浅的（也许这种看法并不公正）。但观察力还是有的……

巴：可我倒是认为，将此视为肤浅之作的人恰恰显得十分肤浅。在我看来，真正的艺术理论家终归会承认其价值的……

杜：我不敢保证，我只是……

巴：当然，我也不是绘画这方面的专家，对壁画、圣像画之类的并不在行。这是另一回事。尽管如此，我还是能感觉到，他的方法很独特，很有意思，能达到自己的目标。所以我总觉得，他凭自己的努力终能取得相当大的成就。也许，不是在他生前，但身后肯定会这样的。无论如何，他……人们会对他发生兴趣的。

杜：但愿如此……您知道吗，他还是我的弟弟呢，虽说是表弟——我没有亲兄弟。实际上，比他更亲的人我也没有了。

---

① 利季娅·叶夫拉姆皮耶芙娜·斯卢切芙斯卡娅（1897—1979），语文学家，М.В.尤金娜的熟人，两人来往密切。她的有关情况见尤金娜1947年2月4日写给Б.Л.帕斯捷尔纳克的信（载《新世界》，1990年第2期，第171页）。——原编者

② 季奥尼西（约1440—1502），俄国画家。擅长圣像画和壁画等。——译者

我还有一个弟弟写了一辈子的诗,不过他写的诗明显是……模仿阿克梅风格的。"不过你还写不出呢……你还写不出诗歌呢……"他说。我认为,一个人一旦意识到他并不需要写诗,那么他干脆放弃不做——这反而会更好一些。我是不写诗的,因为我明白,我……我没有这方面的天赋。他从十岁一直写到六十岁,写了一辈子。他经常往各家编辑部跑,他的诗作有几回居然也见诸报刊了。然而实际上这自然都是些浅薄之作……他——我的弟弟是个数学家,尤里安当然比他更有才气……

巴:是的,他很有才气。

杜:……更细腻……

巴:当然,更细腻……

杜:更细腻。〈……〉不过他那……他讲话的口气有时叫人实在无法忍受……

巴:您指的是什么?

杜:我指的是那种感觉……我要说,他简直就是夸大狂。极为……古怪。

巴:可……那是……要知道夸大狂……是一个时代的某种普遍特征。总的说……就像《罪与罚》中的那位侦查员所说的:"在我们这个时代有谁不认为自己是拿破仑呢?!"在一些时代,众人都自认为是……比如拿破仑吧。当开始出现象征主义、颓废主义、未来主义……的时候,众人们也都自诩为天才。

当时普遍认为:甚至不可能是另外一种样子。就像当初勃留索夫把自己的一本小集子——一本微不足道的薄薄的诗集称为"精品"。人们对他说:"怎么可以这样呢?这种叫法太不谦虚了……"他的回答是:"既然我出版它,既然我发表它,那就是说,我认为它是好的。当人们说自己的作品是肤浅之作时,他们是言不由衷的。"不对。既然发表作品——创作并发表作品,那就是说,他相信这是天才之作。当他把自己的诗集称为"精品"时,就是这样作答解释的。后来他当然变得成熟些了,当然也就不这么说话了,也就不这么行事了,可那时……全都是天才聚集在那里,在他们那些小组里人人都是天才。未来派当中也是……

杜:当然喽……"我是天才,伊戈尔·谢韦里亚宁……"

巴:那是,就是。

杜:不过他们的写法在很大程度上还是带有游戏和哗众取宠的意味。而尤里安平时似乎是一个很恭谦的人……他非常严肃地从事生物学研究,其研究范围是狭窄的分类学,具体对象是蜱螨之类的,他非常的不走运。他的导师本来是名中学教师,好不容易跻身高校师资队伍,却在年纪轻轻时就溺水身亡了。他在十九岁——在最需要别人帮助的时刻却得不到任何支持。后来,他的父亲也去世了……他来到大学,可未被录取……他当然应该在大学里学习……

巴:那当然,是的。

杜:而……大学,也就是说,他……他不再奢望跨入大学门槛,转而进入了畜牧研究所。而当畜牧研究所分为两半时,他进入了兽医研究所——其实纯属偶然。这不,他就成了专业人士,似乎还是一位很受尊敬的兽医,不过……

巴:他现在有多少岁?

杜:他比我小两岁。我已年满六十四岁了……

巴:这么说他六十二岁了。

杜:是的,他六十二岁了。六十二岁了。我们俩关系很好,只是我有时简直觉得有点儿害怕。

巴:不,不会的,他当然不是那种写作狂……我确信,他不是写作狂……他的写作是有意义的。

杜:他有写作的权利?

巴:是的,毫无疑问,他有这个权利。

杜:不过,这只是一方面,归根结底,每个人都有写作的权利,只要他有东西可写。任何一个有文化的人都可以……我先把你们所有人的谈话给录下来,然后再录一录我自己的。不过我现在还没有这么做。我是有内容可谈的……他觉着,一旦他发表出来,那么世界会大变样的。我不怀疑他的才能。您知道吗,如果一个人二十五岁,问这人有没有才能,人们会说:"是的,当然有才能!"

巴:在二十五岁这个年纪做一个有才能的人并不难。

杜:没错。可要是一个人已经六十二岁了,别人还对他说:"你有才能,去写吧!"——这就等于杀了他。不能这样……应该这么说:我做了些什么,我在这个世上留下了什么?应当做一番总结,您明白吗?我明白您的意思,您还是赞同他的总结……

巴:会的。我这么看。当然,您瞧,这里有许多附带的因素。总结可能很晚才会做出,要等到他死后很久才会做出,可能是这样。

杜:我觉得,如果现在他……可是……您明白吗,有写作的权利是一回事,对自己作品的地位做出极不相称的评价——却是另一回事。〈……〉我认为,如果现在他出版自己的东西……我想从原则上讲他能够发表出来,也可以发表出来……

巴:那当然。

杜:……可不会引起谁的特别注意。

巴:是的,没错。完全明白。我们现在对这一切既没有眼力,也没有听觉。就是这样。

杜:现在在这方面已经做了不少的努力:要么是短小的故事……要么是在《文学百科辞典》里……

巴:是的,只不过这不是小说,而是另一种东西。是的……

杜:这是一种短小精致的体裁。

巴:是的。他的作品中缺乏尖锐性。在我看来,这恰恰不是什么缺点。但要是有了这种尖锐性,那肯定就会为发表较快地打开方便之门。

杜:请原谅,这已经超出了我们的正式谈话的范围,不过……对我来说这是一个令人感到不安的话题。

巴：那是，我懂。

杜：此时我就要说到我亲近的人，我珍惜的人……也许，我的确不太公正……

第六次访谈(1973年3月23日)

杜：米哈伊尔·米哈伊洛维奇，我们终于要谈最后一个话题了——玛丽娅·韦尼阿米诺芙娜·尤金娜。

巴：好吧。我是去涅韦尔找我的朋友列夫·瓦西里耶维奇·篷皮扬斯基①的时候，认识玛丽娅·韦尼阿米诺芙娜·尤金娜的。列夫·瓦西里耶维奇·篷皮扬斯基已经在涅韦尔已住了两年，因为他在那里服兵役，确切地说，不是服兵役，而是他所在的团驻扎在那里。② 当我去找他的时候，他已经复员了。就是这样。他非常了解涅韦尔当地的整个社会情况，其中包括尤金医生一家。③ 这是涅韦尔最受人尊敬的医生——尤金大夫。此外在进行立宪会议选举时，他被推为候选人。

杜：他是哪个党派的？

巴：他当时恰好在这方面出了点问题……他一辈子都是立宪民主党人。总的说，作为一个有名望的医生，这么讲吧，从他的做派，从他的性格来说，他当然是立宪民主党人。但他考量到立宪民主派无望入

---

① 巴赫金于1918年夏初来到涅韦尔。Л.В.篷皮扬斯基在自传体回忆录《琐忆九个春天》的末尾处谈及1918年春天时写道："米哈伊尔·米哈伊洛维奇来到此地时已是夏天了。"(Л.В.篷皮扬斯基的档案)——原编者

② Л.В.篷皮扬斯基想必是在1915年或1916年初开始服兵役的，并从1916年春随部队驻扎在涅韦尔。同年尼古拉·米哈伊洛维奇·巴赫金，即米哈伊尔·米哈伊洛维奇的哥哥，也自愿报名参军，也许他这是在仿效篷皮扬斯基[《Н.巴赫金：讲稿和随笔》(英文版)，伯明翰，1963年，第3页；《纪念蒂尼亚诺夫第五届学术报告会文集》，里加，1990年，第235页]。——原编者

③ 韦尼阿明·加夫里洛维奇·尤金(1864—1943)，地方和铁道医生，在不同时期都为涅韦尔的建设做出了许多贡献。苏维埃时期成为劳动英雄。疏散时死于莫洛托夫(彼尔姆)。——原编者

选,中选的定是较为左倾的党派,于是他就突如其来地当上了孟什维克。

杜:孟什维克?

巴:是的。几乎就在选举前夕……这就是说,他是算作孟什维克而被提名的。

杜:那么,他选上了吗?

巴:没有,没有被选上。孟什维克也未被选中。因为这是在维捷布斯克省。在那里该党没有当选。在那里孟什维克人数很多,名单是通过了,但显然他没有进入前几名。总之,我现在所记得的就是,那里——在维捷布斯克省,孟什维克们并没有取得多大成功。成功的是社会革命党。

杜:当初他应该从立宪民主党转而加入社会革命党才对!(笑)

巴:是的,可不知为什么他却参加了孟什维克。就是这样……他的一个女儿……他是个大家庭。

杜:大家庭?

巴:是的。他有两个儿子,其中一个不久前去世了,也是一个非常有名的医生,并且……不对,对不起,应该有三个儿子……(思忖到)不,是两个儿子,两个儿子,①还有几个女儿。子女很多。我只认识……其实,我几乎全都认识,只是这会儿想不起来了。不过较为了解的只有玛丽娅·韦尼阿米诺芙娜·尤金娜和她的姐姐②。

杜:父亲是韦尼阿明?……

---

① В.Г.尤金的两个儿子:鲍里斯·韦尼阿米诺维奇(1904—1986),电影剧作家;列夫·维尼阿米诺维奇(1892—1964),医生。——原编者

② 巴赫金指的是安娜·韦尼阿米诺芙娜(1896—1970),她是科学文献翻译工作者。В.Г.尤金的另两个女儿:弗洛拉·韦尼阿米诺芙娜(1891—1961),医生;维拉·韦尼阿米诺芙娜·尤金娜-戈特弗里德(生于1926年),地质学家,尤金第二次婚姻所生的女儿。后者发表过一些回忆录,其中有写尤金一家的,也有写20至30年代的涅韦尔这座城市的(她称之为"不复再有的城市"),以及写第一示范中学的,即М.М.巴赫金、М.И.卡甘、Л.В.篷皮扬斯基、М.М.巴赫金娜曾经工作过的那所女子中学。(В.В.尤金娜:《我的涅韦尔》,载《涅韦尔文集汇编》,第5辑,圣彼得堡,2000年,第115—128页)——原编者

巴：是的，我记得叫韦尼阿明·加夫里洛维奇。是这样。后来我还认识了他的弟弟雅科夫·加夫里洛维奇，维捷布斯克的律师，也是一位非常受人尊敬的人。①

杜：他们两边都是犹太人家庭吗？

巴：完全是犹太人家庭。母亲也是犹太人，但已去世。我到之前不久，好像是一年的样子，她就去世了。② 所以，我只认识玛丽娅·韦尼阿米诺芙娜的父亲、兄弟和姐妹。后来我还认识了她的叔父，那已是在维捷布斯克了。

杜：总的说，他们能算是富裕人家吗？

巴：他们是富裕人家，但不是富翁，因为他们既不是商人，也不是企业家。他是医生，收入颇丰；而他的弟弟雅可夫·加夫里洛维奇·尤金是个律师，很有名的律师，同样也是收入颇丰。是这样。也许像许多犹太人那样，他们也有少量的资本，不过在那个时候这已经没有任何意义了：实际上已没有个人资本了。他有一幢私宅，坐落在市中心，带有花园，房子很好，一家人全住在那儿。是幢大房子。是这样。列夫·瓦西里耶维奇早就与他认识，也早就认识他的小女儿了，就是玛丽娅·韦尼阿米诺芙娜。我来的那年，她十六岁。③

杜：就是说，这是在 1919 年？

巴：不，是在 1918 年。

杜：当时她才十六岁？

巴：是的，她才十六岁。不过，我记得不那么确切……她是哪一年出生的？

杜：我也记不清她的出生年份，不过我觉得，她是在 1900 年之前出生的。

---

① 雅科夫·加夫里洛维奇·尤金(1866—1930)。——原编者
② 赖莎·雅科夫列芙娜·尤金娜(娘家姓为兹拉京娜)(1868—1918)，1918 年 3 月 24 日去世，也就是说，不是在巴赫金到涅韦尔(并与 M.B.尤金娜相识)之前一年，而是在他到之前一个半至两个月去世的。——原编者
③ M.B.尤金娜(生于 1899 年)当时未满十八岁。——原编者

巴:我记得,她好像比我小四岁。

杜:您是哪一年出生的?我忘了。

巴:1895 年。

杜:1895 年!那怎么可能是十六岁呢?如果您是 1895 年出生的,那她应该是 1899 年生人。我就记得嘛。如果是 1899 年生人,那么在 1918 年她绝不会小于十九岁。

巴:不,不是!不——是。她要小一些。也许是十七岁吧,也许是十八岁(最多是这样),我记不清她的出生年份了,记不准了。但我要比她大四岁,也许大五岁,反正绝不会少于四岁。在我认识她的时候,她还是个小姑娘呢,还没有完全成年。

我在那里开了一门哲学课,课时不是太多。地方的知识分子对一切都表现出浓厚的兴趣,尤其是对哲学。于是,我就讲了一门哲学课,课时并不太多。我的听众当中就有玛丽娅·韦尼阿米诺芙娜。她立即引起了我的注意:一位非常年轻的姑娘,体形丰满,确实丰满,身材高大,身穿清一色的黑装。她那时的装束完全像个……不错,像个修女,这与她年轻的脸庞和年轻的眼神等形成一种对照。是这样……她穿得几乎像个修女,当然,不是说穿修女的衣服,而是学她们的模样。

杜:怎么,她那时就已经受过洗礼了?

巴:我想,她那时已经受过洗礼了。

杜:就是您在那儿的时候?

巴:不,不是我在的时候。她是在早些时候接受洗礼的。①

杜:这么说,她是在犹太家庭里长大,并在很年轻时就自行接受了洗礼?

---

① M.B.尤金娜是在巴赫金来涅韦尔一年之后——1919 年 5 月 2 日于彼得格勒的圣母骈幪教堂接受洗礼的。主持洗礼的是大司祭尼古拉·切普林(1881—1947),此人曾经历过许多苦难,不过去世时已当上了莫斯科神学院院长(为寻求更为严厉的体验,M.B.尤金娜在接受洗礼之后不久便从他那里转至费奥多尔·安德烈耶夫神甫的门下)。——原编者

巴:是的,她在早年就接受了洗礼。

杜:是个人受洗?还是全家人都受洗了?

巴:是个人受洗。不,受洗的不是全家人。她父亲根本就……他是个医生……他的世界观……有一点儿犬儒主义的味道……顺便说一句,他是个十分聪明的人。是个十分聪明的人。很有能耐。是个非同一般的人。但他的世界观有点儿犬儒主义的色彩。对他来说,他的女儿接受的是基督教,还是伊斯兰教,或是别的什么教,都是一样的。她听了我所有的课,听得很认真……

杜:您讲的是哲学史吗?

巴:我讲的是哲学概论。这么说吧,是哲学史,但主要不是按时间顺序讲的,而是按问题讲,一般的概论课都是这么讲的……

杜:我明白。

巴:是的。我讲的是哲学概论。至于每个题目内部——都是有历史顺序的。

杜:就是指认识问题……

巴:是的,正——是。

杜:……在古希腊罗马文化中,以及在……古典哲学家那里……

巴:正是这样。不过我在授课时主要讲康德和康德主义。我认为这是哲学的中心问题。还有新康德主义。不错,新康德主义,这里首先自然是赫尔曼·柯亨……李凯尔特……那托尔卜、卡西勒。

杜:那托尔卜、卡西勒——我通过别雷的作品还记得一点,知道一点。

巴:当然您是知道的。您记得吧,卡西勒有个著名的三卷集 *philosophie der symbolischen Formen*[①] 这是一本精彩之作,至今尚未过时,直到现在我们这里还有人常常引用它。这就是我的哲学课的主要

[①] E.卡西勒:《符号形式的哲学》,第1—3卷,柏林,1923—1929年。对卡西勒著述的分析见 А.Ф.洛谢夫的文章《Э.卡西勒神话思维理论(1926—1927)》(载《象征》,巴黎,1993年第30期,第311—333页)。——原编者

题目。

再往下说吧。当我与玛丽娅·韦尼阿米诺芙娜相识时,她正处在列夫·瓦西里耶维奇·篷皮扬斯基的极大影响之下。很可能她连受洗礼也是篷皮扬斯基影响的结果。① 篷皮扬斯基也是来自犹太家庭。他是混血儿。父亲是犹太人,而母亲则是纯血统的法国人,②所以(黠笑地)他一半是俄罗斯西部的犹太人,而另一半是法国人。他的姨表兄弟都是法国人:其中一个是军官,另一个(我现在不记得他的名字了)甚至后来还做了法国政府的阁员。是这样。他的观点好像是相当右倾的。

杜:不过,这其实与她的家庭没有什么关系吧?

巴:没有任何关系。她就这样处在他的强烈影响之下,还有哲学观上的影响。他也爱谈哲学。他虽然不是哲学家,却爱谈哲学。再就

---

① 不可一味地断言,是谁对 M.B.尤金娜的洗礼一事产生了决定性影响。其实这并非是某一个人(甚至像 Л.B.篷皮扬斯基这样十分亲近的人)的意愿。叶甫盖尼娅·奥斯卡罗芙娜·奥坚(季利切耶娃)(1893—1980)——她未来的教母,以及尤金娜在日记里提到的三四位友人("在通往光明之路上向我伸出援手!")对此事也都有着不小的影响(《玛丽娅·尤金娜:神爱之光芒》,莫斯科—圣彼得堡,1999年,第26页)。在此最重要的恐怕还不仅仅是加入基督教这一事实,而且还有对信仰的选择。与圣弗拉基米尔的情况大致相仿,M.B.尤金娜在排除伊斯兰教和犹太教的同时,通过她的亲朋好友对天主教的力量也曾"有所评估",并将它与东正教作了比较。此外,路德教对她也有诱惑力,她一直为它所吸引,尽管这种吸引力纯属外在的,即通过艺术(如巴赫的创作)和道德规范而形成的。最终还是东正教占了上风,究其缘由,想必不是受到了友人的影响或者阅读了宗教哲学书籍,而是她早就对国家的精神归属有了认同,并对国家的命运抱有一颗怜悯之心。二月革命后她在日记里写道:"俄罗斯!难道她会灭亡吗?……上帝啊!请昭告于我吧!什么更可贵,是祖国还是国际主义?不久前我还说过,想过有关'要把个人从国家剥离出去'的问题,可如今对我来说没有什么比俄罗斯更可贵的了!祖国!这是多么神奇的字眼。"(同上,第28页)篷皮扬斯基于1911年接受了洗礼,他给自己所起的父称显然取自其教父——教古代语言的中学老师瓦西里·阿列克谢耶维奇·诺沃恰多夫的名字。——原编者

② 篷皮扬斯基的母亲也出身于犹太家庭,不过是在法国接受的教育,所以法语是她的母语,这也是 Л.B.篷皮扬斯基为什么会如此精通法语的缘故。——原编者

是他的文学影响。① 可以说,他在文学方面(尤其在外国文学方面)是一个极其博学的人。他懂多种语言,阅读速度出奇地快。一本大部头的专著他一个晚上就能读完,并且还能非常准确而全面地概括出这本书的主要内容。他——列夫·瓦西里耶维奇在这方面有着非同一般的才能。总的说,这些个混血儿通常都会有出众的才能。他身上什么成分更多一些,是东正教的东西还是俄罗斯的东西——我不大清楚……他非常喜爱俄国文化,喜爱东正教,是东正教信徒,而且是一名狂热的信徒,②可同时(微笑)——母亲方面又有天主教的亲戚。就是这样。

他这人自然是个卓越超群的人物,因此他对玛丽娅·韦尼阿米诺芙娜产生了简直是势不可挡的影响。有一段时期——还不只是一段时期,我觉得列夫·瓦西里耶维奇对她的影响一直是有的,直到她死,

---

① 关于 Л.В.篷皮扬斯基、М.М.巴赫金和 М.В.尤金娜当年在涅韦尔的情况,赖莎·约瑟福芙娜·沙皮罗披露出这样的一些细节:"玛鲁霞(М.В.尤金娜)未与我们一道去上学,母亲把她带到维捷布斯克上私人课程去了。而在1915至1916年间我已经在跟列夫·瓦西里耶维奇·篷皮扬斯基学拉丁语了,以便获得参加中学毕业考试的资格,然后再进入医学系学习。列夫·瓦西里耶维奇是后备军士官生,在涅韦尔认识许多人,常到我们家来。他教我和妹妹学了许多东西,他要求很严,以至于有一次为了完成他的作业妹妹累得晕倒了。在列夫·瓦西里耶维奇看来,我在学业上并未取得什么特别骄人的成绩,尽管我已通晓德语,尤其精通法语(这使我终身受益)。有一次,他说道:'您要是有玛鲁霞的才能就好啦。'当时我很喜欢列夫·瓦西里耶维奇。高高的个子,有点儿驼背,非常聪明。我妈妈非常喜欢年轻人,经常请他们来我们家做客。家里很热闹,米哈伊尔·米哈伊洛维奇和列夫·瓦西里耶维奇在我们姐妹当中寻得了适合于他们的交际圈。我们有一张业余摄影爱好者拍下的照片:巴赫金、篷皮扬斯基,我们——姐妹俩,好像还有玛丽娅·韦尼阿米诺芙娜·尤金娜。照片连同精致羊皮封面的相册一起丢失了……在列宁格勒,过去的实科中校保存了下来,那儿有优秀生的光荣榜,其中就有篷皮扬斯基的名字……同他们俩一起来过的还有一位,是个性格外向的人……我记不得他姓什么了,是个已婚男子……国内战争爆发后,我去了前线,除了玛丽娅·韦尼阿米诺芙娜,我再也没有见到过他们当中的任何人。"(А.М.库兹涅佐夫和 Р.И.沙皮罗 1982年3月25日谈话记录片段)——原编者

② 1926年篷皮扬斯基致信 М.И.卡甘:"今年我的神学世界观完全确切而明晰地得以形成,这就是——东正教教会。"(《记忆:历史论集》,第4辑,巴黎,1981年,第266页)——原编者

直到她去世,尽管他们后来分了手,彼此相差很远,因为篷皮扬斯基到晚年时转而热衷于马克思主义和共产主义。① 当然,他并没有成为共产党员,而且任何时候也不会吸收他入党,但他却是个铁杆儿的马克思主义者和斯大林主义者。但玛丽娅·韦尼阿米诺芙娜对此当然是……我不是说她持否定态度。不是的,但总之,对此是不认同的,不认同他的观点。

杜:加以排斥。

巴:是的,加以排斥。所以那个时候这个东正教、他很了解也很喜欢的那些斯拉夫主义者,甚至包括霍米亚科夫,霍米亚科夫,当然,也不仅仅是他……

杜:这里又有了与利季娅·叶夫拉姆皮耶芙娜②的关联点!

巴:是的,那当然喽!霍米亚科夫是他十分喜欢和推崇的,不仅喜欢他的那些神学和哲学著作,甚至还喜欢他的那些蹩脚诗。他——霍米亚科夫也是个诗人。顺便说一句,正巧刚刚出了霍米亚科夫的书,只是他的诗歌作品,就在前不久刚刚出版的,是"诗人文库"里的一种。是的。他的诗写得不怎么样,但具有宗教意味。

这不,她就身处这种影响当中。她的情绪,甚至是世界观——如果说这样一位年轻人已经有世界观的话——都属于东正教和斯拉夫主义类型的。

杜:那时她就这样了吗?

巴:那时就已经这样了。

杜:一直到死她都没有改变。

---

① 关于篷皮扬斯基在20年代末为何突然转而信奉马克思主义,Н.К.楚科夫斯基作了陈述(Н.楚科夫斯基:《文学回忆录》,莫斯科,1989年,第190—191页)。但他自然不是"斯大林主义者";巴赫金如此激烈的言辞表述也许是为了强调一点,即篷皮扬斯基所采取的新立场在他的朋友们看来是极为反常的。关于这一点详见 Н.И.尼古拉耶夫的《独特的思想家》,载《哲学科学》,1995年第1期,第66—67页。——原编者

② 利季娅·叶夫拉姆皮耶芙娜·斯卢切芙斯卡娅,见第五次谈话中的相关注释。——原编者

巴：一直到死都没有改变。她在这方面是始终不渝的。不仅如此，看来到晚年时——但不知道是哪一年，她秘密接受了剃度。

杜：这我倒不知道。

巴：不过，这件事情我也不是很清楚的，她没对我讲过。对这件事情我一点儿也不清楚。

杜：有这种形式吗？

巴：有的。有这种形式。

杜：秘密剃度？

巴：是——的，秘密剃度。人还留在世俗，但同时已受剃度。没错！他得遵守僧侣人员的有关规章，当然，是有一定变通的规章。人们都是这么说的。

在她的葬礼上有件事情令人感到十分惊讶：她死后躺在棺木里，这时走过来一位主教，是位重要的宗教人士，他在死者头部的棺旁坐了很久——对普通的信徒是绝不会这么做的。后来在墓地上，在坟前举行了追悼仪式……

杜：我参加了。

巴：您参加了？……举行了追悼仪式，好像还有僧侣合唱队唱了歌。

杜：没有，这是夸张的说法。

巴：夸张？

杜：是的。事情是这样的：棺柩从……汽车上抬下来的时候，我同……兹拉塔·康斯坦丁诺芙娜·亚申娜走在一起，她与死者关系很好[①]……因为汽车不准开进墓地……也就是说，人们抬着棺木要走相当长的一段距离，至少要走五百步……

巴：喔——唔！

杜：而且这条路紧挨着……院墙，当时已经下雪了，路很不好

[①] 3.К.亚申娜（娘家姓罗斯特科芙斯卡娅），诗人 А.Я.亚申（М.В.尤金娜的朋友）的妻子。——原编者

走……

巴:是——的,是——的。

杜:……就这么抬着……走在前头的是一个秃顶的老头。后来我问清楚这人是谁了。他边走边唱。有些人随声附和……

巴:跟着唱。

杜:……跟着唱。您说是僧侣合唱队。我觉着……您要知道,不,我不敢否定。我认为它是库兹涅茨的尼古拉教堂的那个合唱队,[①]从这座教堂……

巴:恐怕就是教堂合唱队吧。

杜:是的,大多都是些年轻人……都是些嫩小伙子,头发蓬乱,外表上与现在的蓬头小伙并没有什么特别的区别……只不过当时像这样的年轻人要少一些。他们这些壮小伙子抬着棺木,唱着歌,走走停停,以便让别人跟上……

巴:让落在后面的人跟上。

杜:让落在后面的人跟上。走在前面的那个人举着十字架——不是教堂的十字架,而是坟头上的木质十字架。那人是个秃顶的小老头儿,模样有点儿可笑;合唱队一唱完,他就又开口唱了起来。那时已经是傍晚了,墓地上几乎空荡荡的。队伍走到坟前的时候,天色明显黑了下来。人们开始把棺木下葬到墓穴里。这时出现了差错[②](可以这样说吧),原来墓穴的长度不够。棺木卡住了。于是就忙活了起来……起初想再抬起来……结果却被卡得死死的,根本就动不了。不过最后还是把它给拖了出来,放到一边。不知是谁……天色差不多已

[①] 1970 年 11 月 24 日就是在这座教堂里为 M.B.尤金娜举行安魂祈祷的(她在晚年时系这座教堂的教民);请参阅该教堂堂长弗谢沃洛德·施皮勒神甫在安魂祈祷仪式上所作的临葬悼词,见《玛丽娅·尤金娜:神爱之光芒》,莫斯科—圣彼得堡,1999 年,第 11—13 页。葬礼就在当日于"韦坚斯基山"公墓(即韦坚斯基公墓,或异教徒公墓)举行。В.Д.杜瓦金对她的葬礼描述得十分准确;А.И.茨维塔耶娃在其回忆录中也做了相同的描述(А.И.茨维塔耶娃:《与玛丽娅·韦尼阿米诺芙娜·尤金娜的三次会面》,载《永不枯竭》,莫斯科,1992 年)。——原编者

[②] 差错,该词为拉丁语(qui pro quo)。——译者

全黑了……

有人问:谁有蜡烛。有蜡烛头的就递了过来。几个人用烛火照亮着……

巴:嗯,那其他人就稍微挖了挖。

杜:……有两个人凿挖墓穴的内壁,我记得是在两头(因为宽度已经足够)。我站得很近,贪婪地注视着……以职业的关注力盯着……所以现在正好录制下来……终于……凿好了……这大约持续了一个钟头,一直在忙活儿……

巴:是吧……增加墓穴的长度——这可不是件轻松的事儿。

杜:没错!不是马上就开凿的。一开始很乱:"你往下放……你往上抬……""不,你往下放……"就是这样……那个诵经老头儿……一直在唱着什么。有时只剩他一个人在唱,但他仍在唱着……我身旁站着一个神甫模样的人,好像有人想引他参加唱歌,可他看来是不敢开口。

巴:对,因为大主教绝对禁止在坟墓上……在坟墓上做祈祷,绝对不可以……就是说,不能做追悼活动。绝对不许!

杜:所以,实际上也没有搞追悼活动。不过我当然并不知道东正教的追悼文,但我觉得,无非是没完没了地重复一些赞美诗而已,像"神圣的主啊,神圣而牢固的……"还有……"同圣灵一起安息……"可以说,完整的追悼文……我还是能领会一些的:我参加过父亲的葬礼……我觉得,完整而有条理的追悼文是没有的,只是一些……可以这么说吧:是一种随意的宗教唱词……由这位诵经士领唱……

巴:是的,由诵经士领唱。

杜:……他们还唱了一些……甚至是在说——对不起,我这会儿想起来了,我纠正一下——这不是合唱队,随唱的这些年轻人是死者的学生,来自她所管理的某一所音乐学校。

巴:是的,可能是……格涅辛学校的。

杜:可能是格涅辛学校的,也可能是音乐学院的——我不大清楚。

665

就是这样。此前在音乐学院前厅里已经举行了非宗教性的追悼会。

巴：不过，那是另一回事了。

杜：……自然是在那之前。是这样。应该说，这次葬礼给人的印象还是挺深刻的。而且……天气寒冷，我都冻僵了——特别寒冷……我记得，好像是11月30日，大差不离吧……是1970年11月底，对——的。然后，开来了几辆汽车，把所有想去的人，都拉去参加葬后宴了……

巴：人多吗？

杜：人挺多的，不过参加葬后宴的大约还剩六十个人吧。

巴：噢！

杜：葬后宴摆在……画家叶菲莫夫的画室里，就是画兽类的那个画家。[①] 他本人已经去世了。他的儿子组织了这场丧宴，他——我也是认识的。[②] 这时我就同兹拉塔·康斯坦丁诺芙娜分手了。她与玛丽娅·韦尼阿米诺芙娜非常要好。她本人好像不信教，不过……毕竟……没错，她——亚申娜是党员，是的。顺便说一下，明天要举行纪念他的晚会。不过她……与我妻子和玛丽娅·韦尼阿米诺芙娜都很要好，是这样。所以，举行追悼会的说法就不完全准确了。

巴：这话是对的。不过，只能说也许您是对的，因为追悼会也可能是秘密举行的（黠笑），秘密进行的追悼会恰似一出戏……

杜：我也说不准，当然这是……

巴：对此我也不大清楚。

杜：或许……参加过这场活动的人，当然就了解得更清楚了（黠笑）。我可说只是个看客。

[①] 酬客宴摆在M.B.尤金娜的两位朋友——画家弗拉基米尔·安德烈耶维奇·法沃尔斯基(1886—1964)和雕塑家及线条画家伊凡·谢苗维奇·叶菲莫夫(1878—1959)——的位于新吉列耶沃的画室里。对酬客宴的描述请参阅摄影师和电影导演雅科夫·谢尔盖耶维奇·纳扎罗夫(M.B.尤金娜的侄子)的回忆文章。见《玛丽娅·尤金娜：神爱之光芒》，第756页。——原编者

[②] 阿德里安·伊凡诺维奇·叶菲莫夫(1907—2000)，水利地质学家，父亲遗产的保管人。——原编者

巴:她葬在了她未婚夫母亲的旁边。

杜:对。请继续讲吧,不过对不起,我们现在还是回到涅韦尔的话题上吧。您说,她是这样一个……姑娘,那时就已经……

巴:那时她就已经有修女的味道了。她的穿着与众不同。当我第一次见到她时,我简直大吃一惊:这是个什么人物呀!因为——我再说一遍——这是一个几近荒诞的强烈对照:一张青春年少的、透着健康和红润的面孔(她很健壮),可身着清一色的黑装。

后来我自然就同她很熟了,可以说,在他们家里我就成了自己人。列夫·瓦西里耶维奇当时很快就离开了涅韦尔。我还是留了下来,他走了,因为他到部队去做侦察工作了。他应征入伍了。这支侦察部队的头儿是一个姓赫尔松斯基的人……

杜:是在苏维埃时期吗?

巴:是在苏维埃时期了。是苏维埃的部队。不过那时还都是延续旧部队的一些……所有军官都是过去的军官。

杜:他们侦察什么人的情况?

巴:是针对德国的。

杜:还是针对德国?

巴:还是针对德国。

杜:噢,对了,普斯科夫还没有……这是在普斯科夫战役之前吧?

巴:显然是在那之前,不过我现在记不清楚了。不管怎么说,这是一支苏维埃的侦察部队,可是……赫尔松斯基本人是骠骑兵,好像差不多还是个骑兵大尉,是这样。其他人我也都认识。他们都是些军官,都是些优秀的军官,都是非常好、非常出色的人。侦察工作纯属军事性质。其实这是一支反侦察部队。列夫·瓦西里耶维奇的职责实际上是为审问德军俘虏担任翻译工作等等。

杜:看来,这是旧军队残留下来的一部分,还没有完全解散,也没有编入红军……

巴:不,这已经算是红军了。

杜：那就应该是在普斯科夫战役之后了。

巴：是的，显然是在普斯科夫战役之后。①

杜：就是说，已到了1918年的年中。

巴：他们非常迅速地向前推进，到德军占领的地方。列夫·瓦西里耶维奇作为翻译也随部队一同离去。不过他在部队的时间不长。

杜：这是一个很短的过渡期。

巴：是的，这不过是一个很短的过渡期。后来我只是听说，这位赫尔松斯基被枪决了，不过那已经是几年以后的事了。是的……看来，他受到了牵连……

杜：有一位叫赫尔松斯基的共产党员，很有名望，不过我不大清楚……

巴：不，他不是共产党员。他是很典型的一个……骠骑兵。他的世界观就是骠骑兵的、军人的世界观。就是这样。

杜：还是让我们紧紧围绕玛丽娅·韦尼阿米诺芙娜来谈吧。

巴：这样我就同她相熟了。她对哲学问题非常感兴趣，并且很显然，她具有哲学思维的才能，是很少见的才能。您是知道的，世上的哲学家并不多。大谈哲学的人很多，但哲学家很少。而她恰恰属于能够成为哲学家的那种人。

杜：女性当中尤为少见。

巴：是的，尤为少见。此外，她对各种语言表现出极大的兴趣，包括对拉丁语、古希腊语、文学。后来在列宁格勒，不，当时还叫彼得格勒，我给她上过大约一年甚或两年的古希腊语课。那时还没有，那时我们只是进行哲学讨论。她听了我的哲学课，然后我就同她进行哲学

---

① 这多半可能发生在1918年11月11日签署西部战场停战协议和德国11月革命之后，德军撤离俄国期间（包括从1918年2月占领的普斯科夫撤离）。作为这些事件的见证人甚至是参与者，篷皮扬斯基后来对这些事件从历史和哲学层面上做了思考：在1923年3月23日的信中，他邀请 М.И.卡甘前来商讨他"为分析世界大战"如何开展工作；他写道："在今后的日子里我将面临一桩最为困难的事情——解释战争结束和德国 Zusammenbruch（溃败。——原编者）的原因。"（《记忆：历史论集》，第4辑，第265页）——原编者

讨论。顺便说一下,她的父亲,一位医生,对哲学甚至对文化也很有兴趣。这是一个聪明的、兴趣广泛的人,虽说带有那么一点儿犬儒主义的世界观——而这是旧式的医界知识分子所惯有的,甚至有那么一点点儿60年代的虚无主义的遗风,如此等等。再有,因此而……

我们时常去郊游。涅韦尔及其郊区的景色异常秀丽,城市也很漂亮。① 它坐落在众多湖泊之中,似乎就是一片湖区。湖光和郊野极为迷人。我们时常远足游玩,通常有玛丽娅·韦尼阿米诺芙娜、列夫·瓦西里耶维奇,有时还会有别人加入,游玩时我们总要讨论一些问题。

我记得,甚至还对他们谈过……我自己的道德哲学的初步设想,当时我们就坐在离涅韦尔……大约有十公里远的湖边上。我甚至把这座湖叫作"道德现实之湖"。(黠笑)在此之前它可是没有什么名称的。

那是一片宝地,有一些墓穴。但不是古墓,主要是1812年留下的坟墓。要知道那是拿破仑军队撤退时经过的道路。这不,我们在那里也讨论了宗教和神学的话题,不过由于我对哲学感兴趣,尤其是对新康德主义的哲学感兴趣,这自然也就成了主要话题。我再说一遍,她的哲学头脑让我感到惊叹。②

此外,也就是在那个时候……那时她就喜欢演奏音乐了,还在涅韦尔演出过……我们那儿——涅韦尔有个民众之家,就在那里的晚会

---

① 关于M.M.巴赫金在涅韦尔时期的生活,见Л.M.玛克西莫芙斯卡娅的《M.M.巴赫金口述中的涅韦尔(一个方志学专家的注解)》,载《哲学科学》,1995年第1期,第93—105页;另可参见她的《启蒙者的城市》一文,载《玛丽娅·尤金娜:神爱之光芒》,第600—612页。——原编者

② 尤金娜的《回忆片断》(她为该文所取的标题就是这样)与M.M.巴赫金关于涅韦尔的讲述大致相同。"我当然得写一本类似于专著的东西也来谈一谈米哈伊尔·米哈伊洛维奇·巴赫金,'米赫·米海'——在我们这些与他相处了50年之久的朋友之间是这样称呼他的……可现如今呢?我们当中就剩下两位了!即生物学家伊凡·伊凡诺维奇·卡纳耶夫和鄙人我,其他人都已离世。伊凡·伊凡诺维奇现住在列宁格勒,正如大家所知道的那样……米哈伊尔·米哈伊洛维奇也曾在我们的城市涅韦尔生活过,在维捷布斯克与其珍爱的廖诺奇卡成婚,他在维捷布斯克待的时间不长。涅韦尔四周风景如画,不仅有瓦尔代高地的支脉,还有不计其数的湖

上演出过。我记得,有一台晚会是纪念莱昂纳多·达·芬奇的。①我在那儿做了报告,然后她就演出了,演奏了李斯特的《葬礼》。②《葬礼》是部优秀的作品。这是灵柩下葬时的……哀乐。这部独特的音乐作品相当忧郁而十分有力。她演奏得非常出色。我记得,当时我非常惊诧于她那只手所具有的不同寻常的力量。完全不是女人所具有的力量。是的。

那时我们的这种,这么说吧,密切的交往并没有延续很长时间:只是一个夏天和初秋。后来,玛丽娅·韦尼阿米诺芙娜就去了列宁格勒,她在那里的音乐学院上学。我记得她当时已经在音乐学院学习了;也就是说,她是在开学前回来的。我则留在了涅维尔,后来搬到了维捷布斯克。③迁到了维捷布斯克,就住在了那里。

杜:她是怎么学起音乐来的?是在国外吗?

巴:这我就不清楚了。当时她已是优秀的乐师了。尽管当时她好像还没有念完音乐学院,但却已演奏得很出色了。④

<接上页>泊——其间分布着多林的岛屿,这些湖泊简直像大海一样宽阔,看不到边际。它们都与大大小小的河流相连。'把所有的都奉献出来吧,这也太少了吧!'……其中有一座小湖后来就被我们称作'道德现实之湖',在那里,米哈尔·米哈雷奇给我们两个人——我和现在已不在人世的另一个人讲述了他的哲学中的一些基本理念……"(俄罗斯国立图书馆文献手稿部,储存编号:527,纸板号:4,收藏单位号:11,页码:第65,66;写于1969年,1973年编入档案。)"已不在人世的另一个人"显然是指 Л.В.篷皮扬斯基。《回忆片断》不久前由 A.M.库兹涅佐夫编辑出版,见《玛丽娅·尤金娜:神爱之光芒》一书(第128—138页);该文对 M.M.巴赫金也有所回忆(第131—132页)。——原编者

① 《铁锤》,即《涅韦尔工人、农民和红军代表苏维埃报》,1919年6月13日出版的第101期上预告了定于18日举行的纪念莱昂纳多·达·芬奇的晚会,并刊登了两场报告的题目——"论达·芬奇的世界观"(报告人 M.巴赫金)和"论达·芬奇的时代"(报告人 Л.篷皮扬斯基),以及"M.尤金娜将参加音乐演出部分"的消息。见《涅韦尔文集汇编》(Л.M.马克西莫芙斯卡娅编纂,第1辑,圣彼得堡,1996年)中的《铁锤》报翻印件。——原编者

② 《葬礼》选自李斯特钢琴套曲《诗与宗教的谐音》(根据 A.拉马丁的诗集创作的十支乐曲,1845—1852)。——原编者

③ 巴赫金于1920年秋天迁至维捷布斯克。——原编者

④ M.B.尤金娜1921年毕业于彼得格勒音乐学院,但此前很早就开始在音乐会上演出了。——原编者

杜：在上音乐学院之前，她是在哪里念书的，对此您一点儿也没有……

巴：对此我一无所知。或许是在家里学习的，因为那座城市其实是……犹太人居住地。是这样……那里有许多精通音乐的人，音乐人才很多。有很好的乐师。显然，所有这一切……

杜：那么您自己也有一些音乐素养吧？

巴：啊，我只是一知半解：我自己不会演奏乐器，什么也不会，但我懂音乐，当然是懂的。而且我曾在维捷布斯克的音乐学院讲过美学课，自然偏重讲音乐美学。

杜：您能不能……不是为我，而是为这录音，大致说说这一音乐美学的基本思想，就是当年她听到的讲课内容。

巴：不行，您要知道，现在我难以做到，因为我都已经忘记了，而且……这都是什么时候的事情了！我现在当然已不再持有那些个观点了。不过，大体上讲，我只能说，后来也影响了列夫·瓦西里耶维奇·篷皮扬斯基的这个音乐美学是以黑格尔的学说为基础的，尤其是以……这个……黑格尔的继承人……我的记性糟糕透顶……绝对糟糕……是个哲学家，也是个伟大的哲学家……他比黑格尔活得长……启示哲学……嗯，唉……

杜：我不清楚。请往下讲吧。

巴：这样我就没法讲了，我不能这么讲了。您看，这像什么话！弄不好恐怕连康德我都要忘记了……我这儿还有他的著作呢，不过得找一找。

杜：没关系，过一会儿您会想起来的。

巴：他有许多关于音乐的论述，形成了一整套音乐哲学。是这样。是整个的神话哲学和艺术哲学。就是现在列维-斯特劳斯加以发展的那个思想，不知为什么我们这里认为是非常独特的思想，即音乐和神话有着很近的亲缘关系，从本质上讲，几乎是同样的东西……

杜：音乐和神话？

巴：是的。这个思想恰巧在那个时候就已经存在了。列夫·瓦西里耶维奇在他多次的音乐哲学课上发展了这个观点。我当时在讲音乐美学时也发展了这一观点。他叫什么来着？……怎么回事？！

杜：别着急，会想起来的。

巴：当然会想起来的，肯定会想起来的！这几乎就像我自己的名字一样。我怎么能忘了他呢！我非常喜欢他，这位哲学家，而且对他非常了解，对他的著作烂熟于心。那时我研习了一切哲学，学得很认真，对这一切都知道得很清楚。

杜：我怕说错了，所以不敢提示您。

巴：不，这是众人皆知的，连中学生都知道……可倒是……被我给弄忘了！真是没办法！

杜：在黑格尔之后？

巴：是的。

杜：是谢林，对吧？

巴：当然是谢林！

杜：是吧？我早该说出来的，可就是在舌头上打转。（微笑）

巴：是谢林哲学，当然是。

杜：我记得，在20世纪40年代，黑格尔和黑格尔派之后，是谢林学派。

巴：是的，谢林，谢林学派，没错！

杜：我不是作为哲学家来了解这些的，而是作为文化史学家。

巴：当然，就是他！就是……谢林……当然是谢林的观点，他那略带宗教色彩的著名的"启示哲学"，他的美学理论，所有这一切都使我和玛丽娅·韦尼阿米诺芙娜感到非常亲切。她可说是个谢林主义者，不过……在某种程度上也是黑格尔主义者，只是在某种程度上，因为她对哲学的理论认识方面完全没有兴趣，对辩证法不感兴趣，我想，她实际上从未对辩证法有过兴趣。

杜：那您恰恰就是辩证法学家了？

巴:不,不完全是。我对辩证法也……对我来说这不是最主要的。

杜:可是您的那个双重性,在我看来,就是取自辩证法的吧。

巴:是的,是源自辩证法,但它毕竟不是辩证法。对话和辩证法,两者的相互关系(既有理论上的,也有历史上的)——这是个老话题。① 曾经还有过一个……是多少年前的事啦?……的确是很久以前,大约是十年之前吧……在雅典举行过一次国际学术研讨会,议题就是对话与辩证法。会上意见当然很不一致。我的看法是:辩证法是从对话中产生的,后来辩证法又让位于对话,不过这时的对话已是高一级的对话了,是更高水准上的对话。

但问题不在于此。那时这个问题还没有被提出来。是这样。不过玛丽娅·韦尼阿米诺芙娜总的说具有谢林哲学观,倾向于谢林主义。此外,她对浪漫主义,对德国的浪漫主义,对诺瓦利斯等表现出极大的兴趣。

杜:还有霍夫曼。

巴:还有霍夫曼。不过,对霍夫曼的兴趣不是太大。要我说,她不太喜欢霍夫曼,尽管他有某种音乐精神,尽管他写有关于克莱斯勒的作品等等,但她更喜欢的是那些比较有宗教精神的浪漫派作家,像……

杜:蒂克和诺瓦利斯——这两个名字一直是相提并论的。

巴:是的,蒂克和诺瓦利斯,不过还有许多人。布伦坦诺、阿尔尼姆,所有这些……耶拿派的浪漫主义作家。

杜:她能读德语书吗?

巴:她能读德语书。她全家人……这个犹太家庭都精通德语,全家人都是。

杜:那么这些东西她读的都是原著?

---

① 对话与辩证法——巴赫金哲学思维中主要的对举关系之一(M.M.巴赫金:《话语创作美学》,莫斯科,1986 年,第 371—372 页;《新文学评论》,1993 年第 2 期,第 88 页)。——原编者

巴：当然，读的都是原著，是原著。再说当时许多著作都没有翻译过来。她的德语极好，也会说，在家里也说。甚至在弟弟家里……不过在弟弟家里更多说法语，甚至在家里也说法语。我说的不是她的弟弟，而是她父亲的弟弟——律师雅科夫·加夫里洛维奇。

杜：这么说，您同她一起度过了这个夏天？

巴：是的，一个夏天。

杜：你们有着如此密切的朋友关系了？

巴：是的。我们其实每天都见面：不是一起散步，就是我去她家，或者她来我这里。总之，情况就是这样。后来她经常回涅韦尔看望父母。于是我们又能见面了。不过，她回来的时间很短，只待上几天，大致就是这样。

后来我去了维捷布斯克。她也常去那里，因为那儿住着她的叔父，就是这位雅科夫·加夫里洛维奇，她便留住在那里。① 他生活得很好，也有自己的房子，很不错的房子……那段时间，我们当然经常见面、交谈，又是长时间的交谈。

那时她住在彼得格勒，继续在音乐学院上学。师从尼古拉耶夫。② 这是一位非常著名的音乐教育家、钢琴家。他有许多学生，比如肖斯塔科维奇就在他那里学习过，是他的学生。许多人都跟他学习过。我认识尼古拉耶夫教过的许多学生。

杜：他是彼得堡的音乐教师吗？

巴：是的。

杜：是哪所学校？

巴：音乐学院，是的。他是国立音乐学院的教授。她就是跟他学

---

① 关于M.B.尤金娜在维捷布斯克举办的那场音乐会，P.M.米尔金娜曾做过回忆（《新文学评论》，1993年第2期，第66页）。——原编者
② 列昂尼德·弗拉基米洛维奇·尼古拉耶夫（1878—1942），钢琴家和作曲家，彼得堡—列宁格勒教育学派的杰出代表之一。除了M.B.尤金娜之外，在不同年代里，B.B.索夫罗尼茨基和Д.Д.肖斯塔科维奇等人都先后师从于他。Д.Д.肖斯塔科维奇的《第二钢琴奏鸣曲》（1942）就是为纪念他而创作的。——原编者

的。他可算是最好的音乐教育家了。他不是技艺精湛的演奏家,而是教育家。向来如此:教育家,优秀的教育家往往不是技艺高超的演奏家,也不演出,不开音乐会,起码很少这样吧……只有像鲁宾斯坦……就是安东·鲁宾斯坦本人,不过他的弟弟,就是莫斯科音乐学院的创办者,尼古拉·鲁宾斯坦,并不是什么演奏家,而是音乐家,优秀的音乐家,但不是演奏家。

我们一开始相识的情形就是这样。后来……列夫·瓦西里耶维奇去了列宁格勒,是回到了列宁格勒。

杜:当时还叫彼得格勒吧。

巴:是的,当然还叫彼得格勒,回到了彼得格勒。而我则留在了维捷布斯克。他走了以后……我在维捷布斯克又住了两年的光景……

杜:那玛丽娅·韦尼阿米诺芙娜在这两年里回来过吗?

巴:回来过。到维捷布斯克来看过我。是——的,来过几趟。当然,其实也不是专门来看我的。而是看她叔父的,但到我家来过几次。我们的联系从未中断过,如同她与列夫·瓦西里耶维奇也一直有着联系。而她同列夫·瓦西里耶维奇在列宁格勒有十分密切的关系。不仅如此,玛丽娅·韦尼阿米诺芙娜从音乐学院毕业后,在列宁格勒生活的头几年里,就租了一套很不错的房子,有两居室,当然是在一个大公寓里面……后来,她为自己找了另一套更合适的住房,这两居室就让给了列夫·瓦西里耶维奇。他便在这套房子里住下了。玛丽娅·韦尼阿米诺芙娜自己,不清楚通过什么方式弄到了一套阔气的住宅,在宫殿滨河街,对面是彼得保罗要塞……①那真是很阔气的住宅!革命前这套房子里曾经住过一位侍从将军。这是很漂亮的大套房,带露台,带阳台,不是露台,是阳台,面对涅瓦河。她住在二楼。她的上面住着塔尔列,他是科学院院士。他们也经常碰面,关系很融洽。这就

---

① 位于宫殿滨河街,第30栋第7室。M.B.尤金娜拥有的不是一套住宅,而是一间可以看到涅瓦河的大居室。这套住宅被分隔成几个房间,原先的房东是个有钱人。——原编者

是她在彼得格勒——开始是彼得格勒,后来就是列宁格勒——的大致情况。

是的。现在来说一个小插曲——那是发生在她生活里的。由于她同列夫·瓦西里耶维奇·篷皮扬斯基关系非常亲密,以至于人们开始琢磨他俩是否有了男女之间的那种感情,看来就连她的双亲,也就是父亲和姐姐们都在想他们要结为夫妻了。

杜:他还没有结婚吗?

巴:他还没有结婚,没有,他还没有结婚。他是在去世的前几年才结婚的。① 他几乎打了一辈子的光棍,就是这样。而且列夫·瓦西里耶维奇向她求过婚,但她没有接受,犹豫不定,而她的家人,父亲和姐姐干脆持反对态度,因为他们那时认为,列夫·瓦西里耶维奇是个不食人间烟的人,不适合做丈夫。他们的看法是完全正确的。他确实是个不食人间烟火的人。

杜:比她还厉害吗?

巴:比她还厉害。所以他当然不适合做丈夫,不适合。后来在生命快要终结时,他才做了丈夫……就是这样。他为此经受了一段时期的痛苦,那还是在我们相识的第一个夏天,当时他为此感到十分痛苦。不仅如此,他对岳父产生了敌对情绪,还差一点儿扇了岳父的耳光。我竭力让他平静了下来。后来,他们的关系又和好了,恢复了友谊,终于相安无事。看来他也明白了,没必要这样,不宜这样做。

但是,当她生活在彼得格勒时,他的影响还是持续了很久;到了列宁格勒时期,他的影响也是很大的,并且持续了相当长的一段时间。她还请他讲课。就是这样。她也让我给她上课。那已经是列宁格勒时期了,我给她上的是古希腊语,而列夫·瓦西里耶维奇(在她看来他就是法国人)给她上法语课。他精通法语,他本人可说是半个法国人,显然,法兰西血统的母亲对他的影响比犹太血统的父亲更为强大。不

---

① 篷皮扬斯基1930年(即去世十年前)与叶甫盖尼娅·马尔科芙娜·伊谢尔琳(1906—1994)结婚。——原编者

过,他的父亲绝不是正统的犹太人,好像根本不是……有宗教信仰的人,大概是这样。他像许多犹太人一样是个药剂师。他毕业于……

杜:药理学院?

巴:是的,毕业于西部边区的药理学院……

杜:他有自己的药房吗?

巴:我不清楚。我并不认识他。而且他死得很早,很早就去世了。我还是读中学时认识列夫·瓦西里耶维奇的。① 我们在同一所中学里念的书,不过他父亲已经……不,开始他还在,后来去世了。只剩下他的母亲了。

杜:米哈伊尔·米哈伊洛维奇,玛丽娅·韦尼阿米诺芙娜的未婚夫是谁?也许她很晚才有的吧?

巴:她很晚才有的,很晚。未婚夫是个年轻的作曲家,已经从音乐学院毕业了,并且已经小有名气了。② 不过,他还没有写出有分量的作品。他主要是把……巴赫和其他作曲家的作品……谱成钢琴曲,把交响曲和管风琴曲改编成大钢琴曲。他是创作钢琴改编曲的。我认识他。这是个年轻的……是个十分有魅力的年轻人,身材匀称,长相英俊。是个魅力十足的年轻人!父母也……不过他的父亲我只是听说过。他出身于……这个……又碰上名字了,又碰上了……这是一个非常有名的家族,非常有名的家族,甚至同罗曼诺夫家族有些关系。

杜:是俄国贵族世家?

巴:是的,贵族世家,而且是古老的贵族世家……母亲是库拉金家族的,她姓库拉金娜。③ 我认识她的兄弟尼古拉·尼古拉耶维奇·库

---

① 篷皮扬斯基在中学时代是巴赫金的哥哥尼古拉的挚友。——原编者
② 此处说的是基里尔·格奥尔吉耶维奇·萨尔蒂科夫(1914—1939),M.B.尤金娜的未婚夫。当时他还没有从莫斯科音乐学院毕业,师从尤金娜学习。他死后留下的改编曲中,有一首尤金娜经常演奏,并已被录制到磁带上,这就是莫扎特《安魂曲》中的 Lacrimosa(落泪之日)。——原编者
③ 叶莲娜·尼古拉耶芙娜·萨尔蒂科娃(娘家姓库拉金娜,1885—1956),K.Г.萨尔蒂科夫的母亲。儿子死后,她一直由尤金娜照料,直至去世。战后,尤金娜就住在位于瑟京死巷的 E.H.萨尔蒂科娃寓所里。——原编者

拉金。她是他的母亲。而他是……他们与伊格纳季耶夫伯爵有亲缘关系,他们的田庄好像也是相邻的。

杜:不是沙赫家族吧?

巴:不是,不——是。

杜:是大公家族?

巴:不,不是大公家族,仅仅是古老的贵族家族,但还不是大公,没有爵位,是这样。不过,是一个非常古老而有名望的家族。

杜:他的姓您不记得了?

巴:不记得,不记得了。我连自己的姓都快要忘了!

杜:那我可无法提示了。

巴:萨尔蒂科夫!噢!

杜:啊哈,萨尔蒂科夫。

巴:萨尔蒂科夫,是——的,是萨尔蒂科夫。他与萨尔蒂奇哈(发出哼的声音)没有任何关系,同萨尔蒂科夫—谢德林也毫无关系。这个叫萨尔蒂科夫的家庭好像同阿列克谢·米哈伊洛维奇是有关系的……

杜:伊凡雷帝时代也有一家萨尔蒂科夫。

巴:是——的,萨尔蒂科夫是一个古老的家族。是的。这位萨尔蒂科夫……

杜:怎么,他们定亲了?他好像是在做登山运动时遇难了吧?

巴:是的,他们定亲了,但还没有结婚,没有;只是定了亲。她已经是未婚妻了——在男方父亲还活着的时候。① 后来……父亲死得较早……他是个上流社会的人。我都不知道,他专业是什么,看来没有什么专业,只是一个上流社会的人物而已。他们有财产、田庄等等。后来,他成了一个画家。他有很多油画,我见过。他的静物画画得特别好,特别成功,不过他的肖像画也不错。他是个有才华的画家。儿子呢则是个音乐家。就这样……他们成了未婚妻和未婚夫,大概有两

---

① 格奥尔吉·亚历山德罗维奇·萨尔蒂科夫,画家。——原编者

三年的时间。

杜：为什么这么长？

巴：是的，我也不清楚为什么。他还很年轻。

杜：他比她年纪小？

巴：比她小，小很多！小多了！他总是带着她到我们这里来。我那会儿住在莫斯科郊外，在萨维奥洛沃，他们俩通常一道来（来萨维奥洛沃）看我。他通常给我带一些书来，他总能给我搞到一些非常好的书籍。是这样。所以这……他们以未婚夫妻身份来我这里，一直延续了大约两年。后来他走了，去了纳利奇克。他是个登山爱好者，登山队队员。他同一支登山队一起去的，要攀登某个山峰什么的，结果整个登山队都在那里遇难了，也就是说，不是他一个人。

杜：整个登山队？！

巴：是整个登山队。他们彼此拴在一起往上爬，那是个很难爬的山峰，好像还没有人上去过。他们拴在一起，全摔了下来，无一生还，连尸体都没找到，所以他根本就没有墓地。①

而玛丽娅·韦尼阿米诺芙娜则始终对他无法忘怀，同他母亲一道生活。搬到他母亲那里去住了。她俩一起住了一段时间。后来她为母亲安排了另一处住宅。母亲在最后几年一直患有糖尿病，既看不清东西也听不清声音，生活很艰难。玛丽娅·韦尼阿米诺芙娜想尽办法来照顾她：为她租了套房子，请了一位非常好的女人照顾她，那女人以前好像在玛丽娅·韦尼阿米诺芙娜家里当过管家和秘书。我很了解她，她是个……很有教养的人。老人一直由她照顾着，直到去世。

杜：这么说，她后来一直没过上有家庭的女人的生活？

巴：她没有过上家庭生活，虽说她真的向往了一辈子。当然，也不是一辈子，在她年轻的时候……那时……

---

① 包括 К.Г.萨尔蒂科夫在内的音乐学院学生的尸体后来都找到了。基里尔·萨尔蒂科夫安葬在韦坚斯基公墓。М.В.尤金娜死后也在此处——萨尔蒂科夫的家族坟地上找到了自己的归属。——原编者

杜：她年轻的时候有过热烈的恋情吗？您那么早就同她认识了，那时她不会就已经是修女式的人吧。

巴：是这样的。要知道，她同列夫·瓦西里耶维奇其实并没有什么真正的热恋故事。

杜：这就对了，说实在的，她这个姑娘……

巴：其实，她和他都不是那种搞浪漫故事的人。他们感兴趣的完全是别的事情。他们之间只是精神上的友情。

杜：不过同时她这个人……给人的印象是富有激情的……

巴：富有激情！

杜：……似乎是很难兼而有之的……

巴：是的，您可以想象……

杜：……她可是个姑娘。

巴：……您可以想象，她是个姑娘，而且没有同任何人有过浪漫故事。然而她的父亲却是个唐璜式的人物，一个十分强悍的人，一个强悍的男人。(黙笑)他的风流逸事大概多得数不胜数了，是这样。而她却是个修女，其实就是个修女。

这不，她的未婚夫萨尔蒂科夫是个极可爱、极有魅力的人。我完全理解她，知道她会爱上这个人的。可是年龄相差太大。但尽管如此，她依然会……

杜：相差有十岁吗？

巴：不，不是十岁。恐怕有二十岁吧。她是……这已经是她离世前不久的事情了。

杜：因为我听说……这事在30年代，我记得闹得满城风雨……

巴：是闹得满城风雨……对，是在30年代。

杜：是在30年代。我在利季娅·叶夫拉姆皮耶芙娜那里同她认识的时候，我记得，已有传闻(当然不是从她那里得知的)，说她的未婚夫刚刚遇难。我觉得玛丽娅·韦尼阿米诺芙娜已经是……年迈的女人了。

巴：是的，她差不多已是个年迈的女人了……但她看起来却不是那么老。她很有力量。在音乐上当时她正处于黄金时期,是这样。而他当然还完全是个青年,是个青年。一个很有魅力的青年。是这样。我觉得他非常有才干,不仅仅在音乐上。我并不了解他的音乐作品,也从未听过,但同他有过许多次交谈……

杜:不过这很奇怪,既然都定了亲,那为什么……

巴:是的。

杜:……为什么拖着不结婚呢?

巴:是这样的。一开始,父母好像是反对的,也是因为年龄,不过后来倒是完全赞同这门婚事了,尤其是父亲。

杜:是他的父母?

巴:是的,他—的父母。尤其是父亲,他认为玛丽娅·韦尼阿米诺芙娜的影响对他儿子很有益。不过,整个家庭……我要说的是,家庭……您知道吗,这是一个旧式贵族家庭,大家都很可亲可爱,很有上流社会的风度,可正是这些高雅的人有着高雅的趣味,他们才会对这些与他们完全不同的人……知识分子阶层的人怀有深深的敬意。

杜:就没有一点儿……反犹太人的情绪?没有议论说这是……

巴:没有。需要郑重指出,这根本上是我们的一种不正确的认识。俄国贵族,尤其是这种有名望的贵族,从来就没有沾染上反犹太主义情绪。

杜:这可是小市民的特性了。

巴:是的,这纯粹是小市民的表现,纯粹是小市民的表现!反犹太主义情绪是完全没有的。

杜:不,斯拉夫派分子还是有那么点意思的,陀思妥耶夫斯基也是……

巴:只是一点意思而已,一点意思而已。后来,您也知道……

杜:对犹太人有些蔑称……

巴:这只是……特有现象,是——的。这是有的,但是他——陀思妥耶夫斯基其实从来都不是犹太主义的反对者,他也不可能是。犹太教、旧约、圣经……要知道整个旧约都用在基督教里……那还用多说吗？每一次礼拜中都有为犹太人祷告的内容。没有哪一次礼拜不提到亚伯拉罕、以撒、雅各等等。就是这样。甚至在那些安魂祈祷中也是："在亚伯拉罕、以撒、雅各的怀抱中安抚灵魂吧。"在这一怀抱中安抚死去的基督徒的灵魂。总之，无法割裂基督教与犹太教（准确地说，不是犹太教，而是犹太人的古老旧约）的关系。就是这样。所以当然根本不会有任何反犹太主义的情绪。

在实际情况中，我们的宗教界，比如天主教的神职人员中，根本不存在任何反犹太主义的情绪。反犹太主义的情绪恰恰是一种人的特有现象，他们反对任何的宗教，把宗教仅仅当作一种仪式，某种生活现象而已。所有那些黑帮分子，大多也都是信奉宗教的，但对于他们来说，教会只是他们日常生活的一部分，宗教节日什么的，只是他们日常生活的一部分。在俄国宗教思想的真正代表根本不是反犹太主义的。弗拉基米尔·索洛维约夫的情况是人所共知的，他在临死前曾为犹太民族祈祷，为拯救他们而祈祷，临死时还诵读了赞美诗。①

杜：拯救他们是因为他们犯了反基督的罪行，还是别的原因？……

巴：不——不——不，不是反基督。不是的。拯救……总之，有一种普通的观点……

（由于技术原因录音中断）

杜：有一种观点使我愕然，说迟早总有一天……

巴：犹太人会统一起来，承认基督，进入……至于如何做到，以何种形式，那是另一个问题。

杜：承认基督？

巴：是的。

---

① 参见 C.H.特鲁别茨基公爵的回忆录。他陪伴着弗拉基米尔·索洛维约夫度过了生命的最后时刻（《关于弗拉基米尔·索洛维约夫的一本书》，莫斯科，1991年，第294页）。——原编者

杜:这么说,以色列的犹太复国主义运动与之是相反的?

巴:是相反的。总之,应当说,犹太复国主义——我们现在成天在嚷嚷,写得也很多,但我们并不知道什么是犹太复国主义。这是一个相当复杂的现象。现在犹太复国主义自身也处在分化当中。最早就有两派,一派以赫尔茨里,另一派,我这会儿忘了是谁了……总之,一部分人认为,犹太人永远都不应该成为一个国家,而只应是个社会统一体,不具有国家性质。

杜:比如帕斯捷尔纳克就持这种立场。

巴:是的,帕斯捷尔纳克也持这一立场。不过,帕斯捷尔纳克后来还成了东正教徒,是个虔诚的东正教徒。

没错。这一观点也存在于犹太复国主义者当中。更不用说现在的以色列政府了——里面都是些社会主义者,各种社会主义派别,当然共产党员并不在内。那里也有共产党员,但没有形成气候。那里的共产党员人数很少。所以您就可以想象,这些政府便反对犹太教,反对犹太教会。这是在以色列国内。

杜:噢,竟然是这样!不过,对不起,咱们已经说偏了题,虽说我认为,玛丽娅·韦尼阿米诺芙娜正好是个非常突出的例外。小时候(微笑)……我见过您提到的君主派的那些小册子。结果……就拿约翰·喀琅施塔茨来说吧。他——约翰·喀琅施塔茨基总归还是一个中心吧,是反犹太运动的一个中心。

巴:是的,他是中心之一,但也不完全是这样。

杜:我刚和舒利金谈过。舒利金也否认他是反犹太分子。

巴:是的。

杜:他还否认曾为贝利斯辩护过,那可是个有名的诉讼案①……

巴:是的,总的说,这是个非常复杂的问题。顺便说一下,我小时

---

① 指贝利斯诉讼案,1913年在基辅对犹太人贝利斯的审判案。有人诬告他为了举行宗教仪式而杀害了一名俄罗斯男孩。审判是沙皇政府和黑帮分子策划的,激起了国内外舆论的抗议。法院最后宣布贝利斯无罪。——译者

候就认识约翰·喀琅施塔茨基。小时候,我的一个叔伯爷爷是他的狂热崇拜者,请他到奥廖尔自己家里做客。所以在那里待过。

杜:他恐怕是个了不起的人物……

巴:他是个非常了不起的人物。不过这是我的印象……我那时还是个孩子,我才几岁?好像是七岁,他给我留下了强烈的印象。

杜:什克洛夫斯基有位亲人……曾经是约翰·喀琅施塔茨基那里的助祭。

巴:是——的,您瞧,像……

杜:要么是他的外祖父,要么是……差不多是这一类亲人……我这会儿想不起来了,我的笔记里有记录。不过约翰·喀琅施塔茨基完全是另外一回事。

巴:是——的。

杜:咱们本来谈的是音乐家玛丽娅·韦尼阿米诺芙娜·尤金娜……您认为她的创作有什么特点?

巴:这个嘛,我想……您还得找别人——音乐家、专家——谈一谈。他们会说得更好。我完全不是什么音乐家,也完全不是什么行家。我对她的音乐评价很高。不仅如此,我认为她是我们最杰出的钢琴家。我觉得她超过了涅高兹和其他一些钢琴家。就是这样。

杜:也超过索夫罗尼茨基吗?

巴:毫无疑问!索夫罗尼茨基……他总还算是……他的技巧娴熟,也满怀激情,但他缺乏真正巨大的力量。他毕竟还是有点儿……而玛丽娅·韦尼阿米诺芙娜……她最令人感到惊讶的是什么呢?就是她一向喜欢和演奏有力量的音乐,如巴赫、李斯特、贝多芬,以及某些新的现代音乐家。首先正是这种有力量的音乐,可以说这种音乐达到了音乐的高峰,达到了更高的——神话或宗教的境界。是这样。总的来说,我认为:玛丽娅·韦尼阿米诺芙娜作为个人和文化活动家的基本特征是,无法把自己框限在某种专业的范围内,无法把自己仅仅限定在音乐之中。她总是试图扩大这个范围,先向宗教扩大,然后再向社会活动扩大。但要她只限于音乐,只做一个职业音乐家,那她无论如何也是做不到的!对于像她这样的人来说,任何专业化的做法都是绝对格格不入的。因此她在音乐中只选取了处于音乐与其他艺术交界的东西,包括诗歌,浪漫主义的诗歌……是这样。浪漫主义强烈地吸引着她。而浪漫主义可以说一直试图冲击文学、诗歌的界限和边缘,想冲破这些疆界而成为某种类似于宗教的东西。她也正是这样。她所弹奏的音乐,不是接近浪漫主义类型的诗歌,接近诗的灵感,就是接近宗教的彻悟。是这样。所以她无论如何也不会框限在职业音乐的范围内。

这一点也就决定了她对作品的选择。这一点也就决定了她对作品的独特阐发。她的阐发总是很有个性化的。自然,她就不喜欢音乐的套式,总在打破这种套式。所以许多人都认为,她过于个性化地、过于主观地解释她所演奏的作品。可我却偏偏就喜欢她的演奏,因为她在演奏中强化了在我看来就是这些作曲家、这些作品最有力量的东西。

我记得是这样的:在我搬回到列宁格勒之后,我与玛丽娅·韦尼阿米诺芙娜几乎天天见面。更不必说她还听我讲课,我们也经常在她那里聚会……她的住宅十分宽敞,条件很好,她一个人住,有时也和弟弟一起住。有一间很好的书房、一架大钢琴等等。我们经常在那里通宵听她弹奏。她一直弹到天亮。一直到天亮!她弹得真好!应当说,我听过她在音乐会上的演奏——但却从来比不上那些夜晚她为少数好友弹奏得好。太令人惊奇了!她的力量真的得到了充分的展示。

当然,我们在那儿通常还会讨论各种问题——哲学上的、诗歌方面的,也朗诵诗歌。有一段时间我们醉心于里尔克的诗,不过只是一段时间而已,后来又迷恋上了格奥尔格。是的。他的确是个杰出的诗人,我们这里对他了解得很少,根本就不怎么了解,其实有一个格奥尔格诗派,格奥尔格的圈子——George Kreis。① 其次有过一个杂志

---

① 巴赫金在关于维亚切斯拉夫·伊凡诺夫的讲座中提到了伊凡诺夫的诗歌与德国诗人赖内·马利亚·里尔克(1875—1926)及斯特凡·格奥尔格(1868—1933)之间的联系(《话语创作美学》,第398页)。——原编者

Blätter für die kunst。① 这也与格奥尔格有关。这是一家杂志社的名称，它出过不少精彩的书。

杜：Kunst 是艺术的意思，而 Blätter 难道就是出版社的意思？可 Verlag 才是出版社……

巴：Blätter 是书页的意思。

杜：噢！印张？

巴：是的，印张就是用来……

杜：是艺术之页。

巴：对——对，是艺术之页，对——对。那里还有贡多尔夫的作品，②他们也出版了贡多尔夫的作品，还有别人的作品……有一本很不错的书，是写弗里德里希·尼采的：*Versuch einer Mythologie*，即《神话学试探》③，这是本关于尼采的书……我很喜欢这本书，我有过一本。

杜：玛丽娅·韦尼阿米诺芙娜从来就没有迷恋过尼采哲学吗？

巴：没——有，恰恰没有过。

杜：这股风气倒是没有影响到她……

巴：是的。其实连我也只是部分地接受尼采的学说……不是完全接受……有些东西……就是后来被法西斯分子加以利用——当然是歪曲地、不正当地加以利用——的东西，即使在当时与我自然也是格格不入的。应当指出，法西斯把尼采变成了自己的哲学家——这种说法当然是无稽之谈，是谬误，这只能是严重歪曲尼采的结果。这些人会与哪一种严肃的哲学有共同之处呢？当然不会有的。

杜：米哈伊尔·米哈伊洛维奇，您在战前和战后的年代里都听过玛丽娅·韦尼阿米诺芙娜的演奏吗？

---

① *Blätter für die kunst* 是斯特凡·格奥尔格于 1892 至 1919 年间办的杂志。——原编者

② 弗里德里希·贡多尔夫（其真姓为贡德尔芬格，1880—1931），德国文学史家、诗人。——原编者

③ 指的是已成经典的 Э.贝尔特拉姆的著作 *Nietzsche. Versuch einer Mythologie*（《尼采：神话学试探》）。此书 1918 年初版于柏林，至今已再版十次以上。——原编者

巴：对。是——的，都听过。

杜：您认为她在晚年演奏得更好一些呢，还是相反——更差一些？

巴：我认为，不是那样的，不是的。一直到晚年。后来她……

杜：我当然没有算她的一只手受残以后的最后一年。①

巴：是的，她的一只手受残了，是手指……当然，不是说在这以后。在这之前就不如过去了。她似乎特别想突破音乐的疆界，可以说，她几乎偏离了音乐。她希望从事重大的社会活动，她甚至想……比如那时爆发了苏伊士运河战事，所以我们国内……

杜：那是1956年吧。

巴：是的。所以我们国内在准备派部队去援助阿拉伯人。玛丽娅·韦尼阿米诺芙娜提出希望去埃及战斗，抗击英国人。是这样。她总是想在某项重大事业(但不是音乐事业)中发挥影响力。音乐事业、音乐界的褒扬、音乐名声都无法，无法让她得到满足。无法让她得到满足。她想出风头——也不是"出风头"——这样说当然粗俗了些。她不是一个爱慕虚荣的人，不是的，她也不是那种沽名钓誉的人。不过她还是想成为一个重要的、有影响力的大人物，希望服务于某项事业，比艺术更为崇高的事业。在这一方面，她与象征主义者倒是接近的——当然只是部分地接近，那些象征主义者认为，应把艺术变为生活。变成为生活提供某种特殊的服务……

杜：这不就是玛丽娅·韦尼阿米诺芙娜在《闪烁着良知之光的艺术》一文的精彩结尾处所表达的立场吗？我正好想起来了。

巴：我不知道这篇文章。

杜：它是这样结尾的(我能背出来)："医生和牧师比诗人更需要。"在最后的审判时我们每个人都要做出交代——等诸如此类……"但如果有语言的最后审判，那么我是无愧于它的。"也就是说，她承认自己身上有人的弱点，认为对她最好的辩护是艺术。

---

① 1969年6月19日，M.B.尤金娜被汽车撞倒，右手手指受残。她的音乐演奏生涯就此结束，虽说在个别情况下她也在晚会上表演。——原编者

巴：是她的诗歌。

杜：是的。那么，玛丽娅·韦尼阿米诺芙娜不会这么说："……如果有最后的……"

巴：不，她不会这么说的。她会这样说……她最终还是未能超出音乐的疆界。

杜：我问您这一点，是带有某种潜台词的。我曾有言在先，我本人不懂音乐，所以我说的只是别人的见解。而玛丽娅·韦尼阿米诺芙娜作为个人却是令我十分关注和喜欢的。

巴：那还用说！

杜：我对她还是注意观察的，虽说并非一直都是这样，她演奏的《葬礼》也给我留下了很深的印象。有些音乐理论家说，玛丽娅·韦尼阿米诺芙娜早期演奏得更好……

巴：总的说，这是对的。总的说，这是对的。我也是这么认为的。

杜：后来她……

巴：在列宁格勒的头几年，我在她家里听过她在自己钢琴（那是一架优质的钢琴）上的演奏，后来我在音乐会上再也没有听到比那更好的了。

杜：还是听我往下说吧。后来，她迷恋于种种宗教情绪，她的一部分莫斯科听众——对此感到十分亲切的知识阶层的听众，对她过分地大加赞扬，她的演奏开始走下坡路了。

巴：她的演奏是开始走下坡路了，但对此造成影响的绝不是这个……即使在她最好的那几年，宗教情绪也在吸引着她。也可以这么说，她的宗教情绪最浓的时候，也正是在她最好的那几年，当她每逢夜晚给少数好友弹奏的时候——那时她的教会情绪最浓，也就是她的宗教情绪最浓。

不过这里的情况有所不同……宗教情绪是一码事，渴望参加教会活动是另一码事。其实这种愿望她是后来才有的，那时她的音乐水准开始下降了，倒不是她参加了什么教会事务，哪怕是间接地参与，而是另有原因。总的说来,音乐已无法,无法让她得到满足。比如说,她就开始在音乐会上朗诵起诗歌来。就这样。是的。

杜:也就是说,专业音乐人士和音乐理论家们纷纷指责她背离了……

巴:背离了专业请神。

杜:……背离了专业精神,是的。

巴:如果说她脱离了狭窄的专业圈子,那是这样。这是完全可以理解的,是完全可以理解的。说这些话的音乐理论家们,归根结底都是些视野狭窄的人,他们无法理解玛丽娅·韦尼阿米诺芙娜身上时常出现的这种向往……要知道这种向往……伴随了她的一生,她所向往的目标远为崇高得多,已突破了任何专业、任何职业精神的框限,无论这是诗歌、音乐,或是哲学;比这一切都要博大。她懂得,这些并不是全部,也不是最主要的东西,而主要的是一种别的什么东西。

杜:您从一方面印证了这一观察的结果,从事实上……

巴:我不这么认为……

杜:可从另一方面又给了相反的评价。不,这不仅仅是评价。首先,您实际上否认了她的宗教情绪……

巴:不……

杜:您一点儿也没有把这些联系起来吗?

巴:一点儿也没有,为什么要……

杜:这从一开始就有助于……

巴:那当然!哲学、神话、宗教,还有音乐——这些是世上关系最为密切的,在世上的所有东西中它们的关系最为密切。说实在的,音乐就其本身而言具有哲学性、宗教性。这是一种泛泛的宗教性,不是指某种狭隘的宗教信仰的含义……不过音乐就其本质而言,当然具有……(不停地咳嗽起来)并带有宗教色彩,而且……

杜:具有某种宗教信仰?

巴:不,不是具有某种宗教信仰,恰恰不是指具有某种宗教信仰。

689

杜:不是?

巴:没错。其实是无关紧要的……就是说音乐所具有的究竟是新教,还是东正教,抑或天主教……这并不重要。具有宗教意味。当这种宗教意味是真实的,比方说,在神秘主义者身上——当然是指诸如伯麦那样伟大的神秘主义者身上,这时……宗教意味就不是狭隘的宗教信仰的框框所能容纳得了……不是狭隘的……

杜:信奉某种宗教。

巴:对,不是信奉某种确定的宗教。所以神秘主义者,就说那位伯麦,是令人感到惊讶的——他们都是些什么人呢?

杜:您是说雅科布·伯麦?

巴:对,最伟大的神秘主义者之一。他们都是些什么人呢?新教徒吗?天主教徒?东正教徒?可以说,要是按照信仰划分,他们是新教徒,但同时他们又同样得到天主教徒和东正教徒的认可。正是他们的宗教向往使他们超越了狭隘信仰的局限。

杜:这不,有一些音乐家和音乐理论家说她的演奏水平开始走下坡路了。

巴:她在演奏方面不如从前了——这也是对的,演奏也少了,但不是这个原因,不是因为这一点,恐怕多半是……这是某种内在的、真正的、巨大的宗教性和哲学性有些减弱,而外在的方面——教会、仪式等有所增强的缘故。是这样。就是这样,这是可能的。

杜:您认为她作为一个音乐演奏家从一开始就满怀宗教情感?

巴:是的,从一开始,就是这样。

杜:我所告诉您的,可说是出自别人之口的那种解释,您认为是……

巴:那种解释从实际情况来说在一定程度上是正确的,但又是不正确的……首先,仅仅是音乐这份职业已无法继续让她得到满足……

杜:不,那种解释是……我明白您的意思,那是不够深刻的……

巴:对,是肤浅的解释。很肤浅,仅此而已。是这样……是——的。

杜:现在有不少人都在写她,以后还会有人写她……

巴:是——的。不过那种解释当然是……再说我们这里,我们这些音乐理论家们,怎么可能会有真正的、深刻的解释呢?不过有一位音乐理论家,他也是倾向于那种形式主义观,但很为玛丽娅·韦尼阿米诺芙娜所推崇和尊敬……

杜:这是谁?

巴:是亚沃尔斯基。[①] 亚沃尔斯基已经不在了。亚沃尔斯基是位音乐理论家,他创立了一个完整的学派,不过他不是那种官方色彩很浓的学者,没得到承认。现在似乎都把他给忘记了。但他无疑是位非常杰出的、确实很有深度的音乐理论家。

杜:她很欣赏他?

巴:她很欣赏他,很欣赏,尽管在许多问题上他们有分歧。

(停顿)

杜:我听到一种意见,说她在专业上有某种退化,恰恰是……

巴:确实有这种看法。可说到底,这种年纪的艺术家一般都是这样,尤其是像玛丽娅·韦尼阿米诺芙娜的演奏风格……这种退化在所难免。因为我已说过,她的基本艺术特点恐怕就是力量。就是力量。不是轻柔,不是隐秘的感情,而正是力量,当然,不是那种粗暴的力量,而恰是精神的力量,这种精神力量可以说完美地代表了她的特色。在音乐中这种精神力量不仅要求双手得有力量,还要求整个肌体都发挥出力量。可到了这种年岁,就已经无法保持这种力量了。是这样……

杜:是啊,她是在七十岁的时候去世的吧。

巴:是的,她是在七十岁的时候去世的,大概是在七十岁的时

[①] 博列斯拉夫·利奥波多维奇·亚沃尔斯基(1877—1942),音乐理论家。М.В.尤金娜认识他,30年代她曾以配奏者的身份出现在亚沃尔斯基于莫斯科音乐学院举行的有关音乐风格史的报告会上。她以生动的笔触记述了对他的回忆,这些文章刊登于文集《玛丽娅·韦尼阿米诺芙娜·尤金娜:文章、回忆、资料》(莫斯科,1978年),以及《Б.亚沃尔斯基:文章、回忆、书信》(莫斯科,1972年第二版)一书中。另可参见《玛丽娅·尤金娜:神爱之光芒》一书,第187—196页。——原编者

候吧。

〈……〉

是的。这就是她的精神力量。她在这方面是一个很优秀的人。比如,她可以忍受最可怕的疼痛,甚至连眼都不眨一下,眉头都不皱一下。

杜:疼痛?生理上的?

巴:生理上的。一般来说,她能够忍受常人所无法忍受的东西,对她了解得较为深入的人总会惊叹于她的超人耐力,那种巨大的精神力量,巨大的精神力量。她敢于踏入火堆。说到底,她一生也都在向往着那种意义上的更具隐喻色彩的火堆,即经受苦难,像阿瓦库姆①等人一样被火焚烧。是这样。她不会……哪怕葬身火海她也真的不会皱一下眉头。她就是这种类型的人。她的这一特点自然会让了解她这一方面的人,异常惊讶和敬佩。可惜,了解她这一方面的人少而又少。

杜:人们了解得更多的是她的种种古怪行为……

巴:古怪和任性等行为。这些都是有的。都是有的,包括古怪行为……但人们却不理解这些古怪行为,当然,也不理解她的任性行为,并对此做了庸俗的理解。任性与任性是各不相同的。伟人的任性行为与愚人的任性行为完全不是一回事。可人们却用同一个词"任性"来形容。可要知道贝多芬(他也是个很任性的人)的任性(黠笑地)和某一个平庸之人的任性是有天壤之别的。

杜:那些动物……她给予帮助……绝对地不会……

巴:她是无私的。

杜:……她无私,而同时又绝对地不会生活。她极为慷慨地施舍别人,不过她也得到了很多的钱。

巴:对,她也得到过不少,不过总的说,她从未攒下什么钱,她总是囊中羞涩,虽说得过不少。她一拿到钱就给了别人,一拿到钱就分掉了。她拿钱最终就是为了给别人。有时候她也拿钱,因为她自己也有

---

① 阿瓦库姆(1620—1682),俄国分裂教派的首领,司祭长,思想家和作家。曾多次遭到放逐和监禁,后被烧死。——译者

急需的时候。其实,她几乎一辈子都过着半饥半饱的生活。

杜:是的,这我知道……不过,这当然也是有的……她为别人做了好事,但自然也有伤害别人的时候。比如说,我很熟悉谢拉菲玛·亚历山德罗芙娜·布龙贝格。您不认识她吗?她是我的一位同事(我们共同研究马雅可夫斯基)布龙贝格的妻子。就是这个谢拉菲玛给她做了十五年的秘书,为她安排了所有的音乐会。

巴:是的,我听说过,我知道。

杜:是的。尽管她也付了谢拉菲玛一些钱,但却还是欠了她五年的钱。

巴:是吧。我的天哪……

〈……〉

杜:那好,关于玛丽娅·韦尼阿米诺芙娜,您大致已经描画出了她的形象。说不定您还要补充某些事例,也可以说是局部的细节,将来可以收进您的回忆中。总之会对您是有用的。

巴:我还能说些什么呢?她为那些遇到困难的人们提供了很多帮助,其中包括我在内。那时……

杜:她帮助过您?这一点您可没说过。

巴:当然帮助过!帮助过。后来,在她的晚年,我倒是帮了她,不过只是在金钱上而已。① 此外我帮不了她什么忙……可这是微不足道的。她当年给我的帮助要大得多。而且,她是在我遭到流放的落难时刻帮的我。要知道起初我被判在索洛夫基五年监禁。

杜:那她是怎么帮您的呢?

---

① 巴赫金对 M.B.尤金娜所提供的帮助——极为重要的帮助是在 50 至 60 年代。这一点可见诸 M.B.尤金娜与 M.M.巴赫金的书信来往(载《对话·狂欢·时空体》,1993 年第 4 期,由 A.M.库兹涅佐夫编发;《玛丽娅·尤金娜:神爱之光芒》,第 349—419 页);以及保存在 M.B.尤金娜档案里的鲍里斯·弗拉基米罗维奇·扎列斯基(1888—1966)的信札。用 M.B.尤金娜的话说,鲍里斯·弗拉基米罗维奇·扎列斯基是"一个了不起的人,一位优秀的学者,M.M.巴赫金最忠实的朋友之一"(俄罗斯国立图书馆文献手稿部,储存编号:527,纸板号:13,收藏单位号:56)。鲍里斯·弗拉基米罗维奇·扎列斯基本人多年来也一直为 M.B.尤金娜解囊相助。——原编者

巴：她为我奔走说情。当时还可以这么做。是这样。她动用了自己的关系，奔走说情。当然，我的事情最终得以解决并不是靠了她的活动，但她毕竟还是起了作用的。①

杜：那您……参加过她的战地音乐会？没有吗？当时您可能不在莫斯科吧？

巴：不，我当时没有参加她的音乐会。她去了前线，这您知道。她去了列宁格勒，当时的列宁格勒正处在围困之中，非常不安全。可哪里有危险，哪里"危及生命"，她就想去哪里。她总想去那里，所以她去过许多次，在那儿举行演出。

杜：是的。总之，在她身上也正应验了："凡是危及生命的东西对一颗凡人之心而言蕴藏着无以名状的快乐。"

巴：是的，要这么说也可以。但不仅仅是这样。普希金这话自然指的是……更具多神教性质的东西……而她是没有的。她认为，人活着就是为了燃烧自己，付出自我，牺牲自己。这种牺牲的精神元素，在普希金的这部戏剧作品中，在《沃尔辛厄姆②之歌》中自然是不存在的。这里更多的是一种享乐主义，享乐主义……

杜：是的，更多是享乐主义。

巴：是的。说到享受快乐……这是众所周知的，危险可以使人沉醉。我不是军人，可比如说在轰炸等类似的情况下，离前线很近时，枪炮声就会使我感到很兴奋，是的。（笑）使人感到很兴奋。除了意识和意志，您还想说什么呢……我不具备任何胆量，以及军人气概之类的品质，但一听到枪炮声就感到兴奋不已——就这么回事。（黠笑）不过，自然这完全是另一回事，与牺牲精神、与建功立业什么的没有任何

---

① M.B.尤金娜在20年代末至30年代期间（及其他年代，如勃列日涅夫时期）曾为多人奔走营救。M.M.巴赫金被捕后，她和С.И.卡甘一道向各级部门求情，为他争取减刑（他被判在索洛夫基监禁五年），这一结果她是通过Е.П.彼什科娃争取到的，其时后者是政治红十字会负责人。根据国家政治保安总局委员会1930年2月23日做出的决定，由监禁改判为流放哈萨克斯坦（对此可参见С.卡甘的《是否有权利原谅体制》，载《文学报》，1991年6月26日）。——原编者

② 沃尔辛厄姆，普希金戏剧作品《瘟疫流行时的宴会》中的主人公。——译者

关系。而这后者正是她所具备的。

杜：您在哪里遭遇到轰炸了？难道您去了列宁格勒？

巴：没有，我没去列宁格勒。莫斯科也遭到了轰炸。是的，我好像碰到过一两次。再说，我们几乎就住在前线一带。离我们四十公里就是前线。

杜：是在萨维奥洛沃吗？

巴：对，是在萨维奥洛沃。

杜：啊——啊！已拿下这个……伊克沙，逼近伊斯特拉的时候。

巴：正——是，正——是，对，对。离那儿很近……空袭不断，而且还投弹。不过投弹轰炸要少一些，主要是机枪扫射。但也有轰炸……炸过多次。

杜：是吧。好了，米哈伊尔·米哈伊洛维奇，可以说，我把您的历险故事给记录了下来。我促成您叙述了自己的生平，这非常好。您由此说开去，还穿插讲到文学史、美学以及哲学之类的话题，所以……除了所有这些回忆，这些为数并不多的回忆之外……

巴：这算是什么回忆呀！

杜：……我还记录下了米哈伊尔·米哈伊洛维奇·巴赫金这位我所敬重的人物的真实形象。唯一遗憾的是，上一次我们录得不太成功，得删去一些东西。

巴：是我的过错，因为……我不知道为什么……前一天好像感觉非常疲惫。我几乎连一些最普通的字眼都想不起来了……

杜：我听得也不是很明白。好在我们就这么一次——第五次访谈不是很成功，其余的几次访谈都做得不错，而且有趣。

您不打算写回忆录吗？

巴：完全不想。对了，关于玛丽娅·韦尼阿米诺芙娜再说一点吧。她这一辈子都不曾有过自己的像样的住宅。她一会儿住这儿，一会儿住那儿，居无定所，极其不方便，极其不方便。这是其一……其二……她从未有过家具。当然，只是在列宁格勒住父母家的时候，有些家具；

但即便是在列宁格勒那套阔气的住宅里她的那些家具也是临时拼凑的,甚至也有可能不是她自己的,这个我不知道。是这样。所以说,她从来没有过像样的家具。再者,她这个人绝对没有官方色彩。官方的那一套会使她苦恼不堪。其实我也一样。我也受不了官方的那一套东西。她没有做到功成名就,她完全做不来。也不想做,也做不来。不信您看,如此出众的一个人,她这一辈子居然没有获得过官方的任何奖励,什么也没有得过。

杜:所以她对此一直表示不满!

巴:不全是这样。她为什么不满?不全是这个问题。要说表示不满,她可能做得还不如别人呢,而那些人却都是得过奖的。就说肖斯塔科维奇吧,他没有表示过不满?想当初,他表现得可厉害了。

杜:是的,不过他……

巴:是这样。顺便说一下,我们有位共同的朋友,还是在维捷布斯克时认识的,是位优秀的音乐理论家,只是死得太早了。他叫伊凡·伊凡诺维奇·索列尔京斯基。

杜:索列尔京斯基?

巴:是的,索列尔京斯基。

杜:我听说过他,是的。

巴:他是我们这里最有名望的艺术理论家之一。他写的关于马勒的一本书,以及所有其他的书,尽管篇幅都不长,但却都是……才华横溢的。总之,这是一位罕见的天才。[①] 他既是列夫·瓦西里耶维奇·篷皮扬斯基的学生,也曾一度做过我的学生。我认识他的时候,他几乎还是个孩子。是这样。

杜:他死了?

[①] 伊凡·伊凡诺维奇·索列尔京斯基(1902—1944),音乐理论家和戏剧理论家,出生于维捷布斯克,是 M.M.巴赫金的朋友。他是现代音乐的鼓动者。他对马勒的研究工作(И.С.列尔京斯基:《古斯塔夫·马勒》,列宁格勒,1932 年)被纳入马勒研究基金。М.В.尤金娜十分推崇他的学者禀赋,但在精神层面却和他很不相同(关于他的情况可参见 Л.米赫耶娃的《И.И.索列尔京斯基》,列宁格勒,1988 年)。——原编者

巴：死得很早。他也当过音乐学院的教授,是列宁格勒音乐学院的教授。他教过音乐理论课,还教过美学课,这不……

杜：在著名的音乐家和音乐理论家这类人中,您还记得谁？

巴：除了索列尔京斯基,恐怕就没有比较了解的人了。我倒是认识不少人。主要是……

杜：索夫罗尼茨基您认识吗？

巴：知道他。我认识他,可有关他的情况我什么也想不起来了。

杜：那涅高兹呢？

巴：也知道。也是知道的。

杜：您与帕斯捷尔纳克没有交往吗？咱们谈论诗歌时好像没有说到帕斯捷尔纳克。

巴：是没有说到。帕斯捷尔纳克我还是认识的,我认识帕斯捷尔纳克。

杜：玛丽娅·韦尼阿米诺芙娜与帕斯捷尔纳克的友情……

巴：对啦！我们在她那里常常碰见。我特别记得有一场晚会,帕斯捷尔纳克在玛丽娅·韦尼阿米诺芙娜的住宅里给我们朗读了作品,那是一幢独家小楼,我在她那儿曾住过一阵子……

杜：在哪里？是在……霍罗舍沃公路旁边？

巴：是——的,在霍罗舍沃公路旁边。我在她那儿……

杜：他朗读的是什么？是自己的小说？

巴：不是。我没听到过他读小说。他读的是自己翻译的《浮士德》第一部分。① 是这样。应当说……

杜：噢！这当然可以算作一个历史性的时刻了。

---

① 在 M.B.尤金娜的住所(别戈瓦亚街 1-A 号 5 栋 4-Б 室),Б.Л.帕斯捷尔纳克于 1949 年春天朗诵了他翻译的歌德的《浮士德》第一部分。M.B.尤金娜 1949 年 6 月 23 日写给 Б.Л.帕斯捷尔纳克的书信成了这次晚会的一个非常难得的见证(参见 A.M.库兹涅佐夫编发的《崇高而顽强的精神:鲍里斯·帕斯捷尔纳克与玛丽娅·尤金娜的通信》,载《新世界》,1990 年第 2 期,第 178—179 页;另见《玛丽娅·尤金娜:神爱之光芒》,第 312—348 页)。——原编者

巴：是的……

杜：听众里就有您和玛丽娅·韦尼阿米诺芙娜？

巴：是的。还有其他不少人。首先是画家法沃尔斯基,还有位画家,叫……

杜：也许是叶菲莫夫？不对吗？

巴：不——是,不——是。

杜：库普列亚诺夫？

巴：不是,那些人都还是……20年代……甚至不是20年代,而是头十年的人物。此人当时已经很老了,但精神矍铄。这是一个特别有修养的人。

杜：是帕夫利诺夫？

巴：不是。帕夫利诺夫我也略知一二,是的,我见过帕夫利诺夫。但那次没有他,没有帕夫利诺夫。

杜：那法沃尔斯基在的吧？您是回忆这一代的人,是吧？

巴：对,法沃尔斯基在的,是的。我所说的那位画家的辈分比法沃尔斯基稍稍要长一些。他经常为象征派的书画封面。他与索莫夫是一个流派,就是……

杜：索莫夫,尤翁……

巴：正——是,正——是。

杜：都是"艺术世界"社的成员。封面上……谁设计的封面？格拉巴里……

巴：其中还有勃留索夫的集子《影之镜》的封面。

杜：这个封面我记得。

巴：是他设计的封面。①

---

① 指德米特里·伊西多罗维奇·米特罗欣(1883—1973)。他的名字是 M.M.巴赫金 1973年10月11日告诉本注释作者的,那天我们在他的位于红军街的住宅里就玛丽娅·尤金娜的话题做了交谈。在谈论尤金娜之前,在场的尤里安·谢尔盖耶维奇·谢柳应米哈伊尔·米哈伊洛维奇的请求,朗读了他刚刚写就的关于 M.B.尤金娜的回忆文章。见《玛丽娅·尤金娜:神爱之光芒》,第658—695页。——原编者

杜：上帝保佑……这么说您当时在那里？

巴：是的。此外在场的还有别人。比如，那人叫什么来着？好像是舒尔茨吧，是古典语文学家，古典语文学家。①

杜：舒尔茨？

巴：是舒尔茨。是舒尔茨。您可能不知道他吧。

杜：这人我不知道。

巴：他是个古典语文学家，但古典主义在我们这儿不吃香，所以他主要是从事考古学研究。是这样。这不，他就在俄罗斯南方进行考古勘探工作，差不多一直在那里。因为他懂希腊语什么的。顺便提一句，他发掘出了希腊侨民居住点。这就是舒尔茨，一个非常有教养、有修养的人。他那次在场。还有谁呢？……有帕斯捷尔纳克的妻子。

杜：哪一个？是季娜伊达·尼古拉耶芙娜·涅高兹吗？②

巴：大概是她，我记不清了。他的第一任妻子我根本不认识，只认识这第二个妻子。我还在什么地方见过她，她也是和丈夫在一起的。好像……还有……几个人……都是艺术界的人士……

杜：那么，听了以后大家觉得怎么样？

巴：大家听得很认真，而且对他的翻译评价很高……绝对……

杜：那您觉得他的这个译文……他没有偏离歌德吧？没有吧？

巴：这个嘛，稍微有那么一点点儿。不过所有的翻译也都会……

（由于技术原因录音带出现一段空白）

杜：……相反，比如说，席勒与茹科夫斯基，那篇《希隆的囚徒》，有人说原诗和译文完全是两回事。③ 或者《松树》也是这样……

巴：是的。说的没错。可我还是更欣赏这样的翻译，而不是缺乏才气的非诗人的翻译。

---

① 帕维尔·尼古拉耶维奇·舒尔茨，苏联著名的考古学家，从事涅阿波利的考古发掘工作，与 M.B.尤金娜关系甚好。——原编者

② 季娜伊达·尼古拉耶芙娜·帕斯捷尔纳克（娘家姓叶列梅耶娃，第一次婚姻嫁给了涅高兹；1897—1966），女钢琴家，Г.Г.涅高兹的学生。——原编者

③ 杜瓦金的口误，茹科夫斯基的《希隆的囚徒》译自拜伦的诗作。——原编者

杜：这当然了。

巴：非诗人的翻译我不喜欢。茹科夫斯基是位诗人。是这样。而且，他的译文终归……当他偏离原诗时，不是往下偏离，而可能是少许偏向了一边，但还是在原来的高度上。当译者降低原作的水准时，那是再糟糕不过的了……

杜：那当然。

巴：而缺乏才情的译者总会降低原作的水平，使之变得平庸。可对……帕斯捷尔纳克而言不能这么说了。

杜：歌德可以说是一座巅峰……翻译他的作品是一件特别复杂的事情。

巴：是的。不过这个译本总的说当然算是很好的。

杜：很有分量，是吗？

巴：我很喜欢他的译文。那次我听了他朗读之后，后来就再也没有读过。

杜：有一段时间，他仅靠翻译为生。那您同鲍里斯·列昂尼多维奇①没有谈过话吗？

巴：有过交谈，那次晚会上也有过交谈。当时的情形是这样的：专门为他准备了一瓶干红葡萄酒，他把这瓶干酒全喝光了。别人谁也没喝，因为在场的没人会喝酒。我不喝酒，这些艺术家也不喝。是这样。他一个人全干了。在这之后，他就畅谈起来，谈起了一般性的话题：普通的诗歌问题，诗歌语言。我记得，那次谈话很有意思。我当然也参与了，大伙儿都参加了。后来说起……作家协会，他非常激烈地批评了作协，说他们实际上不维护作家的利益……说他们是在维护……

杜：关于诗歌他都说了些什么，您都不记得了吗？

巴：我只记得一点。他的观点是：诗歌、诗歌的语言应当最大限度地接近口头谈话的语言，但并不是口语的实用方面，而是口语所特有的那种自由灵活的要素……口头谈话语言忌讳、不喜欢规范语的套

---

① 即诗人帕斯捷尔纳克。——译者

式,这才是最重要最重要的东西。任何刻板的、规范标准的、正确的、文绉绉的成分都不应出现在诗歌语言中。诗语理应有最大程度的自由,是一种获得自由的语言,正是在这方面它接近于口语。就是这样。是的。

杜:好吧,米哈伊尔·米哈伊洛维奇,您还可以滔滔不绝地说下去……我是指帕斯捷尔纳这一话题。这很有意思,我对您感激不尽。可我的录音带只剩下十分钟了。我想在结构编排上来点小花边儿……(笑)请原谅我这粗鄙的表述。我很想请您在最后背诵点儿……最多不超过十分钟……背诵点儿诗。

巴:哎呀,这会儿我背不出来。

杜:您背得棒极了……您就回忆一下自己喜欢哪些诗。来几首您最喜欢的。

巴:好吧……我喜欢的诗很多,但这会儿一点儿也背不出来。以前我是会朗读的,我的嗓子也还可以……

杜:您朗诵得很精彩!您不是还朗诵过勃洛克的诗嘛!在经典诗人里您特别喜欢谁?因为……语调也能起很大的作用呢。

巴:那就……

杜:您就背一背最喜欢的……您大概还能用外语朗读吧:德语、法语……就挑您喜欢的诗。

巴:是的,我以前是能的。

杜:是的呀。我可没有排除这种可能性。

巴:不行……我简直都不知道……我已经八辈子没背过诗了……

杜:怎么可能八辈子呢?您跟我交谈时还背过……请随便背点儿什么吧。那就来一首费特的?

巴:可这会儿我真的背不出来……

杜:没事的,没关系的!

巴:　　夜色皎洁,花园洒满月光。

　　　　没有灯光的客厅里,银光倾泻在我们的脚旁。

701

钢琴整个儿翻开，琴弦瑟瑟颤动，
我们的心也为你的歌声深深折服。

你唱到天亮，泪流满面，疲惫不堪，
你是我唯一的爱，你是我的全部生命，
我多么想这样活着，在妙曼之音的陪伴下，
爱你，拥抱你，为你哭泣。

许多年过去了，那是难熬而寂寞的岁月，
在静谧的夜里我又听到了你的声音，
如同当年，这些妙曼之音使人心醉，
你是我唯一的爱，你是我的全部生命。

没有命运的屈辱和心灵的沉重苦痛，
生命永无终止，目标也只有一个，
只要相信这如泣如诉的声音，就会
爱你，拥抱你，为你哭泣！①

多好的诗呀。可我却不能朗诵得……

杜：这是费特写的吗？

巴：是因为与玛丽娅·韦尼阿米诺芙娜有关我才忆起这些诗句的，显然是与她演奏的乐曲有关，这才……不过诗本身就写得很好。这些诗我……

杜：那当然。这位诗人我恰恰知道、了解得很少。

巴：可我念的这些诗句确实写得很好。

杜：那您喜欢丘特切夫吗？

---

① 在诵读 A.A.费特以及其他一些诗人的作品时，M.M.巴赫金有念错的地方——这些我们也都一一保留了下来。第六次谈话的结尾部分录有一些诗作，在其注解中我们对巴赫金的这些口误并未专门加以标注，而是援引了相应的原作。——原编者

巴:丘特切夫?丘特切夫的什么诗?……当然……我知道他的作品……怎么会不知道呢。

杜:比方说,《喷泉》。

巴:啊?

杜:《喷泉》……记得吗?"看,鲜活的云彩……"或者您……我对他……我对他的作品不是很理解,那还是请您背一背维亚切斯拉夫·伊凡诺夫的诗吧。

巴:维亚切斯拉夫·伊凡诺夫?要知道,他的东西不大容易背。那有什么可背的呢?好吧,就来一段《迷宫的歌声》,您知道这首诗吗?

杜:不知道。《迷宫的歌声》?

巴:是《迷宫的……》,对的。迷宫指人对童年——至更早的记忆……维亚切斯拉夫·伊凡诺夫也赞同同样的观点:人的记忆源远流长,没有极限。

杜:哦,我也是这样想的。(笑)

巴:正如您所知道的,许多哲学家都谈到过这一点……

杜:我不知道哲学家们是怎么说的,不过……(笑)

巴:先是柏拉图,后来在现代哲学家中则有柏格森。他有一本精彩之作,我认为是他写得最好的一本书——《物质和记忆》。他在书里论证了我们的记忆是无穷尽的,我们记得的只是我们实际需要的东西,而其余的一切我们就忘记了,但在特定的条件下——梦中,醉酒的状态下,身患某些疾病时,我们就会忽然想起这一切。或者像古米廖夫所认为的,存在一种躯体的记忆,正是这种躯体的记忆……怎么说来着?……

杜:"只有蛇才会甩掉身上的皮……"①

巴:是的。"……我们改变的只是心灵,而不是躯体……"等等。

---

① 这是古米廖夫的诗作《记忆》中的第一行(1921)(H.古米廖夫:《诗集》,列宁格勒,1988年,第309页)。——原编者

这是《迷宫的歌声》中的诗句。① 这些诗句非常独特,是用德语诗的一种特殊节奏写成的,有点不够匀称,稍微有一点。②（清了清嗓子）不过……您要知道,这可是我的语调了,我的嗓音和口齿都不行了。

母亲坐在父亲身旁。

她和他默默无语。

夜色从窗外向里探望……

"嘘,"两人同声说道,"有声音。"

母亲俯身对我细语：

"声音走远了。先别出声。"

心灵贴向静夜,

心灵沉入寂谧。

我开始听得到无声。

（那时我刚过了三个春季。）

从此无声就把我的心

带入神秘之声的梦境里。

我觉着这是一首出色的诗。

杜：是的,我的感受也是如此。

巴：无论是深度还是基调,都很出色。《迷宫的歌声》中的诗句是另外的风格……只是我可能背得不准确：

我的草地上空笼罩着

精细大理石的拱门般的苍穹。

我在轻盈的女友——飞蝶之中,

嬉戏了多少时辰或多少年头？

---

① 这是维亚切斯拉夫·伊凡诺夫的组诗(1905)(维亚切斯拉夫·伊凡诺夫：《作品选集》,第2卷,布鲁塞尔,1974年,第271—276页)。巴赫金在关于维亚切斯拉夫·伊凡诺夫的讲座中对这组诗作说得更为详细,见《话语创作美学》,第401—402页。——原编者

② 关于这一格律可参见 М.Л.加斯帕罗夫的《欧洲诗律史概论》,莫斯科,1989年,第164—166页。——原编者

（凝想良久）

……我用麻利的手

捕捉飞逝的光线……

……来到他们面前……

（回忆）

……父亲和母亲坐在那里……

……我来到他们面前满载而归,

想把新鲜事说出来一起分享。

张开的手心全是尘土,

犹如骨灰盒里的灰烬。

父亲和母亲细细打量。

莫非是无声的责备?

凝滞的目光黯淡浑浊。

父亲和母亲细细打量:

我时常梦见这旧有的哀痛,

泪水禁不住夺眶而出……

翩翩翻飞的光线撞击着

我那沉重的心扉。

一首绝妙的诗!绝妙的诗! 是这样。可要说的是,不知为何人们不理解维亚切斯拉夫·伊凡诺夫。

杜:是的,他的诗很难懂……

巴:所有这些诗都具有深刻的象征意味。其次,它们富有极为生动而现实的感受。人们总是不理解这一点,以为他的诗矫揉造作。这哪里是什么矫揉造作? 这分明是童年梦境的回忆,而这种梦境会给以后的整个人生打上烙印。例如这句:"……我时常梦见这旧有的哀痛……"他成功地捕捉到了,他捕捉到了光线,可原来却是骨灰:"犹如骨灰盒里的灰烬……"而这一点可以说用散文是无论如何也表达不出来的,而是用诗歌,通过这一童年之梦……这是一种美妙的意境……

杜:请您从《浮士德》中随便挑选一小段……或者歌德的随便哪首诗,用德语背一背。

巴:我担心还会出错。好吧,那就背一背歌德的作品吧。来一段著名的 Zueignung——《浮士德》中的《献词》。

> 你们又临近了,游移不定的身影,
> 想当初一度呈现于朦胧的目光。
> 敢情这次我试着要把你们握紧?
> 难道我的心仍然倾向那个痴想?
> 你们拥上前来!来吧,随你们高兴,
> 尽可从烟雾之中围着我袅袅飘扬;
> 环绕你们的行列荡漾着一股灵气,
> 它使我的心胸感受到青春的战栗。
> 你们与欢乐韶华的风物同归,
> 于是众多可爱的亡灵冉冉而出;
> 最初的恋情与友谊随之浮起,
> 有如一桩古旧而漫漶的掌故……

杜:行,够了。

巴:结尾是:

> 我所有的一切眼见暗淡而悠远,
> 而消逝者又将现出来向我重演……①

记不得了。

杜:法语诗不记得什么吗?

巴:法语诗……当然也记得,不过……法语诗给您背点什么合适呢?……

(关掉录音机并又打开)

杜:来吧。

---

① 巴赫金用德语背诵的《献词》与原诗稍有出入。这里采用的是原诗的译文,引自绿原译《浮士德》,人民文学出版社,2004 年,第 1—2 页。——译者

706

巴： 这便是渴望：栖息在涌动中
在时间里没有家。
这便是愿望：每日那些时刻
与永恒轻声对话。

这便是生活：从某个昨日
跨出那最孤独的时刻，
如别的姊妹般异样地浅笑
面对着永恒深深沉默。①②

精彩！精彩！

杜：来首完整的吧……

巴： 我们将有充满清香的床，
像坟墓一样深的长沙发，
在绷架上将为我们开放
另一座洞天的异卉奇花。

两颗心竞相把余热耗尽，
变成了两个巨大的火炬，
两个灵魂合成一对明镜，
双重光在镜中辉映成趣。

蔷薇色、神秘的蓝色之夜，
我们将互射唯一的电光，
像一声充满离愁的叹息；
随后，将有天使排闼入房，

---

① 巴赫金背诵的是法语原诗。——译者
② Я.М.里尔克诗集 *Mir zur Feier*（《祝福我吧》，1900）中的一首（1897）。里尔克原诗的第二行是 haben in der Zeit（原编者在此处援引了此诗的三种俄译，从略。——译者）。——原编者

>忠实愉快地使熄灭的火
>
>和灰暗的镜子重新复活。①②

这是十四行诗。

杜：是波德莱尔的十四行诗吗？

巴：是的，波德莱尔的，是波德莱尔的。

杜：好，那还有最后一个……

巴：好的！

杜：您最喜欢普希金的什么作品？

巴：这个问题我真的很难回答。要知道，我来告诉您……

（关掉录音机并又打开）

杜：请从头说起。

巴：好的，可我记不起来了。

>当凡人的喧嚣一日万籁无声，
>
>而在城市空旷的街道上
>
>半……半……飘下了夜影……
>
>和梦幻；劳碌的白日的报偿……
>
>回忆展开了自身的画卷……
>
>我带着憎嫌审视生活……

不，不对，我弄混了……

>我又看见了友人
>
>酒神和爱神嬉戏时的问候！
>
>冰冷的世界又给我的心
>
>带来了无可避免的怨恨……③

杜："带着憎嫌……"

---

① 巴赫金背诵的不是法语诗，而是德语诗。这里采用钱春绮的译文，引自《恶之花》，人民文学出版社，1987年，第327页。——译者

② *La mort des amants*（《情侣的死亡》），见 Ch.波德莱尔的《恶之花》，巴黎，1959年。——原编者

③ 此处背诵的 A.C.普希金《回忆》(1828) 一诗与其原稿有所出入。——原编者

巴:不,不能这样。只要事先看一看,就会回想起来的。

杜:我怕的是您的女主人,要不然我们就这么做了。哪怕来上一小段……我倒是很想听到一个完整的诗篇。还是来一小段《青铜骑士》吧。这您肯定记得的。

巴:一小段《青铜骑士》?好吧,那就来个开头吧。

杜:请吧。

巴:
在灰暗的彼得格勒上空
吹着十一月寒冷的秋风。
涅瓦河用它那哗哗的浪头
拍击着整齐的栅栏,
正像一个不安的病人
在病床上一直翻转……

(凝想)

杜:
这时在做客回家的途中
走来了……

巴:
走来了年轻的叶甫盖尼。
我们将用这个名字
来称呼我们的主角。这名字
叫起来好听;我的笔
早已经和它结缘。
我们不需要给他起绰号。
尽管这名字也许
已出现在过去的年代,
在卡拉姆津笔下的
民间传说里曾大放异彩,
但今天的上流社会和舆论界
已经把它忘却。我的主人公
住在科洛姆纳;在某处供职,

却不愿结识那些权贵，

　　既不为长眠的亲人伤心，

（起先有口误，将"亲人"说成了"拉伯雷"，随即纠正过来，并发出笑声）

　　也不为忘却的古昔感怀。

还有一段……对。不行，我背不出来了……

杜：好，行了……米哈伊尔·米哈伊洛维奇，我们简直无法用言语表达对您的感激。

巴：感谢什么呀！我还要请您原谅呢，我总是说得很乱……我的记性也……

杜：现在赶紧趁加琳娜·季莫菲耶芙娜还没来撵我，我想关上录音机。好啦。结束了。这是对米哈伊尔·米哈伊洛维奇·巴赫金的第六次，也是最后一次访谈。

巴：我对您……同您谈话我感到很高兴。

杜：结束啦！

董　晓　王加兴　译

题　注

《陀思妥耶夫斯基诗学问题》

　　此书第一版题名《陀思妥耶夫斯基创作问题》,1929年中在列宁格勒问世(激浪出版社出版)。据近年发表的资料和专家的研究,构思始于1919年。当时巴赫金家居列宁格勒南面的小城涅维尔,同一批哲学青年经常切磋学问。陀思妥耶夫斯基的创作,是他们共同关心的话题。如篷皮扬斯基在1919至1921年间的著述《悲剧诗人陀思妥耶夫斯基》《陀思妥耶夫斯基与古希腊罗马文化》等,对"作者""主人公""责任""行为"等术语的理解,颇近似巴赫金。梅德维杰夫也曾著文(《论陀思妥耶夫斯基的文学遗产》,1921),讨论艺术中的基督教、创作心理等问题。1922年初巴赫金给友人卡甘写信说:"现在我正在写关于陀思妥耶夫斯基的研究,希望尽快结束。"1922年报载"青年学者巴赫金已完成一本研究陀思妥耶夫斯基的著作"。这部书稿与七年后正式刊行的本子有何不同,目前尚不清楚。初版问世后,当时的苏联的文学评论界颇多非议,但也引起人们广泛注意。著名理论家卢那察尔斯基撰文评介(1929),给予了基本的肯定。著名学者维诺格拉多夫也有述评(1930)。初版中的一些章节,后来再版时未见收入,如《大法官故事》的内在对话,陀思妥耶夫斯基的对话同《圣经》对话、柏拉图对话的相互关系,陀思妥耶夫斯基与欧洲浪漫主义的联系等。1929年版本在苏联从未再版过。直到1994年,才由乌克兰《涅克斯特》公司

（基辅）将其连同1963年修改本合订再版，以纪念作者的百年诞辰（1995年11月16日）。迄今只有日本于70年代翻译出版了1929年的原版书。

本书以1929年初版《陀思妥耶夫斯基创作问题》为基础，由作者进行长期大量的修改增补而成。1963年苏联作家出版社出版，标为第二版，并更改书名为《陀思妥耶夫斯基诗学问题》（以下简称《诗学》）。新版篇幅增加了二分之一，主要是扩充了小说体裁特点的分析。此书问世，标志着对沉寂三十余年的巴赫金的再发现，在苏联国内外引起巨大反响。在国内1972年、1979年分别出了第三、四版。在国外自1967年起，有多种语言的译本陆续问世，如南斯拉夫（贝尔格莱德1967）、意大利（都灵1968）、日本（东京1968）、法国（巴黎1970）、罗马尼亚（布加勒斯特1970）、瑞士（洛桑1970）、波兰（华沙1970）、德国（慕尼黑1971）、捷克斯洛伐克（1971）、美国（密执安1973、明尼阿波利斯1984）。乌克兰将初版二版两书合为一册，于1994年在基辅问世，是为学术版。在我国中译本出版于1988年（三联书店），1992年重印。

从第二章起书中所引陀思妥耶夫斯基作品的片段，译者大多根据原文译成汉语；同时参考了现有的中文译本。主要有：陀思妥耶夫斯基《中篇小说选》（上下册），人民文学出版社，1982年；《中短篇小说选》，上海译文出版社，1983年；《费·米·陀思妥耶夫斯基书信集》，人民文学出版社，1986年。

与三十多年前的初版书比较，新版有了重要的增补。这主要表现在以下几个方面。第一，全书重心由阐发主人公的立场转为论证作者对主人公的立场，进而探究作者同主人公在复调小说中的互动关系。第二，在小说话语层面上扩充了对话的分析阐释，系统地界定了对话的形式和类型，从而翔实地论证了作品的复调性质。第三，深入发掘了陀氏小说与欧洲文学体裁传统之间的历史渊源。第四，提出了研究小说语言崭新视角，并冠以"超语言学"的名目，实际是指语言的运作和交际功能,展示活在真实生命中的话语。综合起来看,复调小说在这里展现为一个由作者、主人公、思想、体裁、话语诸要素构成的艺术整体;同时纵向上又植根于欧洲文学的历史传统之中。

《诗学》问世后十余年间,在国内外获得巨大成功,也引发了旷日持久的学术争辩。国内学界争论的焦点,恰是作者在书中阐发的中心思想——复调小说主人公的立场和作者对他的态度。巴赫金始终坚持《诗学》的基本立场,却没有发表论辩的著述。时逢社会思想空前活跃,学术争鸣十分热烈,巴赫金又一次激发了探索创造的热情。在学术交流与对话广泛展开的氛围中,巴赫金悉心思考着一向关注的人文领域热点问题,同时又继续深究复调小说理论的诸多症结。这方面的研究心得,都记录在晚年的工作笔记中,可视作是《诗学》思想的深化和发展。

《〈陀思妥耶夫斯基创作问题〉一书的片段》

整个20年代巴赫金一直在撰写论陀思妥耶夫斯基的这本书。1922年1月8日他从维捷布斯克写给 М.И. 卡甘的信中就提到正在"写研究陀思妥耶夫斯基的书"。而且(这点十分重要)是与另一部著作同时进行的。后一部著作在他稍早些给卡甘的信(未注明日期)中被称作《我的道德哲学的引论》:"现在我在写论陀思妥耶夫斯基的书,想尽快完稿,我只得把《道德主体与法主体》这篇东西先搁起来。"看来,这后一部著作就是维捷布斯克的《艺术》杂志(1921年第1期,3月,第23页)所报道过的:"М.М.巴赫金继续撰写道德哲学问题一书。"此书是否完成,我们不得而知;同样也不知道信中提到的早期撰写的论陀思妥耶夫斯基一书结果如何。由此可见,与论陀思妥耶夫斯基一书的创作同时,与此紧密相关,巴赫金还在研究独特的道德哲学和哲学美学(即论作者和主人公关系的著作)。《陀思妥耶夫斯基创作问题》一书于1929年由列宁格勒激浪出版社出版。

这里刊载了1929年版的三个片段。这些片段并未收入做过较大修订的第二版,即《陀思妥耶夫斯基诗学问题》(莫斯科,1963年;请参看本卷《〈陀思妥耶夫斯基诗学问题〉一书的增补与修订》一文)。这些片段里包含着未能在后来新版中得到发挥的见解(关于陀思妥耶夫斯基与欧洲浪漫主义的联系,关于《大法官故事》的内在对话,关于陀思妥耶夫斯基对话与柏拉图对话、《圣经》对话之间不同的相互关系,关于陀思妥耶夫斯基笔下主人公追求的"人世村社"中的乌托邦理想),反映了巴赫金20年代末的学术思想,使我们更清楚地看到他于三十年后修订此书时所取的方针。《前言》清楚地表述了巴赫金诗学对两个方面的拒绝,一方面拒绝"狭隘的观念化"(即20世纪初的哲学批评,这种批评并不足以揭示陀思妥耶夫斯基作品的主要之点);另一方面又拒绝了"狭隘的形式主义方法"。为克服思想观念和形式的这一脱节,这里提出了文学作品的内在社会性的命题以及"社会评价"这一概念;后者在巴赫金20年代下半期的一系列著作中得到了论证,而《文艺学中的形式方法》一书给了最详尽的阐述。一些社会学范畴在这一时期的巴赫金著作中,获得了深刻而独特的阐释:它们成了他的交际哲学、广义的对话的术语。"社会评价"这一概念表示实际的话语行为在独一无二的具体情境中所具有的现实内容和"价值氛围"。巴赫金用对话中话语的这一"内在社会性"同外在的指物的社会性相对立(请参看《〈陀思妥耶夫斯基诗学问题〉一书的增补与修订》)。这个含义上的"社会评价",贯穿于所有话语中,它还作为结构因素渗透、连接,从内部组织文学作品的一切成分。在《文学作品的内容、材料和形式问题》一文中,作者在理论上对作为艺术家审美活动(这一活动指向人际关系及其价值的世界)内容的"审美客体"与体现在一定材料中的"外在作品"之间,作了理论上的至关重要的区分,从而也对审美客体的、体现着价值取向的建构形式与"材料作品"的布局形式作了重要的区别。从这一区别来看,可以认为,巴赫金在论陀思妥耶夫斯基一书中所研究的,正是作家创造审美客体及其小说的建构形式;这个建构形式的目标在于表现人类世界中的如下价值:个人自我意识(即陀思妥耶夫斯基所说的"人身上的人")的实际,个人与他人深入的交际(对话)。作品形式的全部要素都渗透着这种价值含义,这就是作者在1929年那本书里所说的内在社会性。

"历史观点"是理论分析的必要背景,这一见解的提出也就决定了1963年修订版要广泛讨论的历史诗学问题,首先是陀思妥耶夫斯基小说的体裁传统问题(特别是在第四章)。研究从20年代"社会学诗学"的语言,转向历史诗学的语言,这种变化在第二版中看得分外清楚。这一修改方针是作者对文学体裁(首先是长篇小说)的历史诗学的问题和方法所作研究的结果,如30年代关于长篇小说理论的著作,也是在30年代末完成的《现实主义历史上的拉伯雷》里研究文学和民间狂欢化创作相互关系问题的结果。

本篇正文中的原编者注释,根据《话语创作美学》1979年版译出。

《〈陀思妥耶夫斯基诗学问题〉一书的增补与修订》

巴赫金在1961年下半年至1962年上半年间,对1929年的论陀思妥耶夫斯基一书做了重大的加工以便再版。这份写于1961年的提纲,就是在修订工作开始之前完成的。提纲首次刊于《语境(1976)》(莫斯科,1977年,第296—316页,发表人是B.B.柯日诺夫)一书中。标题为原编者所加。

作者对该书的修订包括以下几个基本方面:(1)增加了陀思妥耶夫斯基复调小说中新的完整的作者立场问题(对此的强调表现在第二章标题上)由1929年版的"陀思妥耶夫斯基的主人公"改成"陀思妥耶夫斯基创作中的主人公和作者对主人公的立场"。(2)对陀思妥耶夫斯基的对话问题做了更缜密的研究;因之在1963年的版本中,区分出"形诸布局结构的表面对话""微型对话"和"整部小说里囊括他们的大型对话"。(3)广泛地研究了历史诗学及体裁传统的问题,重新彻底改写了第4章。(4)提出了对话语进行超语言学研究的问题。

上述问题在不同程度上都反映在提纲之中,但得到特别关注的是作者立场问题，它是巴赫金见解中最具原则性，同时又引起广泛争论的问题。他在1961年7月30日致B.B.柯日诺夫的信中，谈到他打算深入分析复调小说中作者立场的一些特点，因为"后者最易引起人们的异议和误解"。巴赫金认为这些特点产生的原因；在于陀思妥耶夫斯基揭示出了"新的对象和这一对象新的逻辑"。陀思妥耶夫斯基揭示出：个性是另一个"生动而平等的意识"，是抗衡作者的"起完成作用的主动性"的一种"他者性"。在1963年的版本中强调了"复调小说中作者新立场的正面积极性"。提纲在论证这一"对话积极性"时，联系到一般的世界观问题（针对个人的"询问积极性"同针对"无声材料"的"完成积极性"两者之间的相互对立）。这些世界观问题，特别集中地反映在30年代末和40年代初的一份草稿中，即《论人文科学的哲学基础》。提纲中所讨论的问题，与早期关于作者和主人公的论文题目也有密切的关系。

总的来说，提纲内容超出了修订该书的实际目的。这里提出的一系列题目和论点，没有写进书中（例如不同类型的人们对最高价值所取的不同态度，对陀思妥耶夫斯基研究中心理论分析的批判，"从躯体到话语表现人物的方法"，"悲剧性结局问题"，"陀思妥耶夫斯基与感伤主义"，与托马斯·曼的《魔山》的对比以及与其他西方长篇小说家的对比）。提纲中对陀思妥耶夫斯基和托尔斯泰关于死亡的主题，即"他人眼中之死"和"自己眼中之死"，做了重大的发挥。而1963年的修订本中，这个问题阐释得远为简要。

本篇正文中的原编者注释，根据《语言创作美学》1979年版译出。

《M.M.巴赫金访谈录》

1973年2月至3月间，巴赫金接受维克托·德米特里耶维奇·杜瓦金的六次采访，留下了近十八小时的谈话录音。录音由В.Ф.泰杰尔、М.В.拉济舍芙斯卡娅整理成文字，经С.Г.鲍恰罗夫、Л.С.梅里霍娃等人注释，首次在俄罗斯杂志 Человек（《人》），从1993年第4期至

1995 年第 1 期连载刊出。

关于主动进行此次采访的杜瓦金其人,文字稿整理者有如下的介绍(见 Человек,1993 年第 4 期,第 140 页):В.Д.杜瓦金是马雅可夫斯基生平与创作的著名研究家。早年就读于莫斯科大学,后在莫斯科大学语文系任教。1966 年因在一次秘密审判中为自己的学生辩护而遭受迫害,被剥夺讲课权利,逐出语文系。多亏莫斯科大学校长 И.Г.彼得罗夫斯基的帮助,留在新建的科学信息教研室工作。他有感于当代文化环境异常丰富而研究者寥寥无几,遂萌生一个想法:通过口头回忆来记录 20 世纪前半期的俄罗斯文化史料。他的访谈体现了很高的专业水平和交谈技巧,大多能做到真诚而坦率。十五年间他建立起一座极其精彩宝贵的采访录音库,尚有待人们整理开发。其中与巴赫金的谈话录于 1973 年初,原件存于莫斯科大学科学图书馆。

现根据莫斯科大学出版社 2003 年版全文译出。